U0136311

勞榦學術研究叢書1

勞榦先生

學術著作選集（二）

蘭臺出版社

勞榦先生學術著作選集總目

第二冊

二、漢簡研究

三、漢代制度研究

第三冊

四、思想史研究

五、地理與邊疆史研究

十一、英文論著

第二冊

漢簡研究
秦漢制度研究

居延漢簡考釋序目

目　錄

居延漢簡考釋序

敦煌漢簡和居延漢簡是數十年來對於漢代史料的最大發現。敦煌漢簡自斯坦因發現以後，經沙畹，王國維諸人的考釋，可以說榛莽已闢。居延漢簡係民國十九年西北科學考察團所發現的，發現時期較敦煌漢簡爲後，但其分量卻比敦煌漢簡要多出數倍。

居延漢簡雖然分量比較敦煌漢簡爲多，所可惜的是雖然發現許久，仍然未和世人相見。在北平未淪陷以前，由馬叔平，向覺明，賀昌羣，余讓之諸先生和我作了一部分釋文，也因北平淪陷，釋文隨着失去。所幸原簡已由徐森玉先生和沈仲章先生設法運出。經中英庚款基金董事會的資助能在流離板蕩之中出版，不能不說是千辛萬苦中的收穫（編者按：此書在香港淪陷時尚未出版）

現在的釋文，就是根據原簡的反體照片，這些是因爲製版由商務印書館攝影並由沈仲章先生經手拍攝的。爲寫成今體和校對分類，我已經費去兩年多的時間。但其中仍有許多地方，尚不能做到完全滿意。而且攝影的時候，底片尚有損壞由香港寄到昆明，曬像亦有損壞和遺失，數目上和編製上是不能和在滬翦貼複照的成書，完全一致。這一點是無可如何的。倘若在平時儘可有法參照，但現在是戰時，只好釋文和影本各自爲政。將來影本出版以後，再參照影本來做索引及補遺。

本篇的釋文是按照簡牘的種類來分類的。計分爲文書、簿册、信札、經籍、雜類五類。在五類之中再分出若干小類。這個分類是變通羅振玉和王國維所設計的流沙墜簡的分類而成。墜簡的分類是：（一）小學術數方技書（二）屯戍叢殘（三）簡牘遺文。而屯戍叢殘再分爲簿書、烽燧、戍役、廩給、器物雜事各類。照這個分類法，屯戍叢殘一類包括太廣了。而且簿書是按簡牘的種類分，烽燧以下四類又按着性質分，所以在排比上不免有無所適從的地方。雜事一類大都是無類可歸或殘缺太甚的，其中不一定便是屯戍叢殘所能包括而沒有其他兩類上的簡牘。所以現在將屯戍叢殘所包括的，分爲文書，簿册和雜事三類，改小學術數方技書爲經籍，改簡牘遺文爲信札。使得所有的類全是按照着簡牘的種類，再在種類的下，按性質分爲各個的小類。

　　因爲居延漢簡原發現人貝格曼先生的報告尚未出來，我們無法知道詳細出土的情形，和隨着出土的器物。現在手邊連一個詳細一點的居延附近的地圖也沒有，許多地方是不敢冒昧來說的，因此對於簡中所提到的烽燧名目，一律不敢加以排比。只記得從前在北平時西北科學考察團尚有一個居延地圖，漢簡出土最多的是在紅城子 (Ulan Durbeljin) 和壞城子 (Mu Durbeljin) 兩個地方，在 (Ulau Durbeljin) 出土的文書，簿檢，大牛是屬於肩水候官的；在 (Mu Durbeljin) 出土的文書、簿檢，大牛是屬於卅井候官的。現在不妨假設這兩個城，一個是肩水候官城，另一個是卅井候官城。肩水城大概屬於張掖肩水都尉，在卅井城大概屬於張掖居延都尉。肩水都尉不見於兩漢書地理志，在各紀傳中亦未提到。惟鹽鐵論中有『扇水都尉』或爲肩水都尉之誤。現在可以想到至晚在漢平帝時肩水都尉已經併職於居延都尉。至於這兩個候官亦未在兩漢書提到，這是前漢書地理志例不載候官，至續漢志亦沒有，可以知道後漢時候已經將這兩個候官罷去了。

　　居延漢簡的時代始自太初迄於建武，有一部份尚晚到永元。按漢書武帝紀太初三年『強弩都尉路博德築居延』。又李廣利傳『太初元年以廣利爲貳師將軍……期至貳師城取善馬。……士財有數千皆飢罷……引而還，往來二歲。……天子聞之大怒，……益發戍卒十八萬。酒泉，張掖北置居延、休屠、以衞酒泉。』漢書地理志注引闞駰十三州志云：『武帝使伏波將軍路博德築遮虜鄣於居延城。』所以居延城是太初時才建築的，居延的烽燧，或同時或稍後，大要總不出武帝時。又按衞青霍去病傳附路博德傳云：『路博德西河平州人，以右北平太守從票騎將軍封邳離侯。票騎死後，博德以衞尉爲伏波將軍伐破南越。益封，其後坐法失侯爲彊弩都尉屯居延卒。』票騎將軍薨時爲元狩六年（本傳）。博德爲衞尉據百官公卿表在元鼎五年，以衞尉爲伏波將軍征南越據兩粵傳在元鼎五年秋。公卿表未載免衞尉時，但據景武昭宣元成功臣表，博德四年六月丁卯封（據霍去病傳爲元狩四年），十五年，太初元年坐見知子犯逆不道免。則博德爲衞尉不能更晚至此時。其伏波將軍至晚在此時亦已免去。十三州志所稱的伏波將軍，自係故伏波將軍。又按李廣傳附李陵傳『天漢二年貳師將三萬騎出酒泉……召陵使爲貳師將輜重，陵召見武臺，叩頭自請曰「……願得自當一隊。……」上曰「將惡相屬耶」。……因詔彊弩都尉路傳德將兵半道迎

陵軍，博德故伏波將軍，亦羞爲陵後距，奏言「方秋匈奴馬肥，未可與戰，臣願留陵至春，俱將酒泉張掖騎各五千人，並擊東西，浚稽方必禽也。」書奏，上怒，疑陵悔不欲出：而教博德上書。……召陵以九月發出遮虜鄣』。又『久之，上悔陵無救，曰，陵當發出塞，迺詔彊弩都尉令迎軍，坐預詔之，得令老將生姦詐。』所以從太初元年起至路博德死爲止，博德都將兵屯居延。博德死年今不可知，但截至天漢二年博德尚存，當時博德屯住居延已有六年。所以博德屯在居延或較六年尚長。居延的亭障都有爲博德經手經建的可能。漢簡中有一次稱將軍，有一次記載將軍的用器（見簿册器物類），但張掖太守居觻得而不在居延。都尉是等於校尉，不應稱將軍，博德是曾爲將軍的，現在不知道博德死後，是否尚有在居延有以大將將屯的，假若漢代將屯居延的大將只有博德，那就居延漢簡可以推到路博德將屯的時候。除非有張掖太守而曾作將軍的在居延屯過。我們對路博德的生活之一片，也可從一個器物簿推到了。

建武時的簡有建武三年一簡，建武四年一簡，建武五年一簡，建武六年三簡，建武七年一簡。並有一簡爲七年四月。所以居延中的幾個烽燧城鄣至少在建武七年尚未罷去。據光武紀『建武六年六月辛卯詔曰：「夫張官置吏所以爲人也。今百姓遭難，戶口耗少，而縣官吏職所置尚繁，其令司隸州牧，各實所部，省減吏員，縣國不足置長吏可并合者，上司徒司空二府」，於是條奏并省四百餘縣。吏員減損，十置其一。』七年四月雖然在十個月之後，但居延的幾個部塞候官城，仍然有因爲這個詔令而隨時撤廢的可能，假若這幾個部塞是因爲撤廢而遭廢棄，那就可以想見當時許多邊吏捆載重要的物件歸郡，其中積年的擋案是如何覺着不值運囘而遺在廢棄的遺址，所以居延塞所得的殘篇斷簡可以有一萬多。不過居延塞中許多亭部是在建武中撤廢，這一層或者大致可以斷定。倘若因爲只能獲得建武七年四月是最後的文件，便推定在此時撤廢，但仍有相當危險。我們現時可以想到建武元年到七年的公文，也必然可以盈千累百，盈千累百的文件，現在只剩了幾條，便拿他決定某一件是最後的日月，其不可靠無待煩言。此外在建武一代與邊戍有關的事尚有建武二十二年『匈奴北徙幕南地空，詔罷諸亭候吏卒』。所以居延中幾個部塞在二十二年罷去，亦有可能。並且光武紀稱『十年省定襄郡，徙其於西河，』『十一年省朔方牧并

幷州』『十二年省金城郡屬隴西。』『二十年省五原郡徙其吏人置河東。』在這種『罷省』作風之下，也決不能斷定居延的兩個候官幾個郵塞，一定是於建武六年並省縣治時罷省，同時也決不能斷定是建武二十二年省滅亭候吏卒時罷省。因爲這些郵塞大浪費了，在建武中某一時期單獨罷省亦有可能。所以現在決不能擅定在建武那一年罷省。不過居延漢簡截至建武爲止，建武的簡很可以尋出幾個，永平以後並無隻字。而建武又是極力施行罷省郡縣，罷省郵塞最爲顯著的一個時期。則居延諸塞的一部分，說是在建武一朝三十幾年中罷省，或者不算太武斷的。

居延郵塞是河西四郡的一部分其開發是在太初時，漢書有明文可據。而開發居延最初是利用屯田卒的。據路博德傳，及其他史料，我們已經知道路博德率領了一部分軍隊，在李廣利西征大宛之際開到居延，築起了城壁，長期在居延屯着，一直屯到路博德死，至於這一部分軍隊屯住的時候，究竟是什麼性質，是不大明瞭的。在居延簡中有兩簡，其一簡爲

延壽迺太初三年中又以負馬田敦煌延壽與父俱來田事已……（書檄）

又一簡爲

馬長吏卽有吏卒民屯士亡者具署郡縣里名姓年長物色房衣服初亡年月日人數白報具病已。案屬丞始元二年戌田卒千五百人爲驛馬田官寫涇渠迺正月巳酉淮陽郡……（書檄）

書檄前一簡爲簡中記日月最早之簡。第二簡雖然是昭帝初年之簡，但距李陵出塞時不過十四年，此時戌卒亦爲田卒，卽以戌卒屯田。可以想到當時邊塞的一般狀況。

再根據正史上的史料可舉於下：

史記匈奴傳『後秦滅六國，而始皇帝使蒙恬將十萬之衆北擊胡，悉收河南地，因河爲塞，築四十四縣城臨河徙謫戌以充之………又度河據陽山北假中。』集解：『驪塞北假北方田官，田主以田假與貧人，故曰北假。』

漢書鼂錯傳『陛下幸憂邊境，遣將吏發卒以治塞，甚大惠也，然遠方之卒，守塞一歲而更，不知胡人之能，不如選常居者家室田作以備之……』上從其言，迺募民徙塞下。』

史記匈奴傳『令大將軍靑，驃騎將軍去病分軍，大將軍出定襄，驃騎將軍出

代。……是後匈奴遠遁，而幕南無王庭，漢度河往往通渠置田官，吏卒五六萬人，稍蠶食地接匈奴以北。』

史記平準書『初置張掖酒泉郡，而上郡朔方西河河西開田官，斥塞卒六十萬人戍田之。中國繕道餽糧遠者三千近者千餘里』。

漢書西域傳『初置酒泉郡，後稍發徙民以實之，分置武威、張掖、敦煌、列四郡，據兩關焉……自敦煌西至鹽澤，往往起亭。而輪臺，渠犁皆有田卒數百人。置使者校尉領護。』

漢書西域傳『征和中搜粟都尉桑弘羊與丞相御史奏言，「故輪臺以東，捷枝渠犁皆故國。地廣饒水草，有溉田五千頃以上，處溫和田美，可益通溝渠，種五穀。與中國同時熟。……臣愚以為可遣屯田卒詣故輪臺以東，益種五穀。田一歲，有積穀，募民壯健有累重敢徙者詣田所，就畜積為本業。益墾溉田，稍築列連城而西，以威西國，輔烏孫為便。臣謹遣徵事臣昌分部行邊。嚴勅太守都尉，明烽火、選士馬、謹斥候、蓄茭草，願陛下遣使西國以安其意臣昧死請」上迺下詔深陳既往之悔。曰：「前有司奏欲益民賦三十助邊用，是重困老弱孤獨也，而今又請遣卒田輪臺……今邊塞未正，闌出不禁，障候長吏，使卒獵獸皮肉為利，卒苦而烽火之失，亦上集不得。後降者來若捕生口虜迺知之。當今務在禁苛暴止擅賦，力本農脩馬復令以補缺，毋乏武備而已。……」由是不復出軍。』

綜以上各史料，可以看出屯田之事，在秦時常已有所萌芽。至漢武帝開關河西之後，並用着軍屯和民屯，糧食不足仍要仰仗於內地。至於屯戍的方式，大致可以從桑弘羊屯田渠犁的計劃看出。屯田的計劃是利用屯田的戍卒來開渠墾田，一年以後，有了積穀，再募民壯健而有家口的前往，成為永業。此事雖未實行，但其計畫必係仿照邊郡成例而來，河西四郡最初也不會與此相差太遠。現在看西域傳『稍發徙民以實之』便知其是逐漸徙去的。徙民既眾，於是河西郡內的騎士，和關東更番的戍卒，互相幫助屯守。所以戍卒的數目也就減少了。昭宣以來數目不大明瞭，據王莽傳云：『穀常貴，邊兵二十餘萬人，仰衣食，縣官愁苦，』此時當匈奴單于囊知牙斯叛變之後，所用的邊兵數目尚較武帝時為少。可以知道最初建立邊郡的艱

難，和邊郡已建以後的效用。

　　正史對於邊塞屯戍的事，只能記載一點廣泛的一般原則，其具體事實的供給，則要倚賴發現的新材料。必須利用正史和新材料來鉤距參伍，才可以得着事實的眞像。

　　新發現的漢簡雖然非常殘缺零碎，但確是一個未曾開發的寶藏。只要能用心鉤稽，許多問題的眞像是可以藉此明瞭的。譬如兵制一事，食貨志引董仲舒的話說：『又如月爲更卒，已復爲正一歲，屯戍一歲。』而漢舊儀則稱『民年二十三爲正，一歲爲衞士，一歲爲材官騎士。』這兩段似乎衝突的。但現在已可從漢書和漢書注證明衞士與戍卒爲同性質的服務，至於那一項服務在前，那一項服務在後，則現在可由居延漢簡簿册名籍一目，看出戍卒並無嚴格的年齡區別而騎士名簿不記年齡。亦卽漢時的兵役，騎士有以年歲分級，抽調入營的具體事實而戍卒不然。所以前人考盧衞士正卒那個在先服務苦無根據，現在卻可以證實騎士在先了。

　　其次，漢代戶籍是以里爲基本的，現在只有許冲上說文表的召陵萬歲里公乘臣冲，和史記自序索隱引博物志『太史令茂陵顯武里大夫司馬「遷」年廿八三年六月乙卯除六百石』等少數證據。現在居延有大批的名籍都著上爵里，使我們看到漢代軍制和『保甲』制度是有密切關係的。自秦人以什伍組織秦民，以此倂天下，漢代卽承此制。三國大亂，戶籍難徵，徵兵亦廢，於是鄉亭之制，名存實亡，什伍之法亦一往不返。宋神宗的保甲法，實是兵役的基礎，只是法出於嬴秦，而事託於周禮，自失所據罷了。

　　關於烽燧的制度，在未發現漢簡以前是無從想像的。現在有敦煌居延兩批漢簡，對於漢代的烽燧所有的嚴密組織，是可清理了。關於烽燧的組織，是由都尉來管理，都尉是承受太守的指揮的。都尉以下有侯官，侯長，和隧長。侯官的下侯長的上間設鄣尉，管理分司的烽燧。侯官仿照縣的組織，置有掾屬，侯長爲百石有秩，可以比鄉嗇夫，隧長則管一隧之事，略比亭長。這個制度是烽燧制度的基礎，只待居延漢簡發現，纔由我整理出來。戍卒的數目據敦煌簡和居延簡戍役一目所收，大致最少爲三人，最多可以到三十人，以十人爲最普通。據黃文弼先生『蒙古新疆兩地考古經過』云：『城旁有土墩，時有銅矢鏃及烽火遺屑，似爲烽火臺遺跡，每

十里必有一墩，每三十里必有一堡，可容數十人，似爲當時戍兵守望之所，每百里有小城圈……。』這三種的障塞，來分配侯官，郭尉，隊長三級情形恰合。至於都尉治所，或在縣城。或在侯官城，與此不衝突的。

烽燧之制，比較早而紀載稍詳的只能推到唐代。宋曾公亮等武經總要云：

『烽燧軍中之耳目豫備之道。不可闕也。唐兵部有烽式，尤爲詳具，今之邊塞所置，則頗爲簡略而易從。唐李筌所記法制適與今同，以唐式錄爲前，而今法次之，庶參考用焉。

『唐法，凡邊城侯望。每三十里置一烽，須在山嶺高峻處，若有山岡隔絕，地形不便，則不限里數。要在烽烽相望。若臨邊界，則烽火外周築城障。

『凡掌烽火置帥一人，副一人。每烽置烽子六人，並取謹信有家口者充副帥。往來檢校烽子五人，分更刻望視，一人掌送符牒，並二年一代。

『置烽之法每烽別有土筒四口，筒間火臺四具，臺上插橛，擬安火炬，各相去二十五步，如山險地狹，不及二十五步，但取應火分明，不須限遠近。其煙筒各高一丈五尺，自半以下四面各闊一丈二尺，向上則漸銳狹。造筒先泥裏後泥表，使不漏煙，筒上着無底瓦盆蓋之，勿令煙出。下有烏爐竈口，去地三尺，縱橫各一尺五寸著門開閉。每歲秋前別採艾蒿莖葉，葦條草節。皆要相雜爲放煙之薪，及置麻蘊火鑽狼糞之屬，所委積處以掘塹環之，防野燒延燎，近邊者亦量給弓弩。

『凡白日放煙，夜則放火，先須看筒裏至實不錯然後相應時將火炬就烏爐竈口裏焚爇成煙，出外應滅訖，別捉五尺火炬安著土臺橛上，煙相應時，一爐筒煙一人開閉，二筒煙時二人開閉，三筒煙三人開閉，四筒煙四人開閉，若晝日陰晦霧起望煙不見，原放之處卽差腳力人速告前烽，霧開之處依式放煙。若有一烽承兩道以上烽者，用騎一人擬告州縣發驛報烽來之處，若烽與驛相連者，卽差驛馬。

『凡寇賊入境馬步兵五十人以上，不滿五百人放烽一炬，得蕃界事宜，又有煙塵知欲南入，放烽兩炬，若餘寇賊，則五百人以上不滿三千人，亦放兩炬。蕃賊五百騎以上，不滿千騎，審知南入，放烽三炬，若餘寇賊三千騎以

上亦放三炬，若蕃賊千人以上不知頭數，亦放烽四炬，若餘寇賊一萬人以上亦放四炬，其放烽一炬者，至所管州縣止。兩炬以上並至京原，放煙火處州縣演即錄狀馳驛奏聞。若依式放烽至京城訖賊囚者，放烽一炬報平安。凡放烽告賊者，三應三滅，報平安者兩應兩滅。

以上在白帖曾略加徵引，又見於明茅元儀武備志，但武備稱爲唐制而未明著出處。清人官修圖書集成採取武備志無違礙的不少，但此段未被採取，甚至烽燧一門在圖書集成亦未列入，武備志曾爲禁書，武經總要雖收入四庫書中，但流傳未廣，所以唐代烽式幾在若存若亡之間。現在較詳的記載，以此爲最早，爲明瞭烽燧之制以便和漢代比較，故節錄原文。至李筌烽法較此爲略，王國維流沙墜簡亦曾稱引，所以不再詳舉。

　　按唐代烽法有許多是略同漢制的，殷因周繼，百代可知，假若是一個來原，其宗承是難改動於百變的。唐的烽式共分九段。其內容爲(一)烽燧的設置(二)烽燧的組織(三)烽火的種類(四)放烽火的程序(五)放烽火的方法(六)烽火報警的規律(七)傳警(八)密號(九)更番法。大致都可和漢代制度溯其來歷。

　　關於烽燧的設置，漢代烽燧是比唐代爲密的，黃文弼先生調查的結果烽燧相距大率十里，即照斯坦因所測的敦煌地圖，各烽相距也都在十里以內：後漢書馬成傳『繕治障塞，自西河至渭橋，河上至安邑，太原至井陘，中山至鄴，皆築保壁起烽燧十里一侯。』所以漢代亭障間距隔的標準是十里。

　　關於漢代烽燧的人數，例如：

右厭隧卒四人（敦煌簡器物二十四）

口未　（騎士十人其一人候　人作百五十　凡墼千三百　其一人爲養　其八人作墼）（敦煌簡戍役十六）

二月庚辰日卒四人（其一人常候　其一人候　其二人積薪十日　率日致口口口新二里）（敦煌簡戍役十三）

（其一隧長　一人木工　一人守衞　廿六休不作　三人養　一人口口　一人病）（居延簡46,18,）

正月癸巳鄣卒十人　（居延簡52,31,）

大約都在十人以內，此外尚有三十餘人的，和百人以上的，當然不是簡單的亭隧，

而屬於侯官或部尉了。至於守塞的郵卒,有戍卒有騎士,這也是唐代儌卒和鄉兵之比。

　　至於漢代烽火的種類,有積薪、炬火、和烽煙三類另外尚有布製的烽表。顯然比唐代的爲複雜,大約烽煙用於白日,炬火用於晚間,積薪日夜並用。另外尚有烽表的設備。至於爆薪翠隧之法,另有考證。今不詳及。今舉烽燧中用守禦器一則以見一斑。

望虜隧長充光　　（積薪八毋持棐不塗堁　　塢上檑櫨少二）

　　　　　　　　（大積薪二未更積　　　　塢上大表一苦惡）

　　　　　　　　（小積薪二未更　　　　　塢上不騷除不馬矢塗）

　　　　　　　　（毋卒取棃菱席　　　　　毋候闌）

　　　　　　　　（諸水罌少一　　　　　　毋乾馬牛矢內無屋）

　　　　　　　　（汲桐少一　　　　　　　狗少一見不入籠）

　　　　　　　　（沙少三石見一石又多　　毋盾火炬五十）

　　　　　　　　　　　　　　　　　　（居延簡 264,32.）

至於漢代有無平安火的問題據王國維流沙墜簡考釋曰:

　　……漢人舉烽不知用何法,然沙氏書中別錄一簡釋文(原簡未印)云『六月丁巳丁亥第二百一十烽火一通從東方來,』所謂丁亥第二百一十者,蓋記自丁亥歲始,至六月丁巳所見之烽數,一百七八十日間而烽火之數至二百一十,恐漢時每夜亦有報平安之烽如李(太白陰經)杜(通典)二書所云也。

今按此條有誤證據不足,現在實無法證明漢代有平安烽火之制。其他瑣碎問題,可參看簿册類烽燧目中原簡,不再詳爲比較。

　　郵驛和烽燧是有密切相關的作用的。在居延簡中郵驛的紀載是很多的。漢簡上有對於某種事由某候官以郵傳。又記驛卒的授受和某地寄來公文的數目。驛有驛史驛卒,每驛備有官馬,並記着年歲和毛色。按郵驛本爲亭吏所掌。漢書平紀『宗師得因郵書言宗伯』注『郵行書舍,言爲付郵亭。』又黃霸傳注『郵亭行書舍傳送文書所止處也,卽漢官儀五里一郵之制矣。』驛或稱爲置,文紀二年『太僕見馬餘財足,餘皆以驛傳置。』注:『傳置驛之所因名置也。』廣雅『驛置也。』這都是

驛亦稱置的例。漢代文書最快的如趙充國攻西羌的時候，從金城到長安約一千四百里，七日可以往返。但逾此限度即不可能。漢書霍光傳『上曰將軍之廣明，都郎屬耳，調校尉以來。未能十日，燕王何以知之？』可見充國時的驛傳，已算最快了。

以上只是舉出幾點大致說一說。至於比較詳細的節目，另有考證，不再贅及。

我最要感謝的是徐森玉先生，傳孟真師，沈仲章先生。又董彥堂先生將釋文的歷法校了一次，我也要致謝的。

附記：原簡已在香港照像影印，照像甫畢，正在製版，其地突遭淪陷。此稿作時係根據照片副本，原缺照片約二十分之一，本擬依影印本清樣改正，今亦不可能。釋文中每簡之下有兩號碼，上號碼為照片頁數，下號碼為原簡編號。凡原缺照片可從號碼不銜接處大略檢得之。惟照片有損壞重照者，原亦編入號碼，故頁數缺號較多了。

居延漢簡考證

序

　　居延漢簡考釋的考證部分，是中華民國三十三年九月出版的。到今年九月，已經整整十五年了。在這十五年中，除去陸續的做長篇有關漢簡的考證，前後登載在中央研究院和臺灣大學的刊物以外，並且在中華民國三十七年，排校釋文部分時，準備把考釋部分重行鉛印，因爲以後就遷到臺灣，一切均未就緒，未能卽時實現。到了四十七年，才能經各方的協助，把漢簡的影片印出來。現在釋文部分，按影片的前後，重新排次，並加校正，已在排印之中，最近就可以出版。爲著和影片及釋文相輔而行，現在也把考證部分，重新補訂，排印出版。在補訂的時候，只就和原來考證有關部分，加以增訂和排次。排次的方法，過去是按葉數的，現在爲著頭緒清晰，加以分類。至於近來許多年研究的成果，如果全部加入考證補分，便會顯著體例上輕重失次，只有等將來有機會時再整篇的印出，現在不把它們一縮短，算做考證。這樣也許對於保存原有考證的體例，是一個比較適當的辦法。　　中華民國四十八年八月，序於臺北。

　　本工作進行時承中國東亞學術研究計劃委員會推薦哈佛燕京學社補助，特此志謝。

附 初 版 序

　　自斯坦因獲漢簡於長城遺址，王氏國維作流沙墜簡一書發其端要，鉤深致遠，多所創獲。然其時僅據千簡，不足以供分析比較之事。冥搜墜緒，爲事至難，及西北科學考察團得萬簡於居延，舊制遺漏益鮮，誠文獻之大觀，學林之盛事也。比年國難旣

起，避地西南，幸國家以學術為重，舊業得以不廢。陳書發篋，閱歷四載。三十一夏于役塞上，獲訪遺蹤，墜簡殘編，多可比證。次年度隴南歸，董理舊稿，寫成釋文四卷。李莊僻在川西，工料拙陋，譌誤孔多，然此時地能付印行，猶深自幸也。釋文旣竟乃以一歲之力成考證十三萬言。漢家儀制，經緯萬千，原非此一書所成至。然願結集數年之業，以奉數於海內外賢達之前，亦未為無用矣，傅孟眞師，時予誨正，並志於此，中華民國三十三年六月。

居 延 漢 簡 考 證

目 錄

甲、簡 牘 之 制

封 檢 形 式

東郡戍卒東阿靈里袁魯衣橐。一〇〇、一。

廣卿囗秋賦囗五千左四王德少三。二一、一。

囗十月秋賦錢五千。四五、二。

熒陽秋賦錢五千。四五、一。

貴里淳于輪衣橐◻皁布襦，枲服◻當韋◻犬緤。(五〇八)三四、一五。卷一，第五十九葉。

以上皆施於橐囊之封檢，其側面形爲◻，上寬下狹，而正面之中部施封泥，與書牘之封檢異。蓋書牘之封檢施於簡札之上，故其檢扁平，上下一致。施於書橐者，書橐爲長方形，其檢在書橐之中部，故其檢亦扁平，惟囊橐之容物者，其囊橐必上小下大，故其檢乃上大下小，與囊橐相稱。書橐之上下有底，縫在正中，及二端對折，縫藏於內不可見，施檢之處卽在橐外。檢較囊爲短，或與囊同長，俱無妨也。容物之橐囊，或開口於上，或上下俱有口，其口並露於外，故施檢之處，卽樞繩之處，而檢之形製，亦與書牘之檢異矣。

檢署與露布

肩水候官　　三月◻　五五八、一。

肩水候官　　六月庚戌金關卒乙以來　四〇五、一七。

肩水候官　　　　　　　　　　二一三、三八。

肩水候官　　◻月甲戌◻◻史以來
　　　　　◻捕酒泉大◻　　　二八〇、七。
　　　　　守男敦煌大◻

肩水候◻　　七四、一。

肩水金關　　辛關私印
　　　　　八月癸酉以來　七四、五。

肩水候官　　印曰朱千秋
　　　　　十一月壬申隧長勤光以來　五、二。

肩水候官　　廩名簿
　　　　　穀簿　　　五、六。
　　　　　歲窚◻

肩水候官　　關燧私印　　　五、一九。

肩水候官　　八月戊子金關卒德以來
　　　　　印曰張猛
　　　　　三月乙巳金關卒引以來　三三二、一。

肩水府左掾門下◻　二八八、一六。

肩水金關　　二八八、二。

肩水◻隧次行　二八八、三〇。

肩水金關　　三二、四。

甲渠候官　　一七、三二。

甲渠官　　一二七、一九，一八五、一九。

卅井候官　　司馬◻印
　　　　　二月庚戌卅井卒相國以來　四六五、五。

甲渠候官　四五、八。

甲渠候官以亭□　、八月癸酉□□□□　四四、二四。

甲渠官　張宗印　一二二、二。

第六隧□卒京賀自封　二〇八、四。

甲渠官　十二月　四九、二八。

居延甲候　二一八、三七。

甲渠候官　四五、六。又二七一、二。又一七五、六。又一七五、七。

甲渠候官　秦照
一月庚申第八卒　二六四、二二。

甲渠鄣候以亭行　三三、二八。

甲渠候官　一五八、九。

甲渠官　王彭印
四月乙丑卒月以來　□　一三三、四。又(二二四)一三三、五。

肩水候以郵行　張掖都尉更
九月庚午入　孫惠以來　七四、四。

肩水候官　南□私印
□□戊申禁姦卒延以來　五、四。

酒泉大尹書一封　酒泉大尹章　三五〇、四〇。

肩水金關　(三二)一九九、二二。

安漢□　(三三)一〇、七。

卅井候官　□□□□
十一月丙戌隧□卒□□以來　□　四二八、四。

卅井官　□□□□　□　四二八、一。

卅井官以亭行　一、八一、一二。

□　印曰蘭禹
六月壬戌金關卒壽以來　續史充圖　一〇、三四。

□　印曰張掖肩候
六月戊午如意候安仁以來　府令史商　七、七。

肩水候　印曰張掖都尉印
三月丁丑驛北卒□　五四、二五。

肩水候官　莊實印
二月丁酉鄣卒專以來　一〇、三八。

肩水候官吏馬馳行　甲辰
十二月丙寅盡□□入卒外人以來　□　二〇、一。

肩水候官以郵行　五三、一八。

肩水金關　五三、一七。又三二、五。又三二、二二。

肩水候官隧次行　三二、二三。

卌井官以亭行　　符晉印
　　　　　　　　八月乙未卒良以來　（一一○）四○一、二。

卌井官以亭行　　□塞印
　　　　　　　　□□候長崇夜十二月付　（一一○）四○一、四。

卌井官　　十二月辛未隧長當　（一一五）三九五、三。

甲渠塞候　（二二一）二四、九。

甲渠官以亭行　　揚放印
　　　　　　　　七月丁卯卒同以來、二事　（二二四）一三三、三。

甲渠官　　王彭印
　　　　　四月乙丑辛月以來　□　（二一七）一三三、四。

甲埠候官　　十月庚寅第十隧卒欣以來　（二二八）二八、二。

甲渠官　　張掖甲渠塞尉
　　　　九月癸亥辛同以來　□　（二三○）一三三、一。

以上爲卷一五十七至六十八葉。

　　以上諸簡有與常簡同者，亦有寬博而短者。其與常簡同者當爲封函之檢署，而寬博而短者，蓋書囊之檢署也。蓋書囊之制爲兩端方底，其中可容封函數事，故書囊之寬博必過於常簡。就中檢署並列廩名簿，穀簿，歲留□（五、六）者，當卽一囊並容數簿矣。其上所書之甲渠候官，肩水候官，卌井候官等，當爲受書之官而非致書之官。而『五四、三五』及『一四、三』兩簡尤爲明白，卽致書者爲張掖都尉及張掖肩水司馬，而受書者則肩水候矣。其中各檢有具卽齒者，亦有不具印齒者，蓋由封固書囊，情況匪一，有需用封泥者，亦有不需封泥者，各從其便也。其郵遞之事，則書『以亭行』，『隧次行』，『以郵行』，『吏馬馳行』等。觀其大意，則以亭行者多爲露布之屬，就亭傳觀者。隧次行者，蓋由隧而傳遞，以郵行者，蓋漢制三十里一郵，郵有驛馬，當較隧次行者爲速。其吏馬馳行者，則事之尤急者，必以馳傳矣。

　　其著『隧次行』，亦有爲露布者。敦煌簡簿書二十三云：

玉門官隧次行　　永和二年五月戊申朔，廿九日，丙子，虎猛侯長異叩頭死罪敢言之官鐵曰今朝宜秋
　　　　　　　卒孫諸官□□虎猛侯馮國之東部實叠塞卒不得去離亭尺寸□□卒有不□負罰當所□

王氏國維以爲『露布不封之書』蓋以一書露布，通告玉門所屬諸隧，故上題玉門官隧次行，次行者，以次行也。是足見漢代文書之簡易矣。』今案題玉門官者，因虎猛侯長上書於玉門官，玉門官爲受書者之銜名，非由玉門官發書也。隧次行者由諸隧以傳至玉門之意，亦非傳觀，惟此文書所言之事甚簡，故不封緘耳。非有意露布於諸隧也。

露　布

☑禁止行者，便轉關，具騎逐田牧畜，毋令居部界中，警傳毋為虜所在利。且□毋狀，不憂者劾。尉丞以下，毋忽如法令，敢告卒人。／掾爰辛，書佐光　（觚）

一二、一。(甲面)

得會。吉兼行丞事，敢告都尉卒人。詔書清塞下，謹侯望，督燧火，虜即入。料吏可備，中毋遠□□虜所□書已前下檄到卒入，遣尉丞司馬數循行嚴☑。　　一二、一

(乙面)

☑宗□□移敵就警備□□門毋為虜，其□□毋忽如律令。一二、一(丙面)

☑都尉事，司馬登行丞事，謂肩水侯官寫移，檄到如大守府書，律令。一卒史安世，屬樂世，書佐發羊。一二、一。(丁面)

此為都尉下肩水侯官更轉致烽燧之書，肩水侯官屬肩水都尉，即都尉上當有肩水二字也。甲面當為詔書，乙面當為太守下都尉書，丁面為都尉下侯官書，惟丁面殘缺，或竟為侯官傳致烽燧書矣。此為露布，不封緘，故用觚為之。其上當仍有封泥，今已脫矣。

此簡言『虜即入』，是諜知虜入寇記詔，郡縣先防也。按漢書匈奴傳：『(元鳳二年)單于使犁汙王窺邊，言酒泉張掖兵益弱出兵試擊，冀可復得故地。時漢得降者聞其計，天子詔邊警備。後無幾，右賢王犁汙王四千騎分三隊入日勒，屋蘭，番和。張掖屬國都尉大破之，得脫者數百人。』自是匈奴不敢窺張掖。此簡雖不著年月，然居延簡大率為武帝至光武時物，尤以昭宣二朝為多。建武時未聞匈奴士舉入張掖。王莽時無太守都尉官名，宣帝甘露以後呼韓邪來歸保塞，則其事必在宣帝甘露之前。然武昭宣之時，匈奴入塞，漢聞其計，而詔書使張掖為備者，僅元鳳二年一事，則此簡必在元鳳二年矣。

便轉關者，轉者轉櫓，關者門關，猶言明烽燧，謹門戶。具騎逐田牧畜猶言清野，虜將入，必藏牛羊，使毋為虜所得。部界指太守都尉所部之境界，乙面言『詔書清塞下』亦此意也匈奴傳言武帝元光時大行王恢誘單于入塞，未至馬邑百餘里見畜布野而無人牧之者，怪之，乃攻亭隧得行亭尉史，具得漢謀。蓋有警必藏

諸畜，無警必有人牧畜也。

版　　書

□□丞堂兼行丞事，下庫城倉□☑尉明白大扁書鄉市門亭見☑。一三九、七。

　　說文：『扁署也，從戶冊，戶冊者，署門戶之文也。』段玉裁注曰：『署門戶者，秦書八體，六曰署書。蕭子良云：「署書，漢高六年所定，以題蒼龍白虎二闕」。』扁亦曰版，世說新語方正篇：『太極殿新成，王子敬為謝公長史，謝送版使王題之，王有不平色，語信云：「可擲箸門外。」謝後見王曰：「題之上殿何若，昔魏朝韋誕諸人亦自為也。」王曰：「魏祚所以不長」。』注引宋明帝文章志言此事云：『議者欲使王獻之題榜。』故門外署書，或作扁書，或作板書，亦或作版書矣。

符　　券

始元七年閏月甲辰居延與金關為出入六寸符券齒百從第一至千左居官右移金關符合以從事　　　　　　第八　六五、七

奉葆姑臧西比夜里……河津關毋苟留　九七、九

從第一始太守從第五始使者符合為……　三三二、一二

……里賈縢年卅長七尺三寸出粟二石　　符第六百八　一一、四

……出入六寸符券自百六至……廿三　一一、二六

永元四年正月己酉　　橐佗吞胡隧長張彭祖符　　妻大女昭武萬歲里孫第卿年廿一子小女玉女年三歲　弟小女耳年九歲　皆黑色　二九、一

永光四年正月己酉橐佗延壽隧長孫時符　　妻大女昭歲萬歲里□□□年卅二　　子大男輔年十九歲　　子小男廣宗年十二歲　　子小女足年一歲　　輔妻南來年十五歲皆黑色　二九、二

……寸符券付居延第一里五士周□　二一一、一七

永始五年四月戊午入關傳……　五一六、二九

☒　凡出入關寫致籍　五〇、二〇

以上為出入關之符傳，而最後一簡則記出入關簿籍之簽署也。

此所舉者雖同為符傳，而其持有人之身分以及過關時之性質，與傳之命意亦自有別。傳者，就過關之事而言；符者，就傳上可以相合之證信而言。故在終軍傳中言後返之時更以為傳之事，則稱傳；就驗傳之手續而言，則稱合符。合符者，不論以裂帛為繻，或裂竹為傳，左右兩部之中皆有墨畫或契刻，驗時相合為信。至民國二十年代，內地之染坊，尚裂賭具竹牌為二，凡往染布帛者與以一半而以別一半，繫於布帛之上，將來取染竣之布帛，則持以為信，此亦舊時符契之遺。今之洗染店則以片紙為收據，不用此物矣。

符傳之中以虎符最為重要。虎符以發兵，藏其一方於帝王之手，郡國非有虎符，不得擅自調發。戰國及秦時本有虎符，漢初制簡，乃以羽檄徵天下兵。文帝二年，初與郡守為銅虎符，竹使符。漢書文紀。然呂后崩，齊哀王欲發兵誅諸呂，中尉魏勃曰：『王欲發兵，非有漢虎符驗也。』史記齊悼惠王世家則漢初發兵似亦用虎符，與文帝紀異，或太史公涉筆成文，於此未及細檢也。漢書嚴助傳，武帝建元三年，東甌告急上曰：『吾新即位，不欲去虎符召郡國。』乃遣嚴助以節發兵會稽，會稽守欲距法不為發，助乃斬一司馬諭意指，遂發兵。此則一時權宜，發兵時固必以虎符為準。故王莽居攝，翟義於都試時斬觀令，勒其部眾，乃得發兵。漢書翟方進傳。則亦由無虎符則不得擅發也。王國維觀堂集林十五，秦新郪符文四行，錯金書云：『甲兵之符，右在王，左在新郪。凡興士被甲用兵五十人以上，必會王符，乃敢行之。燔燧事雖無會符行殹』。其言虎符發兵之制，以此為詳。

符傳之制各不相同，因而其形式亦各有別。大略言之，第一簡，第三簡，第五簡，皆較為正式之符。第六，第七則為塞上吏員，移家塞上，與以長期通過之符。第二、第八則為省事臨時過關之符。第九之文較簡，且有殘缺，未能審諦其性質，從其文義觀之，則或為過關之記錄，或亦臨時之符傳也。

塞為工事關為塞之門戶。就一般人所思索者而言，塞既為國境防務所在，關則當為國境之入口。故出關即出國，入關即入國，關外不當更有政治區畫。究其實則不盡然，出國固是出關，而出關則不定是出國，蓋國境之中尚有關存在也。其在

漢世，函谷關，嶢關，武關，散關等，出關仍爲中國，原不必論。就塞上而言，肩水金關卽在居延城與張掖郡治之間，出肩水金關，乃到居延(詳見後考)。凡位在居延城者不論公私，必有符傳，乃可出入。此本節所舉符傳所以有種種不同之類別也。

符傳之屬，漢世或曰符，或曰傳。漢書宣帝紀本始四年：『民以事船載穀入關者，得毋用傳』。顏師古注：『傳符也』。此所謂關者指函谷關而言，是內地之關仍用符傳也。漢書終軍傳：『初軍從濟南當詣博士，步入關，關吏予軍繻，軍問曰：「以此何爲？」吏曰：「爲復傳，還當以合符」。軍曰：「大丈夫西游終不復傳」。遂棄繻而去。軍爲謁者，使行郡國，建節束出關關吏識之曰：「此使者乃前棄繻生也。」』是傳亦可稱爲符，然符傳左右之制，大體以右爲尊，故皇帝所持者爲右符。秦符皆以右符存於君王，漢符亦然。漢書文帝二年師古注：『與郡守爲符者，謂各分其半，右留京師，左以與之』。禮記曲禮篇：『獻粟者執右契』，注：『契，券也。右爲尊』，是也。若在關塞之間，如第一八簡則與此相反。金關屬肩水都尉而不屬居延都尉，居延都尉與金關爲客體，故自留左者，而以右符移金關，因而遂與虎符之法不同矣。至於家人閭里所用之契據，則或債權人所左或右，並不固定。老子：『是以聖人執左契而不責於人』，史記田敬仲世家：『常執左契以責於秦』，此債權人持左契者也。又國策韓策：『或謂韓公仲曰：「安成君東重於魏，而西重於秦，操右契而爲公責德於秦魏之王，裂地而爲諸侯，公之事也」』，則又債權人持右契者矣。說文：『券約也，分爲左右，以爲信也』，故債權人與債務人間，但取合符，原不計較左右，與虎符之鄭重不同，與關塞之符亦異，此由情理而言，可以推衍而知者也。

公務之符券，鄭重者爲銅虎符，其次爲竹符，更其次爲傳。其制歷代皆有因革。漢書文紀二年，『初與郡守爲銅虎符，竹使符』。顏注：『應劭曰：「銅虎符第一至第五，國家當發兵，遣使者至郡合符，符合乃聽受之。竹使符以竹箭五枚，長五寸，鐫篆書第一至第五」張晏曰：「符以代古之圭璋，從簡易也」。師古曰：「與郡守爲符者，謂各分其半，右留京師，左以與之」』。沈欽韓疏證曰：『周禮典瑞注：「鄭司農云，牙璋發兵，若今時以銅虎符發兵。杜子春云：珍圭徵守者，若

今時徵守者以竹使符也」。按信陵君傳，「如姬竊魏王兵符與公子，奪晉鄙軍」。隋書煬帝紀，煬帝幸遼東，命衞玄爲京師留守，樊子蓋爲東都留守，俱賜玉麟符以代銅虎符。唐六典：「後魏有傳符，歷北齊周隋皆用之。武德初爲銀菟符，後改爲銅魚符，以起軍旅，易守長。其傳符以給郵驛，通制命。太子監國曰雙龍之符，左右各十。京師留守曰麟符，左二十，右十九。東方靑龍符，西方騶虞符，南方朱雀符，北方玄武符，左四，右三。隨身魚符以明貴賤，應徵召。左二，右一；太子以玉，親王以金，庶官以銅，皆題某位某姓名，其官只有一員者，不復著姓名，並以袋盛。其袋三品以上飾以金，五品以上飾以銀」。冊府元龜四十，七十五：「後唐長興元年給事中崔行奏。內庫每州皆有銅魚八隻，一隻大，七隻小，兩隻右，五隻左。其右銅魚一隻，長留在內；一隻在本州庫，逐季申報平安。左魚五隻皆鑴次第字號。每新除刺史到任後，卽差到當省領左魚，當日覆奏內庫，次第出給左魚一隻，當省責領，到州集官吏取州庫右魚契合，卻差人送左魚納省。如別除刺史，州司又請次第左魚，周而復始」。……「木契所以重鎭守，愼出納。軍駕臨幸，皇太子監國，有兵馬受處分者爲木契。若王公以下，兩宮留守，及諸州有兵馬受處分，並行軍所及，領軍五百人以上，馬五百匹以上征討，亦各給木契。其在州及行用法式，並準魚符，王畿之內，左右各三，王畿之外，左右各五，庶官鎭則左右各十」。朱史兵志：「康定元年頒木契，上下題某處契，中剖之。上三枚好魚形題一二三，下一枚中刻空魚令可勘合，左旁題云左魚，右旁題云右魚。合上三枚留總管鈐轄官高者掌之。下一枚付諸州城砦主掌。總管鈐轄官發兵馬，百人以上先發上契第一枚，貯以韋囊，緘印之。遣指揮齋牒用弦，所在驗契卽發兵」』。又漢書疏證於嚴助傳下注云：『以銅爲符，鑄虎爲節，中分之。頒其右而藏其左，起軍旅時則以合中外之契。唐用銅魚符，宋以虎豹符，明以金牌，用實調發，非古制』。──按沈氏所舉之符實可分爲兩大類，其一爲符傳，其二則爲符籍。符傳可分爲兵符及出入關符，沈氏所舉大率皆爲兵符。兵符雖出於牙璋，然與牙璋之用，似同而實異。兵符始於戰國，蓋戰國始有郡縣之制，集財賦軍事之大權於中央，觀秦新郪虎符發兵五十人以上皆必待秦王之命，其制可知。據王國維所考此虎符當在秦昭王五十四年，至秦始皇五年之間。若在西周至春秋，皆

為封建之時，無是制也。周禮典瑞周禮人宗伯篇 所稱之珍圭，實卽鎮圭注，杜子春曰：『珍當爲鎮，書亦成爲鎮，以徵守者』。而鎮圭則爲六瑞之一，周禮典瑞云：『王晉大圭，執鎮圭』。故徵調諸侯，但取王所執者以爲信物，非如秦漢之用璽書也。至於發兵之事，尤重於徵調，則以牙璋行之。璋者半圭，牙璋者其上有牙也。然諸經之說，發兵所用者非一不，必皆是用璋。典瑞節鄭注：『鄭司農衆云：牙璋琢以爲牙，牙齒兵象，故以牙璋發兵，若今時以銅虎符發兵。玄謂牙璋亦王使之瑞節』。孫詒讓正義云：『注，鄭司農云：「牙璋，琢以爲牙者。」玉人注云：「有鉏牙之飾於琰側」是也。云牙齒兵象，故以牙璋發兵者，以其鉏牙不平，故曰兵象。白虎通文質篇云：「璜以徵召，璋以發兵，琮以起土功之事。璋以發兵何？璋半圭，位在南方；南方陽極而陰始起。兵亦陰也，故以發兵也」。班說惟璋發兵，與此牙璋同，而義與先鄭異。又說璜徵召，琮起土功，此經皆無文。公羊定八年何注。亦云，「禮，琮以發兵，璜以發衆，璋以徵召」。說文玉部，又以琥爲發兵瑞玉，並與此經不同，蓋別有所據。云若今時銅虎符發兵者，御覽珍寶部引馬（融）注云：「牙璋，若今之銅虎符」與先鄭說同。以發兵者，王應麟云：「漢書齊王傳，魏勃給召平曰：王欲發兵，非有漢虎驗也。吳王傳，弓高侯責膠西王曰，未有詔，虎符擅發兵，擊義國。嚴助傳，上曰，新卽位，下欲出虎符，發兵郡國，乃遣助以節發兵會稽，是也」。互詳掌節疏，云玄謂牙璋，亦王使之瑞節者，王使起軍旅，治兵守時持此爲瑞節，與珍圭以徵守恤凶荒同。左哀十四年傳，說宋公使向巢討向魋云，司馬請瑞，以命其徒攻桓氏。杜注云，瑞符節以發兵。又襄二十五傳，鄭入陳，司徒致民，司馬致節，司空致地，蓋皆起軍旅之節，故司馬請之致之也。云兵守，用兵所守者，謂疆場有警，治兵爲守禦也』。綜上所舉，古代用以發兵之瑞玉，可用璋，可琮，亦可用璜，是其所用者，特以玉好信物而已，因非必有一定之形製也。周禮所記之牙璋，頗疑爲春秋戰國間人從而規律化者，已漸非其朔。牙璋者，璋旁有齒文，而齒文之成因，蓋仿符契之齒文而來。前舉第一簡之照片，其上卽有齒文。而簡文亦記有齒，假如此簡爲玉所製而有齒文，卽牙璋矣。然則周禮稱以牙璋發兵，具時蓋已通行符契，就符契之製而引申爲之者，似未必曾通行於周公之世也。

符用於宮門出入者附籍而行。漢書文帝紀：『令從官給事宮司馬中者，得爲大父母，父母，兄弟通籍』。注：『應劭曰：籍者爲二寸竹牒，崔豹古今注引此條作尺二寸，是。蓋二寸竹牒太短，不能詳記用者之身分也。記其年紀，名字，物色，縣之宮門，按者相應，乃得入也』。漢書竇嬰傳：『太后除嬰門籍，不得朝請』，則列侯之奉朝請者，亦各有名籍。周禮天官宮正注：『無引籍不得入宮司馬門』。賈疏：『謂漢法，言引籍者，有門籍及引人乃得入也。司馬殿門者，漢宮殿門每門皆使司馬一入守門，比千右，不皆號司馬門』。周禮秋官士師注：『今宮門者簿籍』。疏云：『舉漢法以況之』。藝文類聚職官部引漢官解詁：『衞尉主宮闕之內，衞士于垣下爲廬，各有員部，居宮中者，皆施籍於門，案其姓名。若有醫巫儌人當入者，本官長吏爲封啓傳，審其印信，然後內之。……又有籍皆復有符。符用木長二寸，以當所屬兩字爲鐵印，亦太卿靈符。當出入者，案籍畢，復齒符，乃引內之也。』是唐六典所稱後魏有傳符，而唐時用金魚出入宮門者，實亦沿襲漢代宮門人符籍也。

契　　據

十日視事盡二月爲已縣官事買錢□□□□約沽酒勞二斗。五六四、七。

本始元年十月庚寅朔甲宣，樔里陳長子賣長綺，柘里黃子心買八十　九一、一。

建始二年閏月丙戌，甲鄣令史董子方，買鄣卒歐威裘一領，直千百五十，約里長錢畢已。旁人杜君雋。(一四九)二六、一。

□□□爲□□券書財物一錢，□□□到二年三月癸丑☑　二○二、一五。

終古隧卒東郡臨邑高平里臺勝，字海翁。貰賣九稯布三匹，四三百三十三，凡直千。

肆得富里張公子所舍在里中二門東入，任者同里張廣君。二八二、五。

七月十日鄣卒張中功貰買皁布章單衣一領，直三百五十二。堠史張君長所，錢約至二月盡畢已。旁人臨桐使解子房知券。□☑　二六二、一九。

☑置長樂里受奴田卅五畝，買錢九百，錢畢已，丈田卽不足，計畝還錢。商人淳于次孺玉兄鄭少卿沽酒商二斗，皆飲之　五五七、四。

右諸簡並契券之屬，敦煌簡亦有一簡與此同類，其文曰：

神爵二年十月廿六日，廣漢縣甘鄭里男子節寬惠布袍一，陵胡隧長張仲孫用，買錢千三百，不在正月□□□至□□□□□□正月書符用錢十。時在□候史張子卿，戍卒杜忠知劵，約沽旁二斗。雜事類六

王氏國維考釋曰：

右篇文摩滅不可盡識，然由全文觀之，蓋賣布袍劵也。旁疑旁之別字。漢書游俠傳：『宣帝賜陳遂璽書曰：制詔太原太守，官尊祿厚，足以償博進矣，妻君寧在旁知狀。』此簡云時在旁某某知劵，語正相同，乃知宣帝詔書，實用當時契劵中語也。在旁某某知劵，即今賣劵中之中人。吳黃武浩宗買地劵云：『知劵者雒陽金□子』，羅君以劵為劵之別搆字，引莊子庚桑楚文為證，其說甚是。漢時又謂之旁人，黃縣丁氏藏漢孫成買地劵，末云：『時旁人，樊永，張義孫，孫然，異姓樊元祖皆知劵，約沽酒各半。』又浹陽端氏藏漢建初玉買地劵云：『時知劵約趙滿何非沽酒各二斗』，此簡末亦云沽□二斗，是一袍之買賣，亦有中費矣。

從諸條觀之，諸契劵可見者凡有數事。(一)凡賣物者常為內地人，買物者常為鄣塞之吏，而鄣塞吏以名籍觀之，率為邊郡人。(二)官衣賦與私人者，亦得售賣。(三)賣衣物亦署劵，且有人保證之。(四)保證者酬質為沽酒二斗，二斗之酒價為十錢。前二事已於前文論及，今更論其後二者。按署劵之事，必其物之罕有者始為之。買衣持劵，若在後世事不恆有。然據諸簡所記多為貰買。其劵雖為買衣，其實同於借債。故其劵當由賣者持之，是亦不必致疑於一衣之微而沽酒書劵矣。至於第七簡五五七、四。乃買賣田畝之事，且非貰賣，其劵應由買者持之，又與貰買衣物之劵有所不同矣。

至諸簡言貰賣者，如：

毋得貰賣衣財物，太守不遣都吏循行，☑嚴教受卒，長史各封臧☑　二一三、一五。

中不審日，係卒周利謂鎮曰：令史屚卿買錢皂服儋偷。二八五、一九。

二月戊寅張掖太守福，庫丞承憙兼行丞事敢告張掖農都尉，護田校尉府卒人，謂縣，律曰：臧官物非錄者，以十月平買。案戍田卒受官袍衣、物，貪利貴買

　　賁，乃貧困民，不禁止，福益多，又不以時驗問。(三九五)四、一。

　　　　際卒張利親自言賣侯☐　　(一三五)一二七、一四。

　以上各則並為錢債之事，第三簡所言尤顯，蓋塞上衣着為難，得衣往往須購舊
者。於是有衣者以重值賁與入。賁衣者因不出見錢亦願從而賁之。而錢債糾紛由
斯而起。雖或禁之，猶不能止。凡此諸券，皆其事也。

編 簡 之 制

☐扁常案部見吏二八，一人王美休謹輸正月書繩二十丈，封傳詔。(五○二)四五六、五。
卷一，四十九葉。

　案敦煌簡：『凌胡隧壓胡隧各請輸札兩行，隧五十：繩廿丈；須寫下詔書。』與此
簡所記同。案簡牘之用繩者，一為編策，一為封書。編策之繩如史記孔子世家：
『孔子晚而喜易，讀易韋編三絕。』御覽六○六引劉向別錄：『孫子書以殺青簡，
編以縹絲繩。』荀勗穆天子傳序：『穆天子傳者，太康二年汲縣民不準盜發古冢
所得書也，皆竹簡青絲繩。』南齊書文惠太子傳曰：『時襄陽有盜發古塚，相傳
是楚王塚，大獲寶物。玉屐，玉屏風，竹簡書青絲繩。簡廣數分，長二尺，皮節
如新。盜以把火自照。後人有得十餘簡，以示撫軍王僧虔，僧虔云：「是科斗書
考工記，周官所闕文也。」』御覽六○六引瀬鄉記：『老子母碑曰，老子把持仙
籙，玉簡金字編以白銀。』』舊唐書禮儀志三：『玉策四版，各長一尺三寸，廣一
寸五分，厚五分，每策五簡，俱以金編。』居延簡廣地南部候兵物冊共七十七簡
以麻繩二道編之如竹簾狀，可以舒卷。故簡編則為冊，卷則為卷。後漢書杜林
傳：『前於西州得漆書古文尚書一卷。』縑帛非可以漆書者，則此所言一卷，當
指可以舒卷之冊矣。凡此所舉皆書繩之用於編冊者也。

　封書之繩當別為用於封函及用於纕橐者。凡書，封函而後更施纕橐，故書繩之
用，更有內外二重。其封於簡牘之函者，曰檢。說文：『檢書署也。』徐鍇說文繫
傳：『檢書函之蓋也。玉刻其上，繩封之，然後填以金泥，題書而印之也。』舊
唐書禮儀志三：『玉策長一尺三寸，並玉檢方五寸，當繩處，刻為五道，當封璽
處，刻深二分，方一寸二分。又為金匱二以藏配座玉策，又為黃金繩玉匱金匱各

五周爲金泥以泥之。爲玉璽一枚，方一寸二分，文同受命璽，以封玉匱，金匱。』此唐人用元封故事以封禪者，故其簡牘之制略同漢世，而藉以推見書繩之制也。神仙傳：『陰長生裂黃表寫丹經一通，封以文石之函，著嵩高山；一通黃櫨簡染之，封以靑玉之函，著華山；一通黃金之簡，刻而書之，封以白銀之函，著蜀綏山。』其事雖虛，然自是簡牘之制。宋書朱齡石傳曰：『別有函書全封。齡石署函邊曰：「至白帝發書」，諸軍雖進，未知處分所由。至白帝，發書曰，衆軍悉從外水取成都。』御覽六〇六引傅子曰：『太祖徵劉曄授以腹心之任。每有疑事，輒以函令問，曄乃一夜數至。』今居延及敦煌並有封檢發見，其鑿印齒以客封泥，刻印齒之傍三周以至五周以約書繩，並略類於唐志。而敦煌所出之『題明隧藥函』，有書繩及印齒，尤可旁證書函之制也。

封函以外更有書囊，其制略見於漢書東方朔傳，丙吉傳，趙皇后傳，後漢書公孫瓚傳。漢舊儀，蔡邕獨斷，西京雜記等。其形製之大要爲兩端俱方底，其中約署施檢而以白書繩繩之。亦白囊爲奔命書，詔文或用綠囊，而平時章表詔誥俱用皁囊也。王氏國維簡牘檢署考曰：『囊之形製漢書謂之方底。師古曰：「方底盛書囊，若今之算幐耳」，唐算幐之制不可攷，舊書輿服志：「一品以下帶手巾算袋」，算袋卽算幐，亦不言其制。玉篇：「兩頭有物謂之幐擔」。廣韻：「幐，囊可帶者」，合此二條及漢舊儀觀之，其制亦不難測。舊儀云：「靑布囊，白素裏，兩端無縫，尺一板，中約署。」唐六典引作兩端縫，尺一板。然續漢志，通典諸書所引縫上皆有無字，殆六典誤也。兩端無縫，則縫當縱行而在中央，約署之處卽在焉；則其形當略如今之稱馬袋，故兩頭有物可擔，其小者可帶，亦與幐之制合也。惟中央之縫必與囊之長短相同，否則書牘無由得入耳。』案王說書囊同於算袋其說甚是。勞敦傑先生審定居延簡中有若干爲算籌。按其形製與常簡同，則算袋應同於書袋，此可以證王說也。惟略有有可以修正者，卽書囊之制，義取謹嚴；通囊爲縫，關防難密。卽以王氏所擧今稱馬袋之例，亦僅兩端置物，短縫在中。若爲算袋，自應同然，則其爲書囊者，亦宜相似。故尺一之詔，其書囊必倍之有奇。書入牘囊，必對折其兩端，兩底相接，囊背在外，而其中縫則折於內，在外不可見矣。於是更施檢署，繩繩加印焉。又囊與帷蓋俱用長絛，故帷與幐有相通之義，見廣雅『幬謂之幬』疏證。故

章奏所用之繩並施檢於內外也。

乙、公文形式與一般制度

詔　　書　　一

☒□大夫廣明下丞相，承書從事下當用者，如詔書，書到言。☒☒□郡太守諸侯相，承書從事下當用者，如詔書，書到明白布☒☒到令諸□□縣从其□□如詔書律令，書到言。丞相史□☒下領武校居延屬國㕣農都尉，縣官承書☒　（二六）六五、一八。卷一，第四葉。

此簡當在昭帝元平元年至宣帝本始二年，大夫廣明卽田廣明，漢書百官公卿表元平元年『九月戊戌，左馮翊田廣明爲御史大夫，三年，爲祁連將軍。』漢書田廣明傳：『宣帝初立，代蔡義爲御史大夫，以前爲馮翊與議定策，封昌水侯。』卽其時也。此簡爲丞相御史下詔書文，其文當附入詔書，而詔書則今亡之矣。敦煌簡云：『四月庚子，丞(相)吉下中：二：千(二)(石)郡太守，諸侯相，承書從事下當用者。』流沙墜簡簿書三。王國維云：『右簡亦詔書後行下之辭，而脫其前詔，且語多訛闕，蓋傳寫之失也。以文例言之，當云丞吉下中二千石，中二千石下郡太守諸侯相。史記三王世家太僕臣賀請三王所以國名制曰：「立皇子閎爲齊王，旦爲燕王，胥爲廣陵王，四月丁酉奏未央宮。六年四月戊寅朔癸卯，御史大夫湯下丞相，丞相下中二千石，二千石，下郡太守，諸侯相，丞此字誤當作承。書從事下當用者，如律令。」以此例之，則此中下之小「＝」字明當在千字之下，而又脫「石＝」二字也。且「丞吉」二字間，疑脫一相字。考漢時行下詔書之例，如高帝十一年三月詔書，則由御史大夫昌下相國，相國酇侯下諸侯王，御史中執法下郡守。上所引元狩六年詔書，則由御史下丞相，丞相下中二千石，二千石，下郡太守諸侯相。孔廟置百石卒史碑載元嘉三年三月壬寅詔書，則由司徒司空下魯相。無極山碑載光和四年八月丁丑詔書，則由尙書令下太常，太常旄丞敧下常山相。此簡但云丞吉，不著何官之丞，漢代文書初無是例，則丞字下脫相字無疑也。漢時丞相名吉者，唯有丙吉，丙吉爲相在神爵三年四月戊戌，而卒於五鳳三年正月

癸卯中間凡四年，此四年中神爵四年，五鳳元二年四月均有庚子，此簡卽此三年中物也。承書從事下當用者乃漢時公文常用語，三王世家，孔廟置百石卒史碑，無極山碑均有此語，猶後世所謂主者施行也。』按敦煌簡中此簡乃當時學書者過錄之詔書，非原下者，故多誤字，然以居延簡諸下詔書文例之，則王氏所推定者是也。漢世詔書應有三部分，最前爲奏，次爲詔書本文，最後爲詔書下行於內外官署之文。其見於史籍者多經刪略，往往僅留詔書本文而刪其餘語。惟孔廟置百石卒史碑全錄詔文。碑前言：『司徒臣雄司空臣戒稽首言』至『臣雄臣戒愚戇誠惶誠恐頓首死罪死罪，臣稽首以聞』，則原有奏文，下詔書時並下其奏，以明原委者也。『制曰可』三字，則詔書本文。其『元嘉三年三月丙子朔，廿七日壬子，司徒雄司空戒下魯相，承書從事下當用者，選其年冊以上，經通一藝，雜試通利，能奉弘先聖之禮，爲宗所歸者，如詔書。書到言』，則下行之辭也。本書前節之丙吉奏(二一)五、一○，(二九)一○、二七。卽爲詔書前之奏文，隨詔書而下頒行者。此簡自『□□大夫廣明下丞相』以下，皆詔書本文以後行之辭。其全文應爲『御史大夫廣明下丞相，承書從事下當用者，如詔書。書到言。丞相義下中二千石，二千石，郡大守，諸侯相，如詔書　書到明白布……到令諸□□縣從其□□□如詔書律令書到言。丞相史下領武校，居延、屬國，部農都尉，縣官承書從事下當用者，如詔言，書到言。』卽此詔文自御史大夫下丞相，更自丞相下內外二千石以上，其諸武職則由丞相史下之。又據居延簡：『二月丁卯，丞相相下車騎將軍，將軍，中二千石，二千石，郡大守，諸侯相，承書從事下當用者，如詔書。少史慶，令史宜王，始長。』(二九)一○、三○自丞相下內外二千石以上，與此亦同。是諸郡國之守相受丞相所下書，乃由丞相直下，其間不必由九卿轉達。故史記三王世家之『二千石下郡太守諸侯相』中之『下』字爲行文。而王氏國維補正敦煌簡之原文作『相吉下中二千石，一二千石下郡大中諸侯相』者，亦發依居延簡例改爲『丞相吉下中二千石，二千石，郡大守，諸侯相』矣。此雖一字之微，然關於漢代政治機構者甚鉅。蓋漢代庶政總於丞相，而九卿後世之六部有殊。九卿所司者，除司農廷尉以外，類皆中央之事，而無與於郡國者也。故郡國歲終遣吏上計於丞相府，其郡國上書亦直上於丞相御史。武帝紀元狩六年詔：『郡國有所以爲

便者，上丞相御史以聞』，即其例也。漢舊儀云：『丞相典天下誅討，賜奪，吏勞職繁故吏衆。』大典幟本即漢世除國家大計由中二千石二千石博士議郎廷會以外，尋常庶事即由丞相府決之。是以丞相能總天下之大成，無滯機，無廢事也。其在郡國，則依其土地戶口，分天下爲區畫百餘，使其略能捍衞邊防，而不能據土抗命。於是在一郡之中，盡其所有之權衡以賦之大守，大守秉承國策之大綱而壹切得以便宜行事。故郡府諸曹得以盡其力以施政，不至終日孜孜徒勞於應接文書，因之漢世吏治於國史中稱最焉。此所以丞相一府盡督天下事，不似後世尚書六部，條分縷析，而天下猶叢脞不堪，萬機並廢也。王氏見史記多一『下』字之衍文，又見末世潰亂之制乃奪相權而增六部之權，以爲漢代中朝政事亦自丞相府縱裂於諸中二千石，於是補正敦煌簡文爲：『中二千石下郡太守，諸侯相』。今以居延簡證之，則敦煌簡之誤文固顯而易見，而史記衍文亦於此得以訂正矣。

詔　書　二

二月丁卯，丞相相下車騎將軍，將軍，中二千石，二千石，郡大守，諸侯相，承書從事下當用者，如詔書。少史慶，令史宜王，始長。一〇、三〇

漢相百官公卿表，魏相以地節三年正月爲丞相，至神爵三年三月薨，共歷八年。此簡即此書年中物也。又據百官公卿表地節三年四月戊申，車騎將軍張安世爲大司馬車騎將軍，七月戊戌更爲大司馬衞將軍，此後未置車騎將軍。至元康四年大司馬衞將軍張安世薨，神爵元年不詳月始以前將軍韓增爲大司馬車騎將軍。故此簡不能出地節三年，神爵元年，二年，三年以外。此四年中惟神爵元年二月癸丑朔，得有丁卯。其他三年二月皆無丁卯。故此簡應爲神爵元年物矣。韓增爲車騎將軍在漢書中宣紀，百官表，及韓王信傳俱不載月日。宣紀且未言其事。據此簡則韓增拜騎將軍，事在二月以前，此可以補史闕也。又宣帝時大司馬僅係加官並無職守。百官表云：『太尉秦官，金印紫綬，武帝建元二年省。元狩四年初置大司馬以冠將軍之號。宣帝地節三年置大司馬，不冠將軍，亦無印綬官屬。』故大司馬僅屬虛銜，其本職在張安世爲車騎將軍及衞將軍，在韓增爲車騎將軍。此詔下韓增者，所以稱車騎將軍不稱大司馬也。

又按史籍所引諸詔文，又居延簡宣帝初年詔文(二三)五五、三七及(二一)五、一〇(二九)一〇、一一七。皆爲御史大夫下丞相，丞相下中二千石，二千石，郡太守，諸侯相。而此簡及敦煌簡簿書三則自丞相直下，不由御史下丞相。此蓋宣帝中年特制，而非前此故事所應有也。此簡之時爲神爵元年，敦煌簡簿書三之時爲神爵四年至五鳳二年，兩簡年代銜接，復與前此詔不同，則謂爲宣帝中年新制應非無據矣。宣帝任相之方本與武帝異，武帝之前雖有名相，然書闕有間，其時政治機構之相互關係，未能詳悉。武帝時則諸事主上獨斷，丞相具位而已。公孫弘雖招徠賢士，以文采自顯，然張湯已貴顯爲九卿，武帝意在征四夷，政事壹決於湯。名爲尊弘，而綜其大綱者未必由弘也。宣帝舊爲小人，及卽大位遂周知政事，發霍氏之謀，『始親萬機，厲精爲治，練羣臣，核名實，而(魏)相總領衆職，甚稱上意。』魏相傳。其由天子直下詔於丞相，亦綜核名實之一端，故終宣帝之世，諸爲相者其相業咸卓然有以自立，此其效也。然漢宣之世雖下詔有自丞相直下者，其由御史大夫下丞相之舊制，似亦未全廢。例如成帝時簡：『綏和元年六月癸卯朔，大司空武下丞相，丞相下當用者。』大司空原爲御史大夫，此時雖已改名，詔書猶先由司空下也。又漢御史而外，尚有尚書。臣下章奏皆上尚書，尚書上於天子見史記三王世家。詔書皆藏於尚書見灌夫傳：『案尚書大行無遺詔』。宣帝時因仍前制，至元帝時遂有以『尚書爲百官本』者矣。見漢書貢禹之傳。此蓋因天子親理萬機，天子左右相處者，乃尚書侍中，甚至爲中尚書中常侍而非丞相。宣帝以後率不能如宣帝時精於吏職，故宣帝時相業亦不能再見於漢世也。

此簡及前引丙吉改火奏俱長漢尺一尺此爲約數，丙吉奏長二四、三生的，此簡長二四生的，又(二三五)二〇六、五簡文爲：『制曰可』長二三生的。或一尺零數分，其他諸簡爲烽燧文書者，其長亦大略在漢尺一尺左右。故漢人所謂尺一之詔亦大略言之，非必全合度也。

詔　書　三

八月辛丑，大司徒宮下小府，安漢公大傅大司馬大師車騎☒(二五)五三、一，卷一，第五葉。此元始元年至三年詔也。大司徒宮卽馬宮，漢書百官公卿表元始二年九月右將軍馬宮爲大司徒，元始五年四月大司徒宮爲大司馬。又漢書王莽傳元始元年正月封

爲安漢公。又據漢書百官公卿表，是時孔光爲太師，王舜爲車騎將軍。而甄豐爲少傅左將軍光祿勳甄邯爲侍中奉車都尉，據王莽傳謂與光，舜同爲四輔。而王莽爲安漢公太傅大司馬幹四輔之事。幹通管，漢書劉向傳：『(石)顯幹尚書事』注師古曰：『幹與管同，言管主其事。』幹字不見於說文實卽幹字所謂五均六斡，亦卽五均六管也。此詔卽在其時。至元始四年正月王莽加號宰衡，位上公，三公言事稱敢言之，與此詔之職官異矣。小府卽少府，簡文下缺，不可得詳。或少府理天子私事，故由大司徒下之。而九卿郡國則由安漢公及四輔下之歟？王莽秉政，事多變革，今未能詳也。

印　　璽

月乙巳肩水關侯門嗇夫敢言之☒。(五)一九、一二七，卷一，第一葉。

肩水，郡名。其地有都尉，有候官，部領居延以南諸烽燧障塞事，證見後文。元帝時使車騎將軍口諭單于曰：『中國四方皆有關梁郡塞，非獨以備塞外也。』見漢書匈奴傳。是障塞，關梁，乃同設於四竟者，肩水本候官，因有關在，故亦曰關候矣。門嗇夫卽關門嗇夫，嗇夫本鄉官，主聽訟事，收賦稅，鄉大者置有秩，鄉小者置嗇夫。見漢書百官表及續漢百官志。然關塞之官與之有同秩者，故亦以嗇夫稱之，張釋之傳之虎圈嗇夫，亦其比也。

又居延簡云：『元年十一月甲辰朔，肩水關嗇夫光以小官印兼行候事，敢言之，出入簿一編，敢言之。佐信。』一九九、一，卷一，第五葉。此簡亦爲關嗇夫上行文書。元年十一月甲辰，在成帝陽朔時。關嗇夫應卽關候之門嗇夫，蓋塞外城鄣，地狹事簡，不得有兩嗇夫也。然兩簡之職名相異，是漢法雖嚴，然有時則猶疏闊矣。嗇夫兼行候事之候，卽候官之候，候與候官簡中常通用。嗇夫之小官印卽法言『半通之銅』。臨淄出土封泥，凡鄉印皆半通，鄉以嗇夫治之，故嗇夫印用半通，卽小官印矣。佐卽書佐，嗇夫之部屬，蓋嗇夫微官，不得置掾屬，故僅置書佐以理文籍。又嗇夫之職在塞上者，尙有庫嗇夫及軍嗇夫，並見居延簡，今不悉引。

小　官　印

初元五年四月壬子，居延庫嗇夫賀以小官印行丞事，敢言☒。(三一二)三一二、一六，卷

，三十四葉。

前考『元鳳三年十月戊子朔，戊子。酒泉庫令定國以近次兼行太守事』酒泉爲郡，故郡庫以令主之。此簡爲居延庫，居延爲縣，縣庫則嗇夫主之矣。御覽儀式部引漢官儀：『孝武元狩四年，令通官印方寸大，小官印五分。王公侯金，二千石銀，千石銅。』通官之通與通侯之通同意，言得通於上也。蓋漢制二百石以上，由丞相府除授，百石以下則由郡縣辟除，故二百石以上名具於丞相府，卽通官矣。後漢書鮑昱傳：『中元元年，拜司隸校尉，詔昱詣尚書，光武遣小黃門問昱有所怪不？對曰「臣聞故事通官文書不著姓，又當司徒露布。怪使司隸下書而着姓也。」帝曰，「吾欲令天下知忠臣之子復爲司隸也。」』此所言通官卽言得與朝籍者，鄉官及郡縣掾史不與朝籍，則非通官而用小官印矣。

吳式芬封泥考略四，有上郡庫令，漁陽庫令，北(地)庫令，皆爲方印，而成都庫三字印則爲半通。蓋上郡，漁陽，北地皆爲郡，而成都則爲縣也。周明泰續封泥考略亦有左庫及庫印半通印，蓋亦當爲嗇夫印。吳式芬於成都庫印後考證云：『右封泥三字半通印文曰：「成都庫」。按漢書地理志，成都蜀郡縣，考漢時郡國間有庫令，縣邑之庫未聞置官，然此成都庫印當爲主庫掾史之印。印廣半寸，高倍之。適當方印之半。兩漢金石記摹有園印及史印，略與此同，引揚子法言，「五兩之綸，半通之銅。」注，「有秩嗇夫之印綬，印綬之微者也。」後漢仲長統昌言曰，「身無半通青綸之命。」注，「十三州志曰，「有秩嗇夫得假半章印。」又明王氏集有廷掾半印。今封泥有司空半印。司空亦掾史，足證此爲成都掾史之印無疑。』按吳氏言半印爲半通之印甚是，然謂成都庫爲成都掾史之印則非。掾史固有假半通印者。嗇夫亦自可假半通印。何從而知主成都庫者必爲掾史而非嗇夫乎？今據此簡『居延庫嗇夫』爲一官名斷然可識，則主成都庫者當爲嗇夫而非掾史，不必繁言可證矣。小官印者，對大官印而言，嗇夫半通之印於方印僅得其半，故曰小官印也。漢世官印隨人而易，凡兼攝守領者仍用本官印，故庫嗇夫行丞事，仍自用嗇夫印，不用丞印。居延簡『閏月庚子，肩水關嗇夫成以私印行候事』(一三)一〇、六亦此類。惟此簡之庫嗇夫已假有半通印，而庚子簡之關嗇夫未假有半通印，其居嗇夫職當僅以私印行之。故其更由關嗇夫行候事亦用私印。此漢

制之疏闊處也。

漢世嗇夫俱用半通，鄉為嗇夫所掌，故鄉印皆半通。漢封泥之鄉印如：魯共鄉、渭陽鄉、阜鄉、壁鄉。以上見封泥考略。南鄉、中鄉、東鄉、祁鄉、安鄉、都鄉、良鄉、西鄉、北鄉、臺鄉、正鄉、高鄉、武鄉、建鄉、廣鄉、定鄉、昌鄉、路鄉、呂鄉、左鄉、右鄉、麻鄉、畫鄉、昭鄉、端鄉、猶鄉等。以上見續封泥考略，及北京大學封泥存真。此皆半通印而著鄉字者，當為鄉嗇夫之印無疑。其不著鄉字而與縣名同者，如屯留、上黨郡。東陽、清河郡。臨菑、齊郡。博城、齊郡。下東、齊郡，以上見封泥考略。其印之大小及字畫同於鄉印，當為諸縣都鄉之印。蓋漢制凡諸縣皆有都鄉而都鄉半通印則未見著錄。此或由半通之印地位有限。若僅有都鄉二字則不能辨為何縣之都鄉，反不如僅用縣名而以半通鑄之，仍可一望而知為都鄉印也。然鄉印同於縣名者亦間有方印，如西平鄉、汝南。南陽鄉、南陽。縣名為宛，此同於郡名。上東陽鄉、清河。安平鄉、涿郡。利居鄉、千乘。平望鄉、北海。南成鄉、東海。宜春鄉、豫章。安國鄉、中山。陽夏鄉、淮陽。廣陵鄉、廣陵。而陳氏十鐘山房印舉中里唯之印亦多作方印。蓋方印半印之別，自孝武元狩始嚴，此方形鄉里之印，或在元狩之前也。

剛 卯

若一心堅明

安上去外英

長示六□ （甲面） （一〇七）

□□□□

則□□□

□□□明 （乙面） （一〇八）

□書□亡

□□□章

□□□□ （丙面） （一〇九）

五鳳四年

□□□□

丞光□□　（丁面）　（一〇）　三七一、一　卷四，第三十葉。

正月剛卯旣央

靈殳四方　（甲面）　（一一〇）

赤青白黄

四色賦當　（乙面）　（一〇七）

帝命祝融

以教夔龍　（丙面）　（一〇八）

庶役岡單

莫我敢當　（丁面）　（一〇九）　五三〇、九　卷四，第三十葉。

　　右二器俱爲木剛卯。前器長一生的半，寬一生的；後器長一生的半，寬九米釐。前器首銳削，後器則首尾狹相同。中且有孔穿以繩。字跡多不可識，後器因與後漢書所載略同，故可辨其大略也。剛卯之制，據續輿服志云：『佩雙卯（今本作印，瞿中溶古玉圖錄定爲卯字，甚是。）長寸二分，方六分桑輿諸侯王公列侯以白玉，中二千石以下至四百石，皆以黑犀，二百石以至私學子弟，皆以象牙。上合絲，乘輿以縢貫白珠，赤罽蕤；諸侯王以下，以魩赤絲蕤；各如其卯質。刻書文曰：「正月剛卯旣央，（本志誤作決，今從前書王莽傳注。）靈殳四方，赤青白黄，白色是當。帝令祝融，以教夔龍，庶疫剛癉，莫我敢當」。「疾日嚴卯，帝令夔化，愼爾周伏，化茲靈殳，旣正旣直，旣觚旣方，庶疫剛癉，莫我敢當」。凡六十六字』漢書王莽傳中云：『今百姓咸言皇天革漢而立新，廢劉而興王，夫劉之爲字，卯金刀也，正月剛卯，金刀之利，皆不得行。』注：『服虔曰：「剛卯以正月卯日作，佩之，長三寸，廣一寸四分，或用玉，或用金，或用桃，著革帶佩之，今有玉在者，銘其一面，曰正月剛卯。」……晉灼曰：「剛卯長一寸，廣五分，四方，當中央從穿作孔，以采絲葺其底，如冠纓頭蕤，刻其上作兩行文曰：（與續漢志文同，始正月剛卯，至莫我敢當。）其一銘曰：（疾日嚴卯至莫我敢當。）」師古曰：「今往往予士中得玉剛卯，案大小及文，服說是也。』宋馬永卿嬾眞子曰：『于士人王君愕家，見一物似玉，長短廣狹，正如中指。上有四字，非篆非隸，上二字乃正月字也，下二字不可認，

問之君求云，前漢剛卯字也，漢人以正月卯日作　，佩之。銘其一面曰，正月剛卯。』與服虔及顏師古之說相合。然近時出土者多同於晉灼及續志，而與服虔所說僅刻一面者不同。瞿中溶古玉圖錄曾著錄一器，又言曾見三器並同晉說，吳大澂古玉圖錄則著錄三器，亦與晉說相同。近人陳大年言：『佩玉之中，常見小型長方形器，每方刻字一行或兩行，每行四字或五字，是名剛卯，西漢多四方，東漢多六方。』謂各方刻字，亦與瞿說相同。然其形製，既四方六方不等，其上刻字亦一行二行不等，則其器或刻全文，或刻文首正月剛卯四字，亦自可不拘定例。故剛卯定制雖刻全文，然服虔，顏師古，馬永卿所說，來嘗不可有此一體。顏師古僅是服虔，誠為所見未廣。然必如瞿中溶謂馬永卿所見者為宋人從舊玉偽作，則亦一偏之見也。今據居延發見者二器，後者之文同於續志及晉灼所說，前者之文未為史籍著錄，以其無從比附，故其字跡更難雜認。然就其形制言，則其器為剛卯，自無疑問也。且漢世佩雙卯者，蓋以剛卯為古佩玉之遺，具見於續漢輿服志。佩玉之制，凡珩，璜，琚，瑀之類，皆雙雙相對，變為剛卯，亦兩卯相對。雖刻語兩卯略有更改，然兩卯之形制應互相一致。此屋延二器形制不同，或非出於一佩矣。

佩玉之飾本繫於革帶，秦人更為剛卯之制，遂懸於佩印之綬。續輿服志云：『韍佩既廢，秦乃以采組連結於綬，光明章表，轉相結受，故謂之綬，漢承秦制，用而弗改，故加以雙卯(原作印今正作卯。)佩刀之飾』是也。今案剛卯文云：『赤青白黃，四色是當當』，亦用秦故文。史記封禪書，高帝二年，『東擊項籍而還入關，問故秦時上帝祠何帝也，對曰：「有白青黃赤帝之祠」，高帝曰：「吾聞天有五帝，而有四何也？」莫知其說。於是高帝曰：「吾知之矣，乃待我而具五也」，乃立黑帝祠，命曰北畤。』故秦之帝為四帝而非五帝，凡白青黃赤而四，與剛卯所記者『赤青白黃』之四色正同。其下文云『帝命祝融，以教夔龍』當卽秦人之四帝矣。凡佩印之綬則自戰國以後，皆繫於腰。史記蔡澤傳：『懷黃金之印，結紫綬於腰。』風俗通：『秦昭王使(李冰)為蜀守，開成都縣兩江，溉田萬頃，神須取女二人，冰因厲聲責之，因忽不見。良久有兩蒼牛鬥於江岸，有間軏還流。永謂官屬曰：「吾鬥疲極，不當相助耶？南向腰中正白者，我綬也。」』主簿刺殺

北面者，江神遂死。』凡此皆可證自戰國至漢，皆繫綬於腰，風俗通雖言秦時事，然所言本爲傳說，以東漢末年人記之，則當然爲東漢末年制度，至少亦自秦至東漢其制未變者也。北堂書抄儀飾部引漢官儀：『綬者有所承受也。長一丈二尺，法十二月，闊三尺，法天地人，舊用赤韋，亦不忘古也。秦漢易之以絲，今綬如此。』嚴助傳亦言：『方寸之印，丈二之組，鎮撫方外。』至光武以後，始以綬之長短定尊卑，見續輿服志，然結綬於腰，佩以剛卯，固未變也。曹魏時始不佩剛卯，隋唐以後，官印日大，雖定制有綬而不能佩印，麟玉魚符之佩，自此始矣。

剛卯言『靈殳四方』者，四方言剛卯爲方柱形，而靈殳則言剛卯之字體也。說文解字序云：『自爾秦書有八體……七曰殳書』段玉裁云：『蕭子良曰：「殳者伯氏之職也，古者文旣記笏，武亦書殳」，按言殳以包凡兵器題議，不必專謂殳，漢之剛卯，亦殳書之類。』其說是也。殳書者武器上所用之文書，以示壓勝逐疫，有符籙之意味者也。赤書白黃亦或指剛卯雜色之綬，蓋亦以示巫術之功用者矣。

算　　　　貲

候長鱳得廣昌里	小奴二人直三萬	用馬五匹直二萬	宅一區萬
	大婢一人二萬	牛車二兩直四千	田五頃五萬
公乘禮忠年卅	軺車一乘直萬	服牛二六千	

凡貲直十五萬　　　　　　　　　三七、三五

此爲算貲之記錄。漢書景帝紀，後二年五月詔：『今訾算十以上乃得官』注：服虔曰：『十算十萬也』。漢世以十萬爲中人之產，故文帝紀言：『百金中人十家之產』，故中等之戶，當以十萬爲標準也。哀帝紀綏和二年：『水所傷縣邑及他郡國災害什四以上，民訾不滿十萬，皆無出今年租賦。』平帝紀元始二年：『天下民訾不滿二萬，及被災之卽不滿十萬，勿租稅。』此皆以訾十萬以上爲中等人家之例也。訾直十五萬則較中等人家最低之標準，猶爲稍過矣。史記淮陰侯列傳：『家貧無行，不得推擇爲吏，又不能治生爲商賈』，言家貧則不得推擇爲吏，是爲吏必有萃貲爲據也。張釋之傳：『以貲爲騎郎』注如淳曰：『漢注，貲五百萬得爲

常侍郎』，董仲舒傳仲舒言：『選郎吏又以富訾未必賢也』則郎官亦以訾產爲推擇之準也。漢世算訾之目見於文獻中，今有漢簡爲證，則不動產中所有者爲田及宅，而動產中所有者爲奴隸，車(牛車及軺車)，牛、馬，其他用具衣物，則不在算訾之中。

算訾以後，當更向政府納算錢，算錢數據景紀後二年服虔注云：『訾萬錢算百二十錢』，今此簡所言『凡訾直十五萬』，則當爲十五算矣。其軺車之價値爲直萬，適爲一算，蓋漢代通例也。漢書食貨志云：『時公卿言，異時算軺車有差，請算如故。非吏比者，三老北邊騎士，軺車一算，(注師古曰，「比例也，身非爲吏之例，非爲北邊騎士而有軺車，皆令出一算)，商賈人船車二算，船五丈以上一算，匿不自占，占不悉，戌邊一歲，有能告者，以其半畀之。』是北邊騎士及吏、軺車可以免算，若依此類推，則此人爲侯長，軺車自在免算之列，軺車若免算，則十五算中，不至僅減軺車爲十四算，蓋爲吏者當一切免算，不僅軺車也。漢世以十萬爲準爲中產之家，揚雄傳言雄自言家產不過十金，後漢書梁統傳，統曾祖橋以訾十萬徙茂陵，亦皆中人之家也。

殿　　最

卅井隧言，謹核校十月以來計最，會日謁言解。四三〇、四。

陽朔三年九月癸亥朔，壬午，甲渠不私亭侯塞尉順敢言之。將出移賦出入簿與計偕，謹移應書一編，敢言之。(面)

尉史昌　(背)　(一三九)三五、八，卷一，第十八葉。

漢書武帝紀言：『太初元年，夏，五月，正歷，以正月爲歲首色尚黃，數用五。』自此以前皆沿用秦歷，以十月爲歲首也。右二簡皆言上計事，淮南人閒篇：『解扁爲東封，注，解扁，魏臣，治東封者。上計入而三倍，有司請賞之，文侯曰，吾土地非益廣也，人民非益衆也，入何以三倍。』是戰國之初，三晉或已有上計之制。漢興，則『郡守歲盡遣上計掾史各一人，條上郡而衆事，謂之計簿。』通典。故上計之事，乃在歲盡，以一歲言，應始於正月，今以十月爲始，猶仍秦歷之舊也。『計最』一名，見於漢書嚴助傳：『上書……願奉三年計最，詔許，因留侍中。』

注：『如淳曰，舊法當使丞奉歲計，今助自欲入奉也，晉灼曰，最，凡要也。』俱可解說其大意。漢書衞靑傳：『最大將軍靑，凡七出擊匈奴。』注師古曰：『最亦凡也』與此正同。居延簡：『最凡十九人家屬盡月。』(一七〇)二〇三、三七，卷二，四十五。『見最凡粟二千五百九十石七斗二升少』(二四八)一四二、三二，卷二，五十二。最凡可以互訓，故最凡亦並稱也。漢書嚴助傳沈欽韓疏證云：『韓非右儲篇，「西門豹爲鄴令，期年上計。」漢法亦以歲盡上計，此三年計最，蓋遠郡如此，見後漢西南夷傳。』案西南夷傳言上計事，乃指光武時越巂卭穀王長貴新歸朝廷，卽遣使上三年計。其事本爲特例，原非定制。而嚴助所以奉三年計，親入朝以謝者，亦由『拜爲會稽太守，數年不聞問，』而見詰責之故。是漢家定制，本爲一年一上計。三年上計，皆爲變例，非常制所有也。又據漢書，知郡國年一上計於丞相府，有時天子亦親受之。見漢書武紀，元封五年，太初元年，天漢三年，太始四年。宣紀黃龍元年。京房，張蒼，匡衡各傳。今據簡牘，則郡國上計應由郡國以下諸官上計於守相，更由守相集而上之。其烽燧財物亦在上計之列。簡牘中之簿錄，蓋亦有上計於太守者，今猶可知其略也。景武昭宣元成功臣表，衆利侯郝賢下『坐爲上谷太守入戍卒財物計，謾，免。』師古曰：『上財物之計簿而欺謾不實。』此亦可證明簡牘中之屯戍簿錄，有若干應爲計簿之底冊矣。

別　火　官

御史大夫吉昧死言，丞相相上大常書言，大史丞定言，元康五年五月二日壬子夏至，宜禨兵。大官邢井，更水火，進鳴雞，謁以聞，布當用者。臣謹案比原宗御者水衡邢大官御井。中二千石，二千石各抒別火官，先夏至一日，以除燧取火，授中二千石，二千石官。在長安雲陽者，其民皆受。以日至日易故火，庚戌寢兵不聽事，盡甲寅五日，臣請布，臣昧死以聞。五、一〇，一〇、二七。

右丙吉奏，本爲二簡，余讓之先生察其字迹相同，合爲一奏。時在二十四年。前後完整無缺文。此簡所言爲漢代改火事，蓋鑽燧取火，爲事甚難，故必保存火種，以備時用。周禮夏官司爟云：『司爟掌行火之政令，四時變國火以救時疾。』鄭注：『行猶同也，變猶易也。鄭司農說以鄹子曰：「春取楡柳之火，夏取棗杏之

火，季夏取桑柘之火，秋取柞楢之火，冬取槐檀之火。』賈公彥疏曰：『……釋曰四時變國火以救時疾者，火雖是一，四時以木爲變，所以禳時氣之疾也。』故據周禮，則爲四時變火，而據郰子，則爲五時變火。郰子或是談天衍，其五時變火蓋從五德終始而出，未必爲周人原義也。又按論語：『宰我問三年之喪期已久矣。君子三年不爲禮，禮必壞，三年不爲樂，樂必崩。舊穀既沒，新穀既升，鑽燧改火，朝可已矣。』則此言鑽燧改火爲一期年，又此異。何晏注引馬融說謂五時變大，與先鄭引郰子說同。孔氏正義謂釋者云：『楡柳靑，故春用之；棗杏赤，故夏用之；桑柘黃，故季夏用之；柞楢白，故秋用之；槐檀黑，故冬用之。』此正爲五時變火之本義，然非論語變火之事也。故論語期年一改，周禮一年四改，郰子一年五改，咸有不同。而此簡所言夏至改火之說，與論語周禮及郰子俱不相應。蓋期年改火，不當在夏至，四時改火當在立春，立夏，立秋立冬改之。五時改火，應除四立而外更增季夏節小暑。夏至爲中氣而非節氣，與四時之界畫俱不相涉。惟漢書魏相傳：『又數表采易陰陽及明堂月令奏之曰：「天地變化，必繇陰陰陽，之分，以日爲紀。日冬夏至，則八風之序立，萬物之性成，各有常職，不得相干」。』本傳云相少學易，是夏至改之說或覓與魏相所奏『日冬夏至，則八風之序立，萬物之性成』同出一源，而與周禮及郰子相違異。後漢書魯恭傳：『易五月姤用事，經曰后以施令誥四方，言君以夏至之日施命令止四方者，所以助微陰也。』與此說略同。續漢書禮儀志：『夏至浚井改水，冬至鑽燧改火』，雖與此奏以夏至爲分畫一年段落中一節之始，方式相同。然於易火易水之分，已有所修正。隋書王劭傳：『劭以古有鑽燧改火之義，近代廢絕，於是上表請變火曰：「臣謹按周官四時變火以救時疾，火不數變，時疾必興，聖人作法，豈徒然也」。』是至隋時於漢二至易火之事已無所聞知矣。

又按釋文卷四，歷譜類十七葉，有元康五年四月至五月歷譜。一七九、一〇 自四月廿九日庚戌寢兵，至五月四日甲寅盡，其中五月二日壬子爲夏至，與此簡相符。此二簡奏文與此歷譜當時必置於同處，故亦當在同地得之。

又按史記秦始皇本紀：『三十五年除道道九原，抵雲陽，塹山堙谷直通之。』又：『立石東海朐界中以爲秦東門，因徙三萬家麗邑，五萬家雲陽。』漢書武帝紀：

『太始元年春正月，徙郡國吏民豪桀于茂陵雲陵。』注師古曰：『此當言雲陽，而傳寫者誤爲陵耳。茂陵帝所自起，而雲陽甘泉所居，故總使徙豪桀也。鈎弋趙倢伃死葬雲陽。昭帝卽位始尊爲皇太后而起雲陵。武帝時未有雲陵。今按顏說是也。雲陽所以重於三輔者，以其爲北征大道之起點，且爲甘泉宮之所在。甘泉爲避暑行都，故亦略依長安，授民以火也。又漢書郊祀志云：『秦以十月爲歲首，故常以十月上宿郊見，通權火，拜於咸陽之旁。』此秦時郊天在咸陽也。至武帝於汾陰得鼎，薦於甘泉，於是漢始於甘泉立泰時以祀上帝矣。據此簡言授火雲陽，或亦由於通權火於此之故。惟秦郊在十月，漢郊在正月，雖與郊天之事不同，而通權改火則宜爲相關之事也。

養　　老

酒一石　　丞致，胅且使人問存，五、一三。

此存問耆老詔也。漢書高帝紀二年：『舉民年五十以上，有修行能率衆爲善者，置以爲三老，鄉一人。擇鄉三老一人爲縣三老，與縣令丞尉以事相致，復勿繇戌。以十月賜酒肉』此高帝時事，其時已存問鄉縣三老，然猶未及於一般耆老也。至文帝元年，詔曰：『老者非帛不煖，非肉不飽。今歲首不時使人存問長老，又無布帛酒肉之賜，將何以佐天下……具爲令』有司請令縣道年八十已上賜米人月一石，肉二十斤，須五斗，其九十已上又賜帛人二匹，絮三斤。賜物及當稟鬻米者，長吏閱視，丞若尉致。不滿九十者，嗇夫令史致。見漢書文帝紀，又史記較略今不引。又漢書武帝紀元狩元年詔曰：『……其遣謁者巡行天下，存問致賜。曰：「皇帝使謁縣三老孝存者帛人五匹。鄉三老弟者力田帛人三匹。年九十以上及鰥寡孤獨帛人二匹，絮三斤。八十以上，米人三石，有冤失職，使者以聞。』武帝紀元狩五年：『存問鰥寡孤獨廢疾，無以自振者貸與之』武帝紀元封元年：『加年七十以上，孤寡帛人二匹。』皆爲存問之事，雖武帝諸詔在漢書中不能盡詳，而昭宣以後，在漢書中亦不甚列舉，然此詔之爲存問耆老之事可無疑也。

☑月存視具最賜肉卅斤，酒二石，長矜寵，郡太守，諸侯相內史所明智也。不奉詔常以不敬論，不智☑。一二六、四一、三三二、二二、三三二、一〇。

此與前引『(二八)五、一三』，當爲同類之詔，皆尊養耆老者也。內史者王國內史。漢書百官公卿表：『諸侯王高帝初置。有太傅輔王，內史治國。景帝中五年改丞相曰相。成帝綏和元年省內史，更令相治民如郡太守。』此簡在成帝之前，王國內史尚未省也。此簡『不奉詔當以不敬論』與武帝舉賢詔同，亦其不在元成以後，重儒尚文之君所爲之證也。

撫　卹

各持下吏爲羌人所殺者，賜錢三萬，其印綬吏五萬。又上子一人，召尙尙書卒長☐。奴婢三千，賜傷者各半之。皆以郡見錢給，長吏臨致，以安百姓。☐早取以☐錢☐二六七、一九。

此當爲宣帝，時詔，先是先零羌爲變，遣後將軍趙充國，彊弩將軍許延壽擊西羌，次年充國振旅而還，神爵二年。羌事遂平。以至西漢之末，羌不爲患。此詔卽應在出兵之前後也。印綬吏者，有印綬之吏，續輿服志：『相國綠綬，……公侯將軍紫綬，……九卿中二千石二千石青綬，……千石六百石黑綬，……四百石三百石黃綬。』其百石吏僅假半通青綸，不得爲綬。故印綬吏指二百石以上而言，而下吏則指百石以下而言也。上子言上子爲郎也。漢書百官表：『武帝取從軍死士之子孫養羽林，官敎以五兵，號曰羽林孤兒。』漢書龔勝傳。元始二年遣龔勝邴漢策曰：『其上子孫若同產子一人，所上子男皆除爲郎。從漢書南蠻傳：『九眞太守兒武戰死，詔賜錢六十萬，拜子二人爲郎。』皆其例也。長吏者，漢書文帝紀元年：『賜物及當稟鬻米者，長吏閱視，丞若尉致。』注師古曰：『長吏縣之令長也。』續漢書百官志云：『縣萬戶以上爲令，秩千石至六百石；減萬戶爲長，秩五百石至三百石；皆有丞尉，秩四百至二百石；是爲長吏。百石以下有斗食佐史之職，是爲少吏。』故長吏之稱依文紀則專指令長，不及丞尉；依續百官志則並指令長及丞尉。此簡言郡見錢給，長吏臨致，在文紀則爲丞尉之事，雖養老賜卹不全相同，然賜卹下及奴婢，似不能盡由令長也。故此簡所言，似又包括令長及丞尉而言。流沙墜簡簿書一：『制詔酒泉太守：敦煌郡到戍卒二千人，發酒泉郡；其假侯如品，司馬以下與將卒長吏將屯要害處。屬太守。察地形，依險阻，

堅壁壘，遠候望，毋……。』此詔王氏國維考定爲神爵元年下酒泉太守辛武賢
詔，與此簡應時代相去不遠。將卒長吏當指領兵之縣令長縣尉及比縣之候官等，
與此簡正可互證也。

依此推之，凡太守都尉之屬官，自千石至於二百石皆爲長吏。長吏者二千石之部
屬，其秩較尊者也。漢代二千石比於大國之諸侯，其下之令長丞尉皆略比於大
夫，而掾屬則比士矣，此所以長吏少吏爲兩絕不相同之階級也。

捕　亡

書葦賦發吏卒，毋大葵，宜以時行誅。願設購賞，有能捕斬毁就君闌等渠率一人，購
金十萬，黨與五萬，吏捕斬强力者皆補。☐司劾臣謹☐如☐言可許臣謂者。☐就等渠
率一人☐黨與五萬☐。五○三、一七、五○三、八。

此爲購求盜賊渠率實格詔。季布傳：『項籍滅，高祖購求（季布）千金，敢有匿，
罪三族。』趙充國傳：『天子告諸羌人，能相捕斬除罪。大豪有罪者一人，賜錢
四十萬。中豪十五萬，下豪二萬。大男三千，女子及老小千錢，又以所捕妻子財
物與之。』王莽傳：『地皇三年，大赦天下。然猶曰：「故漢氏舂陵侯羣子劉伯升
與其族人、婚姻、黨與，妄流言惑衆，悖畔天命，及手害更始將軍廉丹，前隊大
夫甄阜，屬正梁丘賜，及北狄胡虜逆與，洎南僭虜若豆孟遷不用此書。有能捕斬
此人者，皆封爲上公，食邑萬戶，賜寶貨五千萬。』此皆懸購徵捕之例。此詔懸
金爲渠率十萬，黨與五萬，其數略遜於羌人中豪，更非劉伯升及匈奴單于之比，
亦遠不及季布，當非可危及社稷之大盜，故漢書亦不載之。今據漢書武帝紀天漢
二年：『泰山琅邪羣盜徐勃等阻山攻城，道路不通，遣直指使者暴勝之衣繡衣，
杖斧分別逐捕，刺史郡守以下皆伏誅。』酷吏傳：『是時郡守尉諸侯相欲爲治者，
大抵盡效王溫舒等，而吏民益輕犯法，盜賊滋起。南陽有梅免，百政；楚有假中
杜少，齊有徐勃，燕趙之間有堅盧范主之屬，大羣至數千人，擅自號，攻城邑，
取庫兵，釋死罪，縛辱郡守都尉，殺二千石。爲檄告縣趣具食。小羣百數，掠鹵
鄉里，不可勝數。』成紀鴻嘉元年：『廣漢男子鄭躬六十餘人攻官寺，篡囚徒，
盜庫兵，自稱山君。』四年冬：『廣漢鄭躬黨與浸廣，犯歷四縣，衆且萬人，拜

河東都尉趙護爲廣漢太守，發郡兵及蜀郡合三萬人擊之。或相捕斬除罪，旬月
平，遷護爲執金吾，賜黃金百斤。』又成紀永始元年：『尉氏男子樊竝等十三人
謀反，殺陳留太守，劫略吏民，自稱將軍，徒李譚等五人共格殺竝等，皆封爲列
侯。』又：『山陽鐵官徒蘇令等二百二十八人攻殺長吏，盜庫兵，自稱將軍經歷
郡國十九，殺東郡太守，汝南都封。遣丞相長史，御史中丞，持節督趣逐捕。
汝南太守嚴訢捕斬令等，遷訢爲大司農，賜黃金百斤。』東觀漢記梁統對尚書狀
曰：『元壽二年，三輔盜賊羣輩並起，至燔燒茂陵都邑，煙火見未央宮，前代
所未嘗有。其後隴西辛興，北地任崖，西河漕況，越州度郡，萬里交結。或從遠
方，四面會合。逐攻取庫兵，劫略吏人。國家開封侯之科，以軍法追捕，僅能破
散也。』至王莽之世羣盜竝起，尤難悉數。凡史文所記，但就其著者而言。此簡
所列者卽於漢史無徵，可知史所不載者多矣。

證任毋牛延壽，高建等，過伯君家中者書□▨。三〇六、七。

元康元年十二月辛丑朔，壬寅，東部候長長生敢言之。候官官移大守府所移河南都尉
書曰：詔所名捕及鑄爲錢，盜賊　凡未得者牛延壽　高建等廿四人，書到滿▨　尉史
旁，遂昌。二〇、一二

右二簡皆言捕亡事，證任猶言保證，漢書哀帝紀：『除任子令』師古注：『任者保
也。』故證任卽保證矣。此爲河南都尉所捕亡人，而邊郡猶相保證，其嚴可知。
然此特武帝以後事耳。酷吏傳言：『漢興，破觚而爲圜，斲彫而爲璞，號爲罔漏
吞舟之魚』，蓋於法多未盡備。賈誼亦云：『盜者剟寢戶之簾，搴兩廟之器，白
晝大都之中，剽吏而奪之金。矯僞者出十幾萬石粟，賦六百餘萬錢，乘傳而行郡
國，此其亡行義之尤者也。』見漢書本傳。此皆武帝以前事，賈誼所言固舉其尤甚
者，然亦可見行法猶疏。此簡爲武帝以後物，於是鑄僞錢及盜賊之未獲者乃名捕
於天下矣。張儉望門投止，郡縣爲之殘破，雖後漢時事，原自武帝之後已然。固
非朱家以閭里之雄，遂可以容季布也。

刺　　　史

□坐死良家子自給車馬，爲私事論疑它不殺，書到相二千石以下從史毋通品，刺史禁

督，且察毋狀□，如律令。四○、六

刺史治所，且斷冬獄。四八二、一九

　　案刺史之職見於續漢書百官志注引蔡質漢儀所稱刺史察州之六條。言詔書舊典，刺史班宣周行郡國。有察治政，黜陟能否，斷理冤獄，以六條問事，非條所問卽不省。其省察強宗豪右者一條，省察二千石者五條。漢書百官表顏注及杜佑通典俱引此文，略有同異，惟續漢書劉昭注較早，誤字亦少，宜從劉注也。其中所舉六條包括郡政甚廣，惟俱爲防範而非有所作爲，在限制太守非法，而非勸令太守爲善。其中『斷理冤獄』，尤爲要政。漢書何武傳：『遷楊州刺史，……九江太守戴聖，禮經號小戴者也，行治多不法，前刺史以其大儒優容之。及武爲刺史，行部錄囚徒，有所舉以屬郡，聖曰：「從進生迺欲亂人治」，皆無所決。武使從事廉得其罪，聖懼自免。』是刺史平反冤獄，仍以屬郡，郡當再決。若仍不問，刺史得以舉劾太守也。然刺史以其可以舉劾太守，故亦寖假而與郡縣之事。漢書薛宣傳：『成帝初，上疏曰：政教煩碎。大率咎在部刺史，或不循條職，舉錯各以其意，多與郡縣事。』蓋監察與執行，其間本難界畫顯然。監察之權不彰，則監察之職爲虛設，監察之權既重，演進既久未有不成爲更，高級之執行者。漢之刺史權寄較重，故西漢東年漸與郡縣之事，東漢州牧由重臣爲之，其積漸當溯於元成之季矣。冬獄者，重罪之獄。漢書竇嬰傳：『以十二月晦棄市渭城。』注，張晏曰：『著日月者，見春垂至，恐遇赦贖之。』漢書王溫舒傳：『十二月中無犬吠之盜，其頗不得，失之旁郡追求，會春，溫舒頓足嘆曰：「嗟乎！令冬月益展一月，足吾事矣」。』注，師古曰：『立春之後，不復行刑，故云然。』漢書嚴延年傳：『初延年母從東海來，欲從延年臘，到雒陽，適見報囚。』注，師古曰：『建丑之月爲臘祭，因會飲，若今之臘節也。』由此而言，冬月所斷者爲重囚，刺史斷理冤獄，故云『且治冬獄』也。又刺史在西漢已有治所，原非『傳車周流，靡有定鎭，』簡云『刺史治所』是也。武帝紀元封五年注引漢舊儀云：『初分十三州，假刺史印綬，有常治所，常以秋分行部。』又朱博傳云：『遷冀州刺史……吏民數百人遮道自言……博出就車，見自言者，使從事明敕告吏民。欲言縣丞尉者，刺史不察黃綬，各自詣郡。欲言二千石，墨綬長吏者，使者行部還，詣治

所。其民爲吏所寃，及言盜賊辭訟事，各使屬其部從事。』注，師古曰『治所刺史所止理事處。』是刺史固有定治，與簡文可相互發明。宋書百官志云：『前漢世刺史周行郡國，無適所治，從漢世所治始有定處，八月行部，不復奏事京師。』劉昭續百官志補注亦言匪有定鎭。全祖望經史答問始疑之云：『沈約之誤，與劉昭同，但刺史行部，必以秋分，則秋分之前當居何所，則顏說未可非也。』余季豫先生始據朱博傳以證刺史之有治所。今據此簡，愈無疑竇矣。

十一月丁卯，張掖大守奉世，守部司馬行長史事，庫令行丞事，下居延都尉□□酒泉大守□☑。五〇五・三。

☑水都尉千人宗兼行丞事，下官，承書從事下當用者，如詔書。

☑月廿七日　一兼掾豐，屬佐忠。五〇三、七，四九五、九。

右第二簡所言丞，卽都尉丞。漢書百官公卿表云：『郡尉秦官掌佐守典武職甲卒，秩比二千石。有丞，秩皆二百石。』卽此。司馬及千人並都尉屬官，百官表西域都護下有丞一人，司馬，候，千人各二人。續漢郡國志張掖屬國都尉下有候官，左騎，千人司馬官，千人官。皆其比矣。淮南子兵略篇：『夫論除謹，注，論除，謹愼也。論賚除吏。動靜時；吏卒辨，此司馬之官也。正行伍，連什佰，明鼓旗，此尉之官也。前後知，險易見，敵知難易，發斥不忘遺，此候之官也。隧路亟，行輜知，賦文均，注，賦，治軍矗。處軍輯，井竈通，此司空之官也。收藏於後，還舍不離，無淫輿，無遺輜，此輿之官也。』漢書王登傳：『大將軍王鳳奏登補軍中司馬。』楊敞傳：『給事大將軍幕府爲軍司馬，霍光愛厚之。』谷永傳：『爲大將軍王音營軍司馬，轉爲長史。』吳王濞傳：『吳王之發也。吳臣田祿伯爲大將軍，……諸賓客皆爲將，校尉，候，司馬。』趙破奴傳：『爲票騎將軍司馬。』趙充國傳：『武帝時以假司馬從貳師擊匈奴。』蓋司馬掌營中職事，其官位略同於候或候官。也。吳志芬封泥考略四，有豫章司馬封泥。考云：『右封泥四字印文曰，豫章司馬。豫章郡詳前郡國。司馬見於印譜，有膠西司馬，建安司馬，瞿氏集古印證謂隋以前郡國皆無司馬，疑後代私印。以余考之，漢書馮奉世傳，奉世長子譚，太常舉孝廉爲郎功次補天水司馬，如淳曰，漢注邊郡置都尉，及千人司馬，皆不治民也。又西南夷傳，金城司馬陳立爲牂柯太守，則郡國司

馬。漢書亦婁見，特百官表無之耳。又續漢百官志，「亭有亭長以禁盜賊」，本注曰，「亭長主求捕盜賊，承望都尉。」注，漢官儀曰：當兵行，長領置都尉，千人，司馬，候。」則封泥之郡司馬，郡候，固見於志傳注矣。封泥又有琅邪司馬，□西司馬，盧都司馬，豫章候。印譜有膠西候，菑川候，濟南候，見桂氏繆篆分均五者，及瞿氏印證。』今按吳說是也。司馬之官與千人候官同爲都尉屬官，據續漢百官志『大將軍五部校尉一人，比二千石；軍司馬一人，比千石；部下有曲，曲有軍候一人，比六百石。』校尉與都尉官秩相同，則校尉下之周馬與都尉下之司馬，官秩亦應相同矣。

都　吏　司　馬

各遣都吏督賦，課畜稱，少不☐　十月丙申，張掖肩水司馬章。二一三、四三。卷一，第二葉。

母得貰賣衣財物，太守不遣都吏循行☐　嚴敎受卒，長史各封臧☐。　二一三、一五。卷一，第二葉。

告肩水候官，官所移卒責不與都吏移鄉，所舉籍不相應，解何。記到遣吏檢按，及時未知不得白之。一八三、一五。

☐選家中書到遣都吏與縣令以下逐捕搜索部界中驗亡人所隱匿，以必得爲最，詔所名捕還，事事當奏聞，母留，如詔書律令。一七九、九。卷一，第十二葉。

都吏卽督郵。漢書文帝紀：『二千石遣都吏循行，不稱者督之。』注引如淳曰：『律說，都吏今督郵也，閑惠曉事卽爲文無害都吏。』蓋府中功罪，功曹主之，府外功罪，都吏察之。其諸郡之事分爲若干部，每部有一督郵，而以一督郵書根主之。續百官志郡守節：『其監屬縣，有五部督郵曹掾一人。』漢書尹翁歸傳：『徙署督郵，河東二十八縣分爲兩部，翁歸部汾南，所舉應法，得其罪辜，屬縣長吏中傷莫有怨者。』孫寶傳：『立秋日署(侯)文東部督郵。』御覽二六二引鍾圯良吏傳：『王堂爲汝南太守，屬多闇弱，堂選四部督郵，奏免二十餘人。』是一郡之中或分五部，或分四部，或分二部，各有督郵秉命於太守以司糾察也。其所督察者，有縣令丞，後漢書卓茂傳：『茂遷密令……平帝時天下大蝗，……獨

不入密縣界，督郵言之。』漢書馮野王傳：『爲左馮翊……池陽令素行貪汙，……野王部督郵掾祋祤趙都案驗。』後漢書蘇竟傳：『(蘇)謙初爲郡督郵，時魏郡李暠爲美陽令，與中常侍具瑗交通，貪暴爲民患，前後監司畏其勢援，莫敢糾問及謙至郡案得其臧，論輸左校。』後漢書方術傳：『謝夷吾……會稽山陰人也。……太守第五倫擢爲督郵，時烏程長有臧釁，倫使收案其罪。』三國魏志董卓傳注引謝承書：『伍孚少有大節爲郡門下書佐，其本邑長有罪，太守使孚出教使曹下督郵收之，孚不肯受教。』漢書循吏傳：『務在成就全安長吏，許丞老病聾，注如淳曰許縣丞。督郵白欲逐之，(黃)霸曰：「許丞廉吏，雖老尙能拜起送迎。正頗重聽何傷。」』隸釋七竹邑侯相張壽碑：『督郵周紘承會表奉，君常懷色斯，舍無宿儲，遂用高逝。』隸釋八冀州從事張表頌：『初仕郡爲督郵，鷹撮霆擊，威德日隆，糾剔荷慼，抵拂頑詾。屬城祇肅，千里折中。』此皆督郵部察縣邑長吏之例，其長吏或於期會爲督郵所糾，或白太守察之，甚且可收案其罪。其太守所舉案者亦飭督郵奉宣焉。其平時太守行縣，太守有所教令亦以督郵宣飭之。三國魏志梁習傳注引魏略苛吏傳：『高陽劉類……嘉平中爲宏農太守……外託簡省，每出行陽飭督郵不得使官屬曲修禮敬，而陰識不來者。』又魏志杜畿傳注引魏略(杜恕附傳)：『孟康代恕爲宏農，(正始中)……時出案行皆豫飭督郵平水，不得令屬官遣人探候，脩設曲敬』正始之後卽爲嘉平，蓋劉類欲修孟康故事，而苛刻成性，不能自改也。然督郵宣飭教令，可由此見之。此雖魏事，自仍因漢制，甚爲明白。又督郵亦下察鄉亭，後漢書鍾離意傳：『少爲郡督郵，時部縣亭長有受人酒禮者，府下記考案之。意封還記言於太守曰：「春秋先內後外，詩云，刑於寡妻，以御於家邦，明政化之本，由近以及遠。今宜先淸府內，且闊略遠縣細微之愆」，太守甚賢之，遂仕以縣事。』是太守考案亭長經由督郵也。又督郵至縣，縣吏奉檄迎之。後漢書范冉傳：『少爲縣小吏……奉檄迎督郵，冉恥之。』蓋郡之於縣，由督郵傳宣轉達其事，其重可知，故後漢書張酺傳注引漢官儀言『督郵功曹，郡之極位』，也。督郵於縣以下旣無所不督，故訟獄捕亡諸事亦由督郵達之，簡中所及卽指其事。文獻所記，如孫寶以侯文爲督郵，而霸陵杜穉季不敢犯法。漢書孫寶傳。張儉爲山陽東部督郵，重劾侯覽家人並及其母。後漢書黨錮傳。馬援

爲郡督郵，送囚至司命府，援哀而縱之。後漢書馬援傳。邲壽爲冀州刺史，冀部諸王賓客放縱，壽從督郵舍王宮外，以察諸王動靜。後漢書郅惲傳。亦其證矣。督郵既爲郡重職，故伏隆以節操立名始爲之也。後漢書本傳。

前文引如淳說：『律說都吏，今督郵也，閑惠曉事，卽爲文無害都吏』。閑惠當爲閑慧之假借，閑慧者閑習而明智也。漢書趙禹傳：『極知禹無害然文深不可以居大府』，若仁惠則不至文深，故知惠爲慧之假也。明智通達，則處事無疑滯，續漢書百官志本注『秋冬遣無害吏案訊諸囚，平其罪法，論課殿最』劉昭注：『案律有無害都吏，如今言公平吏』，明智通達不必卽是公平，而公平之必要條件則爲明智通達，此則漢世用語範圍與南朝固有不同矣。居延簡云：『文毋害可補☑』下文缺，今不知所補何吏，然必是屬於需要明決者，可以概見也。由此言之，『害』者妨阻之意，引申爲疑滯，無害蓋卽無疑滯矣。無害之解釋在漢書蕭何傳王先謙補注言之甚詳，似終不如釋爲無疑滯之爲得也。

司馬都尉屬官，續漢百官志：『大將軍軍營五部校尉一人，比二千石，軍司馬一人，比千石。部下有曲，曲有軍侯一人，比六百石，曲下有屯，屯長一人，比二百石。』漢書百官表，中尉所屬有兩丞，侯，司馬，千人。西域都護下有副校尉，丞各一人，司馬，侯千人，各二人。戊己校尉有丞，司馬各一人，侯五人。又續漢百官志，城門校尉下有司馬一人，千石，本注曰，『主兵』。屯騎，越騎，步兵，射聲各校尉，各有司馬一人，長水校尉有司馬二人。都尉爲比二千石武職，略比校尉，故其下亦置司馬。續漢郡國志屬國都尉下所屬各城，往往有候官，千人官，千人司馬官，皆由武職演爲專城者也。漢世司馬之職，如楊敞給事大將軍幕府，爲軍司馬，稍遷至大司農。谷永爲大將軍王音軍司馬，轉爲長史。吳王濞發兵，吳臣田祿伯爲大將軍，諸賓客皆爲將校尉侯司馬。趙破奴爲驃騎將軍軍司馬。趙充國以良家子補羽林，武帝時以假司馬從貳師將軍擊匈奴。各見漢書本傳。竇憲拜大將軍，位在三公上，長史司馬秩中二千石。後漢書竇融傳。馬嚴拜將軍長史屯西河美稷，衛護南單于，聽置司馬從事，牧守謁敬，同之將軍。後漢書馬援傳。是司馬亦軍中要職矣。居延簡言及司馬者，如：『張掖屬國司馬趙繫功一勞三歲十月廿六日　漁陽守部司馬宋宜□護☑』(二六)五三、八。『五年正月癸未，守張

按居延部尉曠，行丞事騎司馬敏，告兼勸農掾……』(三一四)一六、一○。『☐長湯敢言之，謹移折傷兵名☐。☐□。已巳受遣。肩水司馬令史鮮□翎坡里減安生』(一三九)四五、七。可知居延都尉，肩水都尉及張掖屬國都尉並有司馬。又居延簡：『肩水侯，印曰張掖肩水司馬印，三月丁丑辟北卒樂成以來。』(七三)一四、三。此為肩水司馬致書肩水侯者，足徵司馬與侯不在同城也。

『毋得貰賣衣財物』，蓋指官物而言，故曰『嚴教受卒，長史各封臧』，受卒者，受官物之士卒也。士卒衣物見器物類各簡。其例如敦煌簡器物三十六：『李龍文袍一領直三百八十，襲一領直四百五十。』又雜事類六：『神爵二年十月廿六日，廣漢縣□□里男子□寬德賣布袍一，陵胡隧長張仲□用買錢千三百☐書符用錢十，時在旁候史張子卿，戌卒杜忠知參，約□沽酒二斗』。居延簡例證甚多，今不悉舉。其中顯著之事，則賣衣物者率為山東蜀漢人，而買衣物者率為隧長候長之屬。據名籍類，隧長侯長皆邊郡人，是塞上交易，乃山東蜀漢人賣衣物與邊郡人。御覽二七及八二六引崔實政論云：『僕前為五原太守，土地不知緝織。冬至積草伏臥其中，若見吏以草纏身，令人酸鼻。吾乃賣儲峙，得二十餘萬，詣雁門廣武迎織師，使巧手作機及紡以教民，具以上聞。』則五原東漢時仍不知緝織，西漢張掖敦煌可以想見。蓋邊郡比諸內地固工巧不如，亦由邊地苦塞，無以興蠶桑之利。衣被天下，固惟有待於棉種東來矣。

大 司 空 屬

建平五年八月戊辰朔，壬申☐。二○九、八。

不以為意奉葆赦月書到明☐詔書律令。

　　　　　　　　　　屬臨，大司空屬禁。二○九，六。

上二簡字迹相同，審為一簡，按漢書朱博傳言：『何武為九卿，建言古者民樸事約，國之輔佐必得賢聖，然猶則天三光備三公官，各有分職。今末俗之弊，政事繁多，宰相之材，不能及古，而丞相獨兼三公之事，所以久廢而不治也。宜建三公官定卿大夫之任，於是綏和元年三月何武以廷尉為御史大夫，四月為大司空，於是立三公之任。綏和二年由朱博議復丞相御史大夫舊制，逾六年元壽二年五月

仍行三公制，以迄建武三公名去大，西京名相政績從茲不可復覩。此簡建平五年
卽元壽元年，蓋八月尙未改制也。此簡建平五年』段當為臣下奏議，而詔書則在
其十月以後，蓋大司空官次年五月方有之，建平五年八月尙無大司空官，不得先
有大司空屬也。大司空屬名禁，與元后父名同。蔡雍獨斷：『天子之門閣有禁，
非侍御之臣不得妄入，稱禁中；避元后父名，改省中。』今此名禁者尙未改名，
可知哀帝時尙無改字避外戚名諱之事。避禁字諱，當在元始時王莽秉政之後矣。

地　方　屬　佐

☐臚野王丞忠下郡，右扶風，漢中，南陽，北地太守。承書從事下當用者。以道次
傳，別書相報，不報書到言。

掾勤，卒史欽，書佐士。二○三、二二。

野王卽大鴻臚馮野王，據本傳云：『元帝時遷隴西太守，以治行高入為左馮翊。
遷為大鴻臚。』百官表不載，然譚為御史大夫竟寧元年，據本傳野王是時方為大
鴻臚，則其在職時當元帝晚年也。以道次傳者指郵驛之事，見高紀五年注。居延
簡：『驛馬辟一匹』，(四○)一○、一八。『傳馬十二匹，傳車二乘』(五八九)二三、六九。
是漢代郵驛並用傳馬及驛馬，亦卽並有傳車及驛遞也。書後署名有掾，卒史，
及書佐。卒史卽屬，諸曹史之通稱。續漢百官志引漢官『河南尹員吏九百二十七
人，十二人諸縣有秩，三十五人官屬掾史，五人四部督郵吏，部掾二十六人，案
獄仁恕掾三人，監津漕渠水掾二十五人，百石卒史二百五十人，文學守助掾六十
人，書佐五十人，循行二百三十人，幹小吏二百三十一人。』故其位次應如下
表：

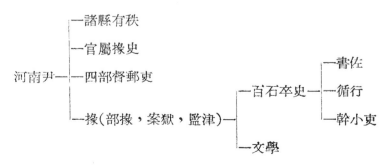

可知掾下之屬當爲卒史，卽文籍中單稱屬或史者，否則必不能多至二百五十人也。漢書尹翁歸傳：『爲獄小史，曉習文法。……田延年爲河東太守，……召上辭問，甚奇其對，除補卒史。』張敞傳：『敞本以鄉有秩補太守卒史，察廉爲甘泉倉長。』兒寬傳：『以射策爲掌故，功次補廷尉文學卒史』注：『臣瓚曰：「卒史秩百石」是也。若三輔卒史則二百石，黃霸傳「補左馮翊二百石卒史」。』朱邑傳：『少爲舒桐鄉嗇夫，遷補太守卒史，舉賢良爲大司農丞。』儒林傳：『郡國置五經百石卒史。』孔廟置百石卒史碑：『請置守廟百石卒史一人，典主守廟。』其職皆諸曹屬或諸曹史之職，故掾勤卒史欽，亦卽掾勤屬欽矣。

元始三年八月甲辰朔丁巳，累虜侯長□塞曹史塞郡史塞曹史。一五五、一四。(面)

兼倉曹議曹史並拜再拜言肩水都尉府　(背)

此簡爲任意書寫者，然所言各曹，則當時應太守都尉府中實有之，非鄉壁虛造也。漢世言郡府諸曹者，以隸釋五巴郡太守張納碑爲最詳。計有：議漕，尉曹，金曹，漕曹，法曹，集曹，兵曹，比曹，功曹，奏曹，戶曹，獻曹，辭曹，賊曹，決曹，倉曹。其不以曹名者則有從掾位，主簿，主記掾，錄事掾，文學主事掾，文學掾，督郵，市掾，案獄，府後督盜賊，府屬等。其未見於張納碑而見於他處者，則有：五官掾，漢書王尊傳，華陽國志廣漢士女志，史晨，淮源諸碑。門下掾漢書朱博傳，後漢書邳彤傳。門下督，漢書游俠傳。醫曹三國魏志華佗傳。等。而其與張納碑所據，疑爲同實異名者，如道橋掾穀水注，隸續一辛李二君造橋碑等，疑卽尉曹掾。主計掾漢書黃霸傳疑卽集曹供曹隸釋二華亭碑，疑卽獻曹。之屬，今不傳舉。其縣廷吏職則以曹全碑所列爲詳，然，皆無塞曹。是塞曹者蓋亦邊郡所特有者矣。又：『(一三)四二一、八』有督蓬掾，亦爲邊郡所特有者，或爲都尉屬官，省察烽燧，猶太守之督郵，省察諸縣也。

文　武　吏

□□侯長公乘蓬丘長富，中勞三歲六月五日。能書會計治官民頗知律令，武，年卅七歲，長七尺六寸……

肩水侯官並山隧長公乘司馬成，中勞二歲八月十四日。能書會計治官民頗知律令，

武，年卅二歲，長七尺五寸，觻得成漢里，家去官六百里。

肩水侯官觤胡隧長公大夫累路人，中勞三歲一月。能書會計治官民，頗治律令，文。
年卅七歲，長七尺五寸，氐池宜藥里，家去官六百五十里。

張掖居延甲塞有秩士吏公乘段尊，中芳一歲八月廿日，能書會計，治官民，頗知律
令，文。

□□侯官罷虜隧長簪褭單玄，中功五勞三月，能書會計，治官民，頗知律令，文。應
令居延中官里，家去官七十五里，屬居延部。

　　以上為邊塞之記錄，所注明者，除爵里，勞績，年歲，住址以外，仍注明文吏。
或歲吏亦即文武兩項，為吏士中主要兩類。

　　在兩漢書中，亦頗有涉及文吏或武吏者。漢書七十六尹翁歸傳：『翁歸少孤，與
季父居。為獄小吏，曉習文法，喜擊劍，人莫敢當。是時大將軍霍光秉政。諸霍
在平陽，奴客持刀兵入市鬥變，吏不能禁。及翁歸為市吏，莫敢犯者。公廉不受
餽，百賈畏之。後去吏居家。會田延年為河東太守，行縣至平陽，悉召故吏五六
十人。親臨見，令有文者東，有武者西。閱數十人，次到翁歸，獨伏不肯起。對
曰：「翁歸文武兼備唯所施設。」功曹以為此吏倨敖不遜。延年曰：「何傷」？遂
召上辭問。甚奇其對，除補卒史。便從歸府。案事發姦，窮竟事情，延年大重
之。』是延年本文吏，而能擊劍，遂可以為武吏事也。

　　又漢書七十七何並傳：『是時潁川鍾元為尚書令，領廷尉，用事有權。弟威為郡
掾，臧千金。並為太守，過辭鍾廷尉。廷尉免冠，為弟請一等之罪。願早就髡
鉗。並曰：「罪在弟專君律，不在於太守」。元懼，遣人呼弟。陽翟輕俠趙季，李
欵多畜賓客，以氣力漁食閭里。至姦人婦女，持吏長短，縱橫郡中。聞並至皆亡
去。並下車求勇猛曉文法吏且十人。使文吏治三人獄，武吏往捕之，各有所部。』
故武吏之職在於逐捕盜賊或有關治安之逐捕。

　　又漢書八十三朱博傳：『少時給事縣為亭長……以太常掾察廉補安陵丞……遷冀
州刺史，博本武吏，不更文法。及為刺史行部，吏民數百人遮道自言，官寺容
滿。……博駐決遣四五百人皆罷去，如神。吏民大驚，不意博應事變，乃至於
此。』則亭長之職，當以武吏任之也。

又後漢書六十六循吏傳王渙傳：『自渙卒後，連詔三公特選洛陽令，皆不稱職。永周中以劇令勃海任峻捕之。峻擢用文武吏皆盡其能。糾剔姦盜，不得旋踵。一歲斷獄，不過數十。威風猛於渙，而文理不及之。』是糾剔姦盜當並用文武吏也。

至於文吏則以治獄為主，漢書五十一路溫舒傳：『父為里監門，使溫舒牧羊，溫舒取澤中蒲，截以為牒，編用寫書。稍習善，求為獄小吏，因學律令，轉為獄史，縣中疑事皆問焉。太守行縣見而異之。署決曹史。又受春秋通大義，舉孝廉為山邑丞。』漢書二十九張湯傳：『父為長安丞，出湯為兒守舍，還鼠盜肉，……湯掘熏得鼠及餘肉，劾鼠掠治傳爰書，訊鞫論報。……父見之，視文辭如老獄吏，大驚，遂使書獄。父死後，湯為長安吏。』又：『是時上方鄉文學，湯決大獄欲傅古義，乃詣博士弟子治尚書春秋，補廷尉史。』故文吏所學，實以法令為主。史記秦始皇本紀：『三十四年，……天下敢有藏詩書百家語者，悉詣守尉雜燒之，有敢偶語詩書者棄市，以古非今者族。吏見知不舉者，等同罪，令下三十日不燒，黥為城旦。所不去者，醫藥卜筮種樹之書，若欲學法令，以吏為師。』集解：『徐廣曰，一無法令二字』按一本無法令二字者當是史記本文，而法令二字則後人增入者。蓋以吏為師者，據說文敍當為學文字，及為文吏治事，始以法令為主，則有可言者也。

期　　會

十月壬寅，甲渠鄣倅喜告尉，謂不得侯長敦等寫移，書到輒作治已成，言會月十五日，詣言府如律令。士吏宜，令史起。一三九、三六；一四二、三三。

☑發事當言府會月十五日，對舉及言轉畢皆會月廿日。二六四、一八。(面)

府所移太守書，所移囚鍾或責侯長商事言會月十七日。二六四、一八。(背)

以上皆言期會事。漢自朝廷至郡吏並有期會，漢書賈誼傳所言：『大臣特以簿書不報，期會之間以為大故』是也。漢書陳遵傳云：『每此飲。賓客滿堂，輒關門取車轄投井中，雖有急，終不得去。嘗有部刺史奏事過遵，值其方方飲，刺史大窮，候遵霑醉時，突入見遵母，叩頭自白當對尚書有期會狀，母廼令從後閤出

去。』期會狀者，蓋卽言期會之札標也。唐律職制『事有期會而違者，一日笞三十。』疏議：『事有期會，謂若朝集使計帳之類。』蓋亦展轉承自漢律者。餘並見前考。

都　　亭　　部

建平五年八月□□□□□廣明，鄉嗇夫客，佐玄敢言之。善居男子丘張自言與家買客田，居作都亭部，欲取□□。案張等更賦皆給，當得取檢，謁移居延，如律令，敢言之。(二三)　(面)　放行(二四)五〇五、三七　(背)　卷一、第四葉。

案此爲鄉嗇夫上記於居延縣者，鄉嗇夫言於縣，縣與之檢，始得通行，戰稱過所，皆以爲驗也。『更賦皆給』者，言不給更賦，不得行官道間。按漢代賦役可分三種，一爲田賦，一爲口賦，一爲繇役。田賦卽三十稅一之制。口賦有三類卽口賦算賦及獻賦是也。據昭紀元鳳四年注，民年七歲至十五歲，年出二十三錢爲口賦。又據高紀四年注，民年十五至五十六，年出百二十錢爲算賦。其王國侯國中之算賦，以其中六十三錢獻於天子，謂之獻賦。此皆屬於口賦之制者。至於繇役之制，則通稱爲更。漢書董仲舒傳：『又如月爲更卒，已復爲正一歲，屯戌一歲。』『更卒』者民每年勞役一月之謂，『正卒』則山地材官，北邊騎士，水居樓船之謂。『屯戌』之卒，戌於宮衞者謂之衞士，戌於邊防者謂之戌卒。昭紀元鳳四年注引如淳說，其中一月之勞役謂之卒更，爲正卒及戌卒一歲謂之過更，雇人爲卒謂之踐更。而吳王濞傳引服虔說，則爲『以當爲更卒(每月)出錢三百謂之過更，自行爲卒謂之踐更。』如說言踐更過更之別不如服說爲長，然以繇戌爲更，則其說一也。由此言之，則更者繇役或繇戌之稱，賦者田賦及口賦之謂，更賦皆給者卽言勞役及賦稅並經完納矣。都亭者，縣治所在之亭，史記司馬相如列傳：『相如舍都亭』，索隱『臨卭郭下亭也。』漢書嚴延年傳：『初延年母從東海來，欲從延年臘，到雒陽適見報囚，母大驚，便止都亭，不肯入府。』後漢書皇后紀：『斌(王斌)還，遷執金吾，封都亭侯。』注：『凡言都亭者，並城內亭也。』此簡言：『自言與家買客曰，居作都亭部。』是田在都亭，不應在城內，當以附郭之說爲近。蓋凡縣城城內及郭皆當以都亭稱之，原不必泥於城垣內外也。居延本牧

地，及開屯墾，設縣邑，其田遂亦歸私有，可買賣，儼然內地矣。

傳　　舍

元延二年十月乙酉，居延令伯，丞忠移過所縣道河津關，遣亭長王豐以詔書買騎馬酒泉敦煌張掖郡中，**當言傳舍漢書**，如律令一守令史翊，佐褒　十一月丁亥書　（一一六）居延令印　十一月丁亥出　（一一七）一七〇、三

簡言『**當言傳舍**』，今按傳舍卽郵亭，司止宿者。漢書灌夫傳：『乃戲縛夫，置傳舍。』霍光傳：『去病……爲票騎將軍擊匈奴，道過河東　河東太守郊迎，至平陽傳舍。』薛宣傳：『至陳留，其縣郵亭橋梁不修。』注：『師古曰，郵，行書之舍，亦如今之驛及行道館也。』翟義傳：『義行太守事，行縣至宛，丞相史在傳舍，立持酒肴，謁丞相史。』魏相傳：『御史大夫桑弘羊客詐稱御史至傳，』田廣明傳：『故城父令公孫勇，與客胡倩等謀反，倩詐稱充祿大夫，從車騎數十，言使督盜賊，太守謁見，欲收取之。廣明覺知，發兵皆捕斬焉。』嚴延年傳：『母從東海來，到雒陽適見報囚，母大驚，便止都亭，不肯入。』黃霸傳：『吏不敢舍郵亭，食飲道旁，烏攫其肉。』司馬相如傳：『於是相如舍都亭。』後漢書光武紀：『光武乃自稱邯鄲使者，入傳舍。傳吏方進食，從者饑，爭奪之，傳吏疑其偽，乃椎鼓數十通。』郭伋傳：『行部既還，先期一日，伋爲違信於諸兒，遂止於野亭中，須期乃入。』謝夷吾傳注引謝承後漢書曰：『行部始到南陽縣，遇孝章皇帝巡狩，有詔荊州刺史入傳，錄見囚徒。誠長吏勿廢舊儀，朕將親覽焉。上臨西箱南面，夷吾處東箱，分帷隔中央，夷吾所決正一縣三百餘事，事與上合。』後漢書趙孝傳：『嘗從長安還，欲止郵亭，亭長先時聞孝當還，以有長者客，掃灑待之。孝既不自名，長不肯內，因曰：「聞田禾將軍子當從長安來，何時至乎？」孝曰：「尋至矣。」於是遂去。』後漢書衞颯傳：『颯乃鑿山通道五百餘里，列亭傳，置郵驛，於是役省勞息，姦吏杜絕。』魏志張魯傳：『諸祭酒皆作義舍如今之亭傳。』故漢世當大道諸亭，率有餘屋，以供行旅。亭長司啓閉之責，凡有符傳者，則亭長延入，故或謂亭，或謂傳舍，又亭長亦司郵驛之事，故亦稱郵亭矣。郵亭之地位有限，故趙孝所至之郵亭，但能容田禾將軍子孝父禹田禾

將軍。不知是孝，遂不肯延。而謝夷吾與章帝同到之郵亭，必以帷隔之，方能各決其事也。今按居延烽燧，及斯坦因所測烽燧圖，牽以烽臺爲主，臺旁有屋大抵正屋三四間側屋亦三四間，故側屋應爲亭長所處，而正屋可以待來者。以此推之，則漢世內地之亭傳，或宜相類矣。

唐代亦略依漢制，唐六典卷五駕部郎中條云：『凡乘驛者，在京於門下給券，在外於留守及諸軍州給券。』又：『若乘驛經留守及都督府過者，長官押署，若不應給者，隨即停之。』唐律詐僞律：『諸詐乘驛馬加役流。驛關等知情與同罪，不知情減二等，有符券不坐。』疏議曰：『驛馬本備軍速其馬所擬尤重。但是詐乘，無問馬數；即合加役流。給馬之驛及所由之關，知其詐乘之情者，亦合加役流。不知情減二等，謂驛與關司，全不勘檢。又不知情減二等，猶徒二年半。故注云：「關謂應檢之處」。有符券者不坐，注云：「謂盜得眞符券，及僞作不可覺知者」，驛及關司並不坐。』又唐律職制中，驛使稽程條：『諸驛使稽程者一日杖八十，二日加一等，罪止徒二年。』疏議曰：『依令給驛者，給龍傳符，無傳符處爲紙券量事緩急，注驛數於符契上，據此驛數以爲行程』。又用符節事訖條疏議曰：『依令用符節，並由門下省，其符以銅爲之。左符進內，右符在外。應執符人有事行勘皆奏出本符以合右符，所在承用事訖，使人將左符還。其使若向他處，五日內無使次者，所在差專使送門下省，輸納其節，大使出即執之，使還亦即送納。……其傳符通用紙作，乘驛使人所至之處，事雖未訖，且納所司，事了欲還，然後更請至門下送輸。既無限日，行至即納，違日者既非銅魚之符，不可依此科斷，自依紙券加官文書稽遲罪一等。其禁苑門符及交巡魚符，若木契等，於餘條得減罪二等輸納，稽遲者準例亦減二等，若木契應發兵者，同上符節之罪。』唐六典卷六司門郎中員外郎條：『凡度關者，先經本部本司請過所；在京，省給之；在外，州給之；雖非所部，有來文者，所在給之。』仁井田陞唐令拾遺引倭名類聚抄居處部道路類津條引唐令云：『諸度關津，及乘船筏上下經津者，皆當有過所。』唐律衛禁下：『諸不應度關西給過所若冒名請過所而度者，各徒一年，即以過所與人，及受而度者，亦準此。』唐會要卷六一館驛條：『貞元……八年門下省奏，郵驛條式應給紙券，除門下外，諸使諸州不得給往還券，至所

詣州府納之，別給令還。其常參官府外，除授及分司假寧往來，並給等，從之。』是貞元以前諸使諸州應得給往還券也宋王處厚青箱雜記卷八云：『唐以前養驛並給傳往來，開元中務從簡便，方給驛券，驛之給券，自是始也。』今案唐律疏議已言紙券，是貞觀永徽時已有之，不必待至開元以後矣。至於乘驛之制則唐律職制下疏議曰：『依公式令，在京諸司，有事須乘驛，及諸州有急速大事，皆合遣驛。』唐會要六一館驛條：『(開元七年)七月一日，敕諸道按察使，家口往還，宜給傳遞。』又：『(景雲二十二年七月七日，新除都督刺史，並闕三官州上佐，並給驛發遣。』又唐會要二十三寒食拜掃條：『長慶八年八月敕，釐革應緣私事，並不許給公券臣等商量惟寒食拜掃，著在令式，銜恩乘驛，以表哀榮。』凡此諸端足徵官員乘驛範圍至廣，長慶祭制，正徵前此乘驛，多由私事，然其時紀綱已紊，未必遂能禁斷也。又按唐律雜律不應入驛而入條，疏議云：『私行人職事五品以上，散官二品以上，爵國公以上，欲投驛止宿者聽。邊遠及無褚店之處，九品以上，勳官五品以上及爵，遇屯止宿亦職，並不得輒受供給。』又唐會要卷六一館驛條：『貞元二年二月，河南尹充河南水陸運使薛珏奏：『當府館驛，準永泰元年三月京兆尹兼御史大大夫第五琦奏，使人緣路，然故不得於館驛淹留，縱然有事，經三日巳上，即于主人安置館置館存其供限。如有家口相隨，即自須於村杏安置，不得令館驛將雜物飯食，草料等，就彼供給。』凡此所云不得輒受供給者，正因常有人取給於館驛之事在前也。唐令拾遺引倭名類聚抄居處部道路具驛條：『唐令云：諸道須置驛者，每卅里置一驛，若地勢險阻，及無水草處，隨緣置之。』此與漢制略同，史記文帝本紀二年索隱引續漢書云：『驛馬三十里一置。』若以簡牘記載推之，約爲三十里一候，而簡牘所言驛馬亦大抵爲候長事也。宋曾公亮武經總要引唐烽式言唐每三十里一烽，是唐三十里一烽亦即三十里一驛，故唐烽疏於漢，而驛則同於漢也。漢唐道里大小雖稍異，然三十里之準本約數，其大數相同，即可同在一地矣。顧炎武日知錄卷十館舍條：『予見天下之爲唐舊治者，其城郭必皆寬廣街道必皆正直，館舍之爲唐舊貌者，其地必皆宏敞。李肇國史補卷下菹庫蔡伯喈條云：「江南有驛吏以幹事自任典郡者初至吏白曰：驛中事已理，請一閱之。刺史乃往，初見一室署云酒庫，又一室署云茶庫，又一室署云菹庫。」孫樵文集書

襄城驛壁云：「襄城驛號天下第一，及得寓目，視其沼則淺而汙，視其舟則離敗而膠，庭除甚汙堂無甚殘。」』是唐時館驛規模固已逾於漢矣。

車　馬　一

牛車不載詣官具對光叩頭死罪對曰光不敢廩吏☒。四〇三、二〇。

案居延故塞，當今額濟納河沿岸，除居延海自黑城東北移至黑城西北而外，山川形勢，古今尚不大殊。自張掖北行，今猶可循河東障塞故址繞湖而至河西。大漠少雨，雖車不常至，然循河北行，徹迹仍綿延不絕也。居延塞上以車輪運，見釋文車騎類，今不悉引。此簡所記爲一牛車不載穀事。案漢代牛車與馬車相異，此自三代已然，漢特相承其舊耳。馬車爲小車，以較人；牛車爲大車，以載物。小車原於戎車；大車原於輜車。凡輈輨軏軥所以爲駕者，其於大車小車各異，而全車結體，亦自所在相殊，觀嘉祥石刻諸圖可以立辨。漢末大亂，馬數驟減，牛車之用漸廣，遂代馬車而作乘人之車。考見錢大所二十二史考異二十。及隋唐以來畜馬漸多，然猶仍兩漢輂車之遺，而輈車竟不通用。至今中國北部以駕馬駕驘之車皆爲牛車所變革而成，與三代兩漢之輈車無與也。

車　馬　二

奉明善居里。公乘丘誼年六十九　居延丞付方相車一乘　用馬一匹騂牡齒十歲高六尺　閏月庚戌出閏月庚戌出　五三、一五。

長安宜里閻常字仲兄　出　乘方相車駕桃差牡馬一匹齒十七八歲龐牝馬一匹齒八歲皆十一月戊辰出　已　六二、一三。　入方相車一乘駹牡馬一匹齒八歲　子穎　四三、九。

方相車即方箱車，方箱車，車之簡陋者，輈車之箱謂之輿，惟牛車之箱始謂之箱。輿之製見於周禮輿人，箱之製則在車人中附及之。箱之製較簡，故不詳言也。詩大東云：『睆彼牽牛，不以服箱』，毛傳云：『箱大車之箱也。』大車者牛車也。詩無將大車正義云：『冬官車人爲車，有大車，鄭云，大車平地載任之車，則此是也。其車駕牛，故酒誥曰：「肇牽車牛，遠服賈用」，此小人之所將也』。故大車即牛車，而箱則爲牛車之箱。此方箱而駕馬，即駕馬之牛車，亦即輂車。

漢簡中亦偶言及輂車(見一八三、三)，是方相車亦是輂車之異名矣。輿圜而箱方，凡牛車輂車之箱無不方者，今言方箱者，亦以示別於軺車之輿也。周禮春官巾車：『士乘棧車，庶人乘役車』。鄭注：『役車方箱，可載任器以共役』。賈疏：『庶人以力役爲事，故曰車曰役車。知方箱者，按冬官乘車，田車（獵車）前後短；大車（牛車），柏車（小車），羊車（宮中所用輜軒），皆方；故知庶人車亦方箱』。蓋士之棧車（柴車）猶用輿制，庶人之役車，則其制同於漢之輂車，故以方箱爲釋矣。桃差馬者，桃爲桃色，差者差次之意，言斑駁也。驪，騩二字通用，騩馬靑馬也。

行　　程

□□都尉留河上安行道十四故官去新□。四〇三、三八。

案自張掖至今黑城，行行程爲十二日，定行十四日，則古人行程，略同於今而稍緩。若以長安起算，則征途三千餘里，非十四里所能達矣。按漢代郵驛之制，據續漢書輿服志爲『驛騎三十里一置』，此正與周禮地官遺人：『凡國野之道，十里有廬，廬有養食，三十里有宿，宿有路室八路密有委。』相符合。此亦春秋戰國以來相承之制也。呂氏春秋不匱篇：『軍行三十里爲一舍，故三十里有宿』管子大匡篇：『三十里置遽委馬有司車之。從諸侯欲通吏從行者，令一人爲負以車，若宿者令人養其馬，食以委積』。此戰國之書正與周禮遺人相合。此制猶通行於漢，輿服志亦合。大致漢人以三十里爲準，路程有一定。自張掖至居延（卽黑城）定行十四日，大致爲每日行六十里，則每日可行兩置。蓋三十里爲行師之準則，而六十里則爲平時行程之準則也。

丙、有關史事文件舉例

漢　武　詔　書

□幾成風，紹休聖緒，傳不云乎？『十室之邑，必有忠信。』一二六、三〇。

□子雍於上聞也，二千石長官綱紀人倫。三三二、一六。

此武帝詔書也。漢書武帝紀『元朔年冬十一月詔曰：「公卿大夫所使總方略，壹統類，廣教化，義風俗也。夫本仁祖義，襃德祿賢，勸善刑暴，五帝三王所繇昌也。朕夙興夜寐。嘉與宇宙之士，臻於斯路。故旅耆老，復孝敬，選豪後，講文學，稽參政事，祈進民心。深詔執事與廉舉孝，庶幾成風，紹休聖緒。夫十室之邑，必有忠信，三人並行，厥有我師。今或至闔郡而不薦一人，是化不下究，而積行之君子雍於上聞也。二千石官長紀綱人倫，將何以佐朕燭幽隱，勸元元，厲蒸庶，崇鄉黨之訓哉？且進賢受上賞，蔽賢蒙顯戮，古之道也，其與中二千石禮官博士議不舉者罪。」有司奏議曰：「古者諸侯貢士，壹適謂之好德，再適謂之賢，三適謂之有功，迺加九錫。不貢士壹則黜爵，再則黜地，三則黜爵地畢矣。夫附下罔上者死，附上罔下者刑，與聞國政而無益於民者斥，在上位而不能進賢者退，此所以勸善黜惡也。今詔書昭先帝聖緒，令二千石舉孝廉，所以化元元移風易俗也。不舉孝不奉詔當以不敬論，不察廉不勝任也，當免」。奏可。』案此詔先下於丞相御史與中二千石雜議，其前或爲：『制詔丞相，御史大夫，中二千石，二千石』。後之有司議奏，或爲：『御史大夫臣蔡昧死言丞相弘上大常書言……』公卿表是年丞相爲公孫弘，御史大夫爲李蔡。奏可當卽『制曰可』。若按此詔見於邊塞之事推之，則此詔曾頒行天下，其後更當有：『御史大夫下丞相，丞相下中二千石，二千石，郡大守，諸侯相，承書從事下當用者』之下詔文辭也。此詔漢書所載與簡文異者，如『傳不云乎』作『夫』，『綱紀人倫』作『紀綱人倫』之屬，蓋漢書傳鈔已久，多歷改竄，應以簡文爲是。此詔在元狩元年，居延之開關在太初三年，詔文頒行先於居延開關者二十年，或此詔已定著令，故後置之處猶得見之歟？

此二簡簡寬俱市尺五分半，簡長前簡市尺六寸二分，後簡市尺五寸二分，惟前簡簡尾應有空白，今已失其大半。約尙餘空白二分，後簡簡尾空白處未失去，度得市尺一寸。前簡最後一字爲『信』字，故其後一簡應從『三人並行』起，至『綱紀人倫』凡得四十三字，今從後簡『子雍』計至『人倫』，凡十五字，每字平均合市尺二分八釐，若以四十三字計，合市尺一尺二寸零四釐。更加首尾各市尺二寸，共合市尺一尺四寸零四釐。約漢尺二尺零四分。然簡首應較長，約再加一寸

六分，便爲二尺二寸。漢詔尺一，漢律二尺四，若爲二尺二寺，則應爲尺一之詔之簡矣。

五 銖 錢

將軍使者太守議貸錢苦惡小萃不爲用，政更舊制，設作五銖錢，欲使以錢行銖能⊠。(三一五)一六、一一，卷一、第三十四葉。

此漢武帝行五銖錢詔。萃爲碎之借字，碎糜也。古不攻嚴也。王念孫讀書雜志曰：『見郡國多不便縣官作鹽鐵。器苦惡，買貴。如淳曰，「苦或作盬不攻嚴也」。臣瓚曰，「謂作鐵器民患苦其不好也」。師古曰，「二說非也，鹽旣味苦，器又脆惡，故總云苦惡也」。念孫案：如說是也。苦讀與盬同，唐風鴇羽傳云，「盬不攻致也」。言鐵器旣苦惡，而鹽鐵之價又貴也。史記平準書作：「見郡國多不便縣官作鹽鐵，鐵器苦惡賈貴」，鹽鐵論水旱篇：「今縣官作鐵器多苦惡」，皆其證。師古讀苦爲甘苦之苦，而以鹽鐵器苦惡連讀，斯文不成義矣。高惠高后文功臣表云：「道橋苦惡，」息夫躬傳云：「器用苦惡」，匈奴傳云：「不備善而苦惡」，管子度地篇云：「取完堅，補弊久，去苦惡」，傳言苦惡者多矣，若讀如甘苦之苦，則其義皆不可通。』此漢武爲詔文，尤可以證王說也。原文苦作古，尤存故誼。

自秦兼天下，以黃金爲上幣，銅錢爲下幣。廢六國紛紜繁雜之制，而以半兩錢通行天下。其錢由官鑄或私鑄，雖於史無徵，然戰國時齊魏之錢已爲官家法貨，秦亦宜然。況秦人以車同軌，書同文爲定法，而欲學者亦以吏爲師，萬無容許私家鼓鑄錢幣之理也。

自陳涉起事，豪傑並作，連年軍旅，財用匱絕。漢乘其弊始令民得自鑄荚錢，以通市用。（今出土荚錢，其文與秦錢同作半兩而其重弗如。）於是商民盡毀舊幣以鑄荚錢，以致物價騰踊，米石萬錢。高帝季年始定盜鑄令。惠帝三年遣御史以九條察郡，其第三條爲察鑄僞錢。見唐六典。至高后二年，始爲八銖，文仍曰半兩，然錢重難行，至六年復廢，仍行五分錢。五分者以錢徑言，卽荚錢也。

按秦制以二十四銖爲一兩，半兩卽十二銖，高后八銖已經於秦錢，然盜鑄者更輕，於是文帝五年，定鑄四銖錢，復除盜鑄令，使民得鼓鑄。於是吳鄧之錢滿天

下。景帝三年，旣平吳楚七國之亂，於六年再行盜鑄令，然盜鑄之事，無由全禁。至武帝建元元年改鑄三銖錢，文曰三銖，銷舊半兩錢，而盜鑄至至死。然三銖錢輕，輕則易。詐錢益多而輕，物益少而貴，於是在元狩五年更鑄五銖錢。以上見史記平準書，漢書高至武紀及食貨志。史記平準書索隱『顧氏案古今注云，秦錢半兩，徑寸二分，重十二銖』，卽食貨志所謂：『文曰半兩，重如其文』也。自孝文五年『爲錢益多而輕，乃更鑄四銖錢，其文爲半兩，除盜鑄錢令，使民放鑄。』三銖錢始於建元元年，至五年復行半兩錢（卽四銖錢），及元狩三年，用兵於外，『大司農陳臧錢經用，賦稅旣竭，不足以奉戰士』於是『銷半兩錢，鑄三銖錢，重如其文。』至元狩五年『有司言三銖錢輕，輕錢易作姦詐，廼更請郡國鑄五銖錢，周郭其質，令不得摩取鋊。』自此以後終漢之世皆以五銖爲準則。以迄於隋，猶通用五銖錢也。王莽變更錢制，爲召亂之一因，公孫述僭號於蜀，五銖漸廢，改鑄鐵錢，蜀童謠亦以『黃牛白腹，五銖當復』爲言，凡此具見五銖錢之爲人所信矣。當施行五銖之際，張湯爲御史大夫，而桑弘羊，孔僅，東郭咸陽用事，五銖之議蓋發於湯等也。湯於元鼎二年死，湯死而民不思。死後二年卽元鼎四年，復以郡國鑄錢，民多姦鑄，錢多輕。『悉令郡國毋鑄錢，專令上林三官鑄，錢旣多而令天下非上林三官錢不行，諸郡國前所鑄錢皆廢銷之，輸入其銅三官，而民之鑄錢益少，其費不能相當，唯眞工大姦廼盜爲之。』鹽鐵論錯幣亦云：『幣數易而民益疑，於是廢天下諸錢，而專命水衡三官作。』所謂上林三官或水衡三官者，卽鍾官，辨銅及均輸三令丞，故屬少府，爲鑄錢之故移於上林，改屬水衡都尉，故曰上林或水衡也。漢食貨志云『自孝武元狩五年，三官初鑄五銖錢，至平帝元始中，成錢二百八十億萬餘云。』其時約計百三十年，每年約鑄二億三萬餘，比與安定漢代之政治及財富相關甚大，故錢貨制度自武帝始安定。若風俗通義謂文帝時『穀糴常至石五百，不升一錢』之語果確者，與昭宣間穀糴至數錢，相差甚遠。則從錢貨之安定與否言，或可得其消息矣。

又改革舊制作五銖錢之原因，全爲舊錢輕，易於盜鑄，而不適於用之故。食貨志已言之，今觀此簡益信。Marcel Granet: La Civilisation Chinoise 謂爲受五行思想，殊屬臆斷。況武帝定歷改制，始於太初，不得於元狩先爲之也。

王　路　堂

王路堂免書，初始元年十一月壬子☐。三一二、六。

此王莽所下書也。漢書王莽傳中：『始建國元年，改公車司馬曰王路四門，長樂宮曰常樂室，未央宮曰壽成室，前殿曰王路堂。』此爲始建國以後下書，追述舊事，故稱王路堂也。初始元年卽居攝三年。王莽傳上：『三年居攝三年。十一月甲子莽上奏太后曰：「陛下至聖，遭家不造，遇漢十二世三七之陀，承天威命，詔臣莽居攝。受孺子之託，任天下之寄。臣莽兢兢業業，懼於不稱。宗室廣饒侯劉京上書言，七月中齊郡臨菑昌興亭長辛當一暮數夢，曰吾天公使也，天公使我告亭長曰：攝皇帝當爲眞，卽不信我，此亭中當有新井。亭長晨起視，亭中誠有新井，入地且百尺。十一月壬子直建冬至，巴郡石牛，戊午雍石文，皆到於未央宮之前殿。臣與太保安陽侯舜等視，天風起塵，冥，風止得銅符帛書於石前，文曰：天告帝符，獻者封侯。承天命，用神令，騎都尉崔發等眂說，及孝哀皇帝建平二年六月甲子改爲太初元將元年，案其本事，甘忠可夏賀良讖書藏蘭臺，臣莽以爲元將者大將居攝改元之文也，於今信矣。尚書康誥，壬若曰；孟侯，朕其弟，小子封，此周公居攝稱王之文也。春秋隱公不言卽位，攝也。此二經孔子所定，蓋爲後法。孔子曰：畏天命，畏大人，畏聖人之言，臣莽敢不承用。臣謹共事神祇宗廟，奏言太皇太后，孝平皇后，皆稱假皇帝。其號令天下，天下奏事毋言攝，以居攝三年爲初始元年，漏刻以百二十爲度，用承天命。臣莽夙夜養育，隆就孺子，令與周公成王比德，宣明太皇太后威德於萬方，期於富而教之，孺子加元服，明辟如周公故事」。奏可。眾庶知其奉符命指意，羣臣博議別奏以視卽眞之漸矣。』甲子爲十一月二十一日，至十二月朔遂改爲始建國元年，故初始元年，僅得十日耳。簡文稱初始元年十一月壬子當卽指巴郡石牛事，其事仍在居攝三年，尚未改元也。莽傳中之莽奏言巴郡石牛，石牛下有戊午二字，疑涉石牛二字而衍。莽信時日小數，故十一月壬子直建冬至，石牛石文及符命同到未央宮，又逾十二日甲子直建始上書，皆取建國之意。古建除家當就建除字面之吉凶定之，與後世黃道黑道不同。此與戊辰直定，入高廟取哀章銅策，用意正同。用直定之日，意取正

位卽眞以定天命之意，此在莽量猶鄭重申言，可證王莽決非不信建除家者。若僅石牛在壬子日到，而石文符命俱在戊午日爲莽所得，案淮南天文篇建除之術推之戊午當爲直破，時日大凶，莽決不爲也。況莽奏言：『十一月壬子直建冬至』，稱道特詳，是重視此日。若此日所到者僅爲一石牛，其主要之符命，反在與此日無涉之戊午，又何必稱道此日乎？又況下文依今本漢書爲『戊午雍石文皆到於未央宮之前殿』，石文但有一事，又何得言『皆』？故就王莽平生習性推，就奏文文字論，戊午二字皆當爲衍文，卽巴郡石牛雍石文，並是『十一月壬子直建冬至』同日到於未央前殿。是日旣爲直建之日，堪爲建國之兆，而冬至日始長，亦示新運之來，故天帝於是日更授以銅帛符也。此在王莽平時禁忌衡之，本爲一貫之事。則此簡所言『王路堂』，『初始元年十一月壬子』，於時於地皆無不合矣。『免書者』，據王莽傳中，始建國元年：『秋，遣五盛將王奇等十二人班符命四十二篇於天下，德祥五事，符命二十五，福應十二，凡四十二篇。……符命言井石金匱之屬，其文爾雅依託，皆爲作說，大歸言莽當代漢有天下云。總而說之曰：「帝王受命必有德祥之符瑞，協成五命，申以福應，然後能立巍巍之功，傳之子孫，永享無窮之祚。故新室之興也，德祥發於漢，三七九世之後，肇命於新都，受瑞於黃支，開王於武功，定命於子同，成命於巴宕，申福於十二應，天所以保祐新室者，深矣固矣。申命之瑞寖以顯著，至于十二以昭告新皇帝，皇帝深維上天之威不可不畏，故去攝號，猶俏稱假，改元爲初始，欲以承塞天命，克厭上帝之心。然非皇天所以鄭重降符命之意，故是日天復決其以勉書。』注：『孟康曰：「哀章所作策書也。言數有瑞應，天復決其疑，勸勉令爲眞也。」晉灼曰：「勉字當爲龜，是日自復有龜書，及天下金匱圖策事也。」師古曰：孟說是。』今案簡文作免，與勉同。自以孟說爲是。此簡當卽班符命四十二篇於天下之簡，雖殘缺特甚，然其大致猶可想像得之也。

又初始通鑑作始初，考異云：『莽傳作初始，荀紀及韋莊美嘉號錄，朱庠紀元通譜，皆作始初，今從之』，今嘉靖本荀紀已改從漢書作初始，溫公所見與嘉靖本不同。然始初實誤，當據簡文以漢書爲正也。

王莽詔書用月令文

辨衣裳審棺槨之(薄)厚，營丘隴之小大，高卑，薄厚，度貴賤之等級。始建國二年十一月丙子下。二一○、三五。

此王莽所下詔也，今亡其前半。長歷，始建國二年十一月壬戌朔，丙子其十五日也。月令：『孟冬之月，飭喪紀，辨衣裳，審棺槨之薄厚，塋丘隴之大小，高卑，厚薄之度，貴賤之等級。』莽建丑，則其十一月在建亥之月，歲首雖更，四時無改也。簡文略有脫字，然塋作營則同於呂覽淮南而不同於禮記諸本，大小作小大，厚薄作薄厚，亦與呂覽淮南及開成石經並同，知簡文猶存舊文，今本禮記則有傳鈔之誤矣。簡後有下書月日，蓋王莽宗經，每月必下月令文而期其施行。然觀此簡脫一『薄』字，則鈔胥之吏但以奉行故事視之，不甚重視。則莽政不終，亦可觀其漸矣。至於漢代喪葬踰侈之事，屢爲儒生所譏，如鹽鐵論散不足，及孔光劾董恭葬董賢等皆可見之，圖與月令不悖也。此簡曾由丁梧梓先生檢示月令文，謹爲致謝。

西　　域　　一

詔夷虜候章發卒曰：『持樓蘭王頭詣敦煌，留卒廿人，女譯二人，留守證☒。』三○三、一八。

按事在昭帝元鳳四年，漢書傅介子傳及西域傳並載其事。傅介子傳云：『介子謂大將軍霍光曰：「樓蘭龜茲數友覆而不誅，無所懲艾，介子過龜茲，其王近就人易得也。願往刺之，以威示諸國。……」於是白遣之。介子與士卒俱齎金帛，揚言以賜外國爲名，至樓蘭，樓蘭王意不親介子，介子陽引去，至其西界，使譯謂之曰：「使者持黃金錦繡行賜諸國，王不來受，我去之西國矣。」卽出金幣以示譯，譯還報王，王貪漢財物見使者。介子與坐飲，陳物示之。飲酒皆醉，介子謂王曰：「天子使我私報王」。王起隨介子入帳中屏語，壯士二人從後刺之，刃交胸立死。其貴人在左右皆散走，介子告諭以王負漢罪，天子遣我來誅王，當立前太子質在漢者，漢兵方至，毋敢動，動滅國矣。遂持王館詣闕。』此簡所記卽其事

也。漢自李廣利克捷大宛，與之盟於城下以後，西域諸國雖或首施於胡漢之間，然漢自敦煌西至鹽澤，往往起亭，而輪臺渠犁皆有田卒數百人，置使者校尉領護。見漢書西域傳。諸國亦不復敢以阻遠自恃。故王負漢，使者刺王，告以漢兵方至，國人遂亦慴伏不敢動。是漢世之立功西域，亦由於聲威久著，然後得以好謀而成，非全恃使者之勇略也。夷虜候當為居延都尉下，甲渠候官所屬之候，『三一七、二』簡又有夷虜隧，蓋即夷虜候所在矣。簡言詔夷虜侯章發卒，蓋介子已刺樓蘭王，敦煌屯戍之卒不足遣，乃調居延之戍卒西行，所言及之夷虜侯章，蓋亦在領卒西行之列。其自樓蘭發卒留守諸事亦皆由其人為之。此簡據語氣考之，應為夷虜侯章奉之於樓蘭者，其人奉此詔後，持樓蘭王頭入玉門，詣敦煌。王頭既至長安，其人亦返居延。而殘詔亦留於居延塞上矣。據西域傳鄯善有譯長二人，又傳介子傳，譯者為胡人，則此簡之『女譯』，亦當為胡婦也。

西 域 二

元康四年二月己未朔，乙亥，使鄯善以西校尉吉，副衛司馬富昌，丞慶，都尉□重，即□通，元康二年五月癸未，以使都護檄書，遣衛丞赦將扡刑士五千人送致將車□□□。——八、——七。

使鄯善以西校尉吉即鄭吉，漢書鄭吉傳云：『自張騫通西域李廣利征伐之後，初置校尉，屯田渠犁。至宣帝時吉以侍郎田渠犁，積穀，因發諸國兵，攻破車師，遷衛司馬，使護鄯善以西南道。神爵中匈奴乖亂，日逐王先賢撣欲降漢，使人與吉相聞。吉發渠黎，龜茲諸國五萬人迎日逐王……吉既破車師，降日逐，威震西域。遂並護車師以西北道，故號都護。注，師古曰，並護南北二道，故謂之都，都猶大也，總也。都護之置自吉始焉。西域傳：『其後日逐王畔單于，將眾來降，護鄯善以西使者鄭吉迎之。既至，漢封日逐王為歸德侯，吉為安遠侯。是歲神爵三年也。乃說使吉并護北道，故號都護，都護之起，自吉置矣。僮僕都尉由此罷，匈奴益弱不得近西域』。此簡在元康四年，前於都護初置之時者三年。鄭吉官名為『使鄯善以西校尉』見於此簡，在吉傳及西域傳中均未著其官職之全銜，自宜以簡為正。都尉當即伊循都尉。漢書西域鄯善傳：『立尉屠耆為王時在元鳳四年。……王自請天

子曰：「身在漢久，今歸單弱。……願漢遣一將，屯田積穀，令臣得依其威重。」於是漢遣司馬一人吏士四十人以塡撫之，其後更置都尉，伊循官置始此矣。』據此簡則元康間伊循蓋已設都尉矣。

此簡之月日在元康四年，其時事迹以漢書西域傳推之，大致可曉。西域傳云：『地節二年，漢遣侍郎鄭吉，校尉司馬憙，將免刑罪人，田渠犂，積穀，欲以攻車師。至秋收穀，吉憙發城郭諸國兵萬餘人，自與所將田士千五百人，共擊車師。攻交河城，破之。……(車師)王擊匈奴邊國小蒲類，斬首略其人民以降吉。……吉憙即留一侯與卒二十人留守王，吉即引兵歸渠犂。車師王恐匈奴兵復至而見殺也，西輕騎奔烏孫。吉即引其妻子置渠犂。東奏事至酒泉，有詔還田渠犂及車師，益積穀以安西國，侵匈奴。……於是吉使吏卒三百人別田車師。得降者言：「單于大臣皆曰：車師地肥美，近匈奴，使漢得之，多田積穀，必害人國，不可不爭也。」果遣騎來擊田者。吉乃與校尉盡將渠犂田士千五百人往田，匈奴復益騎來，……圍城數日乃解。……詔遣長羅侯將張掖酒泉騎出車師北千餘里，揚威武東師旁，胡騎引去，吉乃得出，歸渠犂。……遂以車師故地與匈奴，……是歲元康四年也。其後置戊巳校尉，屯田居車師故地。』蓋車師之棄在元康四年，而日逐王歸降在神爵三年，其間凡歷三年。此簡正在元康四年二月，春日方來，宜集農事，往田車師，或在其時。所言及之將車施刑五十人，在元康二年所遣，以給賚用於塞上者。此時有軍事，故未能遣歸也。將車，語見漢書朱買臣傳。

西 域 三

皇帝陛下車騎將軍下詔書曰烏孫小昆彌烏☒。五六二、二七，三八七、一九。

夷狄貪而不仁，懷挾二心，請編☒。三八七、七，五七四、一五。

☒就屠與呼韓單于諆☒。五六二、四。

此漢世有關西域文書一節，今前後俱亡失，上行下行亦不能盡曉矣。車騎將軍下詔書者，言天子詔書自車騎將軍下也。烏孫小昆彌者，據漢書西域傳言，烏孫肥王翁歸靡胡婦子烏就屠，當肥王傷時驚與諸翎侯俱居北山中，揚言有母家匈奴兵來援，故衆歸之。後遂襲殺狂王自立為昆彌。時楚王侍者馮嫽能史書習事，嘗持

節為公主使，為烏孫右大將軍妻。都護鄭吉廼使之說烏就屠以漢兵方出，必見滅，不如降。烏就屠恐，曰，『願得小號』，漢廼立楚公主解憂子元貴靡為大昆彌，烏就屠為小昆彌。分別其人民地界，大昆彌戶六萬餘，小昆彌戶四萬餘。其事據徐松漢書地理志補注謂當在甘露二年。然據漢書百官公卿表甘露元年二月車騎將軍許延壽薨，至黃龍元年十二月始以樂陵侯史高為大司馬車騎將軍，則此詔當在黃龍元年以後，或在元帝初元之際矣。

羌　人

各持下吏為羌人所殺者，賜錢三萬，其印經吏五萬。又上子一人，召尚書卒長……奴婢三千。賜傷者半之。皆以郡見錢給，長吏臨致，以安百姓。□早取以□錢……

二六七、一九。

此為撫卹因羌事而死傷者之詔書也。當為宣帝時之詔文，居延漢簡多為西漢昭宣以來者，與此正相符合。東漢羌禍雖重，然西邊之郡紛紛內徙，亦無餘力以各郡現錢撫卹也。流沙墜簡簿書類一：『制詔酒泉太守，敦煌郡到戍卒二千人，發酒泉郡，其假候如品，司馬以下與將卒長吏將屯要害處，屬太守。察地形，依險阻，堅壁壘，遠候望，母……』王國維考定為神爵元年下酒泉太守辛武賢詔，與此簡正為同時之物也。

後漢書西羌傳云：『武帝征伐四夷。開地廣境，北卻匈奴，西逐諸羌，乃渡河湟，築令居塞。初開河西，列置四郡，通道玉門，隔絕羌胡。使南北不得交關。於是障塞亭燧，出長城外數千里。時先零羌與養牢姐種解仇結盟，與匈奴通，合兵十餘萬，共攻令居，安故，遂圍抱罕。漢遣將軍李息，郎中令徐自為將兵十萬人擊平之，始置護羌校尉，持節統領焉。羌乃去湟中，依西海鹽池左右。漢遂依山為塞。河西地空，稍徙人以實之。至宣帝時，遣光祿大夫義渠安國覘行諸羌，其先零種豪言，願渡湟水，逐人所不田處，以為畜牧。安國以事奏聞。後將軍趙充國以為不可聽。後因緣前言，遂渡湟水，郡縣不能禁。至元康三年，先零乃與諸羌豪大共盟誓，將欲寇邊，帝聞復使安國將兵觀之。安國至，召先零豪四十餘人斬之，因放兵擊其種，斬首千餘級。於是諸羌怨怒，遂寇金城。乃遣趙充國與

諸將將兵六萬人擊破平之。』其事詳見於漢書趙充國傳。蓋諸羌攻擊金城，河西諸郡密邇金城，故亦頗遭波及。詔書所下亦不限於金城也。

丁、有關四郡問題

四 郡 建 置

元鳳三年十月戊子朔戊子，酒泉庫令定國以近次兼行太守事，丞步置謂過所縣何津請遣□官特□□□家去□□丞行事全城張掖酒泉敦煌郡，案會所占畜馬上匹當張舍張□如律令。掾勝胡，卒史廣。三〇三、一二。

漢書百官表云 ：『萬戶爲令，秩千石至六百石；減萬戶爲長，秩五百至三百石；皆有丞尉。』庫令蓋秩比縣令者。據吳式芬封泥考略，漢封泥有上郡，漁陽，北地諸郡庫令。漢書河間獻王傳，成帝建始元年，立上郡庫令良，是爲河間惠王。注，如淳曰：『漢官，北邊郡庫兵之所藏，故置令。』是雖其官不見於表志，猶見於漢官佚文及封泥也。庫有置長者，見居延簡第『(一八)二四八、一五』：『□夾工卒史禹，庫長湯，嗇夫□☑』卷一，第五葉。又：『(五七)二八四、四』：『三月丙戌庫嗇夫宋宗以來』卷一，第七葉『(三一二)三一二、一六。』『初元五年四月，居延庫嗇夫賀以小官印行丞事，敢言□』卷一，第五十四葉。則庫亦或置嗇夫。此或因屬於太守，都尉，縣令者，庫之大小不同，其所置之官亦不相同。封泥考略有成都庫半通印，吳式芬以縣邑之庫未聞置官，當爲主庫掾史之印。今據居延簡知居延縣庫嗇夫所用爲小官印，則成都庫半通印，應亦爲嗇夫所用者矣。『以近次兼行太守事』，蓋據資歷言，非據職位言，以近位言則太守自有丞及長史，庫令之位於太守尚遠。居延簡『(八一)五〇五、三』：『十一月丁卯，張掖太守奉世守部司馬行長史事，庫令行丞事。』卷一，十二葉。是庫令亦或行丞事，非必於太守爲近次也。

『金城，張掖，酒泉，敦煌郡』，言河西諸郡，有金城，無武威。漢書昭紀及地理志並云金城郡爲昭帝始元六年置，簡爲元鳳三年物，在置郡三年之後。惟簡言金城及河西三郡，獨不及武威。又鹽鐵論西域篇言：『先帝推讓，斥奪廣饒之地，建張掖以西，隔絕羌胡』。鹽鐵之議發於昭帝始元六年，是至昭帝始元元鳳時猶

不言武威有郡也。然則武威立郡，或更後於金城，是河西四郡之置郡時期，固宜重爲審定矣。

按河西四郡之建立，原有岐說，漢書武帝紀云：

元狩二年秋，匈奴昆邪王殺休屠王，並將其衆，合四萬餘人來降，置五屬國以處之，以其地爲武威酒泉郡。

元鼎六年秋，又遣浮沮將軍公孫賀出九原，匈河將軍趙破奴出令居，皆二千餘里，不見虜而還。迺今武威酒泉地，置張掖敦煌郡。

漢書地理志云：

武威郡　故匈奴休屠王地，武帝太初四年開。

張也郡　故匈奴昆邪王地，武帝太初元年開。

酒泉郡　武帝太初元年開。

敦煌郡　武帝後元年分酒泉置。

紀志相違，無一同者。而傳志之間，又復乖異。漢書食貨志云：『明年南粵反，西羌侵邊，天子以爲山東不瞻，赦天下囚，因南方樓船士二十餘萬人擊粵，發三河以西騎擊羌，又數萬渡河築令居，初置酒泉張掖郡。』此元鼎六年事，是以爲張也酒泉同爲元鼎六年所置也。史記匈奴傳：『是時漢東拔濊貊朝鮮以爲郡，而西置酒泉郡以鬲絕與羌通之路。』漢拔朝鮮在元封三年，是又以爲置酒泉郡爲元封三年事。史記大宛傳云：『初天子發書易云：「神馬當從西北來」，得烏孫馬好，名曰天馬，及得大宛汗血馬，益壯，更名烏孫馬曰西極馬，名大宛馬曰天馬云。而漢始築令居以西，初置酒泉郡以通西北國，因益發使安息，奄蔡，黎軒，條支，身毒國，而天子好宛馬，使者相望於道。』此又以酒泉之置在得宛馬以後。武帝得宛馬在太初四年，是以爲酒泉設郡之時，且在地理志所記太初元年之後矣。

河西四郡設置之年代，就史漢所記諸說觀之，既岐互至此。則欲求覈實其事，必當有所從違。今案諸條史料，除史記武紀已亡不論外，班固漢書武紀直探官家記注，纂輯排比，增飾之處應爲最少。漢書食貨志史記平準書略同。史記大宛傳，史記匈奴傳傳錄所聞，間附己意，往往重在行文。雖所言爲當世之事，而時間排比，

未必盡當。漢書地理志所記則雜采圖經，縱令別有所據，自未可與本紀之史源，相提並論。由此言之，史料之中自以紀文爲可信。雖班固以己意刪定，可致謬誤。然規模具存，猶可辨章是非，定其去取也。

清代言河西建郡之先後者，若齊召南見清官本二十四史漢書考證。錢大昕見二十二史考異皆言應從武紀。錢氏云：『按武帝元鼎六年分武威酒泉郡置張掖敦煌郡，敦煌爲酒泉所分，則張掖必武威所分矣。四郡之地雖皆武帝所開，然先有酒泉武威，而後有張掖敦煌。以內外之詞言之，武威當云元狩二年開，張掖敦煌當云元鼎六年分某郡置，不必云開也。昆邪來降在元狩間，而志以張掖屬元年，武威屬四年，皆誤。』所重者在昆邪來降一事，而以內外別先後。惟朱一新漢書管見則以志爲是，謂『豈開郡實在太初時，紀繫於此，乃終言之耶？』今案諸說咸有未密，欲明四郡建置之先後，必先就諸郡當時史料，分別言之，始爲完足也。

今先言酒泉及武威。按武威附近水草饒足，似置郡決不當在酒泉以後矣，然其實殊不然，史記全書無一語及於武威者，前引平準書一條，大宛傳一條，匈奴傳一條皆僅有酒泉而不及武威。平準書言及張掖，而大宛傳及匈奴傳則但及酒泉而已。又漢書西域傳云：『票騎將軍擊破匈奴右地，降渾邪休屠王，遂空其地，始築令居以西，初置酒泉郡，後稍發徙民充實之，分置武威張掖敦煌，列四郡據兩關焉。』則班氏西域傳亦以爲酒泉郡先置，與史記同。是酒泉先置，武威後置，除漢書武紀外，類皆眾口一辭。本紀根據記注，時日本可依據，而酒泉武威同時置郡一事則與其他史料無不牴牾，則原有記注應爲『元狩二年秋，匈奴昆邪王殺休屠王，並將其眾，合四萬餘人來降。以其地爲酒泉郡。』『元鼎六年秋，又遣浮沮將軍公孫賀出九原，匈河將軍趙破奴出令居，皆二千餘里，不見虜而還。廼分酒泉地置張掖郡。』原文應較此爲繁，經班氏刪削者。酒泉上之武威二字，乃班氏以意增入者。此或由東漢初年，武威已疆理大闢，蔚爲要地。班氏遂疑舊記有誤，爲之改寫，初不虞二千年後有舊簡遺文發其覆也。或竟係班氏漏列武威置郡之始，經後人竄入者司馬光作資治通鑑 於漢元鼎二年下云：『烏孫王既不肯來還，漢乃於渾邪之故地置酒泉郡。稍發徙民以充實之，後又分置武威郡以絕匈奴與羌通之道。』通鑑不以爲武威酒泉置在同時，其識甚卓。然以爲酒泉置在元鼎，則未爲然。通鑑記

元鼎二年張騫西使事本於史記大宛傳，大宛傳謂張騫欲招烏孫使居昆邪故地，而烏孫不肯來。今假定其地尚空可以招烏孫，則漢未於此置郡可知。於是溫公遂以漢立酒泉郡在烏孫不來，張騫返自西域之後矣。然史記此節實不可據。漢書張騫傳亦載此事，而其異文凡有數處。史記未記烏孫王昆莫父之名，漢書記其名爲難兜靡；史記言烏孫始爲匈奴所破而漢書言烏孫始爲大月氏所破；史記言烏孫爲匈奴西邊小國，而漢書烏孫與大月氏俱在祁連敦煌間；史記言故渾邪地空無人，漢書言昆莫地空；史記言招以益東，居故渾邪之地；漢書言招以東居故地。凡此諸端具見漢書在張騫傳與史記大宛傳異者，皆有新史料增入。班氏世在西州，其於烏孫事必別有所據。烏孫傳與史記之異文，應爲以新史料匡正史記遺失之處。故應據漢書而不應據史記。通鑑除對烏孫西徙事大加刪節外，所據全爲史記之文，似未能擇善而從也。王益之西漢年紀於烏孫事改從漢書。案昆邪降後，漢即有河西之地。當時漢徙昆邪舊部爲五屬國並在河以南。見霍去病傳及匈奴傳。蓋所以分其勢而防反側也。其時武帝禁漢人與昆邪部交通，商人與市易者咸處重罪。見漢書汲黯傳。其所以防匈奴者至深。況祁連山肥美宜牧畜，匈奴自失祁連山。未嘗不欲得其故地，故有『失我祁連山，令我六畜不繁息』之歎。見史記匈奴傳索隱引西河舊事。若漢人徙昆邪而空其地，豈不虞匈奴南下據之？夫昆邪降人尚不置信而使居其地，況空其地而棄之敵乎？是徙昆邪舊部之後，固不能若徙閩越而空其地者審矣。漢平閩越尚置都尉，漢書揚雄傳言東南一尉，吳志虞翻傳引會稽典錄所謂會稽都尉是也。故史記大宛傳云：『漢遣驃騎將軍破匈奴西城數萬人，渾邪王率其民降漢，而金城河西並南山，至鹽澤，空無匈奴。匈奴時有候者到而希矣。』言『匈奴時有候者到』，正可證漢得其地即設烽燧以候望匈奴，否則何以知到與不到乎？故昆邪降漢，漢即於昆邪之故地設酒泉郡。張騫欲徙烏孫之處，乃烏孫故地，即班氏所言：『祁連敦煌間』，約當今嘉峪關以外之區，不得包括酒泉也。按其地雖空無居人，仍爲酒泉屬土，惟未置城邑烽燧耳，故元鼎六年置敦煌郡仍言分酒泉置。又史記大宛傳中，述元狩二年霍去病攻祁連山之事曰：『是歲，漢遣驃騎破匈奴西城數萬人，至祁連山。』而史記大宛傳記烏孫昆莫亦言『令長守西城』。王充論衡吉驗篇引此文亦作『西城』。是匈奴於河西應自有城。『觻得』之名見於漢書霍去病傳武帝詔：『揚武乎觻得。』其地即後張掖郡治，顯

疑匈奴曾築有城。匈奴所築城如趙信城，范夫人城等並見漢書，郅支亡至康居未曾築城。又通典州郡部引西河舊事言姑臧城：『匈奴故蓋臧城』。是匈奴在河西或竟有城。若果有城，則漢人因故塞置屯戍，決非一不可能之事也。史記大宛傳於烏孫事，所據多有訛誤，匈奴西城事亦有可疑，然築城事以其他史料推之，或非盡妄也。又史記匈奴傳云：『渾邪王殺休屠王，並將其衆降漢，凡四萬餘人，號十萬。於是漢已得昆邪王，則隴西北地河西益少胡寇，徙關東貧民處所奪匈奴河南新秦中以實之，而減北地以西戍卒半。』漢書食貨志云：『山東被水災民多饑乏。……迺徙貧民於關以西及充朔方以南新秦中七十餘萬口。』漢書武紀元狩四年：『有司言，關東貧民徙隴西，北地，西河，上郡，會稽凡七十二萬五千口，衣食振業不足，請收銀錫造白金以足用。』所言徙民之地雖互有異同，然均不及河西，漢書匈奴傳（元狩四年）令大將軍青票騎將軍去病分軍，……絕幕擊匈奴……漢兵得胡首虜凡七萬餘人，左王將皆遁走，票騎封狼居胥山，禪姑衍，臨瀚海而還。是後匈奴遠遁，而幕南無王庭，漢度河自朔方以西至令居，往往通渠置田官吏卒五六萬人，稍蠶食地接匈奴以北。』史記平準書：『數萬人渡河築令居，初置張掖酒泉郡。而上郡，朔方，西河，河西開田官，斥塞卒六十萬人戍田之。中國繕道餽糧，遠者三千，近者千餘里皆仰給大農，邊兵不足乃發武庫工官兵器以贍之。』故築令居而後，其北邊田卒多至六十萬人。漢書萬上脫一『十』字，應從史記。而河西亦在其內。惟史記漢書俱記在元狩四年以後，或先已屯田，此時更大舉屯田，故終言之。且屯田之事原不妨後於置郡，武帝平越，平西南夷，平朝鮮，皆得其地旋卽置郡，當時往往不於其地屯田。平準書云：『漢連兵三歲，誅羌，滅南越番禺以西以蜀南者，置初郡十七。且以其故俗治，毋賦稅。南陽漢中以往各以地比，給初郡。吏卒奉食幣物，傳車馬被具，而初郡時時小反，殺漢吏。漢發南方吏卒往誅之，間歲萬餘人，費皆仰大農。』故漢得地雖至遠亦必置郡以軍吏屯之。雖不屯田亦仍有吏卒。漢得酒泉，沃野千里，而地復接京師上游，萬無不卽置郡之理。其後更增屯卒，徙貧民，乃逐步爲之，非一時之事。由是言之，漢得河西卽立酒泉郡，事所宜有，不得依史記大宛傳之單文孤證，遂有所置疑矣。

酒泉置郡之時既當從漢書武紀，再論武威置郡之時。據簡所言四郡，有金城而無

武威，武威置郡應在金城之後。今按漢書昭帝紀始元六年：『秋七月，以邊塞闊遠取天水，隴西，張掖各二縣，置金城郡。』張掖在武威之西，置金城郡取張掖二縣而不及武威，是此時武威郡也。更逾三年，當此簡所記之元鳳三年，仍無武威。鹽鐵之議發於元始六年春，較置金城前數月，於河西亦言張掖，不及武威。至宣帝初立，昌邑王罷歸故國，昌邑國名雖未廢，而昌邑國人則屯戍北邊，不以王國人過之。昌邑國據昌邑王傳云王歸國後，地除爲山陽郡。但簡中戍卒尚有昌邑國名，或至少在數月之後。漢書公卿表本始四年，山陽太守梁爲大鴻臚不至晚過此時。此類名籍見釋文名籍類。其同時同地出土者，有大河郡及淮陽郡戍卒名籍。此二郡宣帝初年亦俱分封爲國，簡中名籍稱郡，正與昌邑未改郡同時。惟騎士名籍則張掖所屬諸縣，如觻得，昭武，氐池，日勒，番和，居延，顯美等縣俱有其人，而武威所屬諸縣則無一人。是宣帝初年武威蓋已立郡，故其正卒戍武威緣邊，不戍張掖屬之居延矣。及神爵元年發兵備羌者有武威郡兵而辛武賢奏言屯兵所在有武威郡，並見漢書趙充國傳。蓋猶在此以後也。故據漢簡推定武威置郡之大致年代，早不得逾元鳳三年十月，此簡行文之時代；晚不得逾地節三年五月，張敞視事山陽郡之時代。前後凡十年七月。其間本始二年五將軍十餘萬人出兵西河，雲中，五原，酒泉，張掖，並常惠領烏孫兵共擊匈奴。匈奴民衆死傷而去者，及畜產遠移，死亡不可勝數，於是匈奴遂衰耗。茲欲鄉和親，而邊境少事矣見漢書匈奴傳。此事前於地節三年約五年，然出兵亦僅發自張掖酒泉而不及武威，其規模之大，則爲武帝以後所鮮有，當出兵時固必有發關東衆庶運輸屯戍以繼其後者。姑臧附近正當其東三路其西二路及烏孫一路之中央，或者罷兵之後，匈奴無事，遂以未罷之屯戍於姑臧置郡歟？史文殘闕，不得其詳；惟假設在此時置郡，於現存史料，除漢書武紀及地理志而外，皆不相衝突而已。又張維華先生作漢河西四郡建置年代考疑，以爲武威置郡略後，其發表在鄙意之先，並記於此。

復次，更論張掖敦煌二郡設置之年代。地理志稱張掖開於太初元年，而敦煌置於後元年。然漢書記二郡之事，並有前於此者。漢書李陵傳記陵『將勇敢五千人，教射酒泉張掖以備胡，數年，漢遣貳師將軍伐大宛，使陵將五校兵隨後』。陵教射在貳師伐大宛前數年，太初元年爲貳師伐大宛之年，則張掖已先太初而立矣。

則本紀言張掖置郡於元鼎六年，事當不誣。惟李陵傳言數的酒泉張掖，實當是全部河西地區，敦煌當未置郡。紀所言敦煌，亦猶如紀所言武威乃班氏誤附一筆耳。敦煌一地故爲烏孫牧地，及烏孫不來，漢遂以罪人屯其地。漢書武紀元鼎四年：『秋，馬生渥洼水中。』注引李斐說，南陽新野人暴利長遭刑屯田敦煌界，於水畔得之。據唐寫本地志云在沙州壽昌界內即漢龍勒縣界。其說較後，然渥洼在敦煌從無異說。又漢書禮儀志作元狩三年，是年未必有屯戍至敦煌，殆因是年爲改有河西之年，因而繫之歟？及元鼎六年以後，元封六年濟南崔不意爲魚澤尉，敎力田，以勤效得穀，因立爲縣，名效穀。漢書地理志師古注引桑欽說。然效穀立縣乃終言之，決不在元封六年，此亦不足以證敦煌之置郡也。惟漢書劉屈氂傳記征和二年巫蠱事云：『其隨太子發兵以反，法族，吏士劫略者皆徙敦煌郡』。明言有敦煌郡者始此。其事在後元以前，元封以後，則敦煌置郡當以太初中爲近似，是志言酒泉張掖置於太初，當是涉敦煌而誤耳。又居延簡『(一一)三〇三、三九』『延壽廼太初三年中，又以負馬田敦煌，延壽與父俱來田事已……。』亦可證早有屯田之事。窺其語氣似指敦煌郡而言，似亦可爲太初時期初置敦煌郡之旁證。更就敦煌木簡言，在敦煌以西玉門關遺址發現者有太始四年玉門都尉護衆之文書。是太始時玉門關已從敦煌之東部西徙，不得遲至後元始置敦煌郡也。

以下更就河西四郡之建置以討論玉門關問題。

玉門關是中國通西域大道上的一個最重要關口，漢書西域傳雖有『列四郡，據兩關』之說，此處所稱的兩關是指玉門關和陽關，但是玉門關似乎比陽關更爲重要。史記大宛傳稱：

自博望侯張騫死，（漢書百官公卿表，元鼎二年，騫爲大行令三年卒。）匈奴聞漢通烏孫，怒，欲擊之。及漢使烏孫若（集解，若，及也。）出其南，抵大宛，大月氏相屬。烏孫乃恐，使使獻馬。……而漢始築令居以西，初置酒泉郡以通西北國。……其使皆貧人子，私縣官齎物欲，賤市以私其利外國。外國亦厭漢使，人人有言輕重。度漢兵不能至，而禁其食物以苦漢使。漢使乏絕，積怨至相攻擊。而樓蘭姑師小國耳，當空道攻劫漢使王恢等尤甚。而匈奴奇兵時時遮擊使西國者。使者爭徧言外國災害，皆有城邑，兵弱易擊。於是天子以故遣從驃侯（趙）破

奴，將屬國騎及郡兵數萬至匈河水，欲以擊胡，胡皆去。其明年擊姑師，破奴與輕騎七百餘先至，虜樓蘭王，遂破姑師，因舉兵滅以困烏孫大宛之屬。還，封破奴為浞野侯（集解徐廣曰，元封三年）。王恢數使，為樓蘭所苦，言天子，天子發兵令恢佐破奴擊破之，於是酒泉列亭鄣至玉門矣。

自大宛以西至安息國，……而漢使往旣多，其少從半多進熟於天子，言曰，宛有善馬，在貳師城，匿不肯與漢使。天子旣好宛馬，聞之甘心，使壯士車令持千金及金馬以請宛王貳師城善馬。宛國饒財物，相與謀曰：『漢去我遠，而鹽水中數敗……』遂不肯與漢使。……令其東邊郁成，遮攻救漢使，取其財物。於是天子大怒，……拜李廣利為貳師將軍，發屬國六千騎，及郡國惡少年數萬人以往，是歲太初元年也。而關東蝗大起，蜚西至敦煌。貳師將軍軍西過鹽水，當道小國恐各堅城守，不肯給食，攻之不能下，下者得食，不下者數日則去。比至郁成，士至者不過數千，皆幾罷，攻郁成，郁成大破之，所殺傷甚衆。貳師將軍與哆（李哆）始成（趙始成）計，至郁成尚不能舉，況其王都乎？引兵而還，往來二歲，還至敦煌，士不過什一二，使使上書，言道遠乏食，且士卒不患戰，患饑。人少不足以援宛。願且罷兵，益發而後往，天子聞之大怒，而使使遮玉門曰：『軍有敢入者輒斬之』。貳師恐，因留敦煌。

在史記西域列傳中此兩段所說之『玉門』，顯然是一個地方，司馬遷決無在同一列傳中，用同一地名來指兩個地方之理由。在漢書的張騫李廣利傳中，曾用此兩段史料，並且頗有增改。在名稱上，前一段在張騫傳說：『於是天子遣從票侯破奴將屬國及郡兵數萬以擊胡，胡皆去。明年擊破姑師，虜樓蘭王，酒泉列亭鄣至玉門矣。』後一段在李廣利傳說：『天子聞之之大怒，而使使者遮玉門關曰，「軍有敢入者輒斬之」，貳師恐，因留敦煌。』前段未增『關』字，只作玉門，後段則作『玉門關』。可見班固當時看法，『玉門』卽是『玉門關』，增關字或不增關字本無區別。因而未曾改動史記之原意。

玉門關地址所以發生問題者是玉門關之東又有一個玉門縣。玉門關之坐落，據漢書地理志言在敦煌郡的龍勒縣境內。其地自從武帝晚期以後卽在今敦煌縣西偏北二百五十華里之小方盤已經不成問題。玉門縣之坐落，據漢書地理志是屬於酒泉

郡，亦卽應當在敦煌郡之東。玉門關在敦煌郡治（卽今敦煌縣）之西，玉門縣則在敦煌郡治之東，所以玉門關和玉門縣，不可能在同一地點。

史記大宛列傳兩次說到之『玉門』，當然皆是指玉門關而非玉門縣。誠以玉門關是國防上及交通上的重點，而玉門縣只是一個平常的縣治，在河西四郡之中，若玉門縣一類之縣還有許多，玉門縣無特殊的理由可以格外加以強調。因而史記中兩次說到之『玉門』，都不應是指玉門縣。

再從句中相關的辭意，來看此兩次說到之『玉門』，亦顯然指玉門關而不指玉門縣。從『於是列亭鄣至玉門矣』一句而言，其著重之點是指國防線，國防線中包含之因素，是亭鄣及關塞，亭鄣與玉門關之『關』，都在一組國防系統之內，說亭鄣當然很方便類及到關。其次，關為一個點，而縣却是一個面。縣境之中，可以包括若干亭鄣，所以縣和亭鄣，不是對等名稱。至於塞上的關，正是與亭鄣互相銜接之點，由亭鄣至關，不論在理論上，在事實上，皆是互相為用。因而在『列亭鄣至玉門矣』，一句中之『玉門』也當然是指屬關之門而言。

再從『使使遮玉門曰：軍有敢入者輒斬之』，此一處之『玉門』，亦甚明顯為指玉門關而說。只要細心讀書，一定會注意到『遮』和『入』兩個字並不相同。『遮』是指遮關門，『入』是指入關門，不應當作其他解釋。一個縣境方圓數百里，決非一個使者所能遮；遮只是指遮關門，甚至遮縣城亦不可能，除非遮縣城之城門，但是原文上並不是如此說。要講『入』為入縣，雖然勉強可通，但當時的重點，是入國境，不是入縣境，因而詞意上遠不如解釋為入關為好。再就『入』字而言，在居延漢簡中有過關的出入六寸符，其文云：

> 始元七年閏月甲辰居延與金關為出入六寸符券，齒百，從第一至千，左居官，右移金關，符合以從事。

所以經過關時，出關曰『出』，入關曰『入』，在居延漢簡釋文卷二，簿錄章，烽燧類，其中多有『某某名諸官某日某時入』等一類記錄，按照各方材料的推論也應當屬於關吏所記。因為居延之肩水金關就是一個第二道國防線上之關，在肩水金關以外，還有不少的亭鄣。在此類亭鄣上防守之人，進關時皆要有記錄，而進關後記上之專用辭是『入』。

『入』字當然也可用在『入境』和『入國』諸語上，如漢書朱買臣傳：『入吳界』，馮奉世傳：『馮亭乃入上黨，城守於趙』。此處所謂『入』，是指所到的目的地而言。至於匈奴傳中的出和入，亦甚清楚。如：『將軍衞青出上谷，……公孫賀出雲中，……公孫敖出代郡，……李廣出雁門』，又如：『匈奴數萬騎入代郡……又入雁門，殺略千餘人。其明年，又入代郡，定襄，上郡，各三萬騎，殺略數千人』。以上兩段說到的出和入，皆指出塞和入塞而言。『上谷』實是指『上谷塞』，『雁門』實是指『雁門塞』。邊塞屬於郡，因而出入邊塞，也以郡為主。除去特殊的地方如居延為都尉所治，在地理上自成一區，因而在李陵傳稱『出居延』以外，平時咸不用縣名。所以『軍有敢入者輒斬之』一語中，此中的『入』字認為是入關之入，其義較長。若認為入玉門縣境，則李廣利既非以玉門縣為最後為目的地，當言『過』而不當言『入』。並且天子也無從特別重視一縣，若謂李廣利已入敦煌縣，天子始特別重視玉門縣而不許入，實嫌過於牽強。

因此就邏輯的推論而言，漢武帝遣使者所遮的玉門，非是玉門關不可。亦即是在李廣利征伐大宛以前，及征伐大宛成功以後，玉門關所在的位置並不相同。換言之，即玉門關在李廣利征伐大宛以前，本設在敦煌之東，到李廣利征伐大宛成功以後，始遷移到敦煌之西。

以上所言，只是一個基本的觀點，本不必如此瑣細的分析。惟此一個不成問題之觀點，早已成為爭論問題，所以不得不就推論上必然的結果，再為申述。今再就觀點的提出及爭論的發生，再為討論。

最早提出此觀點者為沙畹 Edward Chavannes 在其的所著的敦煌木簡一書中根據史記大宛列傳中材料，說明玉門關曾經遷移過。至王國維作流沙墜簡，亦重述沙畹之發現。此在王氏流沙墜簡以後，大致成為公認之事實。前作兩關遺址考，（見歷史語言集刊十二本）的時期，亦是承認沙畹及王國維之說，而加以補充。至今仍然認為沙畹的發現是對的，但是這許多年之爭論，必需加以澄清。

認為從來玉門關即在敦煌之西，未曾遷徙過者是夏鼐先生及向達兩先生。最先提出此項意見者是夏鼐先生，以後又得向達先生的支持。向氏發表玉門陽關雜考在先（重慶印真理雜誌一卷四期）而夏氏的新獲之敦煌漢簡（見歷史語言集刊十九

本）更據他所發現的漢簡重申其說。自此以後，雖然還略有爭論，但因夏向兩先
生持論甚辯，故十年來甚少異議。

向氏之根據是漢書地理志敦煌郡效穀縣下注云：師古曰：『本魚澤障也，桑欽說，
孝武元封六年，濟南崔不意爲魚澤尉，敎力田，以勤效得穀，因立爲縣名。』據
史記元封三四年亭鄣列至玉門，則魚澤障當卽此時所建。其實此一條，並不可以
算證據，因爲列亭障至玉門在前，而崔不意爲魚澤尉在後，玉門已列亭障，然後
再向西延展，到敦煌之魚澤，亦是並無如何不可之事。而況崔不意爲魚澤尉在元
封六年，則魚澤障可能卽是元封六年才開始修建，更不能否定元封三四年間，亭
障只列到魚澤以東之玉門。

再就此一條注來說，其中可能還有錯誤脫落或竄改，不可以單獨作爲證據。注上
有『師古曰』三字，胡渭曰：『師古曰三字後人妄加，此非師古所能引也。地理
志引桑欽者六，皆班氏原注，此桑說亦必班注。』但是胡渭之意見，假如細爲推
證，實亦大成問題。地理志班氏原注引桑欽說，凡有六處，其文爲：

　上黨郡　　屯留　　桑欽言絳水出西南，東入海。
　平原郡　　高唐　　桑欽言漯水所出。
　泰山郡　　萊蕪　　又禹貢汶水出西南入泲，桑欽所言。
　丹揚郡　　陵陽　　桑欽言淮水出西南，北入大江。
　張掖郡　　刪丹　　桑欽以爲道弱水自此西至酒泉，入合黎。
　中山國　　北新成　桑欽言易水西北東入滱。

班氏自注引桑欽語，均稱爲『桑欽言』，刪丹一條因有弱水的爭論，稱爲『桑欽
以爲』，決無一條作『桑欽說』，此與班氏引桑欽語者慣例不符。其次桑欽所說
皆是水道的方位並無傳說故事，其內容也與班氏取引桑欽語不符。從此兩點看，
此處決非班氏原注。隋代以後除桑欽水經以外更無桑欽之書流傳，則師古所引的
『桑欽說』可能是從其他傳世圖經轉引而來，其中所述內容既然不類桑欽著作所
有，必是因爲古人引書無引號，誤將經中桑欽語以外的話當作桑欽語；否則崔不
意事可能爲水經注逸文，爲水經注中經注混淆之一例。其爲錯誤，無待煩言。

此一條既屬顏師古引證錯誤，當然不能認爲西漢舊說，只可認爲一條來源不明之

材料，因此不可便作爲主要證據。

再就效穀縣爲魚澤障所改的事來看，亦甚有問題。因爲假如魚澤障改爲效穀縣，則武帝以後，便應只有效穀縣而不應再有魚澤障。漢書七十七孫寶傳說：

下寶獄，尚書僕射唐林爭之。上以林朋黨比周，左遷敦煌魚澤障候。

王念孫讀書雜志曾對此加以懷疑，他解釋說：

敦煌魚澤障，自武帝時已改爲效穀縣，此云魚澤障候者，仍舊名也。

照王念孫意思來說，唐林所做的應爲效穀候官，所謂魚澤候，只是史官沿舊日官名，未曾改正。照現存的敦煌漢簡來看，却是魚澤之名，仍然存在：

宜禾部鐆第：廣漢第一，美稷第二，昆侖第三，魚澤第四，宜禾第五。

宜禾部指宜禾都尉而言。其下五個地名，皆當爲都尉所屬的候官，則魚澤障和效穀縣當同時存在，決不如此單純式之改換。

按照顏師古引證的原文，亦只說崔不意爲『魚澤尉』並非『魚澤鄣尉』，（沙州圖經作『魚澤都尉』，衍一都字，誤）。魚澤尉應當只是敦煌的縣尉，並非鄣候之尉，當時並不見得魚澤有鄣。原文旣未言鄣，則據『列亭鄣至玉門』一語，謂魚澤一定就已有鄣，是一個理由不足之論據。當然敦煌縣尉可能爲防守起見而特起一鄣，但此係從敦煌縣爲中心，作四周之防守，與『列亭鄣至玉門』之一種長途相接之亭鄣，別是一回事，不應當牽而爲一。亦卽魚澤尉之事，與玉門關無涉。因而不能推翻史記對於玉門關之記載。

居延漢簡中有肩水金關。其他在居延城之南，而居延城有居延都尉及居延縣令。由張掖至居延必過肩水關。今尚保存不少關吏記錄，證明從居延到張掖需要通過文件。此種關外尚有都尉縣令之事，顯示玉門關以外尚有一個敦煌縣，在漢朝習慣之上，是一種合理之舉。過去一般學者疑心玉門關外不可能再有縣治之觀念，當然有修正之必要。而李廣利停留於玉門關外之敦煌縣亦非難以想像之事矣。

夏鼐先生於三十三年冬在小方盤玉門關遺址所得之漢簡中有一簡爲：『酒泉玉門都尉護衆，候畸兼行丞事。謂天□以次馬駕，當舍傳舍，諸行在所。夜□傳行，從事如律令。』夏先生因而在『新獲之敦煌漢簡』一篇中力至其玉門關未曾遷徙之說。其謂敦煌郡乃元鼎六年立，在李廣利留居敦煌以前，此簡言『酒泉玉門』

是敦煌尚未置郡，當更在元鼎六年之前。『酒泉玉門』之簡發現於敦煌西之玉門關遺址，是玉門關未曾有遷徙之事矣。──今按敦煌置郡於元鼎之事，理由本不充分。班氏附武威於酒泉，附敦煌於張掖，武威之誤，已甚顯然，敦煌之誤，亦屬同例。蓋敦煌置郡實宜在李廣利歸自大宛之後，其時爲太初二年至三年，則『酒泉玉門』之簡，自亦不至早至元鼎時，因而不能據此簡以證李廣利東歸之際，使使所遮之玉門，不是敦煌以東之玉門舊關。

『酒泉玉門』之原址，自應在酒泉之西，敦煌之東。此簡留存於敦煌以西者，當有數種可能。

　　(甲)　在李廣利第二次征伐大宛成功之後，西域與中國之交通，更加頻繁。故在敦煌尚未設郡之前，酒泉之玉門都尉，卽先徙至敦煌之西，以控制西域。故『酒泉玉門』之簡，發現在敦煌縣之西。

　　(乙)　玉門都尉遷至敦煌以西以後，卽已改稱。但舊有稱『酒泉玉門』之簡，歸入檔案者，亦可能隨都尉之遷移，而遷至敦煌以西之新址。

　　(丙)　玉門都尉遷至敦煌以西時，敦煌郡亦同時設立，但官名及印信皆未及改，仍保持舊稱。此種官名保守之事，至清代臺灣雖已設省，而臺灣巡撫則保有『福建臺灣巡撫』之稱號，卽其顯例。

　　(丁)　『酒泉玉門都尉』雖冠以酒泉二字，但所負責任較爲重要，在行政系統上並不屬於酒泉郡（猶如西域長史本爲敦煌長史，其後卽不屬於敦煌郡。）故遷移至敦煌之西以後，仍冠以酒泉，與行政系統並無妨礙。及敦煌建郡，一切固定之後，始去酒泉二字，但稱玉門都尉，並不稱『敦煌玉門都尉』。

以上四項可能，只需有一項存在，卽無礙於玉門之遷移說之成立。而尤其甲項之可能性爲最大。因此，決不能以五分之一的或然性（上舉四項連夏先生所舉爲五項），而否定大宛傳具有必然性之明文。故沙畹王國維以來之推論實具堅強之理由，決不能用其他材料加以推翻者也。

此外玉門都尉護粢據段會宗傳『邊吏三歲一更』（此爲鄙意向夏先生提出者，夏先生文中未明言，蓋此爲反面證據，爲客氣起見，不願公開駁鄙見耳）仍可注意，漢代太守確有久居邊地者，而都尉則無其例，蓋都尉成績最當升太守，次者調，

下者免，不當久留於都尉之職也。

今爲此說，實無故意與人爭勝之心，向夏兩先生學術成績縱不以玉門關問題立論不堅強而有所貶損。惟近十年來國內以至於國際間，對於兩關問題似尙未作進一步之分析工作，大率皆停留於承認『玉門關未曾遷移』之階段。進一步推求眞像，自有其必要。作一種科學工作，自不得以眞理爲重，以事實爲重，力求顯示確實之眞像，而不可以不可信爲可信，此所以不得已於言者也。

祿　福　縣

十二月辛卯，祿福獄丞博行丞事，移旦所如律令。／掾海齊，令史衆。

　五○六、二○

祿福，酒泉郡治，武威郡治見上簡，酒泉郡治見此簡。吳卓信漢書地理志補注云：『晉隋唐並作福祿。考郃陽令曹全碑云：「拜酒泉祿福長」，三國志龐淯傳：「有祿福長尹嘉」，皇甫謙列女傳載龐娥親事，亦云祿福趙君安之女，是漢魏之間，猶稱祿福，其改福祿，當自晉始，晉書張重華傳：「封中堅將軍爲福祿伯」此其證也。』今此簡較曹全爲早，仍作祿福，可證祿福是其舊名矣。

武　威　縣

八月庚寅，武威北部都尉□光行塞，敢言之太守府。□郵□侯所觀□□□□□度武威□。四二、六　(面)

□官簿出侯長□歲承□一□平□長掾言□以□。四二、六　(背)。

漢書地理志武威郡休屠縣下，『都尉治熊水障，北部都尉治休屠城』。李廣利傳：『(太初二年)益發戍甲卒十八萬，酒泉張掖北置居延休屠以衛酒泉。』注，如淳曰：『立二縣以衛邊也，或曰置二部都尉。』二部都尉者，言張掖居延都尉及休屠都尉也。今據漢地理志則休屠都尉卽武威北部都尉。水經注禹貢山水地澤篇云：『都野澤在武威縣東北。縣在姑臧縣城北三百里，東北卽休屠澤也。……其水上承姑臧武始澤。澤水二源，東北流爲一水，逕姑臧故城西，東北流。……澤水又東北流，逕馬城東，城卽休屠縣之故城也。本匈奴休屠王都，謂之馬城。河又東

北東北與橫水合，水出姑臧城下。……河水又東北，清澗水入焉，俗亦謂之爲五澗水也。……河水又與長泉水合，水出姑臧東揎次縣，王莽之播德也。……又東北逕宣威縣故城南。又東北逕平澤晏然二亭東。又東逕武威縣故城東。……此氏一流兩分。一水北入休屠澤，俗謂之西海。一水又東逕百五十里，入豬野，世謂之東海，通謂之都海矣。』今按姑臧故城卽今涼州城。休屠澤當卽靑玉海，豬野或卽今白亭海。則馬城河當爲自涼州城東北流經故休屠城卽武威城。更東北流至宣威，更東北流至武威縣故城，然後分流入東西二海。是武威故城當在今民勤縣附近，而休屠及宣威二城當在今涼州城及民勤城鎭番城。間矣。其城距今武威涼州城，應不甚遠。李廣利於此置都尉，蓋爲其爲休屠故都，據有形勢。其後雖於姑臧設治，猶以此爲北部都尉也。此簡言武威北部都尉，不言休屠都尉，蓋遠在貳師回師之後矣。

小　張　掖

葆小張掖有義里。——九、六七。

通鑑建安三年胡注：『沛郡治相縣，而沛自爲縣，時人謂沛縣爲小沛。』今案沛縣稱爲小沛，以其非郡治，胡注之說是也。此簡之小張掖，當指張掖縣而言，張掖郡治觻得，不在張掖，與小沛同例。惟據地理志張掖縣屬武威，此當爲西漢晚期改屬者。簡牘多言張掖郡事，鮮言他郡事，則此時張掖縣應仍爲張掖郡屬縣也。

居　延　城

徐子禹自言家居延西第五辟，用田作爲事。(面)　四〇一、七。

謹移檄□官發□宜錢簿一編謹☑問□欲所取□□所願。河平四年正月乙亥，遮虜候武敢言之。(背)　四〇一、七。

此遮虜候所上文書也。遮虜候卽遮虜候官，簡中候與候官通用。遮虜候之命名，當因治在遮虜障而得。遮虜障則築在居延城。漢書地理志張掖郡居延下，注師古曰：『闞駰云，武帝使伏波將軍路博德築遮虜障於居延城』，是也。路博德傳言博

德『爲彊弩校尉屯居延』，而李陵傳則言『令兵士持二升糒一半氷期至遮虜障』。遮虜障卽在居延，爲博德所屯。今此簡遮虜候言居延事，亦其證矣。惟闞駰言築障於城，意不可曉，蓋旣有城，何必更於其中築障。然就今黑城遺址言，則城中確有二鄣。二鄣俱在城東南角，西鄣較大，東鄣較小，西鄣結構與玉門關及紅城子俱相仿。黑城爲居延城，本爲舊說相傳如此。以簡文所記方位證之，亦卽以黑城爲最合理。見封檢類各簡。是居延城中，固本有鄣也。惟今城乃後世增修，全非漢舊，漢代居延城或在黑城一部，非今城之範圍。自後居延地位漸重，由屬國都尉而西海郡，城郭亦逐漸擴大，遮虜障遂包在城中。闞駰時大抵已漸次擴大，障在城中，與今時所見遺址相若，遂以爲路博德果築障於城矣。今於障中尚獲有漢陶殘片，而障之形式亦與其他漢障全同，其爲漢築，應無疑問。惟城則未發見漢代遺跡，則可證後代屢經經營，破壞甚烈也。至於以爲黑城卽居延縣者，蓋除封檢所記方位適合外 ，而所有各鄣，如肩水，卅井，甲渠，諸障 ，今皆能實指其地，此外無有一處堪容縣城。惟黑城西北有一小城，蒙古名爲ㄚㄌㄨㄋㄚ　ㄎㄛㄌㄚ (Aduna Kora)，然於城中未訪得漢時遺跡，自難驟指爲居延縣。此城或爲守衞黑城，築此以爲遙應者，其中碎陶亦唐宋以後物也。且黑城之中旣有漢代遺跡，其城更經衍爲元代之亦集乃城，至明始廢，則此城自漢至元，亦必城郭居民相沿不絕，雖歸胡歸漢不同，然此域至元代猶未經廢棄，則可斷言也。凡沙漠中城市，皆擇水草茂美之區，而築塞之處，亦必擇形勢險要之地。就水草而言，黑水自酒泉會水北流，至黑城復循故道東折，分若干支流入故居延海，其地在黑水下游未改道之前，左右數百里中，當爲水草最美之地。就形勢言，則其地當大道東西南北之衝途 。 今河道已改，故北行者其路在其稍西，不直經之。而黑河包其西及西北。居延故海成半月形包其東北及東，形勢甚便。此則就地理狀況言，黑城與居延，非屬同一之城不可也。酈道元禹貢山水澤地所在注云:『居延澤在其縣故城東北，尚書所謂流沙者也，形如月生五日也。』此與居延故海及黑城位置全符。楊守敬作水經注圖及漢書地理志圖，其時尚未知居延澤曾遷移，故作一大月形於嘎順及索果二湖間，其背直達狼星山，爲適合酈注方位，遂置居延城於嘎順湖西南，而不虞其地爲一荒磧 ， 從無城郭也。今從黑城及居延故海關係推之 ， 則怡然理順

矣。

魏孝明帝正光二年處柔然溻羅門於西海郡地，自是淪爲外族。其後突厥，回紇，黨項，蒙古相繼有其地，至明而毀之。故唐宋以來地理書於居延城及遮虜障皆不能知其故地，清陶保廉作辛卯侍行記素稱精核，而於居延故城猶力辯不在元時之亦集乃城也。

簡中『第五辟』之辟與壁同，猶言塢壁。漢入塢壁以數計，竇融傳：『(建武)八年夏，車駕西征隗囂，融率五郡太守及羌虜小月氏等，步騎數萬，輜重五千餘兩，與大軍會高平第一』。後漢書。二十三。續漢郡國志安定郡高平縣有第一城，有第一城亦必有第二城矣。此言第五辟，與言第一城政相類。今其遺址並廢，不可復見。以意擬之，或烽燧外只塢壁，居民卽在其間。則當時額濟納河沿岸墾田至廣，非如今日之荒廢也。

居 延 地 望

十月四日南書二封，封皆橐佗□□官一詣肩水都尉府　一詣昭武日出受沙頭卒同□[]
卒同金關時　五〇二、一　(面)

寄去　(簡背)　(1)

□□通府去除虜隧百率九里留行一時六分定行五時留進三時五分解何。

一八一、六　(2)

十二月廿五日　南書一封　張掖居延都尉詣張掖太守府十二月乙丑記　十二月丁丑□會卒
忠□□下餔時☑　五〇六、一七　(3)

□□平明里大女子忠上書一封　居延丞印　建平元年二月辛未夜漏上水七刻起上公車
司馬　居延庭左長昌行直□　二月甲戌夜食時驛馬卒良使沙頭卒守夜半時付不夜卒豐
五〇六、五　(4)

二封記詣肩水　一封詣居延十二月　下餔時□部卒忠付驛北卒朝
五〇六、一六　(5)

南書一輩潘和尉印詣張掖都尉府　・六月廿三日庚申日食半五分沙頭亭長使驛北卒晉
日東中六分沙頭亭卒宣付驛馬卒同　五〇六、六　(6)

南書一輩一封張掖肩侯詣肩水都尉府　　六月廿四日辛酉日蚤食時沙頭亭長使辟北卒
晉日食時二分沙頭卒宣付辟馬卒同　　五〇四、二　（7）

☑府記☐☐☐☐應廣地　　三月甲子見時不憲使不☐小史晏昏時沙頭卒忠付辟北卒護
五〇五、六　（8）

十月十五日南書一封　　一封橐佗塞尉☐☐☐☑　　五〇五、三一　（9）

二月十四日南單記城官都吏郝印受沙頭卒張訒人定時　　五〇五、一九　（10）

四月廿一日北記一　　記一左掾私印詣肩水候官　　四月己未日昏時還
五〇六、一九　（11）

出亡入赤函表一北　　元康三年☑臨渠隧長☑　　昏時四分時乘胡隧長☐付並山隧長普函
行三時中程　　五〇二、三　（12）

十二月三日北書七封　　☐二封張掖大守廉☐書一封皆十一月丙午起詔書一封十一月甲
辰起　　一封十二月戊戌起皆詣居延都尉府　　二封河東大守丞皆詣居延都尉府　　十月甲
子起一十月丁卯一封府君章詣肩水　　十二月乙卯日入卒憲父令卒恭夜昏時沙頭卒忠付
辟北卒復　　五〇五、二二　（13）

☑一封詣廣地一封詣橐佗　　☑記二張掾印　　☑詣封　　十二月丁卯夜半盡時夜☐☐使介
令卒恭雞前鳴時沙頭卒史付辟北卒復　　五〇三、五　（14）

南書五封　　一封詣肩水侯　　一封詣張掖肩候　　十一月丙午起詣肩水府
五〇三、三　（15）

十一月十八日　　南書二封皆丞送萬屯　　五〇六、四　（16）

☑　　一封居延都尉詣肩水府五月甲午起　　☑詣肩水府　　昏時辟馬卒良使沙頭卒同☑時
付☐☐卒豐　　四九五、二八　（17）

甲寅起　　日入時使來卒同付沙頭卒同☐☐時　　四九五、一九　（18）

十二月十二日　　二封張掖大守章一封詔書十二月丁卯起　　一封　　十二月丁巳起　　四封
皆府君章其三☑　　四九五、二　（19）

南書一輩一封居延都尉章　　詣張掖大守府　　九月辛巳日入時張掖☐卒臨渠臨木☐☐☐
☐☐月卅井高要隧半鄭升廣地北☐隧卒☐北母☐☐☐城北隧卒卅八里定行三時•五分
☐☐☐一☑　　三八三、一九　（20）

入南書五封　三封都尉印並詣會中大桼具月九日責成屬行謹□右尉所詣□壽掾草一入

之渠塞尉即詣會承尉六月十一日起下史侯史即詣官六月十八日起十六年六月十七日平

旦時彙他隧長萬世令史胡頌弛刑孫明　五二二、三，五二二、四　（21）

九月乙酉日出五分北書一通又蚤食盡北達書一通受卒同　一七○、四　（22）

南書五封　一右檄張掖司馬母起日護屏右大尉府　右三封居延丞印八月辛卯起　一封

詣右城尉　一封詣京尉侯利　一封詣教成東阿　八月辛丑日餔時辟北使索何算良卒單

祟付頭卒周良　二八八、三○　（23）

南書三封　十十8　其一封居延都尉章詣張掖☑　一封居延丞印詣廣地候官　一封居

延塞尉印詣屋蘭　三月戊辰☑卒明解時傳卅井卒□　一二七、二五　（24）

校臨木都書一封張掖居延都尉　十一月己未夜半當曲卒同使收降卒嚴下餔臨木卒採付

誠靜北隧卒則　二一三、二　（25）

南書二封皆都尉章　一　詣張掖大守府　甲戌　六月戊申夜大半三分執胡卒□受不庸

卒樂己酉平旦一分付誠北卒良　一八五、三，四九、二二　（26）

破虜　日餔時卒孫則　四三七、一六，四三七、一五　（27）

☑都尉府☑都尉府　中已　十月甲辰日失中時誠北卒☑　鉼庭下餔四分付臨木卒☑

一三二、一七　（28）

☑黃昏時盡乙卯日食時匹五東　八五、二六　（29）

☑得以夜食七分付尉北卒責對七十里中程　八四、二四　（30）

☑賢隧卒辟受城北隧卒捐之臨木隧☑食時付卅井城務北隧卒尊□中十七里□□

四八四、三四　（31）

☑府辛丑食時遣　壬寅平旦到　徐杜封　八四、一二　（32）

☑四月戊寅人定二分臨木隧☑務北隧卒賜去臨木☑□□中時候程四☑

四八四、一八　（33）

辛酉□□十二月辛未下餔二分和受　一七八、二○　（34）

☑詣居延都尉府　五月壬戌下餔時臨木卒護受卅井官移□　隧卒□癸亥□食五分間☑

受□□卒□執胡□□收辟非☑□□居五官　二二九、三四　（35）

□薪日入三分鉼庭長周安付殄北　一六一、一六　（36）

十二月九日書一☐ 二一〇、九 (37)

書一封張掖大守府 六月丁丑雞鳴時當曲隧卒趙宣使居延 一六一、二 (38)

雞復鳴五分當曲☐ 一九三、一一 (39)

□月郵書二封張掖居延都尉十一月壬子夜食當曲卒同使收降

一八八、二一、一九四、二 (40)

☐乙未夜食當曲隧卒 使收 一八八、三 (41)

☐降卒嚴夜少半四分臨木大十 二二四、二三 (42)

三月庚戌日出七分吞遠卒□☐五分付不侵卒士 三一七、一 (43)

南書一封居延都尉章 詣張掖太守府 十一月甲子□大半當曲卒留受□□卒輔□丑蚤

食八分臨木卒□付卅井卒□□中□界定行☐□二時二分 三一七、二七 (44)

三月丁丑入完當曲卒□□收隧卒敞夜六時分付不侵卒賀雞鳴五分付吞遠卒蓋

八二、一 (45)

八月庚戌夜小半臨木卒午受卅井☐甲□中 分當曲卒同付居延收降卒□☐五里□□□

時□□ 二七〇、二 (46)

北書三封合檄板檄各一 共三封板檄張掖太守章詣府 合檄牛駿印詣張掖大守府牛掾

在所 九月庚午下餔七分臨木卒副受卅井卒弘雞鳴時當曲卒昌付收降卒福界中九十五

里定行八時三分實行七時二分 一五七、一四 (47)

詣張掖大守府 正月戊午食時當曲卒揚受居延收關卒裛下餔□□卒護時甚□□候卒則

當□□被卅☐持中☐ 五六、三七 (48)

☐月乙卯日過中時☐夜過半時不☐ 五二三、二四 (49)

九月九日南書二封居延都尉 皆詣張掖太守府 九月丙辰□□時沙頭卒良付□□□日

西中二分□□卒同付破虜卒□ 一八七、二三 (50)

日未付當井卒□所□八分□□兩卒發 五六、四一 (51)

十月甲申日中時甲渠尉史☐ 一四三、一二 (面)

第七負平旦起候長☐ 一四三、一二 (背) (52)

入南書二封 □居延都尉章九月十日癸亥封一詣敦煌 一詣敦煌郵行 一所二人二年

九月十四夜半楊受趙伯 一三〇、八 (53)

☑前取憲日皇詔□□□庚午下餔入　三、二二，一二、二三　（54）

此爲郵驛記錄，其中蓋驛吏所記，字跡草率難於辨認，然可以證明漢代史蹟者數事，亦足貴也。今具舉之。

先言居延城之位置。按居延城之位置，以清何秋濤蒙古游牧記十六額濟約舊土爾扈特部注爲最可取信。其言曰：『秋濤指漢居延城，卽張掖郡屬之居延縣。自顏師古分爲二地，諸家異說紛起，幾於以不狂爲狂。然其原委非詳考莫能明也。漢書地理志：「張掖郡，居延，居延澤布東北，古文以爲流沙，都尉治。」師古注曰：「闞駰云，武帝使伏波將軍路博德築遮虜障於居延城。」又觻得下云：「羌谷水出羌中，東北至居延入海。過郡二，行二十二百里。」以此驗知居延在觻得東北，其里數亦約略可考。方輿紀要云：「居延城在甘州衞西北千二百里，其東北有居延澤，亦曰居延海。」按括地志云：「漢居延故城在今張掖縣東北千五百三十里，有遮虜障。」唐張掖縣卽明甘州衞也，二書所言里數不同，當以括地志爲正。漢書武帝紀：「元狩二年，夏，霍去病公孫敖出北地二千餘里，過居延，斬首虜三萬餘級」，「太初三年夏，彊弩都尉路博德築居延。」「天漢二年，夏，騎都尉李陵將步兵五千人出居延北，與匈奴戰斬首虜萬餘級。」注，師古曰：「居延匈奴中地名也，韋昭以爲張掖縣，失之。張掖所置居延縣者，以安處所獲居延人而置此縣。」按注文在元狩二年下。李陵傳：「天漢二年，詔陵以九月發，出遮虜障」。王氏應麟玉海曰：「河西之未入漢也，霍去病欲攻小月氏，則先望居延而濟，乃至天山。李陵欲涉單于庭，必先自居延北出，乃至浚稽，則知居延之出匈奴，乃其要路也。漢既全得月氏之地，立爲四郡，則居延又爲酒泉要路，故築塞其上以扼其來，名以遮虜，可見其實也。通典既於張掖甘州著居延塞，又於酒泉肅州著遮虜障者，甘州之西卽肅州之東，寇之來路亘於兩州之境，故遮虜障之設，亦亘兩境。李陵之軍自遮虜障北出，亦望遮虜障南入，可見虜路出入，無不由此也。居延塞卽遮虜障也。」秋濤按漢書匈奴傳：「太初三年使强弩都尉路博德築居延澤上，」是本紀所書築居延卽築於居延澤上也。地理志：「居延縣，有居延澤，」案居延縣卽路博德所築之城無疑。詳考浚儀所論，則知霍去病路博德李陵所出之居延塞遮虜障，與地理志之居延縣皆爲一地，韋昭闞駰距漢未遠，所

言灼然可據。而師古以為非張掖縣，逞臆妄分，其說謬矣。又按後涼呂光嘗徙西海郡人於諸郡，而西海實領居延，則居延在呂氏時亦嘗移治。師古蓋誤認移治處為漢舊縣，而轉以居延塞別為一地也。元和郡縣志亦誤以遮虜障在酒泉縣北二百四十里，指為李陵戰處，其致誤之由，蓋與師古同。胡東樵執師古之說轉嘗班氏，以居延澤繫居延縣下為未當，尤為失考。一統志亦疑元和志所記遮虜障道里與漢書不合，而不能決其所在。今以諸書互證，曉然無疑矣。』其言鉤稽古今，獨抒主見，訂顏監而從浚儀，居延所在，至此可成定論。凡在此書之後而猶致疑於居延城之在居延澤上者，皆讀書失之眉睫者也。雖然，居延一澤，古今並已易處，此非昔人所知。而況虜塞之間，茫茫千里，故城今地，猶有疑焉。按匈奴傳云：『……是歲太初三年也，句黎湖單于立，漢使光祿徐自為出五原塞數百里，遠者千里，築城障列亭至廬朐，而使游擊將軍韓說，長平侯衞伉屯其旁。使强弩都尉路博德築居延澤上』。是居延澤上一語，蓋承上文築城障列亭而言。雖明知城障必在居延澤上，然亦可强言列亭至澤上，而城障乃終言之，無以盡執為曲說疑辭者之口也。至括地志所記方位道里，切至明白，必有所本。然濮王泰實在顏籀之後，又難以據後記而訂前修。凡此二端，雖不足以建立岐說，然事既有疑，便難堅信。凡立證之道，不僅在表裏分明，相依不懈，尤在萬殊一本，事事圓通。當何氏之時所有文籍徵證，所能施用者固已止此，原不能更進一步。及居延漢簡出土，沿額濟納東北直指居延澤故址，皆漢代烽候所及之區，已暗示遮虜障必在其臨近。更就簡中文字如前所舉者，則諸地之方位，更可得其大略矣。今具舉如次：

(甲)在南者。

張掖　（3）(13)(20)(24)(26)(44)(47)(50)(54)

肩水　（1）（6）(14)(17)

張掖肩候　(14)

昭武　（1）

東阿　(23)

河東　(13)

居延　(24)

屋蘭　(24)

敦煌　(54)

(乙)在北者。

居延　(3)(13)(20)(23)(24)(44)(50)(54)

肩水　(5)(11)

橐佗　(1)(9)

番和尉　(6)

張掖肩侯　(7)

從以上各條察之，可知凡言張掖者悉在南，凡言居延者悉在北，而肩水則在南在北咸有之。其中所表之意，卽張掖在諸烽燧之南，居延在諸烽燧之北，而肩水則在諸烽燧間也。今更沿諸烽燧而北，憑諸目驗，惟有黑城一處爲城市遺址。則居延縣及遮虜障亦惟有黑城一處爲有可能。若其地爲故居延城，今驗其地正在故居延澤畔。則漢書匈奴傳言『使强弩都尉路博德築居延澤上』一語正指遮虜障卽後之居延城而言，是此一條可以爲證矣。又以道里方位言之，括地志言居延在張掖東北，以黑城言，方位相類。惟今自張掖至黑城，不過千里，然沿途皆沙，若有時須行十二日，馬可波羅游記卽言自甘州至亦集乃城騎行十二日。卽與紀要所說爲近。苦括地志更合以唐代小程，則稍加增飾卽爲千五百餘里，無所不可也。故何氏之說若以新出史料證之，更無可非。而居延一城更可就地形證卽黑城遺址矣。

戊、邊塞制度

邊郡制度

三月丙午張掖長史延行太守事　肩水倉長湯兼行丞事　下屬國，農都尉，小府，縣官。承書從事下當用者，如詔書。／守屬宗　助府佐定。(二八)一〇、三三，卷一，第四葉。閏月丁巳張掖肩水城尉誼以近次兼行都尉事，下侯，城尉。承書從事下當用者，如詔書。／守卒史義。一〇、二九。

閏月庚申肩水士吏橫以私卽行候事，下尉，候長。承書從事下當用者，如詔書。／令史得。一〇、八一。

此太守，都尉及候官，轉飭詔書與其屬吏之文也。詔書自丞相下，至二千石爲止，其二千石以下有用及詔書者，則由二千石下之，於是太守下都尉，都尉下候官及鄣塞尉，候官下候長，故天子詔書自太守三轉始達於烽燧間，每轉一次皆有下屬吏之文，卽『承書從事下當用者』，亦卽王氏國維所舉唐宋文書相當之用語，言『主者施行』也。長史行太守事，不言近次，蓋邊郡以長史掌兵馬。漢書百官表。而東漢之制亦爲：『郡太守諸侯相病，丞，長史行事』。續漢書百官志建武六年三月令。此簡與東漢制同。然東漢無農都尉，屬國都尉亦比郡，不屬於太守，與此簡自太守下農都尉及屬國都尉之制亦異，則此簡仍當爲西漢物。是長史行太守事之事，西漢亦曾如此矣。以上第一簡及第三簡俱言行事，而不言以近次，惟第二簡言以近次，蓋長史以例行太守事，而城尉行都尉事則就本人之資歷而非就本官之職位言，見前考。故特言近次以示變例耳。士吏者，塞上主兵之官，漢書匈奴傳注引漢律曰：『近塞郡皆置尉，百里一人，士史尉史各二人，巡行徼塞也。』據簡牘所記，尉史皆仍作尉史，而士史皆作士吏，故知漢書注文訛誤，士史之史當依簡文作吏矣。候官缺，士吏行其事，不言近次，是則士吏之於候官，亦猶長史之於太守，分所當攝，不更言資歷也。小府者供太守用度之府藏，漢書文翁傳：『減省小府用度，買刀布蜀物，齎計史以遺博士』。注：『師古曰，小府掌財物之府以供太守者也。』蓋小府雖供太守私用，而官則郡官，故太守猶以詔書下之。

烽　　燧　　一

陽朔三年十二月壬辰朔癸巳第十七候長慶敢言之官移府舉書曰十一月丙寅☐渠鉼庭隧以日出舉塢上一表一☐下鋪五分通府府去鉼庭隧百五十二二百里☐　二八、一

日吏卒更寫爲烽火圖版皆放羣非隧書佐嗇夫　一九九、三

在時表火當在內未曾見收不知鈞枚候言☐　二六九、八

☐午日下鋪時便居延蓬一通夜食時埃上苣火一通居延苣火　二三三、一三

樂昌隧長己戊申日西中時使並山隧塢上表再通夜人定苣火三通己酉日□☒
三二三、五

臨莫隧長留入戊申日西中時使迹虜隧塢上表再通□塢上苣火三通☒東望隧　　卩
七、三四

☒檄塢上旁蓬一通　三四九、二七

塢上旁蓬一通同時付並山日入時　三四九、一一

到北界舉塢上旁蓬一通夜塢上☒　一三、二

居延地蓬一會　一六、四一

三十日晦日舉塢上一盆火一通廼　中三井隧□☒　四二八、六

　虜守亭鄣不得燔積薪晝舉亭上烽一煙夜舉離合苣火次亭燔積薪如品約

一四、一一

戍卒三人以候望爲職戍卒濟陰郡羊干里魏賢之死夜直候誰夜半付記不誰☒使☒卒除☒

一八三、七

苣火更申完　二〇五、三一

卒毋傷出　☒十二小　蓬布索皆火　蓬皆白　三一一、三一

☒不積具　別□☒　☒不專用　蓬火☒　☒爲辟蓋解☒　地蓬干頃　☒皆毋☒

四四、八二

第八隧長徐宗　倚陽書不鮮明　小積薪上僅頃　卒張田取馬矢不左署山

二一四、一〇八

☒治之敢令　長七尺廣五尺□毌□　□亭叩頭不宣　靳干貲入卽火一通入定時使塢上

苣火一　五三六、三，三四九、二九

火當以夜大半付累虜

檄當以雞中鳴付累虜 □□□□　三〇五、一五

☒旁再蓬一☒　四五五、五

匈奴人入塞及金關以北　塞外亭隧見匈奴人舉蓬煙和□五百人以上能舉二蓬

二八八、七

火始梧寫先舖食早五分　二五六、二

☐表　至第十二隧名不舉　二〇三、四六

出塢上蓬火一通　元延二年七月辛未　二九、二〇

☑出燧一積薪夜入燧一積薪☑　二七九、一二

八月三日丁未　日餔時表二通　三、一一

放婁不鮮明轉櫨毋枙　二一七、一一

北尺竟隧上離合　四八二、七

第卅四隧地蓬鹿盧不調　一三六、七

☑黑不貫　繩索二所絞　胡籠一破　☑少一　☐里不☐治

二一四、二八

第廿六隧長宋登　弦角上盡破　轉櫨皆毋枙　蓬一不事用　☐皆毋肩☐　堆樓不塗墼

☐一不事用　☐☐一頃　二一四、五

第廿四隧長淳子福　轉櫨毋枙　☐一不任事　卒一人☐　☐矣☐不☐　☐☐二☐☐

☐☐☐咋呼　☐不事用　二一四、四九

第十八隧長單威　斥双決　蓬火固函枑傷　轉櫨皆毋枙　布双決狗少一　守何☐☐不

鮮明　小積薪上便頃　毋☐　二一四、四七

傳言舉二苣火燧二積薪　☐中盡受餔時付東山隧　竟砂胡舉二苣火燧一積薪　☑傳言

舉二苣火燧一積薪　四二七、二

發桓望亭畢　二八〇、一八

·宜禾第八卹舉火諸☐☐　一〇八、一〇

·宜禾第八獨和金城　都☑　一〇八、二

☑　八月甲子買赤白繒蓬一　完　二八四、二四

·具木蓬一完　五六三、四

靳幡三　二三三、二

第卅五隧蓬索長三丈一　完　元延二年造　三九二、九

　以上見卷二第一至二十一葉，又卷三第一至十一葉。

　　以上諸條並言烽燧之事，又漢晉西陲木簡亦有一條與以上諸條可以相證，共文

　　爲：

望見虜一人以上入塞，燔一炷薪舉二蓬，夜二苣火。見十人以上在塞北，燔舉如一人，須揚。望見虜五百人以上，若攻亭障，燔一炷薪，舉三蓬，夜三苣火。不滿二十以上燔舉如五百人同品。虜守亭障，燔舉晝舉亭上蓬，夜舉離合苣火，次亭遂和，燔舉如品。(五十六葉)

按歷來言烽燧者，惟墨子號令篇云：『候無過十里，居高便所樹表，表三人守之，北至城者三表，與城上烽燧相望，晝則舉烽，夜則舉火。』說文云：『㷲，燧侯表也，邊有警則舉火。』史記司馬相如列傳：『聞烽舉燧燔』。集解引漢書音集曰：『烽如覆米䉛，憑着桔橰頭，有寇則舉之；燧積薪，有寇則燔然之。』漢書賈誼傳：『候望烽燧不得臥』，注文穎曰：『邊方備胡寇，作高土櫓，櫓土作桔橰頭，懸兜零，以薪草置作中，常低之。有寇則火然，舉之以相告曰烽。又多積薪「寇至則然之以望其煙曰燧。』此皆甚略，未能盡烽燧之事。今就其大致言之，則烽臺之建築曰隧，而烽臺之記號曰烽，近三十年中之東西方研究，大致可以發揮此意，而作一結論。以下更據前列諸簡，將烽燧制度中可得而徵者。分析論之。

一曰表，或作蓬，以繒布為之，色赤與白。

二曰煙。

三曰苣火。

四曰積薪。

其所舉之時，則積薪日夜兼用，表與煙用於晝，而苣火則用於夜也。

烽表之制據史記集解引之漢書音義，及漢書注引之文穎說，俱為烽憑着桔橰頭而桔橰頭則憑於土櫓之上。(史記信陵君傳集解引文穎說作木櫓，木字為土字之誤)。今簡文俱作樐或作轉樐，樐者樓櫓，無頂之屋，可以四望，故曰轉也。前引簡中有『轉樐無柅』之語，柅，說文作㭔，廣雅：『㭔柄也』。說文段玉裁注曰：『中山經注曰，「橌音絡柅之柅」，易姤初六，「繫於金柅」。釋文曰：「柅，說文作㭔」。按昔人謂橌柅同字，依許則柅者今的簨車之柄，橌者今時紘絲於上之架子以受簨㭔也，故曰絡絲柎。』今按柅者即絞盤，以受蓬繩者，放繩則蓬下，絞繩則蓬起矣。又據前舉之簡，『蓬索長三丈一完』，完指完整者而言，是蓬繩長三丈也。繩

長三丈，是蓬竿亦當三丈。沙畹敦煌漢簡第六九四簡：『□下蓬滅火蓬干長三丈』正與此合。可參證也。蓬有具木者，前舉五六三、四爲『具木蓬一完』。蓋蓬以布爲之，間以紅白，以便遠望。其後蓋以木爲端，使其挺直平坦，若旗帆之木夾或木梃矣。又前舉二一四、二八之『長七尺，廣五尺』，應卽指蓬而言，其具木之端，應長五尺也。

蓬着於蓬竿，以桔槔上下，桔槔之爲物，今般人猶用以汲水，雲南等地常見，不甚僻也。其形式見於宋應星天工開物卷上乃粒章。乃以橫梃中繫以繩，平懸於直竿之上，梃一端懸重物，一端繫汲桶，人引桶於井以汲水，則他端之重物自能引桶而上，桔槔引蓬而上亦此理也。太平御覽三三五引甘氏天文占：『權舉烽遠近沈浮，權四星在轅尾西，邊地警備烽侯相望，虜至則舉烽火十丈，如今桔槔，大錘其頭，若警然火放之，權重本低則末仰，入見烽火。』其中『大錘其頭卽指挺端重物而言，言權者謂『支點』在中，如權稱也。蓬表旣舉，下垂若胡，故蓬表亦謂之垂。孫貽讓注墨子，謂垂爲表之誤，今按垂字旣可通，自不如不改之爲得。然若謂垂爲甘氏天文占『大錘其頭』之錘，則亦不合，蓋舉在梃本，表在梃末，表賴錘舉，非是一物矣。又簡簡言轉櫓，皆在塢上，蓋烽臺較高，可以望遠，於其上自可以施烽竿，不必再加樓櫓。惟烽臺地狹，若舉烽較多，則遠處難辨，故更於塢上舉之，則烽與烽相去較遠，遠處之烽臺可辨爲幾烽矣。至塢壁較薄，立竿不易，而距守時亦難立人於其上，故更於塢壁間加樓櫓焉。此塢上之蓬，或又曰塢上旁蓬，與在亭隧上所舉之蓬，略有殊異也。其蓬在塢下者，又別者地蓬，蓋竿立於地，不在塢上或亭上者也。地蓬上下以鹿盧爲之。鹿盧或作轆轤，亦汲水器，惟以軸貫轂，以曲木爲柄承於轂端，手旋曲木，引繩以汲水下上，不用梃也。是必地蓬在距亭塢稍遠之地，別立竿以懸蓬，非亭上及塢上士卒之手所能及，故不能爲桔槔，在平地則竿高，竿高則蓬繩俱重，故懸蓬下蓬俱以鹿盧爲省力之具矣。據居延簡六八、一〇九言『地表幣，地表染埃』，是地表與塢上之表不同，又五〇六、一『布蓬三不任，布表一』此處別蓬與表爲二，或卽其一種指塢表，而別一種指地表也。

淮南子兵略篇云：『治壁壘，審煙斥，居高陵，舍出處，此善爲地形者也。』此

所言煙當卽烽煙之煙。前舉之一四、二一簡『晝舉亭上蓬一煙』亦卽此。言舉亭上蓬一煙者，蓋虜已迫近，不僅積薪不能燔，而地蓬及塢上蓬亦不能舉，故僅能舉亭上之蓬及煙也。然由此簡可知亭上僅能舉一蓬一煙。諸簡言蓬品者，多僅言蓬而不及煙，實則蓬為烽表，煙為亭隧之煙，二物相殊，本不相混。惟據此簡燔一煙亦舉一表，則舉表之時當與燔煙之時相應。蓋燔煙以示遠，舉表以定品，二物相須而成。因而烽煙遂為世俗通用之名，而烽表與燔煙之別，亦從來無幾人能解矣。今從漢代烽臺之制察之，凡現存諸烽臺，其上常有竈口，竈卽在臺頂，上施煙突。其較完者，竈突尚黔，以草燔其中尚可以孤煙直上也。唐制與漢制稍異，其烽臺之下尚列有較大之烽筒四具，然其燔煙之法應亦沿漢制而來。宋武經總要引唐烽式云：『其煙筒各高一丈五尺，自半以下四面各闊一丈二尺，自上則漸銳漸狹。這筒先泥裏後泥表，使不漏煙，筒上着無底瓦盆蓋之，勿令煙出。下有烏爐竈口，去地三尺，縱橫各一尺五寸，者門關間。每歲秋冬前別采蒿艾莖葉，葉條草節皆要相雜以為放煙之薪，及置麻繩火鑽狼糞之屬，所委積處以掘塹環之，防野燒延燎。』則漢人燔煙之法，應亦相去不遠。惟唐代之四煙筒，今保存者尚多，漢代烽燧，但有烽臺頂之一煙筒，無第二煙筒。故唐時虜數可由放煙之數定之，漢代則僅能放一煙，而其烽品則從烽表之數定之。煙可及遠而布作之烽表則不能及太遠，故唐烽臺之距，據唐烽式所記以三十里為準則，漢代烽臺之距則或五里或十里，各從其便也。

晝舉烽表，夜舉苣火，前引漢晉西陲木簡：『晝舉烽，夜舉苣火』是也。通典兵五曰：『城上立四表以為候視，若敵去城五六十步，卽舉一表；橦梯逼城，舉二表，敵若登梯，舉三表，欲攀女牆，舉四表，夜卽舉火如表。』是表與火替用，猶為漢制，然唐代之表限於城垣，據兵部烽式，則唐烽燧間不用之。漢代則通行於烽燧間也。賈誼傳注：『文穎說，「邊方備胡作高土櫓，櫓上作桔槹，桔槹頭兜零，以薪草置其中，常低之，有寇則火燃舉以相告，曰烽，又多積薪，寇至則燃之，以望其煙曰燧。」張晏曰，「晝舉烽，夜燔燧也。」師古曰，「張說誤也，晝則燔燧，夜則舉烽。」』此節後漢書光武紀十二年章懷注亦引之，惟未加按語，異於顏氏。其後又引廣雅：『兜零籠也』一語。今廣雅此條已佚，惟廣雅釋器云：

『簀箁笈篹籯簅筥籠也』又：『莃籅籭筧帳囊也』。王念孫疏證云：『說文籭筥也，漢書韋賢傳，「遺子黃金滿籯，」如淳注，籯，竹器，受三四斗，今陳留猶有此器」。』又：『方言……筧或謂之籅，筧燕齊之閒謂之帳，說文筧飲馬器也，筧猶兜也，今人謂以布盛物曰兜，義與此同。』故兜通筧，而零與等同從令得聲，皆有籠囊之義。又史記司馬相如列傳集解：『漢書音義曰烽如覆米藪，懸着桔橰頭。』索隱釋之曰：『字林云，藪漉未籔也，音一六反；纂要云，藪浙箕也。』而廣雅王氏疏證則云，『方言「炊箄謂之縮，或謂之籔，或謂之䇶」。郭注云，「漉米籔也。」說文，「籔漉米籔也。」太平御覽引纂文云，「籔淅箕也，一曰籔，魯人謂之淅囊。」急就篇云，「笰箄筊筥籔箄籅，」玉篇，「斿盜米具也，籔籔漉米竹器也。漉與瀄同，亦作盝。說文，「籔炊籔也」。玉篇籔或作縮簍，方言又作縮，縮籀簍籔四字古音並相近。簍之言縮也，漉米而縮去其汁，如漉酒然。鄭興注周官甸師云，「束茅立之，祭前沃酒其上，酒滲下去，若神飲之，故謂之縮，縮浚也』。』故若兜零，若覆米藪，要皆箕籠之屬，所以承薪草者。居延簡三一一、三一『胡籠一，破』，此所言胡籠，當即兜零，其制與常籠殊，故曰胡籠也。兜籠盛薪草，見於文穎漢書音義，以理按之，薪草若散置籠中，則籠必焚，故必以草繩繮之成束，直立籠中，有警則燃薪草之束俾遠處可以望其光，此即苣火矣。故由此推想，苣火之制即為一束之薪草，今居延烽燧故址，猶偶有殘存，其物以白草及蘆葦為之，長約三尺，外繮以草繩者。苣火盛籠中以後，則由桔橰引之使上，晝間之懸表處即夜間懸苣火處也。文穎謂火為烽，煙為燧，晝宜望煙，夜宜望火。顏師古以文穎之說為主，訂張晏之說，謂為晝則燔燧，夜則舉烽，王氏國維謂為其識甚卓，是矣。然烽之意本為烽表，燧之意本為烽臺，文穎以與烽表同繫於桔橰之苣火為烽，以烽臺所發之煙為燧，雖諸物並各相關，究不能混為同物。故其所言之事制則信然，而所用之名，則未確也。至若世俗相沿，則以烽煙為烽，以積薪為燧，張揖文選論巴蜀檄李善注引，張晏漢書賈誼傳注。司馬貞史記周本紀索隱。張守節史記司馬相如列傳正義。等，大抵皆然且以為烽主晝而燧主夜。是其所言之烽燧，與文穎及顏師古所言之烽燧，本非同物。今將漢簡所記及其他文獻所記並董理析正如上文，而後知古人所記常有勝義，然亦往往執偏以概全。今欲釐正其

是非，固必當鉤稽務博，參互求詳，而後可期於一得也。

積薪之制積於烽燧之外，據前引諸簡，則其上加以塗堊，蓋以防風雨及野燒者，積之齊整使不得傾圯。傾簡文作頃。遇有虜來則燔薪以傳號，惟虜騎已逼，薪不得燃，始不燃薪，而次亭則燔薪傳烽如品，蓋積薪之長在能晝夜兼用也。今按漢簡以胡桐作者甚多，西域傳亦每載產胡桐，今額濟納河沿岸猶多此樹，疏勒河沿岸亦然，則居延及敦煌塞上積薪，或以此物為主矣。

舉烽之數，據墨子號令篇云：『望見寇舉一垂，入竟舉二垂，狎郭舉三垂，入郭舉四垂，入城舉五垂，夜以火皆如此。』又雜守篇：『望見寇舉一烽一鼓，入境舉二烽二鼓，射妻案妻字當是郭字之誤，古郭字本作（ ），與妻字相類，易誤。舉三烽三鼓，郭會舉四烽四鼓，城會舉五烽五鼓。』從讀書雜志七，王引之校文。是戰國烽火可以至五，而漢簡所說，則迄三而止。或簡文闕漏，亦能至五，未可知也。其鼓之用，則『五〇六』簡有『鼓一』一語，是鼓之用，漢亦有之，惟戰國時鼓所傳號乃附於烽者，漢世不言鼓號，或亦附於烽也。又漢之表乃專指繒布之表而言，而通典一五二尺通鑑考異唐武德四年引太宗實錄，則烽煙亦得謂表，與漢略異。又隋書長孫晟傳言舉烽至四，且言『城上然烽』，此所言烽亦即煙，據唐兵部烽式烽煙至四而極，而煙發於四煙筒中，應即沿於隋制也。（楊聯陞先生告我，烽應包括煙，今從之，蓋烽字或熢字均從火，是必有烽必有煙也）

王氏國維云：『不云舉而云舉表者，意漢時寫上告警燧際之外，尚有不然之烽。漢書音義云：「烽如覆米算，懸著桔槔頭，有寇則舉之」，但言舉而不言照。蓋渾言之則燧表為一物，分言之，則然而舉之謂之燧，不然而舉之謂之表。燧臺五丈，上著燧干，舉之足以代燔燧矣。』烽表不燃，蓋從墨子猜度而來，王氏所見敦煌簡中並無證據，即文穎所言之一『舉』字，亦在疑似之間，不足以供采證。然出於冥想，居然能與漢世塞上不燃之表相合，亦可謂特識矣。雖然，世間萬物渾言之可以畢同；事物理致之漸明，其要在于類析。今據居延簡，參以漢世以還文獻，桔槔上之所舉者誠有燃與不燃之分。然其燃者為苣火，不燃者為繒布之表，不得謂為一物也。兜零之大，不過徑尺，中承雜草，遠望之與四周積沙雜草難分。縱加以五丈之臺，三丈之干，自十里外望之，雖極目力，應不過在日光斜

照，適當其上之時，略有所見而已。以此報警，更有何用？惟以闊五尺長七尺之繒布，間以赤白，以桔橰引於烽竿之上，其面旣廣闊，其色比於黃沙白草亦特顯，則十里外望之非難事也。若在夜間，則塞上鮮氛霧之阻，雖一星之火，十里外猶可見之。則徑又之籠，中承苣火，自可報警於遐遠。故日夜之間，各有所宜，若僅以兜零爲日間所用之表，則亦未爲得也。

漢時是否有平安火之制，若唐代所爲，今無由得悉。沙畹書第八十四簡：『六月丁巳　丁亥第二百一十　苣火一通從東方來。』王氏以爲自正月至六月，不過百八十日。今其苣火次第乃有二百一十。報警不應若是之頻，應爲漢代有平安火之證。今案此簡僅有沙氏釋文，原簡未印。依漢簡記烽火之例，除記所見之日以外，並記所見之時，此簡獨不記所見之時，而有『第二百一十』諸字，則此諸字、或係原簡字跡不明，爲沙氏所誤釋者。不敢遽斷其指平安火也。

烽　燧　二

元康二年六月戊戌朔，戊戌。肩水候長長生以私印行候事，寫移昭武隧，如律令。二○、一

元康元年十一月辛丑朔，壬寅。東部候長長生敢言之。候官官移太守府所移河南都尉書口：『詔所名捕及鑄僞錢，盜賊。凡未得者牛長壽，高建等廿四（人），書到滿☒。』一○、一二

候史旁，遂昌。一○、一二(簡背)

此候長下隧長書，及候長上候官書也。烽燧制度前所未詳自敦煌簡出，王氏國維始爲之董理於流沙墜簡曰：

敦德者，王莽所改敦煌郡名，步廣尉卽漢志之敦煌中部都尉治步廣候官是也。按原簡爲『敦德步廣尉曲，平望塞有秩候長，敦德亭間曰東武里五士王參秩庶士。』曲者部曲，續漢志領軍皆有部曲，『大將軍營五部，部校尉一人，比二千石；部下有曲，曲有軍候一人，比六百石。曲下有屯。』漢制都尉秩視校尉，其下有二候官，蓋視軍候，則候官卽校尉下之曲矣。平望者步廣尉所轄塞名，有秩候長者，候長之秩百石者也。禮記注：『有秩，嗇夫』。漢書百官公卿表：『鄉有三老，有秩，

嗇夫。』續漢志有鄉有秩 ，秩百石。李翕西狹頌有衡官有秩 ， 此簡有有秩候長。漢制計秩自百石始，百石以下謂之斗食，至百石則稱有秩矣。

又云：按原簡第一簡爲：『☑間田武陽里年三十五歲，姓李氏，除爲萬歲候造史，以掌領吏卒爲職。』第四簡爲：『玉門候造史周生萌，优健□□□士吏。』

候官者，都尉之屬也。漢敦煌郡屬縣六，而緣邊者凡四，東則廣至，其西爲效穀，爲敦煌，爲龍勒。前漢於此分置四都尉。一、宜禾都尉治昆侖障，在廣至縣境。二、中部都尉治步廣候官，在敦煌縣境。三、玉門都尉治玉門關，在龍勒縣北境。四、陽關都尉治陽關在龍勒縣西境。都尉之下各置候官以分統其衆，亦謂之軍候，亦單稱侯。候官之名始見於漢書地理志，卽所謂步廣候官是也。續漢志張掖屬國之下亦有候官，又會稽郡下之東部侯國，吳志侯翻傳作東部候官，蓋卽會稽都尉下之候官。由是觀之，則都尉之下大抵有候官矣。……此與下斥候之候名同而實殊，斥候之候僅有候長候史，皆百石以下之官，候官則有候，有候丞，其下又有造史，如右簡所記是也。……又據上第一簡，則萬歲候有造史，以掌領吏卒爲職，諸斥候則有候史無造史。侯史之職與士卒略同不得有掌領士卒之事，唯玉門獨有造史。玉門之爲候官既有明證，則萬歲候亦候官之候，而非斥候之候也。其所治之地與步廣相近，殆卽步廣之異名。

又云：

右五簡中隧候之名五，簡文略其名爲大福候高望隧高望候及破胡西部。其地皆無可考。又上諸簡之名，或云隧，或云侯。案漢書賈誼傳：『斥候望烽燧不得臥』，東觀漢記：『馬成繕治障塞，起烽燧，十里一候。』則隧候之事雖殊，其地則一也。綜上二十四簡隧候之名共得二十，而見於他簡者，……並前共三十有九。

右云：

右二簡亦記烽火事原第一簡：『亭發□遠，晝不見煙，夜不見火，士吏候長，候史□相吉□燔薪以□□』案隧候之官，有士吏，有候長，有候史，有隧長。士吏者主兵之官，所轄或不止一隧，故序於候長之上。

依王氏所論，漢代邊塞事以都尉及候官候主之。都尉之職比大將軍下之校尉，而候官之職則比校尉之軍候 ， 具斥候之事通白隧主之， 隧候之事雖殊， 其地則一

也。在隧候有隧長及候長，故凡一切亭隧，可稱爲隧，亦可稱爲候，由此推之，則候長與燧長乃由職事之不同，並不應相隸屬矣。然以居延簡按之都尉及候官之職守，王說甚是，候長與隧長之職任，則王說未允。蓋候長大而隧長小，候可以統隧故候與隧實爲相隸屬之兩級，非職事之不同也。

今更就居延簡證之：

　　出錢三千三百五十　　候長胡霸二百　　胡□隧長范安世四百□虜隧長屯仁五百

　　去陰隧長應□五百五十　　驚虜隧長富☒　　俱南隧長王☒　　俱起隧長孟昌六百

　　(二七七)四〇、二〇 □□縈刻史杜君　　候長一人錢三百　　候史隧長九人錢九百。凡

　　千二百　　(三七〇)二一四、三七

　　出錢五千八百　　得候長□宣八百　　顧北隧長范□出六百□□隧長□□五百　　☒

　　(三七一)二一四、四三

　　出十二月吏奉錢五千四百　　候長一人　　候史一人　　隧長六人　　五鳳五年五月丙

　　子尉史壽王付第廿八隧長商奉世，卒功孫辟非　(四七三)三一一、三四

從以上各條證之，每一候長之下有候史一人，隧長數人。即不得謂爲或云候，或云隧，隧候之事雖殊，其地則一也，如此，則邊塞職官中系統之大致　應如下列：

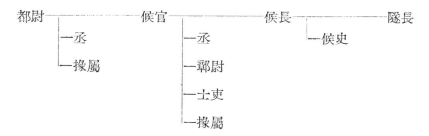

即邊塞職官自都尉以下，凡有候官，候長，隧長，三級。共所居之地則大者曰城曰鄣，小者曰隧。其理之者則鄣有鄣尉，隧有隧長。都尉大率居於縣城或鄣，候長則治在隧間。鄣中士卒不定，共經常者如居延簡『(四三〇)二六、二一』所記鄣凡令史二人，尉史三人，鄣卒十人，施刑一人。若就今敦煌居延塞上諸鄣容積言，當可居住一二百人也。其諸鄣有鄣尉之證，例如魚澤有候官見敦煌簡，而漢書孫寶傳言寶爲敦煌魚澤尉，玉門有都尉及候官見敦煌簡，而敦煌簡亦有：『建武十九

年四月一日申寅，玉門鄣尉戍告候長晏到任』也。至於候長治所仍在隧，或稱亭隧之證據，則爲居延及敦煌塞上諸城鄣爲數爲限，其地大都可實指爲侯官治所，勢難各分指之於諸候長。再就敦煌亭隧之分布觀之，候長治所非在隧上不可，雖諸隧之高低大小各有不同，其房屋之基址大小亦異，然候長在亭隧而不在城鄣則一也。都尉之下官階旣明，則分布之鄣塞亦有可得而言者。今將王氏所編次之敦煌諸候隧重爲董理，可得其大略如下：

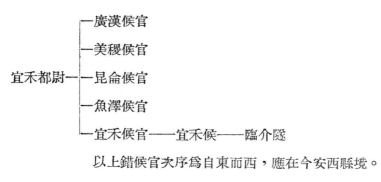

以上錯候官次序爲自東而西，應在今安西縣境。

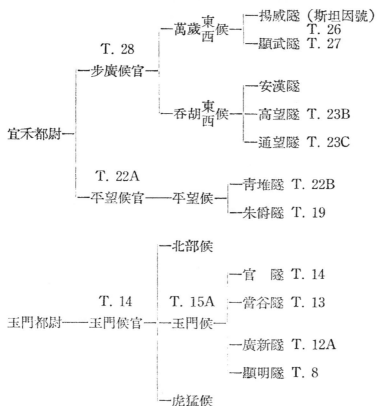

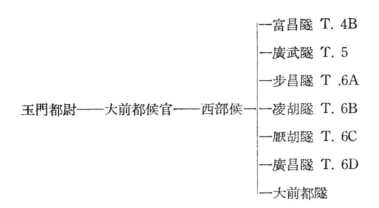

以上之排列方向，大率自東而西。所據者大略依諸隧所出之簡牘，及其鄰近諸隧之簡牘編次之，雖其中偶涉推想，然大致方位當不誤也。其引據具見沙王兩氏書中，今不多及。至於居延塞上，除候官城鄣所在約略可指，其諸亭隧地名，因諸簡出土地不甚詳悉，無從一一詳指。惟簡中所記，其隸屬關係大致可以推知，約舉於下。其中違失，自不能免，今但舉其大凡而已。

$$居延都尉——居延候官——右遮虜候(145·32)\begin{cases}—收降（240·2）\\—除虜（181·6）\end{cases}$$

(注)所注符號為原簡編號，其屢見者只注一簡。又諸隧下之隧字從省。

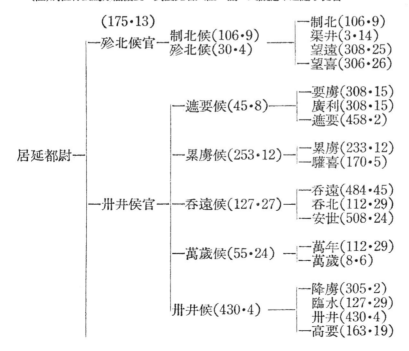

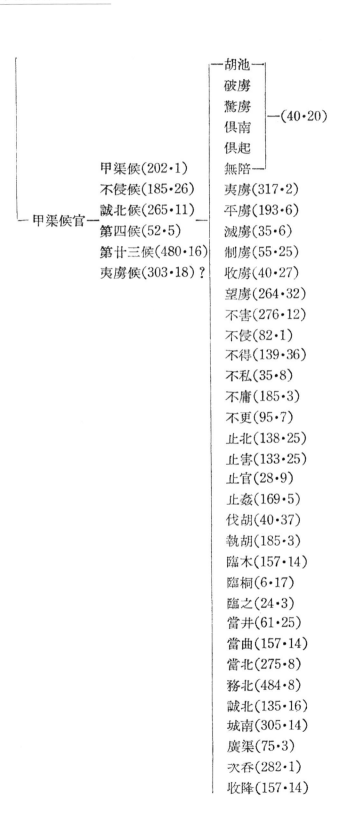

```
                                    飄望─┐
                                    臨利 │
                                    臨莫 │
                                    伏胡 ├─(288・6)
                                    要虜 │
                                    要害─┘
                                    武彊(103・31)
                                    武賢(49・1)
                                    騂馬(504・2)
                                    高沙(62・29)
                                    三塢(166・16)
                                    正言(27・11)
                                    察徼(89・5)
                                    林東(435・16)
                                    木中(212・34)
                                    河西(175・17)
                                   ─却適(194・17)

                                   ─肩水(215・7)
                                    乘胡(280・15)
                                    執胡(235・14)
                                    破胡(284・4)
                                    乘胡(502・3)
                                    夷胡(219・3)
                                    並山(502・3)
                                    乘山(413・5)
                                    登山(131・4)
                                    窮虜(44・22)
                                    窮寇(332・24)
                                    當谷(74・19)
                 東部候(435・15)      廣谷(324・5)
                 南部候(435・15)      騂北(506・22)
  ─肩水候官─北部候(435・15)─          沙頭(506・22)
                 井東候(435・15)      少陽(126・21)
                 累虜候(120・5)       金城(119・54)
                                    東望(7・34)
```

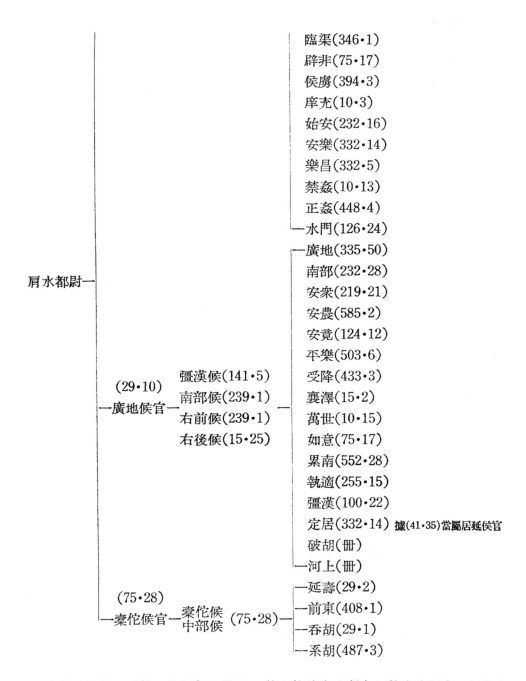

以上所列烽燧之系統，全係初步假設。將來簡牘出土所在如能完全明白，則此表或應全部修正也。現所知者，居延都尉大抵卽在居延縣城，卽今黑城故址。肩水都尉及肩水候官，據出土簡牘應在紅城子（ㄨㄌㄢ ㄑㄧㄦ万ㄋㄐㄧㄧㄥ），甲渠候官應在破城子（ㄇㄨ ㄑㄧㄦ万ㄋㄐㄧㄧㄥ），卅井候官應在波羅纂吉（ㄅㄛㄌㄛ

ㄘㄛ ㄣㄐㄧ)，殄北候官或應在瓦顏陶賴（ㄨㄚㄧㄝㄣ ㄊㄛㄌㄝㄧ)。其橐佗廣地兩候官據其地望推之，或爲鼎新縣以北之大灣城及地灣城。地灣城較北，其爲廣地候官城之可能較大。大灣城壓經後代改修所假設爲橐佗候官故城，亦爲臆測也。

烽　燧　三

地節二年六月辛卯朔，丁巳，肩水候房謂候長光以姑臧所移卒服候本籍爲行邊丞相史王卿治卒服候，以校閱亭隧卒服候，長爲冒□不相應，或易處，不如本籍。今寫所治亭則服侯籍，並編移。書到光以籍閱具卒候，候所不應籍，更實定非籍。隧候所在亭，各實弩力，石數，步數。今可知貲事詣官會月廿八日夕，須以集爲丞相史王卿治事課，後不如會日必□毋忽如律令。(面)

印曰張掖肩候

六月戊午如意卒安世以來，守令吏禹　(背) 七、七，卷一

此簡當爲移文原稿，故其字多不可釋。强爲通釋，具如上文。簡文爲候官移候長書，大意證諸亭隧隧卒往往與原籍不相應，故令將卒籍寫侯長所治亭，以待丞相史王卿行邊校閱也。姑臧武威郡治，始見於此簡。候長治所爲亭，亦始見於此簡。前文考訂塞上分城，鄣，亭隧三種建置，而防邊分都尉，候官，候長，隧長四級職官。都尉治城或鄣，候官治鄣，候長治亭隧，隧長守亭隧。今據此簡言候長『所治亭』是候長治亭又可以證前考矣。貲事詣官會者言貲記事諸簿詣官會，其事當卽指名籍器物等而言。而會者則指期會而言也。期會爲漢代吏治所重，而殿最之績咸於此定之。賈誼傳云『……此其亡行義之尤者也，而大臣特以簿書不報，期會之間以爲大故。』注：『特，徒也。言公卿大臣特以簿書期會爲急，不知正風俗，厲行義也。』尹翁歸傳：『收取人必於秋冬大會及出行縣，不以無事時。』注：『於大會中及行縣時，則收取罪人以警衆也。』蕭望之傳附蕭育傳：『後爲茂陵令，會課第六，而漆令郭舜殿，見責問。育爲之請，扶風怒曰：「君課第六，裁自脫，何暇爲左右言」。』會指期會，課指簿書，今據此簡，正爲於期會中省簿書。是賈誼傳之『簿書不報，期會之間以爲大故』亦指於期會中省簿書

事，故以不報者爲大故。顏注合言『簿書期會』，雖略得其解，然未盡諦也。

□　還　十二月乙酉廣地侯　五六二、九，四〇七、二。

⊠檄日甲申侯卒望見塞外東北⊠　　五六四、一三，四〇七、三。

□火四所大如積薪，去塞百餘里，臣憙愚　四〇三、一九，四三三、四〇，五六、四一八

此三簡字跡相同，當爲一文書裂爲數片者，今雖殘缺，猶可知其大略也。書爲乙酉發，事則前一日甲申日事，卽侯卒望見東北有虜，有火四所大如積薪，在塞外百餘里可以望見也。積薪者烽燧上傳烽之一種，其制當爲積於亭隧外之平地上，有警則以火燃之，遠處可以望見火光，而知所警戒。虜在塞外，隧上遙見火光，因積薪常用，故以擬之。

廣田以次行至望遠止⊡(封泥孔。)寫移疑虜有大衆不去，欲並入爲寇。檄到循行部界中，嚴教吏卒，驚烽火，明天田，證□侯候望，禁止往來行者，定烽火，輩長戰鬪具。槧已先聞知，失亡重事，毋忽，如律令。十二月壬申殄北甲⊠　(五四六、五四七、五四八)二七八、七。

侯長縷，卜央，候史包，隧長畸等，疑虜有大衆，欲竝入爲寇。檄到縷等各循行部界中，教吏卒定蓬火，輩送戰鬪具，毋爲虜所幸。槧已先聞知，亡失重事，毋忽，如律令。三、五四四，三、五四五，二七八、七。

十二月辛未，甲渠毋傷侯長毋得，吏□人敢言之，□蚤食時臨木隧⊠舉蓬煙一，積新，虜卽西北去，毋所亡失，敢言之。／十二月辛未將兵護民田官居延都尉償，城倉長禹兼行⊠　二七八、七

(此面正面未照，今從旁面一部分釋出，補列於右)。

右觚應有四面，今照片僅能略知其三面，具釋如右。觚中有印齒(封泥孔)而文則露布，蓋所用封泥非以密封面以示信也。漢書竇嬰傳：『孝景時嬰嘗受遺詔曰：「事有不便，以便宜論上。」及灌夫罪至族，事日急，諸公莫敢明言於上，嬰迺使昆弟子上書言之，幸得召見。書奏，案尙書大行無遺詔，詔書獨臧嬰家，嬰家丞封，迺劾嬰矯先帝詔。』今據此觚，則示信之書固可以露布爲之，不致因開封而破封泥。是景帝詔或言當時可以便宜論上，未必有意遺於嗣君者。及尙書不能檢得遺詔，而嬰遂無以自明。嬰亦見其然，故使昆弟子言之，而不敢親上書，雖事

誠可疑，而法亦失之故入矣。又傳車之符白御史印封，亦當爲露布而用封泥，與此相類，然後沿途方能檢閱原符也。

此觚爲露布文移，前兩節文意大略相同，蓋所下之主官不同，故分爲兩節，亦由胡虜入寇，事至危急，故反覆申言，不避重複也。此觚所述，後一節爲十二月辛未日，甲渠毋傷候望見虜有大衆，意欲入寇，遂舉烽火示警，虜見有備，遂向西北去無所亡失。次日壬申，因文移諸候隧，警備烽火，修習戰具恐其復至，則前二節所述也。此與前舉卷一第七葉之三簡，情節相類。且俱爲十二月，以干支計，凡相差十日。則此觚與彼簡或意爲一歲中事，虜去未遠，十日後又爲別一烽燧所見矣。

觚屢言烽火，烽火者，隧上警號也。史記李牧傳：『日擊數牛饗士，習騎射，謹烽火，多間諜，厚遇戰士，爲約曰：「匈奴即入盜，急入收保，有敢捕虜者斬。」匈奴每入，烽火謹輒。』漢書匈奴傳上：『匈奴入代句注邊，烽火通於甘泉長安。』又匈奴傳下：『前以罷外城，省亭隧，今裁足以候望，通烽火而已。』流沙墜簡烽燧三十九：『扁書亭隧顯處，令盡諷誦知之精候望，即有烽火，亭侯回度舉，毋必⊠。』居延簡：『吏卒更寫爲烽火圖版皆放辟非隧，書佐嗇夫⊠。』(一六)一九九、三。又：『狀辭居延肩水里上造，年四十六歲，姓匽氏，除爲卅井士吏，主亭隧候望，通烽火，備盜賊爲職』(一三七)四六五、四。此皆烽火連用之例也。按舉警之事略分四種：一、以布爲表，謂之烽表。二、燔煙爲號，謂之烽煙。三、然炬爲號，謂之炬火。四、然隧下積薪，謂之積薪。此四者其證並見後文。其烽表不燃者可單稱烽，其次三事皆藉火而發，故統稱烽火矣。

亭　　障

直效於居⊠樂士衆勿忘賈言屬爲之有朱陽起⊠令一當雜於忠心非不慄然次何時一封印
(面)
各守空亭今此豈可復說哉？昨金關趙興先⊠□宜於北成無死僄因小道之當相移不自□
(背)　五五一、四。卷一

亭即隧，隧之本字當爲墜或㙻。說文解字曰：『鄣塞上亭守㷴火者也』。又：『㷴

隧侯表也，邊有警則舉火。』故隧指亭隧之建築，而燧或作烽。指其所舉之候表。隧常就亭而置，相去十里，而城郭亦復加築土臺以通烽火，統稱之則為亭障。史記秦始皇本紀三十二年：『築亭障以逐戎人，徙謫實之。』漢書張騫傳：『擊破姑師，虜樓蘭王，列亭障至玉門矣。』匈奴傳：『建塞徼，起亭隧。』又：『前以罷外城，省亭隧，今裁足以候望過烽火而已。』賈捐之傳：『女子乘亭障。』後書王霸傳：『得弛刑徒六百餘人，與杜茂治飛狐道，堆石布土，築起亭鄣，自代至平城，三百餘里。』後書西羌傳序：『於是郡塞亭隧出長城外數千里。』又西羌無戈爰劍傳：『西海之地初開以為郡，築五縣邊海，亭隧相望焉。』三國志蜀志先主傳：『備於是起館舍，築亭障，從成都至白水關四百餘區。』亦皆亭障或亭隧連稱。 又有單稱亭者，史記大宛傳云：『漢發便十餘輩，至宛西諸外國求奇物，因風覽以伐宛之威德，而敦煌置酒泉都尉集解徐廣曰酒字當為淵字。非。西至鹽水，往往有亭。』(按此段材料非常重要，即是時敦煌當未置郡，而玉門都尉先已西移)。流沙墜簡戍役類：『一人馬矢塗亭戶前地二百七十尺。』『二人削亭東面，廣丈四尺，高五丈二尺。』王氏國維考釋云：『亭即烽燧臺，太白陰經及通典烽燧篇云：「臺高五丈，下濶二丈，上濶一丈。」右簡言亭面廣丈四尺，高五丈二尺，高低略同，蓋李杜所述，猶古制也。』今按李筌太白陰經與杜佑通典所述大略同於宋曾公亮武經總要引唐兵部烽式，其尺寸度數皆唐制而非漢制。唐官尺以唐小尺為準，約等於日本曲尺一尺，漢尺一尺合小尺七寸六分，孫次舟先生河南出土唐尺考證一文可據也。若以漢制合唐尺，則漢烽臺高僅三丈八尺，濶僅一丈零六寸四分。今塞上所有遺跡，漢烽臺小而唐烽臺大可證也。

亭可指亭隧而言，然言亭者自不限於亭隧。亭之本義為亭隧，指亭鄉者其引申義也。漢書百官表云：『大率十里一亭，亭有長；十亭一鄉，鄉有三老，有秩，嗇夫，游徼。』續漢百官志注引漢官儀云：『設十里一亭，亭長亭候，五里一郵，郵間相去二里半，司姦盜，亭長持二尺版以劾賊，索繩以收執賊。』所謂五里一郵，十里一亭者，蓋即指其距離而言。後漢書高獲傳：『急罷三郡督郵，明府當自北出三十里亭，雨可致也。』三十里亭即三十里外之亭，與此正可互證。又人家之里則依戶數而言。續漢百官志云：『里有里魁，民有什伍，善惡相告。』注：

『里魁掌一里百家，什主十家，伍主五家，以相檢察。』里魁亦作里唯，見漢印。
里下爲伍，漢書尹翁歸傳：『縣有名籍，盜賊發其比伍中●』師古曰：『比伍，
謂左右相次也，五家爲伍，若今伍保也。』又韓延壽傳：『又置正伍家，相率以
孝弟，不得舍姦人。』師古曰：『正者若今鄉正里正也，伍長同伍之中置一人以
爲長也。』漢舊儀云：『長安城方六十里，經緯各十五里，十二城門，積九百七
十三頃，有二十亭。』此則亭與里並不相符。蓋里之本義，以距離論則十里爲一
亭，設於道路，以司監察姦盜。以面積論，則一方里亦爲一里，大率居住百家。
是道路之里，以郊野爲準，而居住之里，則以城市爲準也。漢舊儀言長安城方六
十里，乃就其周圍而言，每面實爲十五里，故當爲二百二十五方里，則每方里應
爲三百九十六戶，較百家爲里之數所容者爲多，況京師宮闕官寺至少占面積三分
之一以上，則每方里亦當有六百戶；蓋京師人口繁密，超過一般標準矣。

塢　堡　一

□長七丈七尺塢。

一塢高丈四尺，按高六尺，衛□高二尺五寸，任高二丈三尺。(面)

陽城馬寬高袤厚上下舉……負候長候史葆塞延袤道里……塢高士吏盡多三月奉付出之

……□□隧史□□三月奉□□之　(背)

一七五、一九

守望亭北，平第九十三町。廣三步，長七步，積廿一步　三〇三、一七

去河水二里　去隧塞　□七十二里　□廿二□　四三三、四

☑來□□臨亭隧所落天田　二三九、二二

本始二年五月戊子日入時入辟　三六、一四

所持木杖盡滅迹，復越水門。三三六、三二

登山隧事到要虜五里　五一五、四九

亭一所☑　三一三、五二

☑闌越天田出入迹　四五五、二〇

毋闌越出入天田迹　六、七

市陽里張延年蘭渡肩水要虜隧塞天田入今☑　一○、二二

樂昌隧決鄉亭卒迹不在逢上塢爲☐　一九、五

遣吏輸府謹擇可用者隨亭隧　二三二、二六

可用者各隨亭隧不可用者☑　二三二、六

。道上亭驛☑　一四九、二七

毋蘭塞天田出入迹　二四、一五

第三隧　卒☐☐甲申迹盡癸巳積十日　卒張枼甲午迹盡癸卯積十日　卒韓憲金甲辰迹盡壬子積十日　。凡迹廿九日毋人馬蘭越天田出入迹　二五七、五

☑田北行出俱起隧南天田夾河還入隧南天田　二三一、八八

第廿二隧南致十七隧廿一里　一八八、二五

墇葡一發葡耳門　不害隧毋蘭越關天田出入迹　卒郭☐乙酉迹盡甲午積十日　卒董聖乙未迹盡甲辰積十日　卒郭賜乙巳迹盡癸未積九日　凡迹廿九日毋人馬蘭越天田出入迹　一八、八

至桓望亭畢　二八○、一八

長里☐置天田　二一四、六四

以上見卷二，葉一至二十一。

以上諸簡並記亭隧之事，亭或曰亭，或曰隧，或曰亭隧。亭外之小城或曰塢，或曰壁，或假辟爲壁，其實一也。　見前考。其見於敦煌簡者，如：

一人草塗☐的屋上，廣丈三尺五寸，長三丈，積四百五尺。　戍役二十七。

一人馬矢塗亭戶前地二百七十尺。戍役二十八。

二人削☐亭東面，廣丈四尺，高五丈二尺。戍役二十九。

塢陛壞敗不作治，戶與戍不調利，天田不耕畫不鉏治。戍役三十。

☐下蓺滅火蘇干長三丈。沙畹號第六百九十四簡。

此皆言亭隧度數者，可與居延簡互證也。王氏考釋引通典及太白陰經所言烽臺高五丈，下闊二丈，上闊一丈者，謂卽此烽臺，其不足據，已見前考。今按塞上漢代烽臺，不論敦煌或居延，其較完者，多爲下闊市尺約數一丈左右，高市尺三丈五尺左右，合以漢制，正與敦煌簡所記相合，而與唐制不同。今塞上唐

墩，猶多存者，與李杜所記正同，其前有煙
筒四具。用法見武經總要引唐兵部烽式。尤與漢制
相殊也。漢代烽燧之外，咸有圍牆，卽所謂
塢者，斯坦因敦煌烽燧編號 VI. B.，當爲凌
胡隧所在之地，其烽燧較大而較完，可以爲
例證，今具摹取如下以明之。

依圖所示，烽臺曰隧，烽臺以外之牆垣曰塢
其間固不同矣。據前舉第五簡『長七丈七尺
塢』，又云『塢高丈四尺』，故其高與長咸可
知曉，七丈七尺約爲市尺五丈三尺九寸，而
丈四尺則約爲市尺九尺八寸，而漢代之鄣，
若玉門關，若紅城子，若黑城內之漢鄣，大
都每面外長八丈，牆厚六尺，牆高三丈，較
此爲大而堅，其不同甚爲顯著也。

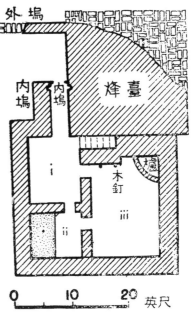

敦煌 V. B.

外塢
內塢　內塢　烽臺
爐
木釘

0　10　20　英尺

Ruins of Desert Cathay
第二册，第145葉

前舉第六簡『守望亭北，平第九十三町，廣三步，長七步，積二十一步』，以六
尺爲步計之，蓋廣丈八尺，長四丈二尺也。今案町，說文云：『田踐處曰町』，
左傳：『町原防』，杜注：『原防不得方正如井田，別爲小頃，町』，詩鄭風東門
之壇，毛傳：『除地町町者，町町平意。』釋名州國篇：『鄭町也，其國多平，
町町然也。』故町者，小段之地，經平除之者，平除之以施耕植，且供守望
也。天田者，據敦煌簡：『若干人畫天田，牽人畫若干里，若干步，』『六人
畫沙中天田六里，牽人畫三百步，』『□□□□部中天田，』『天田上毋□塡人
馬。』以七月十四日庚午日迹，不畫，衆庚午日□候。』王氏考釋謂：『天田
未詳，唐崔敦禮神道碑，「左校叛換，敢擾天田」蓋用古語。』賀君昌羣以爲
卽漢書鼂錯傳注之天田，今按其說是也。鼂錯傳：『爲中周虎落，』注：『鄭氏
曰；「虎落者，外蕃也，若今時竹落也。」蘇林曰：「作虎落於塞要下，以沙
布其表，且視其跡，以知何奴來入，一名天田。」師古曰：「蘇說非也，虎落
者，以竹篾相連，遮落之也。」顏說雖是，然虎落與天田本非一物，蘇林之說

以釋虎落則非，以釋天田則是。凡敦煌簡及居延簡諸條凡言天田者，曰畫，曰入，曰度，曰蘭，曰越。其天田上之物，曰沙，曰迹。凡此諸事，若以竹木障礙物釋之則不得其旨，若謂『以沙布其表，且視其處』，則簡中所言無不可通矣。此虎落與天田之必當分別者也。蓋隧與隧相隔或五里或十里，兩隧之間，若度人馬，日間可以望見，夜間則不可望見。惟以畫沙爲天田，若夜間有人馬度越，且即可見，稽考甚易。且塞上少雨，亦不盡多風，敦煌及居延之馬跡，有數月不滅者，行人駝馬亦常依舊迹以定往返之途。故夜間之跡，達旦猶存也。惟經時既久沙或爲風捲走，以致不平；或有舊跡，存之無用，且妨稽考新跡，故更畫之，以就平正，其『六人畫沙中天田六里，率人畫三百步』，蓋六里當爲兩隧之距也。

以下各平面圖，出於 Aurel Stein 之 Innermost Asia 可以證塢隧之制者，今摹其大略。

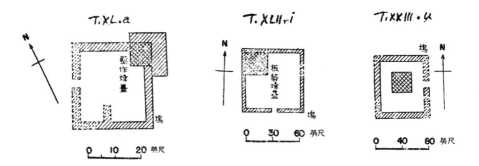

必得加愼毋忽，督蓬掾從珍北始，度關□□到剩□關，加愼毋忽，方循行，如律令（一一三）四二一、八，卷一，第十五葉。

按流沙墜簡烽燧類四十：『督蓬不察，欲馳詣府，宜禾塞吏敢言之』沙畹敦煌簡釋文第四三八簡：『司馬王□督蓬□□□□』居延簡：『隧長胡錢六百，□年四月己亥士吏隔付督隊長貴。』二一四、一一三。『督隊□□頭痛，塞□不能飲』。二七、一（以上二簡照片亡失，今據賀氏烽隧考所引）。此皆督蓬掾及督隊長之例。後漢書西羌滇良傳：『號吾先輕入寇隴西界，郡督烽掾李章追之，生得號吾。』故督蓬掾本爲鄧職，據此簡則爲循行隊塞間。亦猶督郵循行屬縣也。督隊長不見其他各簡，或爲候長之別稱，未可知也。珍北據封檢所載，當爲居延塞上最北一候官。督烽掾從

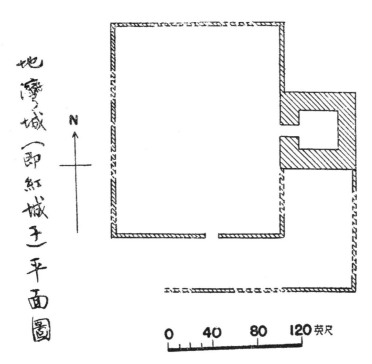

FORT OF ULAN-DURUJIN

地灣城（即紅城子）平面圖

N

0　40　80　120 英尺

地灣城（自西面向東望）

疹北始，則其督察當自北而南。居延都尉治遮虜鄣，稍近北。張掖太守治觻得，
則在諸塞之南。是烽燧當爲都尉之燧，非太守之燧矣。敦煌簡之『欲馳詣府』

應指都尉府而言，西羌傳之郡督烽掾，蓋亦指都尉掾，因都尉本亦郡中武職，而東漢邊郡都尉亦未廢也。

塢 堡 二

☑銒庭隧還宿第卅隧，卽日旦發第卅，食時到治所，第廿一隧。

☑病不幸死，宣六月癸亥所寧吏卒，書具塢上，不止入，敢言之。三三、二二，卷一，第二十四葉。

此爲候長所上書，候長所治爲亭隧，已見前考，故言治所第廿一隧。居延烽燧大都有其本名，然有時爲簡捷或以數計。如卅隧計一隧之類，惟銒庭則候官所在，故稱其本名也。寧者假歸之意，漢書哀帝紀：『博士弟子父母喪，予寧三年』是也。塢通隖，說文：『小障也，一曰庳城也。』後漢書馬援傳：『繕城郭，起塢候。』注引字林曰：『塢小障也，一曰小城。』樊準傳：『轉河內太守，時羌復屢入郡界，準輒將兵討逐，修理塢壁，威名大行。』皇甫規傳：『後先零諸種陸梁，覆沒營塢。』西羌傳：『詔魏郡，趙國，常山，中山，繕作塢候六百一十六所。』『築馮翊北界塢候五百所。』『於扶風，漢陽，作隖道塢三百所。』順帝紀永和五年九月：『令扶風，漢陽，作隖道塢三百所，置屯兵。』流沙隆簡戍役類：『塢堁敗壞不作治，戶與戍不調利，天田不耕盡不鉏治。』王國維考釋云：『塢陛』者，服虔通俗文云：『營居爲塢，』蓋卽謂亭也。陛者，說文云：『升高階也』亭高五丈餘，必有升降之處，故時須作治也。』王氏謂塢卽亭隧，但據敦煌簡，尚未爲確證，今據此簡，尤可證信塢隧之相關。然據其他居延簡，雖塢隧相關愈多明證，而塢隧同物，反難定言。今具舉之於下。居延簡：『望虜隧長充光，塢上大表一苦惡，塢上不騷除，不馬矢塗。』(一八二)二六四、三二『塢上矢目二，不事用。』(一九二)六八、九五。『塢戶窮』(一九二)六八、一〇九。『甲渠候部，塢上望火頭三不見所望，負二算；塢二望火頭二不見，負二算。』(一二〇〇)八二、一五二、一七。『塢上轉射二所，深日中不辟除，轉射空入承長辟。塢上轉射二所，深目中不辟除，一所轉射毋枅』(二四二)八九、二一。『察微隧，堁上深目少八，塢上深目少四。』(二四七)一四二、三〇。『臨木隧長王橫，外塢戶下☑，內塢戶毋一☑。』

(一九六)六八、六三。 綜上各條及敦煌簡，塢有陛級，有內外門戶，有蓬表，有射具，如深目及轉射，塢且可以望遠。然塢與堠又自不同。若堠為烽臺，則塢不得為烽臺。且塢有內外戶，尤與烽臺不類。況說文字林皆以小城小障釋塢，後漢書則塢壁連用，或稱塢或稱塢壁。而順紀永和五年及西羌傳同記一事，一作塢，一作塢壁，尤可證塢與塢壁相同，即小城一類。蓋塢者，於烽燧之外，築壁環之，以資據守之謂也。今按居延漢代烽燧，當鼎新之北，大灣附近，蒙古語稱為ㄗㄚㄍㄜㄡ ㄌㄚㄌㄧㄥ (Dzagtou Laling) 者，尚有殘存牆壁，其高及厚俱不及障城，又地灣鄣城外亦有壁環之，敦煌玉門關遺址外亦約略有牆壁之跡，當即塢也。

又按居延簡：『五鳳二年八月辛巳朔，乙酉甲渠萬歲隧成敢言之。廼十月戊寅夜，墮塢陛傷要。有瘳，即日視事。敢言之。』(二〇三)六、八。此為記塢最早之一簡，時當宣帝時。 自每見於簡牘中，然漢書中則未見。王莽末年天下大亂，豪家大姓始漸為塢壁。後漢書酷吏李章傳：『時趙魏豪右，往往屯聚，清河大姓趙綱遂於縣界起塢壁，繕甲兵，所在為害。』其見於其他各傳者，如馮異傳：『三輔大姓，各擁兵衆。』銚期傳：『魏郡大姓數反覆。』彭寵傳：『諸豪桀皆與交結連衡。』郭伋傳：『三輔連被兵寇，百姓震駭，强宗右姓，各擁衆保營。』馮魴傳：『王莽末，四方潰畔，魴乃聚賓客，招豪傑，作營塹，以待所歸，為縣邑所敬信，故能據營自固。』以上諸條皆為大姓擁兵之例。據服虔通俗文：『營居曰塢』，則郭伋馮魴諸傳之營亦應可稱為塢。據營自固亦可謂為據塢自固也。其他各傳雖未言營塢之制，然强宗大姓，擁衆連衡，必有營壘，略可想見。三國初年，天下大亂，此風復盛。後漢書劉表傳：『時江南宗賊大盛』，注：『宗黨共為賊。』三國志許褚傳：『漢末聚少年及宗族數千家，共堅壁以禦寇。』常林傳：『故河閒太守壁，陳馮二姓舊族寇暴；張楊利其婦女，貪其財貨，林率其宗族為之策謀。見圍六十餘日，卒全堡壘。』致皆聚保自固之例，而董卓所築，亦復稱塢。至於西晉覆亡，豪右相保，其事尤多。敦煌寫本晉紀曰：『永嘉大亂，中夏殘荒。保壁大師，數不盈冊，多者不過四五千，少者千家五百家。』此言豪右規模大者不多，大率千家五百家至四五千家也。鳴沙石室佚書。清華學報十一卷第一

期，陳寅恪先生桃花源紀旁證，曾列舉西晉末年戎狄盜賊並起，其不能遠離本之遷至他鄉者，則多糾合宗族鄉黨，屯聚塢堡，據險自守，以避時難。所舉者有晉書蘇峻傳，峻『結壘於本縣。』晉書祖逖傳有『塢主張平，樊雅，』及『蓬陂塢主陳川。』又水經注引戴延之西征記有洛水篇之『檀山塢』。故就以上所列而言，則或稱壁，或稱壘，或稱營，或稱塢，或稱堡，類皆保聚之城壁，與烽臺外壁名實雖不盡同而事有相關。寅恪先生又據稱塢者如袁宏後漢紀六，王霸之『塢候』；後漢書馬援傳之『塢候』；董卓傳之『郿塢』；倫敦博物館藏敦煌卷子斯坦因號九二二西涼建初二年敦煌縣戶籍陰懷條之『趙羽塢』等；皆可證塢之一名或始於西北。今西北烽燧中之簡牘屢見塢字，尤可以證明此說矣。

邸　　閣

省卒廿二人　其二人養　四人擇韭　。二□□良　二人塗泥　一人注竹矢　五人望
二六四、四

五月一日卒百五十三人　其十□□　十三人往□　□人歸責　三人吏出◻
三九五、九

凡□□卒十二人　一三二、九

十一月丁巳卒廿四人　其一人作長　三人養　一人病　一人積葦　右解除十人　凡作
十人收棄五百□　茍人伐卌　與□五千五百廿茍　一三四、二一

算山隊卒三人　五二、二六

案壄　案壄　治薄　病　案壄　治薄　除土　案壄除土　塗　累　除土
二〇三、八

戍卒八十五人　十一月　一七六、四一

八月甲辰卒廿九人　共一人作長　三人卒養　□□四人　定作廿五人　二人山木　六
人積葵　十四人單茭四千卌辛人二百九十　二人綴絡具　□□□功　三〇、一九

甲渠官尉史　(前簡之背)

□□鄣辛十人　一人守園　一人助園　一人治計　一人取狗洤　一人吏着　一人馬下
一人削工　二六七、二二

八月丁丑鄣卒十人　其一人守客　一人守邸　一人取狗湛　一人治計　二人馬下　一

人吏養　一人使　一人守園　一人助　二六七、一七

六月丁未卒十九人　卒史☑　二二〇、四

二十三日戊申卒三人　伐蒲廿四束大二事　率人伐八束　與此三百五十一束

一六一、二

☑　　☑　　第十八卒陳隱　第十九卒成儀　第十九卒范直　第廿卒王弘　第廿卒張

□　第廿卒毋□　第廿一卒翟□　第廿一卒吕□　第廿一卒☑　一六八、一九

丁酉卒六人　其一人養　一人病　四人伐茭百廿束　三一七、三一

十一月餘施刑一人　毋出入　二七九、二一

。右第二十六隧卒三人　二七、二五

。凡積九十人　其十人養　定作十六人得繩千六百丈率人廿丈買此三千二百丈

一四三、三，二一四、二四

四月己卯□卒十人　其一人□　一人削工　一人佐園　一人病　一人養

四、一四

　　以上諸簡記塞上戍役之事。任塞上之役者則皆鄣卒也。候官所在之鄣，其卒數自
十八至百五十三人。蓋調遣不常，至少以十人為率也。其諸隧之隧卒，大率一隧
三人，有時且僅二人，並隧長計之，亦僅三人至四人而已。唐烽式云：『凡掌烽
火，置帥一人，副一人，每烽置烽子六人，並取謹信有家口者充副帥，往來檢
校。烽子五人分更刻望視，一人掌送符牒並二年一代，代日須教新人通解，始得
代去，如邊境用兵時，更加衛兵五人，兼守烽城，無衛兵則選鄉丁武健者給伎
充。』是唐時每烽平時有六人，有警則增至十一人，並烽帥有十二人，而漢則三
四人，是由唐烽大而疏，漢烽小而密。蓋烽大而人多，則便於守禦；此唐人修改
漢制之處也。雖然一隧三人，在簿籍中最常見，然亦有四人者，如『戍卒四人，
其一人請，三人見』(八一)五〇四、一四。『吏四人，卒四人。』(一八四)二〇二、六。亦有
六人者，如前引第十二簡。是其中亦或時有增減，惟一隧之卒不能少於二人，則
可知耳。

　　戍卒守望而外，則有治國，伐木，削木，伐茭，造繩，治墼，修亭，養馬諸事，

而農田之事則不及之。蓋軍田別有田卒爲屯墾事，而農令主之，不與烽候事也。敦煌簡云：『三人負粟步昌，二友致六槖，反復百八十八里百廿步，率人行六十二里二百卌步。』又：『三人負麻，人反十八束，反復卅里，人再反六十里，』蓋屯田所得之麻粟，又由戍卒負歸也。居延簡亦有『會卒芳胡麻』語，（一六四）無號。芳當爲刈之假借字，胡麻卽巨勝，抱朴子稱可延年，小說中所謂神仙胡麻飯者。沈括筆談以爲張騫得自西域。今名芝麻，用以作油。據此簡則亦見於塞上矣。

第十簡言以卒守邸，邸卽邸閣，文獻所見較晚，然據此簡則至晚東西漢閒已有之，蓋邊塞之邸惟有邸閣，不得有邸舍之邸也。自三國以後，軍事頻仍，邸閣遂常見於內地。三國蜀志鄧芝傳：『先主定益州，芝爲邸閣督。』蜀後主傳：『建興十一年冬，言使諸軍運米，治斜谷口邸閣。』魏延傳注引魏略：『橫門邸閣與散氏之粟足食也。』此橫門指長安西北門而言。魏志張旣傳：『酒泉蘇衡反，旣擊破之，上疏請治左城，築鄣塞，置烽燧邸閣。』王基傳：『別襲步協於夷陵，協開門自守，基示以攻形，而實分兵取雄父邸閣，收米三十餘萬斛。』又：『南頓有大邸閣，計足軍人四十日糧。』吳志孫策傳注引江表傳曰：『策渡江攻縣牛渚營，盡得邸閣糧穀戰具。』又孫權傳：『赤烏四年，遣衞將軍全琮略淮南，渡芍陂，燒安城邸閣，收其人民。』又：『赤烏八年，自小其至雲陽，西城通會市，作邸閣。』周魴傳：『譎曹休牋曰，東主遣從孫奐治安陸城，修立邸閣，輦資運糧以爲軍儲。』晉書咸寧三年六月：『益梁八郡水殺三百人，沒邸閣別倉。』水經贛水注：『歷釣圻邸閣下，度支校尉治，太尉陶侃量移此。』凡此諸條，具見自漢魏以後軍用儲胥，屯於邸閣者比比皆是。閣之義本爲樓閣，爲閣道。漢書元后傳『王鳳大治第室，高廊閣道，連屬相望。』後漢書陶謙傳：『笮融大起浮圖寺，堂閣周迴可容三千餘人。』侯覽傳：『堂閣相望，飾以采畫丹漆之屬。』梁冀傳：『臺閣周通吏相臨望。』魏志甄后傳：『有立騎馬戲者，家諸姊上閣觀之，后獨不行，言此豈女子之所觀耶。』故閣者，樓臺閒複道，懸空架木，周迴相望。儲糧之邸略同於閣，故亦曰邸閣矣，今居延沿河漢鄣遺址，城內皆有樓柱及樓枕木之跡，連屬城面四方，玉門關遺址亦然。其樓當卽邸閣。又居延簡內言及倉令庫令，其倉庫當卽以邸閣爲之，亦可推測而知也。

兵　器　一

左後部小畜狗一　傳詣官　急　七、四六

塢上車取丘□□　塢上轉□□□　狗少二　當道□見二　堅甲一縱絕　塢□□□

一九六、二

服胡隧左卒☑　一今力三石廿九斤射百八十步辟木郭(三八)一四二、二六　望虜隧長充光

積薪八毋將絜不塗壠　塢上擣槄少一　大積二未更積　塢上大表一苦惡　小積薪二未

更　塢上不騷除不馬矢塗　毋卒取絜荄席　毋侯蘭　諸水罌少二□　毋乾馬牛矢內無

屋　汲桐少一　狗少一見不入籠　沙少三石見一石又多土　毋角火炬五十

二六四、三二

弩長辟二不事一不事用　枆柱三井曳二小　□二不入□少一　苣二幣一鍋不刮　塢上

矢目二不事用　六八、九五

☑署　□□□　☑斗五毋糜　狗少一　□上根不□塗　兩行少一　繩少十丈　連梃繩

解　六八、一○五

門關戊隨　地表幣　塢戶窮　地表染埃　□□□鉏　□□　□少一

　　　　六八、一○九

熑索　六、五六

籠　一、二　六八、四○

臨木隧長王橫　□□折毋　外塢門下□　內塢門毋一□　汲桐少一　熑□不□□□

六八、六三

毋六楬　洞目二不事用　□大一奪一折不事用　□毋□　□□不事　(一九六)六八、六五

甲渠侯郭　大黃刀十石弩一深強一分負一算　八石具弩一右頭矢負一算　六石具弩一

空上蚤負一算　六石具弩一衣不上負一算　一塢上望火頭三不見所望負二算　塢上望

火頭二不見所望負二算　□拍弦一脫負二算　・凡負十一算　八二、一五，五二、一七

甲渠臨木隧長卒鄭鳳代姜□見二人　侯音　同　六石赤耳具弩三完嬰緩衣弦皆解弩一

文中布不札　五石赤胄具弩一完嬰緩衣弦解　長辟二其一頓破旁口皆破端毋具　塢上

轉射二所深目中不辟除一所轉射空小不承長辟　塢上轉射二所深目中不辟除一所轉射

毋稈　遭□一疾利錢二能□　橐矢二□□折　橐矢天昹呼長四寸　木枰二不事用　辟

□□毋積　八九、二一

第卅八隧長高遺　□章□城黑不解除　長臂□黑不解除　轉櫨皆毋杆　達□□□昹呼

二五八、一六

蔡微隧　堠上深目少八　毋射埻　塢上深目少四　以墼砌上　積薪八皆毋□市

一四二、三〇

甲渠歲賢隧北到誠北隧同望　候史一人　隧□一人　□四人　□□卒六人　六石具弩

二　弩幡二　橐矢五　葍矢五百六十　□三　□□□各二　系承弦三　枲承弦三　革

甲鞮瞀各四　□□□各四　九九、一

第七隧長龔　藥繩二十不事用　毋斧　韋少一利　服屛風少一　深目一不事用　椄直

一不調利　守御器不動　弩一絃急　前埻不事用　劍削幣　龔火龔一不事用　塢上深

目一不事用少六　圖如甯　大小積薄隧　夆苣少廿七　門關按接不事用　表二不事用

八二、一

☑永　□□□　諸水關☑　毋狗二☑　長斧五☑　二二七、三七

第九隧長王禹　鋸不事用　膠少　轉櫨皆毋□　☑　小積薪上住頃　大積薪二上佳頃

候櫨不堪　☑　二一四、八

第廿七隧長李宮　鋸不任事　斧一不任事

鑒一不任事　脂少一杯

轉櫨皆毋枙　薪　六石具弩一弦起大　二八五、一八

三月□□十二弦不可用　六五、一六

今餘陷堅葍矢二千四百　七四、一四

斬干廿七　斬幡廿七　有方五　□反三　五二二、四

計毋餘四石弩　四〇三、二四

　　凡入四年新卒夆卌三　一九、一九

☑延三札不事用　弩幡　□□□繩五枚　蘭負索一□　□□緣幣　長辟二不具弩

二八四、一三

入大黃弩十四　四三三、二

出弓一矢五十　四三三、二六

出善兩得廿　善札百　四三三、三九

橐蚕矢七百廿　九〇、六

出橐矢銅鍭二百完　九〇、一五

陷堅蚕矢二百完　一〇、五

橐矢二百　三石具弩三　蚕矢六十　三石承弩一　二三九、五三

□□幅一　服一　承絃二　蚕矢百五十　蘭一　二六三、一

今毌絃之黃弩　二三六、一三

戍卒淮陽郡陳□上里□□□　六石具弩一　橐矢五十　七、二四

騂北亭卒東郡博平博里皇隨來　有方一　靳干幡各一　三石承弩一　革甲鞮瞀各一
弩幅一　一四、二

☑　有方十八　盾十八　鋤十八　東部　二三二、三一

南部噼六所狗籠一　二三二、二八

彈弓一直三百服負□九月奉　四六二、二

弓一　矢五十　官劍一　三三四、四七

車牛一雨　弓一　見矢十二發　三三四、三〇

鞮瞀十二緣毌組、十一空毌韋絞、毌絆毌四絆　一四、二二

第廿五車父陵年霝川　官見弩十　承弩二　有方三　橐矢三　百五十　橐蚕矢五十
紺胡一　中收一　靳干十　靳幡十　弩幅二月餘陷堅橐矢銅鍭四百六十一
一九九、一二

具弩二矢六十支　二八〇、一三

弓一槓丸一矢十二　七、一二

弓一矢卅　一二〇、二七

持有方一劍一　七、二五

革鞮瞀四　有方一　二三九、八一

橐長絃一　弩幅一　二一三、三五

九　索十一　索皮十　服一　承絃十四　私劍八　一〇、三七

守御器簿　具弩三百　長椎四　長棓四　長杅二　木間椎三　弩長臂二　刈馬矢索各

一　蒢十斤　出火遂二具　皮置枲革各一　橐纍二　破襜一　芮薪木薪各二石　瓦莫

柳各二斗少　沙馬矢各二石　羊頭石五百槍四十　小苣三百　柱苣九　傳廿　深目四

　布襜三不任　布表一　鼓一　狗廳　狗二　門關　樓樏四　木椎二　門戊二篇一橐

門槧三百　門上下合各一　儲水罌二　沒蔭二　大積薪三　藥盛橐四　五〇六、一

左弋弩六百廿　五一〇、三〇

今餘斧金卅八枚　四九八、一

今餘鑿二百五　其百五十破傷不可用　五十五完　四九八、九

羊頭石二百五十　四九五、二五

楊橫　劍一刀一　二二八、一八

十二月漆雕橐矢銅鍭六十四　毋出入　四一三、四

要虜隧蘭冠一完　二八八、一九

第卅五隧橐矢銅鍭五十完　二九三、八

六石以下弩凡十六　四四五、五

橐矢十羽幣　四五、一四

弦加互負三算　□辟一箭道不端負五算　二六五、一

□干二羽幣補不事用已作治成　䖵矢四羽幣補不事用已作治成去　五八、三

第二十九車父白馬亭里富武都　桐亡其一傷　斧二　斤二　大鉗一　小鉗一

六七、二

出弓積札七　付都尉庫　二八、一九

六石具弩一銅鍱郭　橐矢銅鍭五十　八二、三二

戶關椎椊各二不事用　一九四、一

隧長王倚　弩帪三折傷毋裏　蘭冠三其二伋皆毋裏　靳幡二幣　二七、二六

卒八人　六石具弩四系絃緯完　五石具弩二系絃緯完　橐矢銅鍭三百其八十六䏍呼二

百一十四完　二八三、一二

第廿隧卒□丘定　有方一叉生　右卒兵受居延　三一一、二

□盾各一　五三四、二三

門關楔辟皆以簿　一三六、二三

出六石弩辟一　四六、三

出物故　戍卒魏郡內黃東郭里詹奴　三石具弩一完橐矢銅鏃五十完　五鳳二年五月壬子朔丙子　帽一蘭冠各一　負索一完　。凡小大五十五物

第五隧長李嚴　鐵鞮瞀二中毌絮今已裝　鐵鎧二中毌絮今已裝　六石弩一組緩今已更組　五石弩一左絃三分今已亭　橐矢十二訴呼未能會　茧矢十二訴呼未能會
三、二六

右諸簡所記，並爲守禦器。守禦簡文作守御 (五〇六、一)，省文也。其中最要者爲弓弩，然邊塞所用，用弩較用弓爲多，以上諸簡，弓僅一見，簡文所記大率皆弩也。其弩之大別，有具弩，有承弩，具弩常用，承弩不常用。蓋承者，備繼之詞，猶言弩之豫備者，但取弩身，未全配置；而具弩者，配置已完可以立用，故言具矣。

說文：『弩弓之有臂者，臂，簡文假作辟，或作長辟，皆言臂也。弩機咸在臂，釋名曰：『弩怒也，有勢然也。其臂曰臂，似人臂也。鉤經曰牙，似齒牙也。牙外曰郭，爲牙之規郭也。下曰懸刀，其形然也。今言之曰機，言如機之巧也。亦言如門戶樞機，開合有節也。』關於此條，明茅元儀武備志據當時地下發見之弩機，用當代流行名稱爲之比附曰：『今曰機鉤，古曰牙；今曰照門，古曰規；今曰匣，古曰郭；今曰撥機，古曰懸刀；今曰墊機，古無名，機匣長一寸九分，闊四分有零，高五分。機鉤長七分，鉤總高五分。照門總高九分。挂弦關口深二分，闊二分。墊機長一寸三分，闊四分，厚一分。匣眼，鉤眼，墊機眼，皆一分有零。撥機長一寸一分，闊四分，厚一分有零。二鍵長九分，大小各眼爲則。』以上尺度悉以明尺量古弩機而得，其數雖有奇零，然其比例應不致太誤也。又吳越春秋亦曾言及弩制：『橫弓着臂，施機設紐，加之以力。……郭爲方城，守臣子也。敎爲人君，命所起也。牙爲執法，守吏卒也。午爲中將，主內裏也。關爲守禦，檢去止也。錡爲侍從，聽入主也。臂爲道路，通所使也。弓爲將軍，主重負也。弦爲軍師，禦戰士也。矢爲飛客，主敎使也。金爲實數，往不止也。衞

副使，正道里也。又爲受敎，知可否也。縹爲都尉，執左右也。』徐中舒先生在
『戈射與弩之溯源，及關於此類名物之考釋』史語集刊四本一分，謂此所處所言
曰臂，曰絃，曰郭，曰牙，與釋名同，敎卽武備志所謂照門，今所謂規也。牛當
指鍵而言。金爲錢，衞爲羽，釋名：『矢其旁曰羽，齊人曰衞，』卽指此矣。其
言大都可信，今不全引。又按『縹爲都尉，執左右也』之縹，原義爲靑白色帛，
凡箭鏃插入箭幹之處，皆當以絲或帛纏其外，所以使箭鏃固定，不致偏倚者，則
以指此，亦當相合也。

漢代弩機之形式，大率相類，其分別在大小之不同，及各部比例之不同。今具以
宣和博古圖錄及西清古鑑所載，亦其長及闊於後，以見其大要。

		一	二	三	四	五	六	
宣和	長	0.43	0.5	0.46	0.51	0.51	0.57	宋官尺
	闊	0.12	0.12	0.11	0.12	0.12	0.14	
西清	長	0.3	0.49					淸營造尺
	闊	0.11	0.12					

日本原田淑人先生著支那古器圖考兵器篇亦有弩機一具，爲朝鮮總督府藏，其照
像爲原物四分之三，合市尺四寸七分，則原物當長市尺六寸二分七釐。又日本東
方文化委員會樂浪王光墓報告中有較完之弩一具，具有完整之弩臂及弩機（臂長
六一·○生的，餘未記。）與今制弩仍相同也。

以上各圖所表達者，雖出於明人武備志者居多，然與漢制仍同，武梁祠刻石與此
甚相類也。據前簡所記，弩之各部有臂，有郭，有弦，有檢，有深目，有幅，臂
及郭甚易明白，檢分左右，當卽鉤弦之鉤，今更論弦，幅，及深目。

弦有系弦有枲弦，『系』說文曰『細絲也』，故系絃卽絲弦。又尙書禹貢『岱畎絲枲』
正義『枲麻也』故枲弦卽麻弦。其弦之副者則曰承弦，王氏流沙墜簡考釋云：『承
絃未詳何物，但用系爲之，則非弓弩兩端繫弦之處，亦非機牙之鉤絃者，疑卽副
弦也。左傳：「子擊之，鄭師爲承，」承者，繼也，副也。弦必有副，所以備折
絕也。太白陰經器械篇：「弩二分，弦六分，副箭一百分，二千五百張弩，七千
五百條絃，二十五萬隻箭；弓十分，絃三十分，副箭一百五十分，弓一萬二千五

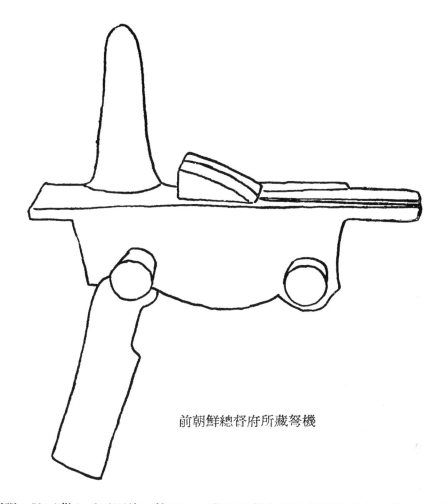

前朝鮮總督府所藏弩機

百張，弦三萬七千五百條，箭三十七萬五千隻」。則弓弩與絃常爲一與三之比例，承絃或謂是歟？』今按王說是也。據前(二七〇)九、九二所記，有六石具弩二，而有系承弦十，復有弩長絃五，較弩多數倍。則承絃之爲備用之絃，於茲可證。其枲長絃應亦爲備用者，蓋以其爲未裁定之絃料，故曰長也。

弩幡一語又見於流沙墜簡器物十四，『承弩幡』王氏考釋曰：『右簡之弩幡未詳何物。古人用弩行則或操之，或抱之，欲其發則蹶而張之。此幡或發弩時所用歟？』今按承弩幡之承，與承絃之承同，有副或準備之意，居延簡所記，有弩幡，無承弩幡，可證承爲附加之詞也。幡字據說文云『幡載米畚也。』廣雅釋器云：『幡畚也。』故幡爲收藏之器。又幡字從巾，廣韻：『布貯曰幡。』或猶本於切韻原文。今據居延簡(三六三)葉一簡，又(二七〇)葉一簡，蘭與幡同述。而(二七〇)九九、一

以下各圖乃摹自武備志者，
其細部雖與眞弩機比例不盡
合，然其圖大致尚簡明，可
以窺見弩機結構之槪略，故
今取之。

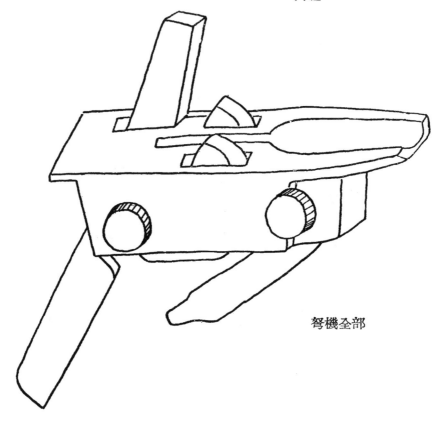

弩機全部

匣

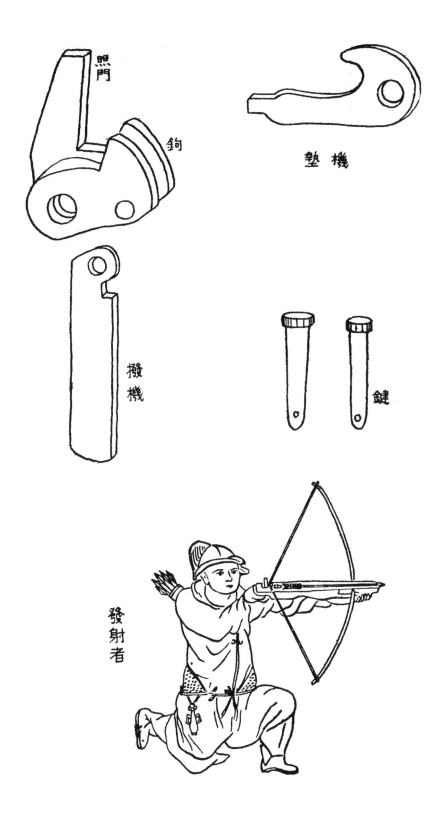

照門

鉤

墊機

撥機

鍵

發射者

箭內，弩之後卽弩幬，矢之後卽服與蘭，服與蘭俱爲盛矢之器，則弩幬應卽盛弩之器矣。況弩架曰錡，原爲平時所用，行時負弩，自不能負錡而趨，則亦必當有貯弩之囊若幬者矣。

矢分二種：一曰櫜矢，一曰菌矢，具見上引簡文。敦煌簡亦屢見之。王氏考釋曰：『菌矢短矢也。墨子備穴篇：「爲短矛短弩，菌矢。」方言：「箭三鐮，長尺六者，謂之飛菌。」古者箭桿長三尺，飛菌長尺六，則短於他矢矣。』又曰：『櫜矢未詳，櫜本箭桿之稱，不應以名矢，疑卽嚆矢也。莊子在宥篇：「焉知曾史之不爲桀跖嚆矢也」郭象注：「嚆矢，矢之猛者。」釋文引向秀注：「嚆矢，矢之鳴者」，向說是也。字又作骹，唐六典武庫令注引通俗文：「鳴箭曰骹」漢書匈奴傳：「冒頓乃作鳴鏑」，應劭曰：「髐箭也」又作髇，唐書地理志：「嬀州貢髇矢」，竇並釋音「髇鳴鏑也」，然則曰嚆，曰骹，曰髀，曰髇，曰櫜皆同字異音也。』今案廣韻：『髇，髇箭，』是此字亦可作髇。櫜，嚆與髇並從高得聲，其字音上本有相通之處。然論證已制，純取音均相逾，而不追理當時一般情實，其極仍流於武斷。菌矢之爲短矢，有墨子及方言直捷之訓釋，自不容疑；櫜矢之爲鳴鏑，僅在音均相通，仍有未足。況嚆矢是否鳴鏑，在向郭義中己非一致。而漢簡櫜矢與菌矢對舉，尤似就其長短而言。短矢固可不鳴，若在長矢，亦不必盡皆鳴鏑也。大凡鳴鏑之制，在於箭鏃之後，更作壺形而穿孔於其上，故其制較複而制作較難。故塞上出土者，大率皆不鳴之鏃。據居延簡所記，櫜矢可以多至，三百(九)九〇、一五〇。二百，(三七五)二八三、一二。三百五十，(七四)一〇、三七。四百六十一，(一六)一九九、一二。且櫜矢與菌矢同記亦有多於菌矢者。(一九)二三九、五三。『櫜矢二百，菌矢六十。』若謂此盡爲鳴鏑，恐與實況不合。按周禮夏官：櫜人中士四人。』注：『鄭司農云，櫜讀如弢櫜之櫜，箭幹謂之櫜，此官主弓弩箭矢，故謂之櫜人。』

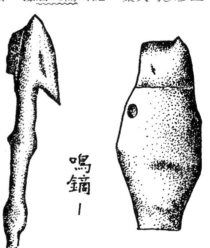

鳴鏑1

鳴鏑2

考工記云：『燕之角，荊之幹，妢胡之笴，吳粵之金錫，此材之美者也。』注：『荊，荊州也；幹柘也，可以爲弓弩之幹；妢胡，胡子之國，在楚旁；笴矢幹也；禹貢荊州貢櫄幹栝柏及箘簬楛，故書笴爲笱，杜子春曰，妢讀爲焚，咸丘之焚，書或爲邠，妢胡地名。也笱讀爲笴，笴讀爲稾，謂箭稾。』由此言之，在弓則柘幹可單稱爲幹，在矢則楛笴單稱爲笴，笴亦得假爲稾，故稾矢應卽楛矢矣。箘簬亦材之美者，箘簬之矢，自亦得稱爲笴或稾也。蓋宝矢矢之短者，其長僅得長矢之半，故其矢材之限制，宜不若長矢之嚴。至若矢之長者，若矢材不選，較短矢更易屈曲枅呼，故其矢材必取箘簬楛之，因而以稾稱之。稾矢之名，義取於此。又莊子所稱之嚆矢，或與稾通。郭象注莊，多取向秀，此則與向秀相違。是猛矢之義，亦必有所獨得。蓋大弓長矢，取其力猛，此事理之易見者，淸言簡約，無取繁辭也。

盛矢之器或稱蘭，或稱服。王氏國維云：『言蘭者矢皆五十，言服者矢至六百，則蘭與服又有大小之別歟？』其言據敦煌簡器物二十四而發，原簡云：

古厭胡隧卒四人　宝矢六百　卌七羽敝干庠呼　三百九十七完
其九十三羽完干序呼　六十一羽敝干完　服一完

其六百矢是否俱約於服中，尙無確證。今按前引居延簡(二七〇)九九、一，則有服三蘭二，而矢合計六百二十。是服未必可容六百矢也。今按蘭本字作籣，說文:『籣所以盛弩矢，人所負也。』或從革，史記信陵君別傳：『負韊矢』，集解：『呂忱曰：韊盛弩矢。』索隱：『韊音蘭，謂以盛矢如今之胡簏而短也，呂姓忱，名作字林者。』胡簏新唐書儀衞志及兵志作胡祿。又漢書韓延壽傳：『抱矢負籣』，師古曰：『籣盛弩矢者也、其形似木桶。』是籣爲木桶就可以負者，前引簡有『蘭負索一』(七)二八四、一三。一語是其證也。服亦作箙，詩小雅采薇：『象弭魚服』，鄭箋：『服矢服也。』孔疏：『以魚皮爲矢服』，此仍作『服』者；周禮夏官司弓矢：『仲秋獻矢箙，』鄭注：『箙盛矢器也，以獸皮爲之。』又：『田弋充籠箙矢』，鄭注：『籠竹箙也。』此字作『箙者。』大凡服以獸皮或竹爲之，與籣不同。凡經籍之籣，皆負於背者，而象弭魚服，則應爲佩帶之飾，非負者也。其在簡牘所記，蘭有蘭冠，而服則無服冠，亦二者不同。今據明人武備志，箭箙凡有二種，其一有蓋，乃背負者；其一無蓋，乃腰佩者。此二種箭箙人分，殆卽古人服與籣

之遺制歟？

據居延簡（二〇〇）八二、一五，五二、一七『大黃力十石弩一，右檢強，負一算；八石具弩一，右彊矢負一算；六石具弩一，空上蜚，負一算；六石具弩一，衣不上，負一算』。『十石弩』簡中言及者甚少，惟此處言十石弩，其弩則大黃弩也。敦煌簡：『玉門廣新隧大黃承絃一』，王氏考釋曰：「大黃弩名。史記李廣傳：「自以大黃射其裨將。」孟康曰：「太公六韜，陷堅敗強，敵用大黃連弩是也」。』按：『大黃射其裨將』一語，亦爲漢書所承用。師古注云：『服虔曰：「黃肩弩也」。孟康曰：「公陷堅却敵，用大黃參連弩也。」晉灼曰：「黃間卽黃肩也，大黃其大者」師古曰：「服晉二說是也」。』蓋孟康之說乃指連弩，而李廣所用爲單弩，故服晉二說爲是也。黃間又見於潘岳射雉賦，李善注以『黃肩機張』釋之，謂是弩名。顧愷之文史箴圖射雉正用弩。此亦可證大黃之爲弩名也。

弩之射準明人稱爲照門者，簡中稱爲深目。淮南泰族篇：『人知高下而不能，敎之明管窺則喜；欲知輕重而無以，予之以權衡則喜；欲知遠近而不能，敎之以金目則快。』注：『金目深目。所以望遠近，射準也。』此條由丁梧梓先生檢示者。今來福槍之標尺，眞切用與此同。據（二四二）八九、二一簡，深目有設於轉射之上者。轉射卽後世之弩牀也。墨子備城門：『有力者主適善，射者主發，佐皆廣矢，治裾諸高六尺，部廣四尺。皆無兵弩簡格轉射機，機長六尺，兩材合而爲之輻。輻長三尺，中鑿矢爲之道臂，臂長至樞。』蓋弩較小，一人主之，其二八以上主之者，爲弩牀，卽墨子中轉射，機簡文省稱則曰轉射矣。

據（一八六）五〇、六一簡，『羊頭石五百』，又破胡隧兵物簿有：『陷堅羊頭銅鏃箭卅八枚。』按羊頭者，三廉矢之稱。廣推『羊頭……鏑也。』其言或本於方言之：『凡箭鏃相合嬴者，四鐮或曰拘腸，三鐮者謂之羊頭，其廣長而薄鐮者，謂之錍，或謂之鈀。』故破胡隧兵物簿之羊頭箭爲其本訓；其稱爲羊頭石者，蓋三廉有叉之石，象三廉矢鏃，故亦謂之羊頭矣。

兵叉之屬刀劍而外有稱曰有方者。王氏考釋云：『有方亦兵器也。墨子備水篇：「二十船爲一隊，選材士有力者三十人共船。其二十人擅有方，十人擅苗」。畢沅校云苗同矛。又云：「臨三十人，人擅弩。」（按下文云：『計四有方，必善，以船爲輣輻。』）

矛與弩皆兵器，則有方亦兵器矣。韓非八說篇：「揗笅干戚不適有方鐵銛，亦其證也。惟其形製則不可考矣。」今按古兵器之類屬，略可分為長兵及短兵；短兵為刀劍，而長兵為矛戟也。簡牘中有方與刀劍並記，則有方應非刀劍。又據墨子，有方與長兵之矛同用於戰船，則有方應亦為長兵矛戟之屬。有方之應用於舟師者，蓋與水上之便利有關有方一器應為特適於水上之用者。漢書鼂錯傳錯對策曰：『平地茂草，可前可後，此長戟之地也，劍楯三不當一。萑葦竹蕭，草木蒙籠，支葉茂接，此矛鋋之地也，長戟二不當一。』舟中所遇，平遠為多，萑葦次之。若夫曲道相伏，險陀相薄，陸上宜於劍楯之區而舟師不遇也。然則墨子所云舟師三十人，其十人擅矛者，蓋以施之萑葦之間；其二十人擅有方者，蓋以施之平遠之水上，若以陸地情狀概之，則有方應為戈戟之類矣。戈戟在漢仍常用，漢畫亦屢畫之，惟漢簡所記則有弓弩，有刀劍，而不見戈戟，若有方為戈戟之屬，則漢簡中非無戈戟，特其名異耳。又漢書武紀及南粵傳：樓船將軍與戈船將軍對言。臣瓚注引伍子胥書謂『為戈船載干戈』，其說良是。左思吳都賦：『戈船掩於江湖。』李善注亦言：『越絕書伍子胥船有戈。』與臣瓚注意同。吳粵本皆南方，漢代所用之戈船，與伍子胥施干戈之船應為同物。張晏謂船下施戈以避蛟龍，本為臆說，顏監輒從，亦為非是。劉攽刊誤以為船下安戈，既難措置，又不可行，顏北人不知行船，故信張說。其言甚得古人之意。審是則戈船應為以船載戈，無可疑者。若以墨子所言之有方為戈戟之屬，與此可互證也。又韓非子言『有方鐵銛。』史記秦本紀論贊，賈生曰『非銛於句戟長鎩也。』集解：『徐廣曰：「銛亦作銛」，駰案如淳曰：「長双矛也」，又曰；「矛双上有鐵橫方，上曲句」。』此節賈生原意銛字未必指兵器一種，而其音義所述如淳說之銛與韓非說正可互證。有方者，即矛双上之鐵橫方，亦即是矛頭之戟。其鐵橫方即戟之鐵双也。前引(三八〇)三一一、二簡『有方一，双生。』知有方為有双之兵器，今以此證之，則有方之双，亦鐵戟之双矣。

革甲鞮瞀王氏考釋以為即革甲鞮鍪鞮鍪冑也。其說是也。今按居延簡之革甲鞮瞀並裝有架，此於古制尤多增一解矣。

簡牘之甲革甲多於鐵甲，蓋是自昔沿襲而來。考工記：『函人為函，犀甲七屬，

兜甲六合，甲五屬左。』左傳宣二年：『牛則有皮，犀兜尚多，棄甲則那？』管子
中匡：『使以甲兵贖，死罪以犀甲一戟，刑罰以脅盾一戟。』楚辭九歌猶言『被
犀甲』皆革甲也。至呂氏春秋貴卒言『鐵甲』，淮南主術言『鐵鎧』，皆異於古制
矣。又兜鍪自商代而下皆以銅爲之，以鐵爲兜鍪亦較後之制，史記蘇秦傳始言
『鐵幕』，乃戰國時物也。

其斧椎槍諸特亦並爲守禦器，墨子備城門云：『長斧柄八尺』，又：『城上九尺一
弩，一戟，一椎，一斧，一艾，皆積參石，蒺藜渠長丈六尺』，又：『長斧長椎各
一物，槍二十枚』，凡此諸物略可見於前引諸簡，可互證其制也。槍之爲物，孫
貽讓墨子閒詁云：『國語齊語云：「挾其槍刈耨鎛」，韋注云：「槍椿也」，一切經
音義引三蒼云：「木兩端銳曰槍」』。

簡言守狗，守狗見於墨子備穴門篇。簡言門戊卽門牡，王氏考釋言漢書五行志師
古注『牡所下閉者也』據音之通轉，定爲卽簡中之門戊，其說是也。前引守禦器
簡有『始一斤』語，今按始卽飴，所以固牝於門，使不動者。淮南說林：『柳下
惠見飴，曰可以養老；盜跖見飴，曰可以黏牡，見物同而用之異，』高誘注曰．
『牡門戶簫牡也』，卽其義矣。

兵　器　二

出棄矢銅鍭二百完　九〇、一五

二月餘陷堅棄矢銅鍭四百六十一　一九九、一二

棄寅矢銅鍭少簿百五十　一八五、一

棄寅矢銅鍭三百　二八二、二〇

簡中鍭字屢見，今舉例如上。敦煌簡亦有之，王氏國維考釋云：『鍭者，爾雅：
「金鏃翦羽謂之鍭」，方言：「江淮之間謂之鍭」，是以鍭爲矢之總名。考工記：
「鍭矢三分，一在前，二在後」。既夕記：「猴矢一乘，骨鏃短衞」。毛詩行葦傳：
「鍭矢參亭一，則又以鍭矢爲矢之一種。此於寅矢棄矢之下，復云銅鍭，則非諸
書所謂鍭，而以鏃爲鍭也。』今按淮南兵略：『疾如錐矢，何可勝偶。』王念孫
讀書雜志曰：『上文疾如錐矢，錐爲鍭之誤，此作錐矢，錐亦鍭之誤。侯字隸書

作倏，佳字隸書作隹，二形相似，族字隸書作庆，形與侯亦相似。故鏃矢之鏃非誤爲錐卽誤爲鏃。齊策疾如錐矢亦鏃矢之誤，高注以錐矢爲小矢，非也。史記蘇秦傳又誤作鋒矢。索隱引呂氏春秋貴卒篇：「所爲貴錐矢者，爲其應聲而至」，今本呂覽誤作鏃矢。莊子天下篇：「鏃矢之疾」，鏃亦鏃之誤。郭象音族，非也。鶡冠子世兵篇：「發如鏃矢」鏃本或作鏃，亦當以作鏃爲是也。」今簡文正作鏃，不作錐及鏃。王氏急孫之說是矣。惟其訓釋則宜從邵晉涵之說。爾雅釋器：「金鏃翦羽謂之鏃。」郭璞注：『今之錍箭是也』又：『骨鏃不翦羽謂之志。』郭璞注：『今之骨骲是也。』邵晉涵曰：『此別矢之名也。鏃者：說文云，「族矢鋒也，鏃利也」。今人謂鏃爲鏑，以鐵爲鏑翦其羽者謂之鏃，射物之矢也。詩疏引孫炎云：「金鏃斷羽，使箭重也。」文選注引李巡云：「鏃以金爲箭鏑也」。（案此簡見文選賈誼過秦論李善注引。）大雅行葦云：「四鏃旣均」。毛傳云，「鏃矢參亭」。考工記：「矢人爲矢，鏃矢參分，一在前，二在後。」鄭注云：「參訂之而平之者，前有鐵重也」。穀梁隱二年傳云：「聘弓鏃矢不出竟場」是也。……司弓矢有八矢，而爾雅祇釋其二者，以鏃矢居前最重，志矢居後最輕，故舉以例其餘也。其用諸喪禮則注云：「猴猶侯也，侯物而射之矢也。骨鏃短衞，亦示不用也。生時猴矢金鏃，凡爲矢五分笴長而羽其一。志猶擬也，習射之矢，無鏃短衞，亦示不用。生時志矢骨鏃，凡爲矢前重後輕也。』今案邵說是也。鏃者，金鏃之重者，鏃重則前重後輕，所以陷堅也。鏃之重者旣爲鏃，故銅鏑亦稱銅鏃矣。依鄭注，鏃矢之重，以其有鐵，今云銅鏃者，漢世用鏑內鐵而外青銅，鐵取其靭，青銅取其利。今敦煌及居延故塞間，猶往往得之，簡言銅鏃，蓋指此也。至段注說文：『猴矢以翦羽得名，不必以金鏃爲義，』今案鄭義猴矢之骨鏃者本限於明器，生人所用者若依鄭義當仍以金爲鏃。邵氏之『以鐵爲鏑，翦其羽謂之鏃』，律以簡中所記雖不盡合，然較諸段說，則邵說爲長矣。

屯　　田　　一

□詣居延爲田謹遣故吏孝里大夫☑　　五二、三〇

守農令趙入田冊取禾　　九〇、四

田五畝六十際　二四七、三三

第十三際長賢　□井水五十步濶二丈五泉二丈五上可治田度給際卒　一二七、六

☒爲注渠　一二〇、一八

守府移將戌田卒☒　五一〇、二一

當曲際河邊水　二二五、一三

以九月旦始運糞　七三、三〇

☒除沙　一人積大司農麥　省□卅六□□至更　（B二)四七九、六　以上見卷二第二十二至第二十八葉。

　　右諸簡並記屯田之事。居延有田卒名簿見釋文名籍類　可與此參證。居延一帶咸賴額濟納水河漑田，古今當無大異。田卒中有渠卒，當卽任治渠引水之事也。惟今河水僅及於張掖酒泉附近。居延一帶無論矣，卽其上游之金塔鼎新亦感水量不足。簡文所記除用井以外卽是注渠，是當時祁連積雪，多於今日，蓋可知矣。漢代屯田之組織不詳，今據諸簡有守農令，有長官。守農令者或農令之守護者，長官當爲其別稱也。都尉之下有候官，農令或長官當亦屬於都尉，若候官之比矣。上引第十簡言『一人積大司農麥，』則邊塞屯戍，除屯田之穀粟而外，大司農運穀給邊，亦可於此簡見之。其事漢書及鹽鐵論諸書並有記述，惟運輸之系統及方法，則文籍莫詳。今據此簡除沙與積麥同在一簡記之，則大司農之麥，蓋亦積於烽候倉中矣。

屯　田　二

馬長史卽有吏卒民屯士亡者，具署郡、縣、里、名、姓、年、長物、色、房、衣服，齎操，初亡年月日白報，具病已。謹案屬丞始元二年戌田卒千五百人，爲辥馬田官寫涇渠，廼正月巳酉淮陽☒　五一三、一七

延壽廼太初三年中又以負馬由敦煌，延壽與父俱來，田事巳。　三〇三、三九

　　右二簡皆言屯田事，前簡則兼及捕亡。

　　爲方便起見，先論捕亡，再就屯田事略論之。

　　簡牘中頗有言及捕亡事者，例如 ：『還界中書到遣都吏與縣令以下逐捕搜索部界

中。驗亡人所隱匿以必得爲最，詔所名捕還事事當奏聞，毋留，如詔書律令。』(一八八)一七九、九。『證任毋牛延壽，高建等過伯君家中者書□☑』(四三)三〇六、七。『元康元年十二月辛丑朔，壬寅，東部候長長生敢言之。候官官移太守府所移河南都尉書曰：「詔所名捕及鑄僞錢盜賊凡未得者牛長壽高建等卄四，書到滿☑」。候史旁，遂昌。』(七一)二〇、一二。『☑到官里造捕必得□作治全莊事』。(一七九)七一、四四，七一、六一，七一、四九。『□審捕䐈亡人所依倚匿處，必得，得，詣如書，毋有令吏民相牽證任，致書以書言，謹雜與候文廉辟北亭長歐等八人，戍卒孟陽等十人□處索新□□□亡人所依匿處，投書相牽。』(九八)二五五、二七皆言捕亡之事也。蓋漢禁亡人至急，良由大而叛逆，小而盜賊，皆由亡人以起。其見諸史籍者，如吳王濞招致亡命，爲七國亂首。淮南王安，燕剌王旦，均曾招輕薄亡命，並見本傳。若以外患言，則如匈奴傳：『衞律爲單于謀，穿井，築城，治樓，藏穀，與秦人守之。』衞律本漢人降匈奴，所稱『秦人』，亦中國亡人也。抱朴子登涉篇：『山中夜見胡人者，銅鐵之精；夜見秦人者，百歲木之精，勿怪之。』與此處用法同。又匈奴傳元帝時侯應對匈奴事狀亦謂：『往者從軍，多沒不還者，子孫貧困，一旦亡出，從其親戚。又邊人奴婢愁苦，欲亡者多。日聞匈奴中樂，奈侯望急何。然時有亡出塞者。』至於三國，魏志牽招傳亦云：『流亡山澤，叛入鮮卑，爲中國患。』故禁亡人卽所以整邊防，中國刑法自李悝之網捕迄於後世之捕亡，皆設專章，卽以此也。

右兩簡又俱言屯田事，按居延之屯墾以自額濟納河引出之渠水爲灌溉之用。沿河兩岸並有可墾之地，惟水量有限耳。漢世居延屬張掖，而居延城在今黑城遺址。自張掖郡治至居延並爲烽燧所在，沿河一帶今稱爲大灣，地灣，紅城子（ㄨㄥㄢㄊㄧㄦㄞㄓㄐㄧㄥ），破城子（ㄆㄨㄊㄧㄦㄞㄓㄐㄧㄥ）等各地，並有沃壤，而尤以黑城左右爲多，如河水不乏，則沿岸皆美田也。惟今日上游張掖酒泉一帶需水甚多，用水時山中雪水額濟納河上游且不足用，故居延一帶遂歸廢棄矣。漢於屯田之地皆置田官，西域傳：『匈奴益弱，不得近西域，於是徙屯田田於北胥鞬，披莎車之地。屯田校尉始屬都護……都護治烏壘城，去陽關二千七百三十八里，與渠犁田官相近，土地肥饒，故都護治焉。』又匈奴傳：『令大將軍靑，驃

騎將軍分軍，大將軍出定襄，驃騎將軍出代。……是後匈奴遠遁而漠南無王庭，漢度河往往通渠置田官，吏卒五六萬人萬上或有十字。稍蠶食地接匈奴以北。』故田官者領田卒以從事屯墾之官，及屯墾成功，遂募民置縣邑。西域傳言征和中搜粟都尉桑弘羊與御史丞相奏言：『故輪臺以東，捷枝渠犁皆故國，地廣饒水草，有溉田五千頃以上。處溫和田美，可益通溝渠，種五穀，與中國同時熟……臣愚以為可遣屯田卒詣故輪臺以東，益種五穀。田一歲，有積穀，募民壯健有累重敢徙者詣田所，就畜積為本業。益墾溉田，稍築列連城而西，以威西國。』故屯戍方案為先用田卒屯墾，旣成熟田，更募民徙塞下，此蓋漢世屯墾通則，不僅渠犁也。今按居延設治之始為路博德將屯，其築居延城在太初三年見武帝紀。此二簡皆時間較早，屯田民間往來居延敦煌二屯戍區之間，而辟馬田官所領田卒亦多至千三百人矣。更據此簡，可知敦煌與居延本極相類，敦煌為酒泉塞外，而居延則為張掖塞外，敦煌在玉門關外，而居延則在肩水關外，敦煌最初用屯田方式，而居延最初亦用屯田方式，惟敦煌當西域之衝，地位較居延為重要，故自李廣利自西域回後，而敦煌遂特設一郡矣。

<h2 style="text-align:center">屯　田　三</h2>

☑詣居延為田，謹遣故吏孝里大夫☑　　五一一、三一

此當指移民作墾田事者。據漢書路博德傳及李廣利傳，更參證漢書食貨志，開發居延之始，為路博德率領田卒，當李廣利征大宛之際始到居延，築遮虜障以衛之。其後更移貧民，試代田於此。而居延設治於遮虜障，卽承博德之餘緒者也。居延簡：『延壽廼太初二年又以負馬田敦煌，延壽與文俱來，田事已』(一)三〇三、三九。又『馬長史卽有吏卒民屯士亡者，具署郡、縣、里、名、姓、年、長物、衣服、齎操、初亡年月日、人數白報、具病已。謹案屬丞始元二年戍田卒千五百人為辟馬四官寫涇渠，廼正月己酉淮陽郡☑』(一一)五一三、一七，三〇三、一五。俱可與此簡互證也。

<h2 style="text-align:center">屯　田　四</h2>

·右第二長官二處田六十五畝，租廿六石　　三〇三、七

此爲塞上屯墾所收，六十五畝收租廿六石，則一畝收租凡有四斗也。**食貨志引本惺**語曰：『歲收晦一石半』，此爲戰國收穫之數。淮南主術篇：『交民之爲生也，一人跖來而耕，不過十畝，中田卒歲之收，不過畝四石。』此言一人僅耕十畝，與相傳一夫百畝之說相違，則又爲漢世內地深耕所得，亦未必統漢世天下皆然也。案趙充國屯田，人賦二十畝，則依此比例六十五畝可賦與三人。據食貨志人月食一石半，三人年需粟五十四石，更加租粟二十六石，是六十五畝可年收八十石，卽每畝可收粟一石三斗。此數與李惺所說相近。蓋塞上一般種植較爲粗放也。食貨志曾言居延試爲代田，而此則非是。是代田僅試行於居延，而未普徧實行於居延也。

將　　屯

十月乙丑將屯居☒　二二七、一〇一

將屯卽將屯兵。李廣傳：『程不識故與廣俱爲邊太守將屯。』西域樓蘭傳：『國中有伊循城，其地肥美，願漢遣一將，屯田積穀』，亦其意也。路博德傳：『其後坐法失侯，爲彊弩都尉屯居延，卒。』自是將屯之事。博德屯兵居延，最早可在太初元年李廣利開居延時，太初三年博德築遮虜障，天漢三年李陵出塞，博德尙在居延，其卒當在武昭間。自此之後將屯者當爲居延都尉矣。

農　都　尉

守大司農光祿大夫臣調昧死言，守受簿丞慶前以請詔使護軍屯食守部丞武☒以東至西河郡十一農都尉官上調物錢穀轉漕爲民困之啓調有餘給　（面）

□□□　二千　盡平　且盡　二一四、三三　（背）

此元帝永光二年或三年詔也。百官公卿表『（元帝）永光二年，光祿大夫非調爲大司農。』漢制，初除爲守，滿歲爲眞；今云守，必初除時事矣。元帝永元二年正值凶年，本紀云：『永光二年春詔曰……朕獲承高祖之洪業，託位公侯之上，夙夜戰栗。永惟百姓之急，未嘗有忘焉。然而陰陽未調，三光晻昧，元元大困，流散道路。』又：『六月詔曰，間者連年不收，四方咸困。元元之民勞於耕耘，又

無成功；困於饑饉，亡以相救。』此皆可證時情況，與此簡所稱調十一農都尉餘穀，轉給民困乏者，其事正合。農都尉之制據續百官志云：『農都尉武帝置，於邊郡主屯田殖田穀。』與郡都尉，關都尉，屬國都尉共爲四種。然漢地理志未明言各郡何者爲農都尉。惟於敦煌郡廣至下自注云：『宜禾都尉治崑崙障。』又敦煌郡效穀下師古注云：『本魚澤障也。桑欽說孝武元封六年，濟南崔不意爲魚澤尉，敎力田，以勤效得穀，因立爲縣名。』然其地烽候仍名魚澤，敦煌簡：『宜禾部烽第。廣漢第一，美稷第二，昆侖第三，魚澤第四，宜禾第五，』是也。就宜禾之名已當屬於農事，而其下之魚澤障，復以力田設縣，是宜爲農都尉，而班書則未嘗注明，則班書於農都尉蓋例不特者也。

居延簡云：『☒下領武校，居延，屬國，部農都尉，縣官承書☒』(二六)六五、一八『三月丙午張掖長史延行太守事，居延倉長湯兼行丞事，下屬國農都尉小府，縣官承書從事下當用者，如詔書。　守屬宗，助府佐定。』(二八)一〇、三三。似邊郡屬國都尉之外，皆農都尉。更就地理志求之，今自西河爲始，據班志所載西河以西諸邊郡，錄其都尉，至張掖爲止，可得以下諸數：

西河	美稷	屬國都尉治	虎猛	西部都尉治
朔方	廣牧	東部都尉治		
五原	蒲澤	屬國都尉治	成宜	中部都尉治原高。　西部都尉治成睪。
北地	富平	北部都尉治神泉障。　渾懷都尉治渾懷障。		
安定	參欒	主騎都尉治	三水	屬國都尉治
武威	休屠	都尉治熊永障　北部都尉治休屠城		
張掖	日勒	都尉治澤索谷	居延	都尉治

以上共七郡，凡十四都尉。此七郡咸在西河以西。其西河西南諸郡則不計入。凡此七郡皆可通渠溉田者，與其南諸郡農事賴諸雨澤者亦自異也。以上七郡除西河，五原，安定，各有一屬國都尉不計外共凡十一都尉。然安定之主騎都尉或僅司牧馬，未必屯殖田業，則自西河至張掖凡十都尉，然益以張掖之肩水，仍爲十一都尉也。肩水不見於班志，蓋由於脫漏。亦不見於他書，惟於簡牘中見之。然鹽鐵論復古篇云：『故肩水都尉彭祖寧歸言，鹽鐵令品，令品甚明，卒徒衣食縣

官，鑄作鐵器， 給用甚衆， 無妨於民。』扇水都尉不見於漢官 ， 當爲肩水之誤
字。且言寧歸，必在外矣，尤與張掖肩水相符也。以上所舉十一都尉雖與原詔決
不盡符，然其中必有同於原詔所舉者。蓋此十一都以今地按之皆平衍沃土，渠水
通利。永光以來雨澤不時，獨此十一都尉利用弱水，馬城河及黃河者，應仍有收
穫，故轉漕而下，以濟凶荒焉。至於酒泉以西，金城上郡以南雖有都尉，然與西
河以西諸郡合計，分之合之俱不能得十一之數，故今於此，不更置論。蓋金城上
郡以南渠水之用載少，酒泉以西則道路遼遠，難於轉運矣。班書於元帝之世屢記
凶年， 獨於振業之方， 無所論述。 據此簡則內郡荒歉， 仍賴塞上軍屯餘粟以濟
之，是武帝以來之闢土開疆未必純爲煩費也。

罪 人 徙 邊

地節五年正月丙子朔丁丑，肩水候所以私印行候事。敢言之都尉府，府移大守府所移
敦煌大守書曰：故大司馬博☒　令史拓，尉史美　一〇、三三

按故大司馬博以下文字當爲『故大司馬博陸侯』，卽霍禹官號，蓋霍光之官號爲
大司馬大將軍博陸侯，未有僅稱爲大司馬者。霍光以地節二年三月薨，詔稱霍光
爲大司馬大將軍博陸侯而不名。又蘇武傳：『甘露三年單于始入朝，上思股肱之
美，乃圖畫其人於麒麟閣，法其形貌，署其官爵姓名，唯霍光不名，曰大司馬大
將軍博陸侯姓霍氏。』皆作大司馬大將軍，惟霍禹以地節四年七月謀反誅，則稱
大司馬博陸侯。漢書宣紀詔曰 ：『廼者東織室令張赦，使魏郡豪李竟，報冠陽侯
霍雲謀爲大逆。朕以大將軍故，抑而不揚。冀其自新。今大司馬博陸侯禹……謀
爲大逆……欲危宗廟，逆亂不道，咸伏具辜。』稱霍禹爲大司馬博陸侯，與簡文
同，故簡文所指爲霍禹 ， 非霍光也。地節五年卽元康元年 ， 是時方正月尙未改
元，故仍用地節年號。 簡文下闕，不可得詳 ， 然據漢書外戚恩澤侯表博陸侯下
云；『元始二年四月乙酉，侯陽以光從父昆弟之，曾孫龍勒士伍，紹封三千戶。』
按漢書地理志，龍勒縣屬敦煌，是霍氏謀反家屬未誅者蓋徙敦煌，故霍光從父昆
弟之曾孫，至平帝時猶爲敦煌龍勒士伍也。

漢世徙罪人蓋仍秦制，『不韋遷蜀，世傳呂覽。』卓氏程鄭亦咸以亡國遷虜，徙

蜀致富。漢書項羽傳：『陰謀曰，巴蜀道險，秦之遷民皆居之。』猶循秦故事以遷漢王，及漢文帝時，淮南王長亦以罪遷蜀。此皆秦及漢初罪人遷蜀之事也。至武帝時，河西新闢，罪人始徙敦煌。巫蠱之變，為太子劫略之吏士，並徙敦煌。見劉屈氂傳。宣元以後，徙敦煌者有陳湯及薛宣子說。其時南土漸就開發，故王章家屬遂徙合浦，東漢竇憲家屬亦徙合浦。而陰敞及閻顯家屬則更遠徙比景。亦足證明開發漸廣也。至於漢世謀反者家屬徙邊之事，猶為後世所承，唐律：『諸謀反大逆皆斬，父子年十六以上皆絞。……伯叔父兄弟之子皆流三千里』疏議七。蓋亦因仍漢律也。」霍氏家屬曾徙敦煌，據簡文及漢書恩澤侯表參互證明，應無多大疑問，惟何以敦煌太守又移書居延，其事難曉。或霍氏家屬又有自敦煌逃亡者，故移書追捕歟？移書捕亡之事已見上節所引『(四三)三〇六、七』及『(七一)二〇、一二』二簡。又居延簡『……選家中書到遣都吏與縣令以下逐捕郡界中，聽亡人所隱匿，以必得為最。詔所名捕還事，事當奏聞，毋留，如詔書律令。』(八八)一七九、九。『書輩賦發吏卒，毋大禁，宜以時行誅，願設購賞，有能捕斬嚴就君闌等渠率一人賵金十萬，黨與五萬，吏捕斬強力者皆輔……司劾臣謹□如□言可許臣請者。□就等渠率一人……黨與五萬……』(八一)五〇三、八，五〇三、一七。皆為詔書名捕者，與前引二簡可相參證。蓋居延本在邊陲，為亡出塞者所經之路，此簡雖不能證明其必然，蓋亦理所宜有也。傳梁冀家屬曾亡入羌，見水經注。

內郡人與戍卒

昭武騎士宜春里高明　五六四、三

觻得騎士敬老里張德　五六四、九

水門隧長張掖下都里公乘江陵客年卅　建昭二年□□　六四、三一

戍卒趙國邯鄲縣蒲里董平　三四六、二

田卒大河郡東平富西里公士昭遂年卅九　三〇三、一三

庸觻里嚴德年卅九田卒大河郡東平北祠里公士張福年□□　二、一八

肩水侯官並山隧長公乘司馬成中勞二歲八月十四日能書會計治官民頗知律令武年卌二歲長七尺五寸觻得成漢里家去官六百里　一三、七

肩水並山隧長鱳得成漢里騎士王步光　四〇、三一

西和騎士安漢里□□□　五一七、九

右校復卒史漢□□□□高居里稍□　九〇、四九，九〇、八九，九〇、六。

弦刑士馮翊帶羽掖落里王□☑　三三七、八

給車鱳得郡都里都毋傷年卅六歲長七尺二寸黑色　三三四、三六

田卒昌邑國郡成里公士丘異　五一三、四一

昌邑國□恆里士五淳于龍年卅四　五一七、一

肩水侯官執胡隧長公大夫累路人中勞三歲一月能書會計治官民頗知律令文，年卅七歲長七尺五寸氐池宜藥里家去官六百五十里　一七九、四

萬世隧長至　其六月甲子調守令史將護罷卒濟陰郡成陽縣南陽里狄奉　一五、二

武士安陵高里司非子　弩　疾溫　三九五、一

從者居延市陽里師侯年廿一歲　六二、五四

張掖居延庫卒弘農縣河陽里大夫武偄年廿四　庸同縣陽里大夫趙勤年廿九　賈二萬九千　一〇七、二

戍卒河東皮氏成都里傅咸年二十　五三三、二

張掖居延甲渠田塞有秩候長鱳得長秋里公乘趙陽令□□尉年廿一代田□
一六一、一

河渠卒河東皮氏毋憂里公乘杜建年廿五　一四〇、一五

☑年廿八　富及有鞏馬弓積願授爲侯史　二一四、五七

侯官罷虜隧長簪裛單玄中功五勞三月能書會計治官民頗知律令文年卅歲長七尺五寸應令居延中官里家去官七十五里　屬居延部　八九、四三

　以上見釋文卷三第三十七至五十八葉。

　　上列諸簡所言皆皆戍卒事。漢代兵制凡天下男子皆服役。自二十三起，至五十六免。其兵役之類別凡三，正卒，戍卒，更卒是也。正卒者，天下人皆當爲正卒一歲，北邊爲騎士，內郡爲材官，水處爲樓船士，其服役之年，在郡由都尉奉領，由太守都尉都試以進退之。一歲罷後，有急仍當徵調也。戍卒者，天下人一生當爲戍卒一歲。其在京師，屯戍官衞，宗廟，陵寢，則稱衞士，其爲諸侯王守宮衞

者亦然，其在邊境屯戍候望者，則稱戍卒。其不願爲戍卒者，可雇人代戍，每月三百錢也。更卒者，服役於本縣，凡人率歲一月，其不願爲更卒者，則歲以三百錢給官，官以給役者，是爲過更也。故漢書食貨志上，董仲舒對武帝云：『月爲更卒，已復爲正一歲，屯戍一歲，力役三十倍於古。』月爲更卒者，言年必有一月爲更卒也。正者正卒，言騎士材官之屬，一生爲之者一歲，其屯戍者又一歲也。力役三十倍於古者，董仲舒言『古者使民不過歲三日』，漢之更卒歲一月，是十倍矣。其正卒及戍卒亦各以歲三日之十倍計之，故言三十倍也。其詳見拙著漢代兵制及漢簡中之兵制論文中所考。（歷史語言研究所集刊十本一分。）據上簡所記，凡田卒戍卒河渠卒多爲內郡人，而騎士率爲邊郡人；田卒戍卒河渠卒率著年歲，而騎士則率不著年歲。（諸詳見釋文名籍類，今不悉引。）由此二事觀之，內郡正卒平時不調至邊，其守邊者乃邊郡之正卒及內郡之戍卒，田戍河渠卒亦皆戍卒之力田與治渠者，非別有他役也。（漢書趙充國傳言：『願罷騎兵，留弛刑，應募，及淮陽汝南步兵，與吏士私從者，合萬二百八十一人。』以爲屯田。此爲命將出師之軍，所發乃以正卒爲主，以弛刑應募參之，並無戍卒在內。故雖同爲塞上屯田，但其所領部卒，與漢簡中應爲戍卒者，決不相同也。）復次，爲戍卒者畢生服役一歲，不限年齡，故可自二十至四十餘，如前引諸簡所記。至若正卒，則至年卽入伍，故不必繫以年歲也。敦煌簡王氏國維考釋曰：『戍卒年齒往往至三四十，非必如材官騎士悉爲壯卒也。』其說甚是。然敦煌簡中實無材官騎士名籍，王氏此言，純出猜度。若僅就敦煌簡之材料論，則立說雖是，而立證未充。故流沙墜簡初版中有此言，旋卽爲王氏所手削，羅氏再版此書無之。蓋卽因獨言『材官騎士悉爲壯卒』之言，嫌無確據也。今以居延簡徵之，雖無材官名籍，然騎士名籍獨無年歲則可以證王說爲是矣。

居延簡云：『北邊絜令第四，候長候史日迹，及將軍吏勞，二日皆當三日』(二九)一○、二八。卽爲加惠於邊人也。以此例之，漢代之力役凡三，曰正卒，曰戍卒，曰更卒，邊人若已爲其二，卽可當力役之三矣。邊人爲騎士者甚多，而其爲戍卒者，則釋文各籍五百條中亦有七見。然則邊人亦非不爲戍卒，惟在塞上則內郡戍卒多於邊人耳。

前引第十七簡云：『調守令史，將護罷卒』，罷卒者，戍卒之罷歸者也。漢書蓋寬

饒傳：『上臨，饗罷衞卒。』注：『師古曰，得代當歸者也。』衞士與戍卒爲同類之役，故得代之衞士曰罷卒，得代之戍卒曰罷卒矣。凡戍卒率爲諸郡人，無諸侯王國人，蓋諸侯王國人自爲其國之衞士，不爲戍卒也。漢書賈誼傳云：今淮南地遠者或數千里，越兩諸侯而縣屬於漢，吏民繇役，往來長安者自悉而補，中道衣敝，錢用諸費稱此，其苦屬漢，而欲得王至甚。』故王國之民不往來長安，繇戍北邊。其在居延簡中，惟昌邑國爲特例。蓋昌邑王賀以罪廢，其國人不復同於王國之民。據公卿表本始四年大鴻臚梁以山陽太守爲大鴻臚又據漢書昌邑王傳，地節三年五月，張敞視事爲山陽太守。故昌邑國人遂與諸郡人同戍邊也。又大河郡卽東平國之故名，漢書地理志：『東平國故梁國，……武帝元鼎元年爲大河郡，宣帝甘露二年爲東平國。第十六簡言大河郡瑕丘，瑕丘地理志屬山陽，蓋封國時改屬者矣。

據第七簡，第八簡，第十五簡，第廿二簡，第廿四簡，第廿五簡，凡候長，隧長皆邊郡人 (釋文中尙有他例，今不更舉。) 蓋由於候長以下爲百石吏，斗食，及小吏，漢代凡郡吏皆以本郡人爲之，不獨邊郡爲然也。且戍卒率一年一易，而邊吏可蟬聯至若干年，釋文錢穀類諸簡有名爲第二亭長舒者，歷征和至始元，皆爲其人，此則非戍卒一年一易所能矣。第廿四簡言家富及有䭴馬求爲候史者，此亦當必爲邊人，若爲內郡人，則䭴馬不能至邊也。求爲吏者必有家貲，此爲漢代算貲之例。司馬相如及張釋之並以算貲得官見本傳，又居延簡有『二壔隧長居延西道里公乘徐宗』之家貲(二三〇)二四二、及『候長䜌得廣昌里公乘禮忠』之家貲(一四六)三七、三五。皆可見邊吏亦有算貲之事矣。

邊塞吏卒之家屬

☑所移䜌得書曰，他縣民爲部官吏卒，與妻子在官。二二〇、五，一八八、一六

此簡所言爲吏卒在服務地方之妻子。

在漢簡中所記，凡吏名籍，必著其郡爵里。而爲吏者之資歷，則更記功勞，行能，文武，年歲，身長，縣，里，及家去官遠近，蓋所以便稽考也。其烽燧簿錄中，亦往記吏卒妻子所用糧食，蓋亦本於什經清冊，曾校正相符者。惟他縣民與

妻子在官者，若不清校，往往歧出，故亦常移文他縣，以校正之，此簡當卽其事也。又居延簡：『書到，枸校處實牒，副言遣尉史弘賫』(三一七、六) 枸校與鉤校同。漢書陳萬年傳：『咸得鉤校，發其姦臧』。卽稽校正之意也。此簡在舊釋文中，曾爲意義明確，便於省覽起見，釋枸校爲鉤校。然原字本作『枸』，今附識於此。

<h1 style="text-align:center">雇 傭 與 客</h1>

庸任作者移名；任作者不欲爲庸☒一編敢言之。二二四、一九

庸卽雇傭，其他諸簡亦有言及者，例如：

☒史詧卒延壽里上官霸，傔人安故里譚昌。四、二五

☒月積一月廿七日運菱傔直。三五○、一二

出錢四千七百一十四　賦傔人表是萬歲里吳成三兩半　己入八十五石，少二石八斗三升。五○五、一五

☐成承祿償居延卒李明長顧錢二千六百。一六、四○

出麥七石八斗，以食吏，吏私從二人，六月盡八月。三○三、九

沈廣年廿五庸南閭里　三一五、二六

貰家安國里王嚴車一兩，九月戌辰載傔人同里時襃☐到未言。二六七、一六

出錢千三百卅七，賦就人會水宜祿里蘭子房一兩　五○六、二七

出麋二斛，元和四年八月五日，傔人張季元付平望西部侯長憲。敦煌簡成役十六

按漢世雇傭之制或曰庸或曰傔。陳勝傳：『與人傭耕』。昭紀：『民匱於食，流庸未盡還。』食貨志：『教民相與庸輓犂，』功臣表：『孝宣皇帝……詔令有司求其子孫，咸出傭保之中。』周勃傳：『居無何，亞夫子爲父買工官尚方甲楯五百被，可以葬者。取庸苦之，不與錢，庸知其盜買縣官器，怨而上變。』司馬相如傳：『與傭保雜作。』匡衡傳：『家貧庸作以供資用。』陳湯傳：『有司議皆曰，昌陵因卑爲高，積土爲山，卒徒工庸以鉅萬數。』後漢書鄭均傳：『兄爲郡吏，頗受禮遺，均數諫不聽，則脫身爲傭，歲餘，得錢帛歸。』張酺傳：『盜皆饑寒

傭保，何足窮其法乎。』申屠蟠傳：『家貧傭爲漆工。』桓榮傳：『家貧無資，常客傭自給。』李固傳：『變姓名，爲酒家傭。』吳祐傳：『時公沙穆來遊太學，無資糧，乃變服客傭爲祐賃舂，祐與語大驚。』夏馥傳：『乃自翦須，變形入林慮山中，隱匿姓名，爲冶家傭。』郭太傳：『庾垂遊遊學宮，遂爲諸生傭。』衞颯傳：『家貧好學問，隨師無糧，常傭以自給。』孟嘗傳：『隱居窮澤，身自耕傭。』第五訪傳：『少孤貧，依宗人居，恆傭作爲資。暮輒還，爇柴以讀書。』范式傳：『南陽孔嵩家貧親老，乃變姓名爲新野縣阿里街卒……嵩以先傭未竟，不肯去。』東觀記劉聖公載記：『官爵多羣小，里閭語曰：「使兒居市，不能得傭，之市空返何故？」曰：「今日都尉往會日也。」由是四方不復信。』鹽鐵論禁耕：『郡中卒踐更者，多不勘賣取庸代。……良家以道次發僦運。』方言：『庸謂之術，轉語也』小爾雅：『庸償也。』此皆雇傭稱庸之例也。又食貨志：『天下賦輸，或不償者僦費。』田延年傳：『取民車三萬兩爲僦，車直千錢。』鄭當時傳：『當時爲大司農，任人賓客僦，入多逋負。』此亦雇傭之義，與前引漢簡相同也。又傭亦謂之保，前引功臣傳及司馬相如傳傭保並稱。李固傳稱變姓名爲酒家傭，而杜根傳則稱逃竄宜城山中爲酒家保，是保應略同於傭，又三國志杜襲傳注引先賢行狀稱『杜根爲酒家客，是客亦略同於傭保矣。今按衞太子傳：『乃使客爲使者，收捕充等。』魏相傳：『桑弘羊詐稱御史，止傳。丞不以時謁，客怒縛丞，相疑共有姦，收捕案其罪，論棄客市。茂陵大治。』趙廣漢傳：『廣漢客私酤酒長安市，丞相史逐去客。』胡建傳：『昭帝幼，皇后父上官將軍與帝姊蓋主私夫丁外人相善。外人驕恣，怨故京兆尹樊福，使客射殺之。客臧公主廬，吏不敢捕，渭城令建將吏圍捕。蓋主聞之，與外人上官將軍多從奴客往犇射追吏，吏散走。主使僕射劾渭城令游徼傷主家奴。』五行志：『成帝鴻嘉之間，微行出遊，選從期門有力者及私奴客多至十餘，少五六人。』後漢書梁冀傳：『孫氏宗親冒名而爲侍中卿校尉郡守長吏十餘人，皆貪叨凶淫，各遣私客籍屬縣富人，被以它罪。』又：『遣客出塞交通外國，廣求異物。』竇憲傳：『雖俱驕縱，而景爲尤甚，奴客緹綺，依倚形勢，侵陵小人。』廉范傳：『與客步負喪歸葭萌。』魏志董昭傳：『又聞或有使奴客名作，在職家人，冒之出入，往來禁奧，交通書疏，有所探問。』

太平經一百一十四卷：『時以行客賃作富家，爲其奴使，一歲數千，衣出其中，餘可少視，積十餘歲，可得自用。』列仙傳：『朱璜者，廣陵人也。少病毒瘕，就睢山道士阮丘，丘憐之。璜曰：「病愈當爲君作客三年，不致自還」。』以上可證傭工亦稱爲客，此卽後漢書崔駰傳所稱：『今富商大賈，多放錢貨，中家子弟爲之保役，趨走與臣僕等』者，故在漢世，凡雇傭之客與奴隸並稱爲奴客。蓋其身分雖殊，而其勞役則同，苟非相識其人，無由辨其爲奴爲客也。奴客亦稱爲從者。羣書治要引崔實政論：『長吏雖欲崇約，猶當有從者一人，假令無奴，當復取客，客庸一月千錢。』李廣利傳：『發惡少年及邊騎，歲餘而出敦煌六萬人，負私從者不與。』注：『負私糧食及私從者不在六萬人數中。』趙充國傳：『請罷騎兵，留弛刑，應募，及淮陽，汝南步兵，及吏士私從者。』此與簡文『吏私從者』正可互證也。三國志魏志文德郭皇后傳：『水當通運漕，又多材木，奴客不在目前，當復私取官竹木作梁遏。』曹休傳：『年十餘歲，喪父，獨與一客擔喪假葬。』田疇傳：『疇乃自選其家客，與年少之勇壯，募從者二十餘騎。』梁習傳：『表置屯田都尉二人，領客六百夫，於道次耕種菽粟，以給人牛之費。』趙儼傳：『屯田客呂並自稱將軍，聚黨據陳倉。』管寧傳注引魏略：『焦先饑則出爲人客作，飽食而已。』亦皆客卽傭工之例也。錢大昕恆言錄云：『晉書王恂傳：「魏氏給公卿以下租牛客戶，數各有差。自後小人憚役，多樂爲之，貴戚之門動以百數。又太原諸部，以胡人爲田客，多者數千，武帝卽位，詔禁募客。」食貨志：「官品第一至於第九，各以貴賤占田，又得蔭人爲衣食客及佃客。其應有佃客，官品第一第二者，佃客無過五十戶，第三品十戶，第四品七戶，第五品五戶，第六品三戶，第七品二戶，第八第九品一戶。」』此所言客者卽佃戶，與漢世又異。按漢世言佃戶者，如食貨志或：『耕豪民之田，見稅十五。』寧成傳：『假貧民役使數十家。』潛夫論愛日篇及斷訟篇則沿舊稱爲領主及子民，尚不稱主客。客之一名至晉而更廣其用。高麗好大王牌及通溝所出高麗大兄冉牟墓誌，並以奴客泛稱子民，蓋亦援晉人通語也。

己　邊　郡　生　活

糧　　食

☑長光糧粟四千石，請告入縣官，貴市平賈石六錢，得利二萬四千。又使從吏言等持書請安，安聽入馬十四貴九☑三萬三千，安又聽廣德姊夫弘請爲入馬一匹，賞故貴壹故☑　二〇八八。

此簡所記者爲糧粟四千石，平賈每石貴六錢之事。按漢代穀價及粟，在史籍上有下列之記較，卽：

關中大饑，斛米萬錢，漢書高帝紀二年。

漢興，民失作業而大饑饉凡米石五千。漢書食貨志上。

漢興，以秦錢難用，更令民鑄莢錢，……米至石萬錢。漢書食貨志下

楚漢相距，滎陽民不耕種，米石至萬。漢書貨殖傳。

　　以上高帝時。

漢文帝躬儉約，修道德，穀至石數十錢，上下饒羨。書抄一五六，御覽三五，引桓譚新論孝文帝粟升一錢，有此事否？按升爲斗字之誤，若升一錢，則石爲百錢，正漢人當價，不足異也……謹按……文帝自勞兵至太原代郡，由是北邊設屯，待戰設備備胡，兵連不解，轉輸絡繹，費損虛耗，因以年穀不登，百姓饑乏，穀糧常至石五百，不升一錢。風俗通義。

　　以上文帝時。

比年豐，穀石五錢。漢書宣帝紀，元康四年。

宣帝時，穀至石五錢，農人少利。漢書食貨志。

（本始時）金城湟中，穀斛八錢。漢書趙充國傳。

邊兵少，民守保，不得田作。今張掖以東粟石百餘，芻稾束數十。趙充國傳記神爵初年事。

　　以上宣帝時。

元帝卽位，齊地饑，穀石三百餘。漢書食貨志上。

（永光二年）京師穀石百餘邊，郡四百，關東五百。漢書馮奉世傳。

以上元帝時。

王莽時，米名二千。漢書食貨志上。

今地皇元年，雒陽以東，米石二千。漢書王莽傳下。

以上王莽時。

建武二年，……初王莽末天下旱蝗，黃金一斤易穀一斛。至是野穀旅生，麻尤
甚。野蠶成繭，被於山阜，人收其利焉。後漢書光武紀。

時百姓饑餓，人相食，黃金一斤，易豆五斗。後漢書馮異傳。

以上光武時。

永平十二年。……是歲天下安平，人無徭役。歲比登稔，百姓殷富，粟斛三十。
後漢書明帝紀。

以上明帝時。

建初中，南陽大餓，米石千餘。後漢書朱暉傳。

以上章帝時。

(永初)四年，羌寇轉盛，兵費日廣，且連年不登，穀石萬餘。後漢書龐參傳。

詡始到(武配)，穀石千錢，鹽石八千，見戶萬三千。視事三歲，米石八十，鹽石
四百，流人還歸，郡戶數萬。人足家給，一郡無事。後漢書虞翊傳注引續漢書。

以上安帝時。

歲饑，粟石數千。訪乃開倉賑恤，以救其敝，吏懼譴，爭欲上言。訪曰：『若上
須報，是棄民也。太守樂以一身救百姓。』遂出穀賦人，順帝嘉之，由是一郡得
全。後漢書第五訪傳。

以上順帝時。

夷人復叛，以廣漢景毅爲太守討定之。毅初到郡，米斛萬錢漸以仁恩，少年間米
至數十云。後漢書西南夷傳。

以上靈帝時。

卓又壞五銖錢更鑄小錢。悉取洛陽及長安銅人，鍾虡，飛康，銅馬之屬，以克鑄
焉。故貨賤漢貴，穀石數萬。後漢書董卓傳。

時長安盜賊不禁，白日虜掠。催氾稠乃參分城內，各備其界，猶不能制。而其子

弟侵暴百姓，是時穀一斛五十萬，豆麥二十萬。後漢書董卓傳。

以上獻帝時。

以上所舉數字，大抵不屬於至賤卽屬於至貴。然除天下動盪之時，米價或貴至萬錢以外，然大都貴不過二千，賤可至數錢。若就其通常市價言之，則西漢應爲米價百餘，穀價七八十錢。東漢應爲米價二百錢，穀價百錢，例如文帝時穀至數十錢，虞詡視事三歲米價八十，皆爲較廉者，宣帝時至數錢，則傷農矣。其稍昂者，如趙充國傳稱：『張掖人東乃石百餘。』馮奉世傳稱：『永光二年，京師穀石二百餘。』皆當時以爲較標準爲高。則從較昂較廉之中數求之，自可約知其平價。今以穀價每石百錢計，據劉復先生『新嘉量之校釋及推算』，每石約合市石二斗。則以今市制計之，每市石穀約合五百錢，而每市石米，應合千錢也。

今史就東漢及西漢之市價比較之。西漢元帝時最高，但不及千錢以上，而東漢則可到千錢以上之高峯。卽平時市價，東漢一般應較西漢爲高。新論稱文帝時穀石數十錢。新論作者桓譚卒於建武中年七十餘。其生年雖在元帝時，然以穀石數十錢爲廉者，乃雜有東漢之標準。其在東漢，則米價八十錢，已爲甚廉，雖與文帝時相近，然決非宣帝時之比也。

漢書食貨志言：『穀石五錢，農人少利。』此自昭帝時已然。昭帝紀元鳳六年詔曰：『夫穀賤傷農，今三輔太常穀減賤，其以秋粟當今年賦，』是也。其在宣帝時亦間有荒歉。本紀本始三年，本始四年，地節四年，元康元年，並有恤水旱詔。

惟元康四年紀則言：『比年豐，穀石五錢。』是自昭帝至宣帝時，穀價之賤乃因政令修飭，民庶安樂之故，其間非無凶年，然卒能饑而不害也。

又趙充國屯田事在神爵元年六月，卽元康四年之次年。其文見於漢書本傳云：

> 往者(按事在本始二年，充國時爲蒲類將軍。)舉可先行羌者，吾舉辛武賢。丞相御史復白遣義渠安國，安國竟沮敗羌。金城湟中穀斛八錢，糴二百萬斛，羌人不敢動矣。耿中丞請糴百萬斛，乃得四十萬斛耳。義渠再使，且費其半。失此二者，羌人故敢爲逆。失之毫釐差以千里，是旣然矣。今兵久不決。四夷卒有動搖，相因而起，雖有知者，不能善其後，羌獨足憂邪？……遂上屯田奏。

其時詔書責充國言：『張掖以東，粟石百餘，芻稾數十。』張掖以東當指武威金

城隴西諸地。若其地在元康時亦爲石五錢縱令此時穀價已增，亦不至如此之甚。然則元康大熟，或指關東大河左右而言，隴阺以西，正未必爾也。此簡鄰近諸邑爲宣帝時物，此簡或亦在宣帝時。簡言平價每石得利六錢，則每石價或且逾六錢。又按居延簡：『黍米二斗，直錢卅』(三二)三六、七。卽黍每石爲一百五十錢。又：『粟一石，直一百一十。』(一七八)一六七、二。『出錢二百廿，糴粱粟二石，石百一十；出錢二百一十，糴黍粟二石，石百五；出錢百一十，糴大麥一石，石百一十』(三七三)二一四、四。此三簡雖不能定爲同時之物，然大抵俱爲西漢末年者，相差亦不致太遠。卽所有穀價均較百錢一石稍多。故西漢末年穀價，在邊郡大致應爲百錢以上一石較東漢一般標準仍相差不遠也。至於穀統指米春者而言，已春者統曰米，而穀之類別則爲粟(粱及黍)秫，稷之屬，穀與米之比例，則如居延簡：『粟一斗得米六升』，(二〇五)一一〇、一四。可知其大致也。

穀　　類

六年卒田石得穀　　一九、三五

六月餘穀二千六百五十一石四斗　其四石☒　一八二、四三

董次入穀六十六石直錢二千三百一十　入錢二千一百八十七

・凡錢四四千百八十七　三〇三、三

十二月餘穀十石　四六七、一

通望戍卒宋晏　迎穀肩水　廩五月廿六日入　五〇五、一四

・凡入穀四石九斗二升　其二石五斗二升粟　二石四斗榜稷　二一五、一三

出穀卅七石七斗　其卅七石七斗麥　十石粟　以食肩水斥候騎七十九人馬十六匹粟三百卅五石　三〇三、二三

　　　　以上穀

粟三百卅五石　三一〇、一〇

出白米八斗　三三五、一五

入粟五十石　受第二丞萬年　一九、一〇

今餘粟五百五☒　五二三、一三

黃米一石以付從君舍　一二六、二三

☑粟會水　五一四、四七

米一石九斗三升少　廩□谷隧卒秦詔方六月食　一七七、三〇，一七七、一九

　凡出粟三十三石　給卒驛小史十人三月食　四一三、三

右吏四人　用粟十三石三斗三升少　二〇三、一〇

入粟大石百石　車四兩　弓□　尉史李宗將　一二二、六

餘□四斗　糶粱粟二石　多餘安在　五五、三，五五、一五

☑□受錢六百　出錢二百廿糶粱粟二石石百一十　出錢二百一十糶黍粟二石石百五

出錢一百一十糶大麥一石石百一十　三一四、四

壬寅出十斗董倩出五斗八升米王少史出三年二升米　一六〇、七　（面）

凡四人食十六斗米　一六〇、七　（背）

　　以上粟米及粱

出麥廿七石五斗二升　以食斥候驛馬二匹五月盡八月　三〇二、一二

出積麥二石六斗　以候☑　三八七、二三

出麥卌一石　以食肩水卒九月十五食少十五石食九月入　一〇二、一〇，一〇二、一一

　出麥七石八斗　以食吏吏私從二人六月盡八月　三〇三、九

　出麥五百八十石八斗八升　以食田卒劇作六十六人五月盡八月　三〇三、二四

麥一石九斗三升少　以食庫充隧卒田事所八月食　一〇、三

　出麥二石　以廩水門隧卒王緤五月食　二五三、一〇，二八四、一四

□斗積麥　二七四、二五

　出積麥二石六斗　以廩乘胡隧卒□☑　二五三、六

　　以上麥

黍米二斗　直錢卅　三六、七

　入糜十二石　四月庚戌長掾☑　一四、四五

　出糜百四十斛　用　十二月□☑　四九八、三

　史杜君榜糜卅石　其十五石廩柱馬食十五石　廩候長候史馬二匹吏一人閏月食餘四斗

　見　五〇七、三

凡入穀四石六斗二升　其二石五斗二升粟　二石四斗穬穄　三五、一三

☐月十三出穬穄三石三斗三升少　卒☐弓始☐穬穄三石☐　一〇三、四八

秫☐大石二石　令史張卿受郭☐　槖佗☐☐☐十月☐　二六九、一二

出𥣬二斛　元和四年八月五日傭人張季元付平望西部侯長憲　敦煌簡稟給十六

入二年糧　粟百五十六石　穬穄卌一石　☐田二頃十七畝　十月戊寅倉☐里☐龍勒萬

年里索良　敦煌簡稟給十七

　　　以上黍𥣬秫及穬穄

胡豆四石七斗　三一〇、二

　　　以上豆

入茭二百束　三四一、二一

☐錢六　三月丁巳任時賣茭一束　河東卒史武賀取　二六九、三

用茭十二束　用穀八斗四升　五六〇、九

☐掾辰　出茭卌束　食得馬八匹　出茭八束　食牛　三二、一五

☐茭千五百束　十一月☐　三三〇、一〇，三三〇、一一

　　　以上茭

以上為穀食之例，其詳見釋文錢穀類，卷二，三十至七十九葉。今不悉舉。就其所見多寡之次數言其大略，除穀為通名不計外，以粟麥為最多。其次為穬穄，黍及秫。再次為秫及豆。惟無稻耳。案今張掖高臺附近猶可為稻，然僅限於龍首山以南，可以屏蔽北風之地，漢世當仍為粟麥田也。今所論在求諸穀之同異如何，以證上引諸簡。

其一，禾粱與粟為一物。

劉寶楠釋穀曰：『詩七月：「黍稷重穋，禾麻菽麥，」春秋莊二十八年「大無麥禾」漢書食貨志，董仲舒曰：『春秋他穀不書，至於麥禾則書之，以此見聖人於五穀最重麥禾也。』管子封禪篇：「鄗上之黍，北里之禾」。呂氏春秋本味篇：「元山之禾」。任地篇：「今茲美禾，來茲美麥」。審時篇：「得時之禾」。淮南地形訓：「維水宜禾，中央宜禾」。說文：「禾嘉穀也。二月始生，八月而孰，得時之中，故謂之禾。禾木也，木王而生，金王而死，從木，以象其穗。」是禾為諸穀之一也。考之經傳，言穀必及

禾，否則舉禾實則曰粟，舉粟米則曰粱，俗稱小米。後世誤仞粱稷爲一物，於是禾之名幾不知所歸，禾之實不知所指矣。』按稷當與穄爲同類之穀物，而粱禾則小米，故非一物也。今按劉說是也。左傳隱公三年『夏四月鄭祭足取溫之麥，秋又取成周之禾。』四月麥熟，八月禾熟，種麥之田卽種禾之田也。雖溫洛地殊，而其田則爲同類矣。粟米之爲物，說文云：『粟嘉穀也，孔子曰，粟之爲言續也』。『米粟實也，象禾實之形。』春秋繁露實性篇，米出於粟，而粟不得謂米。』春秋說題辭曰：『粟之馬言續也。粟五變，一變而陽生爲苗，二變而秀爲禾，三警而粲然爲粟，四變入臼米出甲，五變而蒸飯可食。』御覽八百四十引。淮南繆稱曰：『夫子見禾之三變也……曰我其首禾乎？』許愼注云：『三變始於粟，粟生於苗，苗成於穗也。……禾穗垂而向根，君子不忘本也。』故屬於禾者，曰苗，曰秀，曰禾，曰實，曰粟，曰米，曰飯。凡古人之米之飯，以出於粟者爲主，粟田又兼種麥，故簡牘所記，粟麥最多，此正可與劉氏之言相應也。

又按說文：『粱米名也。』史記太史公自序曰：『糲粱之食，藜藿之羹。』索隱：『服虔曰：糲，麤米也。三蒼云，粱好粟也。』漢書霍去病傳：『重車餘棄粱肉。』師古曰：『粱粟類也，米之善者』。曲禮：『曰凡祭宗廟之禮，黍曰薌合，粱曰薌萁，稷曰明粢，稻曰嘉蔬』。孔疏曰：『粱黃粱白粱也。』又史記孟嘗君列傳，史記禮書，漢書朱邑傳，亦皆稱米之善者爲粱。據前引(九十八)葉一條，言『府君以下』，是知府君以下皆食積粟矣。又前引說文粱爲粟實，而曲禮孔疏則言粱爲黃粱白粱，則前引第(五十二)葉一條之黃米，亦是指粟實之黃者言，當可知也。然粱既指好粟之米，其引申之義遂可泛指一切好穀。廣韻粱字注曰：『稻粱也，廣志曰遼東有赤粱，魏武以爲粥也。』漢書郊祀志：『王莽種五粱禾於殿中。』師古曰：『五色禾也。』當指五穀之殊色者而言。崔駰七發：『元山之粱，不周之粟，』粱粟並稱乃辭賦中故避重字，似仍爲一類。若吳韋昭國語注：『稯稷粱也』，此自後起引申之義與遼東赤粱意同，故九穀考謂其『顯與經相戾矣。』

居延簡云：『黃君糒五斗』，(一八八)三二、二六。『右米糒』。(二四三)八九、四。今按說文：『糒乾飯也』。飯字各本脫，今依段玉裁注據李賢明帝紀注，隗囂傳注，李善文選注，玄應書，諸書所引補。糒爲軍中所用見漢書李廣傳。糒之形略如粗沙，

太平御覽五十引辛氏三秦記云：『河西有沙角山，其沙粒粗，有如乾糒。』水經河水注引段國沙州記云：『望黃沙猶若人委乾糒於地，都不生草木。』河西青海之沙色兼黃赤，粟飯之乾者，其色近之。簡言米糒，自應為粟米所成之飯矣。

其二，黍穄與穄穄同，劉寶楠釋穀云：『說文「禾嘉穀也」。『黍禾屬而黏者也，以大暑而種，故謂之黍』。夏小正：「五月初昏六火中，種黍菽穄」。尚書大傳：並考靈曜，淮南子，說苑云：「大火中，種黍菽」。易革之恆云：「六月種黍，歲晚無雨」。九穀考云：「呂氏青秋任地云，日至樹麻與，菽麻生於二三月，夏至後則刈麻矣。今云日至樹麻，其為樹穄之譌無疑。說文獨言大暑而種，蓋言種黍之極時，其正時實夏至也。氾勝之種植書種者必待暑，與說文同，亦以極時言之。」案農政全書引氾勝之書曰：「先夏至二十日，此時有雨，彊土可種。」又引齊民要術言：「種黍穄之法，三月上旬首種不入。』鄭注：『舊說首種謂稷』。疏云：『案考靈曜云：日中星鳥可以種稷，則百穀之類，惟稷先種，首邸先也，種在百穀之先也。』若穄為稷類，則穄當首種也。

又按說文：『穄穄也。』一切經音義長阿舍經卷四引蒼頡篇曰：『穄大黍也，似黍而不黏，關西謂之穄。』玉篇：『穄關西穄，似黍不黏。』篆隸萬象名義：『穄，似黍不黏，』『穄，亡皮之穄。』蓋亦本於玉篇原本者。王引之廣雅疏證釋草：『引之案，今北人呼穄為穄黍，亦稱穄子，穄稷音相似而不同。雖今江淮之間亦稱穄米，無作稷者。蘇恭所言楚人謂之稷，恐楚人自是呼穄，蘇氏誤聽以為稷耳。稷種於孟春，故月令謂之首種，穄與黍五月始種，故齊氏要術云夏種黍穄，穄之不得為稷明矣。李時珍以穄為稷，以穄為黍，穄穄一物而二之此則蘇恭未有之誤，不足深辨者也。。』然九穀考以稷為高粱則仍非是，近來 Michæl J. Hagerty 在哈佛亞洲學報一九四一年一月號中曾有考證，就中外材料，申明高粱乃外來穀物，原名為蘆稷者，可參證也。

說文：『穄穄穀名』。廣雅：『穄，穄，穄穄，穄也。』玉篇：『穄穄穄名。』故穄穄與穄為同物也。據以上之引證，黍應分為二類，其黏者謂之黍，其不黏者謂之穄，穄之別名則為穄及穄穄也。

至說文：『黍禾屬而黏者也。』禾仍指粟，與黍略異。蓋黍與粟俱為黃色細粒，

惟黍大而先澤耳。依九穀考之解釋，黍與粟之別在穀穗，黍穗較舒散而勁直據月

令鄭注。而粟穗則粒粒相聚，垂穎向根。據淮南子許往。而其實仍相類也。

簡中所記之麥卽今之大麥，胡豆但知爲菽類，其詳未敢斷言也。

牛 犂

者以道次傳別，書到相牛，大司農調受簿編次，不辦者☑　一二二、二一

　　漢書食貨志云：『以趙過爲搜粟都尉，過能爲代田，一晦三甽……用耦犂二牛

　　三人，一歲之收常過縵田晦一斛以上。……民或苦牛少，亡以趣澤。』注，師古

　　曰：『趣讀苦趣，趣、及也，澤、雨之潤澤也。』蓋趙過之法始行於三輔太常，

　　其地雨澤不足，必當及時而耕。代田之法異於縵田者爲深耕，故功勞而時緩，幸

　　有雨澤，更須及時犂就，因之用牛更當多爲縵田矣。自武帝時始爲代田，用牛遂

　　多於前代。此詔爲行於邊郡者，令邊郡相牛之善者，由大司農受簿編次，蓋亦爲

　　農事也。大司農調卽非調，見於百官表及溝洫志，其爲大司農在元成間。

服 御 器

將軍器記　大案七　小案七　圈五　大杯十一　小杯廿七　大槃十　小槃八　小卮二

大卮二　大權二　小權二　具目二　桱桯二　衣篋三　二九三、一，二九三、二

故畫一千三　墨畫千四　羹干一　故中絮一　□□櫝五十其五枚破　赤墨畫代二亞其

一枚破　墨著大梠廿　八六、一三　(面)

大篋一　狗三枚大小　氏一具　故黑墨小梠九　故大梠五楔故　蕙孫坐四　書篋一

寫婁一封完　八九、一三　(背)

器踈　緩耳一　更于一　弓二　笱一　鉊一　酒梠十　小置梠十　卮一　顀一　盆二

斗去盧一　二斗去盧一　小盆一　贊一　□二　蓋二　炊帚一　菷一　稱主各一

二一〇、一八

鎧鐙鉊各入橐矢　二三一、九六

　　以上見釋文卷三、一至二十九葉。

以上爲服御器之簿錄。其器目與漢明器種類略同，可知生人服御所用，與下里葬物大都相類，蓋漢時死者所葬，亦卽生人所用，從樂浪諸冢之遺物題識可以徵知也。後漢書禮儀志下：『東園武士執事下明器。筲八盛客三升，注，鄭玄注旣夕曰：『筲器種類也，其容蓋與簋同。』黍一，稷一，麥一，粱一，稻一，麻一，菽一，小豆一。甕三，容三升，醯一，醢一，屑一。注鄭玄注旣夕曰：『屑薑桂之屬。』黍飴載以木桁，覆以疏布。甒二，容三斗，醴一，酒一，載以木桁，覆以功布。瓦鐙一。彤矢四，軒輖中亦短衞，彤矢四，骨短衞。注：『旣夕曰，猴矢旣夕曰：『槃匜盥器也。』杖几各一，蓋一，鍾十六，無虡。鎛四，無虡。壎一。簫四。笙四。篪一。柷一。敔一。瑟六。琴一。竽一。筑一。坎侯一。干戈各一。笮一。甲一。胄一。注：『旣夕謂之役器，鄭玄曰笮矢服。』輓車九乘。芻靈三十六匹。瓦竈二。瓦釜二。瓦甑一。瓦鼎十二，容五斗。匏勺一，容一斗。瓦案九。瓦大杯十六，容三斗。瓦小杯二十，容二升。瓦飯槃十。瓦酒樽二，容五斗。匏勺二，容一斗。』此帝王殉葬之器，定制如斯，實際應更附有平生用物，當較此爲侈。然從此可推知生人服御器之大略也。其由發掘得之者，則樂浪王光墓有案七，几一，果盤七，飯盤四，耳杯五十 高杯一，杓一，匕一，洗一，圓奩三，方奩二，合子一，匣蓋一，大匣一。』樂浪彩篋塚前室有『彩畫漆奩一，漆大案，大漆耳杯八，彩文漆匣一，彩文漆卷筒二，漆椀一，水漆耳柸七，金銅扣漆奩一，硯及漆硯臺一，漆盤附漆匙一，漆車輞三，金銅扣漆壺一，漆文漆案一，彩酌一，金銅扣小奩一，漆玉案一，漆小酌一。』石巖里古墳則有：『居攝三年銘漆盤二，大利銘漆耳杯一，雕文漆匣一，漆案三，博山爐一，漆盤七，一樂，骨鏃短衞。鄭育曰：猴猶侯也，侯物而射之矢也。四乘曰乘，骨鏃短衞，亦示不用也。生時猴矢金鏃，凡爲矢五，分笴長而泊其一。通俗文曰，細毛猴也。』彤弓一。卮八。牟八。注，鄭玄注旣夕曰：『牟盛湯將水。』豆八。籩八，形方。酒壺八。槃匜一具。注，鄭玄注漆耳杯八，雕文漆扇壺一，異形狀漆器一，銅洗一，元始四年漆耳杯一，殘漆耳杯一，獸銜環飾大型漆匣一，六角形漆器把平一，鐵提梁一，居攝三年銘漆耳杯一，雕文漆匣蓋一，無文漆匣身一，漆奩一，馬脚形漆器脚二。』金陵大學所藏之長沙古物，據三十二年出版目錄，則有漆羽觴(卽耳杯)，漆盒，銅鐙，銅鍾，銅方壺，銅

圓壺，銅薰爐，銅鬲，殘奩奩銅鏡，銅行鐙，銅鼎，銅帶鉤，鐵劍，鐵鐙，石鼎，石圓壺，名方壺，石豆，石羽觴，石圓盤，石方盤，石盂，石盅，石鍾，石簠，石舂，石硯，石勺，陶壺，筶物。以上所列明器與簡中所記，略有同異，然大致類屬相近，由發掘之遺物觀之簡中諸物之形制亦大致可以推想也。簡中各物以杯爲最多，樂浪發現者亦以耳杯爲最多，與此應屬同類之物。耳杯之名原爲日本人發掘後就形製而命之者，其上未刻有器名。金陵大學目錄更爲羽觴。羽觴一名雖爲漢人舊有，然是爵而非杯。漢書外戚班倢伃傳：『酌羽觴兮銷憂。』注：『師古曰酒行疾如羽也。孟康曰，羽觴爵也，作生爵形，有頭尾羽翼。如淳曰，以瑇瑁覆翠羽於下，徹上見。師古曰，孟說是也。』漢人既未以羽觴稱杯，則今人以羽觴稱杯，殊爲鄙俗可笑。若以漢代通用之名爲命名之準則，則寧取漢簡所稱之桮或置桮，似較爲得實也。圈卽杯圈之圈，孟子作棬，禮記作圈，實一物也。更于應卽錞于，周禮地官鼓人『以金錞和鼓。』注：『錞，錞于也，圜如碓頭，上小下大，錞和鳴之，與鼓相和。』蓋以節鼓者。淮南兵略篇：『兩軍相當，鼓錞相望。』注許慎曰：『錞，錞于，大鐘也。』是知錞于乃用於行陳者矣。今按漢塞所記，但稱曰于，或作錞作于本無一定歟？去廬卽凵盧。說文凵部，『凵盧飯器，以柳作之，象形』。『筥，凵，或从竹，去聲。』又四部，『盧飯器也。』段玉裁曰：『士昏禮注，「筥，竹器而衣者，如今之筥笠簠矣，筥筌簠二物相似」。筥簠卽凵盧也。方言，「籇，趙魏之郊謂之去簇。」注：『盛飯筥也。』錢大昕曰：「去簇，卽凵盧也」。』簡文作去廬，正是此物。其物據說文去以柳爲之，塞上多種柳叢，蓋卽以其枝編之矣。賓蓋鑌之省文。鉊據說文金部云：『鉊，大鐮也从金臺。聲鐮或謂之鉊，張徹說。』廣雅：『划鉊刢劖鏉鐵鐮也。』方言：『刈鉤，江淮陳楚閒謂之鉊，或謂之鉊，自關以西或謂之鉤，或謂之鐮，或謂之鍥。』管子輕重巳篇：『鉊鈇乂橿。』是稱鐮爲鉊乃關以東語，則此器疏常是關東戍卒所記矣。

酒 與 酒 價

所得酒飲之。招奴對曰：從廄徒周昌取酒一石，昌和沽酒一石，招取 （二三三）一九八、

一三

佐博受新賣酒二石　　(三一)二三七、九

按漢代二斗，據劉半農先生依莽量測定者爲約數四千立方公分。若以一立方公分
之水重一公分計，則四千立方公分之水約重四公斤，合市制八市斤，酒雖較輕，
然相去不致太遠 。 是漢人立約，固爲豪飲 ， 非今時所能想像者矣。漢人好飲之
事，其見於文獻者亦多，今具述之以明漢俗。高紀屢言高帝貰酒及被酒，景紀後
元年，因旱禁酒 ， 復令酤之。武紀天漢三年， 初榷酒酤。昭元鳳元年，賜孝弟
羊酒。文紀『賜民爵一級，女子百戶牛酒，酺五日。』王莽傳：『莽休沐出振草
騎，奉羊酒，勞遺其師。』又：『置酒未央宮。』佞傳：『富平侯張放，淳于長始
愛幸，出爲微行，行則同輿執轡，入侍禁中，設宴飲之會，及趙李諸侍中，皆引
滿舉白，談笑大噱。』項籍傳：『宋義引酒高會。』盧綰傳：『高祖綰同日生，里
中持羊酒相賀兩家。』劉澤傳：『居數月，田生子請張卿臨，修具，張卿往見曰
生，帷帳具置如公侯。張卿驚。酒酣，廼屏人說張卿。』季布傳：『人言其勇，
使酒難近。』齊悼惠王傳：『孝惠二年入朝，帝與齊王宴飲太后前。』朱虛侯章
傳：『嘗入侍燕飲。』樊噲傳：『項羽曰壯士，賜之卮酒。』申屠嘉傳：『文帝嘗
燕飲鄧通家。』叔孫通傳：『羣臣飲爭功，醉，或妄呼，按劍擊柱。』袁盎傳：
『會天寒，士卒饑渴，飲醉西南陬，卒卒皆臥。』竇嬰傳：『孝王朝，因宴昆弟
飲，酒酣，上從容曰，千秋萬歲後傳王。』灌夫傳：『夫爲人剛直使酒。』田蚡
傳：『召客飲，坐其兄蓋侯北鄉，自坐東鄉。』中山靖王傳：『勝爲人樂酒好內。』
蘇武傳：『單于使陵至海上，爲武置酒設樂。』又：『李陵置酒賀武曰，今足下還
歸，揚名匈奴，功顯漢室。』司馬相如傳：『酒酣，臨邛令前奏琴曰，竊聞長卿
好之 ， 願以自娛。』又『牛酒』見公孫弘傳及汲黯傳。東方朔傳：『銷憂者莫如
酒，臣朔所以上壽者，明陛下正而不阿，因以上哀也。』又：『復賜酏一石，肉
百斤。』又：『微行始出，北至池陽，西至黃山，南獵長楊，東遊宜春，微行常
月飲酣己。』又：『上爲竇太主置酒宣室。』趙充國傳：『(辛)湯數醉酗羌人，羌
人反。』陳湯傳：『令縣道具酒食以過軍。』疏廣傳：『廣旣歸鄉里，日令具設酒
食，請族人故舊賓客，與相娛樂。』于定國傳：『定國食酒至數石不亂。』又：

『子永嗣，少時耆酒多過失，年且三十，乃折節修行。』平當傳：『乞骸骨，……上報曰……賜君養牛一，上尊酒十石。（注如淳曰：律。稻米一斗得酒一斗爲上尊，稷米一斗得酒一斗爲中尊，粟米一斗得酒一斗爲下尊。沈欽韓疏證曰：造酒法詳齊民要術，稻粱穄黍粟，各有釀法，其厚薄之齊，即爲上中下之差。』王吉傳：『昌邑王……使謁者千秋賜中尉牛肉五百斤，酒五石，脯五束。』龔勝傳：『詔曰，朕閔勞以官職，其務修孝弟以敎鄉里，縣次具酒肉食從者及馬，長吏以時存問，常以歲八月賜羊壹頭，酒二斛。』丙吉傳：『吉馭吏耆酒，數逋蕩，嘗從吉出，醉歐丞相車上。』龔遂傳：『王生日飲酒，不視太守會。』游俠陳遵傳：『遵耆酒，……大率常醉，然事亦不廢。』游俠原涉傳：『嘗置酒請，涉入里門。』後書來歙傳：『於是置酒高會，賜歙班坐絕席，在諸將之右。』馮異傳：『詔異歸家上冢，使太中大夫齎牛酒，令二百里內太守都尉已下宗族會焉。』寇恂傳：『乃勅屬縣盛供具儲酒醪。』臧宮傳：『陳兵大會，擊牛釃酒。』又：『至吳漢營飲酒高會。』陰后紀：『永平三年冬帝從太后幸章陵，置酒舊宅，會陰鄧故人，諸家子孫，並受賞賜。』馬武傳：『每勞饗賜諸將，武輒起接酌於前。』又：『武爲人嗜酒，闊達敢言，時醉在御前面折同列。』劉寬傳：『常於坐被酒睡伏。』劉寬傳：『嘗坐客遣蒼頭市酒，迂久大醉而還，客不堪之，罵曰畜產。』張綱傳：『綱乃單車入嬰壘大會，置酒爲樂。』吳良傳：『初爲郡吏，歲且與掾史入賀，門下掾王望舉觴上壽太守功德。』班超傳：『悉會其吏士三十六人，與共飲酒酣，因激怒之。』周燮傳：『詔書告二郡歲以羊酒養病。』桓榮傳：『（桓彬）未嘗與（馮）方共酒食之會。河間王傳：『碩耆酒多過失。蔡邕傳：『將就還，五原太守王智餞之，酒酣，智起舞，屬邕，邕不爲報，……智銜之。』周舉傳：『三月上巳日，（梁）商大會賓客，讌於洛水。舉時稱疾不往。商與親暱飲極歡。』盧植傳：『能飲酒一石。』趙岐傳注引三輔決錄：『岐娶馬敦女宋姜爲妻，敦兄子融嘗至岐家，多從賓，與從妹宴飲作樂，日夕乃出，過問趙處士所在，岐亦屬節不以妹壻之故，屈志於融也。』郅惲傳注引東觀記：『汝南舊俗，十月饗會，百里內皆齎牛酒到府飲。』操以上各條具見漢代宴會以置酒爲主，而牛羊雞黍皆下酒之物，是無怪中人立約，亦沽酒二斗矣。至善飲之士雖世所常見，然漢代之飲酒一石，

約合市衡四十斤，倘非言增其實，卽非恆人之所能有也。

又按敦煌簡十錢二斗之酒價，今更以文籍比證之。昭紀始元六年：『罷榷酤官，令民得以律占租，……賣酒升四錢。』沈氏疏證云：『按漢初酒買如是，至唐貞元二年，每斗榷百五十錢，則民沽酒每斗不下二三百也。杜甫詩，速宣相就沽一斗，恰有三百青銅錢。黃鶴曰眞宗問唐時酒價，丁晉公以此詩對。宋史食貨志，小酒每升自五錢至三十錢，有二十六等。大酒自八錢至四十八錢，有二十三等。自政和以後，屢增酒錢，通考紹興三年添酒錢每升作一百五十文。孝宗乾道八年，知常州府劉邦瀚言，江北之民困於酒坊，至貧之家不捐萬錢則不能舉一吉凶之禮。葉適平陽縣代納坊場酒錢記曰：嘉定二年浙東提舉司言，溫州平陽縣鄉村坊店二十五，停閉二十有一。……蓋官自榷酒課日增，抑員不足徵額，其弊自宋而極矣。』沈氏所舉唐宋之制，其衡量及酒之原料及作法，皆不同於漢，而穀價亦與漢相殊，若以唐或宋之一斗一升卽漢之一斗一升，誠爲大誤。然今制一斗當漢五斗，唐宋之制尙小於今制。而唐之一斗三百貴於漢制者六十倍，若約略言之謂唐宋酒價增於漢，則無誤。若謂唐一斗酒當漢酒若干，宋一斗酒當漢酒若干，則此篇但考漢事，唐宋制但取作例證，不爲詳考也。又據漢簡二斗十錢，昭紀升酒四錢之升字，當爲斗字之誤，漢人書升字作升，而斗字作升，其差甚爲細微。稍一不愼，甚易鈔誤。簡言十錢買酒二斗，則每斗爲五錢。昭紀所言酒價乃就其康者而言，不應較漢簡所記，貴至八倍；若升字爲斗字之誤，則較簡中酒價尙少一錢，卽無疑竇矣。又按如淳注，漢人約爲一斗穀作酒一斗，加以人工，酒價應倍於穀價。若以斗酒五錢計，則穀每石應爲二十五錢。若以升酒五錢計，則穀每石應爲二百五十錢矣。按宣帝時穀價，本始元康間約爲五錢至八錢。神爵時金城湟中穀最貴，至石百餘。昭帝時天下承平，以斗酒四錢計，穀石二十錢，甚爲合理。是據敦煌一簡不惟可勘出本記誤字，且史不言昭帝穀價，從此亦可以知其大略矣。

塞 上 衣 著 一

方秋天寒，卒多無私衣。四七八、五。

陽朔元年五月乙未朔，丙辰。殄北守塞尉廣，移甲渠候長書曰：第二十五隧☑責殄北隧長王子恩官袍一領，直千五百錢。餅庭卒趙回賣殄北備寇☑　（面）

尉史宣，博　（背）（三七四）一五七、五。卷一，第三十九葉。

二月戊寅，張掖太守福，庫丞熹兼行丞事。敢告張掖農都尉，護田校尉。府卒入謂縣，律曰臧官物非錄者→以十月平賈計。案戌田卒受官袍衣物，貪利貴買賤，乃貧困民，不禁止，淆益多，又不以時驗閱。四、一。

邊塞阻遠，屯戌旣久衣履咸敝。漢書賈誼傳稱：『淮南之地遠者或數千里。……而縣屬於漢。其吏民繇役往來長安者，自悉而補，中道衣敝。錢諸用費稱此。』長安且然，況復邊塞？是以戌卒多無私衣也。王莽傳：『言戌卒不交代三歲矣，穀常貴，遣兵二十萬人仰衣食。』仰衣食者，卽指官衣官廩而言，自漢已然，原非莽制，此特言之者，謂穀常貴，而二十萬人衣，食為難耳。據以上三簡，塞上衣著不易，戌卒多無私衣，而官袍之舊者，戌卒復往往貴其值以賣之。然亦可見官袍旣以與戌卒，卽得賣之，不更繳還也。

塞上衣著二

昌邑國邬良里公士費塗人年廿三　袍一領　枲履一兩　單衣一襲　絝一兩
（一九、三六）

襲八千四百領　絝八千四百兩　古六月甲辰遣□……常韋萬六千八百　（四一、一七）

田卒淮陽郡長平長平里公士李休年廿九　襲一領　絝一兩　犬絑一兩　私絑一兩　自取　（三〇三、三四）

田卒淮陽郡長平容里公士稊縮年卅　襲一　絝一　犬絑一　介史賈贊取　（三〇三、四六）

田卒淮陽郡長平北朝里公士李宜年廿三　襲一　絝一　犬絑一　賈贊取　（五〇九、六）

田卒淮陽郡長平東洛里公士尉充年卅　襲一領　絝一兩　私單絝一　私絝練　犬絑一兩　私絑二兩　賈贊取　（五〇九、七）

緼復襲，布復褘，布單襜褕各一領。布單絝，布幒，草履，枲履各　……（八二、三四）

十月十日鄣卒張中功貰買卓布章單衣一領　直三百五十三　堠史張君長所　錢約至十二月盡畢已　卒史臨　掾史解子房知券　（二六二、一九）

魏華里大夫曹□　皁布複袍一領　皁布□襌衣一領　練複襲襲一領　皁布複絝一兩
(一〇一、二三)

以上爲見於居延漢簡者，而見於敦煌漢簡者，亦有：李龍文袍一領　直三百八十一　襲一領　直四百五十　封里段干修袍一領

布復袍一領，練復襲一領，㠟履　襲一領　㠟履　卒趙襄　單衣一　見、　十月乙丑出

流沙墜簡器物類，王國維考釋曰：

右四簡雜記衣服事。袍者，衣之有著者，玉藻：『纊爲繭，縕爲袍』是也。衣之有著者必具表裏，其無著則有複有單。複者謂之襲，謂之袷。單者謂之綱，亦謂之襌衣，單衣卽襌衣也。袜與韤同。淮南子說林訓：『均之縞也，一端以爲冠，一端以爲袜，冠則裁致之，袜則展履之。』後漢書禮儀志：『絳絝韤袜』。皆使袜。釋名：『韤末也，在脚末也。』二兩者一變，古人履與韤皆以兩計也。

今案衣之有著者卽今人所稱絲綿袍是也。然古之絲綿之類別又與今異。今之絲綿皆新絲所成，由繭而製，則今之所謂袍，古之所謂纊也。纊較袍爲煖，左傳稱『三軍之士，皆如挾纊』者是已。縕則由廢綿所製，故論語稱：『衣敝縕袍與衣狐貉者立，而不恥者，其由也歟』？廢綿由舊縒帛漂水爲絮以製成，卽莊子所言之洴澼洸，中國造紙之發明，實亦由此而漸進者也。

襲與袍之不同，雖由於無著與有著，然漢簡中有『布復袍』一語則布之復者亦得稱袍，不盡由於著之有無。蓋襲與袴每連稱，則襲者短衣之謂。王國維之胡服考言之已詳。則袍者自是長衣，不論有著與無著，惟有著但稱爲袍，無著者稱爲複袍而已。袍之單者，則稱爲襌衣或襜褕，不稱爲袍也。

襲亦可有著，如居延簡：

練襲一領，表裏用帛一匹，糸絮。(二〇五、四五)

是襲亦有實絮者，糸絮者言用絲爲絮，非舊絮，亦非用麻爲著也。

袜有稱爲犬袜者，不知何意。或是犬皮所作之袜，塞上苦寒，得此用以保煖，今西北尚有人用『狗皮韤子』或亦與此同類之物也。

衣著多由內地寄以塞上，然後由戍卒自取，所言貫贊取者，言委託他人代取也。

簡中『自取』或『取贊取』之字跡，與以上之記錄非出一手，蓋取到時取物之本
人或代取物者所記，此亦簽收之類矣。

縑　帛

出廣漢八稷布十九匹八寸大半寸直四千三百廿給吏百石一人元鳳三年正月盡六月積六
月　三〇三、三〇，九〇、五六

出河內廿兩帛八匹三尺四寸大半寸直二千九百七十八給使史一人元鳳三年正月盡九日
積八月少半日奉　三〇三、五

受六月餘河內廿兩帛　正月入三□二尺少半尺直萬三千五十八　五〇九、八

官使姅橐　用布三匹　系絮三斤十二兩　五〇五、三三

今册餘七稷布☒　二六八、五

費縑一直錢八約至□☒　一六三、三

廉敞貰縑三匹券在宋始☒　一五五、一三

皁一丈六尺直十九　白☒　一五六、三四

貰賣鷄綏一匹直千廣地隧長孫中前所平者　一二、二七

十石入買練一匹至十月中不試□毋房　練丈□民☒

一八五、一五，二七、一〇

戍卒魏郡貝丘功里楊通　貰賣八稷布八匹匹直三百卅並直八百册□富安里二匹不實買
□□　常利里淳于中君　三一、二〇

以上爲布帛之記載，敦煌簡亦有之，例如：

任城國亢父縑一匹，幅廣二尺二寸，重廿五兩，直錢六百一十八　器物類五十五
此文卽書在縑上。王氏國維考釋云：『右三十一字書於縑上案任城國章帝元和元
年建，亢父其屬縣也。縑者，說文云：「並絲繒也」。幅廣二尺二寸爲幅，長四丈
爲匹。鄭注鄉射記云：「今官布幅二尺二寸」。說文云：「匹四丈也」。淮南天文訓
云：「四丈而爲匹」。則漢時布帛修廣，亦用此制也。直錢六百一十八者，亦漢時
縑價，風俗通所謂「縑價數百錢，何足紛紛者也。」又考後漢光武十王傳，順帝
時羌虜數反，任城王崇輒上錢帛佐邊，故任城之縑得遠至塞上歟？』

今據前列居延簡及敦煌簡，就匹法，縷法，帛價，產地等，分述之。

漢書食貨志引古記云：『太公爲周立九府圜法，布帛廣二尺二寸爲幅，長四丈爲匹。』此雖言周制，然漢制實與此同，故不重述漢制也。又古記言幅與匹之長，皆兼布帛而言，漢以後亦皆如此。魏書食貨志：『舊制民間所織絹布，皆幅二尺二寸，長四十尺爲一匹，六十尺爲一端，令任服用。後乃漸至濫惡，不依尺度。高祖延興三年秋，更立嚴制，令一準前式。』宋書沈慶之傳：『年八十，夢有人以兩匹絹與之，謂曰：「此絹足度」寤而謂人曰：「老子今年不免矣，兩匹八十尺也，足度，無盈餘矣。」是歲果卒。』是南北朝匹法俱定爲四丈也。至於唐代，略有改定。唐六與金部郎中員外郎條下：『凡縑帛之類，必定其長短廣狹之制，端匹屯綟之差。』注：『羅，錦，綾，段，紗，縠，絁，紬之屬，以四丈爲匹，布則以五丈爲端。』此唐代布帛之匹法，帛爲四丈，布爲五丈，與漢稍異。然據王國維釋幣所考，則北朝常不依定制，唐之五丈法，當從此出。金元以後，廢絹布之征，布帛之修廣，尤循當時之便利，不依前制矣。

唐人稱帛以匹，稱布以端，漢人則不如此。上引居延簡即以匹稱布，而古詩『貽我一端綺』亦以端稱帛。按左傳昭二十六年云：『齊侯將納公，命無受魯貨，申豐受女賈，以幣錦二兩，縛一如瑱，適齊師。』杜注：『二丈爲一端，二端爲一兩，所謂匹也。』又周官媒氏鄭注及小爾雅，亦以二丈爲端。此皆漢魏人言，未知是否有當於古，然漢魏之制若是，固可知者。

布帛之縷法，帛以兩計，布以稯計。兩之算法蓋依重量，今日生絹生紬尚有其重以計值者。據敦煌簡言匹重廿五兩，則居延簡之廿兩帛，亦當爲一匹重廿兩也。其以稯計者，則見於說文之：『布之八十縷爲稯，五稯爲稀，二稀爲秅。』稯亦作緵，史記景紀：『後元二年，令徒隸衣七緵布。』張守節正義：『八十縷也。』我又作升。儀禮喪服傳：『冠六升。』鄭注：『布八十縷爲升，升字當爲登，登成也。今之禮經皆以登爲升，俗誤已久矣。』按布之升數即布縷精粗之別，本所以辨吉凶，儀禮喪服傳正義云：『總者，十五升，抽其半者，以八十縷爲升，十五升千二百縷，抽其半六百縷，縷粗細如朝服，數則半之，可謂總而疏，服最輕也。』清雷學淇古經服緯隱括喪服傳之大意云：『五等者：斬，齊，大功，小

功，緦衰。十有三者：斬衰，正服三升，義服三升半；齊衰，降四升，正服五升，義服六升；繐衰，四升半；大功，降服七升，正服八升，義服九升；小功，降服十升，正服十一升，義服十二升；緦則降義服，皆十五升，抽其半。』十五升抽其半者，言用十五升縷，其經則但用其半數，故其縷雖同於吉服，而布質則疏而薄也。今簡言給吏卒者，乃有八稯及十稯，在禮經雖爲大小功之凶服，然塞上衣難，早以之爲常服矣。

其布帛之價，據前引諸簡爲：

　　一、廿五兩緤一匹，直六百一十八。

　　二、廿萬帛八匹一丈三尺四寸大半寸，直二千九百七十八。

　　三、八稯布十九匹八寸大半寸，直四千三百七。

其數俱有奇零，未能適盡，不知何故。至其大略之數，則廿兩帛每匹當爲三百六十，八稯布每匹當爲二百二十。

就布帛之產地言，則有任城，河內，及廣漢。就其時代言，則任城之帛，在東漢時期，其餘當屬於西漢時期。今雖不能僅據之三條，遂謂此三郡國爲產布帛之地。惟此三郡國二在關東，一在巴蜀，俱爲漢代粟米布帛之鄉。拙著兩漢戶籍及地理之關係一文已略言之。見歷史語言研究所集刊本二分。是塞上布帛宜亦當取給於關東巴蜀，惟不能謂限於此三郡國而已。

襜褕

中不審日彌卒周利訽鎮曰：令史扈卿買錢皂服襜褕　（三八四）二八五、一九，卷一，第四十葉。

襜褕卽襜褕。釋名：『襦屬也，衣裳上下相連屬也。荆州謂襌衣曰布襦，亦曰襜褕，言其襜：宏裕也。』方言：『襜褕江淮南楚謂之襦褕，自關以西謂之襜褕，其短者謂之短褕，以布而無緣敝而紩之謂之襤褸，自關而西謂之祛褊，其敝者謂之緻。』故襜褕爲襌衣之一種，以其長短及敝否而有種種之異名矣。

襌衣者，夏小正傳曰：『襌單衣也。』方言：『襌衣江淮南楚間謂之褋，關之東謂之襌衣，有裒者趙魏之間謂之祛衣，無裒者謂之裎衣，古謂之深衣。』急就篇：『襌衣蔽膝布無袴。』顏注：『襌衣似深衣而褒大，亦以其無裏，故呼爲襌

衣』禮記玉藻：『禪爲絅，帛爲褶。』鄭注：『禪有衣裳而無裏。』說文：『禪衣不重。』釋名：『禪衣言無裏也，又無裏曰單』故禪衣卽單衣，有上衣下裳而無裏之稱，若衣與裳相連屬，則謂之襜褕。

古婦人衣上下連屬而男子則否，惟襜褕上下連屬有類於婦人衣。史記魏其武安侯列傳：『子恬嗣，元朔三年武定侯坐衣襜褕入宮不敬。』集解：『表云，坐衣不敬，國除。』索隱：『襜尺占反，褕音踰，謂非正若婦人服也。』此言若婦人服者，卽以其上下連屬也。以其上下連屬故其制爲通裁，非如深衣之猶別衣裳，特縫合之不使殊耳，故其裾直而不曲。說文：『直裾謂之襜褕。』晉書音義引字林：『直裾曰襜褕。』漢書雋不疑傳顏師古注：『襜褕直裾禪衣也。』漢書外戚恩澤侯表武安侯下：『元光四年侯恬嗣，五年元朔三年坐衣襜褕入宮不敬免。』顏師古注：『衣謂著之也，襜褕直裾禪衣也。』心就篇顏師古注亦作『襜褕直裾禪衣。』惟漢書何並傳師古注作『襜褕曲裾禪衣，』蓋涉筆偶誤，未足據矣。

漢世襜褕雖非禮服，然在常服中尙爲華貴者。何並傳：『(王)林卿迫窘，廼令奴冠其冠，被其襜褕自代。』東觀漢記：『段頍滅羌，詔賜錢十萬，七尺絳襜褕一具。』大典輯本。藝文類聚三十五引桓譚新論：『余歸沛，道疾，蒙絮被，絳罽襜褕，乘辭馬，宿東亭，亭長疑是賊，發卒夜來，余令吏勿鬪，乃相問而去。』說文：『絳大赤也』，後漢書馬融傳：『居宇器服，多存侈飾，常坐高堂，施絳帳。』蓋絳色亦爲侈飾之色也。張衡四愁詩：『美人贈我貂襜褕，何以報之明月珠，』襜褕本爲單衣，不得爲裘，貂襜褕言以貂飾襜褕，亦言其珍侈也。襜褕旣可以罽爲之，以貂爲飾，而可以被者，其形製正爲外衣。然以罽爲衣，飾以貂而被於外，實不應經典，頗疑其爲胡服也。

凡簡牘所記之衣服，曰襲，同褶。曰袴，曰袍，曰襜褕，曰單衣，而裳不聞焉。蓋軍中之制，牽取利便，無取於裳。王氏國維於流沙墜簡補釋及胡服考重申軍中袴褶之制原於胡服之義，其言是也。今案襜褕之制亦頗與袴褶爲同類，惟褶短而襜褕長，其源則一也。俄人科斯洛夫 (Col. Kozlov) 發掘庫倫附近古墓，其墓之時代與漢同時。其中出品據英人葉慈 (W. Perceval Yetts) 之 Links between Ancient China and the West. 所述云：『衣物甚夥，有一綠皮之絲袍及絲帽俱

完好無缺，惟多殘毀者，此或爲盜墓者之所致耳。外有寬窄袖俱備緣以黑貂之絲袍，帽及披肩等之殘片。』據向覺明先生譯本，附斯坦因西域考古記後。

此墓爲胡人之墓，其衣著爲胡服。據一九三二年列寧格勒所出之 Camilla Trever: Excavations in Northern Mongolia 圖版第二十二卽爲緣皮之絲袍及一毛織物之袴其絲。袍當卽葉慈所言及者，其制爲貫頭之衣，爲胡人之服，無可疑者。然其通裁之制及緣飾之皮，應與漢世襜褕之制有相侔之處。料漢世襜褕雖其源或出於古之深衣，然時移世易已失其朔。其後罽絲襜褕及貂襜褕等，雖就其名而言歸入古代深衣一類，而其裁製之風，必與胡人習尚有若干關係也。又千佛洞元魏供養人像，若八十三，九十三，二百十三，二百十五諸洞(張大千號)。男子所著皆紅衣至膝，或有被於外而緣以白皮者，則較長而亦爲紅色。其衣之短及膝者，蓋漢人所云褶，而其長衣緣皮者，蓋卽漢人所謂襜褕矣。

社

買芯冊束束四錢給社　(一二七)三二、一六　卷二，四十三葉。

官封符爲社市買□▨　(一三四)六三、三四　卷三，七十二葉。

入秋社錢千二百　元鳳三年九月乙卯□▨　(一八)二八〇、二五　卷二，三十三葉。

對祠具　雞一　黍米二斗　稷米一斗　酒二斗　鹽少半升(二九)一〇、三九　卷三、三十五葉

右四條俱爲漢人祠祀之事，前三條爲社，後一條未言是否爲社，然以社之作用言，似亦當屬於社者。居延雖遠處塞上，而社之信仰則已隨內地移民而至矣。

社之信仰爲華夏民族之基本信仰，其最早之起源及其發生之原因，在無確實之史料以前，不應多爲懸擬。至於與原始民族之圖騰崇拜或自然崇拜之原流互爲比較，縱能得若干假設，仍不足以取信。故今茲所考，以文籍著明者爲限。其所不知則不記也。

文獻相傳，社之名稱可以追溯甚早。在今存較早之文字中，甲骨文已有社之祠祀。王國維殷虛書契考釋曰：『卜辭所記祭祀，大都內祭也。其可確知爲外祭者有祭社二事。其一曰：「貞寮于土，三小宰，卯一牛，沈十牛」。前一卷，二十四葉。其二曰：「貞，勿萃年于拜土」。前四卷，一七葉。按土字卜辭假借爲社，詩大雅：

「乃立冢土，」傳曰：「冢土，大社也。」商頌：「宅殷土茫茫」，史記三代世家引作「宅殷社茫茫」。是古固以土爲社矣。邦土卽邦社，亦卽祭法之國社，漢人諱邦，改稱公社，大當稱邦社也。』傅孟眞師新獲卜辭寫本後記跋云：『蓋夏商周同祀土，而各以其祖配之，夏以句龍，殷以相土，周以棄稷。』今案商社相土而不及后稷，周社后稷而不及相土，乃不容置疑之事。第甲骨未出，殷禮鮮徵，而社配句龍之舊說，亦無以位置於殷周二代。於是鄭王諸家私臆紛紜，遂成聚訟，遂强分社稷爲二，通三代而一之。以社配句龍，以稷配后稷，而相土遂無所屬。其不能通之往古，自無待論。今案以社爲地祇，鄭說爲是。而鄭氏謂周人以句龍配社，則爲强作調人，難言徵證。自宜認爲古代各族皆有其社，亦各以社配其先。其實以配社者，不僅句龍，相土，后稷，且當尙有其他也。

自周人以后稷配社，於是社稷連稱，相因成習。春秋以後，如『國君死社稷，大夫死宗廟』及『民爲貴，社稷次之』之屬，皆以社稷爲代國家之辭。則社稷之爲人所重亦可想見。是由國家以土地爲重，而社祀地祇，國不亡，社不屋也。且國之大事在祀與戎，而祀則分屬於天神地祇及人鬼。其人鬼之祀，實配列於神祇之中；是社之所著，天地而已。天神之帝，已見甲骨。古人爲祖宗之靈，上賓於帝。其見於三百篇者，如大雅文王『文王陟降，在帝左右』，大雅下武：『三后在天』，周頌清廟『秉文之德，對越在天，』大略可見。同於此例者，如大乙及傅說，咸爲列星，亦上賓於天也。惟相土后稷，有功在地，是以特配地祇，此卽『聖王之制祭祀也，法施於民則祀之，以死勤事則祀之，以勞定國則祀之，能禦大菑則祀之，能捍大患則祀之』之義矣。

惟古代封建之制，祠祀咸有等差。曲禮云：『天子祭天地，祭四方，祭五祀，歲徧：諸侯方祀，祭山川，祭五祀，歲徧；大夫祭五祀，歲徧；士祭其先。』漢書郊祀志云：『天子祭天下名山大川，懷柔百神，咸秩無文；五嶽視三公，四瀆視諸侯，而諸侯祭其疆內名山大川，大夫祭門戶井竈中霤五祀，士庶人祖考而已。』是以古之祠祀，自諸侯以下爲差等，以迄士庶，但祀祖考於家，其百神歸本於天之義，無與於士庶也。然士庶人家門以外之祠祀，尙有社在。禮記祭法曰：『王爲羣姓立社曰大社，王自立社曰王社，諸侯爲百姓立社曰國社，諸侯自立社曰侯

社，大夫以下成羣立社曰置社。』鄭注云：『大夫不得特立社，與民族居百家以上，則共立一社，今之里社是也。』是士庶以下，祠祀祖考之外，仍得爲社中祠祀。於是周代以還，士庶集團之宗敎信仰遂集中於社，直至周漢二千年之下。自三代先秦以迄於漢，惟社祀爲士庶間合法之祠祀。據禮郊特牲士庶僅除祖考以外，得在家中祠戶或竈，此俗據崔實四民月令仍存於漢世。(據玉燭寶典)。其家門以外者，惟社不屬於一家而屬於一團體。故社祀之重要超逾等倫，而社神遂具有團體中保護神之位置。漢自什伍以上，里之單位爲最小，積里爲鄕，積鄕爲縣，至縣之令長丞尉，始爲中央所命。故據續漢書祭祀志下，國家立社至縣爲止，其鄕以下之社，皆私社也。漢書五行志中之下，『建昭五年，兗州刺史浩賞禁民私所自立社，山陽橐茅社有大槐樹，吏或斷之，其夜樹復立其故處。』此所言社，乃鄕社鄕在縣以下者，故爲私社矣。此節師古注引張晏曰：『民間三月九月立社，號爲私社。』臣瓚曰：『舊制二十五家而爲一社，而民或十家或五家爲田社，是爲私社。』今案志文明言鄕社，自非十家五家之社，瓚說未是，其三月九月乃私社會期，不得謂會期時始有社，志所言大槐樹，非會期亦自有之，張晏說於此亦未能分辨也。蓋郡社縣社之前身本爲祭法之國社及侯社，皆公社也。其鄕里以下，卽鄭玄所言『大夫不得特立社，與民族居百家以上，則共立一社，今之里社是也。』是卽私社矣。

私社之例，如禮記郊特性：『惟爲社事單出里，』史記封禪書：『高祖初起，禱豐枌榆社，』注：『高祖里社。』又：『高祖十年春，有司請令春二月祀社稷以羊豕，民里社各自財以祠。』漢書陳平傳：『里中社，分肉甚均。』春秋繁露止雨篇：『令縣鄕里皆歸社下。』淮南說林篇：『無鄕之社，易爲肉黍；無國之稷，易爲求福。』蔡中郎案有陳留東昏庫上里社碑，山東圖書館藏有漢梧臺里社刻石，(梧臺社見水經注。)秋浦周氏藏有晉當利里社刻石。(見屈貞草堂渼晉石影。)凡此俱里社及鄕社見於漢晉者，亦可見其通行於民庶間也。

社必有主，或以土，或以木，或以石，原無一定。論語八佾篇：『哀公問社於宰我，宰我對曰，夏后氏以松，殷人以柏，周人以栗。』周禮地官大司徒，『設其社稷之壝，而樹之田主，各以野之所宜木，遂以名其社與其野。』鄭注：『田主，

田神，后土田正之所依也，詩人謂之田祖。所宜木謂松柏栗也。』淮南齊俗篇：
『有虞氏社用土，夏后氏社用松，殷人社用石，周人社用栗。』此皆言三代之制
者，而其說不同。周禮春官小宗伯：『帥有司而立宗社』，鄭注『社之主蓋以石爲
之。』賈疏：『案許慎云「今山陽俗祠有石主」，彼雖施於神祠，要有石主，主類
其社。其社既以土爲壇，石是土之類，故鄭注社主蓋以石爲之。無正文故曰蓋以
疑之也。』周禮夏官量人賈疏：『在軍，不用命戮於社，故將社之石主而行。』陳
祥道禮書：『鄭氏曰「社之主蓋以石爲之，」唐神龍中議立社主，韋叔夏等引呂
氏春秋及鄭玄議以爲社主用石 。又後魏天平中大社石主遷於社宮 ，是社主用石
矣。』此言社主用石者也。其言社主用木者，爲論語哀公宰我之答問，周禮地官
大司徒本文及注，又墨子明鬼篇：『必擇木之修茂者，立以爲叢社。』戰國秦策
『木思恆思有神叢歟……恆思有悍少請與書博，勝叢。』白虎通義社稷篇：『社稷
所以爲樹何？尊而識之也。使人民望見卽敬之，又所以表功也。故周官曰：「司
徒班而樹之 ，各以土地所生。」尚書逸篇曰：「大社唯松，東社唯柏，南社唯
梓，西社唯栗，北社唯槐」。』此所引尚書逸篇，大社同於夏社，東社同於殷社，
而西社同於周社也。漢書陳勝傳：『又令吳廣之次所旁叢祠中，構火狐鳴曰，大
楚興，陳勝王。』沈欽韓疏證曰：『古者二十五家爲閭 ，閭各立社 ，卽擇木之
茂者爲位，故名樹曰社，又爲叢也。』其說是也。漢書東方朔傳：『柏，鬼之庭
也，』注：『言鬼神尙幽暗，故松柏之屬爲庭府。』三國志注引邴原別傳：『嘗
行而得遺錢，以繫樹枝，此錢不見取，繫錢者逾多。……里中遂歛其錢，以爲社
供。』大唐開元禮諸里祭社稷儀：『前一日社正及諸社人與祭者，各清齋一宿於
家正寢，應設饌之家先修理神樹之下，又爲瘞場於神樹之北方。深取足容於物。
……祭日未明烹牲於廚，惟以特丞祝，以豆取牲血置於饌所。凤舆，掌饌者實祭
器，……其尊以玄酒爲上，一實清酒次之，籩實麥栗，豆實菹醢，簋實黍稷，簠
實稻，粱掌示者以席入。社神之席設於神樹下，稷神之席設於神樹西，俱北向。』
此社主之用不者也。故社主用石或用樹，似無一定。在禮雖有爭論，在俗則但取
其約定之常，無施不可也。

祠社之期，據漢書祭祀志云：『建武二年立大社於雒陽。在宗廟之右，方壇，無

屋，有牆門而巳，二月，八月及臘，一歲二祠，皆太牢具，使有可祠是大社一歲三祠也。在鄉社則一歲二祠，漢書韓延壽傳：『春秋鄉社，陳鼓鐘管絃，盛升降揖讓。』食貨志：『社閭嘗新春秋之祠三百。』王燭寶典引四民月令，有在二月八月祠歲時常所奉尊神。三國志董卓傳言陽城二月社，民悉在社下。漢書五行志中之下，注引張晏曰：『民間三月九月立社，號曰私社』是私社社期蓋一年春秋二次，其或二月及八月，或三月及九月，或因地不同，而漢人一年二社，當相一致也。又御覽五二二引應璩與陰夏書：『乃知郎君微痾告祠社神，將以祈福。』微痾不必待至二月八月或三月九月，是社上亦有隨時之祠祀也。

當社時有肉黍爲社供。韓非子，陳平傳。陳鐘鼓管絃，韓延壽傳。其窮鄙之社，亦拊盆叩缻，相和而歌。淮南子精神篇。今據居延簡則有雞，酒，黍，稷，鹽，之屬，其大唐開元禮所定者，仍略同於漢世也。

鄉里社祠後世稱爲土地祠，然其名漢代已有之。續漢祭祀志引孝經援神契曰：『社者土地之主也。』白虎通義社稷篇．『王者自親社稷向？社者土地之主也。土生萬物，天下所主也。』論衡譏日篇：『如土地之神，惡人撓動。』禮記郊特牲：『家主中霤而國主社，』疏引盧植曰：『諸主祭以土地爲本也。』至齊民要術遂有東西南北中五方土地之神。故後世之土地祠自社祠相沿而來，要無疑問。唐宋小說中於社屋與土地祠仍知其一貫相沿，故可互稱。至今流俗仍有土地神爲社公者，而土地祠前亦往往多有大樹。是知禮俗相承，其來有自矣。

古代記時之法

各簡見前第三章居延地望節（75～79面）

以上各簡皆可證古代記時之法。按記時之法，自漢已分爲若干段落，淮南子天文篇云：

日出於湯谷，浴于咸池，拂于榑桑，是謂晨明。登于榑桑，爰始將行，是謂朏明。至于曲阿，是謂旦明。臨于曾泉，是謂旦食。次于桑野，是謂晏食。臻于衡陽，是謂禺中。對于昆吾，是謂正中，靡于鳥次，是謂小還。至于悲谷，是謂晡時。迴於女紀，是謂大還。經于淵虞，是謂高舂。頓於連石，是謂下舂。至于悲

泉，爰止羲和，爰息六螭，是謂懸車。薄于虞淵，是謂黃昏。淪于蒙谷，是謂定昏，日入崦嵫，經于細柳，入虞淵之氾，曙于蒙谷之浦，日西垂，景在樹端，謂之桑榆。

趙翼陔餘叢考卷三十四『一日十二時始於漢』條云：

古時本無一日十二時之分。左傳楚丘曰……『日之數十，故有十時』，是言一日只十時也。其見於史傳者，記日之早晚，則曰平旦，曰日中，曰日之夕。又如史記天官書，旦至食，食至日昳之類。記夜之早晚，則曰夜半，曰夜未央，曰夜向晨。又如漢書廣陵王胥傳雞鳴時，昌邑王賀傳夜漏未盡一刻之類，無所謂子丑寅卯之十二時也。況古人尙以甲乙丙丁戊分夜之五更，謂之五夜，若其時已有甲子乙丑紀時，又何得以甲乙紀夜乎：又淮南子『日出暘谷爲晨明……至蒙谷爲定昏。』是古時一日夜尙分十五時。且其所分之候，晝多而夜少。其以一日分十二時，而以干支爲紀；蓋自太初改正朔之後，歷家之術益精，故定此法。如五行志日加辰巳之類，皆漢法也。杜預注左傳卜楚丘十時之法，則曰夜半，曰雞鳴，曰平旦，曰日出，曰食時，曰隅中，曰日中，曰日昳，曰餔時，曰日入，曰黃昏，曰人定；此雖不立十二支之目，亦分爲十二時，而非十時矣。蓋歷家記載已用十二支，而民俗猶以夜半雞鳴等爲候也。

故趙氏之結論，認爲以干支紀時始於漢，然劉半農先生則不以爲然，劉先生云：

我們知道漢武帝改朔，在通歷紀元前一百〇四年，而神爵二年即是紀元前六十一年，綏和二年是紀元前七年，建平元年是紀元前六年。這已經在太初改朔之後近一百年了，還我不出以干支紀時的形跡，可見趙氏之說未可信。**按劉先生據居延漢簡五〇二、三，五〇五、二，五〇六、六，五〇六、九，上有此三種年號。**他的唯一證據是：『五行志日加辰巳之類』一語，可不知道辰巳等字是指方位，並不是指時間。如周髀算經『夏至夜半時，北極南游所指；冬至夜半時，北游所指；冬至日加酉之時，西游所極；日加卯之時，東游所極。』這分明說日在卯酉兩個方位上，不是說在這兩個時間上。（如果說是在時間上，下面就不能用『之時』二字。）又如淮南天文訓『月徙一辰，復返其所』頭上都用『指』字，如『正月指寅』，『十二月指丑』之類；末了改用『加』字，『其加卯酉，則陰陽生，日夜平矣。』『加』即是指，所

指所加，均係方位，不是時間。這種方位因為按着十二辰排列，所以叫作辰次。後來為簡單起見，即以某辰次之名，名曰在某辰次之時，此時辰二字所由起。時辰者，時在某辰也。唐代小曲中還用『夜半子』，『雞鳴丑』，『平旦寅』，『日出卯』『食時辰』……等紀時。按敦煌綴瑣三五，伯希和二七三四佛曲中以『夜半子』等起，即其例。『夜半』『雞鳴』為時，『子』『丑』為辰，是時與辰並舉。今鄉間農民猶有『半夜子時』，『日出卯時』，『日入酉時』等語，但已殘缺不全。按正中午時，人定亥時亦間有人言之者。不再有『平旦寅時』，『食時辰時』等，以湊滿十二之數。『時辰』之法起於何時，尚有待於考定。我們知道是西漢時代還沒有，舉此以證趙氏之誤，並明晷面不刻『子』『丑』『寅』『卯』等字之理由。

按趙氏之證據，誠然不足，半農先生之駁議，亦僅能證漢代之史料中未見時辰合用之事，而不能確說漢代未有此事。今按時辰合用之事始見於晉世，晉以前有無不可知，然漢簡紀時不用之，似其通行使用不能早過東漢也。流沙墜簡簿書二十九，蒲昌海北所出木簡云：

　　☒□言□詔　□□史亻　還告追賊於犭間☒

　　□獲賊馬悉還所掠記到令所部咸使聞知歛☒

　　會月廿四日卯時謹案文書書即日申時到斯由神竹☒

　　☒振旅遠□里閭□□道涂稱☒

故晉人已明確使用『卯時』『申時』等記法，而不用『日出』，『餔時』諸語，其中演進之事，料非一朝一夕所成也。按王莽傳云：『以十二月朔癸酉為始建國元年正月之朔，以雞鳴為時』。十二月為建丑之月，雞鳴為指丑之時，二者顯有相關，決非偶然之事。通鑑胡注：『以丑時為十二時之始』其說是也，故西漢之世雖不名雞鳴為丑時，然以雞鳴與丑相合之觀念早已存在。惟西漢以後始以日晷之文鑄於鏡背（見 Yetts: The Cull Chinese Bronzes.）而其文飾僅有日晷文及其他不具壓勝意義之文飾。至東漢以後所鑄日晷文之鏡背，則更兼有十二支文及四神。（見 Yetts 書及歆氏博古圖與梅原末治歐美之中國古鏡等書。）可證四方十二支與日晷相合之事，至東漢始流行也。

前舉諸簡十二時俱有之，具如下列：

夜牛　(14)(26)(40)(41)(44)(49)(53)　夜食　(42)

雞鳴　(14)(26)(38)(39)(45)(47)

平旦　(22)(52)

日出　(1)(22)(43)

食時　(早食)　(6)(8)(35)(44)(48)

東中　(隅中)　(6)

日中　(49)(50)(52)

日昳　(28)

下餔　(5)(6)(25)(24)(28)(34)(35)(47)(54)

日入　(14)(19)(36)

黃昏　(昏時)　(8)(11)(12)(13)(17)(29)　夜漏上水　(4)

人定　(10)(35)

其言分者如次：

一分　(26)

二分　(7)(34)(47)(50)(42)

三分　(26)

四分　(2)(28)(42)

五分　(2)(6)(20)(35)(46)(45)

六分　(2)

七分　(43)(47)

八分　(44)(51)

故在漢簡之時代（西漢下半期）已有一日十二時之分配法，其命名與左傳杜注相同，而與淮南子所分之十五時不同，然淮南子之時代前於漢簡者不過四五十年，似不應十二時分配法四五十年間卽如此大備。故一日十二分法及其命名或竟起於淮南子之前，淮南子之十五分法或竟由此擴充而成矣。今更就十二分法及淮南子中之命名校其異同則十二分法之命名較爲切近，其稱謂咸出於尋常日用之間，淮南子之十五時名則含義深蘊，顯然爲文人術士所創，非家人閭里所能行。故其命名所本，或出於十二分法，

或與十二分法同由別種分法衍出，而一日十二分法不出於淮南子之十五分法，斷可知也。至於史記天官書中雖未盡列一日十二時名，然所舉出之三時名則與十二分法中之名全同，與淮南子則異。司馬遷死於昭帝時，與紀時最早之神爵簡，時代略可相接。然天官書實為太史公家學，傳自其父司馬談者，則十二時之分法應可至少上溯至武帝初年。故今假定十二分法在前，十五分法反應在後，或不甚謬妄也。

又簡言『夜漏上水』可知塞上定時用漏，又每時至八分而止，蓋逾八分則為第二時矣。然漢世晝夜共分百刻，每時若得九分（九刻）則一晝夜須有一百零八刻，每時若得八分半（八分百刻於十二時，則每時應得八刻又三分之一，其數較為奇零，在漏刻上難於分晝。今據端方，及開封聖公會主教懷履光 (Rev. William C. White) 與秋浦周氏所藏之西漢日晷，以上並見劉半農先生文中所引。其中刻畫亦僅至刻而止，半刻尚可分辨，若三分之一刻則不能分辨也。劉半農先生於此有一推測云：

> 我以為當時晝夜分為百刻，同時亦分為十二時，但十二時之中，當繩的四時比較小一點，每時八刻。案當繩之四時，為：夜半，日出，日中，日入，即子午卯酉四時。其餘的時比較大一點，每時八刻半。……第三十五線為日中，合其前後各四刻，即自三十一線起，至三十九線為一時。但三十九線至四十七線不算一時，直到四十七與四十八線的中央，才算一時其餘類推。但我只是看了圖中ｘｘ線之長，橫貫四刻，又ｅｆ線及ｇｆｈ線似乎表示着中分的意義，因而加以冥想，此外別無所據，所以這一說，只能暫時加以保留。

今案劉先生所說，甚有新解，然與漢簡所記則不相合。蓋漢簡所記從各時之零分算起，而一分，二分，以至於七分或八分。各時之零分雖無零分之名，然所記單用本時之名不著分數者，應即零分也。若依照劉先生算法，應記其時前一分至四分，某時後一分至四分，或如今語子初三刻，子正三刻，午初三刻午正三刻之類，而不應從一分記至七分矣。故漢代日中時當從日中算起，算至七分以後。若是則劉先生之算法為不適用兵，故當重為推測之。

漢代之日晷分圓為百刻，而刻畫者僅有白晝六十九刻，其餘三十一刻則屬於夜間，有地位而無刻畫。其刻畫作六十九之數，則端氏及懷氏晷並同。周氏表不完全，不知其刻畫，故不論。此六十九之數，必代表一種意義。今排列如下表，並作推論以明之。

時名及刻數		日晷刻數	
夜半	（丙夜）	（夜漏十六刻）	XII
一刻		（夜漏十七刻）	
二刻		（夜漏十八刻）	
三刻		（夜漏十九刻）	
四刻		（夜漏二十刻）	
五刻		（夜漏二十一刻）	
六刻		（夜漏二十二刻）	
七刻		（夜漏二十三刻）	
雞鳴	（丁夜）	（夜漏二十四刻）	
一刻		（夜漏二十五刻）	
二刻		（夜漏二十六刻）	
三刻		（夜漏二十七刻）	
四刻		（夜漏二十八刻）	
⋯⋯⋯⋯⋯⋯⋯⋯⋯⋯⋯			III
五刻		（夜漏二十九刻）	
六刻		（夜漏三十刻）	
七刻		（夜漏三十一刻）	
平旦	（戊夜）	一	
一刻		二	
二刻		三	
三刻		四	
四刻		五	
五刻		六	
六刻		七	
七刻		八	
八刻		九	
日出			

按初學記四引桓譚新論曰：『通歷數眾算法，推考其紀，從上古天元以來，訖十一月甲子夜半朔，冬至，日月若連璧』。可證漢代每日起於夜半也。

一刻	十 ················ VI
二刻	十一
三刻	十二
四刻	十三
五刻	十四
六刻	十五
七刻	十六
八刻	十七
食時	十八
一刻	十九
刻	廿
三刻	廿一
四刻	廿二 ·········· IX
五刻	廿三
六刻	廿四
七刻	廿五
八刻	廿六
隅中	
一刻	廿七
二刻	廿八
三刻	廿九
四刻	卅
五刻	卅一
六刻	卅二
七刻	卅三
八刻	卅四
日中	卅五 ·········· XII

一刻　　　　卅六

二刻　　　　卅七

三刻　　　　卅八

四刻　　　　卅九

五刻　　　　卌

六刻　　　　卌一

七刻　　　　卌二

八刻　　　　卌三

日昳

一刻　　　　卌四

二刻　　　　卌五

三刻　　　　卌六

四刻　　　　卌七 …………Ⅱ

五刻　　　　卌八

六刻　　　　卌九

七刻　　　　五十

八刻　　　　五十一

餔時　　　　五十二

一刻　　　　五十三

二刻　　　　五十四

三刻　　　　五十五

四刻　　　　五十六

五刻　　　　五十七

六刻　　　　五十八

七刻　　　　五十九

八刻　　　　六十………Ⅵ

一刻	六十一
二刻	六十二
三刻	六十三
四刻	六十四
五刻	六十五
六刻	六十六
七刻	六十七
八刻	六十八
黃昏　（甲夜）	六十九
一刻	（夜漏一刻）
二刻	（夜漏二刻）
三刻	（夜漏三刻）

·····································　IX

四刻	（夜漏四刻）
五刻	（夜漏五刻）
六刻	（夜漏六刻）
七刻	（夜漏七刻）
人定　（乙夜）	（夜漏八刻）
一刻	（夜漏九刻）
二刻	（夜漏十刻）
三刻	（夜漏十一刻）
四刻	（夜漏十二刻）
五刻	（夜漏十三刻）
六刻	（夜漏十四刻）
七刻	（夜漏十五刻）

如上所列日平旦在黃昏屬於晝，自黃昏至平旦屬於夜，而平旦及黃昏爲晝夜之際。晝時較長每時得八刻又半，夜時較短每時得八刻。於是晝時自平旦至黃昏恰得六十八刻，與端氏懷氏所藏之西漢日晷上之刻晝凡六十九晝者，遂亦可以契合無間。如此分

配之後，前此之因晝夜百刻，不能平分爲十二時；以及日晷刻晝六十九奇零之數，莫知其意者，今並可略言其故矣。

漢代每日分百刻，每刻約計爲今十四分二十四秒。晝時始於平旦，爲夜半後十六刻十六刻，合今三時五十分二十四秒。卽平旦當今日時計之三時五十分二十四秒。越八刻半至日出，八刻半合今二時二分二十四秒，卽日出當今五時五十二分四十八秒。更越八刻半至食時，當今七時五十五分十二秒。更越八刻半至隅中，當今九時五十七分三十六秒。更越八刻半至日中，今正午十二時，更越八刻半至日昳，當今二時二分二十四秒。更越八刻半至餔時，當今四時四分四十八秒。更越八刻半至日入，當今六時七分十二秒。更越八刻半至黃昏，當今八時九分三十六秒。共計起自平旦至於黃昏凡六十九刻，與日晷之刻晝正同。

晝時應有六十八刻，夜時應有三十二刻，夜時自黃昏起，爲夜半前之十六刻，卽夜半前三時五十分二十四秒，當今下午八時九分三十六秒。是爲甲夜。越八刻，合今一時五十五分十二秒，至人定當今九時五十九分四十八秒，是爲乙夜。越八刻至夜半，當今十二時，是爲丙夜。越八刻至雞鳴，當今一時五十五分十二秒，是爲十夜。越八刻至平旦，當今三時五十分二十四秒，是爲戊夜。於是晝時復起矣。

此種晝長而夜短之制，實與眞晝長不合。據劉半農先生推算，若此之晝夜惟在北緯五十一度，當今恰克圖，璦琿等地，夏至一日方能如此。是以時之分配雖以此爲定點，然晝夜漏刻則不能盡以此爲斷。初學記器物部引漢舊儀：『立夏立秋晝六十二刻，夏至晝六十五刻。』北堂書鈔儀飾部引漢舊儀：『冬至晝四十一刻，後九日加一刻，立春晝四十六刻，夜十四刻。』卽於晝夜漏刻隨時改定之事。然漢舊儀所言，夏至晝六十五刻則夏至夜爲三十五刻，冬至晝四十一刻則冬至夜爲五十九刻。夏至之晝長於冬至之夜六刻，冬至之晝長於夏至之夜六刻。立春晝四十六刻則立春夜爲五十四刻，立秋晝六十二刻，則立秋夜爲三十八刻，亦較之眞夜爲短，較之眞晝爲長。此蓋亦據晝刻六十八夜刻三十二之之標準而隨季更定者，具見漢人漏刻分於晝者爲多而分於夜者爲少也。

文選陸倕新刻漏銘注引漢舊儀『晝漏盡，夜漏起，宮中衞宮城門，擊刁斗，周廬擊木柝。』又：『夜漏起，宮中宮城門擊柝，擊刁斗傳五夜，百官繳直符，行衞士周廬，

擊木柝，傳呼備火。』此節文選注亦引之，惟書鈔武功部所引較勝今從書鈔。五夜者，初學記器物都引漢舊儀：『甲夜，乙夜，丙夜，丁夜，戊夜』， 是也。入夜以後其時有五，故言五夜矣。前引條四簡『夜漏上水七刻』則夜漏起後之第七刻，依前引舊儀蓋依冬夏而更。東方朔傳言夜漏下十刻，王尊傳言漏上十四刻，趙后傳言晝漏上十刻，夜漏上五刻，續漢禮儀志言夜漏未盡七刻，皆此類也。唐人亦分晝夜漏，仁井田陞唐令拾遺引日本宮衞令開閉門條集解：『釋云，唐令云，宮殿門夜漏盡，擊漏鼓訖開；夜漏上水一刻，擊漏鼓訖，閉。』其夜漏上水若干刻之稱與漢代同，是亦因仍漢法者矣。

晝夜百刻之法分配十二時，無論如何分法皆爲勉强。故哀帝時用夏賀良僞書，改漏刻爲百二十，後王莽亦用之，雖皆出於禁忌小數，亦取其便也。然莽死其法亦廢。至梁武帝時始改晝夜爲九十六刻，每時適得八刻，於法良便。見隋書天文志。然後世仍用百刻之制。五代會要：『晉天福四年司天監奏漏刻經云，晝夜一百刻分爲十二時，每時得八刻三分之一，六十分爲一刻，一時有八刻二十分。』按唐經籍志自何承天以下，至唐凡有四家，計爲何承天，朱史，宋景，及大唐刻漏經，凡四家刻漏經。此雖晉時所奏，然仍用百刻之制也。以迄宋世至於元明亦皆如此。雖其分配之法不同，然其爲百刻則一。自西洋歷法東傳，一刻之數無以與西洋歷法相應。故時憲歷復用九十六刻之制以至於今。據清史稿時憲志一，康熙四年楊光先等劾湯若望以大逆，改每日百刻爲九十六刻亦其一端。湯若望坐此廢黜。及後南懷仁推算五星合於天象，而楊光先等推算乖謬，乃復用西法，於是自康熙九年復行九十六刻之制。其法分每辰爲八刻，每刻合西法十五分，每點鐘適爲四刻。故漏刻九十六以分於十二辰則可以適盡，以用於西法分秒之制尤能密合，然非可語於授時大統以上者歷也。

又按以數記日而不以干支者，金石中始見於漢安會仙友題字今據第二十一簡及第五十三簡如『六月十一日』，『六月十八日』，『六月十七日』，『五月十四日』等，俱以數記，不以干支。釋文書牘類亦有之，中俱未記年載，惟第廿一簡所記爲『十六年』。然十六年僅見於建武，永平及永元，皆在東漢也。

五　　夜

乙夜一火，和木辟，卒光。丙夜一火，和臨道，卒章。丁夜一火，和木辟，卒通。

(四〇八)八八、一九。卷二，第十七頁。

漢制分夜為五夜，即後世之五更也。宋高似孫緯略云：『漢舊儀云，中黃門侍五夜，謂甲乙丙丁戊也。唐太宗所謂甲夜理事，乙夜觀書者本此。顏氏家訓曰：或謂一夜五更者何所訓？答曰，漢魏以來，謂甲夜乙夜丙夜丁夜戊夜，又謂之五更，皆以五為節。西都賦曰，衞以嚴更之署，必以五為節。言自夕至旦，經涉五時，雖冬夏之暑，長短參差，而盈不至六，縮不至四，進退五時之間，故曰五更也。』其言甚確。案北堂書鈔武功部引漢舊儀云：『夜漏起，宮中宮城門擊柝，擊刁斗，周廬擊木柝，傳呼備火。』又北堂書鈔儀飾部引漢舊儀云：『五夜甲乙丙丁戊夜，及相傳救守火，帥內戶外數五止。』日本宮衞令開閉條集解引唐令云：『宮殿門夜漏盡，擊漏鼓訖，開。夜漏上水一刻，擊漏鼓訖，閉。五更三籌，順天門擊鼓。諸衞即連擊小鼓，使聲徹皇城京城諸門。』故五更者漏籌更易之時，唐之五更即漢之五夜也。『夜漏上水一刻』一辭已見於居延簡，可證塞上亦有漏刻，則五夜之分，由漏刻而定，從可識矣。高似孫所謂進退五時之間者，即自黃昏入夜，至平旦而夜盡，凡歷黃昏，人定，夜半，雞鳴，平旦，共五時，故曰五夜。雖冬夜較長，其前已入日入之界，其後更入日出之界，亦不更計入，亦以五更限之。此種五更之制，相沿至今，在大陸失陷以前，凡諸縣邑城中，猶因仍不廢也。

大陸各城市所保存五更之制，每更皆有更卒擊梆子以告於住民。自二更起，二更則一次兩擊，三更則一次三擊，至五更一次五擊為止，北方城市之中，北平，西安，濟南，太原等大城皆然。更卒巡行於坊巷，時間並不太準確，然就其大致而言，則為：

一更 （甲夜） 夜八時 （二十時）

二更 （乙夜） 夜十時 （二十二時）

三更 （丙夜） 夜十二時 （零時）

四更 （丁夜） 二時 （二時）

五更 （戊夜） 四時 （四時）

此類舊制，今漸亡失，故附記之於此。

庚　書牘與文字

書　牘　一

宣伏地再拜請：

幼孫少婦足下，甚苦，塞上暑時，願幼孫少婦足衣稱食，障塞上，宣畢得幼孫力過行邊，毋它急。幼都以閏月十日與長史君俱之居延，言丈人毋它。急發卒，不當見幼孫不也，不足數來。宣以十一月對候官未決。謹因奉書，伏地再拜。(七一)一〇、一六(面)

幼孫少婦足下，朱幼季書願亭掾幸爲到臨渠隧長，對幼孫治所。●書卽日起，候官行矣。使者幸未到，願豫自辯，毋爲諸部殿。(七二)一〇、一六　(背)　卷四，第二葉。

　　右簡爲漢人書牘，字畫完整無缺，深可貴也。敦煌簡簡牘遺文三十六，簡文雖較長，然猶有缺文，不如此簡完整耳。此簡之『宣』爲致書者，『幼孫』爲受書者，『少婦』蓋卽『幼孫』之婦也。敦煌簡簡牘三十六，亦言『政伏地再拜言，幼卿君明足下』，君明應亦幼卿之婦，元后傳：『禁長女君俠，次卽元后政君，次君力，次君弟。』後漢書皇后紀：『孝崇匽皇后諱明，爲蠡吾侯翼媵妾，生桓帝。』是君明二字，俱可爲女子名矣。又：『願幼孫少婦足衣稱食，障塞上，』與敦煌簡之『願幼卿君明適衣進食，察郡事，』爲意略同，障當卽算字之別構，猶言計慮也。『長史君』當指張掖郡長史，續百官志言『郡當邊戍者，丞爲長史』是也。『丈人』老者之稱，蓋幼孫父行，居張掖者，『毋它急，』漢人習用語，猶言毋恙。以辭意推之，名宣者蓋在候官城，字幼孫者蓋與家俱在塞上，字幼都者隨長史自張掖來，言幼孫之丈人無恙，其人急發，卒卒而去，不知能見幼孫否也。亭掾當卽隧長之尊稱，隧長本郡吏，隧卽亭，故稱亭掾矣。

書　牘　二

宣伏地再拜言：

少卿足下，甚苦，爲事田，言宣以月晦受官物，因□請□□ (二八一)三一一、一七　卷四，第十葉。

　　此簡後半缺，致書人名宣，與前簡應爲同一人所作。『事田』蓋屯田之官吏，如農

令之屬也。『宜宜以月晦受官物，』官物蓋指屯戍衣物之類，其收致當以月終矣。吏奴下薄賤，多所迫近。官廷不得去尺寸。家數失住，人甚毋狀。叩頭。子覆不羞葸，負入收錄置。意中殺身見以報厚恩，彭叩頭。因道彭今年母狀小疾，內錢家室，分離獨居，困致母禮物至。至子覆君胥前，甚母狀。獨賜蔅貲，前歲宜當奔走至前。迫有行塞有未敢去署。叩頭謁子覆君胥。(三八八)四九五、四 (面)

示便致言俱叩頭。比得謁見。始餘盛寒不和，唯爲時平衣強奉酒食。愚戀母愈，甚厚。叩頭。數已張子春累母已。子覆奉以彭故不遣亡至忘得。己蒙厚恩甚厚。謹因子春致書，叩彭頭，單記□□不□彭叩。(三八九)四九五、四 (背) 卷四，第十葉。

此亦書牘，其前半枡，毀缺去數行，然猶可見正反二面自爲起訖也。此書之致書者名政而受書者字子覆，君胥蓋受書者之婦也。蔅，臘或字。晏子春秋內篇諫下：『景公令兵搏治，當蔅氷日之間而寒，民多凍餒，而功不成。』字即作蔅。說文臘字下云：『臘冬至後王戌，臘祭百神。』段玉裁云：『月令「臘先祖五祀」，左傳「虞不臘矣」，皆在夏正十月，臘即腊也。風奇通云「禮傳夏曰嘉平，殷曰清祀，周曰大臘。」皇侃曰「夏殷蠟在己之歲終」，皇說是也。秦本紀惠王十二年初臘，記秦始行周政，亥月大腊之禮也。……鄭注月令曰，「臘謂田獵所得禽祭也。」風俗通亦云，「臘者獵也。」按獵以祭，故其祀從肉。』又按腊說文作昔，『昔，乾肉也，從殘肉，日以晞之。』故臘祭者，以腊祭之，亦即以獵獲之乾肉爲祭也。其臘祭之期，據月令，左傳諸書皆在夏正十月，及秦始皇三十一年十二月更臘曰嘉平，秦之十二月當夏正九月，是秦之臘祭，至始皇時蓋已改至戌月。蓋臘祭者，歲終之祭，周正建子，亥月爲歲終，故周時臘在孟冬之月。始皇時正月建亥，戌月爲歲終，故始皇臘在季秋之月。漢武帝太初改歷，以寅月爲歲首，而臘祭亦改在季冬建丑之月。此簡言『始餘盛寒』，正丑月之時令，非季秋亦非孟冬，甚爲明白也。漢書嚴延年傳：『母從東海來，欲從延年臘。』注師古曰：『建丑之月爲臘祭，因會飲，若今臘節也。』按諸傳文亦應在歲終，師古言爲建丑之月，其說是也，正可與此簡相證矣。凡臘，其祭祀應在除夕。漢書天文志：『臘明日人衆卒歲一會飲食，故曰初歲。』初歲者，歲首之意，冬至後三戌不必定在歲首，是漢書天文志與許君說又不同，天文志蓋取漢人時俗，許君所

言，蓋別有從受之五經古義矣。 其在漢世，臘祭之日名爲祀神 ，而實在與入互爲寒溫勞苦，作飲食之會。故漢書楊惲傳云：『田家作苦，歲時伏臘，烹羊，炮羔，斗酒自勞。』元后傳云：『莽改漢家黑貂著黃貂，又改漢正朔伏臘日，太后令其官屬黑貂，正漢家正臘日，獨與其左右相對飲酒食。』皆其例。今據此簡，則酒食之外，更相互餽遺，以爲儀文。此書之致書者卽言未備餽遺，而受書者餽遺已先至。 以此書爲謝也。 由此言之， 則塞上卒歲辛勤，然歲時伏臘中飲食之會，亦所宜有矣。

「七」字作「桼」

建武桼年四月戊辰，甲渠鄣守候憲敢言之，前移隱長☑ (一六七)六一、二四　卷一，二十三葉

漢人七多假爲桼，莽衡亦作桼，與簡文同。史記六律五聲八音來始，來則桼之譌字也。吳禪國山碑及天發神讖碑並以桼代七，至後魏程哲碑遂書桼作柒，唐人沿之。廣韻漆字俗字爲柒；蓋仍唐代字書之舊也。

蒼頡篇與急就篇文

蒼頡　(一九)九七、八

伐枱柱馬柳☑　(三四)三一、六，三一、九

☑幼子承詔

☑力盡夫□　(三五)一二五、三九

☑嗣幼子承詔謹愼敬戒☑　(一七八)一六七、四

仞堂廥府　(二七三)二八二、一

蒼頡作書以教後詣　(二七六)一八五、二〇

瘅□病汪　(三四〇)三九、三八

□□□敬務

掖起雛勞　(四四六)二六〇、一八　(面)

□計嗣幼子承詔　(四四七)二六〇、一八　(背)

第五　戲表書插顚願重該巨起臣俟發傳約戴赴蹕觀望　(五四三)至 (五四四)九、一　(甲面)

☑類涅盍離異戎翟給賓但致貢諾　(五四五) 至 (五四六)九、一　(乙面)

卅可駕羿遄逃際所往來前□漢兼天下海的並廁　(五四七) 至 (五四八)九、一　(丙面)

講□☑功☑玕　(五四三) 至 (五四四)九、二　(甲面)

☑□□纝犲□犴□　(四五) 至 (五四六)九、二　(乙面)

進□狎習辟曼　(五四七)九、二(丙面)

□婓霑摹婚姜奴縎勸喑蠢伬□□都立其傳辭　(五四五) 至 (五四六)三〇七、三　(甲面)

未疊□慮袑編商□蓬□見□□萌□□□□　(五四七) 至 (五四八)三〇七、三　(乙面)

蒼頡作書以□□□　(B十三)八五、二一

　以上見釋文卷四第十九葉第二十葉。

　　右蒼頡篇舊文也。考漢藝文志，李斯作倉頡七章，趙高作爰歷六章，胡毋敬作博學七章，至漢閭里師並三篇斷六十字爲一章，凡爲五十五章。此蒼頡篇之本文也。至後揚雄，班固，賈魴，杜林，張揖，郭璞，張軌，或續本文，或爲訓故，然皆在西漢以後，與此上諸簡時代不相及矣。蒼頡篇之遺文爲許君說文敍引及者，有『幼子承詔』，郭璞注爾雅引有『考妣延年』，顏之推家訓書證篇引有『漢兼天下，海內幷廁，豨黥韓覆，叛討殘滅。』敦煌簡有：『游敖周章，黚靐黯黮，覿黔黔賜，黔黭赫𦂃，儵赤白黃，』又：『□走病狂，疕疣災殃，』及『貍貁貔骰，』『寸薄厚廣俠，好醜長短。』王氏國維謂秦漢間字書有二系，一以七字爲句，一以四字爲句。以七字爲句者，凡將，急就是也；以四字爲句者，蒼頡，訓纂是也。今案居延簡有『幼子承詔』及『漢兼天下』與許氏及顏氏所引者合，其爲蒼頡篇無疑，而以四字爲句，亦與王氏所推相符也。急就以皇象，鍾繇，衞夫人，王羲之，書爲法帖，因得展轉傳摹，幸存於後，而蒼頡遂亡。今據此數簡，知蒼頡篇首，當爲『蒼頡作書，以敎後詣。』『幼子承詔』章第二句當爲『謹愼敬戒。』而『漢兼天下』則在第五章。雖寥，寥數簡，而蒼頡篇之結構，得以益明，亦可謂有稗小學矣。其中九、二簡爲木觚，存字獨多。今排列之，應爲：

　　第五　戲表書插顒願重該巨起臣俟發傳約載赴蹻覿望升可駕羿連逃際所往來前□漢兼天下海內並廁

　　□□□類涅荖離異戎翟給賓但致貢諾□□□□

木觚共寫三面，每面一行五句二十字，三面共爲六十字。與漢藝文志言『漢興閭里書師合倉頡，爰歷，博學，三篇，雖六十字爲一章，凡五十五章，並爲蒼頡篇』者相合。其『漢兼天下海內並厠』，與顏氏家訓同，而其後二句則爲『□□□類，菹葅離異，』與顏引『猶黥韓覆，叛討殘滅』不同，蓋閭里流傳各異其文，無足異也。又按說文敍云：『秦始皇初兼天下，丞相李斯乃奏同之，罷其不與秦文合者，斯作倉頡篇，中車府令趙高作爰歷篇，大史令胡母敬作博學篇，皆取史籀大篆，或頗省改，所謂小篆者也。』故倉頡篇應以小篆書之，藝文志亦謂倉頡多古字，俗師失其讀。今諸簡皆以隷書寫之，是亦經俗師隷定矣。

銅鈕鼎鈕鈕匜鈕鈕　(六八)三三六、一四　(面)

芑蒿蓨莒薁莢籌　(六九)三三六、一四　(背)

絳緹緟紬絲絮☒　(六八)三三六、三四　(面)

量尺寸丁　(六九)三三六、三四　(背)　以上見卷四第十九葉。

此急就篇文也。前簡爲急就第十二章文，後簡爲第八章文。今若補其闕文，前簡當爲：

　　銅鍾鼎鈃銷匜銚ㄴ釭鐗鍵鈷冶錮鐈ㄴ竹器簦笠簟籧除ㄴ　(面)

　　笆篘篨筥薁莢籌ㄴ筵箪箕帚筐篋簍ㄴ楕杅盤案杯笥盂ㄴ　(背)

此外更應有一簡爲：

　　蠡斗參升半戹觚ㄴ槫樻椑柯匕箸籫ㄴ甄缻盆甕甖甌壺ㄴ

每章三行，每行三句二十一字。

至後簡則當爲：

　　絳緹緟紬絲絮綿ㄴ叱斂囊橐不直錢ㄴ服瑣緰帶與繒連ㄴ貰貸賣買販市便ㄴ資貨市贏匹幅全ㄴ紿紵枲緼裏約纑ㄴ綸組縌綬以高遷ㄴ　(面)

　　量丈尺寸斤兩銓ㄴ取受付予相因緣ㄴ　(背)

則每章二行，首行七句四十九字，次行二句十四字。若以敦煌所出急就篇較之，依王民國維所計，則又或爲每行二十一字，或爲每行三十二字。且此爲木簡，而敦煌所出者爲觚。是漢人書急就，或爲簡，或爲觚，字數可每行少至二十一，亦可多至四十九，均無定例也。

第一簡匜顏師古本作鉈　皇象本及趙子昂臨皇象本作匜，簡文與皇本同。第一簡簡背奠字顏本作算，皇本作英，以文義言簡文及顏本並通，而奠字草書頗類英，是皇本亦相承有自也。第二簡之緟字，顏本作絓，皇本作繃，今按三字均有粗重之意。絓字據顏注曰：『紬之尤麤者曰絓，繭滓所抽也。』緟字據說文云：『緟增益也』段注：『緟經傳統叚重爲之。』一切經音義八十四引蒼頡篇：『緟疊也』亦與此同意。繃字說文作繹　：『繹粗緒也』亦有粗義。故此三字其字雖別，其義相兼。然則急就傳授雖各有異文，而其文義仍相一致也。

居延漢簡考證補正

　　自居延漢簡考證出版後，於今一載。凡涉及前說未密者，輒記於書眉，共得如干事。今當六同別錄下冊刊行，用寫而出之。惟所補正者僅限於考證之部，其釋文之部前考未及之者，補苴闕失，請以異日。中華民國三十四年十二月。

二月乙巳，肩水關候門嗇夫敢言之。☑

　　嗇夫之職，已見前考。又按漢書何武傳：『市嗇夫求商捕辱顯（何顯）家』。沈欽韓疏證曰：『唐六典注：「漢代諸郡國皆有市長，隋氏始有市令」。按此乃縣市，但置嗇夫』。此亦嗇夫隨在可置之證也。又庫嗇夫用小官印，見後文，（三一二）三一二、一六條考證。

元鳳三年十月戊子朔戊子，酒泉庫令定國以近次兼行太守事⋯⋯

　　按漢書項籍傳：『會稽假守通』。注，張晏曰：『假守兼守也』。姚鼐惜抱軒筆記曰：『南史謝𣿀為侍中，齊受禪，𣿀當日在直，侍中當解璽，乃引枕臥，傳詔使稱疾，欲取兼人』，王延之傳內載「宋孝武選侍中四人，王彧謝莊為一雙，阮韜何偃為一雙，常充兼假」。案侍中每日應有人在省，正直無人，攝者為兼假。蓋重其官不遽以予人之意。謂假攝曰兼，此蓋漢制舊已有語，王莽傳，「宰缺者數年守兼」是也。今人不達古時俗語，觀晏此注，反增惑矣』。

御史大夫吉昧死言，丞相相上太常書言　太史丞定言，元康五年五月二日壬子夏至，宜寢兵，太官邢井，更水火，進鳴雞，謁以聞，布當用者。臣謹案比原宗御者邢太官御井，中二千石，二千石各抒別火官，先夏至一日，以除燧取火，授中二千石，二千石。在長安密陽者，其民皆受。以日至日易故火，庚戌寢兵不聽事，盡甲寅五日。臣請布，臣昧死以聞。

　　按漢書薛宣傳：『日至休吏』。師古曰：『冬夏至之日不省事，故休吏。』

又漢書百官公卿表：『大鴻臚屬官有行人，譯官，別火，三令丞』。如淳曰：
『漢儀注，別火獄令官主治改火之事』。

☑☑廣明下丞相，承書從事下當用者，如詔書，書到睿。☑☑郡太守諸侯相，承睿
從事下當用者，書到明白布☑到令諸☑☑縣从其☑☑如詔書律令，書到言、
丞相史☑☑下領武校居延屬國部農都尉縣官承書☑

二月丁卯，丞相相下車騎將軍，將軍，中二千石，二千石，郡太守，諸侯相承書書
從事下當用者，如詔書。少史慶，令史宜王，始長。

漢書朱雲傳：『求下御史中丞，事下丞相。丞相部吏考立殺人罪』。是天子所
下，下丞相則丞相治之，下御史中丞則御史中丞治之也。然郡國事則例至丞相
府，辭宣傳：『谷永上疏曰，竊見少府宣爲左馮翊，……姦軌絕跡，解訟者歷
年不至丞相府。』郡國事既當至丞相府，則詔令下郡國亦必自丞相府矣。

漢書朱博傳：『初漢興襲秦官，置丞相御史大夫太尉。至武帝罷太尉，始道大
司馬以冠將軍之號，非有印綬官屬也。及成帝時何武爲九卿，建言…… 宜建三
公官。……於是上賜曲陽侯根大司馬印綬，置官屬。』又：『議者以爲古今異
制，漢自天子之號下至佐史皆不同於古，而獨改三公，職事難分明！無益於治
亂。』武帝時大司馬本屬盧衛，迄宣元二世未改，丁卯簡乃下大司馬車騎將軍
韓增以下者，故僅言車騎將軍不言大司馬也。又何焯義門讀書記曰：『王莽，
蘇綽，宋神宗皆昧此理（古今異制之理），然何武謂不可以丞枉獨兼三公則可
探也。』今案國家政體，一而已矣。合之則治，分之則亂，專制之世，政在天
子；民主之世，政在國會。而綜治權之大成者，則內閣也。若紛紜牽制，必使
之割裂不成片段而後快，其極必使天下政出多門，不陷國家於危亡不止。義門
何爲出此亡國之言乎？

☑長光糶粟四十石，請告入縣官，貴市平賈石六錢，得利二萬四千。又使從吏☑等
持書請安，安聽入馬十匹貴九☑三萬三千，安又聽廣德姊夫弘請爲入馬一匹賞故貴
萱故☑

漢書溝洫志：『治河卒非受平賈者，爲着外繇六月』。注，蘇林曰：『平賈以
錢取人作卒，顧其時庸之平賈也。』如淳曰：『律說平賈一月，得錢二千。』

又吳王濞傳：『然其居國以銅鹽，故百姓無賦，卒踐更輒予平賈。』注，服虔曰：『以當爲更卒出錢三百謂之過更，自行爲卒謂之踐更，吳王欲得民心，爲卒者顧其庸，隨時月與平賈也』。晉灼曰：『謂借人自代爲卒者，官爲出錢，顧其時庸平賈也』。師古曰：『晉說是也，賈讀曰價，謂庸直也。』故平賈者平價之謂，溝洫志及吳王濞傳所言俱謂雇人爲卒之雇值也。此所皆平賈則爲米穀之平價，雖命意相同，而所施者則略異矣。漢書孫寶傳：『有詔郡平田予直，錢有貴一萬萬以上。』注，師古曰：『增於時價。』毋將隆傳。『頃之，太后使謁者買諸官婢，賤取之；復取執金吾官婢八人。隆奏言賈賤，請更平直』。此則購置之平直，稍異備資；與此簡正可互爲證明也。

又前考所言穀價，有引證未盡者，今更列之：

建武二年……初王莽末天下旱蝗，黃金一斤，易穀一斛，至是野穀旅生。麻卞尤甚，野蠶成繭，被於山阜，人收其利焉。（後漢書光武紀）。

時百姓饑餓，人相食，黃金一斤，易豆五斗。（後漢書馮異傳）。

穀價騰躍，斛至數千。（後漢書范升傳）。

　　以上光武時。

永平十二年……是時天下安平，人無徭役；歲比登稔，百姓殷富，粟斛三十。（後漢書明帝紀）。

　　以上明帝時。

建初中，南陽大饑，米石千餘。（後漢書朱暉傳）。

　　以上章帝時。

州郡大饑，米石二千。（後漢書安帝紀永初二年注引古今注）。

（永初）四年，羌寇轉盛，兵費日廣；且連年不登，穀石萬餘。（後漢書龐參傳）。

寇抄三輔，斷隴道；湟中諸縣，粟石萬錢。（後漢書西羌傳）。

翊始到（武都）穀石千錢，鹽石八千；見戶萬三千；視事三藏，米石八十，鹽石四百；流人還歸，郡戶數萬；人足家給，一郡無事。（後漢書虞翊傳，注引續漢書），。

甘雨屢降，報如景響，國界大豐，穀斗三錢。（元初四年元氏三公山碑）。

以上安帝時。

歲饑，粟石數千，訪乃開倉賑恤，以救其敝。吏懼譴，爭欲上言。訪曰：『若上須報，是棄民也，太守樂以一身救百姓。』遂出穀賦人。順帝嘉之，由是一郡得全。（後漢書第五訪傳）。

以上順帝時。

年穀屢登，倉庾惟億，百姓有蓄，粟麥五錢。（建寧四年西狹頌）。

年穀歲熟，百姓豐盈，粟斗五錢。（光和六年白石神君碑）。

夷人復叛，以廣漢景毅爲太守討定之，毅初到郡，米斛萬錢。漸以仁思，少年間米至數十云。（後漢書西南夷傳）。

頃者以來，連年僅荒，穀價一斛至六七百。（蔡中郎集諫用三互疏）。

以上靈帝時。

卓又壞五銖錢更鑄小錢，悉取洛陽及長安銅人，銅虛，飛廉，銅馬之屬，以充鑄焉。故貨錢物貴，穀石數萬。（後漢書董卓傳）。

時長安盜賊不禁，白日虜掠；催汜乃參分城內，各備其界，猶不能制，而其子弟侵暴百姓。是時穀一斛五十萬，豆麥二十萬。（後漢書董卓傳，又見獻帝紀興平元年）。

以上獻帝時。

始元七年閏月甲辰，居延與金關爲出入六寸符券齒百，從第一至千，左居官，右移金關，符合以從事。　第八。

從第一始太守，從第五始使者。符合爲☒

此二簡前簡爲居延出關之傳。後簡所言者當爲虎符或竹使符之事。據漢書文紀注引應劭說，虎符及竹使符各爲五校。此簡之意則爲四在太守，一在使者，非五符之左符悉在郡也。又前考言宮中有門籍，今按王莽傳云：『署宗官，祝官，卜官，史官，虎賁三百人；家令丞各一人；宗祝史官皆置嗇夫，佐。安漢公在中府，外第虎賁爲門衛，當出入者傳籍；自四輔，三公，有事府第皆用傳。』注，孟康曰：『傳符也』。此則用宮禁故事，非人臣之所宜有也。

又前考云：史記文帝本紀二年索隱引續漢書云：『驛馬，三十里一置』，若以
簡牘記載推之，約爲三十里一候。今案左傳僖公二十三年：『晉楚治兵遇於中
原，其辟君三舍。』注，『一舍三十里』。漢書賈捐之傳：『至孝文皇帝時，
……有獻千里馬者。詔曰：「吉行五十里，師行三十里；朕乘千里馬，獨先安
之。」』後漢書南蠻傳云：『明年(永和三年)召公卿百官及四府掾問其方略，
皆議遣大將發荊揚究豫四萬人赴之。大將軍從事中郎李固駁曰：「……軍行三
十里爲程，而去日南九千餘里，三百日乃到。」』是皆可以證三十里一置之事
也。三國魏志注引魏略，言大秦：『郵亭驛置如中國』。又：『從安息繞海北
到其國，人民相屬，十里一亭，三十里一置。』其說雖言大秦法，然當時中國
亦固如是矣。

地節五年正月丙子朔丁丑，肩水候所以私印行候事，敢言之都尉府，府移太守府所
移敦煌大守書曰：故大司馬博☒

按漢世罪人徙邊之事數見不鮮。高帝曾擬徙彭越於蜀，其後則解萬年徙敦煌，
趙欽趙訢家屬徙遼西，並見成帝紀。傅晏妻子徙合浦，見傅喜傳。楊惲傳：
『妻子徙酒泉郡』。毋將隆傳：『史立時爲中太僕，丁玄泰山太守，及尚書令
趙昌諸鄭崇者爲河內太守，皆免官徙合浦。』李尋傳：『(夏)賀良等皆伏誅，
尋及解光減死一等徙敦煌郡』。師丹傳：『諸造議冷襃段猶等皆徙合浦。』翟
方進傳：『浩商捕得伏誅，妻子徙合浦。』息夫躬傳：『家屬徙合浦』。後漢書
楊終傳上疏曰：『自永平以來，仍連大獄，有司窮考，轉相牽引，掠拷冤濫，
家屬徙邊。』此皆可證徙邊之事，在漢爲常法也（參見地理志）。

地節二年六月辛卯朔……今可知實事詣官會月廿八日夕。……

後漢書百官志，『尚書左右丞各一人，四百名，本注曰，掌錄文書期會。』此
亦期會之事也。今補。

元始三年八月甲辰朔丁巳，累虜候長□，塞曹史塞曹史塞曹史塞曹史。

曹全碑陰：『故塞曹史杜苗矛始，故塞曹史吳產孔寸五百』。而蜀郡太守張納
碑則無塞曹。非郡府無而縣有也。蓋蜀郡不當北邊，而曹全曾爲酒泉祿福長，
地當北邊。塞曹非邰陽之塞曹，蓋祿福之塞曹也。

☑鈭庭隧還宿第卅隊，即日旦發第卅，食時到治所第廿一隧。☑病不幸死，宜六月
癸亥所寧吏卒，書具塢上，不止入，敢言之。

　　三國蜀志諸葛亮傳注引漢晉春秋曰：『亮卒於郭氏塢』。此亦塢之在西北者也。
　　又前考引敦煌寫本晉紀曰：『永嘉大亂，中夏殘荒，保壁大帥，數不盈卅，多
　　者不過四五千，少者千家五百家。』當時疑數不盈卅爲數可盈卅之誤，以今觀
　　之，卅或當作册，而不字則未誤。蓋晉紀原意言保壁者甚少大帥，多則不過四
　　五千家；其可稱大帥者，爲數不能盈卅也。

刺史治所，且斷冬獄。

　　司馬遷傳報任安書：『今少卿抱不測之罪，迫旬月，涉季冬』。于定國傳：
　　『冬月請治讞，飲酒益精明』。趙廣漢傳：『（劫盜）至冬當出死，豫爲調棺給
　　葬具，告語之』。魏相傳：『久繫，踰冬令，會赦出』。夏侯勝傳：『繫再更
　　冬，講論不怠』。此皆可證冬獄爲重罪之獄也。

將軍使者大守議貨錢古惡小莘不爲用，政更舊制，設作五銖錢，欲使以錢行銖能☑
　　按漢書息夫躬傳云：『未聞將軍惻然深以爲憂，簡練戎士，繕修干戈，器用鹽
　　惡，孰當督之。』注，鄧展曰：『鹽，不堅牢也。』師古曰：『音公戶反』。
　　字作鹽，不作苦也。

庸任作者移名，任作者不欲爲庸　☑一編敢言之。

　　漢書兒寬傳：『受業孔安國，貧無資用，嘗爲弟子都養，時行賃作，帶經而
　　鉏』。王先謙補注：『賃作爲人庸也。司馬相如傳顏注，「庸謂賃作者」。』
　　其說是也。又尹翁歸傳：『諸霍在平陽，奴客持刀兵入市鬭變，吏不能禁』。
　　此亦奴客並稱之一例矣。

守大司農光祿大夫臣調昧死言，守受簿丞慶前以請詔使護軍屯食，守部丞武☑以東
至西河郡十一農都尉官上調物錢穀轉漕，爲民困乏膺調有餘給……

　　漢書地理志云，張掖郡，番和，『農都尉治』，其他不見注農都尉者。惟馮奉
　　世傳云：『陽朔中，中山王來朝，參擢爲上河農都尉。』注師古曰：『上河在
　　西河富平，於此爲農都尉。』清官本考證，齊召南曰：『地理志，西河有富昌
　　縣，無富平縣，且富昌下亦不云農都尉治。又顏注敍傳曰：「上河地名；農都

尉者，典農事。」二注自相矛盾。案地理志富平有二，一屬平原郡故名厭次，宣帝時更名也。一屬北地郡，有北部都尉，渾懷都尉，亦不云農都尉治也。惟張掖郡番和縣有農都尉治明文』。沈欽韓漢書疏證曰：『河水注，「河水自麥田山又東北逕朐卷故城西，河水於此有上河之名，又北歷峽北注，枝分東出，又北逕富平縣故城西」，一統志：「朐卷故城在寧夏府中衛縣東，富平故城在靈州西南」。漢屬北地郡，師古謬云西河』。王先謙漢書補注曰：『据此傳，北地都尉當時或偶更名，志不詳載耳』。按上河一地依河水注應屬北地，不屬西河，注中涉筆偶誤，沈欽韓好攻顏師古，故云其謬矣。今依此傳，更以地理志核之，傳志相違。先謙稱『北地都尉當時或偶更名』其言蓋是。若更據班志自西河以西，北邊諸郡錄其都尉，可得以下諸數：

西河	美稷 屬國都尉治	虎猛 西部都尉治	
朔方	廣牧 東部都尉治		
五原	蒲澤 屬國都尉治	成宜 中部都尉治原高	西部都尉治成群
北地	富平 北部都尉治神泉障	渾懷 都尉治渾懷障	
安定	參㡫 主騎都尉治	三水 屬國都尉治	
武威	休屠 都尉治熊水障	北部都尉治休屠城	
張掖	日勒 都尉治澤索谷	番和 農都尉治	居延 都尉治
酒泉	會水 北部都尉治偃水障	東部都尉治東部障	乾齊 西部都尉治西部鄣
敦煌	敦煌 中部都尉治部廣（步廣）候官	廣至 宜禾都尉治昆侖障	
	龍勒 有陽關玉門關皆都尉治		

共計九部二十二都尉，其中惟番和為農都尉，其餘無一為農都尉者。是地理志之元始時期，若干農都尉已改為非農都尉矣。而況都尉之中，若漢簡之肩水都尉，以及趙充國傳之金城西部都尉，地理志俱失載，則所謂十一農都尉亦不得以地理志所已載者定之也。按蕭望之傳云：『京兆尹張敞上書言，國兵在外；以夏發隴西以北，安定以西吏民並給轉輸，田事頗廢。……願令諸有罪非盜受財殺人及犯法不得赦者，皆得以差入穀此八郡贖罪』。注，師古曰：『八郡卽隴西以北，安定以西』。從隴西以北，安定以西數之，計為：安定，隴西，金

城，天水，武威，張掖，酒泉，敦煌，實得八郡。若併西河以西之西河，朔方，五原，北地四郡，共爲十二郡；若併上郡數之，共爲十三郡。然此十三郡，天水，隴西二郡實不臨邊，或者安定，金城，武威，張掖，酒泉，敦煌，西河，朔方，五原，北地，上郡十一郡，各有一農都尉，至哀平時始改也。漢書百官表云：『關都尉秦官，農都尉屬國都尉皆武帝初置。』是農都尉蓋與屬國都尉同置者。其地當同限於北邊；其事蓋專爲領導移民，屯田殖穀者。今雖史籍無徵，上河，番和以外不能詳言其處；然據此簡，則西河以西之農都尉凡十一，則其設置在北邊甚爲普遍；而於北邊開發之功用，自當甚偉，不待言也。

☑扁常案部見，吏二人，一人王美休謹輸正月書繩二十丈，封傳詔。

案漢書魏相傳曰：『故事諸上書者皆爲二封，署其一曰副，領尙書者先發副封，所言不善屏去不奏。』是上書之封也。路史餘論七引春秋運斗樞曰：『舜以太尉之號卽天子，東巡狩，中舟與三公諸侯臨觀河，黃龍五采負圖出置舜前，黃金爲匣，白玉檢，黃金繩，芝泥封兩端，文曰：天黃帝符璽。』此則漢人以漢代詔命之制設想而成，亦可藉以推漢制也。

南書一封居延都尉章，詣張掖太守府，十一月甲子□大半當曲卒昌受□□卒輔□丑蚤食八分臨木卒□付卅井卒□□中界定行☑□二時二分。

前考以爲西漢時巳分一日爲十二時，應不誤。惟漏刻百分與時之關係，前考尙有應爲修正者；蓋漢代記時之法至分而止，分(刻)以下更無再小單位之命名，而出土之漢代日晷(端方，懷履光 Rev. William C. White 及至德周氏所藏)亦無分以下之漏刻，不能謂有半分之制。漢代分以下旣無更小之單位，則其分配必利用加時法，不能應用劉半農先生所設想，或就半農先生所設想略加修正也。司馬彪續漢書律歷志曰：『推諸加時，以十二乘小餘，先減如法之半得一時，其餘乃以法除之，所得算之數從夜半子起，算盡之外，則所加時也。』在此一則中有『夜半子』三字，司馬彪雖晉人，然所述爲東漢之術，是東漢以夜半爲子也。宋寶祐四年丙辰會天具注歷，在每月月建下加時法，則爲：（嚴敦傑：『跋紅樓夢新考內西洋時刻與中國時刻之比較』曾引及之。）

| 二月 | 丑艮寅 | 辰巽巳 | 未坤申 | 戌乾亥 |

| 三月 | 子癸丑 | 卯乙辰 | 午丁未 | 酉辛戌 |
| 四月 | 寅甲卯 | 巳丙午 | 甲庚酉 | 亥壬子 |

此所謂：艮，巽，坤，乾；癸，乙，丁，辛；甲，丙，庚，壬；皆所加一刻於各時之末之所謂『加時』者也。以後每三月依此式更迭。若依續漢律歷志則加時之法隨歲而更，非隨月而更者。蓋歲中之日減去六十日之倍數而大餘其不及一日則爲小餘，東漢加時之法既以小餘而定，則非逐月而改矣。惟其計時之法從夜半子起而夜半僅有半時，則起算之時（正子時）已至夜半第四刻末，似又與西漢算法不盡相同，故亦未敢輒指東漢之加時法卽西漢之加時法也。（漢舊儀漏刻之數晝夜分配亦與續志不同。）若以此簡論之，則西漢應有加時於蚤食（辰時）之一種現象，在此加時現象之下，此年之加時應爲：

丑艮寅　　辰巽巳　　未坤申　　戌乾亥

一種形式。但依照西漢之日晷，固定於日晷者乃刻數而非時名，足徵西漢各時因加時之關係而常在變易。西漢加時之術亦必有在子，午，卯，酉，以及在寅，申，巳，亥，之後者；非必定在辰，戌，丑，未之後也。

樂昌隧次鄉亭卒迹不在遂上塢爲□

遣吏可用者，謹擇可用者隨亭隧……

可用者各隨亭隧不可用者☑

☑來□□臨亭隧彊落天田。

毋蘭越天田出內迹。

陽朔三年十二月壬辰朔癸巳，第十七候長慶敢言之官移府𦍤書曰十一月丙寅☑渠鉼庭隧以日出𦍤塢上一表一□下鋪五分通府，府去鉼庭隧百五十二里二百☑。

虜守亭障，不得燔積薪；晝𦍤亭上烽，一煙；夜𦍤離合苣火；次亭燔積薪，品約。

塞上士卒所據，大者曰城，其次曰鄣，又次曰亭隧。凡置郡縣之處，大都爲城。候官所治，則皆爲鄣。而候長隧長所在，則皆亭隧也。城之地寬闊，故其外不必定有外郭。鄣爲小城，亭隧則烽臺而已，其外皆需外壁，繞之，始足以容屋宇，此卽塢或壁也。亭，隧，塢，壁，諸名，其解釋已見前考；其關於障者則見下列各條：

桂馥說文義證曰：『蒼頡篇：「障小城也」。（按見文選北征賦注）北征賦：「登障隧而遤望兮」。史記秦始皇本紀：「築亭障以逐戎人」。漢書張湯傳：「居一障間」。注云：「謂塞上要險之處，別築為城而為障蔽。」李陵傳：「陵以九月發，出遮虜障」。顏注：「障者，塞上險要之處往往修築，別置候望之人，所以自障蔽而伺寇也」。』

又案管子幼官篇：『障塞不審』。注：『所以防守要路也』。漢書武帝紀太初三年：『匈奴入定襄，雲中；殺略數千人，行壞光祿諸亭障』。注：『應劭曰：「光祿勳徐自為所築列城，今匈奴從此往壞敗也」。師古曰：漢制每塞要處別築為城，置人鎮守，謂之假城，此即鄣也』。故障城即候官城，凡敦煌居延遺存之漢代候官城皆尉也。凡鄣城皆設於形勢險要之處，以為通路之要害，故諸關塞若玉門關，若肩水金關，又咸在鄣間。以此論之，則函谷，陽關，蕭關，武關之屬亦當有障，此宏農縣利用函谷關城之事，亦得一證矣。至於漢書地理志，如武威休屠都尉治熊水鄣。酒泉會水北部都尉治偃水鄣，東部都尉治東部鄣。酒泉乾齊西部都尉治西部鄣。敦煌效穀治漁澤鄣，廣至宜禾都尉治昆侖鄣。北地富平北部都尉治神泉鄣，渾懷都尉治塞外渾懷鄣。五原郡稒陽北出石門鄣得光祿城。此所謂障者皆為候官所治。至續漢郡國志，會稽郡東部候官（原作國，誤。）張按屬國有候官，遼東郡及玄菟郡並有候城，皆當故為障城也。後漢書西羌傳：『詔魏郡，趙國，常山，中山，繕作塢候六百一十六所』。又：『築馮翊北界候塢五百所』。又：『虞翊書奏，帝乃復三郡，使謁者郭璜督促徙者各歸舊縣，繕城郭，置候驛』。此所謂候者，亦即指鄣而言，而所謂塢者，則當指亭障以外之塢壁矣。

又障與塞常連言，漢書地理志下：『自日南障塞徐聞合浦船行五月有都元國』。漢書匈奴傳：『十年以外，百歲之內，障塞破壞，亭隧滅絕，當更發屯繕治，累世之功，不可卒復』。皆其例也。塞者，漢書匈奴傳：『起塞以來，百有餘年，非皆以土垣也；或因山巖石，木柴僵落，谿谷水門，稍稍平之；卒徒築治，功費久遠，不可勝計』。是塞為邊境之防禦工事，而障則塞上險要之區屯兵置戍之所，故障塞常並言也。漢書匈奴傳：『匈奴三千餘騎入五原，略殺數

千人，後數萬騎南旁塞獵，行攻塞外亭障』。在此所言，塞者，『土垣』，『木柴僵落』；亭者烽隧塢壁；障者候城：三物不同，蓋然有別，從可知矣。然障與塞常相關涉，故有時障塞互稱，漢書地理志敦煌宜禾都尉『治昆侖障』，而後漢書明帝紀：『遣奉車都尉竇固，駙馬都尉耿秉，騎都尉劉張，出敦煌昆侖塞』。此則由於『郭謂塞上要險之處，別築爲城』，故或稱障，或稱塞，皆不難明其所指也。塞又與亭並稱：貢禹傳，『諸官奴婢十萬餘人，戲遊無事，稅良民以給，歲費五六鉅萬，宜免爲庶人，稟食，代關東戌卒乘北邊亭塞候望』。是其例，又塞亦稱爲徼。漢書食貨志下：『新秦中或千里無亭徼，於是誅北地太守以下，而令民得畜邊縣』。注：『晉灼曰，「徼塞也」。師古曰：晉說是也』。是亭徼者即亭塞，亦即烽隧與土垣，虎落，諸防禦工事；雖不言障候，而障候自在其中。三國志魏志鄧艾傳：『父在西時，修治障塞築起城塢。泰始中羌虜大叛，頻殺刺史，涼州道斷，吏民安全者皆保艾所築塢焉』。故障塞城塢本爲有別之四物，此雖並稱，仍宜見其同異；後專稱塢，亦由塢多於城，吏民多保塢間，故特稱之也。

〔附識〕 郭塞連稱者，如漢書高紀十一年注張晏曰：『邊郡將萬騎行郭塞』，漢舊儀：『太守各將萬騎行郭塞』，後書馬援傳：『援乃將三千騎出高柳，行雁門代郡上谷障塞』，後書西羌傳：『初開河西，列置四郡，通道玉門，隔絕羌胡使南北不相交關，於是障塞亭燧出長城外數千里』，此皆郭塞連稱者也。又單稱塞者如。高紀二年；『横治河上塞』，高紀十二年：『盧綰與數千人，居塞下』，高紀二年六月：『興關中卒乘邊塞』，武紀太初三年：『遣光祿勳徐自爲築五原塞外列城，西北至盧朐』，鼂錯傳：『秦北攻胡，築河上塞』，匈奴傳：『單于自謂留居光祿塞下』，又匈奴傳：『漢遣長樂衛尉高昌侯董忠車騎將軍韓昌……送單于出朔方雞鹿塞』，食貨志下：『初置張掖酒泉郡，而上郡，朔方，西河河西開田官，斥塞卒六十萬人戌田之』。（案此節當與農都尉有關，見前。）此皆郭塞，或塞，之例也。

烽火之事，據漢書賈誼傳注：『文穎說：「邊方備胡，作屵土櫓，櫓上作桔槔，桔槔頭兜零；以薪草置其中，有寇則火燃；舉以相告，曰烽。又多積薪寇至則燃之以望其煙，曰燧。」』今案漢書郊祀志上：『秦以十月爲歲首，常以十月上宿郊見，通權火』。注：『張晏曰：「權火，烽火也，狀如井挈皋矣。

其法類稱，故謂之權火，欲令光明遠照，通於祀所也。漢祀五時於雍，五十里一氂火。」如淳曰：「權舉也」。師古曰：「凡祭祀通舉火者，或以天子不親至祠而望拜，或以衆祠各處，欲其一時薦饗，宜知早晏，故以火爲之節度也。」』由此言之，桔橰所舉者爲火，文穎之說是也。其舉火於兜零則以兜零中（籠中）當盛有盆盎之屬，薪草置於盆盎之中故不致燃及兜零。亭隧相望有定處，一籠之火自可望見於數十里以外也。郊祀志所言通權大者雖爲祠神定時之用，然其物固與塞上無殊。自可相爲互證矣。（烽燧之火，蓋亦以日至日易故者。又改火之事至宋猶然，宋會要運歷二九一：『禁火乃周之舊制，唐及宋清明日賜新火，卽周人出火之制。』前文未引，今倂及之）。至於苣火之制，則古今並用手持，不得在籠中。漢書蒯通傳：『卽束緼請火於亡肉家』。文選西京賦：『夷蘊崇之，又行火焉。』亦皆炬火一類。其炬火之有脂者，大而小雅之庭燎（參見詩疏），小而禮記檀弓童子所執之燭，以至於古文炎光諸字所從者，皆當與烽燧間苣火有相關之處。是簡言離合苣火者，當用手持離合其光以示警，自與桔橰所舉停而不動者，有所殊別矣。壁，簡中通作辟；今案漢書劉賈傳：『已而楚兵擊之，賈輒避不肯與戰』。清官本齊召南曰：『史記作賈輒壁不肯戰，是堅守壁壘意，此作避是避其鋒也。』王念孫漢書雜志曰：『避本作壁，壁不肯與戰，謂築壁壘而守之，不肯與戰也。吳王濞傳「條候壁不肯戰」，是其證；後書耿弇傳注「壁謂築壁壘也」。後人不知其義而改壁爲避，其失甚矣。荆燕世家正作「壁不肯與戰」。』案王說是也。惟壁字甚難改爲避字，原文當作辟；而辟又通避，（孟子：『段干木踰垣而辟之』，『伯夷辟紂』，皆其例）。遂爲人改作避矣。

簡文『第卅四隧池蓬鹿盧不調』，今案地蓬之設蓋由亭隧之外偶有高曠之地，便於望遠，故亦施烽竿；因其不在亭隧之上，故曰地蓬也。然其爲處必距亭隧不能過近，否則可以在隧上施之，不必立於地上矣。是地蓬用蓬竿施桔橰，應與隧上之蓬相同，無二致也。蓬竿三丈（沙畹六九四簡），合今度二丈一尺，桔橰懸其頂不能長過三丈，其兩端各一丈五尺，仍距地甚高，非人手所能及也。故蓬用桔橰上下，而桔橰又必用鹿盧（滑車）上下，然後可舉高而及遠。

然則以鹿盧上下桔槹，不惟地蓬用之，隧上之蓬亦當用之矣。

買芯卅束束四錢給社

官封符爲社市賈□☑

入秋社錢千二百　元鳳三年九月乙卯□☑

對祀具　雞一，黍米二斗，稷米一斗，酒二斗，鹽少半斤。

　　漢書眭弘傳：『是時昌邑有枯社木，臥，復生。』注：『師古曰社木，社主之
　　樹也。』古微書引春秋潛潭巴曰：『里社鳴，此里當有聖人出，其呴，百姓歸
　　之，天辟亡』。三國志公孫度傳：『襄平延里社生大石，長丈餘，下有三小石
　　爲之足』。又六韜略地篇：『社叢勿伐』。此皆社樹及里社之例也。

出橐矢銅鏃二百，完。

　　淮南兵略篇：『疾如錍矢，何可勝偶』。王念孫校錍字當爲鏃字。呂氏春秋貴
　　卒：『所爲貴於錍矢者，爲其應聲而至』。義與此同，亦當作鏃。注：『鏃（錍）
　　矢，輕利也；小曰鏃（錍）矢，大曰篃矢』。王氏引本文而不及此注。據此注則
　　鏃者錍之小者，錍小則羽必窮，而矢輕利矣，此相關之義也。凡以金爲鏑者始
　　可小而重，故詩疏引孫炎云：『金鏃斷羽，使箭重也。』文選注引李巡云：『鏃
　　以金爲箭鏑也。』凡爲矢鏑，骨石皆輕，惟金獨重，考工記鄭注：『（錍矢）參
　　訂而平之者，前有鐵重也。』是其義。然鏃之原義，應爲矢之金鏑。窮羽乃自
　　小矢鏑而相承之義，而小鏑之義更自金銅鏑之義推衍而成。鏃字從金，本不宜
　　以窮羽爲初訓；矢之有鐵亦當起自戰國以後尤不得竟有其事於大雅行葦之時。
　　此所以漢簡中以鏃稱銅鏑正得古義，可以理釋經各家之惑者也。

吏奴下薄賤，多所迫。近官廷不得去尺寸。家數失住人，甚母狀。叩頭。子覆不羞
葸，負入收錄置意中，殺身見以報厚恩。彭叩頭。因道彭今年母狀小疾，內錢家
室，分離獨居，因致母禮物至，至子覆君胥前，甚母狀。獨賜騰貲，前歲宜奔走至
前。迫有行塞，未敢去署。叩頭請子覆君胥。

示使致言解俱叩頭。比得謁見。始餘盛寒不和，唯爲時平衣強奉酒食。愚戇母愈，
甚厚。叩頭。數已張子春累母巳。子覆奉以彭故，不遺亡至亡得。已蒙厚恩，甚
厚。謹因子春致書，彭叩頭。單記□□不□。彭叩頭。

按臘祭自左傳『虞不臘矣』以至月令所記，皆在夏正十月。秦始皇以十月爲歲首，秦正月卽漢武帝太初歷十月，凡史記稱十月者皆史公追改之。秦以太初歷之九月爲嘉平，在秦則爲十二月也。是臘祭在秦已改在歲終。至太初改歷，臘祭遂自秦制改至建丑之十二月，非復建亥之九月矣。楊惲報孫會宗書曰：『田家作苦，歲時伏臘，烹羊，炮羔，斗酒自勞。』伏臘並言，伏者，夏至後稱三庚；臘者，冬至後第三戌也。漢書東方朔傳：『伏日詔賜從官肉。……朔……謂其同官曰：「伏日當蚤歸」。』又元后傳：『漢家正臘日，獨與其左右相對飲食』。可證飲食之會，伏臘相同。嚴延年母欲從延年臘者正謂與此飲食之會。御覽三十三引謝承書謂『第五倫母老不能之官，臘日常悲戀垂涕』，亦謂臘日之會矣。漢書天文志：『臘明日人衆卒歲一會飲食，故曰初歲』。初歲者，歲前之歲，一曰小歲，御覽三十三引崔寔四民月令：『臘明曰，謂小歲。進酒尊長，修刺賀君師』。卽其事也。

釋漢簡中的「烽」

「烽」是什麼？在一般人的印象中，烽是指烽煙，也就是古代烽火臺上所發出作為訊號的「狼煙」，其實這個想法失之於過分簡單，並不十分恰當的。在古書注中也屢有關於「烽」的解說，只是很不清晰，不免使人有越解釋越糊塗的感覺。自從漢簡被發現，王國維在《流沙墜簡》中的新解釋，開始有了比較正確答案的曙光，只是他看到的漢簡不算太多，因而問題存在著的還不少。等到居延漢簡初次發現，我曾經根據新材料，做成了一些新的解釋。但是最近幾年，大陸上又有新的發現，也就有更多的新解釋來處理這個問題。現在先將吳礽驤《漢代烽火制探索》所附的幾個表列下，以供把這個問題作為進一步探討之用：

表　　　一

敵　　　情	時間	信		號	備註
		舉　蓬	舉苣火	燔積薪	
夜即聞虜及馬聲，若日旦入時，見虜在塞外	晝	一 (?) 蓬			
	夜		一苣火	毋燔薪	
望見虜在塞外，十人以上者	晝	二蓬		一積薪	須揚 *
	夜		二苣火		
望見虜入塞，一人以上者	晝	二蓬		一積薪	*
	夜		二苣火	一積薪	
望見虜入塞，一千人以上者	晝	三 (?) 蓬		二積薪	*
	夜		三 (?) 苣火	二積薪	
虜攻亭障，五百人以上，不滿一千人者	晝	三蓬		二 (?) 積薪	*
	夜		三苣火	二 (?) 積薪	

		舉蓬	補充	舉苣火	燔積薪	
虜攻亭障，一千人以上者	晝	三(?)蓬			三積薪	*
	夜			三(?)苣火	三積薪	
虜守亭障，不得下燔積薪者	晝	亭上蓬				*
	夜			離合苣火		

表　　二

敵人到達部位	時間	信	號		
		舉蓬	補充信號	舉苣火	燔積薪
入殄北塞	晝	二蓬	□□蓬一		一積薪
	夜			塢上離合苣火	一積薪
入甲渠河北塞	晝	二蓬			一積薪
	夜			塢上二苣火	一積薪
入甲渠河南道上塞	晝	二蓬	塢上大表一		一積薪
	夜			塢上二(?)苣火	一積薪
入三十井降虜燧以東	晝	一蓬			一積薪
	夜			塢上一苣火	一積薪
入三十井候遠燧以東	晝	一蓬	塢上㷭一		一積薪
	夜			塢上一苣火	一積薪
渡三十井縣索關門外道上燧，天田失亡	晝	一蓬	塢上大表一		一積薪
	夜			?	?
渡三十井縣索關門外道上燧，天田不失亡	晝	一蓬	塢上大表一		毋燔薪
	夜			?	?
入三十井誠北燧塞縣索關門內	晝	一(?)蓬	塢上大表一(?)		一積薪?
	夜			?	?
入三十井塞外誠北燧塞以內	晝	一(?)蓬	塢上大表一(?)		毋燔薪
	夜			?	?

先入殄北塞	晝	三蓬			
	夜			?	
後復入甲渠部	晝		累舉□□蓬		
	夜			?	
後復入三十井部	晝		累舉塢上□□蓬(?)		
	夜			?	

表　　三

	蓬　　表			煙	苣火	積薪
	總　稱	蓬	表			
王說	蓬表為一物	燃舉	不燃舉			燔煙
		用於夜	用於晝			用於晝
勞說	表，或作蓬		以縑布為之	以灶放	燔舉	燔煙
			用於晝	用於晝	用於夜	日夜兼用
陳說	蓬、表、煙總稱為蓬	不燃的蓬(?)	不然的表	以灶放以蓬放(?)	苣火與積薪總稱為火或燧	
		用於晝	用於晝	用於晝	用於夜	日夜兼用

表　　四

注　　家	烽			燧		
	結　　構	信號	時間	結　　構	信號	時間
裴駰《集解》	如覆米坺，縣著桔槔頭，有寇舉之			積薪，有寇燔然之		
司馬貞《索隱》	束草置之長木端，如挈皋，見敵燒舉之		晝	積薪，有難焚之		夜
張守節《正義》	燃烽	煙	晝	舉苣火	火	夜
文穎	桔皋頭兜零，中置薪草，有寇燃舉之	火		積薪，寇至即燃之	煙	
張宴	舉烽		晝	燔燧		夜
顏師古	舉烽		夜	燔燧		晝
李賢	同文穎注	火	夜	燔積薪	煙	晝

表　　五

時間	晝				夜		
信號	蓬	塢上表	積薪	亭上蓬	苣火	積薪	離合苣火
標誌	表幟		煙		火		
器具	以蓬竿、鹿盧、蓬索等構成蓬架，升舉赤繒製作的表幟		蘆葦、芨芨草、紅柳、胡楊等的堆積	蘆葦、芨芨草等捆扎的炬，燃著後豎置於柊上	蘆葦、芨芨草、紅柳、胡楊等的堆積		蘆葦、芨芨草等捆扎的炬，以兩炬燃著後時離時合
部位	地上	塢牆上	障塢牆外	望樓上	塢牆上	障塢牆外	塢上

以上五個表，第一表是一般烽品，主要的是根據《敦煌簡》(馬伯樂 42-T22，及漢晉西陲木簡)，及《居延簡》的簡號 14.11，並參考破城子新發現的《塞上烽火品約》，其根據《敦煌簡》的，現在再在「備注」欄加星形爲記。第二表全係根據《塞上烽火品約》，原著認爲是「補充信號」。照我的意見，第一表是各處通用的「烽品」，第二表應當是「烽約」，是屬於區域性的特殊辦法。在《居延簡》內簡號 14.11 中有「次亭燔薪，如品約」，這是指的是兩種規率，品是一般性的，約是特殊性的，《敦煌簡》及《居延簡》發現的有好幾條都是烽品，而破城子發現的卻是「烽約」。

第三表是列舉近代各家的異說，其中王國維說時間最早，而陳夢家說時間最晚，我是看到了王國維說的，而陳夢家是看到了王國維說法並且也看到了我的說法的。王國維提出了「不燃之烽」是一個新的創獲，只是對於別的訊號當有未盡之處。陳夢家分烽和表爲兩件事，情形不是這樣的簡單，還有討論的餘地。

第四表是排列文獻上對於烽燧的解釋，用表來列出，看起來比較方便。第五表是吳礽驤綜合各家的意見，再列成一表，也是爲了看起來方便的，只是烽(或況)和表仍依陳夢家的意見放上去的，爲了討論烽和表的異同，這個表還是用得著的。

這裡表示著關於烽火制度的問題，雖然新的漢簡相繼發現，但還是大家的意見，未能一致。許多問題還是懸而未決。其中關鍵問題之一，就是烽和表究竟是

一還是二。如其是一回事，那就烽和表的用法，究竟在什麼條件之下，有了必須分為兩個名稱的必要。如其是兩回事，那就這兩個名稱的定義，究竟完全不同的在什麼地方。過去我的解釋是烽和表是一回事，只是隨時隨事用法不同，這個看法有無修正的必要。

在漢代以來的文獻中，有許多是涉及烽燧的制度的，但是其中矛盾衝突處不少，所以容易引起爭論，其中主要的，有：

《史記・周本紀》：「幽王為烽燧大鼓，有寇至則舉燧火。」張守節《正義》：「晝日然烽，以望火煙；夜舉燧以望火光也，烽土魯也，燧炬火也，皆山上安之，有寇舉之。」

《史記・司馬相如傳》：「夫邊郡之士，聞烽舉燧燔，皆攝引而馳，荷兵而走。」裴駰《集解》：「《漢書音義》云，烽如覆米藁，縣著桔槹頭，有寇則舉之；燧積薪，有寇則燔然之。」司馬貞《索隱》：「烽見敵則舉，燧有難則焚，烽主晝，燧主夜。」

《漢書》（57下）：「夫邊郡之士聞烽舉燧燔」，注：「孟康曰，烽如覆米籇，懸著契皋頭，有寇則舉之；燧積薪，有寇則然之也。」（頁1200）

《漢書・賈誼傳》（48）「斥候望烽燧不得臥」，注：「文穎曰，邊方備胡寇，作高士櫓，櫓上作桔皋，桔皋頭懸兜零，以薪草置其中，常低之，有寇即火然，舉之以相告曰烽；又多積薪，寇至則然之，以望其煙曰燧。張晏曰，晝舉烽夜燔燧也。師古曰，張說誤也，晝則燔燧，夜則舉烽。」——王先謙《補注》：「〈周紀〉幽王為烽燧，《正義》：晝日然烽以望火煙，夜舉燧以望火光也……〈司馬相如傳・索隱〉：烽主晝，燧主夜。諸家並與張說合，師古自誤耳。」（頁1072）

《甘氏天文占》曰，權舉烽表，遠近沈浮。權四星在軒轅尾，而邊地警備，烽候相望。寇至則舉烽火十丈，如今之井桔槹，若警急然火放之，權重本低則末仰，人見烽火。（《太平御覽》335〈兵部・烽燧〉）

當然，在漢代以來文獻上提到烽燧的，還有好幾處。所以專舉以上幾條做例子的，是現在所需要的，並非以提到這兩個字爲限，而是需要顯示出烽燧上通訊的方法，以及通訊的種類，都是些甚麼。從敦煌和居延漢簡發現以後，漢簡中所記載的，與文獻上所表現的，中間還有一些異同。比較之下，漢簡所記較詳，但相當的零碎，還要做精密的整理；文獻所記，那就相當的概括，以致過分的簡略，意義不明，弄得混淆和誤解。結果是引起爭論，而到目前尚無正確的結論。

最顯著的一點是依據漢簡，塞上通訊方式是有很多種的。但以上所列的文獻，都只談到兩種，一種是白天用的，另一種是晚上用的。這就顯然只能算是舉例，而並非事實。而且用「晝」和「夜」的分別來解釋「烽」和「燧」的命意，這也是並不切合的。所以文獻上所記，只能作爲補充性質的參考。若要尋求較爲正確的解釋，還得另找來源。

上面舉出來文獻方面的解釋，時代都不算很早。除去甘氏星占應當是漢代的文獻以外，其他各項注文要以顏師古所引的孟康注爲最早，但孟康也只是三國時的魏人，對於漢代的邊塞的詳細制度，已經不是那樣的熟悉了。其次烽燧名稱和烽燧制度，也會隨時變化。烽燧二字的語源是一回事，烽燧二字在社會中通用的習慣，又是一回事，再加上邊方的詳細辦法，也不容易完全被內地居民所明瞭。應用名稱時就不免概括，甚至於有所誤用。所以對於各項文獻中的矛盾，也仍然需要根據漢簡加以疏通證明。

對於烽燧的解釋，應當以許慎《說文解字》爲最早，並且也算最爲正確，在以上所引的史書注釋，都認爲烽和燧是平行的兩種通訊方式，一種是在白天用，另一種是晚上用。只有《說文解字》卻和史書各家注釋不同，認爲烽和燧是兩種不同的事物。烽是通信用具，燧是烽臺建築。這和漢簡中記載的完全符合。因此要解釋漢簡的烽燧制度，說文和漢簡應當算是最重要的材料。

《說文解字》對於烽燧兩字的解釋是：

烽，燧候表也。邊有警則舉火，從火逢聲。(《詁林》4511-4512)

此處的句讀，應當是「烽，燧候表也。」烽字下有一逗，然後「燧候」二字連續。清代所有注家都是「烽燧」二字連讀爲句，這是錯的。比照漢簡的文字，只有「燧候」兩字連續，才能得到正確的解釋。也就是說，烽就是在「燧候」上的表，而不是「烽燧」

是表。自有清代學者的誤讀，就引起了一般做漢簡工作者的疏忽，而輕輕的把這條放逐，失掉了一個最有價值的資料。其次是：

　　䦹，塞上亭，守烽火者。从火遂聲，𤎎篆文省。（《詁林》6525-6526）

這是說燧字本當作䦹，小篆省作隧。現在一般寫作燧的，更從小篆的隧字省簡而來。只有在漢簡中還保存小篆中應有的寫法。既然㷊（簡寫作烽）即是表，所以烽和表可以互稱；隧（簡寫作隧或寫作燧）即是亭，所以隧和亭可以互稱。爲了有了互稱的關係，漢簡中的制度也可能由於互稱而引起解釋上的混亂，如其能疏通證明澄清這個混亂之源，就可以省去若干曲折了。

　　從《說文》上得到的指示，是「㷊」（烽）和「隧」（燧）完全是在兩種全不相同的事物上，「烽」所代表的是塞上（即所謂「隧候」，也就是漢簡常見到的「亭隧」）所用的一種訊號（也就是所謂「表」），而隧是塞上的「亭」，也就是烽火臺這種建築。在漢簡上時常看到「亭隧」連稱，至於「烽隧」連稱，那只限於泛稱，卻不用在實際的事物。

　　我們看到的，如同：

　　亭隧（滯）遠，晝不見煙，夜不見火。士吏、候長、候史耿相告候，燔薪以……（《敦煌簡》552）

　　可用者隨亭隧，不可用者……（《居延簡》232.6）

　　匈奴入塞及金關以北，塞外亭烽見匈奴人舉烽燔積薪，五百人以上能舉二烽。（《居延簡》228.7）

　　候蜀令督烽隧士吏遠。（《居延簡》516.26）

這是說亭即是隧，亭隧連稱是同義字連用來指一種事物的。譬如：

　　縣承塞亭各謹候北塞隧，即舉表皆和盡南端亭，亭長以札表到日時。（《敦煌簡》273）

　　二人削除亭東面，廣丈四尺，高五丈二尺。（《敦煌簡》111）

這都可以證明亭即隧，而《說文》所述隧的定義爲「塞上亭」正切合漢代的制度。後代史書注家以及做《說文》訓考的人，因爲無法得到漢代的第一手材料，就不免有時望文生義，引起錯誤了。

隧既然是塞上亭的建築物，烽卻與建築物無關。依照漢簡所記，烽只是一種作爲通訊用的工具。例如：

右烽（《居延簡》345.5）

下索長四丈三尺（《居延簡》354.4）

□百　八月甲子買赤白繒烽一完（《居延簡》384.34）

烽承索八（《居延簡》49.3）

具木烽一完（《居延簡》563.4）

烽不可上下　色不鮮明（《居延簡》127.24）

梟索五丈（《居延簡》63.16）

八月餘赤烽一（《居延簡》517.11）

破烽一（《居延簡》506.1）

烽布索皆小胡籠一破烽皆白（《居延簡》311.31）

地烽干頃（傾）（《居延簡》44.82）

布烽六（《居延簡》227.18）

放妻不鮮明　轉櫨毋柅（《居延簡》227.17）

大戚關烽（《敦煌簡》278）

□午日下餔時使居延烽一通，夜食時堠上苣火一，通居延苣火。（《居延簡》333.13）

樂昌烽長己，戊申日西中時使並山隧堠上表再，通，人定時苣火三，通、己酉。（《居延簡》332.5）

臨莫隧長留入戊申日西中時，使跡虜隧堠上表再，通，堠上苣火三通。（《居延簡》126.40）

檄堠上旁烽一通。（《居延簡》349.27）

到北界舉堠上旁烽一通，夜堠上（苣火）。（《居延簡》13.2）

旁烽一通夜食時（《居延簡》429.14）

堠上旁烽一，通，同時付並山，丙辰日入時。（《居延簡》349.11）

二十日晦日舉堠上（烽）一，苣火一，通；西中三十井隧。（《居延簡》428.6）

居延地烽一，會。（《居延簡》116.41）

虜守亭障，不得燔積薪。晝舉亭上烽，一煙，夜舉離合苣火，次亭燔積薪如品約。（《居延簡》14.11）

布烽三　一不具　布表一（《居延簡》506.1）

單烽一　布表一　布烽三（《新居延簡》EJT37：1537-1538）

十月乙丑日出二干時，表一通，其夜食時苣火從東方來杜充見。（《敦煌簡》

85）

從以上舉出的例證中，顯示烽只是亭隧上主要的通訊工具，卻不是行政上的一個階層，也不是邊塞上的一種建築。雖然在習慣上偶然也「烽隧」連用，但「烽隧」卻不能認爲是一種事物。因此在《說文》中的「烗」(即烽)，是「隧候表也」，只能依照《說文》的向例，認爲烽是「候」(即烽臺)上的「標幟」，而不是一種「候表」。只有這樣斷句，才能和漢簡中把烽臺有時寫作「堠」的相應，而不至於把「烽」和「隧」兩字意思，互相矛盾。

其次，就是對於「烽」和「表」二字在漢代邊塞上的用法，如何解釋，以及「烽」和「表」是一是二的一個問題。依照《說文》的解釋，顯然烽即是表。但在漢簡中又發現了在一個簡中，並列烽表二種物件。這的確引起了疑團，也就是說塞上的通訊方式或工具，除去烽、煙、積薪、苣火以外，再加上一個「表」，將四種改爲五種，這就要費相當的考慮。

在居延及敦煌許多有關烽品及傳烽以及器物上的文字，都只提到烽，而不曾提到「表」，可見：(1) 在一般的規格上，表未曾列入等次之中，(2) 在亭隧中實際應用的時候，烽比表更爲常用，結果烽常見於記錄，而表則出現次數較爲稀少。所以表應當是一種非「主要的」或者是一種「補助的」訊號。

除去上引《居延簡》(506.1)和《新居延簡》(EJT37：1537-38)，有烽表並列的情形以外，還有見於《新居延簡》的，如：

匈奴人晝入甲渠河南道上塞，舉二烽，塢上大表一。（EPF16.3）

匈奴人渡三十井懸索關門外道上烽，天田失亡，舉一烽，塢上大表一。（EPF16.6）

在各條中提到舉烽的十二次，只有這兩次提到表，可見表的重要性，比烽的重要性差得多。所以烽表不是並列的，而是表的用處只是烽的補助。看來表只是一種小型的烽，其作用是「半烽」。所以被稱爲「表」的，應當是原來烽也是一種表，但烽已有正式的一個「烽」的名稱。這種小型的「烽」未有特殊的名稱，爲方便起見，只好用一個通用名稱，也叫做表。實際上對後代的人來說，是引起混亂的，爲了

正名起見，作了下列圖解：

照以上的解釋，前列「表三」中的「勞說」把烽表認爲是一件事，應當只能這樣認定，不必再把烽表分而爲二。

至於表的色彩，前引《居延簡》(384.34)的赤白繒烽中的「白」字，原照片上是非常清楚的，不可能認爲別的字。所以有些烽是赤白並列，應無問題。至於有些簡記上「烽皆白」是說不應當全部變白，而非說烽中不用白色，因爲兼用赤白，效力可能更好些，照居延簡所記，有：

縹一匹直八百　白練一匹直一千四百　緣一匹直八百　帛二丈五尺直五百
代索丈六尺直二百六十八　□君玄□（《居延簡》384·36）

在邊塞上衣著用不著這麼多的絲帛，而且這許多絲帛又和繩索兼用，分明是做烽表用的。其中的「縹」指青白色的帛，不過據劉熙《釋名》有「碧縹」，那就縹可以有碧色的。碧色指青綠，如同臺灣玉那種色彩，那就烽可以有碧白二色相間的設計，不僅赤白，或純赤色。這可能因爲許多亭隧的周圍土質不同，如其附近爲赤色的土石，就可能需要青綠及白色相間的烽了。

釋漢代之亭障與烽燧

中國自從發展爲農業的國家之後，再也不能和游牧的生活適應了。在蒙古高原一帶的草原地帶，便成爲游牧民族角逐的場所。游牧民族的道德觀念，本末和農業民族不同。游牧民族的對於另外一個團體的盜竊和掠奪，在農業民族方面本來是一個不能忍受的事。農業民族方面旣不能把全部牧地化爲農田，又不能改變自己的生活來適應牧地的生存，空着這一塊牧地終究要有人來住。但是來住的人卻不一定是友好的，因此只有一個辦法，便是推進屯墾，加強防禦。

中國的這一個國家是有許多地理上的優點來便於發展古代的文化。但國防方面卻有若干不可諱言的缺點。中國國防上最大的缺點是在中國的北面和中國的西北面過分的開展，對於這一面並無很顯明的國防線。而北方及西北方面卻經常是向大陸中沃壤侵略的敵人。倘若中國取攻勢，那就對於沙漠上長途的運輸負擔很重大的經費，倘若中國取守勢，那就要修築遙遠的工事，而徵集大量的軍隊。但後者較前者還要容易些，因此中國對付北方和西北總是防禦時多而進攻時少，卽令要想進攻，也是先顧到防禦，所以整個邊塞的政策還是建築在防禦方面上。

中國的北面是曾經建築過一個長城的，這一個長城是東起浿水，西至臨洮，亦卽從朝鮮的大同江沿岸築起，築到今甘肅的臨洮附近爲止。要經過遼寧的北部穿過熱河和察哈爾的中部，再經過綏遠的北部到寧夏沿河而西南，直到甘肅。到了漢武帝時收河西四郡，這條國防線便從寧夏的中部穿過額濟納河抵達敦煌西面的玉門關。這一帶的地方現在還可以零碎不斷發現當時的痕跡。

在漢代一般的邊境國防工事叫做塞，塞是一種阻塞內外的地方。在現代人看來秦漢以來的國防工事一定和明代一樣的都是修築成城垣，這是一個很大的誤會。誠然秦漢的塞是曾經築過城，並且也有長城這一個名字。但這個長城和明代的長城

（即『邊牆』）幾點是不相同的，第一，秦漢的長城，在地位上和明代長城是不同的，明代長城靠南些，秦漢的長城卻遠在明代長城以北。第二，明代長城是有許多地方都是磚石築成的，秦漢的長城，據現在發現的只有版築的長城。第三，尤其不同的，是明代長城都是築成的邊牆，而秦漢的長城，據記載上說，卻不全是城垣，有若干的地方，卻是木柵。

這是很清楚的，中國的國防線，以農業的邊緣地帶為防守的範圍。所以因防線所達到的地帶限於西北的農業邊緣區域；而在此更北的大漠地帶，那就只是在防禦狀態之下作成防禦性的零星前哨。至於大漠更北的森林及豐富的草原，因為不便於運輸軍資，並且在當時的物質條件限制之下，也不能作為大量移民屯墾的地帶，所以至多只能交給歸順中國的胡人，而不能由中國政府自行經營了。

因此漢代北邊的防禦線，共計有下列的幾種工事：

（1）城垣：

　　甲、大的城圈：郡城和縣城，因為要住許多的人民。

　　乙、小的城圈：叫做障，在障裏面住着候官或障尉。

　　丙、長城：這不是一個城圈而是一條城垣的防線。

　　丁、塢：城是比較厚的牆壁，塢卻是一個比較薄的牆壁。在漢代的邊塞上我們已經發現的，凡障或烽臺的外面，大都又圍了一層較薄的塢。

（2）其他工事：

　　甲、木柵：又稱做虎落或彊落。

　　乙、天田：這是木柵以外的工事，將沙子敷在地面上，來看敵人的足跡。

（3）工事中交通的關口。關。這是在有都尉地方才設置，由都尉來管理的。

其次和工事有相關的便是烽臺了。烽臺古漢代稱做燧，也稱做亭。有時也亭和燧並稱，稱做『亭燧』。現在檢討亭燧的所在地方，共有下列的幾種：

　　（1）單獨的烽臺，四邊毫無倚賴，有時外邊還有『塢』牆。

　　（2）和長城聯絡在一塊的烽臺。

　　（3）和城或障相距不遠，作成城或障外圍的烽臺。

　　（4）幾個烽臺互為犄角的烽臺。

從上面舉出來的，我們便知道漢代邊防上的設施的種類了。假如分成等級，城屬於第一級，障屬於第二級，周圍有圍墻的烽臺屬於第三級，而圍墻較小的烽臺屬於第四級。假若漢代的邊防官制來說那就應當是：

（1）太守，住的是城。

（2）縣令，住的是城。

（3）都尉，住的是城或障。

（4）候官，住的是障。

（5）障尉、住的是障。

（6）候長，住的是圍墻大的烽臺。

（7）隊長，住的是圍墻小的烽臺。

我們現在可以再注意到漢簡中的材料，對於各條舉出一個大致：

（1）塞

□火四所大如積薪去塞百餘里臣憙愚……　　　　　（403·19, 433·40）　　（1）

檄曰甲申候卒望見塞外東北……　　　　　　　　　（564·13）

□朔壬子肩水守候囊他塞尉舉敢言之謹移穀……言之　（536·5）　　（2）

元始三年八月甲辰朔丁巳累虜候長祥塞曹史……　　（155·14）　　（3）

陽朔三年九月癸亥朔壬午甲渠不私亭候塞尉順敢言之　（35·8）　　（4）

十二月戊辰甲渠候長湯以私印行候事告塞尉　　　　（82·38）　　（5）

等不數循行甚母狀未忍行罰……君行塞母言□不辦母忽如律令（326·7,）（6）

八月庚寅武威北部都尉□光在行塞敢言之大守府　　（42·6）　　（7）

陽朔元年五月丁未朔丙辰殄北守塞尉廣移甲渠候長　　（157·5）　　（8）

吉兼行丞事敬告部都尉率人治書清塞下謹候望督烽火虜卽入（12·1）　（9）

□長移往來行塞下者及畜產皆母爲虜所殺略者證之審　（306·12）　　（10）

宣見塞外有亭㷊駝……宗馬出塞逐橐駝　　　　　　（229·1）　　（11）

私去塞之他亭（飲）□　　　　　　　　　　　　　（403·10）　　（12）

□甲　坐君行塞登五闌□觸綬適車　　　　　　　　（403·15）　　（13）

去河水二里去隊塞□七十二里□廿二□　　　　　　（433·4）　　（14）

市陽里張延年闌渡肩水要虜隧塞天田入 (10‧22) （1）

候長武光候史拓 十月壬子盡庚辰積廿九日迹從帶卅隧北盡隧庭餅北界 毋
蘭越塞天田出入迹 (24‧15) （16）

甘露元年六月授爲珍北塞外渠 隧長 (3‧14) （17）

四月君行塞舉 (168‧6) （18）

□月尉史報行塞舉 (285‧4) （19）

□守候塞尉壽寫移□虜有大衆欲囗 (273‧18) （20）

去塞二百六十□ (308‧3) （21）

□不知有闌出塞不獲覺至□吏名訊從所…… (49‧20) （22）

（2）邊：

府移居延書曰邊督…… (255‧23) （23）

□□吏卒□隧不以候望爲意尚行邊丞相御史常…… (227‧91) （24）

（3）城：

□□肩水候官城尉 (19‧37) （25）

閏月丁巳張掖肩水城尉誼以近次兼行都尉事下候城尉承書從事下當用者如詔
書／守卒史義 (10‧29) （26）

元延元年十月甲午朔戊子橐佗守候護移肩水城官吏自言責嗇夫輂晏如牒書到
驗問收責報如律令 (506‧9) （27）

（4）障：

建始二年十一月甲申朔乙酉甲渠鄣候敢言之 (46‧5) （28）

河平五年正月己酉朔丙寅甲渠鄣候誼敢言之 (35‧22) （29）

前過得□武言長鄣報長近詣言候□日去罪解□ (46‧10) （30）

（5）塢

建平三年閏月辛亥朔丙寅祿福食丞教移肩水金關居延塢長王玫所棄用馬各如
牒書到出如律令 (401‧6) （31）

病不幸死宣六月癸亥取所寧吏卒盡具塢上不乏人敢言之 (33‧22) （32）

五鳳二年八月辛巳朔乙甲渠萬歲隧長成敢言之迺十月戊寅夜墮塢陛傷要有廖

肩水金關　　辛關私印　八月癸酉歐來　　　　　　　(74・5)　　(52)

肩水候官　　關邃私印　八月戊子金關卒德以來　　　(5・19)　　(53)

始元七年閏月甲辰居延與金關爲出入六寸符券齒百從第一至千左居官右移金

關符合以從事　　　　　　・第八　　　　　　　　　(65・7)　　(54)

匈奴人入塞及金關以北　塞外亭隧見匈奴入舉薰火□　五十人以上能舉二薰

　　　　　　　　　　　　　　　　　　　　　　　(288・7)　　(55)

不害隧毌闌越關天田出入迹　　　　　　　　　　　(276・11)　(56)

三月辛亥迹盡丁丑積廿七日從萬年隧北界南盡次吞南界毌人馬闌越塞天田出

入迹三月戊寅送府君至卅井縣索關曰送御史李卿居延盡庚辰三日不迹………

　　　　　　　　　　　　　　　　　　　　　　　(206・2)　　(57)

□迫秋月有徙民來關　　　　　　　　　　　　　　(168・12)　(58)

永光元年五月戊子糱得尉光尉□移過關卒若取□候往爲候之糱得取麥三百石

遣尉就家取□官官丞徐鄣等日雨必詣肩水候官移□毌留 止如律令……

　　　　　　　　　　　　　　　　　　　　　　　(562・3)　　(59)

(7)堠

建昭二年十二月戊子朔戊子吞遠候長湯敢言之主吏十人卒十八人其十一人皆

作校使相校。不辦害堠上不乏人敢言之　　　　　(127・27)　(60)

北尺竟隧舉堠上離合　　　　　　　　　　　　　　(482・7)　　(61)

(8)隧

庚戌廩卒道等六人□到隧巳問道等係安在曰係酒甲辰……　(124・2)　(62)

元康四年三月戊子朔甲辰望宗隧長忠敢言之候官謹寫移戍卒受書一編敢言之

　　　　　　　　　　　　　　　　　　　　　　　(255・40)　(63)

肩水候官隧次行　　　　　　　　　　　　　　　　(32・23)　　(64)

樂昌隧長巳戊申日西中時使並山隧塢上表再通夜人定時苣火三通巳酉日□…

　　　　　　　　　　　　　　　　　　　　　　　(332・5)　　(65)

三月辛亥迹盡丁丑積廿七日從萬年隧北界南盡次吞南界毌人馬蘭越塞天田出

入迹三月戊寅送府君至卅井縣索關因送御史李卿居延盡庚辰三日不迹

肩水戍亭二所下廣二丈八尺六簿餘穀百六十石　　　　　（54‧23）　　（85）

小石十五石始元三年四月乙丑朔丙寅第二亭長舒受序胡倉臨建都丞延喜

　　　　　　　　　　　　　　　　　　　　　　（273‧8）　　（86）

入糜小石十五石始元三年六月甲子朔甲子第二塢長舒受代田倉臨建都丞臨

　　　　　　　　　　　　　　　　　　　　　　（273‧14）　（87）

十一石六年　始元三年十二月壬戌朔壬戌通澤第二亭長舒受代田倉訖

　　　　　　　　　　　　　　　　　　　　　　（557‧3）　　（88）

縣承塞亭各謹候北塞隊卽舉表皆和盡南端亭以札署表到日時　（敦煌簡）（89）

扁書亭隊顯處令盡諷誦知之精候望卽有烽火隊隊回度舉母……（敦煌簡）（90）

亭隊□遠晝不見煙夜不見火士史候長候史□相告□燔薪以□□□□　（敦煌

簡）　　　　　　　　　　　　　　　　　　　　　　　　　　　（91）

一人馬矢塗亭戶前地二百七十尺　　　（敦煌簡）　　　　　　　（92）

二人削□亭東面廣丈四尺高五丈二尺　　　（敦煌簡）　　　　　（93）

(10)薪表

必得加愼毋忽督薪掾從辟北始廣關□□到利□關加愼毋忽方循行如律令

　　　　　　　　　　　　　　　　　　　　　　（42‧18）　　（94）

狀辭居延肩水里上造年女六歲姓區氏除爲卅井士史主亭隊候望通烽火備盜賊

爲職　　　　　　　　　　　　　　　　　　　　（465‧4）　　（95）

……蘭平母□索二地薪索二　　　　　　　　　　（145‧15）　（96）

得會　吉兼行丞事敢告都尉庫人詔書請塞下謹候望督薪火虜卽入（12‧1）（97）

廣田以次行至望遠止　寫移疑虜有大衆不去欲垃入爲寇檄到循行部界中嚴敎

吏卒驚薪火明天田證□候候望禁止往來行者定薪火輩便兵戰鬬具毋爲虜所幸

繫已先聞知亡失重事毋忽如律令　　　　　　　　（278‧7）　　（98）

望禁姦塢上薪火　　　　　　　　　　　　　　　（288‧21）　（99）

曰吏卒更寫爲薪火圖版皆放辟非隊書佐薔夫……　（199‧3）　（100）

在時表火課常在內未曾見收不知鈞校候言……　　（269‧8）　（101）

□午日下餔時使居延薪一通夜食時墕上苣火一通居延苣火…（332‧13）（102）

　　從以上引出來的各條，對於；塞，邊，城，障，塢，關，猴，燧，亭，蕭，表，的幾個名詞，我們可以更看得清楚了。現在再根據上面的引證再來解釋一下：

　　邊是邊境的廣泛稱呼，這和禮記玉藻！『其在邊邑，』左傳成十三年：『虔劉我邊陲』，漢書元帝紀竟寧元年：『邊垂長無兵革之事』。爾雅釋詁：『邊垂也，』各條的的邊是一樣的。但是邊境上的工事，那就叫做塞了。

　　塞字也屢見於漢簡以外的其他文獻的。例如：說文土部：『塞隔也，從土窲聲。』段注云：『自部隔下云，「塞也」是為轉注，俗用為窒塞字，而塞之義窲之形俱廢矣。廣韵曰：「邊，塞也。」明堂位：「四塞世告至，」注云：「四塞謂夷服，鎮服，蕃服，在四方為蔽塞者，」按鄭注所謂天子守在四夷也。戰國策：「齊有長城巨防，足以為塞。」呂氏春秋：「天下有九塞，」所謂守在四意也。』又按禮記月令；『完要塞，』注：『東北謂之塞，西南謂之徼。』史記秦始皇本紀：『三十三年，……城河上以為塞。』漢書佞幸節通傳注：『人有告通盜出徼外鑄錢，』注：『徼猶塞也，東北謂之塞，西南謂之徼。徼塞者，以郡塞為名，徼者取徼遮之義也，徼音工釣反。』補注，王先謙曰：『通鑑胡注；「匈奴傳，侯應上議曰，孝武攘匈奴於幕北，建塞徼起亭蕭，是北方之塞亦曰徼也。朝鮮傳曰，朝鮮屬遼東外徼，是東方之塞亦曰徼也。師古迫未深考歟？直言徼以要遮為義，豈不明乎」』。漢書貨殖傳：『塞之斥也，唯橋桃以致馬千匹，牛倍之，羊萬。』注：『塞斥者，言國家斥開邊塞更令寬廣，故橋桃得恣其畜牧也。』漢書匈奴傳：『趙武靈王亦變俗胡服習騎射，北破林胡樓煩，自代並陰山下，至高闕為塞。』又：『單于既約和親，於是制詔御史，匈奴遺朕書，和親已定，亡人不足以益衆廣地，匈奴無入塞，漢無出塞，犯今約者殺之。』又：『漢兵至邊，匈奴亦遠塞。』又：『復繕故秦時蒙恬所為塞，因河而為固。』此外說到塞的甚多，尤其顯明的是匈奴傳中侯應對答邊塞事的一段，今具錄到下面：

　　　　元帝以後宮良家子王嬙字昭君賜單于，單于驩喜，上書願保塞上谷以西至敦煌，傳之無窮，請罷邊備塞吏卒，以休天子人民。天子令下有司議，議者皆以為便。郎中侯應習邊事，以為不可許。上問狀，應曰：『周秦以來，匈奴暴桀寇侵邊境，漢興尤被其害。臣聞北邊塞至遼東外有陰山，東西千餘里，

草木茂盛，多禽獸，本冒頓單于依阻其中，治作弓矢，來出爲寇，是其苑囿也。至孝武世，出師征伐，斥奪此地，攘之於幕北。建塞徼，起亭隧，築外城，設屯戍以守之，然後邊境得用少安。幕北地平，少草木，多大沙。匈奴來寇，少所蔽隱。從塞以南，徑深山谷，往來差難。邊長老言匈奴失陰山之後，過之未嘗不哭也。如罷備塞戍卒，示夷狄之大利，不可一也。今聖德廣被，天覆匈奴，匈奴得蒙全活之恩，稽首來臣。夫夷狄之情，困則卑順，彊則驕逆，天性然也。前以罷外城，省亭隧，今裁足以候望，通烽火而已。古者安不忘危，不可復罷，二也。中國有禮義之教，刑罰之誅，愚民猶尚犯禁，又況單于必其衆不犯約哉，三也。自中國尚建關梁，以制諸侯，所以絕臣下之覬欲也，設塞徼置屯戍，非爲匈奴而已，亦爲諸屬國降民，本故匈奴之人，恐其思舊逃亡，四也。近西羌保塞，與漢人交通，吏民貪利侵盜其畜產妻子，以此怨恨，起而背畔，世世不絕，今罷乘塞則生嫚易分爭之漸，五也（師古曰『乘塞登之而守也』）。往者從軍多沒不還者，子孫貧困，一旦亡出，從其親戚，六也。又邊人奴婢愁苦，欲亡者多，曰『聞匈奴中樂，無奈候望急何』，然時有亡出塞者，七也。盜賊桀黠，羣輩犯法，如其窘急亡走北出，則不可制，八也。起塞以來，百有餘年，非皆以土垣也，或因山巖石，木柴僵落，谿谷水門，稍稍平之，卒徒築治，功費久遠，不可勝計。臣恐議者不深慮其終始，欲以壹切省繇戍，十年之外，百歲之內，卒有它變，障塞破壞，亭隧滅絕，當更發屯繕治，累世之功不可卒復，九也。如罷戍卒，省候望，單于自以保塞守御，必深德漢，請求無已。小失其意，則不可測，開夷狄之隙，虧中國之固，十也。非所以永持至安，威制百蠻之長策也。』對奏，天子有詔勿議罷邊塞事，使車騎將軍口諭單于曰：『單于上書願罷北邊吏士屯戍，子孫世世保塞，單于鄕慕禮義，所以爲民計者甚厚，此長久之策也。朕甚嘉之。中國四方皆有關梁障塞，非獨以備塞外也，亦以防中國姦邪，放縱出爲寇害，故明法度以專衆心也。敬諭單于之意，朕無疑焉。……』

上文共計有十七個塞字，而其中所說的如『備塞』，『乘塞』，『起塞』都可見塞

是邊境上工事的總稱，而並非空泛的邊界。尤其所說的『起塞以來，百有餘年，非皆以土垣也，或因山巖石，木柴僵落，谿谷水門，稍稍平之，卒徒築治，功費久遠；不可勝計』一語，可見所說的塞，是包含幾種因素，第一是土垣，第二是因山巖石，第三是木柴僵落，第四是谿谷水門。這四種顯示着四種的地形，也就有四種的做法。居延簡：

　　　　所持木杜畫滅迹復越水門　　　　（236·32）

　　　　來南復臨亭際彊落天田　　　　（239·22）

水門見於漢書溝洫志『今可從淇口以東爲石隄，多張水門』，『其水門但用木與土耳，』『今瀕河隄吏卒郡數千人，伐買薪石之費，歲數千萬，足以通渠成水門。』召信臣傳：『行視郡中水泉，開通溝瀆，起水門提閼（隄堰）凡數十處，以廣溉灌。』所以水門便是開閉的水關，在溝渠中用來節制水量，在要塞地區便來防備敵人侵襲了。

　　關於僵落二字，漢書作僵落，漢簡作彊落。在匈奴傳中顏師古注云：『僵落謂山上樹木摧折，或立死枯僵墮落者。』此注甚爲費解，塞上所用的樹，不應當只限於死樹。再看漢簡中所僵落，那就照顏注更不可通了。方詩銘先生曾說過落應當爲羅落之落，那就彊落應當爲疆上的離落。漢書鼂錯傳：『爲中周虎落，』注：『鄭氏曰，虎落者，外蕃也，若今時竹落也。』所以彊落亦卽虎落。

　　至於彊落和天田並稱，可見和天田有關。鼂錯傳：『爲中周虎落』下注引蘇林曰：『虎落於塞要下，以沙布其表，旦視其跡，以知匈奴來入，一名天田』（此節承賀昌羣先生見告，謹此注入。）在蘇林的原意，或者認爲天田是虎落的附屬物，在解釋虎落的時候將他加入，這是可以的，但很容易認爲虎落就是天田，那就錯了。所以顏師古注云：『蘇說非也，虎落者，以竹蔑相連，遮落之也。』所謂竹蔑相連，亦卽木柴僵落，或用竹，或用木，但要遮連，功效是一樣的。可是旣然認虎落爲竹蔑，便不應當以僵落爲死樹，來望文生義。

　　在漢簡中天田二字是常見到的。以前所舉的如第 15, 16, 50, 57, 66, 67, 都提到天田，而在流沙墜簡中的敦煌各簡如：

　　　　若干人晝天田率人晝若干里若干步

六人畫沙中天田六里　牽人畫三百步

天田上母□填人馬□

塢陛壞敗不作活　戶與戍不調利　天田不耕畫不鉏治

更據居延間：

廣田以次行傳行至望遠止　寫移疑虜有大衆不去欲並入爲冠檄到循行部界中

驚烽火明天田　　　（278·7）

可見天田的做法是耕畫和鉏治，天田的功用是視因人馬的痕跡，以便有所準備。因
爲人馬馳行的速度不如傳烽，所以前哨的烽臺發現了人馬的痕跡，報給後方還來得
及預防，這也看出天田的功用了。但照蘇林的話是『以沙布其表，且視其跡，以知
匈奴來入，』現在看來，是不僅以沙布其表，還要耕鉏。這就是說僅僅沙的痕跡是
不夠的，必需耕鉏的讓土更疏鬆些，人馬的行跡才看的更顯。因此看來，王氏國維
所說的『唐崔敦禮神道碑，左校叛換，亙擾天田，……蓋用古語，殆謂天然之田，
未經墾治者也，』一部分是對的；不過據敦煌簡，已說過要耕畫鉏治，那就天田只
能說是已經墾治而未種植的田，用來看人馬的行跡。這樣說來，或者更近於事實
些。（賀昌羣先生據漢書量錯傳注來釋，這是一個很重要的文獻。）

　　　*　　　　*　　　　*　　　　*　　　　*

其次，再說亭障。亭障雖連稱爲常，但亭障顯爲二物。顧炎武日知錄云：

秦制，十里一亭，十亭一鄉（原注，風俗通曰：『漢家因秦，大率十里一
亭，亭留也，蓋行旅宿會之所。』）以今度之，蓋必有居舍，如今之公署，
鄭康成周禮遺人注曰：『若今亭有室矣』故霸陵尉止李廣宿亭下，張禹奏請
平陵肥牛亭部處，上以賜禹，徙亭它所。前漢書注云：『亭有兩卒，一爲亭
父，掌開閉掃除，一爲求盜，掌逐捕盜賊（原注：任安見爲求盜亭父，後爲
亭長）是也。（原注：晉時有亭子，劉卞爲縣小吏，功曹銜之，以他事補亭
子。）又必有城池，如今村堡。韓非子：『吳起爲魏西河守，秦有小亭臨
境，起攻亭一朝而拔之。』漢書：『息夫躬歸國，未有第宅，寄居丘亭，姦
人以侯家富，常夜守之。』匈奴傳：『見畜布野而無人牧者，怪之，乃攻
亭。』後漢書公孫瓚傳：『卒逢鮮卑數百騎，乃退入空亭』是也。（原注：

減宣怒其吏成信，信亡藏上林中，宣使郿令將吏卒闌入林中上蠶室中，攻亏殺信，是上林中亦有亭也。）又必有人民，如今之鎮集，漢封功臣亭侯是也。又謂之下亭，風俗通，『鮑宣州牧行部，多宿下亭』是也。其都亭則如今之關廂，司馬相如往臨邛，舍都亭（原注：史記索隱曰，『郭下之亭也。』漢書注師古曰：『臨邛所治都之亭，』後漢書，陳實嘗爲都亭刺佐。）嚴延年毋止都亭，不肯入府。何並斬王林卿奴頭，并剝所建鼓，置都亭下。後漢書：『陳王寵有彊弩數千張，出軍都亭』！『會稽太守尹興，使陸續於都亭賦民饘粥，』『酒泉龐娥刺殺讎人於都亭。』吳志：『魏使邢貞拜權爲吳王，權出都亭候貞』是也。京師亦有都亭，後漢書『張綱埋其車輪於雒陽之都亭，』『竇武會北軍五校士屯都亭，』何進率左右羽林五營士屯都亭，『『王喬爲葉令，帝迎取其鼓，置都亭下』是也。蔡質漢儀：『雒陽二十四街，街一亭，十二城門，門一亭，人謂之旗亭。』史記三代世表：『褚先生言，與方士考功會旗亭下』是也（原注，西京賦曰：『旗亭五重』，薛綜注：『旗亭市門樓也，立旗於其上，故取名焉。）後代則但有郵亭驛亭之名，而失古者居民之義矣（原注，晉書載記，『慕容垂請入鄴城拜神廟，苻丕不許，乃潛服而入亭，吏禁之，垂怒，斬吏燒亭而去，』是晉時尚有亭名。）

在這裏顧氏所注意到的可以說有幾點：（1）亭是一種行政組織的單位。（2）亭有房屋。（3）亭有城池。（4）亭有居民。（5）都亭如同現在的關廂。——在以上各條看來，亭有房屋，和亭有居民是不錯的，但亭有居民卻只限於內地，在塞上並不盡然。至於說亭有城池，今按城則有之，池卻未必。在文獻方面，並無亭外有池的積極證據。所謂城的解釋，也不太充分，因爲亭是可守的，但可守的不一定便是城。在以前舉出漢簡中的證據，例如 33, 34, 35, 36, 37, 38, 39, 40, 41, 諸則，都可見到隧是有塢的，據說文的解釋隧是塞上的亭，所以隧是各種亭中的一種，亦卽隧可以稱亭，亭卻不能都稱做隧。在以上舉出的證據，有些隧是有塢的，據服虔通俗文說『營居曰塢，』營中是有類似城的壁壘，所以有些隧是壁壘，亦卽有些隧是圍繞着類似的城。既然所有亭的一部分可稱爲隧，而有些隧有了類似的城，這就是說

有一小部分的亭是有類似的城的，但類似的城並不全等於城。而據第 40 則的『淩胡隧塢乙亥已成』，那就是說乙亥以前淩胡隧的塢尚未成，因此便說塞上的亭都有城也是不行的。再看一看第92，和 93 則漢代塞上的亭就是指墩臺，顧氏所引的匈奴傳，原文爲『單于旣入漢塞，未至馬邑百餘里，見畜布野而無人牧者，怪之，乃攻亭，時雁門尉史行徼，見寇，保此亭。單于得欲刺之，尉史知漢謀迺下，具告單于。』注師古曰：『尉史在亭樓上，虜欲以矛戟刺之，懼迺自下，以謀告。』此所謂『下』指下亭而言，比照着 92 和 93 兩則，便是下墩臺。墩臺較高，自然可守，那就不一定是守城了。

　　據說文稱隧爲塞上的亭，可見塞上的亭和內地的亭有異同。漢書百官表云：『大率十里一亭，亭有長，十亭一鄉，鄉有三老，有秩，嗇夫，游徼，』續漢書百官志劉照注：『里魁掌一里百家，』所以一亭應當是一千家，這是內地的制度。至續漢書百官志注引漢官儀：『設十里一亭，亭長亭候，五里一郵，郵間相去二里半』，那就是塞上或道路間的制度。兩種亭雖都叫做亭，但設置的方法是不同的。這是邊塞郵驛的組織和內地什伍組織的不同處。要講『亭』的制度時必需認清的一點。但是亭對於地域的分配上盡管不同，但亭的本身仍然是一致的。亭字從高省，丁聲。這就表示着亭的本身就是一個高的建築。漢書酷吏傳注：『如淳曰，「舊亭傳於四角面百步，築土四方：上有屋，屋上有柱，出高丈餘，有大板貫柱，四出，名曰桓表，縣所治夾兩邊各有一桓。陳宋之俗言桓聲如和，今猶謂和表。」師古曰，卽華表也』。華表之形略如桔橰，崔豹古今注：『以橫木交柱頭，狀若華，形似桔橰，大路交衢悉施焉。或謂之表木，以表王者納諫，亦以表識衢路』。這些都和墩臺旗竿是有關係的。至於郡縣官吏和邊塞的官吏也可以互相比照，例如：

　　　　郡縣：太守——都尉——縣令長——縣尉——鄉嗇夫——亭長

　　　　邊塞：太守——都尉——候官——塞尉——候長——隧長

所以隧是亭的一種，因此隧也可以稱亭，也可以亭隧並稱了。

　　總結起來，『亭，』或『隧』，是邊塞視察哨的單位。有士築的烽墩爲中心，這個烽墩是稱做『堠。』廣泛說來，亭內所有建築的全部都稱爲亭，或隧；但單獨

來說，亭或隧也有時可專指『堠』來說。烽墩上是可以修房子來住人的，但假如房子需要多些，烽墩上蓋不了，那就只有蓋到烽墩下邊，這時必需修一個堅固的圍牆，這一個圍牆就叫做『塢』。塢的位置，有時是在亭的外面的，有時還有在障的外面的。『障』是塞上的小城，裏面有障尉來主持着，障尉亦稱塞尉，有時都尉或候官也在此治理，如果駐兵較多，非障所能容，那就只好在障外再修一圈的塢。例如肩水都尉，肩水候官所在的肩水城，今稱爲紅城子的（又稱地灣，蒙古人稱爲(Ulan Durbeljin)，裏面是一個障，外邊便有一道塢。亭的配置是『十里一亭』但還有『五里一郵』，郵並不等於亭。郵是『吏馬馳行，』專司傳遞文書的，那便是簡陋的『道班房』，而非堅固高聳的烽墩了。在漢簡中有『以亭行』的『隧次走行，』還有『以郵行』的，這其中當然有輕重的關係。『以郵行』的只是普通的公文，用常法來傳遞；而『以亭行，』『隧次走行，』『吏馬馳行』便顯然可以看出重要性的層次了。

　　至於亭隧的位置，可以說分兩種，第一種是緣塞設置的，第二種是緣路設置的。兩種都是以十里爲準則，不過現在看來並不是如何嚴格的。緣塞的亭隧可以敦煌北面的爲例，緣路的亭隧可以額濟納河沿岸爲例。緣塞的亭隧，有長城的地方，有些是修在城垣，有些是修在長城以外或以外，隨着地形的方便，也並無一定的地位。只有一點是重要的，即不論是沿塞或緣路，一定是鄰近的隧可以彼此望見，並且也都在有水源的附近。

　　在 82 及 118 則，有『虜守亭鄣』一語，亭鄣連稱。又文獻中也頗有『亭鄣』（或作『亭障』）二字連用的，例如：

　　　　史記大宛傳：『王恢數使爲樓蘭所苦，言天子，天子發兵令恢佐破奴擊之，封恢爲浩侯，於是酒泉列亭障至玉門矣。』

　　　　史記秦始皇本紀三十二年：『築亭障以逐戎人徙謫實之。』

　　　　漢書賈捐之傳：『女子乘亭障。』

　　　　後漢書王霸傳：『得馳刑徒六百餘人，與杜茂治飛狐道，堆石布土，築起亭鄣，自代至平城三百餘里。』

　　　蜀志先主傳注引典略：『備於是起館舍，築亭障，從成都至白水關四百餘區。』

但是亭障連稱和亭隧連稱是不同的，亭隧連稱，亭即是隧；亭障連稱，亭和障是不同的兩種建築。此外尚有障塞連稱的，如：

續漢書百官志：『邊境有障塞尉，掌禁備羌夷犯塞。』

後漢書西羌傳：『於是障塞亭隧出長城外數千里。』

塞已見前，是防線之稱，鄣是塞上的小城，所以鄣和塞鄣和亭均是不同的。

鄣之稱謂除前舉的 28, 29, 30 等則以外，尚有：

右鄣候一人秩比六百石　　　　(259·2)

鄣候又見於漢書孫寶傳：

下寶獄，尚書唐林爭之。上以林朋黨比周，左遷敦煌魚澤障候。

王念孫讀書雜志云：

敦煌之魚澤障，自武帝時已改為效穀縣，此云魚澤障候者，仍舊名也。地理志敦煌郡效穀，班氏自注云，『本魚澤障也。桑欽說，「孝武元封六年，濟南崔不意為魚澤尉，教力田，以勤效得穀，因立為縣名。」』今本注首有『師古曰』三字，後人所加也，胡渭已辨之。(註一)

又流沙墜簡蕭隧類第四十三簡：

建武十九年四月一日，甲寅，玉門鄣尉戊告候長晏到任。

王氏國維云：

右簡乃玉門鄣尉令候長到官之檄。……續志云，『邊縣有障塞尉，』又云：『諸邊障塞尉，諸陵校尉長皆二百石』。……

又流沙墜簡蕭隧類第六簡：

候官謹□亭踵楡梜□□主謁

王氏國維曰：

候官者都尉之屬也。漢敦煌郡屬縣六，而緣邊者凡四：東則廣至，其時為效穀，為敦煌，為龍勒。前漢於此分置四都尉，一，宜禾都尉，治昆侖障（在廣至縣境，）二，中部都尉治步廣候宣（在敦煌縣境，）三，玉門都尉治玉

（註一）流沙障簡蕭隧類第七及簡牘遺文第三十五皆均為魚澤；後一簡且言及魚澤候，是效穀縣由魚澤障改，但魚澤仍未廢。大約改縣以後的魚澤障是遷去的，非原處。

門關（在龍勒縣北境，）四，陽關都尉治陽關（在龍勒縣西境。）都尉之下各置候官以分統其衆，亦謂之軍候，亦單謂之候。候官之名始見於漢書地理志，即上所云步廣候官是也。續漢志，張掖屬國下，亦有候官，又會稽郡下之東部候國，吳志虞翻傳作東部候官，蓋即會稽都尉下之候官。由是觀之，則都尉之下，大抵有候官矣。其秩略當校尉下之軍候，續漢志：『大將軍營五部，部校尉一人，比二千石，部下有曲，曲有軍候一人，比六百石』。都尉名秩與校尉相當，則都尉下之候官，當即校尉下之軍候。楊雄所謂東南一尉，西北一候，尉謂都尉，候謂候官也……。今以敦煌郡各候官言之，則宜禾都尉下可攷者，有魚澤候，漢書孫寶傳，寶從京兆尹左遷魚澤障候（按此為唐林事，見前引漢書孫寶傳。）本書簡牘遺文第三十五，王子方置敦煌魚澤候守丞是也。中部都尉下則有步廣，平望，兩候官。步望一候見於漢志，平望候官則見簿書類第五十九簡。……玉門都尉所屬則有玉門，大前都二候官，第三，第五兩簡及沙氏書中所錄釋文有玉門候官語，足以證之。

今按王氏所攷候官之職，能究他的原委，說的很明白，這是對的。並且續漢書軍候為比六百石，居延簡部候亦為比六百石，正相符合，可知鄣候即候官。又據前引居延簡第 28, 29, 兩則，均有『甲渠鄣候』字樣，但 79 則作『甲渠部候，』而 80 則作『甲渠候官』也。可見鄣候和候官可以互稱的。關於鄣的形式，據漢書張湯傳顏師古注云：『鄣，謂塞上要險之處，別築為城，因置吏士而為鄣蔽以扞寇也。』又武帝紀太初三年，顏師古注云：『漢制，每塞要處，別築為城置人鎮守，謂之候城，此即鄣也。』候城又見於前引居延簡第26，中有『候城尉』一語，候城既屬鄣，那就候城尉也就是鄣尉了。既在既然可以證明鄣候即係候官，那就再看一看候官是否有一個小型的城。就知道最確實的來說，敦煌玉門候官是在現在敦煌西面的小方盤，張掖肩水候官是在額濟納河東岸的地灣城（即 (Ulan Durbeljin)，甲渠候官是在額濟納河西岸的 Mu Durbeljin, 都是比較堅固而小的城。（這種城見附圖。）因此，我們可以決定這一類的小城在漢代的命名是叫做鄣。同樣，現在的黑城 (Khara Khoto) 是可證明為漢代的居延縣治的（見居延漢簡考證卷二，第七，第八葉，）而在現在黑城故址的東南部城內，也同樣有這樣一個小型的城

（註二），因此從先的遮虜障的所在，也可以知道了。

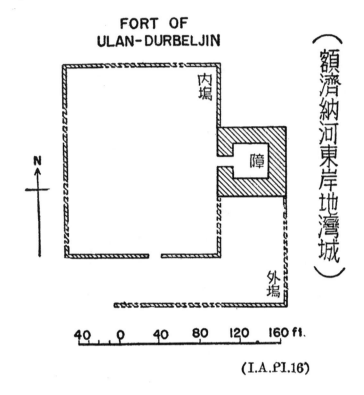

（額濟納河東岸地灣城）

(I.A.Pl.16)

地灣城自西東望

鄣的建築和城的建築有一個很大的區別，便是城的建築大小並不一律，形式也

（註二）原作候國，誤。當作候官，前人錢大昕，惠棟，洪頤煊並有考證，今不詳及。

T.XL.A

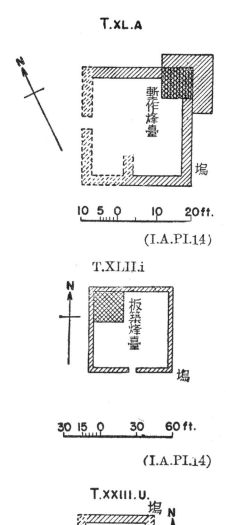

斬末作烽臺

塢

10 5 0　　10　20ft.

(I.A.Pl.14)

T.XLII.i

板築烽臺

塢

30 15 0　　30　60ft.

(I.A.Pl.14)

T.XXIII.U.

塢

40 20 0　　40　80ft.

(I.A.Pl.14)

不一致；鄣的建築卻大小形式都是一樣的。這是因為城內容納的居民，多寡不能一致，鄣卻是只容納吏士（見上節引漢書注，）並無居民，所以可以作一致的設計了。續漢書百官志五注引漢官儀云：

> 郡太守各將萬騎行鄣塞烽火，追虜。置長史一人，丞一人治兵民。當兵行，長（史）領置。部（都）尉，千人，司馬，候，農都尉，皆不治民。

候卽候官，候官不治民，所以鄣中只有吏士，並無居民。也就是鄣的功用等於一個營堡。但有時因為屯墾的關係，人民來到了，因此漸漸也有居民。續漢地理志，張掖屬國都尉有候官，左騎，千人司馬官，千人官，各城；會稽郡有東部候官城，（註三）都和縣同列。這也就是續漢百官志所說的在東漢時期，『邊郡往往置都尉及屬國都尉，稍有分縣，治民比郡的原因。』所以城和鄣的區別，有時也不能嚴格來區別的。

烽燧上的表記，統稱做烽火，實際上烽火，不是一種。關於烽火的種類在史記司馬相如列傳，和漢書賈誼傳中，前人作注解的有若干的解釋，但是均不如前引第 101 和 120 兩則所說的具體。照此處所記，烽燧上所舉出來的，共有四種：

A 蕭

（註三）向譯斯坦因西域考古記，較為易得，其書二五六葉有斯坦因實測黑水故城圖，可以參看。

B 煙

C 苣火

D 積薪

這四種物件不同，用法亦不同，有時單用，有時兼用。在這四種之中，積薪自為一類，煙自為一類，蘆表和苣火又共為一類。積薪是很清楚的，不必多為解釋。苣火就是火炬，用手來持着的，也不必多為解釋。關於煙一項，在漢代烽臺的頂上，有一個煙竈，上面有一個煙突，現在尚可看出燒煙的痕跡。所成問題的只有蘆表的一項中，有商討的餘地。

漢代以來屢稱烽火，實際上烽火是兩件事物。蘆為蘆表，火為積薪的苣火。蘆表是不舉火成煙的，照前引諸簡 111, 112, 113, 114, 各條，看出蘆是用繒（厚帛）或者用布（麻布）來做成的，並且是用赤白二色的，再加上木頭。蘆和表有時互稱（註四）但據前引 112 條蘆和表又有區別，現在雖然不敢斷定區別所在，但先蘆後表，或者是大小的不同。又居延簡有『長七尺，廣五尺』一語（214, 28），可能是指蘆的長寬來說的。

蘆用木在上面和下面綑住，再用蘆索繫上，再另外植立着一個長三丈的蘆竿，在蘆竿頂上繫着一個滑車（註五），繩索穿在滑車上面，蘆便可以上下了。蘆竿在塢上立着，則為塢上的蘆（99, 103, 105, 106），蘆竿在地上植立的，則為地蘆（見下附注四），蘆的結構應當是一樣的。至於漢書賈誼傳注引文頴說：『邊方備胡，作高土櫓，櫓上作桔槔，桔槔頭兜零，以薪草置其中，常低之，有寇則火燃舉以相告曰烽，又多積薪寇至則燃之，以望其煙曰燧。』此處釋烽燧之義與相承者頗有區別，但燧卽隧，亦卽墩臺，由墩臺出煙，本不太錯；又烽卽蘆由烽竿來舉，也不算太錯。只是所舉兜零，據史記司馬相如傳引漢書音義，亦作『烽如覆米奠，』兜零是竹籠，覆米奠是漉米器，都是箕籠一類，和布製的蘆表並非一物。除非晚間以竹籠盛陶器，中置薪火，舉到蘆竿上面，這雖然是不是炬火，但與炬火同一功用。照

（註四）例如說文云：『蘆隊候表也』。

（註五）居延簡『第三十四隊地蘆鹿盧不調』（136.7），鹿盧卽轆轤，大的轆轤來車水用的，無法在蘆竿上使用，此處應當作滑車而言。

漢代舉烽之制、白天用蓬，晚上用炬火，這種辦法是很有可能的。文穎之說雖不全合漢簡，但也不爲無據。

固然，文穎的說法和漢簡不盡相符，但也不是不可以作另外的解釋的。現在發現的漢簡，都是西漢末年以至東漢初年的物件，文穎生當建安時期，又在這些漢簡至少一百年以後，在這期間決不能說蓬隧制度絕無任何變化。所以說來在今出漢簡時期，蓬表上竹籠中的火就是苣火的一類，當然可以；即令不是漢簡中的制度，也不能說在文穎的時代不可以有。因爲蓬與炬的表記是相同的，只是日夜的不同，那麼舉蓬之處來舉炬火（類似的炬火，）並且將炬火一個名稱也包括在蓬的這個名稱之內，也並不是不合理。（自然，這只是炬火，並非手持的離合苣火。）

竹籠盛火一件事，並非奇異的事，現在四川等地在冬天時候，尚以竹籠中放一個瓦盆，瓦盆內生着木炭火來取煖（木炭在漢代也是有的，見漢書竇廣國傳。）假若將這一類的竹籠舉到桔橰頭的上面，瓦盆中的火也決不至於將竹籠燒着。此外我還記得很清楚，當民國三十一年，到陽關外的推莫兔地方、和青海的撒拉爾兵同走着，當時庫拉斯台有流動的哈撒克羣，當深夜時候，撒拉爾兵關照着一根火柴也不可以刮。因爲在一個靜寂的沙漠，不會有火光的，倘若偶然有一星一點的火光，在百里左右的人也可以望見。同理，在一個高高的蓬竿上，舉上一個烘籃的燒草或炭火，沙漠中十里以外的墩臺上，能夠望見一定不是一個如何困難的事。因此史記司馬相如傳和漢書賈誼傳注中所引各家之說，雖然互相矛盾，但都應當各有各的根據和理由，現在論文穎說時再重申一下。

此外尚有若干應當申說的，爲節省地位起見，不擬再多爲重述。可以參看我的居延漢簡考釋考證之部，和從漢簡所見之邊郡制度（史語所集刊八本二分，）以及賀昌羣先生的烽燧考（中大文史哲季刊第一卷二期。）

論漢代玉門關的遷徙問題

(一)

　　玉門關是中國通西域大道上的最重要的關口，雖然在這個大道上並列著玉門關和陽關，但顯然的玉門關是一個主要的關，陽關只是一個輔助的關。史記大宛傳說：

　　　　自博望侯張騫死①，匈奴聞漢通烏孫，怒，欲擊之。及漢使烏孫，若②出其南，抵大宛、大月氏相屬。烏孫乃恐，使使獻馬。……而漢始築令居以西，初置酒泉郡以通西北國。……使者爭徧言外國災害，皆有城邑，兵弱易擊。於是天子以故遣從驃侯破奴，將屬國騎及郡兵數萬至匈河水，欲以擊胡，胡皆去。其明年擊姑師、破奴與輕騎百餘先至，虜樓蘭王。遂破姑師，因舉兵威以困烏孫大宛之屬。還，封破奴爲浞野侯③。王恢數使，爲樓蘭所苦，言天子，天子發兵令恢佐破奴擊滅之。於是酒泉列亭鄣至「玉門」矣。

又史記大宛傳說：

　　　　自酒泉以西至安息國……而漢使往既多。其少從卒多進熟於天子，言曰：「宛有善馬，在貳師城，匿不肯與漢使。」天子既好宛馬，聞之甘心。使壯士車令持千金及金馬以請宛王貳師城善馬。宛國相與謀曰：「漢去我遠而鹽水中數敗……」遂不肯與漢使。……令其東邊郁成，遮攻殺漢使，取其財物。於是天子大怒，……拜李廣利爲貳帶將軍，發屬國六千騎，及郡國惡少年數萬人以往。……是歲太初元年也。而關東蝗大起，蜚西至敦煌。貳師將軍軍既西過鹽水，當道小國恐，各堅城守，不肯給食。攻之不能下，下者得食，不下者數日則去。比至郁成，士至者不過數千，皆饑罷，攻郁成，郁成大破之，所殺傷甚衆。貳師將軍與哆（李哆），始成（趙始成）計，至郁成尚不能舉，況至其王

都乎？引兵而還。往來二歲④，還至敦煌，士不過什一二，使使上書，言道遠
乏食，且士卒不患戰，患饑，人少不足以拔宛。願且罷兵，益發而後往。天子
聞之大怒。而使使者遮「玉門」曰，「軍有敢入者輒斬之」。貳師恐，因留敦
煌。

在以上的兩個玉門，都是同出於史記大宛列傳，在同一的書中同一列傳中的前後文，
不可能一個「玉門」會指兩個不同的地方。第一個玉門是「列亭鄣」所「至」，換言
之，玉門是一個要塞，當然是專指玉門關，而不是一個普通的縣城。第一個玉門既然
是指玉門關，非常明顯的，第二個玉門也是指玉門關。司馬遷決不可能如此的荒謬，
在同一篇中將一個顯然而且非常重要的地名，來指兩個不同的地方。

　　在漢書的張騫李廣利傳中，也用了史記中的史料，並且稍有增改。在張騫李廣利
傳中，前一段說：

玉門於是天子遣從票侯奴將屬國及郡兵數萬以擊胡，胡皆去。明年擊破姑師，虜樓
蘭王，酒泉列亭鄣至玉門矣。

後一段說：

天子聞之大怒，而使使者遮玉門關，曰：「軍有敢入者，輒斬之。」貳師恐，
因留敦煌。

前段未增「關」字，只作「玉門」。後段則作「玉門關」，增一「關」字。可見在班
固當時的看法，「玉門」就是「玉門關」，增關字和不增關字，本無區別。後一段雖
然增一關字，事實上並未改動了司馬遷的原義。

　　「玉門」兩個字的歧義，是除去玉門關以外，還有一個玉門縣。玉門關的坐落，
據漢書地理志是在敦煌郡的龍勒縣，玉門縣的坐落，據漢書地理志是屬於酒泉郡。兩
處地方並不同在一郡，所以玉門關並不是在玉門縣境。不過縣和關各有各的功用，關
以國防為主，縣以治民為主，看上下文也可以知道是指的是縣，還是指的是關。

　　史記大宛列傳兩次說到的玉門，都很顯然的指玉門關而非指玉門縣。因為玉門關
是非常重要的國防重點及交通重點，而玉門縣只是一個平常的縣治。在河西四郡之
中，像玉門這樣的縣有許多，玉門縣並沒有特殊的理由可以加以強調。倘若把史記及
漢書中這兩段，任何一個「玉門」指為玉門縣，都是沒有理由的。

再從兩段的上文加以比證，更顯然可以看出兩個「玉門」都是指玉門關，而不是指玉門縣。從「於是列亭鄣至玉門矣」一句來說，亭鄣和關塞，都是在一組國防線之內。關的主管是關都尉，鄣的主管是鄣尉，亭⑤的主管是隧長，都是不治民的。而縣卻是專治民的。亭鄣和關性質相通，而亭鄣和縣性質並不相同。從文義來說，決不可以認爲是性質相異的縣，卻不是性質相同的關。再就關和縣的範圍來說，關爲一個點，而縣卻是一個面，在縣境之內，可以包括若干亭鄣，所以縣和亭鄣，並非對等的名稱，至於塞上的關，正是與亭鄣互相銜接之點。由亭鄣至關，不論在理論上，在事實上，都是互相爲用的。就任何方面來說，就這一段選擇「玉門關」或「玉門縣」兩個解釋，應當毫無問題的，以「玉門關」之解釋爲長。因而在這一段中，「玉門」就無理由不是「玉門關」。

再從「使使遮玉門曰：軍有敢入者輒斬之」一處來說，也當然是指玉門關而不是指玉門縣。就其中「遮」和「入」兩個字而言，「遮」是遮關門不許人入門，「入」是入關門。入縣雖然可指入縣境而言，但解釋爲入關，更爲順適。「遮縣」二字從來未聞連用過。因爲縣境雖小，也至少方圓百里，派一個使者遮住一個縣，是一個不可想像的事。其次，貳師的軍隊已至⑥敦煌，天子不許其軍隊再前進，當然是找一關口來阻止他們，假如找一個地區，不許他們入境，也應當是郡境，而不應當是縣境。天子所下詔書，是由丞相御史大夫下郡太守，諸侯相，這在漢簡中有不少的明文，從來不下給一個縣令，換言之，天子從來不和縣令打交涉⑦。在此一處天子突然派一個使者到縣裏面來，爲的是阻止貳師將軍入境；在制度上及習慣上爲一極端不可通的事。也許還有人要這樣的辯解，說天子此時實際是派使者到酒泉郡，酒泉郡再將使者送到玉門縣，史文爲的簡略，所以不再說出來。不過這種辯解是增加上的一些揣測，而這項增加上的揣測是絕對無法證明的，除非本文無法解釋通時，才允許在不得已狀況下用揣測之辭來做假設。現在本文把「玉門」解釋爲「玉門關」，那就一切疑問都沒有了，因而決不可以用不能證明的假設來推翻非常明顯的解釋。

再就「入」字而言，入平常是指入關。居延漢簡有過關的出入六寸符，其文云：

始元七年閏月甲辰，居延與金關爲出入六寸符券，齒百，從第一至千，左居官，右移金關，符合以從事。

所以經過關門之時，出關曰「出」，入關曰「入」。又居延漢簡的簿錄中⑧，也有不少「某某人名詣官，某日，某時入」的記錄，按照各方材料來綜合，都是屬於關吏所記。從入關稱作「入」這一個漢人通語來看，則武帝詔書中「軍有敢入者輒斬之」，當然也是和一般用法一樣，指入關而言。

再從居延漢簡來看，設關之意，只備稽查，並非代表國境，出關以後並非卽在國境之外。居延區域有一個「肩水金關」，其地亦卽肩水都尉所在的地方。照出土漢簡的遺址來看，肩水當在甘肅鼎新縣城以北約三四十里的古城，蒙古人稱爲Ulan Durbeljin的地方⑨。這個地方正是從北而言，沿著額濟納河的必由之路。在這個地方之北，還有許多烽燧和城，而尤以居延城最爲重鎮。居延與肩水出入符一千，正表示著出入者的衆多。同時也可證明，關以外尙可有城市⑩，而玉門關曾一度設在敦煌縣之東，並不算一件奇怪的事。

出入二字當然可用在出入國和出入境諸語上。例如漢書朱買臣傳的「入吳界」，馮奉世傳的「馮亭乃入上黨，城守於趙」，以及匈奴傳的：「將軍衞靑出上谷……公孫賀出雲中……公孫敖出代郡……李廣出雁門」，「匈奴數萬騎入代郡……又入雁門，殺略數千人，其明年，又入代郡、定襄、上郡各三萬騎，殺略數千人」等等。不過以上的各例，都是指郡界而言，無一處是指縣界而言的。這是在史例上來說，國家大事，至少以郡爲單位，並不以縣爲單位。朱買臣傳及馮奉世傳，是指郡境而言。並且吳和上黨都是目的地，不是過境。匈奴傳所說，則都是指關塞而說，與縣境根本不相涉。在史記及漢書中實在找不出國家大事而以入縣境爲主的任何例子⑪。

因此就邏輯上的結論而言，漢武帝使使者所遮的玉門，一定是玉門關，而不可能是玉門縣。如漢武帝遣使者所遮的玉門是玉門關，則武帝時征伐大宛以前，和征伐大宛以後，玉門關的位置不同。玉門關在遷移之前，本設在敦煌之東，到了李廣利征伐大宛以後，才遷移到敦煌之西。

（二）

上章所說的，只是一個基本的觀點，本來用不著這樣瑣細的分析。只因爲這一個

觀點本來不成問題，卻在近十年還被人當作了一個爭論的問題。因此現在就不得不就
推論上必然的結果，加以分析。以下再就這一個觀點的提出及爭論的發生，重爲申
論。

　最早提出了這個觀點的是沙畹 (Édouard Chavannes)，他在他所著的敦煌木簡
一書中，根據了史記大宛傳中的材料，說明了玉門關曾經遷移過。到了王國維作流沙
墜簡一書，更重述了沙畹的發現加以補充。從此以後，沙、王兩氏的意見，就成爲大
家公認的事實。我在做「兩關遺址考」⑫的時期，是承認沙畹及王國維之說。到了現
在，雖然十年的光陰過去了，但經過了謹慎的研討之下，還是應當認爲沙、王兩氏是
對的。

　認爲從來玉門關卽在敦煌之西，未曾遷移過的是夏鼐及向達兩先生。最先提出的
是夏鼐先生，以後又得向達先生的支持。不過向達先生的「玉門陽關新考」發表在先
⑬。而夏鼐先生的「新獲敦煌漢簡」⑭ 發表在後。自此以後，許多國內的學者因爲
他們持論甚辯，因而一直相信玉門關未曾遷移是一個事實。

　向先生的根據是漢書地理志敦煌郡效穀縣條，注云：

> 師古曰：本魚澤障也。桑欽說，孝武元封六年，濟南崔不意爲魚澤尉，敎力
> 田，以勤效得穀，因立爲縣名。

向先生根據史記大宛列傳元封三四年間，亭鄣列至玉門，適在崔不意爲魚澤尉以前的
時間不久，故魚澤鄣應卽在此時所建。魚澤鄣既在此時所建，則玉門關在元封間已在
魚澤鄣之西，故玉門關未曾遷移過。──其實列一組亭鄣至玉門，不見得玉門之外，
絕無亭鄣。而且卽令元封三四年亭鄣只到玉門，元封六年時還可以再在玉門之西加上
一些亭鄣。

　在這裏更要特別注意的，是向氏利用的證據，就是以上所擧史記大宛傳：「列亭
鄣至玉門矣」那一條，這裏只說的是「玉門」，並不是「玉門關」。向氏假如承認這
一條的「玉門」就是「玉門關」，則接著的後一條：「軍有敢入玉門者，輒斬之」的
「玉門」也非是「玉門關」不可。亦卽「玉門關」仍在敦煌之東。假如玉門關在敦煌
之東，而又要承認元封時已有魚澤鄣，那就只有兩個辦法：一、證明所謂「桑欽說」
爲不可信。二、認爲「列亭鄣至玉門」一語，並非嚴格的到玉門關而止，玉門關以外

的亭鄣，也一併算在內。假如承認這兩條，那就玉門關未曾遷移一說，也就不能成立
了。

其實師古注中的桑欽說，也的確是有問題的。桑欽之說原非師古所能引據。胡渭
禹貢錐指云：

「師古曰」三字後人妄加，此非師古所能引也。地理志引桑欽者六，皆班氏原
注。此桑說亦必班注。

現在就地理志中班氏原注六條，列舉如次：

上黨郡　屯留　　桑欽言絳水出西南，東入海。

平原郡　高唐　　桑欽言漯水所出。

泰山郡　萊蕪　　又禹貢、汶水出西南入泲。桑欽所言。

丹揚郡　陵陽　　桑欽言淮水出西南，北入大江。

張掖郡　刪丹　　桑欽以為道弱水自此西至酒泉，入合黎。

中山國　北新成　桑欽言易水西北東入滱。

班氏自注引桑欽語，均稱為「桑欽言」，只有刪丹一條因有弱水的爭論，所以稱為
「桑欽以為」，並無一條作「桑欽說」的。此作「桑欽說」與班氏自注慣例不符，故
不應當認為班氏自注。其次，桑欽之言皆是水道方位，並無傳說故事，師古注引的係
一故事，亦與桑欽書慣例不符，則其言是否出於桑欽，實大成問題。隋書經籍志完成
以來，桑欽之書除現有水經之外，更無他書。師古所引桑欽說，一定是從傳世圖經一
類之書轉引而來。此條內容既不類桑欽語，當是古人引書時不用引號，師古把圖經中
桑欽語以外的話當作桑欽的話來引用。還有一個可能，就是崔不意事是酈道元水經注
的逸文，師古把注文當作桑欽之言。——總之，師古注引的這一條材料，是一條非常
有問題的材料，其可信程度並不高。這一條來源不明的材料，是不可作為主要證據
的，除非依據史記作另外的解釋，而不妨害原有玉門關的存在[15]。

比較上對於玉門關未曾遷移的證據，以夏鼐先生在敦煌西的小方盤所發現的漢
簡，最為有力，此簡在夏先生的「新獲之敦煌漢簡」曾有考釋。其文為：

（上缺）酒泉玉門都尉護眾，候畸兼行丞事，

　　謂天□以次馬駕，當舍傳舍，詣行在所，

夜□傳行從事如律令。

夏先生認為敦煌郡的建立，大致在元鼎六年左右⑯（公元前111年），敦煌如已設郡，則玉門都尉之上，不能再加酒泉二字。所以此簡一定在公元 111 年之前。而李廣利的征伐大宛，在太初元年（公元前104年），征伐大宛回來在太初三年（公元前102年），均較此簡爲晚。元鼎六年以前小方盤（即西漢以後之玉門關址）已是酒泉玉門都尉所在之地，則太初時代之玉門關，決不應當不在小方盤而在敦煌之東。

當然，用這一個木簡來論斷，還有若干困難。一、此簡雖在小方盤發現，但並不能證明當時小方盤一定是玉門都尉治所。此時的小方盤未嘗不可能是一個別的亭燧，玉門都尉治所還在敦煌之東，行文到小方盤，因而留在小方盤。——不過此一辯駁方法，需要謹愼採用才可以，因爲此簡既在小方盤發現，雖不能充分證明當時玉門關即在小方盤，但也不能證明玉門關不在小方盤。若無其他堅強證據，此簡的寫成時，玉門關還有在小方盤的可能。

二、據漢書地理志，敦煌郡係「武帝後元（元）年分酒泉置」，與武紀稱元鼎六年置敦煌郡一說不同。迄今兩說尙無一定堅強的證據來分辨孰是孰非。有此一簡，可以證明的是敦煌在元鼎及太初時不可能置郡，或者是元鼎太初時玉門關不可能在敦煌之東。夏先生採用的是後一個可能，但前一個可能未嘗不可以是對的。夏先生理論的大前提是根據張維華先生和我主張元鼎六年置郡一說，假若張先生和我都錯了，那就夏先生這一說也就不能成立。

關於敦煌郡設立的時代，武紀和地理志兩處不同，雖然不可能兩處全對，也不定必然是「必有一誤」，是非常可能是兩者都誤的。按照現有史料來看，元鼎六年確失之太早，而後元元年也失之太晚，敦煌置郡實在元鼎六年及後元元年間的某一年，而武紀及地理志均有誤會。

從漢書劉屈氂傳：「其隨太子發兵以反，法族。吏士劫略者皆徙敦煌郡。」此爲征和二年之事，明言有敦煌郡⑰，可稱爲後元以前有敦煌郡的積極證據。不過征和二年有敦煌郡，並不能證明元鼎六年就已有敦煌郡。因而就此一條而認爲武帝紀所記不誤，實在有些近於大膽的揣測⑱。所以敦煌郡的建置年代，實有重爲推定的必要。

元鼎六年是漢武帝開始征伐西域的一年 ， 這一年可能是敦煌開始設立屯戍的一

年，卻不可能是置郡的一年。史記大宛傳：

> (元鼎六年)於是天子以故遣從驃侯破奴將屬國騎及郡兵數萬至匈水河以擊胡，
> 胡皆去。其明年（元封元年），擊姑師、破奴與輕騎七百餘先至，虜樓蘭王，
> 遂破姑師，因舉兵威以困烏孫大宛之屬，還封破奴爲浞野侯。王恢數使，爲樓
> 蘭所苦，言天子，天子發兵，令恢佐破奴擊破之，封恢爲浩侯，於是酒泉亭障
> 至玉門矣。

漢書西域傳：

> 於是武帝遣從票侯趙破奴將屬國騎及郡兵數萬擊姑師。王恢數爲樓蘭所苦，上
> 令恢佐破奴將兵，破奴以輕騎七百人先至，虜樓蘭王，遂破姑師。因暴兵威以
> 動烏孫大宛之屬。還封破奴爲浞野侯，恢爲浩侯。於是漢列亭障至玉門矣。

這是漢武帝用兵力擊西域，並增加亭障的開始。又史記建元以來侯者表：

> 浩侯，以故中郎將將兵捕得車師王功侯。（元封四年）正月甲申封，王恢元
> 年。四年四月，侯恢坐使酒泉，矯制，當死，贖，國除。封凡三月[19]。

酒泉爲漢郡，「使酒泉」應卽是「使酒泉塞外」之意。也就是「使酒泉」意指使西
域。倘使當時已有敦煌郡，當言「使敦煌」，不當言「使酒泉」，可見元封四年時尚
無敦煌郡。

元封四年時既無敦煌郡，則敦煌郡的設置當在元封四年以後，最可能是太初時，
居延漢簡云：

> 延壽迎太初三年中，又以負馬田敦煌、延壽與父俱來，田事已……

這一段說明太初三年有一段遣人到敦煌屯田之事。太初三年正是李廣利破大宛之年。
漢書西域傳亦言：

> 自貳師將軍伐大宛之後，西域震懼，多遣使來貢獻，漢使西域者益得職。於是
> 敦煌西至鹽澤往往起亭，而輪臺渠犁皆有田卒數百人，置使者校尉領護，以給
> 使外國者。

所以玉門關之遷移及敦煌之改郡，皆應在此時期中，漸次完成。敦煌郡既在此時期以
後才設立，則夏鼐先生所獲之漢簡，也正是此時期之物。此漢簡既然早不到元鼎六年
以前，那就當然也不能推翻史記大宛列傳中所顯示出來的，**漢武帝太初三年以前，玉**

門關尚在**敦煌**以東的證據。

（三）

就敦煌和玉門關的問題來說，有幾個重要的時間，必需加以注意，把這幾個時間
排列出來，就可以看出以次演進的趨向。

元鼎六年（111B.C.）：此時已有酒泉郡及玉門關。趙破奴以兵數萬擊匈水胡。
　　　　　　　　　　玉門關外之敦煌水草田。此時當已略有戍卒，爲敦煌設
　　　　　　　　　　縣之開始。

元封四年（107B.C.）：王恢使西域還，以破車師功封爲浩候，自酒泉列亭鄣至
　　　　　　　　　　玉門，王恢以使酒泉矯詔得罪，可證敦煌尙未置郡。

元封六年（105B.C.）：崔不意始爲魚澤鄣尉（敦煌縣之鄣尉）。

太初三年（102B.C.）：李廣利伐大宛還。敦煌大量屯田，至鹽澤住往起亭，玉
　　　　　　　　　　門關西移。
　　　　　　　　　　酒泉玉門都尉護衆簡當在此年。

太初四年（101B.C.）：敦煌郡之設立及效穀縣之設立，大體皆在此時或稍後。

太始三年（ 94 B.C.）：玉門都尉護衆簡（斯坦因發現），玉門都尉仍爲護衆，
　　　　　　　　　　距前簡六年。[20]

① 漢書百官公卿表，騫爲大行令，三年卒。

② 史記集解，「若，及也」。

③ 史記集解：「徐廣曰：元封三年」。

④ 當爲太初三年。

⑤ 塞上的亭稱爲隧

⑥ 此處史記漢書均用「至」字，不言「入」，可見至境與入關還是有別的。

⑦ 漢書朱博傳：「刺史不察黄綬」，刺史不察黄綬，指縣級長官而言。刺史所不察，而謂天子可以直接行
　文，斷無此事。

⑧ 見居延漢簡考釋，釋文之部簿錄章，烽燧類。

⑨ Ulan Durbeljin 雖距甘肅很近，仍屬寧夏省。

⑩ 其實漢代的嶢關，武關，函谷關，蕭關等，關以外也都有城市。

⑪ 匈奴傳言王恢以馬邑誘匈奴事，雖爲一縣，但既未言出入，而且馬邑是目的物，玉門縣卻非目的物。

⑫ 見歷史語言研究所集刊第十二本。

⑬ 重慶印的眞理雜誌一卷四期。

⑭ 見歷史語言研究所集刊第十九本。

⑮ 元封六年崔不意始爲魚澤尉，則效穀縣的設立更在後。

⑯ 見於漢書武帝紀，張維華先生的"河西四郡建置老"（中國文化彙刊第二卷）及我的居延漢簡考證都主張元鼎六年一說。

⑰ 除此以外，其他各條言敦煌的，都不是指敦煌郡，而是指敦煌縣。當時敦煌縣應當屬於酒泉郡。

⑱ 漢書武帝紀所記酒泉及武威的設郡年代，都是絕對錯誤的（見居延漢簡考釋及張維華先生文）回而敦煌置郡年代，也就不能無條件的信賴。這些錯誤是被公認了的。夏向兩先生也無異辭。

⑲ 漢書景武昭定元成功臣表浩侯王恢條下，作「一月，坐使酒泉矯制，當死，贖罪免。」依春秋例，諸侯得自紀元，浩侯爲侯國，故王恢得稱元年。

⑳ 據漢書段會宗傳，邊吏三年一更（此條爲我告訴給夏鼐先生的，夏先生當時因爲這是反面的證據，爲對我客氣起見，故此一條但稱"或曰"）到此時護衆爲玉門都尉，不過才過兩更，未升未免，尚近情理。若酒泉玉門都尉簡在元鼎六年以前，則護衆爲都尉至此已十八年。太守可以久任十八年，不必徵爲九卿，都尉之上還可升太守，就難於任職十八年毫不受殿最的影響了。

〈論漢代玉門關的遷徙問題〉英文摘要

ON THE RELOCATION OF THE YÜ-MEN KUAN
IN THE HAN PERIOD

Yü-men or Jade Gate was an important pass on the road from China to Central Asia in the Han period. It was known to have been located west of Tun-huang. But based on certain information in the *Shih-chi*, both Edouard Chavannes and Wang Kuo-wei have advanced the theory that the Jade Gate Pass was originally to the east of Tun-huang and was only moved to its later location about 102 B.C. The supporting evidence is found in two passages in the chapter on Ta-wan 大宛. The first passage states that during the Han dynasty garrison towers and posts (*t'ing-chang* 亭鄣) were established from Chiu-ch'üan as far as the Jade Gate; the date was given as 108 B.C. in the commentary to the *Shih-chi*. According to another passage, General Li Kuang-li, returing from an unsuccessful expedition against Ta-wan in 102 B.C., was barred from entering the Jade Gate and had to remain at Tun-huang. In both instances, the Jade Gate apparently referred to the pass and not the district, which was in Chiu-ch'üan prefecture. The story of Li Kuang-li clearly shows that Tun-huang was outside the Jade Gate Pass, which therefore must have been located east of Tun-huang at least until 102 B.C. This theory has been accpeted by many scholars, including the present author.

Hsiang Ta and Hsia Nai, however, have both doubted this theory. They insist that the Jade Gate Pass was from the very beginning located to the west of Tun-huang and that there was no later change of its location. Hsiang

Ta points out that a commentary in the *Han-shu Ti-li chih* quoted Sang Ch'in as having stated that in 105 B.C. a certain Ts'ui Pu-i, who was the *chang-wei* 鄣尉 or commander of a garrison post at Yü-tse 魚澤, had so successfully encouraged the people to produce grain crops that the hsien of Hsiao-ku 效穀 (in Tun-huang prefecture) was established to commemorate this deed. Since garrison posts had already existed in 108 B.C. in this area as far as the Jade Gate and since the garrison at Yü-tse was probably established about the same time, the Jade Gate Pass must have been to the west of Yü-tse in Tun-huang.

Hsia Nai's major evidence is a bamboo tablet of the Han period discovered at Hsiao-fang-p'an 小方盤 to the west of Tun-huang. In the tablet are found the words "Chiu-ch'üan Yü-men tu-wei 酒泉玉門都尉 or commander of the Jade Gate in Chiu-ch'uan". The tablet must have dated earlier than 111 B.C. when, according to the *Han-shu Wu-ti chi* 武帝紀, Tun-huang became a prefecture, to which the Jade Gate was later incorporated. That the tablet for the commander of the Jade Gate was found west of Tun-huang prior to 111 B.C. again indicates that the location of the Jade Gate had not changed.

The author maintains that E. Chavannes and Wang Kuo-Wei may be right after all. Arguing against Hsiang Ta, he explains that the statement in the *Shih chi* about the establishment of garrison posts as far as the Jade Gate does not necessarily mean that there were no garrison posts outside the Jade Gate. Moreover, this statement does not rule out the possibility that in the years between 108 B.C. and 105 B.C. more garrison posts could be established west of the Jade Gate. But more importantly, the source of the commentary itself is doubtful. It may not have come from the great geographer Sang Ch'in, who was not in the habit of relating stories and its credibility is therefore much reduced.

Against Hsia Nai, the author points out that 111 B.C. is not the only date given in Chinese sources for the establishment of the prefecture of Tun-huang. The *Han-shu Ti-li Chih* gives 88 B.C. instead. According to the author, both dates appear to be erroneous. The prefecture was probably established in 101 B.C. or slightly later. The date of the tablet can be assigned to 102 B.C., which also may have been the year in which the Jade Gate Pass was moved westward.

兩關遺址考

一 太初以前的玉門關

漢代開關河西四郡以後，以玉門關和陽關作爲河西的西界，關內是河西，關外是西域。 漢書西域傳稱『列四郡據兩關』，四郡指武威 ， 張掖 ， 酒泉和敦煌；兩關指的是玉門關和陽關。 玉門關在北 ， 陽關在南 ， 距蒲昌海都是一千三百餘里。

〔（注）戴震本水經注河水注校文云：『案漢書西域傳「蒲昌海去玉門陽關三百餘里」後漢書同，惟水經注作千三百里，足證二書皆脫千字，』全趙無發明，今不引。〕

但這是漢武太初以後的玉門關和陽關，當漢武帝初闢河西的時候，玉門關是在敦煌以東。 在這樣情形之下，應當沒有陽關的。 漢書李廣利傳說：

太初二年貳師將軍李廣利伐大宛。 還至敦煌，請罷兵，益發而後往。 天子聞之，大怒，而使使者遮玉門關曰：『軍有敢入者輒斬之』，貳師恐，因留敦煌。

這一條是沙畹發現的，在他著的『敦煌木簡』，指明是在斯坦因發現的九十四度稍西的廢址。 不過他發現這一條太史公的記載雖然很重要，但他的指出地望却被王國維氏誤會了。 沙氏書中明指出來是 TXIV，即現在稱爲小方盤的一個地方，王國維的『流沙墜簡序』加以駁正，這是不必的。 又王氏指出舊關認爲即現在的玉門縣，那就更不對了。

　　王氏認爲太初以前的玉門關即是現在的玉門縣，他的根據是：

　　　　一、現在的玉門縣在酒泉和敦煌的中間。

　　　　二、現在的玉門縣即是漢魏以來的玉門縣。

第一點是不錯的，只是太廣泛了。第二點說現在的玉門縣即是漢魏以來的玉門縣，却不是這麼簡單。　自明初葉嘉峪關以西之地，中國西疆便無玉門縣。　清初設的玉門縣，是東達里圖城設治後改稱，並非古玉門縣的遺址。　現在的玉門縣距酒泉城四百五十里，元和志記自漢迄唐的玉門縣，距肅州二百二十里。　現在的酒泉城即唐的肅州城，所以現在的玉門城決不是漢唐的玉門城。　清一統志云：『通志（陝西通志）今赤金所去肅州二百三十里，與古玉門縣道里相仿，蓋即古玉門縣也。』　楊守敬的沿革圖列古玉門縣是在赤金所的附近。　所以漢玉門縣尙在現在的玉門縣以東二百里以外，決不能說即是一處。

　　又據太平寰宇記隴右道引闞駰十三州志云：

　　　　玉門縣漢置，長三百里。　石門周匝，山間纔經二十里，衆泉流入延興（顧祖禹引此文下多一『海』字），漢罷玉門關屯，徙其人於此，故曰玉門縣。

其『漢罷玉門關屯，徙其人於此』又見於漢書地理志顏師古注引過。　王氏因這段和『玉門關即玉門縣』的假設不合，認爲不確。　不過闞駰十三州志是北魏的名著，劉知幾史通稱爲『言皆雅正，事無偏黨。』　況闞駰又是敦煌人，記載玉門關正是他鄉土上的事，更不至毫無根據。　現在去古已遠，倘若並無有力的證據來反駁一個去古未遠的名著，是個很危險的事。　所以不惟現在的玉門縣城不能認爲即太初以前的玉門關，就是漢玉門縣城也不是漢代太初以前的玉門關。

　　雖然，在承認十三州志範圍之內，不妨對舊玉門關的位置加以推測，十三州志所舉玉門縣的山川，是周匝的石門，和衆泉流入的延興海。　延興海即是現在名叫赤金湖的，赤金所的城垣就建在赤金湖畔。　周匝的石門應當即南北二山間所夾的險要，就形勢而論應當指漢玉門縣縣東的嘉峪關，和縣西的赤金峽。　赤金湖附近宜於開墾而不宜於設防，嘉峪關和赤金峽宜於設防而不宜於開墾。　設防地點因爲有其他代替的地方而被撤消之後，駐防的人改成屯墾的人，一定不會在原處的。所以說漢玉門縣是從附近設防地點移來的，和十三州志原意並不違背。

　　現在所假想的漢代玉門舊關可能的在嘉峪關和赤金峽兩處。　寰宇記引十三州志『延壽縣在郡西，金山在其東，至玉石障。』　卽金山在郡西延壽東，相傳卽在嘉峪關，玉石障這個名稱與玉門關可以發生聯想的。　假若這個地方是舊日的玉門關，那就玉門縣的設立，是因爲西部新設了一個敦煌郡，西部鞏固了，在玉門關的戍卒也就向西擴張到赤金去屯墾。

　　假如認爲舊玉門關在赤金峽，那也是可以解釋的。　因爲漢玉門在今赤金，而漢冥安在今玉門附近。　兩縣之間赤金峽是一個最好的關隘。　同時玉門和冥安的縣界正是酒泉和敦煌的郡界。　玉門縣是屬於酒泉郡的，則玉門縣未置縣以前的屯卒亦當屬於酒泉。　赤金峽在酒泉郡的西界，卽應當是酒泉的關隘所在，所以赤金峽也很有是玉門舊關的可能。　如同明淸的肅州因爲嘉峪關是重要的關隘，嘉峪關外的玉門便不屬於肅州了。

　　若以形勢而論，赤金峽的形勢當在嘉峪關之上，不過不能以山川形勢作爲唯一的根據，所以對於太初以前的玉門關，不便輕爲擬定的。　至於新五代史于闐傳高居晦使于闐記：『至肅州後渡金河，又百里出天門關，又百里出玉門關，』這是指玉門縣而言，和近人 Cable and French 的 Through the Jade Gate 認現在的玉門縣是玉門關犯着同樣的錯誤。

二　漢代的玉門新關

　　漢武太初四年，李廣利伐大宛以後『西至鹽澤，往往起亭，』玉門關也在此時西徙，流沙墜簡序的推斷是不錯的。　據道光的敦煌縣志，認敦煌西北的小方盤城爲玉門關。　據斯坦因的 Serindia，他曾在敦煌西九十四度以西的遺址 Txiv 發現玉門關的公文，認此處爲玉門關。　這個地方照他地圖，平面測量附圖，及影片，和敦煌人叫做小方盤的是一處地方。　所以敦煌縣志和 Serindia 是符合的。

　　據史記大宛傳注引括地志稱玉門關在壽昌縣西北一百一十八里，寰宇記同。元和志作一百一十七里，也大略相符。　壽昌城卽南湖東北的廢墟，從此處到小方盤計三十六英里，和這個數目相當。

　　小方盤城周圍在外面量每面八丈，城垣堅厚，在六尺以上。　在其西面和北面

都有長城的遺跡，在其東南北三面尚有一個外郭的遺跡，每面約有三十丈。在一個堅固郭塞的外圍，再築一個較低的外郭，這在額濟納河沿岸是常有的。　小方盤城的外郭雖然被風沙侵蝕得僅剩下不明顯的痕跡，但在額濟納河沿岸的地灣墟都保存得相當完好。　所以就小方盤本身而論顯着太小，不過連外郭算來，仍然可以住紮不少的軍隊。

在 Txiv 出土的木簡，有：

『太始三年閏月辛酉朔己卯玉門都尉護衆謂千人尚尉丞無署就』

『尉融使告部從事移……更主踵故以……從事□事令史□』

『與訊□出況玉門關候滿候丞與尹君所□不宜□□藉□官』

『玉門候造史龍勒周生萌　伉健□□□士吏』

『始建國天鳳元年玉門大前都兵完堅折傷簿』

『玉門都尉□屬吏　板籍』

『玉門官□』

從以上各簡看來，這個地方應當是玉門關都尉和大前都候所共治的城。　卽就小方盤的建築狀況而論是一個『郭』，『郭』卽塞上小城。　在額濟納河沿岸，甲渠候官的 Mu Dirvanjin，肩水候官的 Ulan Dirvan'in ，都是一個和小方盤類似的郭。　甲渠有時便稱作甲渠郭，肩水也有時稱作肩水郭。　所以大前都候官治所便是在小方盤的郭，而玉門關都尉也便在大前都郭上治理。　因此就郭而言是大前都，就關而言是玉門關。

玉門關都尉和大前都候官既同在一郭 ，所以都尉府或在內郭或在外郭並不一定。　在小方盤的東北有一小邱，斯坦因記號爲 Txv ，這一處也曾經發現漢簡。小邱上是一個烽臺的遺址，並有房屋和井的殘跡。　其西側和南側正是和外郭相連之處。　所以也是一個重要地方。　至於發現的漢簡，有：

『十一月壬子玉門都尉陽丞□敢言之謹寫移敢言之　掾安守屬賀書佐通成』

『敢言之　龍勒長林丞禹叩頭死罪死……滿書一封龍勒長印』

『建武十九年四月一日甲寅玉門郭尉戍告候長妥到任』

以上都是都尉府的公文，所以都尉府也有在外郭的時候。　這是因為郭太小了，並不能容納都尉府的全部，倘若不在一個十分緊急之際，外郭已經可以扼守了。

　陶保廉的辛卯侍行記認大方盤是古玉門關，這是錯的。　大方盤在小方盤以東三十里，在一個坡的下面，距大道約一里。　大道在高岡平處走，是不經大方盤，要經過大方盤必須下坡以後再上坡。　這和小方盤高踞原頭二三十里便可望見是不一樣的。　著名的關隘決不會在僻地和窪地，所以在形勢方面不應是玉門關。　再就他的建築而論，是三間沒有窗戶的大屋子。　斯坦因在 Serindia 和 Ruins of Desert Cathay 便認為只是一個倉庫，而不是一個適宜設防的所在。　現在就此處所發現的漢簡（斯坦遺址記號為 TxvIII）看來並無一個木簡是關於玉門關或玉門都尉的，大部分都是廩給一類的事。　例如：

　『入二年糧　粟百五十六石　糯穅卅一石　□田二頃七十畝　十月戊寅倉佐（善）□龍勒萬年里索良』

此簡有倉佐的名稱，也是這個地方是一個倉的證據。

三　陽關遺址

　小方盤西面過了一個沙灘以後，便是叫做後坑的沼澤區，這個沼澤區可以北接疏勒河。　南湖的水是流到水尾為止，但偶然大雨的時候，山水下來也可流到後坑。　所以南湖對於小方盤，是一個在水的上游，一個在水的下游。

　南湖在敦煌的西南，距敦煌一百四十里，是一個不太大但很肥沃的水草田。在他的東南有一個草湖，經過長期間蘆葦的腐壞，土越墊越高，現在草湖的湖面已經高出南湖水草田兩三丈了。　草湖的水滲入地中，水草田便生出好幾處泉源。這些泉源便灌溉着水草田中的二百農戶的田地。　水草田的東北有一個破城，斯坦因稱做南湖城，大半被沙蓋着，早已不住人了。　水草田的西南當着大道經過的地方，還有一個遺址，滿地瓦礫，因為常常有古物被人拾到，本地人稱做古董灘（辛卯侍行記作古銅灘）。　在古董灘的東南和西北各有一個舊烽燧遺址，距古董灘均為五里。

　南湖的破城相傳是壽昌城，按寰宇記壽昌距敦煌一百五十里（元和志作一百五

里，脫一『十』字），徐松西域水道記認爲南湖距敦煌一百五十里，故南湖廢址卽是壽昌城。 清一統志和辛卯侍行記的說法也一樣。

斯坦因在千佛洞發現的地志殘卷(Giles 在 Bulletin of School of Orient Studies Vol. 6, No.4 有影印本，岑仲勉先生定名爲張大慶抄地志)，所敍的南湖環境和壽昌正合，在 Serindia 便略引此篇作爲舊唐書記壽昌由城南的壽昌澤得名以外更重要的新證據。 此篇記壽昌城的西南有壽昌海，又有渥洼水，大渠，長口渠，石門澗，無鹵澗等，俱在城西南三里至十里，渥洼水並在城西南三里發源。 現在要找一個距敦煌西南一百五十里的城，城西南有湖，距城西南三里有一個水源，除去南湖東北的破城再無第二處，所以南湖破城卽是壽昌城遺址。

據元和志寰宇記諸地理書，陽關距壽昌城六里。 陽關是個通西域大道所經，所以必然是臨着大道的。 現在壽昌故城循大道西行六里，只有古董灘一處是個遺址。 所以古董灘應當是陽關所在。 古董灘的遺址有半里見方，較壽昌城南北較長，東西相仿。 所有陶瓦碎片可以表示從漢至唐。 並且曾經發現過五銖貨泉半兩錢及銅箭鏃，這也可以表示從漢代以還已經被利用過。 照 Serindia 所記的遺物來看，這一個城和壽昌城都是從漢以來都有人經營利用，可見壽昌城是漢代的龍勒，而古董灘是漢以來的陽關。 不過此處正是山水經過的地方，曾經因無人管理被山水的冲灌，再經風沙的侵削，將城垣削平了。 現在除去將沙礫除去，尙偶然看出房屋殘破的遺址以外，只能從陶瓦的堆積來判斷住居的痕跡。 但從陶瓦堆積的格外多，也可想到住人並不在少數。

現在古董灘的位置是在南湖水草田西偏南的地方，在水草田的盡西是一個大渠，跨過大渠以後便是古董灘。 古董灘在大渠的西，在一個山水溝的東面，和山水溝平行的是兩條至三條沙嶺，過了沙嶺以後，便是十里左右的礫灘。 再向西去便到了沙邱區域，人馬都不易行過的。 這樣的沙邱行過六十里便到堆莫免，這是一個有溪水灌注的山谷，住有十幾家農戶，在現在堆莫免村的南部，尙有一個漢代的城障，對河並有一個烽燧。 向西七十里到多壩溝，或向西南九十里到庫拉斯台（照申報館地圖，辛卯侍行記作葫蘆斯台），都是大道，再行兩站便到苦水，可以和出小方盤到羅布諾爾之路相會。

關於通西域的大道，兩漢書西域傳記着自玉門關陽關出西域有兩條道，卽：

從鄯善傍南山北波河西行至莎車爲南道。

自車師前王庭隨北山波河西行至疏勒爲北道。

三國志魏志烏丸鮮卑傳注引魏略西戎傳記着有三條道，卽：

從玉門關西出若羌，轉西越葱嶺，經懸度，入大月氏爲南道。

從玉門關西出，發都護井，回三隴沙北頭，經居盧倉，從沙井西轉西北，過龍堆，到故樓蘭，轉西詣龜茲，至葱嶺爲中道。

從玉門關西北經橫坑辟三隴沙及龍堆，出五船，北到車師界戊己校尉所治高昌，轉西與中道合龜茲爲新道。

北史西域傳所說出玉門的兩道和魏略的中道和新道相同。　洛陽伽藍記記宋雲使西域的事，走的是中道。　隋書裴矩傳的三道也和魏略相同。　至元和郡縣志所記的，是：

陽關謂之南道，西趣鄯善莎車。

玉門謂之北道，西趣車師前庭及疏勒。

假如將上列各道合併起來，共計有：

(甲)經樓蘭的：

一、西域傳的南道（元和志的南道同）。

二、魏略的中道。

(乙)經車師前庭的：

一、西域傳的北道（卽元和志的北道）。

二、魏略的新道。

(丙)經若羌的：

魏略的南道。

所以一共有五條道可走，其經樓蘭的兩條道，和經車師前庭的兩條道，據本文上看其分別是在從玉門關到樓蘭，和從玉門關到車師前庭，各有兩條不同的路線，到樓蘭或車師前庭以後，四條路線便合成兩條路線了。　在此五條路線之中，經車師前庭是只能走玉門關的，經樓蘭和若羌是可以走玉門關或陽關。　此外尚有一條專走

陽關到鄯善，卽現在走阿爾金山的路，還有不走漢玉門關及陽關到伊吾，卽玄奘所走的，這都是漢代大道所不經由，所以西域傳和魏略都沒說到，晚到北史也不提到。卽是到西域的路實以玉門關爲中心。

不過玉門關距西域的道路比較便捷，所以入境是入玉門關，如班超上書願得生入玉門關，敦煌漢簡『以食使莎車續相如上書良家子二人』，出使車師是走玉門關，如敦煌漢簡『以食使車師口君卒八十七人』，但陽關也有重要之處，如斯坦因在 Serindia 說的陽關附近出產豐富可以作成供給站，並且阿爾金山一帶爲流動的鄯善所據，陽關是個主要防線，都是對的。所以西域傳說西域都護治烏壘城，去『陽關』二千七百三十八里，出『陽關』至近者曰鄯善，鄯善國去『陽關』千六百里，都是從陽關說起的。

清高宗作陽關考，駁相傳陽關在新疆之說，這是對的。不過認爲在紅山口，卻不免有些錯誤了。紅山口在古董灘北偏西三十分，南湖諸水合流向北流出的山峽，在山峽的上面有一個烽臺。這一處從南湖諸水流到的水尾附近來看，確很險要。不過這是一個坐南向北的山口，從南湖到小方盤，可以走到，從南湖走西行的大路到推莫冤，卻只經古董灘而不經過這裏。古今記載都是自陽關直向西域，並無由陽關到玉門關再向西域的記載。倘若不經玉門關出紅山口仍一直向西，那就一片沙漠，並無泉水，也無古廢址可尋。古代的廢壘並不在紅山口一直向西的沙漠，而在出古董灘向西，現在尚有泉水的推莫冤和多壩溝等地。並且現在紅山口只有一個烽墩，除此以外，別無遺址。所以紅山口因爲據着險要，從前曾經作爲防守的一個據點，但按照遺址的規模和道路的方向，不能認爲卽是古陽關所在。

倘若就古董灘的遺址論來，古董灘的遺址誠然太平坦一些。不過由推莫冤溪畔的城堡到南湖，七十里路中有六十里沙原，中無滴水，其困難比較惠回堡到嘉峪關九十里無水的石子道還要困難些。斯坦因也認爲這是一個天然的防禦。再就古董灘本身而論，現在因爲城垣倒壞看不出險要，但假如長城修起來，有南（龍王廟）北（紅山口）兩個墩策應着一個千雉嚴城，也就可以看出是一個重要的陽關了。

四　唐以後的玉門關

唐初玉門關已東移，到唐中葉又東移，唐初的玉門關在距瓜州五十里的北方，據慧立大唐三藏法師傳云：

> 法師（在瓜州）因訪西路，或有報云從此北行五十餘里有瓠𤢚河，下廣上狹，洄波甚急，深不可渡。　上置玉門關，路必由之，即西境之咽喉也。關西北又有五烽，候望者居之，各相去百里，中無水草。　五烽之外即莫賀延磧，伊吾國境。

> ……於是裝束，與少胡夜發，三更許到河，遙見玉門關。　去關上流十里許。　兩岸可闊丈餘，上有胡桐樹。　布草填沙，驅馬而過。

到元和志的時候，便說玉門關在晉昌東的一百五十步和這一處不同了。

要知道唐初玉門關的地位，必先以瓜州地位來決定。　瓜州所在迄無定說，斯坦因在 Serindia 認為是安西以西的所謂瓜州城。　他又認為安西附近的疏勒河即是玄奘所經的瓠𤢚河，因此他便認為唐初玄奘的玉門關是在瓜州的東北。　但據元和志說瓜州距肅州四百八十里，距沙州（即敦煌）三百里，今安西以西的瓜州城距敦煌一百九十五里，距肅州六百餘里，和這個距離不對，是不能認為即唐代瓜州城的。

現在距肅州四百八十里，距敦煌三百里，只有苦峪城相符。　清一統志云：『苦峪城在淵泉（即安西城）東南，東去嘉峪關四百六十里，』再加上嘉峪關至肅州六十里，恰為四百八十里，今城為明成化十三年所修，但早已有遺址了。　徐松西域水道記云：『斷碑沒草，尋其殘字曰：「大興屯墾，水利疏通，荷鍤如雲，萬億京坻」，考舊相傳，是張義潮歸唐部人所造，以述功德。　一面字勢不類唐人，殆曹義金時作也。』　可證城之建造，至晚在明以前。　現在本地人稱為瑣陽城，瑣陽出於稗官，不足為據。　斯坦因的 Serindia 載發現的陶片，最晚到宋。所以此城決不太晚，此城為安西屬內最大的遺址，明代所建，當仍舊基。　此城距河照 Serindia 的圖為二十英里，與五十里之數相近，正北有一城基名破城子，或是玉門舊關。　逾疏勒河便是出星星峽或青桐峽到哈密的大道。

開元天寶時，玉門關的位置，應仍和貞觀相同，岑參玉門關蓋將軍歌云：

　　蓋將軍眞丈夫，行年三十執金吾，……玉門關城迥且孤，黃沙萬里百草枯，

　　南連犬戎北接胡，騎將獵向城南隅，臘日射殺千年狐。

據聞一多及賴義輝對於岑參事蹟的考證（聞文見清華學報，賴文見嶺南學報），岑
參係天寶六年佐高仙芝戎幕，天寶七年在西域。　據此詩『臘日射殺千年狐』句，
知岑參係歲暮出關。　又此時尙有二絕句：

　　東去長安萬里餘，故人何惜一行書，玉關西望腸堪斷，況復闠朝是歲除（玉

　　關寄長安主簿）。

　　苜蓿烽前逢立春，胡盧河上淚沾巾，閨中只是空思想，不見沙場愁殺人（題

　　苜蓿烽寄家人）。

檢長歷，天寶六年丁亥十二月大，天寶七年戊子，正月初一日立春。　此三詩時
日，寄長安主簿有『明朝歲除』語，當爲十二月二十九日作，蓋將軍歌言『臘
日』，當爲十二月三十日作，寄家人詩當爲立春日卽天寶七年元旦日作。

　　自苜蓿烽西去，便到敦煌，岑參燉煌太守後庭歌云：

　　城頭月出星滿天，曲房置酒張錦筵，美人紅妝色正鮮，側垂高髻插金鈿，醉

　　坐藏鉤紅燭前。

城頭月出時的宴會，應當是上半夜當月在上弦的時候，卽應在十五以前。　藏鉤行
酒據周處風土記和荊楚歲時記說是歲臘的風俗。　但時方正月猶是新年，李商隱詩
『隔座送鉤春酒煖』，言春酒，也應是新春的宴飲。

　　所以岑參的路，是從現在安西附近，卽玄奘所出的玉門關西行，正月初一沿胡
盧河過苜蓿烽，正月十五以前到燉煌。　現在從安西至敦煌，仍有沿河走的路。
假若照元和志所說唐中葉以後的玉門關是在晉昌縣東，晉昌卽瓜州治應在今苦峪附
近，則由晉昌到敦煌便應走經踏實堡向西一直的路，距河總在五六十里以外，不得
云胡盧河上。　胡盧河卽狐盧河，斯坦因證爲疏勒河，甚爲精確，所以從玉門關西
去燉煌要在胡盧河上，非認爲卽玄奘所經的玉門關不可。　所以貞觀到天寶，玉門
關未換位置，關的東徙，是天寶以後的事。

　　　　　　　附記：　本篇承夏作銘先生指正數處，謹志感謝。

漢代兵制及漢簡中的兵制

〔壹〕　論　正　卒

（甲）籍貫上正卒戍卒的區別

在漢簡上所記的兵卒，大致可分作兩種，一種爲騎士，另一種爲戍卒。

以下各條是關於騎士的例子；他們的籍貫都是邊郡人。

己酉：騎士十人，其一人候，其一人爲養，八人作墼，人作百五十墼，凡墼千二百。（敦煌簡戍役十七）

丁巳：騎士十人，九人作墼，一人養，人作百五十，凡墼千百五十。（敦煌簡戍役十八）

昭武騎士市陽里儲壽。（居延簡 560.27.）

觻得騎士安定里楊山。（居延簡 560.12）

破羌騎士並廷里輔憲十四。（居延簡 564.14.）

氐池騎士大昌里孫地。（居延簡 560.26.）

以下各條是關於戍卒的例子，他們的籍貫除少數邊郡人，大都是內郡人。

制詔酒泉太守，敦煌郡到戍卒二千人，發酒泉郡，其假候如品，司馬以下與將卒長吏，屯要害處，屬太守察地形，依阻險，堅壁，遠候望，母……（敦煌簡簿書一）

戍卒淮陽郡苦中都里公士薛寬，年二十七。（居延簡 65.1）

戍卒梁國已氏顯陽里公乘衛路人，年三十。（居延簡 50.18）

戍卒汝南郡西平中信里公乘李參，年二十五，長七尺一寸。（居延簡 15.22.）

戍卒河東皮氏成都里傅咸，年二十。（居延簡 533.2）

戍卒張掖郡居延昌里大夫趙宣，年三十。（居延簡 137.2）

戍卒張掖郡居延當韭里大夫段則，年三十五。（居延簡 133.9）

戍卒張掖郡昭武便處里大夫薛褒。（居延簡 137.14）

在以上各條，可以看出騎士和戍卒在籍貫上的區別。此外尚有河渠卒和田卒兩種，也是內郡人。所以這也是由戍卒充任，不是由騎士充任的，舉例如下：

田卒淮陽就平盛昌里上造孫道，年二十三。（居延簡 11.2）

田卒東郡東阿昌國里大夫路壽，年二十八，長七尺。（居延簡 43.24）

河渠卒河東皮氏母憂里公乘杜建，年二十五。（居延簡 140.15）

在名籍上將田卒和河渠卒另外和戍卒分開的，是因為屯田開渠，而不是守烽燧，在來源方面說田卒河渠卒和戍卒應當是相同的。

此外還有徒刑和私從，當在後面再為討論。

(乙) 兵制上正卒戍卒的區別

要討論戍卒和騎士的分別，必須要將漢代的兵制說清，漢代兵制和繇役制度應當歸在一類的，即是：

(1) 正卒——一生服役一年，按地方性質分為騎士，軍士，材官（步兵），樓船，服役一年以後，遇軍事時尚可臨時被徵。自二十三起，五十六免。

(2) 戍卒——也是一生服役一年，一種是在京師屯戍，稱做衛士，另一種是在邊郡屯戍，稱為戍卒。倘若不願去的，可以按每月三百錢的標準，雇人替代。也是自二十三歲至五十六歲。

(3) 繇役——這是每年對郡縣服務工作一月，其服務的年齡和正卒戍卒相同。亦稱為更卒，倘若不親去的，要到縣交納三百錢，作為本年縣中雇人作工一月的費用。

所以漢代一個壯丁，要對政府有三種的服務，即服務兩個一年以後，再每年服

務一月，到五十六歲爲止。自然還有許多特殊階級的人，可以免除服務，但在普通一般人是要服務的。免除服務的事，留在後面討論，現在先討論這三種的服務。

關於這三種的服務，漢書食貨志載董仲舒對武帝的話比較清楚，即是：

又加月爲更卒，已復爲正一歲，屯戍一歲，力役三十倍於古。

所謂力役即是統更卒，正（正卒），屯戍三種而言。這一句歷來多將句讀斷爲：

又加月爲更卒，已復爲正，一歲屯戍，一歲力役，三十倍於古。

照這個讀法必須將『屯戍』算作正卒，『力役』算作正卒的車騎材官，是非常勉強的。尤其『更卒』和『力役』成兩個對立的名稱，更爲費解。照此讀法雖然無礙於漢代力役的三分法，不過意義晦澀，且自相矛盾。不如照濱口重國的讀法（市村博士東洋史論叢）比較清朗些。上舉的第一種句讀，即其讀法。

（丙）正卒的種類

現在先說正卒：

漢舊儀，『民年二十三爲正，一歲以爲衛士，一歲爲材官騎士，習射御馳戰陣。八月太守都尉令長相丞尉會都試，課殿最，水家爲樓船，亦習戰射行船。邊郡太守各將萬騎行郡塞追虜，長史一人，丞二人治兵民。當兵行，長史領置。部（都）尉，千人，司馬，候，農都尉皆不治民，不給衛士。材官樓船年五十六老衰乃得免爲民』（大典本漢舊儀，續漢志引漢官儀略同）。

所以正戍是騎士，車士，材官，樓船。錢文子補漢兵志云：

大抵金城，天水，隴西，安定，北地，河東，上黨，上郡多騎士，三河，潁川，沛郡，淮陽，汝南，巴蜀，多材官（高紀十一年，武紀元鼎六年，宣紀神爵元年，趙充國傳）。江淮以南多樓船士。（武紀元鼎五年，食貨志元鼎五年，朱買臣傳，嚴助傳）。其興發量地遠近，若宣帝以沛郡淮陽汝南征西羌，蓋罷民矣。

兵的種類依地方狀況而不同，這是對的，在漢代大約三輔和西邊北邊，即三輔，幽，并，涼各州的屬部大多爲騎士。內郡不產馬的地方多用材官，沿江海各郡兼用樓船。車士在漢代用的比較少些，最普通的是在喪儀上面用得着。

從漢書武帝紀，征和元年，昭帝紀元鳳三年，灌嬰傳，李廣利傳，燕刺王旦

傳，公孫賀傳，金日磾傳；黃霸傳，後漢書光武紀，彭寵傳，耿弇傳；可以看出騎士的地理分布，大約是從東北的漁陽上谷右北平起，向西到酒泉敦煌。中間包括着三輔。所以騎士凡是邊郡都有，漢官儀所說，『邊郡太守各將萬騎行郡塞』，也是一個證據。三輔雖不是邊郡，但承秦舊制，也是用騎兵的。關東諸郡不當邊塞的和巴蜀都用材官，據高帝紀十一年，『淮南王(英)布反……上乃發……巴蜀材官』，注，『應劭曰，材官有材力者。』又趙充國傳，『願罷騎兵，留弛刑應募，及淮陽汝南步兵，羣吏士私從者……分屯要害處。』此處所說的步兵即宣紀神爵元年三河，潁川，沛郡，淮陽，汝南材官（大約漢書作傳時，爲行文便利，縮減原文，所以只說淮陽，汝南二郡）。所以材官即是步兵。至於江淮以南，吳王濞謀反所發的卒仍是步兵。征越所用的樓船是因爲越地阻水必需用船。嚴助傳，『臣聞越非有城郭邑里也，處谿谷之間，篁竹之中，習於水鬥，便於用舟……今發兵行數千里，資衣糧入越地，輿轎而隃領，拕舟而入水，行數百千里，夾以深林叢竹……。』可見發樓船只是攻越的需要，並非江南的兵只有樓船。錢文子用『多樓船』的『多』字，尚有斟酌。但不如反過來說『樓船士多在江淮以南』，比較更穩妥些。此外輕車似乎只是一個名稱，衞青傳稱元光六年公孫賀爲輕車將軍出雲中，但據匈奴傳，『漢使四將，各將萬騎』，公孫賀爲四將之一，是其所將仍是騎兵，並非車士。以後爲車騎將軍的『車』更只有一個空名了。只是衞綰以戲車爲郎，所戲的確是車。霍光傳云，『光薨，發材官，輕車，北軍五校士陳至茂陵。』金日磾傳，『薨……送以輕車介士。』後漢書吳漢傳，『及薨發北軍五校，輕車介士送葬，如大將軍霍光故事。』後漢書梁商傳，『及葬贈輕車介士。』續漢書輿服志所記天子鹵簿也有兵車。所以在漢代的兵車，雖然不大用來作戰的，但漢代儀仗上用輕車介士，尚是沿襲着舊日的風氣。

現在對於漢代戰車的應用，再申論一下。衞青傳，『上令大將軍青，票騎將軍去病各五萬騎，步兵轉者踵軍數十萬……青軍出塞千餘里，見單于兵陳而待，於是青令武剛車自環爲營，而縱五千騎往當匈奴。』這一條是有用車的疑問的。但據續漢輿服志戰車是不巾不蓋的，武剛車是有巾有蓋的。所以武剛車只是屬車，並非戰車，衞青的武剛車既非戰車，其用處不過供將士的乘坐，這時只來借用作營柵鹿角

罷了。從這一段看來，武帝征伐匈奴的大軍，尚無使用車兵的痕跡。在武帝其他各種記載，並無車兵作爲實用，前段已說過了。

不過向前推溯，漢初確有用車兵的事實，在文帝時候，例如：馮唐傳，『爲車騎都尉主中尉及郡國車士』；匈奴傳，『文帝以中尉周舍，郎中令張武爲將軍，發車千乘，十萬騎軍長安以備胡寇』；鼂錯對策也說，『平原廣野，此車騎之地』；又說，『平原易地，輕車突騎，則匈奴之衆易撓亂也』；就以上幾節可見文帝時的確用着兵車。到景帝時吳王濞反，吳少將桓將軍也說，『吳多步兵，步兵利險，漢多車騎。車騎利平地。』到武帝初年衡山王賜反時，『私作輣車鏃矢』，膠東王寄也『私作兵車鏃矢』。但武帝自己用兵時，却又不見兵車的實際應用，所以武帝的前後應當是中國戰術革命的關鍵。

據周亞夫傳說，『亞夫不奉詔，堅壁不出，而使輕騎兵弓高侯等絕吳楚兵後食道。』漢多車騎，但却用騎不用車，這一點不能不說是一個重要成功的關鍵。從此以後，可想到漢家一定要騎重於車了。到武帝用兵匈奴，最初還有輕車將軍的名目，後來率直連輕車的名目也不用了。這一點又可以想到征伐匈奴對於軍制的改革，一定有相當的關係。只是武帝以前的軍事史料太少，無從微考罷了。

自然，兵車雖然在實際上不用，決不是突然全廢的。宣帝時韓延壽都試時爲誇張起見要用他。王莽是個迂闊的書生，所以要『遣大司空王邑馳傳之雒陽，與司空王尋，共發郡兵百萬……車甲士馬之盛……未嘗有也。』據後漢書光武紀，均爲光武所獲。後漢時候據段熲傳說，『以騎五千，步萬人，車三千兩，三冬二夏，足以破定』；但據熲傳破羌時是『軍中張鏃，利刃長矛三重，挾以強弩，列輕騎爲左右翼』，並未用車，那車大概便只是運輸的用了。漢簡中言車的不少，未嘗一字提到兵車。三國志所記幾回戰事，也沒有用兵車的。三國志袁紹傳注引英雄記敍袁紹和公孫瓚界橋一戰，在古書中要算最有聲有色了，但很清楚的沒有用兵車。此後劉裕伐燕曾有牛車，但用處是和古兵車不同的。至於房琯所用或沈括所獻剌的，那就更不能與古制相接了。

（丁）正卒的軍費

漢書景帝紀如淳注，後漢書和帝紀引漢舊儀云：

太僕牧師諸苑三十六所分布北邊西邊，以郎爲苑監，官奴婢三十萬人分養馬三十萬頭，擇取教習，給六廄，牛羊無數，以終犧牲。

所以公家是有很多官馬的。其命將出征，亦由公家出馬。李陵傳，『上曰，「將惡相屬耶？吾發軍多，無騎與汝。」』又云，『（路）博德故伏波將軍，亦羞爲陵後距，奏言，「方秋匈奴馬肥未可與戰，願留陵至春俱將酒泉張掖騎五千人，並擊東西，浚稽可必禽也。」書奏，上怒，疑陵悔不欲出，而教博德上書。』所以國家有官備的馬，各郡亦自有官備的馬。據居延簡：

元鳳四年騎士死馬□黑。……(491.11)

・右私馬一匹。(19.1)

上簡只言騎士的馬而未言騎士何人的馬，所以應爲郡中官馬，備騎士所用的。下簡言私馬一匹，可見尚有官馬。照此看來，騎士的馬似爲官備，並非私有的。

漢代作戰常用弓弩，在漢居延簡上記載弓弩的甚多，例如：

三月□□□十二□弦不可用。(65.16)

今餘陷堅虫矢二千四百。(74.14)

入槀矢百，(403.14)

計卅餘四石弩。(403.24)

入大黃弩十四。(433.2)

出弓一矢五十。(443-3,433-32)

槀虫矢七百廿。(90.6)

出槀矢銅鏃二百完。(10.15)

陷堅虫矢二百完。(10.5)

具弩一今力四石射二百。(341.3)

六石具弩一。(213.46)

三石具弩。(149.24)

官第一六石見弩一，今力四石卌二斤，射百八十步，完。(36.20)

收五石弩一傷□……。(112.8)

彈弓一直三百服負□九月奉。(462.2)

七石具弩十七，毋出入。(511.2)

五石弩射百廿步。(509.2)

三石具弩射百四步。(515.45)

六石以下弩凡十六。(445.5)

漢代材官所選，也以發矢張弩爲準。鼂錯傳，『材官騶發，矢道回的，則匈奴之革笥木薦勿能支也。』申屠嘉傳，『梁人也，以材官蹶張從高帝擊項籍，遷爲隊率。』注，『如淳曰，材官之多力，能腳踏彊弩張之，故曰蹶張，律有蹶張士。』所以材官和騎士的區別是騎士是騎兵，材官是步兵。騎士所重的是騎術，材官所重的是多力能開彊弩。在戰時仍以弓弩爲主，白刃爲輔的。周亞夫傳，『軍士吏被甲銳兵刃，彀弓弩持滿。』陳湯傳，『夫胡兵五而當漢兵一，何者，兵刃朴鈍，弓弩不利，今聞頗得漢巧，然猶三而當一。』梁孝王傳，『多作兵弩弓數十萬。』李廣傳，『廣世世受射……用善射殺首虜多爲郎。』都可見弓卒之用。惟蹶張弩絕非騎兵所能用，邊塞的弩也常在六石以下。

（戊）正卒的調發和率領

正卒是由郡領率的，漢書百官公卿表，『郡守秦官掌治其郡，秩二千石，有丞，邊郡又有長史，掌兵馬，秩六百石，景帝中二年更名太守。』又說，『郡尉秦官，掌佐守，典武職甲卒秩比二千石，有丞秩皆六百石，景帝中二年更名都尉。』所以郡兵是統於太守而由都尉率領的。至於在縣，縣令長丞尉，雖然管番上都試之事，並無主甲卒的明文。百官表只云，『縣令長皆秦官，掌治其縣，……皆有丞尉』，其統率似仍受成於郡的，所以『郡兵』一詞在漢代常用，而『縣兵』却不常用。凡發兵時，由太守以漢虎符發兵而由都尉統率。漢書齊悼惠王傳云：

齊王聞此計，與其舅駟鈞，郎中令祝午，中尉魏勃陰謀，發兵，齊相召平聞之，乃發兵入衛王宮，魏勃紿平曰，『王欲發兵非有漢虎符驗也，而相君圍王固善，勃請爲君將兵衛衛王』。召平信之，乃使魏勃將，既將，以兵圍相府。

在王國的制度，相等於太守，中尉等於都尉，所以由相發兵，中尉將兵。漢書韓延壽傳云：

> 望之遣御史案東郡具得其事，延壽在東郡時試騎士 ， 治飾兵車 ， 畫龍虎朱
> 爵。延壽衣黄紈方領，駕四馬傅總建幢棨，植羽葆，鼓車歌車。功曹引車皆
> 駕四馬載棨戟，五騎爲伍，分左右部，軍假司馬千人，持幢旁轂。歌者先居
> 射室，望見延壽車嘫咏楚歌。延壽坐射室，騎吏持戟夾陛列立，騎士從者帶
> 弓鞬羅後。令騎士兵車四面營陳，被甲鞮鍪居馬上，抱弩負蘭，又使騎士戲
> 車弄馬盜驂。……及取官錢帛私假繇使吏，及治飾車甲三百萬以上。於是望
> 之劾奏延壽上僭不道。

這一段說韓延壽都試事有過於奢侈上僭的地方 。 不過都試的情形 ， 由此段可以想
到 。 卽郡中不是不應當由太守主持都試 ， 而是不應當在儀節之中有接近天子的地
方。漢舊儀稱『八月太守都尉令長相丞尉會都尉課殿最 』。其事仍由太守總管的，
且一郡往往不僅一都尉，亦無法由都尉總其事。又翟方進傳云：

> （翟義）徙爲東郡太守……與東郡都尉劉宇，嚴鄉侯劉信，信弟武平侯劉璜
> 結謀，……於是以九月都試日，斬觀令，因勒其車騎材官士。

據此都試亦以太守爲主，至於說斬觀令因爲『令丞尉亦各統其縣，守尉不得專』（補
漢兵志），却未必然，因爲東郡有二十二縣，濮陽爲郡治，一個觀令決不能阻太守
發兵的。此不過擧事之前以此示威，非縣令能各統其縣的。

秋射一事在烽燧上是很重要的，居延簡：

> 功令第廿五，候長士吏省試射，射去埒弽弩力如故，發十二矢，中弽矢六爲
> 程，過六矢賜勞十五日。(45.23)

其發矢的記載，例如：

> 射發矢十二，中弽十二賜勞。(232.21)
>
> 居延甲渠候官當曲隧長公乘關武，建平三年以令秋試，射發矢十二，中弽矢
> □。(133.14)
>
> 甘露元年秋以令射發矢十二，中弽矢十。(34.13)
>
> □鳳二年秋以令射發十二矢，中弽六當……。(202.18)
>
> □漢隧長，常以令秋射發矢十二，以六爲程，過六………(142.16)

從這一點看來，秋射是不是都試一部分，雖不敢確信，但都試以射爲主，再加試其

他的技術，是可以想見的。

　　漢代太守對於軍事上要負很大的責任，如有過失，可以被劾爲『乏軍興』的罪，乏軍興的罪，重則死，輕則免。

　　　　漢書趙廣漢傳，『坐擅斥除騎士，乏軍興，數罪腰斬。』師古曰，『斥除謂
　　　　逐遣之。』漢書循吏傳，『黃霸……發騎士詣北軍馬不適士，劾乏軍興，連
　　　　貶秩。』注孟康曰，『關西人謂補滿爲適，馬少士多不相補滿也。』

　　　　漢書王莽傳，『羣下愈恐，莫敢言賊情者，亦不得擅發兵，惟翼平連率田況
　　　　果敢，發民十八以上四萬餘人，授以庫兵，與刻石爲約。赤眉聞之，不敢入
　　　　界，況自劾奏，莽讓況未賜虎符而擅發兵，此弄兵也，厥罪乏興，以況自詭
　　　　必禽滅賊，故且勿治。』注，『師古曰，「擅發之罪，與乏軍興同科也。」』

所以太守對於軍事上所坐的法，多屬於乏軍興或其相當的罪的。

　　至於發兵擊賊，未得虎符是可以劾乏軍興，但有不法舉動，却不止乏軍興罪。

吳王濞傳：

　　　　將軍曰王苟以錯爲不善，何不以聞，及未有治虎符擅發兵擊義國，以此觀
　　　　之，意非徒欲誅錯也。

蓋其罪爲謀反。未得虎符，就是謀反的證明。

　　『符』有虎符和竹使符，後漢書杜詩傳：

　　　　初禁網尙簡但以璽書發兵，未有虎符之信。詩上疏曰，『臣聞兵者國之凶
　　　　器，聖人所愼，舊制發兵皆以虎符，其餘徵調，竹使而已。符策合會取爲大
　　　　信，所以明著國命，斂持威重也。間者發兵但以璽書，或以詔令，如有姦人
　　　　詐僞，無由知覺。愚以爲軍旅尙興，賊寇未殄，徵兵郡國，宜有重愼，可立
　　　　虎符以絕姦端……書奏，從之。』——注，『說文曰，「符信也，漢制以竹
　　　　長六寸，分而相合，前書文帝二年初與郡守爲銅虎符竹使符。」音義曰，
　　　　「銅虎符第一至第五，發兵遣使符合乃聽之，竹使符以竹五寸鐫刻篆書亦第
　　　　一至第五也。」』

初與郡守虎符及竹使符事，見於文帝紀。其先但用檄，有急則用羽檄，高帝紀十年：

陳豨反，趙代地皆豨有，吾以羽檄徵天下兵未有至者，今計唯獨邯鄲兵耳。
注師古曰，『檄者以木簡爲書長尺二寸，用徵召也，其有急事則加鳥羽插之
示速急也。魏武奏事云今邊右警，輒露檄插羽檄。』

但據前引齊悼惠王傳，文帝之前，太守雖無虎符，但王國中的相，應已有虎符了。

東漢初年的璽書亦是檄，虎符只是檄以外的符信。又按杜詩傳，發兵和徵調仍
有區別，其區別固然不能勉強解釋。大致說來發兵和徵調可以有三種的區別。（一）
徵集民兵爲發兵，調用屯兵爲徵調。（二）出境爲發兵，在本郡爲徵調。（三）
調兵爲發兵，調民夫爲徵調。今按三者都是有能的，不過不敢確實的斷定罷了。據
前引王莽傳田況發民年十八以上四萬餘人，又高帝紀：『二年蕭何發關中未傅者悉
詣軍』，所言發都是指並非『常備』的正卒而言。至於徵調當然指已有的正卒和戍
卒，並非新來徵發。例如漢舊儀所言的，『邊郡太守將萬騎行障塞』，以及史記陳
涉世家索隱引漢舊儀，『大縣二人其尉將屯九百人。』太守在有盜賊的時候，對於
這一類的軍士，似乎所用的方法是徵調的。此外郡兵領於太守，必須由太守發兵，
中朝遣使亦必經由太守與太守合符方纔可以。嚴助傳，『上曰「⋯⋯吾新卽位不欲
出虎符郡國」，迺遣助以節發兵會稽，會稽守欲距法不爲發，助迺斬一司馬諭意
指，遂發兵浮海救東甌。』此處言發兵當亦係徵發，而不是僅調原有的屯兵的。

　　（己）正卒的編制

現在還要牽涉到編制問題。續漢書百官志云：

將軍不常置，本注曰，『掌征伐背叛。』⋯⋯其領軍皆有部曲（大將軍營五
部）──校尉一人，比二千石，軍司馬一人，比千石，部下有曲，曲有軍候
一人，比六百石；曲下有屯，屯長一人，比二百石。其不置校尉部，但軍司
馬一人，又有軍假司馬假候，皆爲副貳。

所以將軍出征的編制是：

將軍──（部）校尉，軍司馬──（曲）軍候──（屯）屯長。

這種制度在秦時已是如此，漢書蕭何曹參傳，樊酈滕灌傳，靳周傳，所言的秦將官
職名稱都與此相合，所言楚將與此便不相合。漢朝開國以後是完全襲用秦制，一直
到後漢。至於屯長係二百石官，屯長以下尙然當有小的編制。漢書申屠嘉傳，『以

材官遷爲隊率』；馮唐傳，『士卒盡家人子起田中安知尺籍伍符。』注，『李奇曰，「尺籍所以書軍令，伍符軍士伍伍相保之符信也」。如淳曰，「漢軍法吏卒斬首以尺籍書下縣移郡令人，故行不行，奪勞二歲。」伍符亦什伍之符要節度也。』按史記商君傳，『令民爲什伍，而相收司連坐』索隱，『劉氏云，五家爲保十家相連也。』所以家有什伍，軍亦有什伍，家制與軍制相通，卽此種制度在鄉制等於『保甲』，在軍制等於『什伍』。家以五家爲單位，丁以五人爲單位。所以秦漢民爵，無爵的稱爲士伍了。所以現在可以假定在屯以下，尚有隊的組織，和什伍的組織。

用敦煌漢簡和居延漢簡，整理出來邊郡烽燧的組織是：

太守──都尉──候官──鄣尉──候長──隧長

而郡縣兵制的組織則爲：

太守──都尉──縣令長──縣尉──鄉游徼或嗇夫──亭長

其組織大略是相當的，太守都尉邊郡內郡完全一致，亭隧可以互稱，中間的官職應當也差不多，太守爲郡將比將軍，所以太守和將軍應當同一地位，至後漢初年往往以功臣將軍兼太守更爲顯著。都尉比二千石與部校尉正同。候官略與縣令相同，亦卽略等於軍候，鄣尉與縣尉應當和比二百石的屯長；候長在敦煌簡所記是有秩，其地位應等於縣有秩卽游徼嗇夫，或者等於軍制中的隊率；亭長和隧長大概也就略同於軍制的什伍了。漢代的軍制和縣制抄襲自秦，毫無疑問，烽燧制度也顯然和郡縣制度同一來源。至於縣制下面本是秦代的保甲制度，秦的保甲制度也是全國皆兵情形下的軍事管理。所以這幾種不是不可以互爲比較的。

在此情形看來，所以漢代應當縣制卽軍制。正卒平時的管理訓練，應當卽寄記於鄉制之下，五人爲伍的組織平時已經組織好，到有事時便立時可以調發。正卒不足時，再調發正卒以外的兵士。內郡平時無養兵之費，大約就是這個辦法。至於在邊郡情形便不同，邊郡的正卒是時常要出屯的，在漢簡所記騎士和戍卒是同樣作隧卒的，而隧卒的生活，却是完全由公家担負。在現在敦煌漢簡中還發見有任城國的縑帛。又王莽傳：

衞卒不交代三歲矣，穀常貴，邊兵二十萬人仰衣食，縣官愁苦。五原代郡尤

被其毒，起為盜賊數千人。

在王莽時有在邊郡增兵和國內貧乏的事實是不錯的 ， 但衣食仰給縣官並非從此時始，居延及敦煌漢簡中分類的器物和廩給兩部分很可證明衣食仰給縣官的事實，現在不必詳舉。

所以邊郡對於內郡在政治上說是保障，在經濟上說是煩費。所以漢代各邊，東南邊郡面積甚大似乎還可以自給，西北邊郡面積很小，出產也不多，若不由內郡供給，很難自存。 所以在光武時自動的縮短邊界。 居延烽燧也在建武時自動廢撤了（這是居延簡本身的證據，因為光武紀建武二十二年稱『匈奴北徙，幕南地空，詔罷諸邊郡亭候吏卒』，而居延簡最晚的年號，也到建武為止）。羌禍一起，關東士大夫便公開主張棄邊。潛夫論說到的很明白，見救邊和邊議兩篇中。

漢代公卿惡邊郡以為煩費的例甚多，今不能一一舉證。但從此可知邊郡和內郡的軍備上是有一個分歧之點 ， 現在大約可以看出來。 卽西北邊郡有集中正卒的軍屯，格外更有內郡的戍卒，東南邊郡有正卒的軍屯，而出內郡的戍卒。內郡的正卒仍散處鄉亭，但已經組織好，隨時訓練，以供郡縣的調發的。

〔貳〕論戍卒

（甲）戍卒與衛士

關於戍卒和衛士，以前已經說過，人民二十三歲以後，除過每年一個月的繇役而外，要服兩年的兵役。其一為正卒，其一為屯戍，這是據食貨志董仲舒的話的。但據漢官儀却是一歲作正卒，一歲作衛士。現在就要討論衛士和屯戍的關係如何。

衛士東漢和西漢都是由衛尉率領，稱為南軍，來防守宮城官署的，這一點的考證，歷來已詳，可無問題。衛士是由外郡番上的，蓋寬饒傳：

> 寬饒為衛司馬……躬案行士卒，甚有恩，及歲盡交代，上臨饗罷衛士，衛卒
> 歡千人，皆叩頭自請，願復留更一年以報寬饒德。

王尊傳云：

> 正月臨幸曲臺臨饗罷衛士，丞相衡與中二千石大鴻臚常等坐於殿門下。

魏相傳云：

後人有告相賊殺不辜，事下有司，河南戍卒中都官者二三千人，遮大將軍自言願留作一年以贖太守罪。

賈禹傳云：

又言諸離宮及長樂宮衞，可減大半以寬繇役……天子下其議……省建章甘泉宮衞卒，減諸侯王廟衞卒省其半。

漢舊儀云：

正月五日大置酒饗衞士。

以上稱衞士爲更，爲繇役，爲戍，和車騎材官的正卒不同自無問題。但與邊郡戍卒究竟同不同呢？

據以前所引的各條史料，漢代兵役只有兩年，卽是除正卒以外另外再服務一年。這一年有的說是衞士，有的說是戍邊。倘若勉強作調停之論，說作正卒之外，旣要作衞士又要戍邊，那豈不成要服務兵役三年，另外再加上每年一個月，那就對於任何史料都有衝突。所以無論如何，不能不推到這麼一個結論，卽是如果作衞士，便不戍邊。

（乙）衞士的番上和數目

漢代人口到平帝時將近六千萬，較早自然少些。今假設在昭宣時以五千萬計，男子以二千五百萬計。年齡以平均四十歲計，則在同一歲的男子應當有六十二萬五千，三輔的衞士，就是這個數目的十分之一也用不着。可見決不能所有的人都要作衞士，所以衞士是一種選拔過的兵士，而不是適應兵士的全體。

漢代京師分南北軍，北軍的材官騎士由三輔番上，南軍的衞士不由三輔而由三輔以外番上，這事歷來考證已詳。但是衞士的番上還是除三輔以外百三郡國都要番上呢？還是只是一部分郡區番上呢？以現在揣測，大致只是百三郡國除三輔以外，還只一部分要番上衞士的。

在王國方面是只做王國自己的衞士，京城的衞士和邊郡的戍卒都不做。續漢書百官志，王國有衞士長，本注曰主衞士。膠西于王端傳，『端怒去衞，封其宮門，從一門出入。』昌邑王賀傳，『卽捽善屬衞士長行法。』所以王國是有衞士的。賈誼傳，『今淮南地遠者或數千里，越兩諸侯，而縣隔於漢，而欲得王至甚，遽逃而

歸諸侯者已不少矣。』所以諸侯王的人民是不向中央繇役的，此繇役當包括衛士及
屯戍而言。所以京師的衛士應除去王國的人。

又按魏相傳，『河南戍卒中都官者二三千人』，所謂中都官當包括衛尉所屬的
宮中衛士，和太常所屬的宗廟陵寢衛士，及長樂建章等宮衛而言。因爲執金吾的北
軍，城門校尉的城門兵另有來源，當然不在此數目之內。所以此種屯戍應當即係衛
士。按河南郡平帝時二十七萬餘人，昭宣時應當在二十萬左右，二三千人應當約等
於郡民百分之一，應當約等於男子數目五十分之一，如果全國全來照這個比例充衛
士，衛士的數目便太多，和記載上衛士的約數超過太多了。所以衛士的充任，或者
以三河宏農等郡爲主的，現在史料不充分，無從論定。

按賈山傳云：

> 陛下卽位，親自勉以厚天下，損食膳，不聽樂，減外繇衛卒，止歲貢，省厩
> 馬以賦縣傳，去諸苑以賦農夫。

這一段完全說天子個人方面的節儉，所以『外繇衛卒』應當卽指宮庭的衛士，與國
防無涉，但據溝洫志注，『孟康曰，外繇謂戍邊也』，又卜式傳注，『蘇林曰，外
繇謂戍邊也』，衛卒是外繇，戍邊亦是外繇，所以衛士和戍卒應當是同樣性質，卽
同樣屬於外繇。亦卽正卒以外的繇戍，所以以前的史料對於正卒以外的一年兵役，
或稱衛士，或稱戍邊。這樣看來，人民只要作衛士便可以不戍邊，戍邊亦就不爲衛
士了。

衛士的數目在西漢初年有兩萬人，武帝省去一萬。建元元年詔，『衛士轉迎送
置常二萬人，其省萬人』，所以西漢衛士的數目是一萬人。韋玄成傳稱，『一歲祠
上食二萬四千五百五十五，用衛士四萬五千一百二十九人，祝宰樂人萬二千一百四
十七人，犧牲卒不在數中。』此所謂衛士的數目是按『工』而言，卽每人服務一日
算作一人，應當等於漢簡的『積若干人』，例如：

> 出口大石一石七斗四升，始元二年七月庚子朔，以食吏一人，盡戊辰二十九
> 日，積二十九人，人六升。　(88.26)

所以一人用穀廿九日便算廿九人；一個衛士服務廿九個工，自然也可以算廿九人。
此外所謂祝宰樂人，自係指太常所屬的太樂令，太祝令所管的人而言，按宣帝紀本

始四年注引漢儀注云，『太宰令屠者七十二人，宰二百人。』照此比例，太樂和太祝所管的人亦不過幾百人，決無一萬多人；所謂一萬二千多人，當然是將每次祭祀所用的人加到一起（祝宰樂人數目較上食的數目爲少，是因爲每次祭祀不止上食一種）。因此太常所屬的衛士，也決不能超過兩千人以上。亦卽不得超過祝宰樂人的總數三倍或四倍以上。若太常所領有兩千人，則宮衛的衛士當有八千人，和衛士萬人的說法相差不遠。到了東漢，衛士數目，據百官志所記的是，衛尉親領六十八人，南宮衛士令五百三十七人，北宮衛士令四百七十二人，加上左右都候及宮掖們司馬所領共計二千四百二十九人。比較西漢衛士萬人，約合四分之一。

（丙）漢簡上的戍卒

照漢簡所記，戍卒大部分是關東人，此外還有少數的本郡人。漢代戍卒大致以關東人居多，貢禹傳稱，『又諸官奴婢十萬餘人，戲游無事，稅良民以給之，歲費五六鉅萬。宜免爲庶人，廩食，代關東戍卒乘北邊亭塞候望。』可見戍卒主要的是關東人。至於張掖亦有戍卒，可見邊郡人除過作正卒以外仍要作戍卒，不過只在本郡屯戍而已。

戍卒和正卒的年齡，在漢簡上是看不出多大的差別的。王國維氏在流沙墜簡考釋雖然提到戍卒的年齡要比正卒的年齡大，不過但據敦煌簡的材料是不夠的。居延簡中甚至有一個年方二十的戍卒。照鹽鐵論，昭帝時從二十始傅改到二十三始傅。這個簡雖然是在昭帝以前徵集的，但仍然可以看出，正卒和戍卒在年齡上並無絕對的先後的。

戍卒是一歲而更的，這一點自然使屯戍的人初來往往不懂烽燧的情形，不懂防守的方法。不過漢代一般人大致都接近軍事，所以對作戰方面已經有些訓練，並且戍卒是派到各個烽燧，而漢簡所記的候長和隧長都是邊郡人。每一隧的隧卒很有限，所以到烽燧以後有隧長的訓練，大致可以差不多了。而且烽燧之中還有邊郡的騎士，這一點可以不成問題。

據漢簡所記戍卒衣食由公家供給，這一點可以和前引王莽傳所稱戍卒衣食縣官一條互證，例如：

襲八千四百領。　綺八千四百兩。　在六月甲辰遺目常韋萬六千八百……。

(41.17)

田卒淮陽郡長平東洛里公士尉充年卅。　襲一領，　絝一兩，　私單絝一，
私絝練，　犬綈一兩，　私綈二兩。　買贊取。　(509.7)

田卒淮陽郡長平北利里公士陳世年廿三。　襲一領，　絝一兩，　犬綈一
兩，　私綈一兩，　買贊取。　(500.26)

第一皁單衣八百領。　(504.19)

出穀卅七石七斗。　其卅七石七斗麥十石粟，　以食屑水序候騎士十九人馬
十六匹牛二，九月十五日食。　(303.23)

麥一石九斗三升少，　以食序充隧卒田事所九月食。　(10.3)

凡吏卒廿人用穀卌石。　(332.6)

所以烽燧的吏卒，不論何種來源都要供給衣食，以上只是一部例證，也大致可以看
出來，其餘過繁不再具引。此外除過公家的衣食以外，還有一部分是私家的，但由
烽燧發下，再由戍卒來取，可見不是親自帶到烽燧，而是由戍卒家中交給縣官，再
運到烽燧的。漢書匈奴傳，『中行說窮漢使曰，「而漢俗屯戍從軍當發者，其親豈
不自奪溫厚肥美齎送飲食行者乎？」』照此看來，不惟當出發時由家中齎送，出發
後仍陸續由家中齎送。不過這不是說漢縣官不供給戍卒衣食，而是除縣官所供給的
以外，還由私家齎送的。

〔叁〕論繇役

（甲）繇役與賦稅

漢代繇役和賦稅有時是有密初關係的，所以要先談漢代的賦稅。在這一節中對
於賦稅的敍述不免過詳些，但爲的解釋明白起見，所以也不顧及了。

漢代的賦稅主要的可分三種來說。第一，田賦；第二，口賦；第三，繇役。此
外尚有其他的賦稅。

田賦制度據漢書食貨志說：

高祖約法省禁，輕田租十五而稅一。量吏祿，度官用以賦於民。文帝時鼂錯
說上曰，『使天下人入粟於邊以受爵免罪，遂食足支五歲，可令入粟郡縣。

足支一歲以上可時赦，勿收農民租。』上從其言，遂下詔賜民十二年租稅之半。明年遂除田之租稅。後十三年，孝景二年，令民半出田租，三十而稅一。武帝時董仲舒說上曰，『秦除井田，田租口賦鹽鐵之利二十倍於古，或耕豪民之田見稅十五，宜限民名田……』

案景帝紀二年，『令民半出田租三十而稅一。』又鹽鐵論，『古者制田百畝，什而藉一，先帝哀憐百姓之愁苦，衣食不足，制田二百四十步爲一畝，率三十而稅一。』所以西漢例是三十而稅一的。至董仲舒所說的二十倍於古，乃合併口賦鹽鐵槀稅各項總數而說。所以田賦在賦稅中占的數目並不大，所以田賦可以減半，甚至可以全免。

自文帝十三年至景帝二年中間十三年不徵田租，此事從來所未有。後來清代曾經免賦示惠，亦只各省輪免，且不能繼續到二年以上。胡致堂論此事以爲文帝節儉的原故。其實如果毫無收入，亦亦無法節儉。這是因爲田賦以外尚有其他收入，當天下承平，再加以節儉便足用了。清代庸調全入田租，所以田租便無法全免的。

到了東漢仍然襲用西漢田賦制度。後漢書光武紀建武六年十二月癸巳詔曰：

頃者師旅未解，用度不足，故行什一之稅。今軍士屯田，糧儲差積，其令郡國以見田租三十稅一，如舊制。

西漢自景帝三十稅一以後始終未改，至王莽時才譏爲，「名爲三十稅一，實十稅五」。東漢一代也未改三十稅一之制。到三國初年天下擾亂，曹操始改田租爲畝四升，戶出絹二匹，綿二斤（三國魏志建安九年注，引魏書載魏武帝令）。

田賦徵收現穀，並非折納成錢，這在晁錯的建議和建武六年的詔可以看得出來。又按兒寬傳，『爲左內史，以負租課殿，當免……民輸租繈屬，課更以最。』這一點可見由人民向官署自繳的。

土地的標準，已始自秦代了，史記六國表，『始皇三十一年，令民自實田。』碣石刻詞『決通川防，夷去險阻，地勢既定，黎庶無繇，天下咸撫，男樂其疇，女修其業，事各有序，惠諸被產，久並來由，莫不安所。』這也是陳報土地以後的事。至於收租時大約縣吏或鄉官也要來敦促的，于定國傳，元帝責定國曰，『民田有災害，吏不肯除，收趣其租，以致重困。』此所謂吏雖不知是縣吏或鄉官，但總

有人督促的。

　　田賦的正賦以外，還有蒿稅，貢禹傳云，『農夫已奉穀租，又出蒿稅，鄉部私求不可勝供，宜除租銖之律。』注，師古曰，『租稅之法皆依田畝，不得雜計百物之銖兩。』又後漢書和帝紀，『詔今年郡國秋稼爲旱蝗所傷其什四以上，勿收田租芻蒿，有不滿者，以實除之。』注，『所損十不滿四者，以見損除也。』關於免田租和芻蒿的事，有永平四年，六年，九年，十二年，十四年，十六年，元初元年，延光元年，三年，永建元年，三年，六年，永和三年，延熹八年。這都是田租以外尙有蒿賦的證據。

　　鄉部私求是半公開性質，現在不得其詳。其臨時的附加，例如，桓帝延熹七年八月，『初令郡國有田者畝斂稅錢』，注，『畝十錢也』。至靈帝中平二年，『稅天下田畝十錢』，章懷注，『以修宮室』。此事又見於宦者張讓傳。桓帝稅畝十錢一事據陸康傳說是鑄銅人。這一類都是爲天子私用而起的臨時附加，但三十稅一實已無形打破。

　　口賦制度應當包括三類賦稅，卽是，口賦，算賦，和獻賦。口賦是徵收七歲以上兒童的。昭帝紀元鳳四年注；

　　　　如淳曰，『漢儀注民年七歲至十五歲出口賦錢，人二十三，二十錢以食天子，其三錢者，武帝加口錢以補車騎馬。』（本三歲起，元帝時貢禹議改爲七歲，見本傳。）

所以口賦只限於兒童，成人自十五歲至五十六都要出算賦，算賦是每人一百二十錢一年。女子也要出算賦，商人和奴婢算錢加倍。又家產加一萬錢以內的人出一百二十錢。家產在一萬錢以上，每增加財產一萬錢，每年多出一百二十錢。所以算賦實包括兩種性質，一爲人口稅，一爲財產稅。漢代作官的資格要有最低貲算的標準，景帝後元二年以前是貲算十才可以做官，景帝時改到貲算四便可以了。（見高帝紀四年，惠帝紀六年，景帝紀後二年。）

　　漢代算貲的例見於漢簡的，是：

　　　　候長觻得廣昌里公乘禮忠年卅。　小奴二人直三萬，大婢一人二萬，軺車一乘直萬，　用馬五匹直二萬，　牛車一兩直四千，　服牛二六千，　宅一區

萬，　田五頃五萬。　凡賞直十五萬。　　（37.35）

這是因爲在邊郡，所以奴婢的價錢和田地價錢相等。比起來東方朔傳所說，『鄠鎬之間號爲土膏，其買畝一金』，是不成比例了。不過有田地的人旣要出田租，另外還要出算賦，所以實際上不是三十而稅一的。不過漢代算賦按財產核計，究竟還不算不公道，魏武以後直到兩稅法之前，不論貧富都出同樣戶調，便只以國家收入爲主，無所謂合理了。

漢時算賦當有減免的事，見武紀建元元年。昭紀元鳳四年，元平元年，宣紀地節三年，五鳳三年，廿露二年，成紀建始二年。後漢書光武紀建武二十二年，明帝紀永平九年，安帝紀永初四年，元初元年，元初六年，建光元年，順紀永建三年，陽嘉元年，永和三年，後漢紀章帝元和元年，元和二年。

除去算賦和算貲以外武帝時還有商車和緡錢兩種。這是因爲武帝征伐四夷，貨幣失了均衡，商人乘機取厚利，而貧民反要縣官賑濟。從此規定凡商人，貲貸，買賣，屯積，不論有無市籍，一律凡資本值二千出一算（一百二十錢）。凡製造的或鑄造的，值錢四千出一算。——以上的叫做緡錢。又除官吏，三老，騎士凡有軺車的出一算（軺車是乘坐的車）。商賈軺車出二算。船五丈以上的一算——以上的叫做商車。（以上見漢書食貨志。）這兩種在昭帝始元六年議鹽鐵時，賢良文學不加爭論，大槪是昭帝時罷去的。

漢法常以八月算民（後漢書皇后紀注）。在漢宣以後因爲歷歲承平，每年可餘二十萬錢，藏在都內（文選王元長策秀才文注引新論）。所以算賦常是有餘的。

在天子直轄的郡縣對人民所徵收的是口賦算賦。在王國侯國將口賦算賦轉獻給天子的叫做獻賦。獻賦在高帝時已有了·高帝紀十一年二月詔曰：

> 欲省賦甚，今獻未有程，吏或多賦以爲獻，而諸侯王尤多，民疾之。今諸侯王通侯常以十月朝獻及郡各以其口數率人歲六十三錢以給獻費。

算賦是百二十錢，獻賦是六十三錢（卽是算賦的一半再加三錢）。所以王國或侯國收到人民算賦百二十錢以後，獻給天子六十三錢，還可餘五十七錢。漢書貨殖傳稱，『秦漢之制，列侯封君食租稅，率戶二百，千戶之君則二十萬。』按漢承秦制大戶頗少，一家不過三口至五口，若每家以四口計，除獻天子以外，四乘五十七可

以有二百二十八錢。況且倘有未成年的，每戶也不過除獻費以外平均餘下二百錢。所以千戶約得二十萬錢。

　　漢代賦稅的大致情形，前面旣已敍述過，現在再專談繇役。

　　貨殖傳稱，『庶民農工商賈亦歲萬息二千，百萬之家卽二十萬，而更繇租賦出其中，亦衣食美好矣。』所以更繇對於人民和租（田租），賦（算賦）是一樣的。更繇是除過正卒以外，一年一月，或一生一年的兩種繇戍，後一種卽衞士或戍邊，前已經說過，現在再說一年一月的更卒。

　　在漢初年一月的服役，有時要男女都發，惠帝紀三年，『春發長安六百里內男女十四萬六千人城長安，三十日罷。』又五年，『春正月復發長安六百里內男女十四萬五千人城長安，三十日罷。』不過發男女來服役，究係特殊情形，平時大抵不如此的。文帝紀後元七年，『發近縣卒萬六千人，發內史卒萬五千人，藏郭穿復士。』食貨志耿壽昌奏言，『故事，歲漕關東粟四百萬斛以給京師，用卒六萬人。』溝洫志，『鄭當時爲大司農言，「引渭穿渠起長安旁南山下……省卒而益肥關中之地。」……上以爲然，令齊人水工徐伯表，發卒數萬人穿漕渠。』又，『發數萬人作褒斜道五百餘里，道果便近，而水多端石，不可漕。』這一類的卒都是更卒。溝洫志云：

　　　　以五年爲河平元年，卒治河者爲著外繇六月。注：如淳曰，『律說戍邊一歲
　　　　當罷，若有急者當留守六月，今以治河之故，復留六月。』孟康曰，『外繇
　　　　謂戍邊也，治水不復戍邊也。』師古曰，『如孟二說皆非也，以卒治河雖執
　　　　役日近，皆得比繇戍六月也。』

在此一段『外繇』爲繇戍或戍邊，是如淳，孟康和顏師古所公認，在此一點並無爭執。只是如淳認爲治河卒爲戍卒，以一年的期限倘不夠治河，再留作卒半年來治河。孟康認爲發卒治河以後，此種所發的卒原要當戍卒，此時特令作卒的人以後不再戍邊。顏師古則認爲發卒仍爲更卒，但因治河有功，可以免去戍邊半年。在此三說之中，如說謂再留役六月，當然不對，因爲此時河隄已成，無再留卒治河之理。所引律說雖然可以據，但與此事無關。孟說和顏說大致相同，顏說實際上是對於孟說的修正。不過孟說未說到治河卒的性質，而說『不復戍邊』也太籠統。顏說謂

『比繇戍六月』，言『比』可見治河卒雖非『戍卒』但可以『比戍卒』，而且說到六個月，可見只免六月，並非全免。按此段上文云，『三十六日河隄成。上曰，「東郡何決，流漂二州，校尉延世提防三旬立塞。」』是說河卒只工作三十六日，比平常更卒多了六天，因爲成績特好，所以加殊賞，三十六天便可抵半年的工作了。

（乙）『更有三品』的問題

照食貨志董仲舒的話分爲正卒，戍卒，更卒三種力役，不應當有著何的大問題。

所成問題的卽『更有三品』的問題。後漢書明帝卽位：

> 『又發天水三千人，亦復是歲更賦。注：前漢書音義云，『更有三品，有卒更，有踐更，有過更，古正卒無常人，皆當迭爲之，有一月一更，是爲卒更。貧者欲得雇更錢，次直者出錢雇之，月二千，是爲踐更。古者天下皆當戍邊三日，亦名爲更，不可人人自行三日戍，當行者不可往便還，因往一歲，次直者出錢三百雇之，謂之過更。』

此所謂漢書音義者，當卽係如淳的漢書注，據漢書昭帝紀元鳳四年，『三年以前逋更賦未入者皆勿收』下，顏注云：

> 如淳曰，『更有三品，有卒更，有踐更，有過更。古者正卒無常人，皆當迭爲之，一月一更，是爲卒更也。貧者欲得顧更錢，次直者出錢顧之，月二千，是謂踐更也。天下人皆直戍邊三日亦名爲更，律所謂繇戍也。雖丞相子亦在戍邊之調，不可人人自行三日戍，又行者當戍自三日不可往還，因便往一歲一更，諸不行者出錢三百入官，官以給戍者，是謂過更也。律說「卒踐更居也，居更縣中五月乃更也，後從尉律，卒踐一月休十一月也。」食貨志曰「月爲更卒，已復爲正一歲。屯戍一歲，力役三十倍於古」，此漢因秦法而行之也，後遂改易，有謫乃戍邊一歲耳。』

言漢代繇役制度以此爲最詳，但問題亦最多。在此處未言及騎士材官一類的正卒，所言只是一歲的戍卒和一月的更卒而言，但其中却生出許多糾結不清之處。

一、正卒本指車騎材官而言，但此處將一月一更的也叫正卒。

二、就照如淳注所講，卒更爲一種，過更踐更爲一種，只有二品，如何可算

成三品。

三、使民不過三日是董仲舒貢禹所說的上古之法，戍邊三日之事在漢人所說漢制與此不符。

四、三日出錢三百，一月合錢三千。在更卒報酬為太多。

五、有謂戍邊一事並不能全代一般人戍邊。據簡牘及文獻證據，終西漢未嘗改易，不足以釋昭帝時事。

所以此一段述說雖詳，但糾紛至多，不能不加辨別。在東洋學報第十九卷第三號濱口重國『如淳說踐更及過更之批判』對此卽十分懷疑，認為殊難置信。其說較繁，今不能詳引。惟如淳說有相當誤解，固是事實。

漢書吳王濞傳，『其居國以銅鹽故，百姓無賦，卒踐更輒予平賈』。注云：

服虔曰，『以當為更卒出錢三百謂之過更，自行為卒謂之踐更。吳王欲得民心顧其庸，隨時月與平賈也。』晉灼曰，『謂借人自代為卒者，官為出錢，顧其時庸平賈也。』師古曰，『晉說是也。』

按此段服虔說和晉灼說的分別，是服虔說自行為更卒的人，由官家給予工資，晉灼說是替人作更卒的人官家給予工資。照服虔說自行作更卒的官家給予工資，卽是等於官家有役事的時候，一律雇人來做。那就不論自作代作，官家都一律給工資，不必再來分辨是誰。照晉灼說那官家所給予工資的是代替他人作工的人，其親自來應更卒的官家便不給以工資。照這樣辦官家先要甄別一次，不是應更卒的本人的，才給工資。但甄別的結果，決無本人來應，官家反要憑空多一次甄別的煩費。並且吳王要收買民心，為什麼要獎勵替代的人，而不獎勵自應更卒的人，這也是不通之尤。所以晉灼注在本身是不可能，不能不以服虔注為準。

至於史記吳王濞列傳注，則有下列的解釋：

集解，『駰案，漢書音義曰，「以當為更卒，出錢三百文謂之過更，自行為卒謂之踐更，吳王欲得民心，為卒雇者，其庸隨時月與平賈，如漢桓靈時有作與作以少府錢借民比也。」』

索隱，『案漢律卒更有三，踐更，居更，過更也。此言踐更輒與平賈，謂為踐更合自出錢，今王欲得人心，乃與平賈官讎之也。』

集解所引爲服虔音訓，只後邊被充一句。索隱則引漢律分更爲三類，未明爲解說。但司馬貞唐人，漢律已不見隋志，不知從何處輾轉得來，未必可據（李源澄漢代賦役考卽如此說）。

所以分析分說的結果，比較時代早，而本身無矛盾的，只有服虔一說，現在藏用服說來觀察。服說和如說有幾點顯然不同。

一、服說認爲踐更和過更爲更卒的兩方面，而如說則牽涉到屯戍。

二、服說認爲不爲更卒的人，請人替代便出三百錢，卽是三百錢算作一月的工資。如說則認爲三百錢是戍邊三日的工資。

現在卽就此兩點來討論。關於踐更和過更方面來說，吳王濞傳，『卒踐更輒予平賈。』如淳本注所引律說亦云，『後從尉律卒踐更一月休十一月也。』所以卒踐更爲一成語。李源澄漢代賦役考云『意謂當爲卒者至應爲卒之時而來爲卒，卽卒踐更也』，這是對的。按漢書游俠傳：

> （郭）解出，人皆避，有一人獨箕踞視之，解問其姓名。客欲殺之。解曰『居邑屋不見敬，是吾德之不修也，彼何罪。』乃陰請尉吏曰，『是人吾所重，至踐更時脫之』，每至直更數過吏勿求。

所以踐更卽係直更，如淳的『次更者雇之，月二千，是爲踐更』，顯然不對。

至於服說三百錢爲一月工資，顯然也比如說三百錢爲三日工資爲有理由，平帝紀元始元年條：

> 天下女徒，已論歸家，顧山錢月三百。注，『如淳曰，「已論者罪已定也，令甲女子犯罪作如徒六月，顧山遣歸，說以爲當於山伐木，聽使人錢顧功直，故謂之顧山。」應劭曰，「舊刑鬼薪取薪於山以給宗廟，今使女徒出錢顧薪，故曰顧山也。」師古曰，「如說近之，謂女徒論罪旣定，並放歸家，不親役之，但令一月出錢三百以顧人也。」』

由此看來女徒所顧採薪的人，可以每月三百，而更卒所顧代的人，工價便要超出十倍，天下決無此情理。在居延漢簡錢穀類也可看出最低的俸是每月三百，並且還有『就錢三百』一條，所以照服虔說法，更卒的工資也是每月三百，那就便無若何問題了。

（丙）『平賈』的解說

溝洫志（河平三年），『治河卒非受平賈者，爲着外繇六月。』注，如淳曰，『律說，平賈一月得錢二千』，自然不能說如淳杜撰，但如淳的『次更者雇之月二千』，當卽從此條律說而來。不過漢代四百年，此條律說究係何時的律說，如氏却不加分辨。此條律說究竟曾適用多少時候，如氏亦未曾證明。則將一個臨時付價的律說二千錢，和一個定做大致標準的三百錢，認爲同時的數目，自然有矛盾衝突。有矛盾衝突而勉強解釋，自不免捍格不通。按漢代物價有時相差甚大，食貨志言宣帝時穀石五錢，而趙充國傳言，『張掖以東穀石百餘，芻稾數十。』後漢書虞詡傳注引續漢書曰，『詡始到穀石千，鹽八千，見戶萬三千。視事三歲米石八十，鹽四百，流人還郡，戶數萬。』所以在特殊狀況之下，相距不遠的時候，或同時兩個地方可以相差十倍，則漢代四百年中一月的工資自然可以有三百和二千兩個數目，但必要強爲調處，便適見其蔽了。

更卒止限一月，如逾一月則當給與平賈卽顧傭錢。功臣表信武侯靳亭，『孝文後三年坐事國人過律免』，注，『師古曰事謂役使之也。』又祝阿侯高成，『孝文後三年坐事國人過律免。』錢文子補漢兵志說，『如滿一月當代而過役之類。又功臣表東茅侯劉告，『孝文十六年坐事國人過員免。』注，『師古曰事謂役使之員數也。』這便是因爲直更有定數，否則爲過員了。

又卜式傳，『上識式姓名曰，「是固前欲輸其家半財助邊」，乃賜式外繇四百人，式又盡復與官。』注，『蘇林曰，「外繇謂戍邊也。一人出三百錢謂之過更，式歲得十二萬錢也」，一說，「在繇役之外得復除四百人也」，師古曰，「一說是也。」』按外繇爲戍邊，孟康亦如此說，當不誤，但過更三百錢却非戍邊，乃是一月一更的更卒。所謂「一說」者。是否蘇注原文今不得知，但此說顯然不對。王先謙漢書補注引郭嵩燾曰，『下云式又盡復與官，是所賜者四百人更賦錢又復納之官，非復除至四百人也，疑古無除其家至四百人之例，一說誤。』按族居數百人乃南北朝以後，因兵亂賦稅種種原因而成的事，漢承秦制，大都別居，式傳稱，『弟盡破其產，式輒分與弟者數矣。』卜式自己已經和弟分家，免不相干四百人的繇役，有何好處？此種賜與外繇，似不當作免賦解。說是賜給外繇錢，則更卒有過更

之例，戍邊是否如此，不敢斷言。如戍邊可以過更，則當然是卜式得戍卒四百人一年的工資。否則亦是賜當戍邊的四百人爲卜式工作一年，卜式所得的是四百人一年的勞力，但他不要仍舊復與官，這種解釋或者相差不遠了。

（丁）繇役和兵役的復除

以上的三種兵役，在若干條件之下是可以復除的，這在錢文子兵志已經詳爲搜集了。現在略述如下。第一是有身分的人：

惠紀，『詔吏六百石以上，父母妻子與同居，及故吏嘗佩將軍都尉印將兵，及佩二千石官印者，家唯給軍賦，他毋有所與。』

文紀四年，『復諸劉有屬籍家無所與。』

周禮鄉大夫，『國中貴者皆舍，鄭注云，「若今宗室及關內侯皆復是也」。』

儒林傳，『武帝詔爲博士官置弟子五十人復其身。』

儒林傳，『元帝好儒能通一經皆復。』

食貨志鼂錯奏云，『令民入粟受爵至五大夫以上，迺復一人，此與騎馬之功相去遠矣。』——補漢兵志曰，『自後漢改法至關內侯乃復也。』

高紀二年，『舉民年五十以上有修行能帥衆爲善，置以爲三老，鄉一人，擇鄉三老一人以爲縣三老，與縣令丞尉以事相教，復勿繇戍。』

惠紀四年，『舉民孝悌力田者，復其身。』

第二是有功的人：

高紀八年，『令吏卒從軍至平城，及守城邑，皆復終身。』

高紀十二年，『謂沛父兄其以沛爲朕湯沐邑，復其民世世無有所與。沛父兄以豐請，乃併復豐比沛。』

高紀十二年，『詔云吏二千石入蜀漢定三秦者。皆世世復。』

高紀五年，『詔軍吏卒非七大夫以下皆復其身，及戶勿事。』

宣紀地節二年，『詔大司馬大將軍博陸侯復其後。』

功臣表元康四年，『復高帝功臣絳侯周勃百三十六人家子孫令奉祭祀世世勿絕，其無嗣者復其次。』

高紀二年，『關中卒從軍者復家一歲。』

　　　　高紀五年，『詔諸侯子在關中者復之，其歸者半之。』
　　第三是一種特典：

　　　　食貨志，『鼂錯奏云，民有車騎馬者復卒三人。』

　　　　宣紀地節三年，『詔流民還歸者假公田貸種食，且勿算事。』

　　　　高紀二年，『蜀漢民給軍事勞苦，復勿租稅二歲。』

　　　　賈山傳，『九十者一子不事。』

　　　　武紀建元元年，『詔民年九十以上已有受鬻法，爲復子若孫。』

　　　　宣紀地節四年，『詔自今諸有大父母父母之喪者，勿繇事。』

　　　　周禮鄉大夫，『老者疾者皆舍，注云，「疾者謂今癃不可事者，漢律民年二
　　　　十三傅之疇官，高不滿六尺二寸爲疲癃。」』

　　　　高紀七年，『詔民產子者復勿事二歲。』

在武帝時始令民入粟入奴婢來買復，以後又設武功爵令民買爵以得復除。徵發之士
益鮮（食貨志）。到元帝永光三年用度不足，民多復除，便無以給中外繇役了。

〔肆〕論後漢的民兵

　　後漢是罷去常備的民兵的，建武七年詔：

　　　　今國有衆兵，並多精勇，宜且罷輕車騎士，材官樓船士及軍假吏。

但軍備廢而軍籍未廢，三國志崔琰傳：

　　　　河東武城人，少樸訥，好武事，年二十三鄉移爲正，始感激讀論語韓詩。

因未廢軍籍，有事仍然要徵發郡兵，但因爲不如西漢訓練的嚴格，所以民兵的成績
亦不如西漢。漢官儀云：

　　　　蓋天生五材，民並用之，廢一不可，誰能去兵？……自郡國罷材官騎士之
　　　　後，官無警備，寔啓寇心，一方有難，三方救之……黔首囂然，不及講其射
　　　　御。……是以每戰常負，王師不振。（續漢書百官志注引。）

按光武並無改西漢舊制之意，在這個時候正當水旱爲災，又值中原殘破之後，光武
力圖省吏減賦與民休息。徵民和都試自然都是擾民的事，所以便一時罷去。此或因
光武的軍隊與高祖略異，高祖雖起自草野，但豐沛舊人有限，主要仍是秦的民兵。

光武部下則多爲山東綠林豪俠所改編，或爲豪族私部所投效。縱吳漢，耿弇，任光諸部原爲郡縣民兵，但相隨旣久，亦成了『衆兵』的一部。後來對於這些『衆兵』的罷遣，現在不能完全知道，不過在建武功臣列傳尙可看出陸續罷遣的痕跡，到了明章以後，天下承平，縣官仍襲儉約遺風，當然用不着再恢復正卒徵集的辦法。

東漢都尉一職的罷去，尙在材官騎士罷遣之前。但邊郡尙設都尉，後來有事時，也開設都尉。續漢百官志云：

> 中興建武六年，省諸都尉。並職，無都試之役。省關都尉，惟邊郡往往置都尉及屬國都尉，稍有分縣，治民比郡。安帝以羌犯三輔，有陵園之守，乃復置右扶風都尉，京兆虎牙都尉。

按都尉所領的是民兵，東漢偶有設置都尉之時，卽郡兵偶有恢復之時。自六年罷都尉，七年罷正卒，九年省關都尉，二十三年遂罷諸邊郡亭候吏卒（居延的亭候在建武的時候大約便廢去不少，現時漢簡只迄自建武）。光武紀稱，『初帝在兵間，久厭武事，且知天下疲耗，思樂息肩，自隴蜀平後，未嘗復言軍旅。』這段大約可作光武屢省兵事原因的解釋。但有時却因不得已而復置的，馬端臨文獻通考兵考：

> 光武罷都尉，然終建武之世，已不能守前法，罷尉省校輒臨時復置，七年罷長水射聲二校，十五年復增屯騎校，九年省關都尉，十九年復置函谷關都尉，而天下亦往復置都尉。

可見兵是無法全去的。按後漢緣邊十二郡仍有騎士，見竇憲傳，梁慬傳，班勇傳。郡有甲士見皇甫規傳。其設置都尉的事泰山都尉見桓紀，孔融傳，夏恭傳，孔宙碑。琅邪都尉見桓紀。九江都尉見質紀，滕撫傳，九眞都尉見桓紀。隴西南部都尉見順紀。屬國都尉見郡國志。

後漢時調發郡國兵的例，今舉如下：

> 明帝紀卽位，『詔所發天水三千人，亦復是歲更賦。』

> 又永平元年，『越巂始復叛，州郡討平之。』

> 章帝紀建初二年，『永昌越巂三郡民討哀牢破平之。』

> 又建初五年，『荊豫諸州兵討破武陵漊中叛蠻。』

> 和帝紀永元六年，『武陵漊中蠻叛，郡兵討平之。』

又永元十二年,『南象林蠻夷反,郡兵討破之。』

安帝永初三年,『海賊張伯路等寇略緣海九郡,遣派御史麗雄督州郡兵討破之。』

又永初四年,『海賊張伯路⋯⋯攻厭次殺縣令,遣御史中丞王宗督青州刺史法雄討破之。⋯⋯先零羌寇漢中,漢中太守鄭勤戰歿。』

又元初元年,『先零羌敗涼州刺史皮陽於狄道。』

元初二年,『先零羌寇益州,詔中郎將尹就討之⋯⋯右扶風仲光,安定太守杜恢,京兆虎牙都尉耿溥與先零戰於丁奚城,光等大敗並歿,右扶風司馬鈞下獄自殺。』又,『武陵澧中蠻扳,州郡擊破之。』

又永初三年,『武陵蠻復叛,州郡討破之。』

又永初六年,『永昌蜀郡夷叛,與越巂夷殺長吏燒城邑,益州刺史張喬討破降之。』

又建光六年,『穢貊復與鮮卑寇遼東,遼東太守蔡諷追擊戰歿。⋯⋯鮮卑寇居庸關,⋯⋯雲中太守成嚴擊之戰歿。⋯⋯高句麗馬韓濊貊圍玄菟城,夫餘王遣子與州郡並力討破之。』

順紀陽嘉四年,『烏桓寇雲中⋯⋯發諸郡兵救之,烏桓退走。』

又漢安二年,『護羌校尉趙冲與廣漢太守張貢擊燒當羌於參䜌破之。』

又建康元年,『揚徐盜賊范容周生等寇掠城邑,遣御史中丞馮赦督州郡兵討之。⋯⋯揚州刺史尹耀,九江太守鄧顯討賊范容於歷陽,軍敗,耀顯等為賊所沒。』

質帝紀元嘉元年,『九江賊馬勉稱皇帝,九江都尉滕撫討馬勉范容周生大破斬之⋯⋯夏四月丹陽賊陸宣等圍城燒亭寺,丹陽太守江漢擊破之。』

桓帝紀建和二年,『白馬羌寇廣漢,殺長吏,益州刺史率板循蠻討破之。』

又建和三年,『九眞蠻夷叛,太守兒式討之,戰歿遣九眞都尉魏朗擊破之。』

又延熹三年,『荊州刺史度尚討長沙蠻平之。』

又延熹五年,『長沙零陵賊起,攻桂陽蒼梧南海交阯,遣御史中丞盛修督州郡討之,不剋⋯⋯烏吾羌寇漢陽隴西,諸郡兵討破之⋯⋯武陵蠻寇江陵,太

守李肅坐奔北棄市，以太常馬緄爲車騎將軍討之。』

又延熹八年，『桂陽胡蘭朱蓋等復反，攻沒郡縣，轉寇零陵，零陵太守陳球拒之，遣中郎將度尙長沙太守抗徐擊蓋蘭，大破斬之。蒼梧太守張敍爲賊所執，又桂陽太守任胤背敵畏懦，皆棄市。』

靈帝紀建寧二年，『江夏蠻叛，州郡討平之。丹陽山賊圍太守陳夤，夤擊破之。』

又熹平元年，『會稽人許生自稱越王，寇郡縣，遣揚州刺史臧旻，丹陽太守陳夤討破之。』

又熹平三年，『揚州刺史臧旻率丹陽太守陳夤大破許生於會稽斬之。』

又光和三年，『巴郡板楯蠻叛，遣御史中丞蕭瑗督益州刺史討之，不剋。』

又中平元年，『以河南尹何進爲大將軍屯都亭，置八關都尉官……遣北中郎將盧植討張角，左中郎將皇甫嵩，右中郎將朱儁討潁川黃巾……南陽黃巾張曼成攻殺郡守許貢。……汝南黃巾敗太守趙謙於邵陵，廣陽黃巾殺幽州刺史郭勳及太守劉衛，南陽太守秦頡擊張曼成斬之。

又，『交阯屯兵執刺史及合浦太守來達，自稱柱天將軍，遣交阯刺史賈琮討平之。』

又中平三年，『武陵蠻寇郡界，郡兵擊破之。』

又中平四年，『涼州耿鄙討金城賊韓遂，鄙兵大敗，遂寇漢陽，漢陽太守傅燮戰歿……漁陽人張純與同郡張舉舉兵叛，攻殺右北平太守劉政，遼東太守楊終，護烏桓校尉公綦稠等。零陵人觀鵠自稱平天將軍，寇桂陽，長沙太守孫堅擊斬之。』

又中平五年，『益州黃巾馬相攻殺刺史郗儉，……又寇巴郡殺郡守趙部，從事賈龍擊斬之。』

在東漢一代，州郡有事常是由太守領兵，間或由刺史督率。在邊郡有時用護匈奴中郎將，護烏桓校尉及護羌校尉來領兵。只有幾個特殊重要的軍事才由朝中派將軍，中郎將，侍御史之類來統率。所以後漢的軍事仍然以州郡兵爲主毫無疑問。除過州郡兵以外尙有若干處『屯兵』，但州郡兵的重要仍然不能疏忽的。所以決不能因爲

後漢末有普遍的車騎材官，便忽略州郡軍備的重要。只是對於訓練考察的都試，在建武初年廢止了，兵多不練。而且尚有長期的屯兵。所以募兵的方式東漢末年更爲顯著。民兵越來越不堪用了。鄭泰傳，泰對董卓曰，『光武以來中國無警，百姓優逸，忘戰日久，仲尼有言，不教民戰是謂棄之。……關西諸郡頗習兵事，自頃以來，數與羌戰，婦女猶戴戟操戈，挾弓負矢，況其壯勇之士以當忘戰之人乎？』此雖故爲遁詞，但關東軍備的脆弱與關西情形懸殊，是可以想到的。

〔伍〕論募兵和刑徒的應用

弛刑募士和私從在漢簡上也是常看到的，例如：

廩施刑。(237 13)

二月尉薄食施刑屯士四人爲穀小石……(464.3)

元康四年二月己未朔，乙亥。使鄯善以西校尉吉，副術司馬富昌，丞慶都，尉□重，卽……通元康二年五月癸未，以使都護檄書，遣尉丞敕將扡刑士五千人，送使將車□□……(118.17)

建平五年十二月丙寅朔，乙未，□北候長□充□言之。官下詔詣……右梭……募謹募□戍卒庸□數□等□任□□府。(224.18,137.3)

右梭復卒史漢□□□□高居里稍。(90.49.90.68,90.89)

施刑士馮翊帶羽披落里王□。(337.8)

復作大男叢市。(60.2)

從者居延市陽里張侯，年廿一歲。(62.54)

從者□□里□□□。(37.58)

居延復作大男王建。(37.33)

出菱食馬三匹，給尉卿募卒吏四月十六日食，吏一人馬一匹卒一人馬一匹。(290.12)

令史田會粟三石三斗三升少十二月□□自取。

尉史□伊粟三石三斗三升少十二月□□自取。……（中略）……

鄣卒樂勝之粟三石三斗三升少十一月戊子自取。

施刑桃勝之粟三石十一月庚子自取。(26.21)

此外尙有傭工，例如：

出錢千三百卌七，　賦就入會水宜祿里蘭子房一兩。(506.27)

出錢四千七百一十四，賦就人表是萬歲里吳成三兩半，　已入八十五石少二石八斗三升。(505.15)

按漢代雖然用的州郡徵兵，但有時用募兵和刑徒的。私從之制已見於武帝時。武帝時的八校則已是募兵性質。　史記匈奴傳，『乃粟馬發十萬騎，　負私從馬凡十萬匹，』正義，『謂負擔衣糧私募從者凡十四萬匹，』又漢書昭帝紀云，『益州反……遣水衡都尉呂破胡募吏民及發犍爲蜀郡犇命擊益州大破之，』趙充國傳『願罷騎兵留弛刑，應募及淮陽，汝南步兵與吏士私從者合凡萬二百八十一人。』馮奉世傳，『漢復發募士萬人拜定襄太守韓安國爲建威將軍（元帝時人，非武帝時韓安國）。』這都是西漢時的例證。又如後漢書光武紀，『建武十一年春率征南大將軍岑彭等伐公孫述……將南陽兵及弛刑募士三萬人泝江而上。』明帝紀永平元年，『募士戍卒隴右，賜錢人三萬。』馬援傳，『遂遣援率中郎將馬武、耿舒、劉匡、孫永等將十二郡募士及弛刑四萬餘人征五溪』，這也是募兵的。至於正卒以外臨時書音義曰，『擢選昭帝紀元始元年（有注），又見於翟方進傳，後漢書宋均傳引前調發的稱爲奔命見精勇，聞命奔走，謂之奔命也。』這見是近於募兵的。

漢代用刑徒爲兵士的事更常見，例如：

武帝紀元封二年，『募天下死罪擊朝鮮。』

又元封六年，『益州昆明反，　赦京師亡命令從軍，　遣拔胡將軍郭昌將以擊之。

又太初元年，『遣貳師將軍李廣利發天下讁民西征大宛。』注師古曰『庶人之有罪讁者也。』

又天漢元年，『發讁戍屯五原。）

又天漢四年，『發天下七科讁及勇敢士遣貳師將軍李廣利將六萬騎步兵七萬人出朔方。』

昭帝紀元鳳元年，『武都氐人反遣執金吾馬適建，龍雒侯韓增，大鴻臚田廣

明，將三輔太常徒，皆免刑擊之。』

又元鳳五年，『發三輔及郡國惡少年，吏有告劾亡者屯遼東。』

又元鳳六年，『募郡國徒築玄菟城。』

宣帝紀神爵元年，『西羌反，發三輔中都官徒，及應募、佽飛射士、羽林孤兒、胡越騎、三河、潁川、沛郡、淮陽、汝南材官；金城、隴西、天水、安定、北地、上郡騎士；羌騎詣金城。』

李廣利傳，『太初元年，以廣利爲貳師將軍，發屬國六千騎，及郡國惡少年數萬人以往……引而還……士不過什一二。……天子聞之大怒……赦囚徒，扞寇盜，發惡少年及邊騎：歲餘罷出敦煌六萬人，負私，從者不與。……益發戍甲卒十八萬酒泉，張掖北置居延，休屠以衛酒泉。而發天下七科。讁及載糒給貳師，轉車人徒相屬至敦煌。』

趙充國傳，『時已發三輔太常徒弛刑。』

又，『願罷騎兵留弛刑應募……與吏士私從者。』

其在後漢則如：

後漢書明帝紀，『永平元年，燒當羌寇隴西，敗郡兵於允街，赦隴西囚徒，減罪一等。』

明帝紀永平八年『募郡國中都官死罪繫囚 ，減死一等，勿笞，諧度遼將軍營。』

又，『北匈奴寇西河，九年春，詔郡國死罪繫囚減罪與妻子詣五原朔方。』

又，永平十六年，『詔令中都官死罪繫囚，減死一等，勿笞，詣軍營屯朔方。』

又，永平十七年，『令武威，張掖，酒泉，敦煌，及張掖屬國繫囚右趾以下任兵者，皆一切勿治其罪諧軍營。』

章帝紀建初七年及元和元年，『詔天下繫囚減死一等詣邊戍。』

又章和元年，『令郡國中都官繫囚，減死一等詣金城戍。』

順帝紀永建五年，『詔死罪繫囚，皆減死一等詣北地，上郡，安定戍。』

又建康元年，『令郡國中都官繫囚，減死一等徒邊。』

吳漢傳，『十一年春，率征南大將軍岑彭伐公孫述……將南陽兵及弛刑募士三萬人泝江而上。』

馬援傳，『將十二郡募士，及弛刑徒四萬餘人征五溪，』

班超傳，『五年，遂以（徐）幹爲假司馬，將十二郡募士及義從千人就超。』

以上各則可見兩漢常用刑徒募士之類，至武昭時的惡少年，也是罪人的一種，在李廣利傳稱爲惡少年，而武紀太初元年則稱爲天下謫民。按漢書酷吏尹賞傳云：

賞以三輔高第選守長安令，得一切便宜從事。賞至修長安獄……乃部戶曹掾吏，與鄉吏亭長，里正，父老，伍人，雜舉長安中輕薄少年惡子，無市籍商販作務，而鮮衣凶服，被鎧扞，持刀兵者悉記之，得數百人。

輕薄少年惡子，亦卽是惡少年，這在漢代是犯罪的。故發軍時準作謫民。至於後漢特提勿笞一語，則又見於後漢書郭躬傳：

章和元年赦天下繫囚，減死罪一等，勿笞詣金城，而文不及亡命未發覺者，躬上封事言，『死罪已下並蒙更生，而亡命捕得獨不沾澤，臣以爲赦前死罪而繫在赦後者可皆勿笞詣金城，以全人命，有益於邊』，肅宗從之。

在漢代因謫徙邊的人，例如陳湯傳云，『湯前有討郅支單于功，其免湯爲庶人徙邊，……於是湯與（解）萬年俱徙敦煌。』王章傳，『章果死，妻子皆徙合浦。』後漢書陽球傳，『球送洛陽獄誅死，妻子徙邊。』馬融傳，『先是融有事忤大將軍梁冀旨，竇諷有司奏融在郡貪濁，免官髠鉗徙朔方。』北堂書抄四十五蔡邕徙朔方報楊復書云，『昔此徙者，故城門校尉梁伯喜，南郡太守馬季長，或至三歲，近者歲餘多得旅返。』這也都是刑徒徙邊的事實。此事自秦已然，史記始皇本紀，『發諸嘗逋亡人贅壻，賈人，略取陸梁地爲桂林，象郡，南海以適遣戍。』二世本紀，『少府章邯曰，「盜已至衆彊，今發近刑縣不及矣，酈山徒多請赦之授兵以擊之。」二世乃大赦天下，使章邯將。』司馬遷報任安書云，『不韋遷蜀，世傳呂覽。』漢書地理志益州有不韋縣，續漢郡國志在永昌。華陽國志云，『孝武置不韋縣徙南越相呂嘉子孫宗族居之因不韋以章其先人之惡。』又在巴蜀，當秦漢時亦曾遷徙罪人。高帝紀（韓王）『信對曰項羽背約而王君王於南鄭，是遷也。』註，如淳曰，『秦法有罪遷徙之於蜀漢。』所以有謫戍邊自秦已然了。

「侯」與「射侯」後紀

陳槃厂先生在『侯與射侯』一篇中，闡明古代諸侯和射侯的關係，其中多發前人所未發。因爲承槃厂先生的許多啓示，我也有若干補充的地方，願意在這裏寫出來。

槃厂先生這一篇差不多字字珠璣，只需要在不重要的地方略爲修正，大約就可以無懈可擊了。關於『侯』字，本有諸侯和射侯二義，這是槃厂先生說到的。現在的問題便是古代究竟『諸侯』的『侯』辭彙在先，還是『射侯』的『侯』辭彙在先？假如射侯的侯辭彙在先，則射侯之事，當然不得取義於射諸侯；若諸侯的侯辭彙在先，則許君解釋矦字的射侯當然成了問題，不能再行承認。

槃厂先生以爲先有諸侯，後有射侯，此論甚爲精闢。只是槃厂先生以爲『然則侯字从矢，从象射布之厂，何耶？……侯之从矢，从厂者，示武事，重軍功也』，仍然一部分承認許君舊說，亦卽是矦字應當本指諸侯，而諸侯的侯采用這個字形，則由於向畫布射箭。如此，則至少在造侯字之時，已有張着的射布。假如這個射布不畫諸侯，則射侯在未畫諸侯之前已經有了，亦卽畫不服王化的諸侯一事不得爲射侯的初義；假若射布畫的是諸侯，那就要承認射布的侯在前，諸侯的侯在後，又和原來的論定相違了。

既然發生上述的困難，那就必需另外的解釋，卽是必需認爲在沒有『侯』這一個字以前，先有諸侯和射侯兩種事實。原來先有防守四境的諸侯，再做了畫諸侯的射布，然後造字之時，再從射布和箭會意而表示尙武爲諸侯之事。這樣一來，講是可以講通了，但苦於過於迂曲，並且只是爲解釋便利的假設，並無任何證據來輔翼。

因此，假如承認槃厂先生諸侯的侯在前，畫布的侯在後的結論是對的，那就不能認爲許君所說侯字象張布集矢之義是對的。侯之原意本爲斥侯，漢代的軍候及候官；和古代的諸侯本有相通之意。公羊隱元年疏引春秋元命苞：『侯之言候』，白虎通爵

篇：『侯者候也』，周禮春官小祝注：『侯之言候也』，以及孝經援神契：『侯，候也，所以守蕃者也』（以上槃厂先生都引過），都可以證明在漢代的訓詁，侯和斥候尚有相通的義，在古代侯與候本為一字，當然更不用說。矦字古作矦，本从厂从矢，厂字許君說為『山石之厓人可居，象形』，當不甚誣。段若膺注侯下云：『侯之張布如厓巖之狀，故从厂』。顯然是不得其說而為之解。據一切記載涉及射侯的侯，上並無覆蓋，何取山厓『嵌空可居之形』？（見段注）況且箭射出來是橫的，射到靶上也是橫的（例如射字所從的矢形便是橫的），又何故到了侯字上就成了直立的箭？因此，若依許說，侯字古文便應作∝不應作了。所以不僅相信舊義必須推翻槃厂先生的主張，並且舊義也確有難安之處。

　　要支持槃厂先生的主張，必需修改許說才可以。我覺得諸侯之事，最先本為斥候，封建諸侯由斥候者變為封國，和漢代的從候官改為縣是循着相類似的軌道。在周初封國的『侯，甸，男』，是因為遠近的不同而分，也是因為對天子服務的性質而分。在古代王畿的附近，據現在所知的，都一般是可耕的平野。到了斥候的地方，那就漸漸到了山谿險阻之區了。因此我們可以想到一個斥候的團體，所在的地區是山厓，所負的任務是偵察和防守。山厓的表徵是一個厂字，偵察和防守的表徵自然也可用一個矢字（矢表武事，矦之从矢與域之从戈，應有類似的意義）。這兩種表徵湊合起來，成為一個斥候的候的會意字或諸侯的侯的會意字，也許比認為射布還要近情理些。

　　又史記匈奴傳：『東胡與匈奴中有棄地，莫居，千餘里，各居其邊為甌脫』。集解：『界上屯守處』。索隱：『服虔云：「作土室以伺漢人」。又纂文云：「甌脫，土穴也」』。正義：『境上斥候之室為甌脫也』。以土穴做來斥候之用，雖為游牧人的制度，但在華夏古代，亦未嘗和游牧沒有共同的文化。並且華夏斥候的本意，主要的還是為對付游牧人，則文化交流，決非不可能的事。假如我們承認斥候之處有穴居的可能，則侯字从象厓穴形的厂字，應當有一部分類似之點，似乎比較以厂字為張掛的布也還要近似些。

　　所以侯字所从的厂字，不論是山厓，或是土穴，都不失為斥候人所居的地方。因此對於諸侯尚武一節，與其認為尚武得為諸侯，毋寧認為斥候本為武職還要自然些。

又附：陳槃先生跋：

貞一先生釋侯字之从厂，謂象厓巖，邊境斥候者之所居，此與『侯候』之古義相應，密合無間。識特精卓，論證亦可謂確切。惟云侯字所从之矢，如為表示發射，則字當橫作，不當豎立。此恐泥。卜辭中蟲魚鳥獸之字，大都豎立，不從其飛走爬行游泳之象，蓋但作為標識，不可概以初始象形字目之。此其義，彥堂先生發之矣。從矢之字，似亦不妨視此。然此是節外駢枝，貞一主論自佳，不足牽連以為病也。

又貞一此文，初不擬發表，已請而後可。貞一知我，切劘之雅，槃亦何隱乎哉。

三十九年四月九日晚燈下，陳槃謹跋。

論漢代的衛尉與中尉兼論南北軍制度

(一) 太尉
(二) 衛尉
(三) 中尉
(四) 南北軍制度

一、太　　尉

在漢代京師職官之中，有太尉，衛尉，和中尉。這三個都稱爲尉，也都是職掌武事。此外還有廷尉，爲司法之官，不掌武事。但是按着漢書刑法志：『大刑用甲兵，其次用斧鉞，中刑用刀鋸，其次用鑽鑿，薄刑用鞭朴』，這是說古人觀念之中，兵與刑有相關之義。續漢書百官志，劉昭注引應劭曰：『兵獄同制，故稱廷尉』，也與此處意想相同。不過無論如何，刑究竟不是兵，廷尉之稱，始於秦代，以前但稱大理(註一)。所以在此只討論有關兵制的太尉，衛尉，和中尉，而不涉及廷尉。

太尉爲三公之一，其職甚尊。但其職卻不是經常設置的。漢初設太尉，曾以盧綰爲太尉，及盧綰封爲燕王，罷太尉官。高帝十一年，以絳侯周勃爲太尉。其後周勃以相國擊盧綰，又罷太尉官。至孝惠帝六年，絳侯周勃再爲太尉。至孝文元年，太尉周勃爲右丞相，以將軍灌嬰爲太尉，孝文三年，灌嬰爲丞相，太尉官省。直到孝武建元元年，武安侯田蚡爲太尉，復置此官，到建元二年，田蚡免官，此官又省。孝景三年，中尉周亞夫爲太尉，七年遷爲丞相，此官仍省。(註二) 到武帝元狩四年，設大司

(註一)　漢書王先謙補注云：『始皇紀有廷尉斯，周壽昌云：「韓詩外傳，晉文公使李離爲理；呂氏春秋，齊宏章爲大理；說苑，楚廷尉；新序，石奢爲大理；是各國皆名理，或名大理，獨秦名廷尉也」』。今按周禮屬秋官大司寇，王制亦屬大司寇，是古代兵與刑是分開的，而且司刑亦有專名，與尉無涉，稱刑司爲尉只是秦人習尚。

(註二)　見漢書百官公卿表及補註。

馬，以大將軍衞青爲大司馬大將軍，票騎將軍霍去病，爲大司馬票騎將軍，兩人並爲
大司馬，當時只是一種出征將軍的加號，在京師中並無職權（註一）。衞青及霍去病死
後，並無人再加上。到武帝後元元年，始以侍中奉車都尉霍光爲大司馬大將軍，輔
政。至地節三年，霍光薨，以車騎將軍光祿大夫張安世爲大司馬車騎將軍，再改爲大
司馬衞將軍。霍光之子霍禹，仍爲大司馬，但只是一個空名，亦無印綬官屬。霍禹以
罪被殺，張安世但爲大司馬衞將軍。此後大司馬遂成爲一種輔政的加官，加到將軍的
上面（註二）。只有哀帝時董賢專爲大司馬（註三）。哀帝崩，董賢自殺，卽由王莽繼爲大
司馬，次年王莽卽升爲太傅大司馬車騎將軍，以此爲篡位的基礎。

東漢時期，在建武時便設置大司馬。至建武二十七年，改爲太尉，設置掾屬。據
續漢書百官志稱：

> 太尉……掌四方兵事功課，歲盡卽奏其殿最而行賞罰。凡郊祀之事，掌亞獻。
> 大喪則告謚南郊，凡國有大造大疑則與司徒司空通而論之。
> 司徒……掌人民事，凡敎民孝悌，遜順，謙儉，養生送死之事，則議其制，建
> 其度，凡四方民事功課，歲盡則奏其殿而行賞罰。凡郊祀之事，掌省牲祝濯。
> 大喪則掌奉安梓宮，凡國有大疑大事，與太尉同。
> 司空……掌水土事，凡營城起邑，浚溝洫，修墳防之事，則議其利，建其功。
> 凡四方水土功課，歲盡則奏其殿最而行賞罰。凡郊祀之事，掌掃除樂器，大喪
> 則掌將校復土。凡國有大造大疑，諫爭與太尉同。

所以在東漢時期，太尉的職守，一方面是三公會議中的一員，一方面是執掌國家兵事
例行公文中的事務官。但是對於軍事的政策以及對於軍事的指揮，並不屬於太尉職掌
之內。當然在三公會議之中，太尉可以有機會討論到國家的軍事政策，但太尉的發言
權與司徒及司空相同，並非太尉所能單獨決定。

所以兩漢時代，除去大司馬是一個尊貴的虛銜以外，太尉也曾經有所職掌。西漢
武帝以前，設立太尉時代，其職掌尙不能完全明瞭，但看東漢時代太尉的職權，可能
西漢時代也差不多。也就是說，太尉只掌管軍事方面的例行事務工作，而指揮權不在

（註一） 見漢書衞青霍去病傳。
（註二） 見漢書霍光傳及張安世傳。
（註三） 見漢書哀帝紀及董賢傳。

內。在這樣職掌之下，太尉當然可以用文人來充任。從另一方面看，太尉的事務也可以合併於丞相或司徒職掌之中。這也許是西漢武帝以前，太尉之職，時置時罷的原因。

二、衞　尉

衞尉和中尉就和太尉之職不相同。太尉之職爲軍事上的行政事務工作。衞尉和中尉是直接率領軍隊，所不同的，是衞尉擔任率領的是衞士，而中尉擔任率領的是屯兵。在秦漢制度之下，衞士和屯兵是不同的。秦漢之制，凡男子二十三歲以上，必須服兵役，而兵役則分二種，一爲衞士，一爲正卒。(註一) 衞士是限制地區的 (註二)，但却不是到年齡就一定要去做。正卒是到年底以後就要徵集的；一般的人多是擔任步卒，步卒之選拔者稱爲材官。在特殊地區，騎兵稱爲騎士，水軍則爲樓船卒。凡是正卒都可能調到京師去防戍屯守，則稱爲屯兵。衞士是防守宮廷的，除去宮廷以外，還有諸離宮，寢園，也都用著衞士。換言之，卽衞士的屯守，一定和皇帝有關的才是，凡不在宮殿，而在京師市里的守衞以及給京都官吏的屯衞都不是衞士。所以凡是衞士都只替皇帝服役；而率領爲皇帝屯衞士卒的官長，就是衞尉。

衞尉爲九卿之一，應當只有一人。依照漢書百官公卿表所列的，只有未央宮的衞尉，實際上除去了未央宮的衞尉以外，還有長樂宮的衞尉，以及建章宮衞尉。這些衞尉階級是相同的 (註三) 只是未央宮爲皇帝所居，衞尉自以未央宮爲主；至於長樂宮是因爲特別尊崇太后，才加上一個衞尉。因爲長樂宮衞尉是臨時設置的，雖位列九卿，而百官公卿表並不把這一個職務算在內。錢大昕二十二史考異云：

> 武帝時李廣爲未央衞尉，程不識爲長樂衞尉。表有廣無不識。宣帝時霍光長女
> 鄧廣漢爲長樂衞尉，女壻范明友爲度遼將軍，未央衞尉，表有明友無廣漢，知

表所載惟未央衞尉也。未央長樂二尉分主東西宮，孟康云：『李廣爲東宮，程不識爲西宮』，予謂長樂宮太后所居，太后朝稱東朝，似長樂在未央之東矣。未央衞尉諸傳皆單稱衞尉，獨李廣，范明友稱未央宮者，以別於長樂也。韋玄成傳亦稱未央衞尉，則以其時始置建章衞尉，故亦稱未央以別之。

又錢大昕漢書拾遺云：

長樂宮高帝所築，惠帝時呂后居之，自後遂爲太后所居之宮。武帝時始見長樂衞尉；昭帝時有劉辟彊；昌邑王賀時有安樂；宣帝時有許舜，董忠；成帝時有史丹、王宏、王安、韋安世；哀帝時有王惲，蓋昭宣以後長樂宮常置衞尉矣。建章衞尉置於宣帝元康元年，罷於元帝初元三年，居其職者有丙顯，金安上，皆宣帝朝臣也。甘泉衞尉亦罷於初元三年，而史不見置衞尉之文。此宮創於武帝，未審何年始立宮衞，史亦未見除甘泉衞尉者。

長安城中未央宮在西，長樂宮在東，是沒有疑問的。二宮位置可參考水經註的渭水註，宋敏求長安志，和足立喜六的長安史蹟圖考，其確實位置都可以決定出來。所以孟康所說『李廣爲東宮，程不識爲西宮』是冷冷的說反了。錢大昕的這兩段考證，都是非常精確的。從錢氏所考，除去未央衞尉以外，還在武帝時期以後，曾經設置過長樂，建章，甘泉諸宮的衞尉，也是沒有問題的。不過按照漢書所記，還有宮廷以外的衞士，可能也屬於衞尉。漢書韋玄成傳。

昭靈后、武哀王、昭哀后、孝文太后、孝昭太后、衞思后、戾太子、戾后，各有寢園，與諸廟合凡三十。所用衞士四萬五千一百二十九人，養犧牲卒不在數中。

旣稱衞士，當然屬於衞尉，雖然未曾說是屬於那一個衞尉。不過未央衞尉爲常置之官，長樂，建章等衞尉只是一時增置之官，所以還是應當屬於未央衞尉之下的。

又據漢書百官公卿表，衞尉之下有丞，及公車司馬令，衞士令，旅賁令。則除未央以外，各宮衞的組成，凡設有衞尉的，自然亦應有丞及三個令。至於屯的數目，據漢書百官表云：

衞士令一人，丞三人，諸屯衞候司馬二十二人。

再據漢書元帝紀註云：

衞士令掌率衞士宿衞。宮有八屯，屯有衞候司馬一人，每面二屯。

那就是說每宮只應當有八屯，而非二十二屯。所以陳樹鏞漢官答問，在此處註云『未詳』。案二十二之數，非八所能除盡，故其數甚有問題。百官公卿表截至平帝時期，前此在元帝初元三年，已罷甘泉及建章宮衞，故其時只有未央及長樂二衞尉，每宮有八屯，二宮共計十六屯，尚餘六屯。按照西漢時代所徙民的陵墓縣治，有長陵、安陵、陽陵、茂陵、平陵共爲五陵，加上杜陵，共爲六縣。其數洽符。

衞尉只率領宮中衞士，還有比衞士的階級要高一些的，這就是郎官，衞士只管屯戍，而郎官則屬於郎中令 (註一)，掌宮殿掖門戶 (註二)，而且出充車騎。也就是說郎官的階級較高，更和皇帝接近些。宮的內層守衞由郎官掌管屬於郎中令，外層的守衞，却是由衞士掌管，屬於衞尉。再向外一層，便是京城的屯兵，屬於中尉了。

三、中　　尉

中尉之職，據漢書百官公卿表云：

> 中尉秦官，掌徼循京師、有兩丞、候、司馬、千人 (註三)。武帝太初元年更名執金吾。屬官有中壘、寺互、武庫、都船、四令丞；又式道、左右中候、候丞、及左右京輔都尉，尉丞兵卒皆屬焉。

實際上中尉是承秦時舊制，專來管理秦本國軍隊的。用諸侯王國的中尉職守來比較就會更爲明白，百官公卿表云：

> 諸侯王……有太傅輔王，內史治國民，中尉掌武職。丞相統率衆官，羣卿大夫都官如漢。朝景帝中五年，令諸侯王不得復治國，天子爲置吏。改丞相曰相，省御史大夫、廷尉、少府、宗正、博士官。大夫、謁者、郎諸官長丞皆損其員。武帝改漢內史爲京兆尹，中尉爲執金吾，郎中令爲光祿勳，故王國如故，損其郎中令秩千石，改太僕曰僕，秩亦千石；成帝綏和元年省內史，更令相治

(註一)　郎中令武帝時改爲光祿勳。

(註二)　漢書百官公卿表：『郎中令，秦官，掌宮殿掖門戶』。初學記職官部引漢官儀云：『五官，左、右中郎將曰三署，中郎、侍郎、郎中皆無員，多至千人，主執戟宿衞，出充車騎』。所以郎應常同於後世的侍衞，而衞士則爲禁軍。二者不相同。

(註三)　顏師古註云：『候及司馬千人，皆官名，屬該都尉云有丞，候千人，西域都護下：司馬、候、千人，各二人。凡此千人，皆官名也。』所以中尉爲一領軍之職，和屬該都尉及西域都護尉以組織相同。

民如卽太守，中尉如卽都尉。

諸侯國內的中尉，是仿照天子九卿制度的，漢書三十八高五王贊云：

> 悼惠之王，齊最爲大國，以海內初定，子弟少，激秦孤立，亡藩輔，故大封同
> 姓以塡天下，時諸侯得自除御史大夫，羣卿如漢朝，漢獨爲置丞相。自吳楚誅
> 後，稍奪諸侯權。

這是說在景帝以前，諸侯的卿相，在其國內，和天子卿相職務相同的，因而王國內史
和中尉的職守，也就略同於天子的內史和中尉。又同上齊哀王傳：

> 其明年，高后崩，趙王呂祿爲上將軍，呂王產爲相國，皆居長安中，聚兵以威
> 大臣，欲爲亂。章以呂祿女爲后，知其謀。乃使人陰出，告其兄齊王，欲令發
> 兵西；朱虛侯，東牟侯欲從中與大臣爲內應，以誅諸呂，因立齊王爲帝。齊王
> 聞此計，與其舅駟鈞，郎中令祝午，中尉魏勃陰謀發兵。齊相召平聞之，乃發
> 兵入衞王宮。魏勃紿平曰：王欲發兵，非有漢虎符驗也。而相君圍王固善。勃
> 請爲將兵衞王。』召平信之，乃使魏勃將，勃既將，以兵圍相府。召平曰：『嗟
> 乎，道家之言，當斷不斷，反受其亂。』遂自殺。於是齊王以駟鈞爲相，魏勃
> 爲將軍，祝午爲內史，悉發國中兵。

從這一段來看，諸侯的兵是應當由中尉率領，而受諸侯相的監督。除中尉以外，並無
其他率領王國中軍隊的武職(衞尉只衞王宮，卻不管國內的軍隊)。以中央的官職來比
照，除去衞尉只管保衞王宮以外，皇帝的直轄區域，內史區域，亦卽三輔的軍隊，應
當屬於中尉的管轄。漢書循吏黃霸傳云：

> 爲京兆尹……坐發騎士詣北軍，馬不適士，劾發軍興。

騎士是正卒，北軍爲中尉所管(見後)，亦卽三輔之正卒屬於中尉。

漢書百官公卿表關於中尉的職務，是：

> 中尉秦官，掌徼循京師。有兩丞、候、司馬、千人。武帝太初元年更名執金吾
> (註一) 屬官有中壘、寺互、武庫、都船、四令丞。 又式道，左右中候。 候丞，
> 及左右京輔都尉，尉丞，兵卒皆屬焉。

以上所說到的，中尉（執金吾）率領的兵卒相當廣泛。京輔都尉，爲內史（京兆）區

(註一) 京輔都尉只有一都尉，其上的『左右』二字當是衍文。

域掌地方兵之軍官，也可以證明內史區域（京兆區域）的軍隊爲中尉所統率。

京輔都尉以外，還有左右輔都尉，在百官公卿表的『內史』下稱爲『二輔都尉』。百官公卿表云：

> 內史、周官、秦因之，掌治京師。景帝二年分置左（左右）內史。右內史武帝太初元年更名京兆尹。……左內史更名左馮翊。主爵中尉、秦官、掌列侯、景帝中方年更名都尉，武帝太初元年更名右扶風。……與左馮翊，京兆尹是爲三輔。……元鼎四年，更置二輔都尉，丞各一人。

王先謙補註云：

> 錢大昭曰：『二當爲三，地理志，左馮翊高陵，左輔都尉治，右扶風郿，右輔都尉治，不言京輔都尉治，缺文也。田叔傳，子仁拜爲京輔都尉』。先謙曰：『官本二作三，京輔都尉亦見霍光、蕭由、田叔、王尊、趙廣漢傳。案京輔都尉見上文中尉下，非缺文，錢說誤。左右輔見食貨志，左輔都尉見蕭由傳，右輔都尉見玉訢，翟義，酷吏傳。』

這就是說，三輔區域，一共有三個都尉。按區域來分派，京兆區域應當有京輔都尉，左馮翊區域應當有左輔都尉，右扶風區域應當有右輔都尉。只有京輔都尉的兵是屬於執金吾的，而左右輔兩都尉的兵，並不屬於中尉或執金吾。這顯然是武帝元鼎四年更設左右輔都尉以後的事。元鼎四年以前三輔的兵還是應當屬於中尉。

武帝時期還有九個校尉，以前都應當是屬於中尉部下的。據漢書百官公卿表云：

> 司隸校尉周官，武帝征和四年初置。持節，從中都官徒千二百人。捕巫蠱，督大姦猾。後罷其兵，察三輔，三河，宏農。
>
> 城門校尉掌京師城門屯兵，有司馬，十二門候。
>
> 中壘校尉掌北軍壘門內，外掌四城。（註一）
>
> 屯騎校尉掌騎士。
>
> 步兵校尉掌上林苑屯兵。

（註一）　四城原作西城，誤，今據王念孫說改。王念孫曰：『自城門校尉以下，所掌皆京師及畿輔之事，不當兼掌西城。下條西城都護，護西城三十六國，有副校尉，此別爲一官，與中壘校尉無涉。……漢紀孝惠紀，中壘校尉掌北軍壘門內外及掌四城，是其證。』

越騎校尉掌越騎。(註一)

長水校尉掌長水宣曲胡騎。

又有胡騎校尉掌池陽胡騎不常置。

射聲校尉掌待詔射聲士。

虎賁校尉掌輕車。

——凡八校尉皆武帝初置，有丞，司馬。自司隸至虎賁，秩皆二千石。

以上各校尉，司隸校尉對於京師的督察職務，顯然是由中尉職守中分出的。後來專察
三輔，三河，宏農，形成了一個中央區域的刺史，也還是由於避免和執金吾的職權混
淆，才做此分畫。至於其除八校尉，都是率領京城附近的軍隊，顯然也都原屬於中尉
的職守。只是武帝時期，加入了選拔的『射聲士』，再加上了胡騎和越騎，其包含兵
種和人數，自然也比過去的時代大有不同了。

中尉或執金吾，職守比較重要，權責比較大，因而職守上的改變，也比較多。陳
樹鏞的『漢官答問』對執金吾的職守，根據羣籍，有一個敍述，現在引證如下：

執金吾初名中尉，武帝太初元年更名執金吾（表）。秩中二千石，掌徼循京師
（表）。戒伺非常水火之事（續百官志）。衞尉巡行宮中，則金吾徼於外，相爲
表裏（續百官志引胡廣說）。月三繞宮外，主兵器（續百官志）。糾京師豪強不
法者（郅都傳）。(註二) 捕有罪，治大獄則使之（衞綰傳）。(註三) 有車士（張釋
之傳）。(註四) 緹騎三百人，無秩，比吏食俸（續漢書百官志註引漢官儀）。執
金吾出，從六百騎，走千二百人（北堂書鈔引漢舊儀）。輿馬導從，充滿道路
（續百官志註）督捕姦盜，則司馬督候屬焉（漢舊儀）。

從這裏來看，執金吾的職責是非常重要的。因爲職責過分重要，所用在武帝時便把執

(註一) 註如淳曰：『越人內附以爲騎也』。補註，先謙曰：『宣紀言佽飛射士胡越騎，又此有宣曲胡騎，如說
是。』

(註二) 陳氏自註云：『郅都傳：「是時民樸，畏罪自重。而都獨先嚴酷，行法不避貴戚。」寧成傳：「郅都死，
長安左右宗室多犯法，上召成爲中尉，宗室豪傑人人自惴恐」觀此二傳，可知中尉之職』。

(註三) 陳氏自註云：『衞綰傳：「上廢太子，誅栗卿之屬，上以綰爲長者，賜告歸，而使郅都捕治栗氏。」又
臨江王傳：「詣中尉府對簿。」』

(註四) 張釋之傳：『主中尉及郡國之軍士』。案這一處中尉和郡國對稱；就是說中央地區行政方面是由內史
（後改爲三輔）來管，軍事方面却是由中尉來管。車士是正卒的一種，乘車的爲車士，乘馬的爲騎士，
後來因爲征伐匈奴，車戰漸歸淘汰（見集刊八本，魯西畫像三種刻石），便只以騎士爲主了。

金吾的權分開，成立了不屬於執金吾的九個校尉。但是執金吾在京師仍然是非常顯赫的。光武帝用至有『仕宦當作執金吾，娶妻當得陰麗華』的話。(註一) 執金吾在前漢及後漢皆爲中二千石。續漢書百官志註引漢官秩云『比二千石』，可能有誤，因爲比二千石對於中二千石相差兩級，不大可能有一個時期改爲比二千石的。

又因爲執金吾爲九卿中最後一卿。而漢代九卿名爲九卿，而其數則爲十卿 (註二) 因而有把執金吾認爲『外卿』的一種說法。王先謙後漢書集解云：

> 惠棟曰 (註三)，『韋昭辨釋名曰，執金吾常繞巡宮外司執奸邪，至武帝更名金吾，爲外卿，不見九卿之列。』先謙曰：『百官公卿表有執金吾，翟方進自執金吾遷丞相，非不見九卿之列也。』

王先謙的話是對的。只是名爲『九卿』而實有十卿，而此十卿又均爲秦官，實有費解之處。我在寫『秦漢史』那本綱要式歷史的時候，也曾受學到了韋昭的影響，認爲中尉不在九卿之列。但是現在看來，秦代中尉之職，領關中所有軍隊，非常重要，決不當不在九卿之列。因而檢討漢代的諸卿雖均係秦官，其中也可能有原來不是九卿而改爲九卿的。因此執金吾就成爲第十卿了。

原來不是卿，而後來變爲卿的，當以郎中令一官的可能爲最大。因爲：(1) 凡九卿皆不稱令，令是九卿下一級的屬官，但是郎中令却稱爲『令』。這一種由『令』而升爲較尊的階級，和後來的尚書令原爲少府屬官而升爲宰相，有類似的情況。(2) 秦始皇本紀始皇九年有中大夫令；二世元年，趙高爲郎中令。也就是秦時郎官及大夫各有一『令』主持，與漢代全屬於郎中令者不同。假如郎及大夫各有一令，其上必有一卿來做主持的事，這一個卿可能就是衛尉，郎中令本爲衛尉下的一個令。因爲郎中接近天子，而郎中令也就從『令』變於『卿』，這正和尚書令因爲接近天子而變爲尊官，正是一樣的情況。假如十卿之中，除去了郎中令，其數洽爲九 (註四)，也就是中尉自來

(註一)　見後漢書十光烈陰皇后紀。但據續漢書百官志，東漢執金吾仍爲中二千石，却不在九卿之內。

(註二)　計爲(1)奉常 (太常)，(2) 郎中令 (光祿勳) (3)衛尉(4)太僕(5)廷尉(6)典客 (大鴻臚) (7)宗正(8)治粟內史 (大司農) (9)少府 (10) 中尉 (執金吾) 共爲十卿。而京兆尹，左馮翊，右扶風三輔尚不計算在內。此處論證參看大陸雜誌第十五卷第十一期，勞榦：秦漢九卿考。

(註三)　案此見於惠棟的後漢書補註。

(註四)　還有京兆尹，左馮翊，右扶風，漢代也列於九卿。這是由於三輔主管本來只有一個『內史』。而治粟內史 (即大司農) 又和內史本爲一職。

就是九卿之一了。

四、中尉與南北軍制度

秦漢中央政府領軍的軍官，除去無甚事權，僅僅屬一種尊崇職務的太尉以外，眞正領軍的軍官，只有衞尉和中尉。衞尉和中尉各在各的範圍，正是『衞尉巡行宮中，則執金吾繳於外，相爲表裏』（續漢書百官志引胡廣說）。秦漢的政治軌道是天子的力量逐漸擴張，而中央機構也逐漸龐大。同樣的，中央軍的軍力也增加了。在這種狀況之下，衞尉及中尉的職雖大致仍舊，而其權卻被分散。這就是漢初的衞尉分爲長樂及未央兩宮，各有衞尉，後來更設一建章衞尉的原因。也就是中尉雖然未分爲幾個，中尉的權卻大爲分散的原因。

關於南北軍制度，自宋錢文子補漢兵志以後，若馬端臨的文獻通考，若文獻通考所引的山齋易氏說，若俞正燮癸己彙稿的漢南北軍義，若陳樹鏞的漢官答問，以及中央研究院社會科學研究所近代社會史研究集刊中兵制專號賀昌羣的漢南北軍考所言已詳，而尤其陳樹鏞所言爲最重要，其言云：

> 漢有南北軍，南軍者，衞尉掌之，所以衞宮。漢書百官公卿表云，『衞尉掌宮門衞屯兵』是也。北軍者中衞掌之，內衞京師，外備征伐。百官表云：『中尉掌繳巡京師』是也。——何以知衞尉掌南軍也？高后紀：『勃遂將北軍，然尙有南軍。令平陽侯告衞尉母內相國產殿門，產欲入宮爲亂，殿門弗內，產不得南軍，遂爲朱虛侯所誅。』故知衞尉所掌卽南軍也 (註一)。 何以知中尉掌北軍

(註一) 陳氏自註，『吳仁傑兩漢刊誤補遺，錢文子補兵志，胡三省通鑑註，馬貴與文獻通考皆如此說，可無疑矣。』又陳氏云：『文獻通考謂南軍屬衞尉，北軍屬中尉，其言不誤，而以光祿勳所掌亦爲南軍，則非也。然文獻通考載山齋易氏辨光祿勳非南軍之說甚詳，而不能從之，可謂無識矣。』——按山齋易氏云（文獻通考引）『或曰漢制有衞郎，衞兵。衞尉旣屬衞尉爲南軍，而郎中令均是宿衞，故表志皆列於衞尉之前，而論者皆列爲南軍。若謂此中令所領皆郎，不可以軍言，則守門戶，出充車騎，孰謂其非軍也，郎而非軍，宣帝胡爲出之以擊羌哉？此說殆不其然。抑嘗考之，郎衞，兵衞固均爲宿衞之職，而郎中令，衞尉所掌又皆宮門內外之事。……然兵衞之屬衞尉固可考而知，若遂以光祿勳列於南軍，則有所不可考者。……所謂守門戶充車騎者若今之環衞，出爲天子導從儀衞而已，非可以軍名也。……文帝自代邸入未央宮，夜拜宋昌爲衞將軍領南北軍，張武爲郎中令行殿中，以是觀之則張武自別領郎衞之職，宋昌自彙領南北軍之職，兵衞郎衞分爲二職，則知郎衞非南軍明矣。』這是的確的，自郎中令列於九卿，而諸郎不屬於衞尉。馬端臨將光祿勳也屬於南軍，是不適宜的。但諸郎及衞士的職守實在關涉極深，難以分畫的十分清楚。只有認爲秦代郎中令屬衞尉，漢代郎中令始列於九卿，而諸郎自漢代起，才與衞士畫分清楚，這樣才好解釋。

也？百官表，中尉之屬有中壘令丞，而表又云，中壘校尉掌北軍壘門，夫中壘校尉而掌北軍之壘門，則北軍有中壘之名可知。中尉之屬官有中壘令丞與尉，則中壘卽北軍而爲中尉所掌，又可知也。中尉所掌何以名北軍也？高祖紀，『蕭何立未央宮北闕東闕』，顏師古云：『北闕爲正門，又有東闕，其西南則無門闕矣。』據此，則未央宮以北闕爲正門，而中尉屯重兵於其外以備非常，以其地在北，故曰北軍也。衛尉所掌何以名南軍也？未央宮正門雖在北，而其殿皆南向，衛尉屯兵殿門內以衛宮，其地在南，故曰南軍也。

闡明衛尉掌南軍，而中尉掌北軍，這是正確的。不過說中尉屯兵北闕以備非常，故爲北軍，衛尉掌諸南向之殿爲南軍，則不免迂曲。實在長安的結構，未央及長樂二宮並在南方，而官寺民里俱在兩宮之北。據三輔黃圖，水經註，宋敏求長安志，以及足立喜六的長安古蹟考都可以看的很清楚。衛尉防守宮廷（北闕亦在其中），在長安城之南部，故爲南軍，中尉防守京城，在長安城之北部，故爲北軍。原不必以北闕所在和殿的方向來解釋。

中尉掌北軍，衛尉掌南軍，中尉掌正卒，衛尉掌衛士，這一個觀念從宋代學者闡明以後，已經成爲定論。但這只是西漢初期之制，以後制度之中還有很多的問題成爲爭論，歷來講南北軍制度的人從來不把時代的演變算到裏面，因而治絲愈棼。今後再行討論這個問題必需先把漢代軍制的演變，分期討論，否則將成爲一無是處。

漢代軍制的演變，漢代開國至武帝初期爲第一時期，武帝中期以後至光武建武爲第二時期，光武建武以後爲第三時期。第一時期沿襲秦制，只有正卒，衛士以及邊境上的戍卒。第二時期加上了七個校尉統率的胡兵和募兵，因而中央軍制變成爲複雜的狀態。第三時期除去邊郡尚有正卒以外，內地已經沒有經常的正卒，因而內地的軍隊，除去了臨時的徵調以外，便只以募兵爲主(註一)。在這種種不同狀況之下，衛士的徵調，已經止限於西漢時期，到了東漢時期的衛士也轉用募卒。至於所謂『北軍』，那就變化更大。一般人所講漢代南北軍之制，主要的根據是漢書高后紀，這只是西漢初期之制，若拿來用於武帝時代，便會發見扞格難通。

就第一時期來說，京師的軍隊，本只有南北二軍，但有時在外徵調屯兵，不在南北二軍之數。文帝卽位以後，爲防止大臣的反側，除南北二軍以外，更任用代國舊臣

(註一) 見歷史語言研究所集刊第十本，漢代兵制及漢簡中的兵制。

宋昌為衞將軍，領衞將軍屯兵(註一)，並兼領南北軍。因之京師軍隊都在宋昌之手。

到了文帝二年，因為帝位已經穩定，衞將軍屯兵便成為浪費，才將衞將軍的屯兵罷

去。詔書云：

> 朕既不能遠德，故憫然念外人之有非。是以設備未息。今縱不能罷邊屯，又飭
>
> 兵原衞，其能衞將軍軍，太僕見馬遺財足，餘皆以給傳置。

自此又恢復了南北二軍經常之制度。但是在文帝時期，仍常有在京師置屯兵之事，如：

> 文帝三年，五月，匈奴入居北地河南為寇(註二)，上幸甘泉，遣丞相灌嬰擊匈
>
> 奴。匈奴去。發中尉材官(註三)屬衞將軍。軍長安。
>
> 文帝十四年，冬，匈奴寇邊，殺北地都尉卬，遣三將軍軍隴西，北地，上郡。
>
> 中尉周舍為衞將軍，郎中令張武為車騎將軍，軍渭北。車千乘騎卒十萬人⋯⋯
>
> 以東陽侯張相為大將軍，建成侯董赫，內史欒布皆為將軍，擊匈奴，匈奴走。
>
> 文帝後元六年，冬，匈奴三萬騎入上郡，三萬騎入雲中，以中大夫令免(註四)

(註一) 宋昌之屯兵罷去，仍為衞將軍。漢世列將軍或有屯兵或無屯兵，並不一致。武帝時衞青為大將軍，霍去病為驃騎將軍，亦有不出征時，不必皆屯兵京師。宣帝元康三年，罷車騎將軍及右將軍屯兵，是時車騎將軍張安世，右將軍霍禹。以後霍禹即無屯兵。而霍禹誅後，韓增為前將軍，車騎將軍，許延壽繼為車騎將軍，均無屯兵，遂為常制。

(註二) 河南即河南地，亦即後之五原郡。

(註三) 中尉材官亦即內史境內選拔之步卒。

(註四) 『中大夫令』官名，即衞尉；『免』人名，史失其姓。漢書於以下各人都稱姓，而獨於中大夫令免不稱姓，是因為班固時已無法稽考了。顏注曰：『中大夫官名，其人姓命名免耳。比諸將軍下至徐厲皆書姓。而徐廣以為中大夫令是官名，此說非也。據百官表景帝初改衞尉為中大夫令，文帝時無此官，而中大夫是郎中層官，秩比二千石。』周壽昌漢書注補正曰：『百官表，惠帝七年奉常免』，師古曰：「免名也」，此蓋其人，史失姓耳。顏云『下書姓，此亦應是姓』，案七年中尉宋昌夫為車騎將軍，郎中令張武為復土將軍，張武書姓，亞夫，悍，俱未書姓。謂景帝改衞尉為中大夫令，文帝時當不能稱，則英布為九江王時已稱淮南王。景帝大農令武帝太初元年更名大司農，而食貨志於衞青擊胡即稱大司農。武帝諡始三輔，而景帝後五年治已稱三輔蓋補稱或追稱，此等處即史無定例也，似徐說為正。』案周說是，中大夫令當為官名，景帝中六年復改名為衞尉(見百官公卿表)，文帝此時當已改衞尉為中大夫令，百官表稱為景帝初改，當有錯誤。因為百官表只說景帝初而未曾指定是景帝那一年，語涉含混，可能只是一個猜想之詞，並非有確實的根據在百官表中，文景兩代的衞尉遷除，記錄甚少，可證在班固時材料並不完備。並且從帝紀和各志的記載互有出入，也可以看出帝紀和各志是出於不同的來源因。而帝紀中就可能是原文，而不是由於追稱。尤其是景帝後五年(按當為景帝中六年)的詔書，也決無因為刪改而使原文面目全非之理(此層可參證北平圖書館圖書季刊，勞榦『漢簡中之武帝詔』。)因而『三輔』一詞，應當是景帝時已有此稱。全祖望的經史問答稱：『是時或已分右內史之地以與中尉，與左右內史並治京師，亦未可定。觀武帝營上林，其時亦當未定三輔，而詔中尉，左右內史表屬縣草田以償鄠杜之民，則中尉已與左右內史並治京師(按事見東方朔傳，師古注曰：「時未為京兆，馮翊，扶風，故云中尉及左右內史也」)隱然分三輔矣。特其後始改定京兆馮翊扶風之名耳。』其言可採，王先謙補注亦稱：『全說近之』。則是帝紀中亦有可認為不是追稱或補稱。大體說來，比較原始一些的材料多為編年體，而修志修傳(尤其外國傳)反而可能是史家潤色通的材料，因而用帝紀以外的彼路部分來訂正帝紀，那就不能不先要慎重考慮了。──又中大夫令一官和衞尉可以互改。也就此可以說明中大夫令和衞尉正關係。中大夫令和郎中令之職本互相接近，只是中大夫令當為諸大夫之首領，而郎中令則為諸郎之首領。此二令在秦時應當屬於衞尉。自漢初郎中令列於諸卿，從前衞尉的職守被分出了一重要部分，文帝時改衞尉為中大夫令，就等於廢去衞尉，直以衞尉以下之二令為卿。到景帝中六年『中大夫令直不疑更為衞尉』，於是衞尉又復舊名。不過西漢中期以後的衞尉，不僅不率領諸郎，而諸大夫也屬於光祿勳(由郎中令改)之下了。

爲車騎將軍，屯飛狐。故楚相蘇意爲將軍屯句注。將軍張武屯北地，河內太守周亞夫爲將軍，次細柳；宗正劉禮爲將軍爲將軍，次霸上；祝茲侯徐厲爲將軍，次棘門；以備胡。

這一次軍車依照周亞夫傳，與此略有詳略。亞夫傳云：

文帝後六年，匈奴大入邊，以宗正劉禮爲將軍，軍霸上；祝茲侯徐厲爲將軍，軍棘門。以河內守亞夫爲將軍，軍細柳；以備胡。上自勞軍，以霸上及棘門，直馳入。將以下騎出入送迎，已而之細柳軍，軍士吏被甲，銳兵刄，彀弓弩持滿。天子先驅至，不得入。先驅曰：『天子且至』！軍門都尉曰：『軍中閒將軍之令，不聞天子之詔』。有頃上至又不得入。於是上使使持節詔將軍曰：『吾欲勞軍』。亞夫迺傳言開壁門。壁門士請車騎曰：『將軍約，軍中不得驅馳』。於是天子迺按轡徐行。至中營，將軍亞夫揖，曰：『介冑之士不拜，請以軍禮見』。天子爲動，改容式車，使人稱謝：『皇帝敬勞將軍』。成禮而去。既出軍門，羣臣皆驚。文帝曰：『嗟乎，此眞將軍矣。鄉者霸上，棘門，如兒戲耳。其將固可襲而虜也。至於亞夫，可得而犯命？』稱善者久之。月餘。三軍皆罷。迺拜亞夫爲中尉。

文帝且崩，戒太子曰：『卽有緩急，周亞夫眞可任將兵』。文帝崩，亞夫爲車騎將軍。孝景帝三年，吳楚反，亞夫以中尉本太尉，東擊吳楚。歸復置太尉官，五年遷爲丞相。

這裏所指出的，只是長安附近的屯兵。故中大夫令免，蘇意，張武的屯兵，不在關中，所以都未計入。但關於周亞夫事，卻遠比文帝紀爲詳。在屯兵之時，周亞夫係以河內太守入爲將軍，軍罷以後入爲中尉。更以中尉爲車騎將軍，這個車騎將軍的職守，是爲修陵寢之用的（也就所謂『復土』之事）。到了葬事既畢，周亞夫又復任爲中尉。到七國之變，周亞夫爲太尉，這個太尉之職，實際上還是一個指揮軍隊的超級將軍。當然，是可以用『大將軍』名稱的，不過此時因爲要用一個外戚的賢者竇嬰爲大將軍 (註一)，所以以周亞夫爲太尉。這個軍事時期的太尉，和平時的太尉，當然是

(註一)　漢書竇嬰傳：『孝景三年，吳楚反，上察宗室諸竇，無如嬰賢。……迺拜嬰爲大將軍。……嬰守滎陽，監齊趙兵。七國破，封爲魏其侯。按周亞夫之職指揮全局，當爲大將軍。以周亞夫爲太尉，而更立一大將軍，這是爲的不願獨任功臣，需要以外戚來監視的原故。』

有所不同的。不遵從這裏也可以看出中尉只是指揮關中平時正卒的，和將軍，大將軍以及太尉（平時及戰時）都不相同。這種情況到武帝時才改變。

衞將軍兵及其他屯兵，在文帝時皆爲臨時徵調(註一)。武帝時因爲特殊的需要，以及武帝誇大的作風，才在南北軍以外，又添加若干軍隊。這些軍隊都是不屬於中尉的，而且有些還是一種職業性的募兵，因爲他們屯戍的地方仍在宮城之北，所以也稱爲北軍。這種『北』(註二)軍的名稱，到東漢時仍然存在，究其實際，東漢京師屯兵，並不在宮城之北，和原來的北軍，更爲不同了。

武帝時新增的屯兵，應當分三類：第一類是可以看出從中尉的部下分出來的，這就是中壘校尉。中壘校尉之職，既然是『掌北軍壘門內，外掌四城』（見前），那就正和周亞夫傳的『軍門都尉』，職務相近。在文景時代，京師軍隊咸歸中尉指揮，則中壘校尉爲中尉的屬官，自不容疑。到武帝中期，中尉改爲執金吾，執金吾所指揮的，僅有（一）緹騎三百人，（二）騎兵六百人（三）步卒一千二百人(註三)，共計二千一百人。因而這些少數的軍隊，只能作『督捕姦盜』之用(註四)。此外執金吾所屬，雖尙有左右京輔都尉(註五)，但所主管的只是『三輔兵』，應當只在三輔外縣而不在京城。所以過去北軍的營壘就用來住新添各校，在這種情形之下，中壘校尉也就獨立成爲一校。執金吾所屬的小型營壘，就另設一個中壘令來掌管。但在文景時代，中壘令和中壘校尉，應當本是一官的。到了東漢時期，省中壘校尉，設北軍中候(註六)，監察五校。北軍中候爲六百石，五校皆比二千石。這種監察的關係，略同於西漢刺史監察太

（註一）　陳樹鏞漢官答問認爲漢時列將軍皆有兵。宣帝紀：『龍車騎將軍，右將軍屯兵』是其證。『故宋昌以一人兼領三軍，衞將軍一也南軍二也，北軍三也』，這是對的。宣帝以前凡將軍大致皆有屯兵，甚至於衞青，霍去病雖然有時住在京師，其軍隊並未完全罷去。宣帝時車騎將軍爲張安世，右將軍爲霍禹，張安世爲宣帝親信，其所領兵罷與不能本無所謂。當時要罷的就是霍禹的兵。此後遂開將軍不必領兵之例，此後韓增爲前將軍，車騎將軍；許延壽爲車騎將軍，均無軍隊直至東漢仍然如此。而將軍只是一個比照三公的尊貴官職罷了。

（註二）　如後漢書竇武傳：『召會北軍五校士數千人屯都亭下』北軍係指五校。

（註三）　見北堂書鈔引漢舊儀。

（註四）　見永樂大典輯本引漢舊儀。

（註五）　見漢書百官公卿表。

（註六）　續漢書百官志本注曰：『舊有中壘校尉領北軍營壘之事。有胡騎虎賁校尉皆武帝置。中興省中壘但置中候，以監五營。胡騎並長水。虎賁主輕車，並射聲』。即東漢只有北軍中候及屯騎，越騎，步兵，長水，射聲五校。

守，也只是監察而不是指揮的。

第二類是漢武帝時所設的七校。這七個校性質並不相同。(甲)其中原爲正卒的，有：(一)屯騎校尉卒領的騎士，應原來是中尉的騎士。(二)步兵校尉率領的步兵，應亦原來是中尉的步兵，而屯在上林苑的。(三)虎賁校尉率領的車士，應原來是中尉的車士。(乙)其中原爲選拔的職業兵，而不一定只限於中尉所率領的，有射聲校尉率領的待詔射聲士。所謂『射聲』，據顏師古注引服虔說：『工射者也。冥冥中聞聲則中之，因以名也』。所以射聲應當是選拔四方善射之士，所謂『待詔』(註一)，也應當和漢代『待詔公車』，『待詔金馬門』解釋相同，也就一種候補的郎官。東方朔傳云：『武帝與侍中，中常侍武騎，及待詔隴西北地良家子能騎射者，期諸殿門，故有期門之號』，待詔射聲士的待詔，也就同於待詔隴西北地良家子的待詔。這種待詔大致應當屬於光祿勳，因爲別有一個校尉率領，後來就不由九卿管屬，成爲一個獨立之校了。(丙)其中原爲夷狄軍士的，有越騎校尉所率之軍士，長水校尉所率領之屯駐長水的胡騎，胡騎校尉所率領的屯駐池陽的胡騎。——以上（甲、乙、丙）這許多校尉，都是由於不同來源，等到成爲天子的禁軍以後，也就在通出中尉，衛尉，以及光祿勳所管領禁軍以外，又成爲許多分支。雖號稱爲『北軍』。而實際上已不是西漢初年所謂『北軍』了。

第三類是城門校尉。武帝以前本無城門兵，城門的防守應當屬於中尉。自武帝征和二年，巫蠱禍起，初置城門屯兵(註二)，而城門校尉亦當始於此時。百官公卿表云『掌京師城門屯兵，八屯，各有司馬，十二城門候。並多由大臣領城門兵 (註三) 東漢時亦由城門校尉掌洛陽十二城門 (註四) 這又是一種南北軍以外的屯兵。

大致說來，光祿勳所領的，以及城門校尉，都是南北軍以外的軍隊。南軍爲衛尉的衛士，變化較少；北軍因爲時代不同，所包含的意義也就不同，比較複雜。論北軍而不論北軍的因革，是無法說明的。到了東漢，因爲京師的軍隊以北軍爲主，南軍很少說到。而北軍也專指五校，又與西漢不同了。

(註一) 顏師古注引應劭曰：『須詔所命而射，故曰待詔射也』。此是照『待詔射』字面來解釋的。因爲到了東漢時期，因爲不再徵調正卒，五校都成爲募兵。其中的長水胡騎按續漢書百官志引漢官『烏桓胡騎七百三十六人』也與西漢不同。自然，應劭有時也不是完全說對了的。
(註二) 漢書武帝紀征和二年。
(註三) 見張安世孔光元后各傳。
(註四) 見續漢書百官志。

從漢簡所見之邊郡制度

漢代邊郡屯戍之制散見於諸史籍中，及敦煌與居延漢簡發見以後，因材料集中之故，而其制尤易於論證。昔在北平時，西北考察團考釋居延漢簡曾躬與其事。今北平淪陷，底稿已不可知，惟烏蘭城 (Ulan Durbeljin) 所出，與余遜先生同釋之底稿尚有撮錄。今居延漢簡已在照像刊印中，不久可出版，故據以考訂漢代邊郡一般制度，並參攷流沙墜簡及漢晉西陲木簡所錄之敦煌漢簡而論列之。

（一）官府

（1）郡縣官制

漢書百官公卿表云：『郡守秦官，掌治其郡，秩二千石；有丞，邊郡又有長史，掌兵馬，秩皆六百石；景帝中二年更名太守；郡尉秦官，掌佐守，典武職甲卒，秩比二千石；有丞，秩皆六百石；景帝中二年更名都尉；關都尉秦官；農都尉，屬國都尉皆武帝初置。』在敦煌所出之漢簡，其地漢有敦煌太守，在居延所出之漢簡，其地漢有張掖太守。故簡牘每有與太守有關者。例如：

制詔酒泉太守，敦煌郡到戍卒二千人（下略）。（敦煌簡，簿書一。）（流沙墜簡縮稱敦煌簡，下同）。

四月庚子，丞（相）吉下中二千石，二千石，郡太守，諸侯相，承書從事下當用者。（敦煌簡，簿書三。）

此兩簡皆爲詔書下太守者，後一簡丞字下脫相字，王國維流沙墜簡曾言之，居延簡亦有一簡與此略同；

二月丁卯丞相相下車騎將軍，將軍，中二千石，二千石，郡太守，諸侯相，承書從事下當用者，如詔書。少史慶，令史宜王，始長。（居延簡10.30.）

以此證之，丞字下脫相字無疑，丞相吉爲丙吉，丞相相爲魏相也。

至太守下屬吏之文檄則如：

　□閣謹以文理遇士卒，毋令寃失職，稍稱令意，且遣都吏循行廉察不□，太守府，書後，幸無忽，如律令。掾熹，屬壽，□□廣明。（居延簡14.40.）

　以小簡一言已也，未臨會，五月朔以爲□□，然士大夫結法所當得，奉令安揖，毋失職，方循行，不辦，不憂事者，白奏毋忽。（敦煌簡，簿書十。）

此則爲太守所下之書。都吏卽督郵，漢書文帝紀元年，『二千石遣都吏循行，不稱者督之。』注：『如淳曰，「都吏今督郵是也，閑惠曉事，卽爲文無害都吏；」師古曰，「如說是也，」』卽此。（居延簡213.43云『各遣都吏督□課蓄積少不（中缺）十月丙申張掖司馬章』此都吏亦指督郵。）此二簡，前簡爲太守下書致烽燧官，並遣督郵廉察者；後簡爲太守令部屬安緝，毋失職，太守當自行縣省察者。續漢百官志云『太守……常以春行所主縣，勸民農桑，振救乏絕，秋冬遣無害吏訊諸囚，平其罪法，論課殿最，歲盡遣吏上計。』則後簡當爲春所下，前簡當爲秋冬所下也。

　太守及都尉之官署均稱府：

　地節五年五月丙子朔，丁丑，肩水候所以私印行候事，敢言之。都尉府移太守府所移敦煌太守府書曰：『故大司馬博陸囝……。』（居延簡10.23.）

按漢書趙廣漢傳云『界上亭長戲曰，「至府爲我多謝趙君。」』翟方進傳云：『給事太守府爲小史。』後漢書劉平傳序，「毛義，少節，……府檄適至，以義守令。』注東觀記曰『義爲安陽尉，府檄到當守令也。』仙人唐公房碑云：『是時府在西成，去家七百餘里。』此皆指太守府爲府，據此則都尉亦得稱府矣。

　太守都尉皆有丞，惟據續漢百官志云，『丞一人，郡當邊戍者，丞爲長史。』故今在簡牘僅見有長史，不見有太守丞。如：

　毋得賈賣衣財物，太守不遣都吏循行嚴教受官，長史各封臧。（居延簡213.15.）

　長史敢言之。（居延簡。）

所言長史，卽太守長史也，至都尉之丞則如：

　十一月壬子，玉門都尉陽，丞□爵敢言之。謹寫敢言之／掾安，守屬賀，書佐通成。（敦煌簡，簿書十三。）

太守掾屬，簡牘中所見者尚少，然前引居延簡14.40一條，有掾有屬，大略與續

志相合。至都尉掾屬，見於簡牘者尚多。前引敦煌簡簿書十三即爲都尉掾屬，以下所引亦皆都尉掾屬也。

> 二月庚午敦煌玉門都尉子光，丞萬年，謂大煎都候寫移，書到茍郡□，言到日，如律令。／卒史山，書佐遂巳、（敦煌簡，簿書六。）

> 閏月丁巳張掖城尉誼以近次兼行都尉事，下候城尉，承書從事下當用者，如詔書。／守卒史義。（居延簡 10.21.）

邊郡之縣多爲令，應劭漢官儀所謂『三邊始孝武皇帝所開，縣戶數百，而或爲令，』是也。間亦有長，皆置掾屬。

> 九月乙亥，巒得令延年，丞置，敢言之肩水都尉府，移肩水候官，告尉謁軍西南北都（中缺）義等補肩水尉史，隧長，亭長，關史，各如牒。□自致胡侯五歲光成□石胥成費（中缺）書牒署從事如律令，敢言之。（居延簡 97.10.）

> 居延令晉□（居延簡 15.13.）

> 居延令印（面）金與書到案。（背）（居延簡 77.11）

> 敢言之。龍勒長林，丞禹，叩頭死罪敢言之。（敦煌簡，簿書十七。）

究上各則具見邊郡備有令丞。據錢大昭所錄，邊郡以令爲多，然亦固有長也。其掾屬亦大要與太守府相類。如：

> 地節三年十一月癸未朔庚子，巒得守丞臨平移肩水候□處里□□成□爲肩水／掾充，令史式，光。（居延簡 560.17.）

漢世稱縣令長及丞尉皆爲長吏，續志云：『縣萬戶以上爲令秩千石至六百石，減萬戶爲長秩五百石至三百石，皆有丞尉秩四百石至二百石，是爲長吏；百石以下有斗食佐史之職，是爲少吏。』故長吏者二百石至千石之謂，千石以上爲二千石，非長吏矣。蓋漢代郡制，太守與下屬有君臣之分。後漢書陽球傳云：『出爲高唐令，以嚴苛過理，郡守收舉，會赦見原。……遷平原相，出教曰：「相前滋高唐，志歸姦郡，遂爲貴郡所見枉舉；昔齊桓釋管仲射鉤之讎，高祖赦季布逃亡之罪，雖以不德，敢忘前義，況君臣分定，而可懷宿昔哉；今一蠲往愆，期諸來效；若受教之後，而不改姦狀者，不得復有所容矣；」郡中咸畏服焉。』故二千石與全郡有君臣之分。又三國志公孫瓚傳云：『後復爲郡吏，劉太守坐事徵詣廷尉，瓚爲御車，身執徒養。及劉徙日

南，瓚具米肉，於北芒上祭先人；舉觴祝曰：「昔爲人子，今爲人臣，當詣日南，日
南瘴氣，或恐不還，與先人辭於此；」再拜慷慨而起。』亦可與前條相印證。審是則
二千石爲一郡之君，所屬咸當爲一郡之吏，長吏少吏之名，蓋以此也。惟長吏多指縣
令長而言，漢書文紀元年云：『賜物及當稟鬻米者，長吏閱視，丞若尉致。』注師
古曰：『長吏縣之令長也，若者豫及之詞，致者送至也，或丞或尉自致之也。』王先
謙補注引續志令長丞尉皆爲長吏以非師古之說，然此節長吏與丞尉對言，明專指縣令
長，是長吏雖可包括丞尉，究以令長爲主也。

縣有倉長倉丞，漢書張敞傳云：『察廉爲甘泉倉長，』即此。

居延倉長禹移肩（水）……士毋留，如律令。（居延簡 204.6.）

建平二年閏月辛亥朔，丙寅，祿福倉丞敞，移書肩水金關，居延塢長，壬戌□
所乘馬，各如牒，書到言，如……（居延簡 15.18.）

又按漢書成紀注，北邊郡庫官兵器之所藏，故置令，據此則更當有庫令，尙未見於簡
牘也。

太守都尉縣令長之掾屬，大略相同，有掾，有卒史，有屬，有令史，有書佐，有
循行（見前引各則），按續漢書百官志云：『郡……皆置諸曹掾史，略如公府，曹無
東西曹，』又云：『縣……各署諸曹掾史，本注曰，略如郡員，』是郡縣掾屬略同，據
簡牘，則都尉掾屬亦略同，漢舊儀云：『丞相史秩四百石，少史三百石，屬二百石，
屬吏百石，令史則斗食。』郡縣掾屬與此名同，其秩則降於此，然由此可推其相次
之序。大約太守之卒史同於丞相之史，其下則爲屬及令史，更下尙有書佐及循行也。

卒史之職，按漢書尹翁歸傳云：『爲市吏……太守……召上辭問，甚奇其對，』
除補卒史，張敞傳云：『敞本以鄉有秩，補太守卒史，』據此則卒史在有秩以上，有
秩據續志稱爲百石，則卒史亦必百石方可，儒林傳：『郡國置五經百石卒史，』倪寬
傳云：『補廷尉文學卒史，』注臣瓚曰：『漢注卒史秩百石。』孔廟有百石卒史碑，
惟黃霸傳云：『補左馮翊二百石卒史，』蓋三輔加秩也。

屬次於卒史，漢碑中諸曹史皆屬也，續漢志注引漢官曰：『河南尹員吏九百二十
七八，十二人諸縣有秩，三十五人官屬掾史；五人四部督郵；吏部掾二十六人；案獄
仁恕掾三人；監津渠漕水掾二十五人；百石卒史二百五十八人；文學守助掾六十人，書

佐五十人；循行二百三十一人，』總和僅得六百餘人，當有脫漏，蓋漏去屬吏人數也。茲排比之，或當如下：

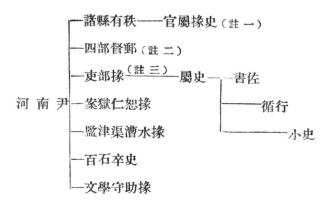

令史，史之小者，漢舊儀所謂『丞相令史斗食』是也，其候官行文，但以令史副署。

三月癸酉，大前都候嬰□下厭相守士吏方，承書從事下當用者，如詔書。／令史偃。（敦煌簡簿書四。）

□□丙寅，大前都候……士吏異，承書從事下當用者，如詔書。／令史尊。
（敦煌簡，簿書五。）

蓋候官之規模，仿縣而較小，故掾屬可但以令史主文書矣。

續漢志曰：『閣下及諸曹，各有書佐，幹，主文書，』漢書朱博傳云：『閣下書佐入，博口占檄文曰：「府告姑慕令丞，言賊發不得，有書，檄到令丞就職，游徼王卿力有餘，如律令。」』是書佐之職為書文書也，王尊傳：『求為獄小吏，數歲，給事太守府，問詔書行事，尊無不對，太守奇之，除補書佐，署守屬盜獄，久之，尊稱病去職，……復召署守屬，治獄，為郡決曹史，』是小吏，書佐，屬，史，階次分明，而與簡牘可以印證也。

郡吏有曰循行者，居延簡 349.13 云

毋得貰賣衣財物，太守不遣都吏循行，（中缺）嚴教受卒官長吏各封臧。

（註一）　有秩亦有掾屬此蓋言每有秩一人，皆有掾史五人也，共三十五人也。

（註二）　漢舊儀言『督郵功曹郡之極位，』此未舉功曹，亦無主簿，蓋有脫漏。

（註三）　吏部掾猶言部吏掾。

又前引之居延簡 10.40 之循行，亦爲吏名。後漢書百官志注，晉書職官志與此簡皆作循行，惟北海相景君碑作修行。洪适隸續曰：『 循修二字隸法只爭一畫，書碑者好奇，所以從省借用』，其言是也。王先謙續志集解曰：『案王充論衡曰一縣佐史之材任郡掾史，一郡修行之能，堪州從事，然而郡不召佐史，州不取修行者，巧智無害，文少德高也，證此則循行當作修行無疑矣。』案循行吏名，正史及漢代文書皆如此，王充所言，則自漢至今久經傳寫，容有誤字未足據也。

（2）烽燧官制

烽燧之官，屬於都尉，漢百官表云：『 郡尉秦官，掌佐守，典武職甲卒。』後書曰：『 每屬國置都尉一人，比二千石，典兵禁盜賊……邊郡置農都尉，主屯田殖穀，又置屬國都尉， 主蠻夷降者。 』其見於敦煌簡者，則爲玉門都尉中部都尉及宜禾都尉，見於居延簡者，則爲肩水都尉。

見前引敦煌簡簿書類六，十二，十三。

宜禾部鹽第，廣漢第一，美稷第二，昆侖第三，魚澤第四，宜禾第五。

（敦煌簡燧燹七。）

王國維曰：『 宜禾郡者，漢無此郡名，殆指宜禾都尉所轄全境。漢志，廣至縣下，宜禾都治昆侖障。案班氏作地理志，實據平帝元始時版籍，宜禾都尉之治昆侖障，蓋爲元始時事，其前當治宜禾，故稱宜禾都尉，猶中部都尉之稱步盧尉也，又其前則治魚澤，故孝武時有魚澤都尉之稱。據上簡則魚澤一燧爲宜禾所屬，又在昆侖宜禾二燧之間，故魚澤都尉當即宜禾都尉之舊名 』。

又簿書類四十二，王國維曰『 步廣尉，即中部都尉。 』

十一月甲申，張掖肩水都尉賢，司（中缺）候寫移書到如律令（居延簡 7.13.）

都尉之下有候官，續漢郡國志張掖屬國，遼東郡，玄菟郡，均有候官，而會稽郡復有東部候官， 皆故候官城也， 敦煌簡所有者則爲玉門都尉尉大前都候官，玉門候官，中部都尉之步廣候官，萬歲候官，及宜禾都尉所屬各候官。其見於居延簡者，則爲肩水都尉之肩水候官，今舉例如下：

二月庚午敦煌玉門都尉子光，丞萬年謂大前都候……（敦煌簡見前）

　　　大前都候官以次行（敦煌簡，燹隧五）

　　　玉門候造史周牛萌　　□健□□□士吏。（敦煌簡，燹隧四。）

　　　萬歲東西部吞胡東部候長隊次走行。（敦煌簡，燹隧十）。

　　　敦德步廣尉曲平望塞有秩候長敦德亭間曰東武里五士王參秩庶士

　　　　　　　　　　　　　　　　　　（敦煌簡，簿書四十二）

　　　肩水候官地節三年十月止，不盡四年九月，吏卒重食名。（居延簡 13.1.）

　　　肩水候官次行（居延簡 32.23）

候官有丞敦煌及居延簡均見之。

　　　與訊□士況玉門關候滿，丞與，君所□不宜□□藉□官，

　　　　　　　　　　　　　　　　（敦煌簡，簡燹隧三。）

　　　□月乙卯，肩水候丞更得敢言之都尉府丞，連移卒（中缺）一編，敢言之。

　　　　　　　　　　　　　　　　　（居延簡 303.2）

　　候官城有縣尉同治，又候官自有尉，卽障塞尉也，漢書匈奴傳注師古曰：『漢律近塞郡皆置尉，百里一人，士史（案當爲吏字之誤。）尉史各二人，巡行徼塞也。』後漢書陳禪傳以左馮翊左轉玄菟候城尉，復遷遼東太守，當卽此。其見於簡牘者如：

　　　肩水守縣尉賞，移肩水金關居延縣（下缺）／嗇夫黨，佐忠。（居延簡 140.5.）

此卽縣尉也。又如：

　　　閏月丁巳，張掖肩水城尉誼，以近次兼行都尉事，下候城尉，承書從事下當用者如詔書。／守卒史義（居延簡 10.29.）

　　　建武十九年玉門鄣尉戊告候長晏到任。（敦煌簡，簿書四十三。）

　　　氐池塞尉敦煌南□里（下缺）（居延簡 119.53.）

候官有令史，有士吏（士吏見前引匈奴傳注。）**候官缺，士吏可以行候事。**

　　　閏月庚申，肩水士吏橫以私印行候事，下尉，候長，承書從事下當用者，如詔書。／令史得。（居延簡 10.31.）

候官可以都尉司馬爲之，按後漢書百官志云：『大將軍營五部校尉一人，比二千石；軍司馬一人，比千石；部下有曲，曲有軍候一人，比六百石；曲下有屯，屯長一人，比二百石。』（將軍以下之位次又參見王莽傳下。）都尉亦比二千石，與校尉之

職略同，都尉以下爲候官，候長，燧長（見下），亦與校尉以下同列三級，則候官固宜比司馬之職矣。居延簡14.3爲：

　　　　印曰張掖肩水司馬印

　　肩水候

　　　　三月丁丑驛北卒樂成以來

當卽司馬兼攝候官也，其他簡牘言及司馬者，如：

　　　　各遣都吏督□課，蓄積少不（中缺）十月丙申張掖肩水司馬章。

　　　　　　　　　　　　　　　　　　　　　　　　（居延簡21).43.）

　　　　張掖屬國司馬趙□功一勞三歲十月廿六日，漁陽守□司馬宋□到□。

　　　　　　　　　　　　　　　　　　　　　　　　（居延簡138.7.）

　　　　本始六年五月辛亥，居延城司馬以近次行都尉（中缺）當舍傳舍，從者如律
　　　　令。（居延簡140.2.）

皆當爲候官之類，續漢志張掖屬國都尉所屬各城中有候官，千人官，千人司馬官。並爲城居，可證秩次略同。又百官公卿表，中尉有兩丞，候，司馬，千人，西域都護丞一人，司馬，候，千人各二人；戊巳校尉有丞，司馬各一人，候五人，秩比六百石。司馬，候，千人之次在有先後，亦可見職位略同。後漢書董恭傳，以御史爲雲中候，徵霸陵令，令千石官，卽雲中候亦當爲六百石或比六百石，與戊巳校尉之候略同也。

　　候官以下有候長，分爲東西南北各部，或以次弟別之。

　　見前引敦煌簡糞燧頰十

　　北部候長高壟頓首死罪敢言之。（敦煌簡箋書十六。）

　　北邊絜令第四候長候史日造及將軍吏（居延簡10.28.）

　　肩水左後候長樊襃詣府對功曹，二月戊午平旦入。（居延簡15.25.）

　　元康四年十月乙卯朔，肩水左前候長信都敢言之，謹移亭燧□□□傳一編敢言
　　之。（居延簡329.1.）

　　元康元年十二月辛丑朔，壬寅，東部候長長生敢言之，候官移太守府所移河南
　　都尉書曰：詔所名捕，及鑄僞錢賊財已未得，牛亡賣高處等廿四牒書所便。

　　　　　　　　　　　　　　　　　　　　　　　　（居延簡20.12.）

候長以下有燧長,例如:

> 高望燧長買蒼令守候長,(敦煌簡燧燧三十二。)

> 元康二年六月戊戌朔戊戌,肩水候長長生以私印行候事,寫移昭武燧如律令。
>
> (居延簡20.11)

> 肩水候官訊胡燧長公大夫索路人中勞三歲一月,能書會計治民頗知律令,文,
>
> 卅七歲,長七尺五寸,氐池宜樂里,家云官六百五十里。(居延簡179.4.)

候官有令史,候史,候長亦有候史。

> 乙未肩水候官守令史申敢言之(中缺)一編敢言之。(居延簡183 14.)

> 肩水候官候史大夫尹□勞二月二十五日,能書會計治官民,頗治律令,文,年
>
> 廿三歲,長七尺三寸縣得成漢里。(居延簡306.19.)

> 元康四年六月丁巳朔,庚申,左前候長禹敢言之,謹移戍卒買賣衣財物長書名
>
> 籍一編敢言之。卽曰藺禹。六月壬戌金關卒延壽以來,候史充國。
>
> (居延簡10.34.)

關有嗇夫,有佐,庫亦有嗇夫,復有軍嗇夫,嗇夫有小官印,當卽法言所謂半通之銅
也。

> 元年十一月壬辰朔,甲午,肩水關嗇夫光以小官印兼行候事敢言之,出入簿一
>
> 編,敢言之。/佐信。(居延簡 199.1)

漢代郵驛之制,縣設傳舍,漢書灌夫傳:『乃戲騎縛夫置傳舍』。薛宣傳:『始
惠爲彭城令,宣從臨淮遷至陳留,過其縣,橋梁郵亭不修。』注師古曰『郵行書之
舍,亦如今之驛及行道館也。』(又後漢書光武紀亦宿傳舍)。故傳舍亦謂之郵或
驛。其在縣城者,則傳舍設於都亭,嚴延年傳:『毋從東海來,到雒陽適見報囚,便
止都亭不肯入』,司馬相如傳:『於是相如舍都亭』;皆是。今案簡牘所記,則傳舍
有嗇夫,如:

> 居延傳舍嗇夫始至里公乘(下缺)(居延簡77.16.)

復有驛小史。如:

> 乙亥出麥一石又驛小史一石十六
>
> 丙子出麥八斗菱十九

　　　　　　　　　　丁丑出麥二斗菱廿

　　　　　　　　　　戊寅出麥石二斗菱十五

　　　　　　　　　　已卯出麥九斗菱廿

　　　　　　　　　　庚辰出麥石二斗菱廿一

　　　　　　　　　　辛巳出麥石二斗又一斗小史

四月十三日乙亥　　　壬午出麥石二斗菱廿五

　　　　　　　　　　癸未出麥石二斗菱廿

　　　　　　　　　　甲申出麥石斗菱廿二

　　　　　　　　　　乙酉出麥石二斗菱二

　　　　　　　　　　丙戌出麥石二斗廿六

　　　　　　　　　　丁亥出麥九斗廿五小史麥三石

　　　　　　　　　　戊子出麥石二斗廿四

　　　　　　　　　　已丑出麥石二斗廿八　　　　　凡十五日

　　四月六日驛小史純尉史仲山取麥一石前後二石又石凡三石（居延簡56.1）

此簡蓋卽傳舍所記，其麥爲人所食，而菱則爲馬所食，驛小史卽嗇夫之吏，而尉史蓋
卽都尉之吏也。

　　甘露二年正月辛卯朔，丙午，肩水庫嗇夫（中缺）載輪移落亭名樂里姓牛車各

　　（下缺）（居延簡37.51.）

　　二月丙戌，肩水軍嗇夫廣宗以來。（居延簡284.4）

以上所舉。凡兼行之職仍用本職印信，而不用兼職印信。其無官印者，則與私印行
事，蓋漢世官易人則易印，而兼職代行者皆無之，是則與後世之制異矣。

(二)燧隧

　　說文解字𨸏部曰『隧塞上亭守燧火者也。』又火部曰『燧隧候表也，邊有警則舉
火。』故隧指亭燧之建築，而燧指其所舉之候表，今按前所舉之官制，候長以下曰隧
長，而不曰燧長，卽以隧本亭之異名，隧長卽塞上之亭長也。若言燧長則等於言候表
之長，卽爲不詞矣。

　　言隧實可以及燧，統言之則爲燧隧。然舉燧實爲隧上之事，故有事言燧與積薪而

不必言燧，具見如下：

> 望見虜一人以上入塞，燔一炷薪，舉二烽，夜二苣火。見十八以上在塞北，燔舉如一人，須揚。望見虜一百人以上，若攻亭障，燔一炷薪，舉二烽，夜二苣火。不滿二十人以上，燔舉如一百人同品，虜由亭障，燔舉晝舉亭上烽，夜舉離火火，次亭逐合，燔舉如品。（漢晉西陲木簡頁五十六。）

> 虜守亭障不得燔薪舉。（漢晉西陲木簡頁五十二。）

> 虜守亭障，不得燔薪，晝舉亭上烽一煙，夜舉離合苣火，次第燔積薪，如品約。（居延簡 4.11.）

> 午日下晡時，見居延蓬二通，夜食時，堠上苣火一通，居延苣火。

> （居延簡 332.13.）

> 堠上旁烽一通，同時付竝山，丙辰日入時。（居延簡 349.11.）

> 臨莫燧長留入戊申日西時，史□虜燧上表再通，塢上苣火三通。

> （居延簡 126.40.）

是燧所舉者，可有三事：一爲烽，二爲積薪，三爲苣火。歷來言烽燧者，惟墨子號令云：『候無過十里，居高便所樹表，表三人守之，北至城者三表，與城上烽燧相望，晝則舉烽，夜則舉火。』言舉火不言燧，是猶爲古書，未如後世解說，混燧與所舉之火爲一物，又如史記司馬相如列傳云：

> 聞烽舉燧燔。集解引漢書音義曰：『烽如覆米𥲤，懸著桔橰頭，有寇則舉之。燧積薪，有寇則燔然之。』

漢書賈誼傳云：

> 候望烽燧不得臥。注文穎曰：『邊方備胡寇，作高土櫓，櫓上作桔皐頭，懸兜零，以薪草置其中，常低之，有寇則火然舉之以相告曰烽。又多積薪，寇至則然之以望其烟曰燧。』

雖解釋烽之制度猶可根據，然謂積薪爲燧則二說皆誤。蓋燧上固積薪，然燧上之事不僅積薪而已，諸簡皆不稱積薪曰燧，凡言燧者皆指亭燧而言，二說於此未加分辨，猶爲未達一間。又文穎謂積薪望其烟爲燧，尤誤，前所舉居延簡 14.11 明謂晝舉亭上烽一煙，是煙爲烽所出，與積薪無與。燧，積薪，與煙本三事，不能混爲一談也。

又漢書賈誼傳注引張晏曰『晝舉烽，夜燔燧，』師古曰『張說誤也，晝則燔燧，夜則舉烽。』按燧不僅指積薪而言，張說已未允當，然所稱烽用於晝而薪用於夜猶未為大失，顏師古則以不誤為誤。以前所論者，如前引墨子號令，張揖（文選喻巴蜀檄，李善注引，）司馬貞（史記周本紀索隱，）張守節（史記司馬相如列傳正義，）皆與張晏說相同，惟廣韻同於顏說。大約廣韻襲自切韻，而顏說亦從切韻而來，其說至早不過能推至切韻，已不甚早。今以漢簡證之，則燧用於晝，苣火用於夜，而積薪則晝夜兼用，確定不可移易。而顏說為失矣。

前引居延簡 126.40 『燧上表再通，』表指燧而言，說文云『燧候表也，』故燧亦曰表，又敦煌簡言表者亦頗多，例如：

縣承塞亭各謹候北塞燧卽舉表皆和，晝南端亭以札署表到日時。

（敦煌簡邊燧三十五。）

扁書亭燧顯處令盡諷誦知之，精候望，卽有燧火，亭燧回度舉毋必……

（敦煌簡邊燧三十七。）

七月乙丑日，日出二干時，表一通至，其夜食時苣火一通從東方來，杜充見。

（敦煌簡邊燧三十八。）

據此則燧表本是一物，二名互稱者，（墨子號令之垂，孫氏間詁云應作表，雜守篇之烽亦此物，王氏墜簡，考釋引之，）據前引司馬相如傳及賈誼傳注，則燧為以桔槔舉兜零，燔烟而告遠者。王國維氏以為有不然之烽，然兜零大不過數尺，若不燔草成烟，二三里外便難望見。漢代亭燧大率相去十里，懸數尺見方之兜零，決無可互相望見之理。若依王氏所說烽可相去三十里，則不惟不然火之兜零不可望見，卽然兜零中烟亦不可望見矣。以近事例之，昆明城北之玄武祠金殿距城二十里，當晴季天日清和，附近山頭，遙望昆明五華山水塔，隱約可見，而圓通山五華山之樓閣皆不能驟辨。水塔方圓數丈，猶僅能見其隱約，若數尺之兜零，決無可見之理，昆明拔海五千餘尺，空氣高爽，當晴和之日，原無氛霧之虞，尚猶如此，則此事決不能通于塞外審矣。王氏亦知其如此，於是謂『晝中之烟，比夜中火光不能及遠，……夜中火光自可及數十里……故置燧之數，宜密置烽，此自然之理也。』然烽與燧分置，事實上靡費而反增不便，於情理不合，且木簡不惟無分置之證據，而前引居延簡 14.11（西陲木簡夏五十

六略同，)『晝舉亭上燧，夜舉離合苣火，』尤爲晝夜所舉皆在一地之確據，王氏流沙墜簡所攷多極精確，惟後出資料有爲王氏所未見者，故其攷釋終不免間有出於附會而距事實眞情爲遠也。（庾闡揚都賦注以下各條皆非漢世北邊之制，未足爲據。）

王氏所據以論燧隧異地者爲敦煌簡燧隧類第七簡：

宜禾部盨第：廣漢第一，美稷第二，昆侖第三，魚澤第四，宜禾第五。王氏因與隧之名目次第多寡不同，遂斷爲燧當與隧另設，今細繹此簡之意，昆侖（漢志廣至縣宜禾都尉治昆侖障，）魚澤（後漢書孫寶傳，寶從京兆尹左遷魚澤障候。）皆爲障，障有障候，王氏曾攷定卽候官，則此簡次第當爲候官次第。若其次第均爲候官，則所言燧者，乃泛指燧隧之事，非謂宜禾部僅有五燧也（此簡出敦六乙，遠在宜禾以西，此特言傳燧之次第，亦卽傳苣火積薪之次第，言候官卽已兼包亭隧，非宜禾本部所記，原不必詳舉亭隧之名也。）

敦煌簡戍役類第二十九簡云：

二人削除亭東面，廣丈四尺高五丈二尺。

亭卽隧，簡中多亭隧並稱，如：

亭隧大遠，晝不見烟，夜不見火，土吏候長候史耿朔告具燔薪以□□候史

（下缺）（敦煌簡燧隧三十九。）

王氏謂烽臺（隧）高至五丈有餘（太白陰經，通典。）燧干之高亦至三丈（沙氏書第六百九十四簡釋文，原簡未印。）以證前第二十九簡，其說良是，惟□此弟三十九簡，則晝之燧烟，夜之苣火，有時不可望見，而不得不燔薪者（前引簡云隧守亭障，不得燔積薪，此蓋指有虜處也，）則亭隧雖高亦不能及太遠也。

亭隧或曰塢，後漢書馬援傳注，『塢，小城也，』與亭隧之意亦同，蓋城隧均有壁可保也。

檄塢上旁燧一通。（居延簡379.27.）

火一通人定時出塢上苣火。（居延簡536.3.）

畜達詣近所，亭隧障壁收葆止行。（居延簡537.2.）

燧有戍卒三人，司候望事。（與墨子號令『表三人守之』之制相同。）

戍卒三人，以候望爲職，戍卒濟陰郡生陶羊亏里魏賢之死，夜直惟誰？夜半時

紀不？誰得使戍卒除？（居延簡183.7.）

燧有守狗：

　　左後部小畜狗一日傳詣官急。（居延簡74.6）

　　出小狗一石（居延簡75.19）

若有虜入塞舉燧火之法，見前引西陲木簡及居延簡，若遠望有火光而未入塞者，亦當具告。

　　□火四所，大如積薪。去塞百餘里。臣憙愚。（下缺。）（居延簡564.28.）

凡燧燧之火，皆存火種，每節令例更新火。

　　御史大夫吉昧死言丞相相上太常昌書言太史丞定言：『元康五年五月二日壬子日夏至，宜奮兵，大官邧井，更水火，進鳴雞，謁以聞，布當布者。』臣謹案比原宗御者，水衡抒大官御井，中二千石二千石官在長安雲陽者，其民皆受，以日至交火，庚戌奮兵不聽事，盡甲寅五日，臣請布，臣昧死以聞。

　　　　　　　　　　　　　　　　　　　　　　　　（居延簡10.27,5.10）

此則漢世燮理陰陽故習，無關烽燧之事矣。

　　塞上設關，以關嗇夫掌之，嗇夫有佐（見前）。肩水之關名肩水金關，關之出入者用符券，其文如下。前簡為存根，次當為符籍也。

　　始元十年閏月甲辰，居延典金關為出入六寸符券齒百，從第一至千尤居官，右移金關，符合以從事。／第八。（居延簡65.8.）

　　書佐忠時年廿六，長七尺三寸，黑色，出一車乘，第三百九十八。

　　　　　　　　　　　　　　　　　　　　　　　　（居延簡280.3.）

　　（上缺）年九月丁巳朔，庚申，陽翟□獄守丞就，兼行丞事，移函里男子李立第臨，自言之居延，過所縣邑侯國，勿苛留，如律令。

侯句友。

　　　陽翟獄丞：（居延簡140.1）

其關名金關，則於居延簡288.2,32.5,74.5等簡見之，又居延簡31.1中有『金關燧長威』一語，則設關之處，燧亦以關名，如敦煌有玉門關，亦有玉門燧矣。

　　關之設置，蓋限制出入者，漢書匈奴傳云：『中國四方皆有關梁障塞，非獨以備

塞外也，亦以防中國姦邪，放縱出爲寇害。』此雖以答單于請罷關梁，實亦設關之本旨。故關塞悉記出入者，如：

河陽里張殳年閏渡肩水要虜燧塞天田入今（下缺）（居延簡10.22.）

鄭大□□□長七尺黑色，十一月辛亥出入，（居延簡37.3.）

二月丁巳平旦入（居延簡51.13.）

皆關吏所記也。

戍邊之卒有戍卒騎士，王國維流沙墜簡攷釋曰：

本書器物類第八，九，及三十，三十一四簡所記戍卒四人皆河東汾陰人，又沙氏釋文中所記者，則二爲上黨屯留人，一爲河南雒陽人，一爲潁川陽翟人，一爲廣漢人，其記年齒卒三十有餘，與上第一簡同。案漢制天下人皆直戍邊三日，謂之繇戍，如淳曰（漢書昭帝紀注引，）『天下之人皆直戍邊三日，亦謂之更，律所謂繇戍也，雖丞相子亦在戍邊之調；不可人人自行三日戍，又行者當自戍三日不可往便還，因便往一歲，諸不行者出錢三百入官，以給戍者，是爲過更也。』如是戍邊之期雖僅三日，然行者常一歲而更；故史記將相名臣表記高后五年令戍卒歲更，漢書鼂錯傳云：『今遠方之卒守塞一歲而更，』皆言其實也。漢時人人直戍邊，故敦煌戍卒有河東，上黨，河南，潁川，廣漢，各郡人，又漢制民二十始傅爲更卒（給事郡縣），歲一月，二十三爲正卒，一歲爲衞士，一歲爲材官騎士，水處爲樓船士，過此不服兵役，惟戍邊歲三日，至五十六乃免，故戍卒年齒往往至三四十，非如材官騎士之悉爲壯卒也。——然障塞所役亦不限戍邊之卒，下第十六至二十簡又有騎士，上簡有良家子，有適卒是也。良家子見漢書東方朔，趙充國，甘延壽諸傳。漢舊儀，羽林從官百人取三輔良家子，自給鞍馬。續漢志，羽林郎無常員，常選漢陽，隴西，安定，北地，上郡，西河，凡六郡良家子補。……則兩漢羽林兵皆補良家子，然良家子漢人成語，不必三輔六郡始有之，亦未足爲羽林兵戍邊之證。如第六簡所記非戍邊正卒，及敦煌郡兵又略可推測也。適卒者適戍之卒，蓋始於秦，漢書嚴助傳，淮南王諫伐閩越書云，秦之時嘗使屠睢擊越，秦兵大破，乃發適戍以備之，史記陳涉世家，二世元年發閭左，適戍漁陽九百人。……則秦時戍

卒，大半以謫發也。……武帝時，兵革數動，徵發之士益鮮。……太初元年發天下謫民，西征大宛，天漢元年發謫戍屯五原，四年發天下七科謫及勇敢士伐匈奴，……第七簡之適卒蓋即此種適戍之卒。此簡書法在武帝之後……蓋宣元以後亦偶行此制矣。

今案其言是也，然尚有未盡者，蓋簡牘中戍卒乃指內郡所戍，而騎士率為邊郡之卒。漢舊儀云：『邊郡太守各將萬騎行障塞烽火追虜』，此所謂騎者，即指騎士而言，漢書賈誼傳所稱：『今西邊北邊之郡雖有長爵不輕得復，五尺以上不輕得息，斥候望烽燧不得臥，將吏被介胄而睡。』後漢書陸康傳云：『舊制令戶一人具弓弩以備不虞，不得行來。』亦即內郡戍邊之卒以外，邊郡吏民亦自為守者，今案居延簡中多言騎士，率為邊郡之人也。例如：

昭武騎士市陽里儲壽。（居延簡560.27.）

觻得騎士安定里楊山。（居延簡560.12.）

（昭武）騎士市陽里莫常。（居延簡560.3）

破羌騎士並廷里蘇憲十四。（居延簡564.14.）

觻得騎士定安里楊霸卒馬一匹。（居延簡560.8.）

觻得騎士常利里乙昌（居延簡560.28.）

氐池騎士大昌里孫地（居延簡560.26）

以上所舉騎士籍里皆在張掖，惟另一坑所出（564.14），破羌在金城，然亦邊郡非內郡也。又凡為正卒者雖定為一歲，實則漢書列傳所記多未嘗為正卒（戍邊因有過更之制故未往者尤多）；而申屠嘉，公孫賀，甘延壽之屬，皆以正卒起家，事實上又決不止一歲，謂無變例，恐亦非是。

戍卒以外有田卒，燧卒，渠卒，觀其年歲為二十餘，蓋亦正卒為之，例如：

田卒淮陽新平盛昌里上造孫道年廿三。（居簡延11.2.）

田卒魏郡武安（下略）（居延簡119.1.）

河東渠卒河東皮氏毋憂里公乘杜建年廿五。（居延簡140.15.）

燧卒河東絳邑亭長枚敢年（下缺）（居延簡121.16）

惟其籍里皆為內地，蓋邊地尚騎，故以內郡之正卒司田燧諸事也。

(三)吏事

(1)察吏與計資

太守都尉歲科第屬吏而殿最，其勞資亦當爲科第之科弟之殿最所據，勞資之簿竹見於敦煌簡，如：

> 敦德步廣尉曲平望塞有秩候長敦德亭間田五士王恭秩庶士。新始建國上戊元年十月乙未，迄盡二年九月晦，積三百六十日，除月小五日，定三百五十五。以令二日當三日，增勞七十七日半日，爲五月二十七日半日。

> （敦煌簡簿書四十二。）

以『二日當三日』之制，見於居延簡所載漢令，新世仍漢制不改，故仍云令也。

> 北邊挈令第四：候長候史及將軍吏，勞二日皆當三日。（居延簡10.28.）

即此令原文，其餘如：

> 十月己卯日罷軍病已不迹八日丙戌。（敦煌簡雜事十九。）

> 聊□以十一月壬申日不迹，入十一月十二日壬申日因何候。

> （敦煌簡雜事二十。）

則病中仍除勞積。

凡吏自書資歷，皆言因勞積如：

> 肩水候官執胡隧長公大夫索路人，中勞三歲一·日 ，能書會計治官民 ，頗知律令，文，年卅七歲，長七尺五寸，氐池宜藥里，家去官六百五十里。

> （居延簡17.94 ）

> 肩水候官並山隧長公乘司馬成，中勞二歲八月十四日，能書會計治官民，頗知律令，武，年卅二歲，長七尺五寸，㯟得成漢里，家去官六百里

> （居延簡13.7.）

官之遷轉以功次，勞積有簿錄，居本官者復論其前功，以便稽考。如：

> 以功次遷除肩水候□（居延簡62.56.）

> 元康四年功勞（居延簡20.60·）

> 十一月五日長信少府丞王涉勞一歲九月十日（居延簡41.22.）

> （按長信少府丞與邊事無涉，此蓋記其前功也。）

九月□都相，長史節前功一勞三歲六日。（居延簡53.7.）

（長史即張掖郡長史，□都相即前官也。）

六月廿一日西河北部都尉丞永勞二歲五月三日（居延簡41.10.）
即有劾，劾狀之辨亦言功次。

劾狀辨曰：公乘日勒益壽年卅歲，姓孫氏，迺元康三年七月戊午以功次遷爲

（下缺。）（居延簡20.6.）

故漢代察吏首重功次，北魏停年格其制蓋早昉於此矣。

功曹主府中之功罪，（見尹翁歸，韓延壽，龔遂傳。）督郵察屬縣諸事（見尹翁
歸傳。）屬縣皆太守之吏，故曰都吏也。

宣伏地再拜，請幼孫，少婦足下：甚苦，塞上暑時，願幼孫，少婦足衣強食，
復塞上，宣幸得幼孫力過行還，毋它急，幼都以閏月十日與長史書，俱之居
延，言史入，毋它急，發卒。不審得見幼孫不也？不足備來記。宣以十一月
對，候官未決，謹因使奉書。伏地再拜。

幼孫少婦足下：幼季書願亭掾，掾幸爲到臨渠，驛長對幼孫治所，所書即日
起。候官行候，使者幸未到，願豫自辨，毋爲諸部殿。（居延簡10.16.）

此蓋告友人爲候長者，言候官行候，使豫爲備也。使者見朱博傳本指刺史而言，然刺
史不察黃綬，黃綬以下司察之使者，當指督郵矣。其績優者，則加以遷次，如：

史宜其官，換爲橐他右南亭長。（居延簡118.5.）

即邊塞微官，亦有遷轉之證。

漢代爲吏，必算其家貲，張釋之傳，『以貲爲騎郎，』注蘇林曰：『漢注，貲五
百萬，得爲常侍郎，』『司馬相如亦以貲爲郎，其不及五百萬者，不得爲貲郎，非不
算貲也。如：

候長觻得廣昌里公乘禮忠年卅：

小奴二人直三萬，	大婢一人二萬，
軺車二乘直萬，	用馬五匹直二萬，
牛車二兩直四千，	服牛二六千，
宅一區萬，	田五頃三萬，
凡貲直十五萬。	（居延簡37.35.）

貲直十五萬，卽十五金，漢書文紀百金中人十家之產也，則中人戶十金與此爲近矣。

算貲與戶籍不同，算貲計其貲產，戶籍則記其丁口，居延簡中出入關籍有記其家人丁口者，漢代戶籍當與此從同，例如：

> 永光四年正月已酉，　　　妻大女昭武張氏年三十二，
>
> 地吞胡隧長張彭祖符，　　　子大男輔年十九歲，
>
> 　　　　　　　　　　　　子小廣宗年十二歲，
>
> 　　　　　　　　　　　　子小女鳳年八歲，
>
> 　　　　　　　　　　　　輔妻南氏年十五歲，　皆黑色。
>
> 　　　　　　　　　　　（居延簡29.2.）

> 永光四年正月已酉
>
> □地延壽隧長孫時符。　　妻大女昭武□　里孫第卿年廿一，
>
> 　　　　　　　　　　　子小女王女年三歲，
>
> 　　　　　　　　　　　妹小女瓦年九歲。　（居延簡29.1.）

(2)刑法與爭訟

漢世以逐捕盜賊爲重，後漢書馬武傳光武言勿爲盜賊自致亭長，故盜賊爲亭長事，前引居延簡20.12亦以詔所名捕及鑄僞錢盜財已未得者爲言。又居延簡179.9云：

> 還界中書到道都吏與縣令以下逐捕搜索郡界中，驗亡人所隱匿處以必得爲次。
>
> 詔所名捕盡事事當奏聞，毋留，如詔書律令。

此當爲詔書下太守者，太守更下詔書於障候，其所重乃在名捕亡人也。故匿亡人及不得者皆有罰，如：

> 不捕得，尤無狀，札到行罰。（居延簡336.38.）

> □審捕馳亡人所依倚處，必得。得，願知書，毋自令吏民相攀證任。發書以書
> 答。謹□典候史廉騎北亭長歐等八人，戍卒孟陽十人處，索□□□□二人所□
> 匿處，發書相□。（居延簡255.27.）

故漢禁亡人至急，蓋大而叛逆，小而盜賊，率皆由亡人以起，如吳王濞招致亡命，周丘以下邳亡命，酗酒無行，爲之謀主，卒起大變。燕刺王旦亦曾藏匿亡命，以謀叛逆，其在邊塞，如匈奴傳所稱：『衛律爲單于謀，穿井築城治樓藏穀，與秦人守

之。』又侯應對匈奴事狀亦謂：『往者從軍，多沒不還者，子孫貧困，一旦亡出從其親戚；又邊人奴婢愁苦，欲亡者多，日聞匈奴中樂，秦候望急何，然時有亡出塞者。』至於三國，魏志牽招傳猶稱：『流亡山澤，叛入鮮卑，爲中國患。』故禁亡人卽所以整邊防，其事不爲不大。中國刑法自李悝之網捕，及後世之捕亡，皆設專篇，卽以此也。

　　漢世責贓吏至重，贓與盜同科。景後二年詔曰：『今歲或不登，民食頗寡，其咎安在？或詐僞爲吏，吏以貨賂爲市，漁奪百姓，侵牟萬民；縣丞長吏也，奸法爲盜，甚無謂也。其令二千石各修其職；不事官職耗亂者，丞相請以其罪。』足見禁察姦吏，已始漢初。故兩漢已來，張蒼戴涉所舉人爲姦利，雖爲三公，亦或廢或死。凡贓吏有三世禁錮之制，見後漢書陳寵傳。惟丙吉及袁安以寬著稱，乃予贓吏長休，而不案驗。居延簡 14.19 爲。

　　贓翁卿錢六百□卿入□。事以印爲信。

入字下當爲身字。蓋卽案吏贓罪之事也。其告劾亦有名籍，如：

　　元康元年盡二年，告劾副名籍。（居延簡255.21.）

卽副名籍之檢署，此爲其副，正本蓋已上太守矣。

　　訟獄之事，簡牘中頗有姕書，如：

　　　　戍卒東郡□□函何陽　　坐鬭以劍擊傷同郡縣弋里靳龜，右眼一所，地節三年八月辛卯□繫，（居延簡 118.18.）

　　　　□□東郡畊弋里靳龜　　孟夏四月不害日，行貨到屋蘭界中，與戍卒函何陽口異言鬭，以劍擊傷右手指二所，地節三年八月己酉日繫。（居延簡 i3.8.）

行貨蓋卽商人，此爲鬭毆之事。

　　其言盜賊之事者則如：

　　　　唐俱之子唐遼，安定郡界中，共賊殺□子又三人，以狄君爲妻。事發。

　　　　　　　　　　　　　　　　（敦煌簡，簿書四十九。）

　　殺同郡略陽完城旦（下缺）。（敦煌簡簿書五十二。）

　　當時賊燔隨城，贓滿二百，不知何人發覺，種□。（敦煌簡，簿書五十三。）

　　所毆人死襄儀，亡入塞，襄（下缺），（敦煌簡簿書五十五。）

又如：

棄事樂見決事，與霸，德，安漢，不所坐不同，卽上書對具。

（敦煌簡簿書五十。）

太守言詔用名，捕不知何人賊殺（中缺）所當已得罪名明白，安漢（下缺）。

（敦煌簡簿書五十四。）

此兩簡似言一事，亦爲盜賊或鬭毆之事。

至若：

（上缺）□□□□。戊戌令積滿八人，完爲城旦，（敦煌簡簿書五十一）

言律习畜產相賊殺，參分償和，令仲出錢三千，及死馬骨肉，付循淸平。

（敦煌簡簿書五十六。）

則其決事矣。唐律廐庫律曰：『諸犬自殺傷他人畜產者，犬主償其減價；餘畜自相殺傷者，償減價之半；卽故放令殺傷他人畜產者，以故殺傷論。』疏議曰：『……餘畜除犬之外，皆是自相殺傷者，謂牛相觝殺，馬相蹋死之類，假有甲家牛觝殺乙家馬，馬本直絹十疋，爲觝殺估皮肉直絹兩疋，卽是減八疋絹，甲絹乙絹四疋，是名償減價之半，……。』當卽從此律出，惟漢律不計死畜骨肉償三分之一，唐律則計入死畜骨肉償二分之一，計算之法，稍有差異耳。

以上爲訟獄之事，王國維謂塞上軍吏，亦兼治民，其說是也。東漢此事尤顯，屬國都尉所屬候官有專城，見郡國志。蓋亦承西漢舊制，非由新創矣。（敦煌簡簿書五十七，五十八兩簡，字體爲晉代者，故未列入。）

簡牘常見弛刑或適卒，皆以罪人從軍也。例如：

□以主□□復作爲職，居延發徒駐鉗城旦，大男斯毆署作府中寺舍。

（居延簡 560.2.）

元康四年二月己未朔，乙亥，使護鄯善以西校尉吉，副衛司馬富昌，丞慶，都尉寫重都（中缺）迺元康二年五月癸未，以都護檄書遣尉丞赦將弛刑士五十八送□□將車□發。（居延簡 118.17.）

漢制常以罪人爲甲卒，如武帝元鼎五年夏四月南越王相呂嘉反，遣路博德楊僕歸義侯嚴及甲卒皆將罪人江淮以南樓船士討之，太初元年發天下謫民西征大宛。天漢四年發

天下七科謫及勇敢士出朔方，元始六年募郡國徒築遼東玄菟城。此皆其例，王莽用罪人亦見本傳。東漢罷天下車騎材官之都試，故罪人從軍之事尤多。此簡大體皆爲宣帝時物，雖史籍用刑徒於邊戍之事未詳言，然從此簡可知自武帝至東漢迄未間斷也。

二十七年三月，昆明。

漢代郡制及其對於簡牘的參證

　　漢代郡縣制度，爲漢代吏治的基礎，簡牘所記，都是邊塞的事，和中央有關的較少。凡有關吏事的文書，除隧長，候長，候官等相互文書而外都是對於太守都尉和縣令的公文。至於郵驛所記的簡牘，也大都是從烽燧行文到郡和縣。在本篇之中，本應將所有對於郡和縣有的簡牘全數舉出，現在因爲數目太多了，只好全從省略。爲體裁畫一起見，自然應當就漢簡論漢簡。不過講漢代的郡縣吏治向無專書，漢簡對郡縣制度上牽涉太多，勢不能不將漢代郡縣制度重作一番綜合的討論。因此在本篇中對於漢代郡縣制度不論對簡牘是否全有密切的關係，一律加以叙述。所以本篇的分量也就格外的增加起來。

（甲）　太守之設置及其地位的總叙

　　在漢書百官志及後漢書百官志太守的職任是在本郡之內無所不掌的。所以郡制實是地方政治機構上的基本組織。太守爲中央權力的代表，其襄助太守的郡掾屬，亦往往是地方上的儁異。太守旣然要代表中央的權力所以決不任用本地人。在兩漢書中只有朱買臣爲會稽太守一個特例。另外有一個京房爲魏郡特許辟外郡人爲掾屬一個特例。簡牘上太守是否外郡人未加記載，而所記的掾屬只要有籍貫，都是本郡的人。

　　太守對於屬縣甚少取放任的態度的。其以最大治理之權給予屬縣的，漢書所記，只有二事。一爲漢書汲黯傳：『黯爲東海太守……臥閣內不出，歲餘東海大治』。一爲韓延壽『守左馮翊，不肯行縣』共兩件事。汲黯無爲而治對屬縣的寬縱，可以推知。不過汲黯本治黃老言，其治東海淮陽，亦僅循曹參治齊的遺迹，太守的職責，並非經常如此的。韓延壽本能吏，此特以舒緩示人，故爲恣態，也非眞如此的，況言中提到縣皆有令長督郵，督郵本太守吏，可見並非盡將權與縣令長。且在此二事，因爲太守不治事，屬縣方有較大的職守上的自由。卽令長的職權仍爲太守所授予，其處置的權衡，仍在太守的。

　　郡縣間的經常關係，從下列數則可以看出：

　　漢書尹翁歸傳：『田延年爲河東太守，行縣至平陽、悉召故吏五六十人，延年親臨見，令有文者東，有武者西……次到翁歸，獨伏不肯起，對曰：「翁歸文武兼備，唯所施設」……遂召上辭問，甚奇其對、除補卒史，便從歸府、案事發姦，窮竟事情、……徙署督郵。河東二十八縣分兩部，閎孺部汾北，翁歸部汾南，所舉應法，得其罪辜，屬縣長吏雖中傷，莫有怨者。』

　　又：『徵拜東海太守，……翁歸治東海，明察郡中。吏民賢不肖及姦邪罪名盡知之。縣縣各有記籍，自聽其政（注：師古曰，言決斷諸縣姦邪之事，不委令長）有急名則少緩之，吏民小解輒披籍、縣縣收取黠吏豪民案致其罪』。

　　王尊傳：『以高第擢爲安定太守，到官出敎告屬縣曰：「令長丞尉奉法守城，爲民父母，抑彊扶弱，宣恩廣澤，甚勞苦矣、太守以今日至府，願諸君卿勉力正身以率下，故行貪鄙能變更者與爲治、明愼所職，毋以身試法」。』

　　薛宣傳：『入守左馮翊，滿歲稱職爲眞、始高陵令楊湛，櫟陽令謝游，皆貪猾不遜，持郡短長，前二千石數案不能竟。及宣視事，諸府謁宣，設酒飯與相對接甚備、已而陰求其罪減，具得所受取。宣察湛有改節敬宣之效，廼手自牒書條其姦減……湛自罪皆應記，而宣辭溫潤，無傷害意，湛卽時解印綬付吏，爲記謝宣，終無怨言。而櫟陽令游自以大儒有名，輕宣、宣獨移書顯責之……游得檄亦解印綬去。又頻陽縣北當上郡西河爲數郡湊，多盜賊、其令平陵薛恭，本縣孝者，功次稍遷，未嘗治民，職不辦。而粟邑縣小，辟在山中，民謹樸易治。令鉅鹿尹賞久郡用事吏，爲

樓煩長，舉茂材還在栗，宣即以令奏賞與恭換縣 (注：師古曰，時令條有材不稱職，得改之。)二人視事數月，而兩縣皆治……宣得郡中吏民罪名，輒召告其縣長吏，使自行罰，曉曰「府所以不自發舉者，不欲代縣治，奪賢令長名也」，長吏莫不喜懼，免冠謝。」

朱博傳：「遷琅邪太守……姑幕縣有羣輩八人，報仇廷中，皆不得。長吏自繫，書言府賊曹掾史自白，請至姑幕，事留不出。功曹諸掾即皆自白，復不出，於是府丞詣閤，博廷見丞掾曰：「以為縣自有長吏，府未嘗與也，丞掾謂府當與之邪」？閤下書佐入，博口占掾文曰：「府告姑幕令丞，言賊發不得，有書，檄到令丞就職，游徼王卿力有餘，如律令」。王卿得敕，惶怖，親屬失色，晝夜馳鶩十餘日間，捕得五人，博復移書曰：「王卿憂公，甚效，檄到齎伐閱諸府，部掾以下亦可用漸容其餘矣」，其操持下，皆此類也」。

酷吏咸宣傳：「王溫舒為中尉，而宣為左內吏，其治米鹽，事小大皆關其手，自部署縣名曹實物官吏，令丞弗得擅搖，痛以重法繩之，居官數年，一切為小治辯，然宣以小至大，能自行之，難以為經」。

從上看來，縣實際是輔郡而治，郡可以決定縣的一切，如果太守想奪縣權，可使令長完全不能治事。不過一郡的事，實在比較太多了，太守一個人的精神並不能顧到；即咸宣傳所說的，『其治米鹽，難以為經』。因此太守不能不綜其大旨，而用薛宣所謂：『府所以不自發舉者，不欲代縣治，奪賢令長名也』的治理的方法，給予縣令長以事權上較大的自由。

所以在兩漢之世，以吏績著稱的多為太守。其以縣令知名的，如朱雲為槐里令(本傳)，楊興為長安令(楚元王傳)，焦贛為小黃令(京房傳)，原涉為茂陵令(游俠傳)之類，都是由其他事績知名，並非由於縣政。在後漢時，董宣(酷吏傳)和王渙(循吏傳)都以洛陽令政績著聞，但洛陽是京都所在，不是外郡所能比，三國管輅也自稱假使為洛陽令可使道不拾遺，專說洛陽，可見洛陽的不同了。西漢大吏有許多是曾為縣令的，如王尊為高陵令，蕭育為茂陵令，馮奉世為武安長，馮野王為當陽長櫟陽令夏陽令，薛宣為宛句令長安令，朱博為櫟陽令雲陽令平陵令長安令，翟方進為義渠長，何武為鄠令，魏相為茂陵令，召信臣為陽穀長上蔡長，義縱為長陵令長安令，嚴延年為平陵令好畤令，陳遵為郁夷令，董恭為覇陵令，張猛為槐里令，卜式為成皋令，王訢為被陽令，段會宗為杜陵令，平當為順陽長栒邑令，王

吉爲雲陽令之類，但除去魏相，王尊，薛宣，卜式，嚴延年等尙知名當世，餘多知名在爲太守時。而且卜式原爲武帝所留意，魏相等都爲三輔縣令，和外郡的情形自有不同的。縣令長本親民之官，太守不都是精於吏職的能手，縣令長自然尙有不少可以有爲的地方，前所舉的大吏許多都是由縣令長出身，史雖不見其政績，但其升遷當多是由於政績異等，所以決不能說縣令長僅居尸祿。不過中央所賦予太守的職權，遠較郡所賦予縣令長之權爲大。卽太守在郡中所能行使的職權，遠較令長在縣中所能行使的職權爲大。所以縣令長只能由郡課其殿最而定遷轉，其具體的政績，還是在郡守時方能充分表現，因此循吏酷吏傳中所列多爲太守。此並非全由郡位較高，而實由於郡權較大，卽郡才能貫澈其施政理想。因此漢代的地方行政組織的機構，自應以郡爲單位。漢書循吏傳：『孝宣帝……以爲太守吏民之本也』，這是顯著的證據。（又王應麟玉海云：『西漢循吏不載縣令者，郡守得以自辟而郡亦自課之也，東漢循吏十二人，而令長居共二』。亦卽其證。太守遣決曹史問縣事，見後漢書應奉傳）。

東漢漸重刺史，同時又稍重任縣令，親貴如齊王章，功臣如萬修，王梁，馬成，均曾爲縣令。牟融和鮑昱並且從縣令遷司隷。不過大體論來，兩漢的不同，不是郡的組織全被推翻，而是郡的事權上受些牽制，所以郡位仍有相當的重。因爲州郡同是對中央負責，而縣仍只對郡負責，所以兩漢仍無根本的不同。袁紹起兵始於太守，其後太守割據的亦頗有其人，因此決不能只看到東漢和西漢的不同處，而對其同處却忽略。在光武時齊王章由縣令遷太守，功臣中如寇恂、馮異、蓋延、陳俊、臧宮、銚期、王霸、任光、李忠、邳肜、耿純、景丹、馬成、劉隆，都立功後仍爲太守，李忠有循聲。侯霸、韓歆、玉況、蔡茂、鮑昱、馮魴、爰延，皆以太守徵爲三公。所以太守的位置並非不重的。我們看看兩漢位置功臣的方法，也多少可看出來。高帝位置功臣爲封諸侯王；光武位置功臣，則大部分爲太守。就可知高帝時仍然有六國餘智，諸侯王爲『有志之士』所希冀，非此不爲榮；光武時則當西漢二百載積習之下，衆庶心目之中，能爲太守已不錯了(注一)。西漢武帝時寧成出關，稱曰『仕不至二千石，賈不至千萬，安可比人乎』漢書(本傳)？光武時：『與諸侯功臣譙語，從容言曰：「諸卿不遭際會，自度爵祿何所至乎」？高密侯鄧禹先對曰：「臣少嘗學問，可郡文學博士」。帝曰：「何言之謙乎？卿鄧氏子，志行脩整，何不爲掾功曹」？』(後漢書馬武傳)。從此看來，二千石是個並不很低的標準，大族志行脩整的子弟，也不過普通能爲掾功曹而已。後漢

書袁安傳，安常稱曰：『凡學仕者高則望宰相，下則希牧守，錮人於盛世，尹所不忍為也』，其實此言出於河南尹之口，所以言宰相，漢代學仕者，恐大多數只希牧守而已，樂府陌上桑，『十五府小史，二十朝大夫，三十侍中郎，四十專城居』樂府長安有狹邪行：『長安有狹邪，狹邪不容車，適逢兩少年，夾轂問君家，君家新市傍，易知復難忘，大子二千石，中子孝廉郎，小子無官職，衣冠仕洛陽，三子俱入室，室中自生光』。均對於太守相當的重視，樂府本來出於閭里，言多鄙俗，但亦由此更見社會中所崇尚，此外『車生耳』為漢鏡所頌，也出同一的事實（車耳是車外的裝飾，只有太守以上才可以用）。

以上討論太守的地位，以下再討論太守的職守。

（乙） 太 守 的 職 守

太守當春行縣，平時遣督郵察縣，並詔告屬縣以安輯衆庶。

敦煌簡云：

以小面一言已也，未臨會，五月朔以為□期、然士大夫結法所當得，奉命安揖，毋失職，方循行，不辦不憂職者，白奏毋忽，如律令 (流沙墜簡，薄書十)　　　　　　　　　　　　　　　　　　　　　　　（第一簡）

又居延簡云：

□□閣謹以文理遇士卒，毋令冤失職，稍稱令意。且遣都吏循行，廉察不護，太守府書復，幸無忽，如律令。一稼臺，屬壽，□□廣明 (居延簡一〇、四〇)　　　　　　　　　　　　　　　　　　　　　　（第二簡）

這兩個簡都是太守下所屬的，從此兩簡可證太守許多職任。安揖即安輯，武帝紀元光六年云：

將吏新會，上下未輯。注：『輯與集同』。

失職即失所，如：

景後元二年詔曰：『毋令廉士失職，貪夫長利』。

武元狩元年紀：『遣謁者巡行天下，存問致賜之有冤失職者，使者以同』。注：『職常也，失職，失其常業及常理也』。

武元狩六年詔曰：『今遣博士大等分循行天下………詳問隱處亡信及冤失職』。注：『失職失其常業也』。

宣紀本始三年詔曰：『敕吏謹視毋令失職』。注：『職業也，失職謂失其常業也』。

　　<u>成紀河平</u>四年　：『遣光祿大夫博士嘉等十一人行舉瀕河之郡。水所毀傷，困乏不能自存者，財振貸……謹遇以文理，無令失職』。

　　<u>哀帝</u>卽位治曰：『吏二千石及豪富民多畜奴婢，田宅無限，與民爭利，百姓失職，重困不足注：『失職失其常分也』。其議限列。』

　　<u>田儋傳</u>：『陳餘亦失職不得王』。

　　<u>韓信傳</u>：『王失職之蜀，民無不恨者』。

　　<u>高五子傳</u>：『章年二十，有氣力，忿劉氏不得職』。

　　<u>張良傳</u>：『漢王失職，欲得關中』。

　　<u>董仲舒傳</u>：『今吏旣亡敎訓於下，或不承用主上之法，暴虐百姓，與之爲市，貪苦孤弱，冤苦失職，甚不稱陛下之意』。

　　<u>趙廣漢傳</u>：『廣漢爲京兆尹，廉明，威制豪强，小民得職』。

都是同一意義，而且由發見次數的多，可見<u>漢代</u>公文中的常用。

　　循行有三個意義，一爲巡行，二爲循順之行誼，三爲循行吏，三者所用不同，不應當相混的，以上兩簡的循行，意卽爲巡行，<u>漢書</u>中循行和巡行互用，例如：

　　<u>文帝紀元年</u>詔曰：『二千石遣都吏循行，不稱者督之』。

　　<u>武帝紀元狩元年</u>：『遣謁者巡行天下』。

　　<u>武帝紀元狩六年</u>：『詔曰今遣博士大等，分循行天下』。

　　<u>武帝紀元鼎元年</u>詔曰：『遣博士中等分循行』。

　　<u>宣帝紀本始三年</u>詔曰：『朕惟百姓失職不贍，遣使者循行郡國，問民疾苦。』

　　<u>哀帝紀</u>卽位詔曰：『遒者<u>河南潁川</u>郡水出……已遣光祿大夫循行舉籍』。

此皆用循行二字與循行同意。第一簡之循行，指太守行縣事，太守當春行縣，見前引續漢書百官志。第二簡之循行，指太守遣督郵行縣。<u>文元年</u>詔，『遣都吏循行，不稱者督之』。注：

　　<u>如淳</u>曰：『律說都吏，今督郵是也，閑惠曉事，卽爲文無害都吏』。所以『遣都吏循行』，卽是『遣督郵巡行』。

　　其次關於『未臨會，五月朔以爲□期』，是關於期會之事，又見是其他<u>敦煌</u>簡，如：

　　十二癸丑，大前都丞罷軍別治<u>富昌</u>隧，謂郡士吏移書到賓籍 吏出入關人畜車馬器物如官書，會正月三日，須集，移官各三通，毋忽，如律令。

(流沙墜簡，簿書七)。

出入關人畜車馬器物如關書移，官會正月三日，毋忽，如律令。(流沙墜簡，簿書八)。

(上缺)□候長寫移，書到趣實籍郡中□(下缺)。(流沙墜簡，簿書九)。

王國維考釋曰：『右五簡皆上告下之文 (第十簡見前引，十一簡未引)，而七八九三簡則督促期會者也，續漢書百官志：「主記室史主錄記書催期會」。賈誼云：「大臣特以前書不報，期會之間以爲大故」，則漢人之視期會重矣』。案尹翁歸傳云：『取人必於秋冬課吏大會中，及出行縣』。是所謂課吏大會當卽期會，而尹賞傳云：『賞一朝會長安吏車百兩分行收捕』，後漢書胡廣傳云『(法)雄因大會諸吏』，則都是臨時的會。因爲在漢代郡府的組織，略如公府，而公府和朝廷都是常常有會的 (註二)，此見於紀載的較多，朝會和公府的會在漢代史事上往往占著重要的地位，因此我們也可以想到郡府的會在郡政上有相當的重要了。

其次『謹以文理遇士卒』，文理一語原爲漢人所常用，成紀河平四年詔：『謹遇以文理，無令失職』，但亦或作文法，高五年詔：『吏以文法敎訓辨告』，亦大略和此意義相近，又第一簡的不辨，卽王尊和薛宣傳：『供張職辦』，尹賞傳：『賞四子皆至郡守，長子立爲京兆尹，皆尙威嚴，有治辦名』，的辦，又成紀建始四年：『御史大夫尹忠，以河決不憂職自殺』，也與此簡的『不憂職』用法相同，其第二簡的『廉察』，見於高紀五年詔曰：『且廉問有不如吾法者，以重論之』。注師古曰：『廉，察也』。北堂書鈔七十八引東觀記：『公孫述補清水長，太守以其能，使廉治五縣政』，其用法也和此相同。

太守署稱府，第二簡『太守府書覆』，卽稱府，又如居延簡云：

地節五年五月丙子朔，丁丑，肩水候所以私印行候事，敢言之。都尉府移太府府所移敦煌太書曰：『故大司馬博陸侯 (下缺)』。(居延簡，一○、二三)

此則都尉和太守都可稱府，都尉稱府事見後漢書任延傳，普通『府』大約都指太守府而言。如趙廣漢傳：『界上亭長戲曰：「至府爲我多謝趙君」。薛宣傳云：『移書池陽曰：「縣所舉廉吏獄掾王立，家私受賕而立不知，殺身以自明，誠士甚可閔惜，其以府決曹掾書立之枢」。……府掾屬素與立相知者皆予送葬』。翟方進傳：『給事太守爲小吏』。嚴延年傳：『母大驚，便止都亭，不肯入府』。等等，都是太守府稱府的證據，故太守之尊稱爲府尹。

*　　　　　　*　　　　　　*

此外關於太守上計的事，有許多簡道及：

元康三年計母餘完車。(居延簡，一〇、二〇)

元康三年十月盡四年九月吏已得奉一歲集賦。(居延簡，一二六、四二)

郡界母詔所名捕不道亡者。(居延簡，一一六、二三)

肩水候官甘露三年十月盡四年九月。(下缺)(居延簡五十頁)

案續漢書百官志云：『太守歲盡遣吏上計』，吏指上計掾史而言，又百官志注引盧植禮注曰：『計斷九月因秦以十月為正故』。所以上列都是始十月終九月，漢代上計之事，從張蒼時起，卽由郡國上於丞相府，見本傳。而郡所上計薄，是由各縣所上計，由郡集合起來的。續漢志補注及通典職官典引胡廣漢官解詁注曰：

秋冬歲盡各計縣戶口墾田錢穀出入，盜賊多少，上其集薄，丞尉以下歲詣郡課校其功，功多尤為最者，於廷慰勞勉之以勸其後。負多尤為殿者於後曹別責，以糾怠慢也。

此卽言郡集合各縣的計事，以課其殿最，但漢簡上尚有候官上計之事。蓋邊塞之間候官間亦治民比縣，在續漢書郡國志卽有候官裏治之城。這種制度是由西漢發展下來，現在可以知道了。

關於計政的發展，我們少可看出西漢初期以後不同。漢初制度疏闊，酷吏傳序言：『漢興破觚而為圓，斲而為璞，號為漏網吞舟之魚』。此雖指法令而，言但其他制度也和此相類似。文帝初年大臣未親吏事，陳平傳云：

居頃之，上益明習國家事，朝而問右丞相勃曰：『天下一歲決獄幾何』？勃謝不知，問天下錢穀一歲出入幾何，勃又謝不知，汗出洽背，媿不能對，上亦問左丞相平，平曰：『有主者』，上曰：『主者為誰乎』？平曰：『陛下卽向決獄，責廷尉，向錢穀，責治粟內史。上曰：『苟各有主者，而君主何事也』？平謝曰：『主臣！陛下不知其駑下，侍罪宰相，宰相者，上佐天子，理陰陽順四時，下遂萬物之宜，外填撫四夷諸侯，內親附百姓使，卿大夫各得其職也』。上稱善、勃大慙，出而讓平……平曰君居其位，獨不知其任耶？且陛下卽問長安盜賊數，又安可強對耶？

此事盛傳於世。實際上丞相知道天下錢穀之數，總比不知道好些，不過陳平在倉卒之間尚能應對，將宰相職守加以概括，較周勃一無所知者為勝而已。至武帝時，便甚重天下歲計的事，武帝紀云：

元封五年……封泰山，朝諸侯王列侯，受郡國計。

太初元年春……還受計於甘泉。

太初三年……三月祀明堂，因受計。

太始四年……四月祀高祖於明堂，因受計。

在每次受計之前，均是巡狩封禪諸事，可見武帝對於歲計是特別重視的。宣帝時魏相稱為任職宰相，魏相傳云：

宣帝始親萬機，屬精為治，練羣臣，核名實，而相總領衆職，甚稱上意。元康中……欲因匈奴衰弱，出兵擊其右地……相上書諫曰：『……今郡國守相多不實選，風俗尤薄，水旱不時，案今年計，子弟殺父兄，妻殺夫者，凡二百二十二人，臣愚以為此然小變也』。

此卽根據計者，又丙吉雖寬於魏相，但丙吉亦言：『民鬭相殺傷，長安令京兆尹職所當禁備逐捕，歲竟丞相課其殿最，行賞罰而已』(本傳)。既云歲竟課其殿最，仍是根據歲計。

關於上計時的情形，以漢舊儀所言哀帝時故事為最詳：

哀帝元壽二年，以丞相為大司徒。郡國守丞長史上計，事竟，遣君侯出坐庭上，親問百姓所疾苦。計室掾吏一八大音者讀勅畢，遣勅曰：『詔書殿下，禁吏無苛暴，丞長史歸告二千石，順民所疾苦，急去殘賊，審擇良吏，無任苛刻，治獄決訟，務得其中，詔愛百姓，因於衣食，二千石帥勸農桑，思稱厚恩，有以賑濟之，無煩擾奪民時，公卿以下，務飾儉恪。今俗奢侈過制度，日以益甚，二千石務以身帥，有以化之，民冗食者請論以法，養視疾病，致醫藥務治之，詔書無飾廚傳，增養食，至今未變，或更尤過度，甚不稱歸，告二千石，務省約如法，且案不改者，長吏以聞。官寺鄉亭漏敗，垣牆陁壞，所治無辦護者不稱任，先自劾不應法；歸告二千石勿聽』。(北堂書鈔設官部引)

這就是因為漢代故事守相務久於其事，以計吏通中外之情，所以對歲計是很重視的。

＊　　　　　　　　　　　＊

關於捕亡治盜的事，在郡中亦甚重要。其見於居延簡的，如

詔所名捕及鑄偽錢財已未得者。(居延簡二〇、一二)

還界中書到遣都吏與縣令以下逐捕搜郡界中驗亡人所隱匿處，以必得為次。詔所名捕盡事，事當奏問，毋留、如詔書律令。(居延簡一七九、九)

都是名捕逃亡的詔書，下太守的。此外如：

　　不捕得，尤無狀，札到行罰。(居延簡三三六、三八)

　　□審捕馳亡人所依倚處□必得，願知書毋有令吏民相攀證任，發書以書
　　答，謹□典候史廉騂北亭長歐等八人戍卒孟陽十人處索□□□□二人所□
　　匿處，發書相□(居延簡二五五、二七)

則爲太守下屬縣的。亭長捕盜的事，案高帝紀云：『令求盜之薛治』，注應劭曰：
『求盜者亭卒，舊時亭有兩卒，一爲亭父掌開閉掃除，一爲求盜掌逐捕盜賊』。後
漢書馬武傳：『毋爲盜賊自致亭長』。王振鐸漢代壙塼圖錄中亦有壙塼作人執兵器
形上題亭長。這都是可以謬亭長有捕盜的職任的。

　　又如：

　　元康元年盡二年告劾副名籍。(居延簡二五五、二一)

　　臧翁卿錢六百□卿入身　事以郵爲信。(居延簡一四、一九)

前簡爲告劾，後簡爲案臧，其事雖出自候官，但案臧非候官所能斷，而告劾言
副，必其正本已上太守了。

　　此外如選舉和錢穀亦爲郡的要政，不過選舉事未見於漢簡，錢穀當於考證漢
簡廩給中言及，此處不再說了。

(丙) 郡 丞 及 掾 屬

　　太守府的佐屬，最大的爲郡丞，郡丞爲六百石官，總諸吏(百官表)，漢書王尊
傳云：

　　令府丞署行能，分別白之。

又漢書朱博傳云：

　　賊曹自白譖至姑幕，事留不出，功曹諸掾皆自白，復不出，於是府丞諸
　　閣，博乃見丞掾。

所以府丞所主仍爲府中的事，和諸曹掾無殊。不過郡掾屬以下由太守除授，而郡
丞則由中央除授。如桓寬爲廬江太守丞，黃霸以河東均輸長察廉爲河南太守丞召
爲廷尉正，趙溫爲京兆郡丞去官爲侍中，桓譚以議郎失旨出爲六安郡丞，孔奮以
姑臧長除武都郡丞爲武都太守等，都是或由賢良除授，或由令長除授。其遷轉亦
或爲二千石。所以郡丞與郡掾的不同，不在職務而在位置。

功曹史主選署功勞(百官志)簡稱功曹，凡府中，都由功曹司之。如：

功曹以翁歸爲不遜。(尹翁歸傳)

後至敕功曹議罰。(韓延壽傳)

韓稜初爲郡功曹，太守葛興中風病，不能聽政，稜陰代興視事，出入二年，令無違者。(後漢書韓稜傳)

議曹王生願從，功曹以爲不可。(龔遂傳)

少有才能，任郡功曹，有公平稱。(後漢書杜詩傳)

初爲郡功曹，嘗擢舉善人不伐其功。(後漢書雷義傳)

歸復爲功曹，選舉不阿請託無所容。(後漢書樂恢傳)

至於府外的事，則歸督郵，如：

徙署督郵河東二十八縣分爲兩部，翁歸部汾南，所舉應法，得其罪辜，屬縣長吏，雖中傷莫有怨者。(尹翁歸傳)

縣皆有賢令長，督郵分明善惡於外。(韓延壽傳)

立秋日署文東部督郵，入見敕曰：『當順天氣取奸惡，以應嚴霜之誅，掾部渠有其人乎』？文曰：『無其人不敢空受職』。寶曰：『誰也』？文曰：『霸陵杜穉季』。……穉季聞之杜門不通，因文所厚自陳如此。文曰：『我與穉季幸同土壤，素無睚眦，願受將命，分當相值。誠能自改，嚴將不治前事。卽不更心，但更門戶，適趣禍年。穉季進不敢犯法，寶亦竟歲無的譴。(孫寶傳)

張儉……太守翟超請爲東部督郵，時侍中中常侍侯覽家在防東，殘暴百姓，所爲不軌，儉舉劾覽及其孖罪惡，請誅之，覽遏絕章表，並不得通，由是結仇。(後漢書張儉傳)

鍾離意……少爲郡督郵……太守甚賢之，遂任以縣事。(後漢書鍾離意傳)

少爲縣小吏，年十八，奉檄迎督郵，冉恥之。(後漢書范冉傳)

案後漢書張酺傳引漢官儀曰：『督郵功曹郡之極位』。所以郡丞以下應以督郵和功曹爲郡吏中的高位。其曾爲郡功曹的如李恂爲潁川太守辟請署功曹，未及到而州辟爲從事，更辟司徒桓虞府，後拜侍御史(後書本傳)，陳禪仕郡功曹，察孝廉，州辟治中從事，車騎將軍鄧騭聞其名而辟焉。(後漢書本傳)，鍾皓以郡功曹辟司徒府(後書本傳)，鮑永以郡功曹舉秀才，更始徵再遷尙書僕射(後書本傳)，楊著仕郡歷五官掾功曹司隸從事仍辟太尉，遷定潁侯相金鄉長(高陽令楊著碑)，侯成治春秋經傳，

郡請署督郵五官掾功曹，守金鄉長，刺史嘉其名高，辟部東平泰山從事(金鄉長侯成碑)夏承治詩尚書爲郡主簿督郵五官掾，功曹上計掾守令冀州從事……除淳于長(淳于長承碑)，至蕩陰令張遷碑所稱『少爲郡吏，隱練職位，常在股肱，數爲從事，聲無細聞，徵拜郎中，除穀城長』。所謂常在股肱，應當是功曹督郵之類。在此數則可以看出功曹督郵雖皆郡中高職，不過功曹在前督郵在後，又因爲上計可補郎官，故功曹亦或轉爲上計掾了。

　　此外，以上諸證都是屬東漢的。東漢州權較大，所以郡功曹辟州以後再辟三府，方出爲令長，此在西漢稍有不同。西漢如張湯給事內史爲寧成掾，以湯爲無害言大府調茂陵尉，杜周以南陽吏薦爲廷府史，王訢以郡縣吏領功稍遷爲被陽令，陳萬年爲郡吏察舉至縣令，于定國以郡決曹補廷尉史……以材高第舉侍御史，王吉少時學明經以郡吏舉孝廉爲印，丙吉以魯獄史稍遷爲廷尉右監，張敞以太守卒史察廉補甘泉倉長，薛宣少爲廷尉書佐都船吏後以大司農斗食察廉補不其丞……樂浪都尉丞幽州刺史，朱博給事縣爲亭長……稍遷至(縣)功曹……以太常掾補安陵丞，後去官入京兆歷曹史列掾出爲督郵書……爲郡功曹……舉樊陽令，等等，都由郡吏直接察舉爲中央的令長丞尉。和東漢郡吏升至功曹以後如不舉孝廉或由計吏補郎官，便須經過州從事，三公掾屬等職方纔外放的不同。只趙廣漢傳稱廣漢少爲郡吏，州從事，以廉節通敏爲名，舉茂材平準令，察廉爲陽翟令，是先仕郡後仕州。但以其他的例參證，趙廣漢傳所稱只是郡吏可以仕州，並非郡吏在一般情形之下是必要仕州，才能升擢，這仍然和東漢習慣是不同的。

　　督郵和功曹之外有主簿，漢書黃霸傳：『居官賜車蓋特高一丈，別駕主簿車繩油屏泥於軾前，以章有德』。朱博傳：『主簿且敕拜起，閑習乃止』。嚴延年傳：『奏成於于中，主簿親近史不得聞』。後漢書周嘉傳：『嘉仕郡爲主簿』。王龍傳：『太守除龍入，爲大司農，和帝問曰：「在郡何以爲理？」龍頓首謝曰：「臣任功曹王渙以簡賢任能，主簿鐔顯拾遺補闕，臣奉宣詔書而已」。』第五倫傳：『鮮于褒薦之於京兆尹閻興興，即召以爲主簿。』高獲傳：『主簿言但使騎吏迎之』。由此看來主簿在郡頗爲重要。百官志未言，惟百官志本注言諸曹略如公府，而公府有黃主簿錄省衆事，郡的主簿當亦略同，武梁祠畫像亦有之，顧炎武日知錄謂：『漢御史臺有此官，而魏晉以下，則寺臺及州郡並多有之』，據以上各條應當不始於魏晉了。

　　不守府各曹的組織，大致皆分爲祭酒、掾、屬(史)、令史、書佐、小史、各

種等級。各曹的名稱，史籍所紀均略， 只有隸釋五引巴郡太守張納磚， 最為完
備，今卽將其職守名位及人數，列舉如下：

府丞一人

從掾位五人

主簿一人

主記掾一人

錄事掾一人

上計掾一人

議曹掾五人

文學主事掾一人史一人

文學掾二人文學史一人

尉曹掾一人

金曹掾一人左右史各一人

漕曹掾一人左右史各一人

法曹掾一人史一人

集曹掾一人右史一人

兵曹掾一人右史一人

比曹掾一人史一人

功曹史一人

待事掾五人

奏曹史二人

戶曹史三人

戶令史一人

獻曹史一人

辭曹史二人

賊曹史四人

右賊曹史一人

決曹史一人

倉曹左右史各一人

中部南部督郵共二人

　　市掾一人

　　中部案獄一人

　　府後督盜賊一人

　　守屬八人

此碑所列遠較史籍爲詳，洪氏所稱爲一郡之吏，其說甚是。惟諸曹中有有掾而無史的，亦有有史而無掾的，且一曹之中亦不限一定一掾，可見掾史之分只是職位上，而不是組織上。續漢書百官志太尉下引漢書音義曰：『正曰掾，副曰屬』，屬即是史，則掾和史只是正副的不同而已。再者諸曹之中，尚分高下，高者爲右曹（見朱博傳），其次爲後曹，後曹爲決曹賊曹等（見薛宣傳），此碑決曹賊曹較後，或由於此。只諸曹中無五官曹和門下曹掾史，未詳其故，或巴郡將事併入他曹，今未敢斷言。

　　今更以他碑及史籍證之。(注三)

　　　　議曹龔遂傳：『議曹王生願從』。朱博傳：『所至輒去議曹，曰，豈可復立謀曹耶』？原涉傳：『扶
　　　　　　風謁請爲議曹』。

　　　　尉曹見西狹頌

　　　　集曹見倉頡廟碑

　　　　奏曹見竹葉碑陰

　　　　戶曹見竹葉碑陰

　　　　辭曹見竹葉碑陰

　　　　決曹西漢食貨志引漢官儀曰：『決曹主罪法事』。于定國傳：『爲郡決曹史決獄』。王尊傳：『爲郡決
　　　　　　曹史』。薛宣傳：『其以決曹掾書（獄掾王）立之枢』。路溫舒傳：『補決曹史』。後漢書郭躬
　　　　　　傳：『父弘習小杜律太守以弘爲決曹掾，斷獄至三十年，用法平，諸爲弘所決，退無怨情，
　　　　　　郡內比之東海于公。』

　　　　賊曹薛宣傳：『賊曹掾張扶』。朱博傳：『姑幕有八人報仇庭中，皆不得，賊曹史自白，請至姑
　　　　　　幕』。又作賊捕掾張敞傳注師古曰：『主捕掾』。

　　　　五官掾王尊傳：『五官掾張輔』。又見於孔彪碑鄭季宣碑西狹頌及武梁祠石刻等。

　　　　門下掾朱博傳：『門下掾贛遂』。後漢書郅惲傳：『縣令卑身崇禮，請爲門下掾』。又有門下督，
　　　　　　游俠傳：『萬章爲京兆尹門下督』。

　　　　塞曹見居延簡

又按續漢書百官志云：

　　　　太尉掾史屬二十四人。本注曰：『漢舊注，東西曹掾比四百石，餘掾比三

百石，屬比二百石。故曰公府掾比克元士三命者也。或曰漢初掾史辟皆上言之，故有秩比命士，其所不言，則爲百石屬，其後皆自辟除，故通爲百石云。注：漢書音義曰：『正曰掾，副曰屬』西曹主府史署用，東曹主二千石長吏，遷除及軍吏戶曹主民戶祠祀農桑，奏曹主奏議事，辭曹主辭訟事，法曹主郵驛科程事，尉曹主卒徒轉運事，賊曹主盜賊事，決曹主罪法事，兵曹主兵事，金曹主貨幣鹽鐵事，倉曹主倉穀事，黃閣主簿錄省衆事』。令史及御屬二十三人。本注曰：『漢舊注，公令史百石，自中興以後，注不說石數，御屬主爲公御，閣下令史主閣下威儀事，記室令史主上表章招書記，門令史主府門，其餘令史各典曹文書』。

郡皆置諸曹掾史，略如公府，有功曹史主選署功勞，有五官掾署功曹及諸曹事，其監屬縣有五部督郵曹掾一人，正門有亭長一人，主記室史主錄記書催期會，無令史。閣下及諸曹各有書佐幹，主文書。

縣各署諸曹掾史。本注曰：『諸曹略如郡員』。

所以公府郡府和縣廷的組織是大同小異的。公府的掾吏領於長史，其下爲東西曹掾，再次爲諸曹掾，掾下有屬。另有令史若干人不屬於曹。此與郡職大略是相同的。公府無功曹但西曹所掌與之略同，陳遵傳：

公府掾史率皆羸車小馬，不上鮮明，而遵獨極輿馬衣服之好，門外車騎交錯。又日出醉歸，曹事數廢，西曹以故事適之。

此在郡府爲功曹的事，見前所論。(公府無與督郵比者，但督郵所治本飛府內的事，且丞相或大司徒的司直，所職亦差可相比。)其餘各曹以續志所載和張納碑相比，亦大略多同，只續志公府吏職未及佐史以下而已。

在郡吏中，如年高德劭，不願作職吏的，則尊爲祭酒：

鮑宣傳：『薛方嘗爲郡掾祭酒，嘗徵不至』。

後漢書卓茂傳：『及莽居攝以病免歸郡，常爲門下掾祭酒，不肯作職吏』。

後漢書任延傳：『吳有龍丘萇者，隱居太末，志不降辱。…… 遣功曹奉謁……遂署議曹祭酒』。(按延爲會稽郡尉，此郡尉府之祭酒。)

屬亦稱爲史，除見於石刻的外，尚有如：

于定國傳：『其父于公爲縣獄史，郡決曹』。

丙吉傳：『治律令，爲魯獄史』。

李尋傳：『爲獄小史，給事太守府……除補書佐，署守屬監獄，……爲郡

決曹史』。

陳遵傳：『與竦伯松俱爲京兆史』。

不過屬稱史以外尚有卒史一稱，如：

尹翁歸傳：『爲獄小吏，曉習文法……田延年爲河東太守……召上辭問，甚奇其對，除補卒史』。

張敞傳：『敞本以鄉有秩補太守卒史，察廉爲甘泉倉長』。

兒寬傳：『以射策爲掌故，功次補廷尉文學卒史』。注：『臣瓚曰：漢注，「卒史秩百石」，是也。若三輔卒史則二百石，黃霸傳：「補左馮翊二百石卒史」。』

朱邑傳：『少爲舒相鄉嗇夫，遷補太守卒史，舉賢良爲大司農丞』。

孔廟置百石卒史碑：『請置守廟百石卒史一人，典主守廟』。

以上諸則，僅知卒史爲百石吏，尚未知與屬或史的關係如何。但據續漢志引漢官云：

河南尹員吏九百二十七人，十二人百石諸縣有秩，三十五人官屬掾史，五人四部督郵吏，部掾二十六人，案獄仁恕掾三人，監津渠漕水掾二十五人，百石卒史二百五十人，文學守助掾六十人。書佐五十人，循行二百三十人，幹小吏二百三十一人。

究其組織可如下列：

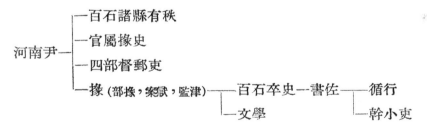

此與張納碑不同處，其最大地方爲有諸曹史及而無百石卒史及書佐循行和小吏，書佐以下本爲佐史，張納碑中或不取此等佐史，但石卒史何以無有，而所有的爲諸曹史，是諸曹史即有爲百石卒史的可能。再以河南尹部屬論之，亦當不應有掾而無屬。所以諸曹史應當爲百石卒史的別稱。不過在文籍上無直接的解釋，不敢就此確定而已。

令史之職以續志所記公府者爲最詳，續志言郡無令史，張納碑有戶令史，漢官所記河南尹亦無令史，此與張納碑不同。可見張納碑的令史是因特殊關係所

設，非依定制。按續志公府的屬爲二百石，而令史只百石。若在太守府，屬爲百石，則令史不過斗食。故卒史和令史應同爲史，所不同的，卒史級高，令史級低。按居延簡：

> ☑道鳴池里☐廣地癸亥☐☐張掖酒泉衆☑行候☑所亭郡河津金關毋苛止錄復便申言之如律令。掾不害，令史應。(居延簡三六、三)

可見令史是可屬於掾的。其他簡牘各則，或稱屬，或稱史，或稱卒史，或稱令史，或稱尉史，初無定例。所以在對於令史的職務，更有詳明的新發見以前，我們只能根據屬和令史的秩祿有不同，斷爲階級上的分別而非職務上的分別。至簡牘所見，略舉於下：

> 二月丁卯丞相相下車騎將軍，將軍，中二千石，二千石，郡太守，諸侯相，承書從事下當用者，如詔書。少史慶，令史宜王，始長。(居延簡一〇、三〇)

> 三月丙午張掖長史延行太守事，肩水倉長湯兼行丞事，下屬國，農部都尉小府，縣官承書從事下當用者，如詔書。守屬宗，助府佐定。(居延簡一〇、三二)

> 十一月壬子玉門都尉陽，丞☐敢言之，謹寫移敢言之。掾安，守屬賀，書佐通成。(敦煌簡簿書一三)

> 閏月丁己，張掖城尉誼，以近次兼行都尉事，下候城尉，承書從事下當用者，如詔書。守卒史義。(居延簡一〇、二一)

> 二月庚午，敦煌玉門都尉子光，丞萬年，謂大前都候寫移書到定郡☐言到日如律令。卒史山，書佐遂已。(敦煌簡。簿書)

> 地節三年十一月癸末朔，庚子。騂得守丞臨平，移肩水候☐處理☐☐成☐爲肩水☑掾充，令史武光。(居延簡五六〇、一七)

> 三月癸酉大前都候嬰☐下脈胡守士吏方，承書從事下當用者，如詔書。令史偃。(敦煌簡，簿書)

> ☐☐丙寅，士前都候☑士吏異，承書從事下當用者，如詔書。令史尊。(敦煌簡，簿書)

> 元康四年六月丁巳朔庚申，左前候長禹敢言之，謹移戍卒買賣衣財物長書名籍一編敢言之。

> 印曰蘭禹，六月壬戌金關卒延壽以來，候史充國。(居延簡一〇、三四)

> 河平四年十月庚辰朔，丁酉，肩水候月敢言之，謹移傳驛馬名籍一編敢言

之。令史臨，尉史音。（居延簡二八四、二）

究上所舉，掾屬的署名，本無一定的例，現只能就其階位來分而已。

至於書佐以下的職務，據續漢書百官志云：『閣下及諸曹各有書佐，幹，主文書』，書佐之職據漢書朱博傳云：『閣下書佐入，博口占檄文』，則書佐之職乃掾史行文以後，由書佐抄錄。幹吏所職大約與此略同，只地位較低而已，所以續志引漢官河南尹稱爲幹小吏。至其升遷，據漢書王尊傳云：

> 求爲獄小吏，數歲，給事太守府。問詔書行事，尊無不對，太守奇之，除補書佐，署守屬監獄。久之尊稱病去職……復召署守屬治獄，爲郡決曹史。

所以郡吏的遷轉，應爲獄小吏，太守府小吏，書佐，守屬，曹史。曹史當爲卒史，但卒史之下應有令史，按張納碑尚在守屬之上。漢書項籍傳云：

> 『陳嬰者故東陽令史』：注『蘇林曰：「曹史也」，晋灼曰：「漢儀注，令史曰令，史丞史曰丞史」，師古曰：「晋說是也」。』

丞史之稱未見，但以都尉候官之史稱尉史之例看來，則丞史應當可以有這種稱法。不過據張納碑有戶令史，戶本爲戶曹，戶令史雖與戶曹史有別，但旣言『戶』，且列於曹史之後，則與戶曹史的同處，應爲職司上；而其異處，則爲名位上。因此，蘇林解釋令史爲曹史，雖然不能算確切，但就職務上說，那就相差有限了。

吏分文吏和武吏，居延簡：

> 肩水候官候史大夫尹□□勞□□二月廿五日能書會計治官民頗知律令文年廿三歲長七尺三寸魃得成漢里。（居延簡三〇六、一九）

> 肩水候官並山隧長公乘司馬成中勞二歲八月十四日能書會計治官民頗知律令武年卅二歲長七尺五寸魃得成漢里家去官六百里。（第四〇頁）

此兩簡的格式完全相同，只其一爲文吏，而其另一簡爲武吏。關於文吏和武，吏史籍中屢有紀載的，漢書：

> 尹翁歸傳：『爲獄小吏，曉習文法，喜擊劍，人莫能當。……後去居家，命由延年爲河東太守行縣，至平陽，悉召故吏五六十人，延年親臨見，令有文者東，有武者西，翁歸獨伏不肯起。對曰：「翁歸文武兼備，唯所施設」。』

> 朱博傳：『博本武吏，不更文法』。

> 又朱博傳：『常令屬縣各用其豪傑以爲大吏，文武從宜』。

尹賞傳：『長安中姦猾浸多，閭里少年，羣輩殺吏，受賕報仇，相與探丸
為彈，得赤丸者斫武吏，黑丸者斫文吏，白者主治喪』。

所以文吏之文，卽文法之文，且與武吏的武對言的。漢書蕭何傳：

『以文無害為沛主吏掾』。注：『服虔曰「為人解通無嫉害也」。應劭曰「雖
為文吏而不刻害也」。蘇林曰：「毋害若言無比也。一曰害勝也，無能勝害
之者」。晉灼曰：「酷吏傳，趙禹為丞相亞夫吏，府中皆稱其皆稱其廉，然
亞夫不任，曰極知禹無害，然文深不可以居大府。蘇說是也」。師古曰「害
傷也，無人能傷害之者，蘇晉兩說皆得其意，昭應非也」。』

王先謙補注曰：

『宣紀詔云：「能使生者不怨，死者不恨，則可謂文吏矣」。文者循理用法
之謂，過於理則為文深，為舞文、集解引漢書音義云：「無害者猶言無
比，陳留閒語也」，此無害之確詁，文無害，猶言文吏之最能者可，……
墨子號令篇：「請擇吏之忠信者，無害可任事者」，案無害可任事者猶云最
後可任事者也。論衡程材篇論史云巧「習無害，文高德少」，巧習無害猶言
巧習無比，是無害二字言吏高下皆可施用，索隱「主吏功曹也」，主吏掾卽
功曹掾』。

無害卽無比，文無害卽文吏而無比者。王說甚是，不過王說文吏為循理用法之
謂，却未盡允當，宣帝的詔意思是說文吏持法應當『使生者不怨，死者不恨』，如
此裁可算國家的文吏。並非說文吏的詁訓是循理用法，因為不循理用法，文深舞
文，亦是文吏，不過非縣官所望而已，所以宣帝所言只是文吏的道德標準，而非
文吏的定詁。因此文吏應當釋作文法之吏，對武吏而言的。

因為文吏在習慣上指文法之吏來和武吏相對，所以儒者為吏，亦但稱儒者而
不稱文吏。何武傳云：

疾朋黨，問文吏必於儒者，問儒者必於文吏，以相參驗。

所以儒生為吏，一般人是認為文吏和武吏之外的另一格的。至於後漢尙以文指文
法而言，如後漢書：

周興傳：『尙書出納帝命，為王喉舌，臣等既愚闇，而諸郎多文俗吏，鮮
有雅才』。

陳寵傳：『茭後徵咸，遂稱病篤，於是乃收領其家律令書文，皆壁藏之』。

何敞傳：『敞疾文俗吏，以苛刻求當世之舉』。

東北等處所謂文，都和『文學』，『文章』的文不同，都是專指文吏的『文法』之文而言的。

在佐史以上爲吏，其不及佐史的爲卒。漢時吏卒常並稱的，如：

漢書咸宣傳：『鄠令將吏卒闌入上林中』。

後漢書任延傳：『擇吏貧者輒分奉祿以賑給之，省諸卒令耕公田，以周窮急』。

至於以下各節，都可顯見卒的地位較低，如：

漢書酈食其傳：『爲里監門注：蘇林曰監門卒也。然里中賢豪不敢役』。

漢書梅福傳：『變姓名爲吳市門卒云』。

後漢書范式傳：『南陽孔嵩……變姓名爲新野縣阿里街卒，式行縣到新野，而縣選嵩爲導騎迎式。式見而識之，呼嵩把臂謂曰：『……吾蒙國恩致位牧伯，而子懷道隱身，處於卒伍，不亦惜乎？』嵩曰：「侯嬴長守於賤業注：史記侯嬴年七十家貧爲大梁夷門卒 晨門肆意 於抱關……貧者士之宜，豈爲鄙哉」？式勑縣代嵩，嵩以先備未竟不肯去』。

因爲卒的位置甚低，所以當時認爲賤業了。不過卒伍雖然役於官，仍然有時可以升擢，以爲郡縣吏的。漢代吏卒本不甚分辨，如酈食其高紀稱爲里監門，監門之養，本爲賤業，而本傳稱爲里監吏，路溫舒的父本爲監門卒，而溫舒得爲縣吏，以次升擢，可見與本人及家世的貴賤無涉的。

（丁） 州　從　事

關於州從事的組織，是應當和司隸從事併論的。續漢書百官志云：

司隸校尉……建武中復置，並領一州，從事史十二人。本注曰：『都官從事主察舉百官犯法者，功曹從事主州選署及衆事，別駕從事校尉行部則奉引錄衆事，簿曹從事主財穀簿書，其有軍事則置兵曹從事主兵事，其餘部郡國從事每郡國各一人，主督促文書，察舉非法，皆州自辟除，故通爲百石云』。假佐二十五人。本注曰：『主簿錄閣下事省文書，門亭長主州正門，功曹書佐主選用，孝經師主監試經，月令師主時節祠祀，律令師主平法律，薄曹書佐主簿書，其餘都官書佐及每郡國各有典郡書佐一人，各主一部，以郡吏補，歲滿一更』。

> 諸州……皆有從事史假佐。本注曰：『員職略與司隸同，無都官從事，其
> 功曹從事爲治中從事』。

據此司隸和諸州的從事是相類似的。司隸確實部州始於東漢，所以西漢司隸掾史
如何是不必在此討論。東漢時司隸和諸州的分別主要就在有無都官從事，卽除去
督察二千石長吏以外，是否具有督察其他官吏之職權。後漢書竇武傳：

> (胡)騰字子升，初桓帝巡狩南陽，以騰爲護駕從事，公卿貴戚車騎萬計，
> 徵求費役，不可紀極。騰上書言『天子無外，乘輿所幸，卽爲京師，臣請
> 以荆州刺史北司隸校尉，臣自同都官從事』。帝從之，自是肅然，莫敢妄
> 有干欲。

此卽其證。

功曹從事在州爲治中從事，其名雖殊，而掌執衆事，是仍和郡的功曹史相同
的。後漢書陳禪傳云：

> 仕郡功曹，舉善黜惡爲邦內所畏，察孝廉，州辟治中從事，時刺史爲人所
> 上受贓納賂，禪當傳考……及至……辭對無變，事遂散釋。

後漢書傅燮傳云：

> 刺史耿鄙委任治中程球，球爲通姦利，士人怨之。

後漢書袁紹傳云：

> 韓馥見人情歸紹……乃謀於衆曰：『助袁氏乎，助董氏乎』？治中劉惠勃然
> 曰：『興兵爲國，安問袁董』。

後漢書獨行傳云：

> 王忳……仕郡功曹州治中從事，舉茂材除郿令。

其別駕從事則見於後漢書陳禪傳：

> 曾孫寶亦剛壯有餘風，爲別駕從事，顯名州里。

又陳蕃傳：

> 初仕郡舉孝廉除郎中，遭母喪，棄官行喪，服闋，刺史周景辟別駕從事，
> 以諫爭不合，投傳而去。(又見王久袁紹，劉表，陶謙，劉焉，陸績傳)

治中和別駕爲州中重任，三國志龐統傳云：

> 先主領荆州統以從事守耒陽令，在縣不治，免官。吳將魯肅遺先主書曰：
> 『龐士元非百里才也，使處治中別駕之任，始當展其驥足耳』。諸葛亮亦言
> 之於先主，先主見與善譚大器之，以爲治中從事。

此外主簿亦爲要職，後漢書呂布傳『以弓馬驍武給幷州刺史丁原爲騎都尉，原屯河內，以布爲主簿，甚見親信』。卽其例(又見劉虞傳)。

部郡國的從事，則在未有刺史以前，監御史亦設從事。漢書蕭何傳云：

秦御史監郡者與從事辨之，何迺給泗水卒史。

至設刺史以從，則郡國事亦多以屬部從事，漢書朱博傳：

其民爲吏所冤及言盜賊群訟者各使屬其部從事。

因爲刺史的權增高，所以從事的用亦日顯。後漢書李憲傳：

憲餘黨淳于臨猶聚衆數千人……楊州牧歐陽歙遣兵不能尅，帝議欲討之，廬江人陳衆爲從事，自欲請得喻降臨，於是乘單車駕白馬往說而降之。灊山人共生立祠，號爲白馬陳從事云。

後漢書朱浮傳：

拜浮大將軍幽州牧，……浮年少有才能，頗欲厲風迹，收士心，辟召州中名宿涿郡王岑之屬以爲從事。

後漢書第五種傳：

遷兗州刺史，中常侍單超兄子匡爲濟陰太守，負勢貪放，種欲收舉，未知所使。命從事衞羽素抗厲，乃召羽具告之。羽出，遂馳至定陶，閉門收匡賓客親吏四十餘人，六七日中發其臧五六十萬，種卽奏匡，並以劾超。

後漢書橋玄傳：

玄少爲縣功曹，時豫州刺史周景行部到梁國，玄謁景因伏地言陳相羊昌罪惡，乞爲部陳從事，窮案其姦。景壯玄意，署而遣之。玄到悉收昌賓客，具考臧罪。昌素爲大將軍梁冀所厚，冀爲馳檄救之。景承旨召玄，玄還檄不發案之益急，昌坐檻車徵，玄由是著名。

後漢書史弼傳：

出爲平原相，時詔書下舉鉤黨，郡國所奏相連及者多至數百，惟弼獨無所上。詔書前後切却州郡，髡笞掾史。從事坐傳責曰：『詔書疾惡黨人，旨意懇惻，青州六郡，其五有黨。近國甘陵亦考南北部，平原何理，而得獨無』。弼曰：『先王疆理天下，鬃界分境，水土異齊，風俗不同，它郡自有，平原自無，胡可相比。若承望上司，誣陷良善，淫刑濫罰，以逞非理，則平原之人戶可爲黨。相有死而已所不能也』。從事大怒，卽收郡僚職送獄，遂舉奏弼。會黨禁中解，弼以俸贖罪得免。

後漢書郅壽傳：

> 稍遷冀州刺史，時冀部屬部多封諸王，賓客放縱，類不檢節，壽案察之，無所容貸。乃使部從事專住王國，又從督郵舍王宮外，動靜得失即時驛騎言，上奏王罪及劾傅相，於是藩國畏懼，並爲邊節。

照以上所舉刺史的從事可以責問太守，並由刺史轉奏太守諸侯王及傅相，並傳考郡掾史以下，其從刺史所賦與的職權不可謂不重。朱浮所奏『使者以從事爲耳目』，並非過言。

此外因爲在東漢刺史得領兵，所以從事亦領兵屯戎，後漢書蓋勳傳：

> 爲漢陽長史，中平元年北地羌胡與邊章等寇亂陝右。刺史左昌因軍興斷盜數千萬，勳固諫，昌怒，乃使勳別屯阿陽以拒賊鋒，欲因軍事罪之，而勳數有戰功。邊章等遂攻金城，殺郡守陳懿，勳勸昌救之，不從。邊章等進圍冀，昌懼而召勳，勳初與從事辛曾孔常俱屯阿陽。及昌檄到，曾疑不赴。勳怒曰：『昔莊賈後期，穰苴奮劍，令之從事豈重於古之監軍哉』。曾等懼而從之。

又劉焉傳：

> 益州賊馬相亦自黃巾，……州從事賈龍先領兵數百人在犍爲，遂糾合吏人攻相破之。

從事至縣，由縣功曹奉檄相詣，後漢書袁安傳：

> 初爲縣功曹，奉檄詣從事，因安致書於令。安曰：『公事自有郵驛，私請則非功曹所持』，辭不肯受。從事懾然而止。

凡徵辟先從縣及郡，後始辟州。漢書王尊傳：『爲郡決曹史數歲，以令舉函州從事』注：『如淳曰漢儀注刺史得擇所部部二千石卒史與從事』。王充論衡自紀篇：在縣位至掾功曹，在都尉府位亦掾功曹，在太守爲列掾五官功曹行事，入州爲從事……充以元和三年徙家辟詣楊州，部丹陽、九江、廬江，後入爲治中。

此外先辟郡而後辟州的見於漢書趙廣漢傳，又後漢書蓋延、第五倫、李恂、陳蕃、陳禪，各傳。言州郡並辟的，則見於後漢書鄧彪、盧植、劉焉、衞颯、劉矩、李章、召馴、趙曄、丁恭、侯瑾、李業、彭脩，田恦，各傳。其言爲州裏請的，則見於後漢書崔駰、李固、劉淑、任文公各傳。

州從事的遷轉，有舉茂材的 (漢書趙廣漢傳，後漢書陳禪傳)，有由郡舉孝廉的 (後漢書橋玄傳李恂傳) 有由州察廉吏的 (漢書王尊傳)，有擢爲侍御史的 (後漢書崔駰傳崔朝)，有

辟三公府的(後漢書鄧彪傳、第五倫傳、附第五頡傳、李恂傳、陳蕃傳、王允傳)。

至於州的佐史，見於紀載的較少，大約由於續百官志所稱『以郡吏補，歲滿一更』。其本身之職務仍爲郡吏，與遷轉無關。所以在史籍有傳的人曾經爲郡吏的，應當有曾補入州爲佐吏的。但此與出處不相涉及，當卽爲史官所省略了。

（戊）　都尉及屬國都尉

都尉之職是輔佐太守，典掌武事。因此都尉是不治民的。

大典本漢舊儀：『邊郡太守各將萬騎，行障塞烽火，追虜；長史一人掌兵馬，丞一人，治民。當兵行，長史領。置部都尉，千人，司馬，候，農都尉皆不治民』。

漢書百官公卿表：『郡尉秦官，掌佐守，典武職甲卒，秩比二千石，有丞，秩皆六百石，景帝中二年更名都尉。關都尉秦官，農都尉屬國都尉皆武帝初置』。

續漢書百官志：『其屬國都尉，屬國分郡離遠縣置之，如郡左小，置本郡名。……每屬國置一人比二千石，丞一人。本注曰……典兵禁備盜賊，景帝更名都尉。武帝又置三輔都尉各一人，護出入。邊郡置農都尉，主屯田殖穀。又置屬國都尉主蠻夷降者。中興建武六年省都諸郡都尉，並職太守，無都試之役。省關都尉，惟邊郡往往置都尉及屬國都尉，稍有分縣，治民比郡。安帝以羌犯法，三輔有陵園之守，乃復置右扶風都尉，京兆虎牙都尉』。

從以上所舉漢書百官志，可知都尉一職，西漢和東漢變化甚大。西漢各郡皆有都尉，在東漢只有邊郡爲都尉，及在邊郡的屬國都尉 (泰山都尉，東漢雖曾恢復，但只限泰山，並非及於各郡。)在內郡西漢爲守尉並治，東漢太守兼有都尉的職。西漢制度上都尉不治民，東漢則都尉或治民比郡。

在西漢時，太守和都尉是各有治所的。在漢書地理志，如京輔都尉治華陰，左輔都尉治高陵，右輔都尉治郿，太原都尉治廣武，東郡都尉治東阿，陳留都尉治外黃之類，都和太守的治所不在一處 (注四) 不過都尉和太守的治所雖然不在一處，職責方面亦都尉專典武事，但太守和都尉的職守，究竟是不大分明的。在某一特殊狀態之下，都尉名義和事實上是太守的屬員，而在另一特殊狀態之下，卻

可發生都尉侵權之事。例如：

> 漢書酷吏寧成傳：『以郎謁者事景帝，好氣，爲少吏必陵其長吏，……稍
> 遷至濟南都尉，而郅都爲守。始前數都尉步入府，因吏謁守如縣令，其畏
> 都如此。及成往，直凌都，出其上。都素聞其聲，善遇，與結驩。……
>
> 又『周陽由……景帝時爲郡守，武帝即位，吏治尚修謹，然由居二千石
> 中，最爲暴酷驕恣。……爲守視都尉如令，爲都尉陵太守奪之治。汲黯爲
> 悅，司馬安之文惡，俱在二千石列，同車未嘗敢茵馮。後由爲河東都尉，
> 與其守勝屠公爭權相告言。勝屠公當抵罪，議不受刑，自殺，而由弃市』。

但這是景武中事，在此以後甚少見都尉政績的紀載，列傳中所載爲都尉的，不過
都尉爲遷轉的階梯。雖然偶然有些都尉侵權，但太守遠較都尉爲重要。因此，除
過邊郡都尉有軍事上鎮守的需要外，其餘內地的都尉，憑漢書所記，實看不出有
何種的作用，所以東漢併都尉之職於太守，是應當的結果。

> 續漢志本注曰：『凡郡國皆掌治民……常以春行所主縣……歲盡遣吏上計，
> 並舉孝廉，郡口二十萬舉一人。典兵禁備盜賊，景帝更名都尉』。在『典兵』字以
> 上當有『郡尉』二字原文有脫誤，因爲此處上計選舉等事指太守而言，都尉不能
> 有此職權的。

漢書翟方進傳云：

> 少子曰義，……年二十出爲南陽都尉，宛令劉立與曲陽侯爲督，又素著名
> 州郡，輕義年少。義行太守事，行縣至宛，丞相史在傳舍，立特酒肴謁丞
> 相史，對飲未訖，會義亦往。外吏都尉方至，立語言自若。須臾義至內，
> 謁徑入，立廼走下。義既還大怒，陽以它事召立至，以主守盜十金，賊殺
> 不辜，部掾夏恢等收傳立，傳送鄧獄。

以上的事，是因爲都尉行太守事，才能行縣，而漢書周勃傳言『守尉行縣至絳』，
此自漢初的事，與此稍異。即謂都尉或可行縣，但上計選舉，與都尉無涉。所以
續志本注的前節專指太守和相。而典兵以下方指都尉。王先謙漢書補注百官表都
尉下迻錄續志本注，於此稍失分辨。

北堂書鈔設官部引王隆漢官云：『都尉一人，將兵副佐太守』，胡廣解詁云：
『言與太守俱受銀印部符之任爲一郡副將，然俱主其武職，不預民事，舊時以八
月都試講習其射力以備不虞。皆絳衣戎服，示揚威武，折衝厭難也』。大典本應
劭漢舊儀云：『漢承秦郡置太守，治民斷獄，都尉治盜賊甲卒兵馬』。又：『民年

二十三爲正，一歲而以爲衞士，一歲爲材官騎士習射御馳戰陳，八月太守都尉令
長相丞尉會都試課殿最，水處爲樓船，亦習戰射行船。』在以上各則，亦可見都
尉僅管武事、治民、行縣，選舉諸事是與都尉無關的。

　　至於丞相所下的詔令，也是僅下太守，而不下都尉。如：

　　　　四月庚子，丞吉中二千石，二千石，郡太守，諸侯相，承書從事下當用
　　　　者。(敦煌簡簿書三)

　　　　二月丁卯，丞相相下車騎將軍，中二千石，二千石，郡太守諸侯相，承書
　　　　從事下當用者，如詔書。少史慶，令史宜王，始長。(居延簡一〇、三〇)

所以都尉和丞相並無直接的關係，丞相行文行到太守，太守再下給都尉。則太守
的權應大於都尉，而都尉的職守是要受限制的。又如：

　　　　三月丙午，張掖長史延行太守事，肩水倉長湯兼行丞事，下屬國農部都尉
　　　　小府 (注五) 縣官承書從事下當用者如詔書。一守屬宗，助府佐定。(居延簡
　　　　一〇、三二)

是太守與都尉的文書仍爲詔令，都尉爲太守的屬官是不容疑的了。

　　關於內郡的都尉，屬於太守，其職權僅限於武事，除非侵太守的權，不應管
民事，是可以明白的。邊郡都尉及屬國都尉西漢仍爲太守屬部，從此可知。但
這些都尉在本部的權限，仍要。討論。亦卽續書所稱邊郡都尉及屬國都尉『稍有
分縣，治民比郡』一事，究竟是始目東漢，還是在西漢時已經開始？應加明辨。

　　關於西漢屬國都尉和邊郡一般的都尉所管轄的範圍，似應分開來說。因爲在
設置之初，屬國都尉和邊郡一般的都尉是有不同的。今先言屬國都尉，並略言張
掖屬國之設置續漢書地理志張掖屬國下注云：

　　　　武帝置屬國都尉，以主蠻夷降者，安帝時別領五城。

其意說此屬國都尉爲武帝所置，以領蠻夷降人的。不過張掖屬國的地方在武帝時
卽係昆邪故地。昆邪降後據西域傳所稱，其地已空，何至更有蠻夷降者。武紀太
初三年云：『夏強弩都尉路博德築居延，秋匈奴入定襄雲中殺略數千人，行壞光
祿諸亭障，又入張掖酒泉殺都尉』。案張掖都尉本治居延，漢書地理志云：『居
延，居延澤在東北，古文以爲流沙，都尉治』。師古曰：『闞駰云，武帝使伏波
將軍路博德築遮虜障於局延城』。又續漢書郡國志云：『張掖居延屬國，故郡都
尉，安帝別領一郡』。此居延都尉卽係張掖郡都尉之證。但匈奴傳 (王先謙考爲元鳳
二年)『單于使犁汙王窺邊，言酒泉張掖兵益弱，出兵試擊，冀可復得其地。時漢

先降者聞其計，天子詔邊警備。後無幾，右賢王犁汙王四千騎，分三隊入日勒、屋蘭、番和。張掖太守屬國都尉發兵擊大破之，得脫者數百人』。在此一則，則張掖更有屬國都尉。其時爲昭帝元鳳二年，去武帝最後一年不過七年。但在此七年，尚有始元二年屯田張掖，始元六年設置金城兩件事，不能說昭帝對西邊無新設施。但這只能證明昭帝時可以設屬國，而不足證明，續志武帝說張掖屬國爲誤，爲謹愼起見，如無反面的紀載，不應僅憑情理的猜想以駁斥古書。若謂武帝晚年所立，則太初以後，亦並無直接證據。因此則霍去病傳所說：『迺分處降者於五郡，故屬國而皆在河南，因其故俗爲屬國』。及西域傳：『降渾邪休屠王遂空其地』，之語尙有問題，須爲討論。

按官本漢書武帝紀齊召南考證云：

杜佑通典云：『安定、上郡、天水、張掖、五原』，爲五屬國。以地理志核之。安定屬國都尉三水，上郡屬國都尉治龜茲，天水屬國都尉治勇士滿福，五原屬國都尉治蒲澤，而張掖屬國都尉後書郡國志云：『武帝置』，知通典之說甚確。但安定天水至元鼎三年始置，張掖至元鼎六年始分，則此時豈先置都尉乎？胡三省注通鑑云：五郡故塞外，以隴西、北地、上郡、朔方、雲中，當之，蓋有由也。

胡三省注全文則爲：

五郡謂隴西、北地、上郡、朔方、雲中也、故塞，秦之先與匈奴所關之塞。自秦使蒙恬奪匈奴地，而邊關益斥。秦項之亂，冒頓南侵，與中國關於故塞，及衞靑收河南地，而邊關復蒙恬之舊，所謂故塞外而皆在北河之南也。

在胡注中，河南地分屬此五郡則五屬國亦當分屬此五郡，至於安定和天水胡注未列入，大約因爲當元狩時未設的原故，此與齊氏的意相同。但雲中一郡設郡較早，四至略定，雖鄰近朔方，却未有朔方闢地以後，雲中有新闢地方的證據。雲中之西卽係朔方，河南地的開闢在朔方的南及朔方的西，以地位言，似亦不得由雲中兼領。且在漢書地理志雲中所屬並無屬國都尉，若無積極的證據，雲中本不應貿然加入的。因此只應有隴西、北地、上郡和朔方，共四郡。隴西後分立天水，北地後分立安定，再加上郡和朔方仍與杜佑通典所舉相同。在此看來『雲中屬國』一個名稱，既然證據不充分，只好就通典及續漢志所舉爲準。雖然和霍去病傳及西域傳不合，之處較難解釋。但也可以認爲霍去病傳和西域傳爲籠統之

辭，就多數的屬國而言。因為要完全依照霍去病傳和西域傳，張掖在武帝時已
空，旣已費力徙去，何為又徙胡人前往，是不惟不應有五屬國中的一屬國，並且
不應當有屬國。此與實際情形亦不相合的。這並非滿意的解釋，只是在現有證據
下可能的解釋。

照匈奴傳所稱：『張掖太守屬國都尉發兵擊，大破之』。張掖太守和屬國都
尉並言，可見屬國都尉自有其部屬，否則但稱張掖太守語意已足，又接後漢書竇
融傳：

> 莽敗，融以軍降更始大司馬趙萌，萌以為校尉，甚重之。薦融為鉅鹿太
> 守。融……累世在河西，知其土俗，獨謂兄弟曰：『天下安危未可知，河
> 西殷富，帶河為固，張掖屬國，精兵萬騎，一旦緩急，杜絕河津，足以自
> 守，此遺種處也』，兄弟皆然之，融於是往守萌，辭讓鉅鹿，圖出河西。
> 萌為言更始，乃得張掖屬國都尉。融大喜，即將家屬而西。撫結雄傑，懷
> 輯羌虜，甚得其歡心。河西翕然歸之。是時酒泉太守梁統，金城太守庫
> 鈞，張掖都尉史苞，酒泉都尉竺曾，敦煌都尉辛肜，並州郡英俊，融皆與
> 為厚善。

根據此則，大略可知東漢初年屬國都尉的狀況，更始繼王莽而起，其職官大體皆
恢復西漢制度。當時事由草創，外郡的事大抵不會有所更張，此事且在建武改都
尉制度以前，大體說來應當因仍西漢。據竇融稱『張掖屬國，精兵萬騎』。可見
屬國雖屬於太守，本部是另有武備的。又稱『撫結雄傑，懷輯羌虜』，則屬國都
尉，自有在本部之內，可以行使的政權。按續漢書地理志，張掖屬國都尉凡領五
城，計為：候官，左騎，千人司馬官，千人官(據錢大昕分法)。此皆非城名，而為屬
官之官名，因以其地所在之官名其城。則其地大約不由郡縣，亦可以知道。此雖
為易代草創之時。不過河西四郡未受兵禍，不至大改。且竇融謀到河西之時，更
始當未潰滅，一切當仍舊章，『精兵萬騎』不自竇融始。竇融對於河西，是由『累
世在河西，知其土俗』，則其所知乃過去的經驗，而非臨時的情報。竇融的『累
世』無疑的在西漢之時，其所作為，乃出於預定的計畫，因此謂西漢屬國都尉雖
屬於太守但本身仍特具職權，似不為過。

在此處因為討論張掖屬國都尉的所在，比較方便的關係，因此附帶討論。按
漢書地理志張掖郡除番和農都尉以外，有兩都尉。一在日勒澤索谷，一在居延。
而且並無東南西北等部都尉的名稱，此與其他各郡凡有兩都尉以上的都以方位來

辨別的不同。但在史籍上言張掖都尉的亦不以方位相稱。則張掖都尉竟指那一個都尉殊爲費解。據續志張掖居延屬國下自注云『故郡都尉，安帝別領一郡』。則居延都尉，原爲郡都尉無疑。只是日勒都尉究竟抑爲屬國都尉，尚應考索。假使居延爲郡都尉而日勒爲屬國都尉，卽性質不同，用不着再按方位來稱；且張掖明有屬國都尉，志不應不言，若日勒『都尉治澤索谷』一語都尉上漏屬國二字，則爲據勘上的問題便不是那樣的嚴重難於解釋了。今案漢書趙充國傳云：

> 疑匈奴更遣使至羌中，道從沙陰地，出鹽澤，過長阬，入窮水塞，南抵屬國。

沈欽韓疏證曰：

> 此當爲張掖屬國，時金城尚未置屬國。

由此，便可略從前舉幾個地名，推知張掖屬國和其鄰境的方位關係。又按沈欽韓疏證云：

> 沙陰卽流沙地，寰宇記『居延海在甘州張掖縣東北一千六百里，古之流沙澤』。鹽澤卽蒲昌海，長阬卽長城之窟，寰宇記：『故長城漢書謂之遮虜障在肅州酒泉縣北。窮水塞亦在張掖縣北，淮南地形訓『弱水出自窮石』。注『窮石山名，在張掖，北塞水也。』(史記正義，括地志云：『嵐門山一名窮石山，在甘州刪丹縣西北七里』。)案入此塞卽罕开所局鮮水上矣。晉書載記『禿髮傉檀追沮渠蒙遜於窮泉』是也。

沈氏所論除蒲昌一證，顯然爲誤(因沙漠鹽澤甚多，決非西域之蒲昌。)西沙陰和長阬不應太實指外，窮石山在張掖一事，因淮南注爲漢人所注，則證漢事大約不誤。張掖和刪丹鄰近，刪丹在東，張掖在西，故括地志和淮南子仍不衝突。惟據淮南注僅知山在張掖，而地望不詳。按史記夏本紀正義引括地志云：

> 嵐門山一名合黎，一名窮石山，在甘州刪丹縣西南七里，淮南子云弱水源出窮石山，又云合黎，一名羌谷水，一名鮮水，一名副表水，今名副投河，亦名張掖河，南自吐谷渾界流入甘州張掖縣。

是弱水先出刪丹，後至張掖，且均在張掖郡。淮南注：『在張掖，』仍然是可以的。又按漢書地理志張掖郡刪丹條下：『桑欽以爲道弱水自此西至酒泉合黎』，是漢人可認爲的弱水卽是此水，不僅見於淮南注而已。不過窮水塞，和窮石山究竟是否相關，並無確據，只有載記的窮泉略似，亦並不能直接證明。至此，必須另外再找證據。漢書趙充國傳云：

又武威縣，張掖日勒皆當北塞，有通谷水草，臣恐匈奴與羌有謀。

言武威縣，是因為武威郡縣同名的關係，其意當為武威的武威縣，及張掖的日勒縣，皆當北塞與匈奴接，又有通谷和水草與羌接，因此恐為匈奴與羌的間道。此段與前段雖然所說方面不同，但有兩點是一致的(1)言匈奴與羌交通的間道，(2)同指張掖郡的境界，所以趙充國兩次所言，應當實際為一樣事，(注六) 再就武威縣和日勒的形勢而言，據楊守敬西漢地理圖，武威縣在清代鎮番縣西北(今為民勤縣)，日勒則在清代山丹縣東南。(楊氏所據大抵仍為一統志所指的故城)其四周環境，漢『武威縣』之北據丁文江氏中國新地圖，有玉海，庫庫達巴蘇湖，青玉湖，白亭海，喀拜林梅子湖等無吐口湖(甘寧交界除此一湖泊區以外惟有居延海而已。) 再往北便為戈壁沙漠；在漢『日勒』之南，據清嘉慶一統志有安番山口(一統志：『在山丹南一百三十里，又扁都礐山口在山丹南一百里，西陲今略：「扁都口，明時凡涼甘往來於青海西寧者，率皆由此而行，路雖踰山，實為捷經，」白石崖口在山丹東南二百里，皆番夷出入之路。』) 安靜山口 (在山丹南一百二十里。) 此雖近代的形勢，但古今山路谷口變化不大。照此看來匈奴從沙漠之行過到沙漠之南，便到漢『武威縣』以北的鹽湖區(此當即道經沙陰地，出鹽澤) 再向西南經過『武威縣』的附近，便到『日勒』的附近，而南入通『羌』的山口，張掖屬國適在此處，故張掖屬國應當在祁連山內，當日勒及刪丹之南。更據後漢書竇融傳稱融：『撫結雄傑，懷輯羌虜』。所稱羌虜當指羌人和匈奴兩種人而言，匈奴本屬屬國，所稱的羌人應當指屬國接界或雜居屬國境內的羌人，在張掖境界以北據紀載是只有漢人和匈奴，未見羌人的縱跡的，所以應當在張掖以南現在的青海省的北境祁連山一帶地方。

張掖屬國都尉在日勒刪丹之南是大致可以決定的。現所懷疑的即日勒都尉假使非屬國都尉置在何處的問題。因為日勒之西即觻得乃是郡治，東為番和農都尉治，南為屬國都尉治，應在其北部方可，以方位言在居延的東，應為東部都尉，而居延為西部都尉。但在兩漢書中並非用張掖東部或西部的名稱。所以在地理志日勒都尉應有的闕文，但與其加入『東部』二字，反不如加入『屬國』二字為有據。再前引張掖郡所下的文書 (居延簡，一〇、三二) 只說『下屬國，農部，都尉，』而不提及那一方的部都尉似乎部都尉只有一個，前已從續漢志證明居延都尉為郡都尉，其他的都尉只有番和農都尉和屬國都尉，日勒都尉如非屬國都尉是說不過去的。且兩個以上部都尉若只稱部都尉而可不加上東西南北的區別字樣，也說不過去。因此在日勒附近便非只能容下一個都尉不可(注七)。

在文籍記載之上，邊郡都尉並無和內郡都尉顯著的區別。不過邊郡有障障塞而都尉管武事，按理障塞事應當是都尉的職責。今按居延簡云：

> 閏月丁己，張掖肩水城尉詣，以近次兼行都尉事，下候城尉，承書從事下當用者如詔書。一守章史義。(居延簡一○、二九)

在居延簡中肩水爲居延都尉治所，其肩水城尉當爲居延縣尉別治肩水的。另有一條可以證明：

> 肩水守縣尉賞，移肩水金關，居延縣 (下缺) 一嗇夫黨，佐忠。

候城爲候官所在之地，候城尉當即候官的障塞尉見後漢書陳禪傳。從這兩條已經知道都尉司障塞的事的，再因爲障塞上比較直接的關係，都尉的文牘也比較太守爲多。在東漢時，悉罷內郡的都尉，而邊郡的都尉往往未罷。且有新設的，例如：

> 後漢書西羌傳：『和帝……時西海及大小榆谷左右無復羌寇。隃麋相曹鳳上言……宜及此時建復西海郡縣，規固二榆，廣設屯田，隔塞羌胡交通之路。……於是拜鳳爲金城西部都尉，將吏士屯龍耆……其功垂立，至永初中諸羌叛，乃罷』。

又案邊郡的都尉，有時雖不名屬國都尉，但亦有分縣，職如太守，例如：

> 後漢書循吏傳：『任延……更始元年以延爲大司馬屬，拜會稽都尉。及到靜泊無爲，唯先遣饋禮祠延陵季子。時天下新定，道路未通，避亂江南者皆未還中土，會稽頗稱多士，延到皆聘請高行，如董子儀，嚴子陵等，敬待以師友之禮。掾史貧者輒分奉祿以賑給之。省諸卒，令耕公田，以周窮急。每時行縣，輒使慰勉孝子，就餐飯之。吳有龍丘萇者，隱居太末，志不降辱……遣功曹奉謁，修書記致醫藥，吏使相望於道，積一歲，萇乃乘輦詣府門，願得先死備錄。延辭讓再三遂署議曹祭酒。……建武初……詔徵 (延) 爲九眞太守』。

> 後漢書西南夷傳：『永平十二年，哀牢王柳貌遺子率種人內屬……顯宗以其地置哀牢，博南二縣。割益州西部都尉所領六縣 注，古今注曰：『永平十年，置益州西部都尉，居巂唐』，續漢志六縣，謂不韋、巂唐、比蘇、比檮、邪龍、雲南也。 合爲永昌郡。……先是西部都尉廣漢鄭純爲政清絜，化行夷貊，君長感慕，皆獻士珍，頌德美，天子嘉之，即以爲永昌太守』。

以上兩條，任延傳一條當東漢草創之時，雖然會稽有無太守，無從知曉，因此不

能完全證明會稽都尉的職權，究係如何 (注八)。但西南夷傳一條顯然可見益州西部都尉，雖然名爲郡都尉，但領有蠻夷，實際上等於西漢的屬國都尉，所以竟有屬縣。此與西羌傳所記的金城西部，情況相類。

　　在任延傳所見，都尉是有掾屬，且稱府，和太守府是相同的。此在簡牘上亦可爲證，例如：

　　　　九月乙亥觻得令延年，丞置，敢言之。肩水都尉府移肩水候官告尉謁軍西南北都 (中缺) 義等補肩水尉史，隧長，亭長，關史各如牒□自致胡候王步光，石胥成貲 (中缺) 書牒署從事如律令敢言之。(居延簡七、一〇)

　　　　十一月辛已玉門都尉陽，丞□，敢言之。謹寫移敢言之。一掾安，守屬賀，書佐通成。(敦煌簡簿書一三)

前一條可證明都尉府稱府，後一條可證明都尉府府丞以下有掾，屬，書佐，和太守府的組織是一樣的。此外前一條的觻得令是張掖郡治所的縣令，其非都尉的分縣，顯然無疑。但對於都尉仍然有軍事上的書移，因此郡都尉輔佐太守，是不以地域爲限制，而肩水爲郡都尉又因此可以證實了。

(注一)　西漢職官進退有定序，朱博傳：『故事，選郡國守相高第爲中二千石，選中二千石爲御史大夫，任職者爲丞相，位次有序，所以尊聖德重國相也。』東漢三公甚至可以不從中二千石，由太守直遷，從侯霸始便如此，和西漢不同了。

(註二)　尚書亦有期會，見漢書游俠陳遵傳，及沈欽韓疏證。

(注三)　關於後漢書所載的郡職以後漢書集解續百官志注集解引李祖楙所輯爲最詳，計郡功曹史見皇后紀、彭寵、公孫述、寇恂、任光、馬稜、馮勤、吳良、申屠剛、鮑永、郅惲、杜詩、廉范、王堂、樊準、盧延、周章、曹褒、桓曄、法雄、班固、欒倏、張禹、袁安、袁閎、張閎、韓棱、爰延、王充、陳禪、橋玄、王襲、臧洪、馬融、鍾皓、陳寔、吳祐、皇甫規、黨錮、許劭、靈武、循吏、儒林、獨行、列女、東夷傳。郡五官掾見任光、邳彤、蘇不韋、李雲、酷吏、西羌傳。郡督郵見馮異、馬殷、伏隆、郅惲、蘇不韋、盧延、鄭弘、班固、鍾離意、何敞、橋玄、周燮、陳球、陳寔、黨錮、獨行，方術傳。主記室史，見袁安傳。郡倉曹掾見獨行傳。戶曹掾見郅惲、循吏、儒林、獨行、方術傳。決曹掾見王霸、郭躬、應奉、周燮、循吏、酷吏、獨行傳。賊曹掾見銚期、黨錮、酷吏傳。兵曹掾見杜茂、朱浮、東夷傳。漕水掾見方術傳。仁恕掾見魯恭傳。文學掾楊厚、崔駰、陳寔、儒林、文苑、方術傳。門下掾。見公孫述、寇恂、祭遵、吳良、郅惲、袁安、崔駰、种嵩、獨行傳。主簿見王堂、袁安、种嵩、朱儁、循吏、獨行、南蠻傳。書佐見樊準、蔡邕、酷吏傳。小史見吳祐傳。——今按各傳中文繁不能悉引，附載於此。

(注四)　地理志丁都尉頗有失記者，如周陽由張放皆曾爲河東都尉，王溫舒爲廣平都尉，尹齊爲淮陽都尉、田廣明爲受降城都尉，陳遵爲河內都尉，杜業爲上黨都尉，雖其中有後爲王國改爲中尉，但仍有不少失記。又趙充國傳言至金城西部都尉府，史明言有治所，志亦失之。

(注五)　府見漢書文翁傳，及三國志田豫傳。

(注六)　此時羌在湟中，在今青海的東部，與匈奴的通道，除過經武威金城外，亦只有從張掖的間道。

(注七)　晉志分張掖置西郡及西海郡，西郡領日勒、刪丹、仙提、萬歲、蘭池五縣，西海郡領居延一縣。西海郡為居延屬國所改，西郡似為張掖屬國所改，而日勒為治所。

(注八)　水經漸水注：『永建中陽羨周嘉上書，以縣遠，赴會至難，求得分置，遂以浙江西為吳，以東為會稽』是時尚未分置，任延之有行縣職務，或因郡界遼闊，太守政令不及，亦未可知。

漢簡中的河西經濟生活

一　河西四郡之天然環境及移民

　　河西的區域就是指黃河上游以西的武威張掖酒泉敦煌四郡。　這四郡是有他們的特殊地理條件的。　據漢書地理志引朱贛的條奏說：

　　自武威以西本匈奴昆邪王休屠王地，武帝時攘之，初置四郡以通西域，鬲絕南疆匈奴。　其民或以關東下貧，或以報怨過當，或以誖逆無道，家屬徙焉。　習俗頗殊。　地廣民稀，水草宜畜牧，故涼州之畜爲天下饒。　保邊塞二千石治之，咸以兵馬爲務，酒禮之會，上下通焉。

所謂河西四郡因爲有特殊的地理上和歷史上的關係，所以形勢和風俗上自成了一個單位。　就地勢方面說，這裏是一個沙漠和高山的交會處最肥沃的地方。　東面比較上稍微開敞，所以能受到太平洋的季風。　南面是高出雪線以上的祁連山，所以冰河的下游，溶化以後可以利用來灌漑。　因爲這樣河西四郡比較西面和北面沙漠附近的地方要特別肥沃。　就交通方面說，這裏正是東西要道正穿過的區域，在東邊和西邊都有特殊的文化和物產。　從這個地方經過的是比較最平坦和最安全的一條大道。　所以就軍事、商業、文化各方面來看，這個區域也是非常重要的。

　　這個地方從來有許多遊牧民族移轉着。　漢時匈奴占有這個地方，這些人對於土地利用當然只作爲牧場。　充分對於土地的利用，是要從漢時的移民算起的。　漢書西域傳有一段是關於河西的建置的，現在寫在下面：

　　漢興至於孝武事征四夷，廣威德，而張騫開始西域之迹。　其後票騎將軍擊破匈奴右地降渾邪休屠王，遂空其地。　始築令居以西。　初置酒泉郡。

稍發徙民充實之。 列四郡,據兩關焉。

現在雖然不能詳知當日徙民的總數,但按照推比的辦法來估計,如同元朔二年置朔方郡時徙民十二萬口,元狩四年關東貧民徙隴西,北地,西河,上郡,會稽,凡七十二萬五千口,又據李廣利傳伐大宛時前後曾發戍卒二十餘萬,在裏面屯戍在河西四郡的 ,一準不在少數。 照這幾個例類推當日到河西四郡的移民準是大量的。 再按地理志的數目來看,武威和酒泉七萬六千多,(此數或有誤,但和實數也相去不至於太遠。) 張掖八萬八千多。 敦煌三萬八千多。 總數二十餘萬。 這都是移民的子孫。 西北邊疆土地出產不太多,所以人口蕃殖不應當太快。 所以從地理志記載的元始時代上推一百年前的武帝時代,當地的移民大約應當有十幾萬人。

自然,這些移民決不是一時移去,而是陸續移去的。 初移的時候一定照武帝本紀所說『縣官衣食振業』,和其他各處移民一樣。並且爲的要給養大部分軍隊,一定要利用軍屯,軍屯不足還要內地運去糧食。 這都是理所必然的,在漢書和漢簡中還可尋到些證據。

二 居延漢簡所見的屯田制度

就居延區域的位置來說,對於河西四郡的關係是非常重要的。 因爲額濟納河是個自南向北比較長的河流。 在河流東西岸稍遠一點地方都是不毛的沙漠。 所以居延一帶是由河西到漠北一條重要的道路,也就是北伐匈奴和匈奴南下的一條南北向的很方便的走廊。 在這一帶是可以利用額濟納河作成溝渠來灌溉的,所以屯田是居延一個重要的事。 因此,食貨志講到武帝晚年代田的事 ,對居延特別提出。

居延的屯田大約是在武帝時由路博德經理開關的。 漢書武帝紀,太初三年『強弩都尉路博德築居延』。 又霍去病傳說,『路博德西河平州人,以右北平太守從票騎將軍封邱離候。 票騎死後博德以衛尉爲伏波將軍伐南越,益封。 其後坐法失侯,爲彊弩都尉屯居延卒。』 又按李陵傳天漢二年出居延以博德爲陵後距。所以太初至天漢居延屯戍的事是屬於路博德的,大約死在武昭之際。

居延漢簡在昭帝時有一段屯田的記載:

……馬長史卽有吏卒民屯士亡者，具署郡，縣，名，姓，年，長物，色，房，

衣服，齎操，初亡年月日人數。　白報具病巳。　謹案屬丞始元二年戍田卒

千五百人，爲駼馬田官寫涇渠，迺正月己酉淮陽郡……513·17—303·15

這是昭帝初年的事，當時淮陽郡遣到居延的屯田卒有千五百人。

又居延簡

守大司農光祿大夫臣調昧死言，受簿臣處，前以請給使護軍屯食守部丞武…

…以東至西河郡十一農都尉官，官調物錢穀漕糴爲民，因延尉調有餘給……

214·33

這一個簡雖然殘缺，但大意仍可看出是屯兵糴米的事。　這個簡的時代可以從『守

大司農調』幾個字看出。　漢書百官公卿表『（元帝）永元二年光祿大夫非調爲大

司農。』漢代的制度，第一年爲守，滿歲爲眞。　簡中說守大司農，可見尙是永元

二年的事。

在屯墾方面有田卒有渠卒，田卒比渠卒多。　居延簡：

以食田卒制作女人二月盡八月　303·28

□□十一石六斗　以食田卒六□□　303·51

以食田卒東郡□□□里大夫許都　334·7

以食戍田卒盡積廿九日積百一十六人　554·6

河渠卒河東皮氏毋憂里公乘杜建廿五　140·15

出麥五百八十石八斗，以食田卒劇作六十六人五月盡八月　303·24

居延的屯卒是由將屯率領的。　居延簡：

十月乙丑將屯居　227·101

□□……□月丁亥□□受將屯告居延都尉德謂甲渠塞候都尉□……欲遷爲甲

渠候長，令遷壽之官　40·2

這裏的將屯應當是較高的軍官。　據漢書文紀和武紀將軍有冠以將屯二字的。　據

漢書李廣傳『程不識故與廣俱爲邊太守，將屯。』這裏說到的將屯大約在都尉以

上，也許是指太守的。

在屯田的組織裏面，農具是由公家供給。　收穫的糧食也交官存在倉內。　居

延簡：

　　　　更錢五千具位農田具。　135·36

　　　　第十部吏一人載穀三十斛致官。　95·12

　　　　倉訖出。　534·8

　　　　入粟十二石增廩五千二百廿五石，今五千二百卅七石受城倉。　112·21

　　倉設倉長來管理。　並有倉丞來輔佐。　郡縣的掾屬有倉曹。

　　　　三月丙午張掖長史延行太守事，肩水倉長湯兼行丞事。　下屬國農都尉小府，

　　縣官承書從事下當用者，如詔書守屬宗助府佐定。　10·32

　　　　建平三年閏月辛亥朔丙寅，祿福倉丞敞移肩水金關居延塢長王玟，所以乘用

　　馬各如牒，書到出，如律令。　15·18

　　　　□武士吏卒四月奉四月庚戌令史博付倉曹孫卿候且□卒陳。　279·17

　　居延的屯田在武帝的晚年曾經被使用到代田的方法。　這在漢書食貨志已經被

　　提到了。　在居延簡裏面有『代田倉』一個倉名，時代是昭帝時候，可見居延屯田

　　的收入，是另外設倉的。

　　　　入糜小石十五石始元三年六月甲子朔甲子，第三塢長舒受代田倉訖。　557·3

　　　　從上面幾段可以看出屯田的軍士是從內地派來的。　有將屯的軍官指揮着，分

　　成幾個部的組織。　官家供給農器。　收到的糧食交到倉裏存儲。　平常廩食的糧

　　再由倉裏領出來。

　　　　關於邊塞的倉 Aurel Stein 曾經在敦煌西面發現過。共有三個大的屋子，共有

　　四四○英尺長，和二十五英尺寬(Ruins of Desert Cathay. vol. II. Chap. L.)。

　　並且還附着有像片，可以看出大略來。

　　　　又 Aurel Stein 在樓蘭故城發現的晉簡，也有許多關於屯田的事，可以和漢簡

　　互相證明的。　例如：

　　　　將尹宜部溉北河田一頃六月廿六日刺。

　　　　□因主簿奉謹遣大候究犂與牛詣營下受試。

　　　　將張僉部見兵廿一人。　大麥二頃，已穮廿畝。　下床九十畝，溉七十畝小

　　麥卅七畝，已□廿九畝。　禾一頃八十五畝，溉廿畝，鋤五十畝。

　將粱襄部見兵廿六人。　大麥六十六畝，已穫五十畝。　下床八十畝，溉七十畝。　小麥六十三畝，溉五十畝。　禾一頃七十畝，鋤五十畝，溉五十畝。

　東空決六所並乘堤巳至大決中……五百一人作……□增兵。

王國維氏說『與趙充國屯田奏所言賦人二十畝者，大略相近。』　其餘如分部和築渠各事也應當和漢代相差不至於太遠的。

三　農業技術和農場勞力

　漢代的耕作技術確已發展到相當程度。　現時可以注意的是（甲）牛耕（乙）鐵器。　這樣兩點現在可以推溯到漢以前的二三百年。　秦時因爲鐵耕的普遍使用，所以史記貨殖傳便記上有人靠鐵發了財。　到了漢代官家對於鐵的開採和鍊鑄要施行統制。　自然，牛耕和鐵器的應用還有巧拙的不同，所以漢代總是在那裏改革。本篇因爲限於河西，所以着重和河西有關的幾點。

　據漢書食貨志說：

　武帝末年，悔征伐之事，迺封丞相爲富民侯。　下詔曰：『方今之務，在於力農。』以趙過爲搜粟都尉。　過能爲代田一晦三甽。　歲代處，故曰代田，古法也。　……以二耜爲耦，廣尺深尺曰甽，長終畝，一晦三甽而播種於三甽中。　苗生葉以上稍耨隴草，因隤其土，以附苗根。　……苗稍壯每耨輒附根，比盛暑隴盡而根深，能風與旱。　……其耕耘，下種，田器，皆有便巧。　率二十夫爲田一井一屋，故晦五頃用耦犂二牛三人。　一歲之收常過縵田一斛以上，善者倍之。　過使教太常三輔，大農置工巧奴與從事爲作田器。　二千石遣令長三老力田及里父老善田者受田器學耕種，養苗狀。　民或苦牛少，亡（無）以趣澤，故平都令光教過以人輓犂。　過奏光以爲丞教民相與庸輓犂。　率多人者日三十晦，少者十三晦，以故田多墾闢。　過試以離宮卒田其宮壖地，課得穀皆多其旁田晦一斛以上。　令命家田三輔公田。又教邊郡及居延城。

所以居延城在武帝末年是用到代田法的。　這時正是早期的居延漢簡可以接上的時

代。　代田法的主要原理，一爲『歲代處』，另外便是『深耕』，這就是城陽景王所說『深耕穊種立苗欲疏』的原理。因爲農器尙不能完全達到深耕的目的，所以還要培土固根，來間接做到深耕。　這就是『苗稍壯每耨輒附根，比盛暑隴盡而根深，能風與旱』了。

關於一畮三甽的問題，前幾年做中國經濟史工作的人，曾經熱烈的討論過。最後還是根據徐光啓農政全書來作結。　徐氏說『古者耜一牛兩人並發之，其隴中田甽，隴上曰伐。　伐之言發也。　甽與伐高深廣各尺。　一畮之中三甽三伐，廣六尺長六百尺，以此計畮，故曰終畮，曰竟畮。』　證明代田還是兩田制，卽田分兩種，互相更換的。　伐卽古所謂代。　鄭注考工記『甽上高土謂之代，其壟中曰甽。』　至於呂氏春秋辨士篇『畮欲廣以平甽欲小以深』，也是分田作甽畮二種來更番替代的。

居延一帶是否僅屯田用代田方法，還是私有的田也使用過，現在還不知道。不過公田已有代田倉，那公田曾用過代田的方法，應當是事實。

生產勞力方面，公家使用田卒，前面已說過了。　此外還應當有刑徒和雇傭。私家方面除過自行種植以外，應當還有奴隸和雇傭的。

使用刑徒的例，如：

復作大男叢市　60.2

居延復作大男王建　37.33

與司空數十人　537.2

二月尉薄食施刑屯士四人爲穀小石……　464.3

（居）延四月旦見徒復作三百七十九人……六十人付肩水部遣吏迎受　34.8按漢書趙范國傳說『願罷騎兵，留弛刑應募，及淮南汝南步兵與吏士私從者……田事出賦人二十畮。』　所以漢代刑徒在屯田上和屯田卒是同樣應用的。　居延刑徒數目多至三百七十九人，並且還說明是『屯士』當然是要用作屯田之用的。

關於奴隸的例，如：

候長觻得廣昌里公乘禮忠年世　小奴二人直三萬　大婢一人二萬軺車一乘直萬　牛車二兩直四千　宅一區萬　用馬五匹直二萬　服牛二六千　四五頃五

萬　　凡賞直十五萬　37.23

在這一條所統計的，除過不動產以外，便是奴隸和牛馬，這當然指勞力上的意義的。
又敦煌簡說：

　　永光五年六月辛卯，敦煌太守丞禹設玉門□□……毋取事取粟五十石時丞身
　　臨予以奴婢□□……

這也是提到用奴婢的。　現在雖不知這類人對奴隸如何應用。　但總可以用到農場
的。

　　關於公私使用雇傭的例，如：

　　　　……史嘗卒延壽里上官霸，傭人安故里譚昌。　　214.25

　　　　……月積一月廿七日運菱傭直。　　350.12

　　　　出錢四千七百一十四。　賦傭人表是萬歲里吳成三兩半　已入八十五石　少
　　　　二石八斗三升　505.15

　　　　沈廣年廿五庸南閭里　515.28

　　　　賞家安國里王嚴車一兩九月戊辰載傭人同里時宴□到未言　267.16

此外尚有不少使用傭工的例子。　在漢簡上雖然不能看出傭工和農業有甚麼關聯，
但漢代傭工用在農業上是個不容否定的事，食貨志也明說『教人相與庸輓犁』。

　　又居延簡曾經提到田租的事。

　　　　右第二長官二處田六十五畝租廿六石　303.7

這裏所說的租，當然是田租。　在漢代每畝收糧的數目，大約是畝一石（據食貨
志）這裏田六十五畝收租二十六石，收租的租額大約是百分之四十。　至於敦煌簡
所記：

　　　　入二年糴　粟百五十六石　糒糒卅一石　□田二頃十七畝　十月戊寅倉□□
　　　　□龍勒萬年里索良

差不多一畝一石，便應當是官家自己經營的了。　食貨志云，『武帝元狩四年，山
東被水災，民多饑乏，天子遣使賑貸民，尚不能救。　乃徙民於關以西及充朔方以
西新秦中七十餘萬口，衣食皆仰給縣官，數歲貸與產業，使者分部護，冠蓋相望，
費以億計。』　這一類的流民原來自耕農有多少，佃農有多少，現在是無從知道的。

不過流亡以後，政府用田貸給他們，並且用使者來分部監護，這就是政府取到地主的身分，農民是佃戶的身分了。 租穀的額數，照王莽傳說，『或耕豪民之田見稅什五。』 照居延簡的材料公田大約是十分之四較此略少。 晉書慕容皝載記說，『以牧牛給貧家田于苑中公收其八，二分入私。有牛而無地者亦田苑中，公收其七，三分入私。 甄記室參軍封裕諫曰：「……魏晉道消之世，猶削百姓，不至於七八，持官牛田者，官得六分，百姓得四分，私牛而官田者，與官中分，百姓安之。 ……」皝乃令曰：「……貧者全無資產，不能自存者，各賜牧牛一頭，若私有餘力樂取官牛墾官田者，其依魏晉舊法。 ……」』這一點可以想到魏晉對於漢制一定有因革承襲的關係。

四　錢貨的流通與商業

漢代是用錢來做貨幣的。 不過在漢代初年錢的種類和鑄造都不統一。到武帝元狩五年才『行五銖錢，罷半兩錢』。 並且這時『悉禁郡國毋鑄錢，專令上林三官。 鑄錢既多，非三官錢不行。 諸郡國前所鑄錢皆廢銷之，輸入其銅三官，而民之盜鑄益少，計其費不能當，惟眞工大姦乃盜為之。』 所以武帝的貨幣政策是成功的。 只是邊郡尙有沒有銷毀的小錢，居延簡：

校乃錢八百，其三百小錢。 74·8

這是摻雜的小錢，官方尙要去校的。 至於漢簡上說到錢處很多，現在不能悉數，不過也有稱作泉的，例如：

元始元年三月齎泉。 508·17

出羊一頭，大母。 子程從君巨買，買泉九百，出羊一頭，大母子程從君巨買，買泉九百，未至。 出羊一頭，大母，君巨去時令區相用魏仲通合子程買，買泉千。 413·6

出泉百廿 縹□黍三…… 110·35

受官帛六千 當□□□匹一丈匹千二百積□泉三百凡當泉七千八百……前圜泉二千二百出泉六百五顧治圜財所直餘泉千六百八十五 當得付泉千二百□□二百五十泉 225·45

這都是王莽時的記載，但應用仍是圓泉來算的。

至於漢代的物價，在居延簡記上的，種類數目都比從前任一種文籍爲多。 所占的時代也集中在西漢的晚期。 其相互的關係是比較上容易來追尋的。 物價的意義是在交換的關係上面。假若在一個遼遠的時期，發現一條物價的孤證，其貨幣的價值對於其他商品毫無關聯，這一條史料也就很少有價值可言。 所以居延簡給予經濟史料上的價值，便是他能夠給予我們更多物價的史料，並且對於西漢晚期官吏的薪俸也給予許多條。 所以我們不但可以看出物物相互的關係，並且可以藉此推定一般平民大略的生活狀態。

現在先就居延漢簡記載的薪俸數目鈔在下面。 至於原文完全省去以省篇幅。因爲另有釋文付印可以參證的。（註1）

候官一人　三月俸錢九千（一月三千）

尉一人　二月俸錢四千（一月二千）

二百石塞尉一人　三月俸錢六千（一月二千）

候長一人　一月俸錢一千三百

候長一人候史一人隧長六人　一月俸錢共計五千四百（五鳳時）

士吏一人　一月俸錢一千二百（河平時）

庶士士吏十三人　（一月）帛十八匹二尺泉四千四百四十三

嗇夫一人　一月俸錢七百二十

候史一人　一月俸錢九百

候史一人　一月俸錢九百（祿帛二匹直九百）

候史一人　一月俸錢六百七十（地節時）

候史一人　三月俸錢一千八百（一月六百）

斗食吏三人　三月俸錢二千七百（一人月俸錢九百）

司馬令史一人　一月四百八十（始元時）

令史一人　一月四百八十（始元時）

史一人　二月八百（一月四百）

書佐一人　一月三百六十（始元時）

屬令史一人　二十三月二十九日一萬一千九百零四

佐史八十九人　一月八萬零一百

隧長一人　一月一千一百

隧長一人　一月九百

隧長一人　一月六百（本始）

隧長一人　一月六百（元康）

就錢　（一月）三百

所以西漢河西的薪俸數目，從一月三百就錢，到一月三千的候官薪俸，相差適爲十倍。　不過其中有沒有隨着的時代加減的事，現在却不敢斷言。　譬如隧長的薪俸便有一月一千一百，九百，和六百三種。　究屬於時代前後的關係，地方重要和稍次的關係，或者屬於個人階級上的關係，現在都不能完全明瞭。　現在只能就大致的情況來推論。

以下再將漢簡上記載的物價鈔列下來。　這裏和前面舉出的一樣，只用漢簡上的材料，不把其他文籍的材料參雜進去。（註1）

甲　衣服

　　裘一領一千一百五十　卓布單衣一領三百五十二

　　卓練複袍一領二千五百　布複袍一領四百

　　卓複袍一領一千八百　纁長袍一領二千

　　絝一兩八十　卓袴一兩八百　綺裏一一百

乙　布帛

　　帛六匹二千八百六十二　帛二丈二尺千六百

　　帛二匹五尺五百　帛一千九十匹三十五寸大三十五萬四千二百

　　廿兩帛三匹二尺大錢一萬三千五十八　帛二匹九百

（註1）這些材料大致時代是西漢晚期，不過不記日期的太多了，所以不能各個注入確定的年代。

素丈六尺二百六十八　縹一匹八百　緑一匹八百

白練一匹一千四百　䩞緅一匹一千　九稯布三匹一千（九稯卽九升）

布一匹四百　校布一匹二百九十　八稯布一匹二百四十

丙　食物

穀六千零六十六石大二千一百二十五，穀六十六石二千三百一十　黍二石

三百　粟一石一百一十　粟一石一百零五　粟三石三百九十　大麥一石一

百一十　穬三石三百六十　脂十斤一百七十　肉百斤七百

肉五百四十一斤二千二百六十四　脂六十三斤三百七十八

（猪）頭六十　肝五十　肺六十　乳二十　迣二十　舌二十　胃一百　槃

一百　膓三十　心三十　腸四十　牛胠一隻六十

羊一頭九百　羊一頭一千　麴四斗三十

麴五斗二十三　豉一斗二十五　大薺種一斗三十五

戎介種一斗十五

丁　芻秣

茭五斗錢二　茭二十束錢三十

戊　器用

系絮二斤二百　絓絮二斤八兩四百　三十五寸蒲複席靑布緣二只計錢三

百　劍一枚六百　刺馬刀一枚七千　筆（一枚）二百

𥳇二百（一札）六百　彈弓一枚三百　拓一枚三十　絲長弦四枚一百　繩

三十二丈五十　服二具二十　楊弩繩一枚十　楯革一枚十　火革一枚七十

膠二斤十五　膠三斤六十七　膠二十三斤一千三百三十　楉皮一斗一百五

十

己　田宅

田三十五畝九百　田五頃五萬　田五十畞五千　宅一區萬　宅一區三千

庚　車馬

輜車一乘萬　牛車兩乘四千　馬五匹二萬　服牛二六千　牛二頭五千　馬

一匹五千五百

辛　奴婢

　　小奴二人三千　大婢一人二萬

漢代一尺約爲〇·六九市尺，一升約爲二市合，一兩約爲五市錢。（這只是大約的數目，確數見本所集刊三本四分劉半農先生莽權價值之重新考訂。）從以上畢出來的，可以知道漢代河西的大致生活狀況。譬如月俸六百錢的隧長，除去官給廩食是不計算在內的。那六百錢可以買粟五石至六石，或肉七十五斤。折成市制合計現在戰前的物價約十一二元。自然不算多的。所以隧長要買衣服便有些困難。如以邊塞不產絲麻，需要內地輸去。（棉花在當時中國尚沒有）。衣服自然是很貴的。倘若要買車馬奴婢那就更辦不到了。

　　因爲邊塞有防務的關係，對於所住的人的行動，是要限制的。倘若要到市場上去市買或到其他烽燧收債，應當得烽燧上允許並記錄下來。現在就可憑着記錄下的漢簡，來看出經濟上的關係。此外尚有公文和買賣的契券也可以看出來。

（甲）商業及售買

官封符爲社市賈□……　63.34

戍卒魏郡內黃利居里杜收　貰賣鶏綏一匹直千，廣地萬年隧長孫中前所平，音……　112.27

貰買桜布一匹直二百九十□得定安里隨方子惠所舍，叩門第二里三門束入，任者聞少季薛少卿　287.13

戍卒魏郡貝丘功里楊通　貰（賣）八稯布八匹，直二百冊，並直千八百冊，買者窬安里二匹不寶賈□□當利里淳于中君。　311.20

□□貰賣官襲一領備南隧長陳長所賈錢□　88.13

毋得貰賣衣財物太守不遣都吏循行……嚴教受卒官長史各封臧。　213.15

……道騧河里陵廣地爲家私市張掖酒泉，衆□行食已□□……門部河津金關毋苛止錄復便敢言之　3·3

市酒泉持牛車三兩案毋……　402.12

永始五年閏月己巳朔丙子北鄉嗇夫忠敢言之。義成里程自當自言爲家私市居延，丞案白當毋官獄徵事，當得取傳謁移官□案□□居延縣索關敢言之。

15.19

……居延寅私市張掖□……酉癸巳尉史宗敢言之。　218.27

……二月戊寅張掖太守福庫丞承熹兼行丞事，敢告張掖農都尉，護田校尉，府卒入謂縣律曰『臧官物非錄者，以十月平賈計，』案戍田卒受官袍衣物貪利貴買，乃貧困民吏，不禁止，漏益多，又不以時驗問。　4.1

神爵二年十月廿六日廣漢縣□□里男子□寬德賣布袍一，陵胡隧長張仲□用買錢千三百……至……書符用錢十，時在旁候史張子卿，戍卒杜忠知卷，約□沽酒二斗。　（敦煌簡）

（乙）　債務

並山隧長何昌責乘胡隧長朱德　415.2

秋里孟延壽　自言當責累候官尉史王□　158.3

甲渠士吏孫根自言去歲官調根爲卒　，　責故甲渠施刑宋後負　閏望卒徐樂錢五百，後至卒……　157.11

……閏問收責有□　214.11

自言責甲渠令史張子思錢三百　155.27

在乙項可以看出相互債務的關係。　在甲項可看出和居延有關的商業市場，較遠的是張掖酒泉，較近的是居延縣。　要買物品是要到這些地方去的。　得允許以後記錄下來，發給『傳』一類的通行證才能前去。

邊塞上既然不產絲麻，所以布帛或衣服，是由戍卒帶去轉賣給邊人。　公家的衣服未經登記的，准許士卒出賣，但不許高抬價格。　這是窩的給邊人一種恩惠。

五　車馬運輸

內地和河西的交通，只有車馬的道路。　現在可以看出的從內地到邊地，戍卒前往，是要乘車馬的，輸送物品是要用車馬的，另外烽隧養着車馬供郵驛和運輸的用途，還有私人養着車馬。

戍卒所乘的車馬，例如：

戍卒鄴東利里，孫做第卅車　28.11

戍卒□曾里石尊　第卅車五人　477·4

內地到河西輸送的車馬，例如：

京兆尹長安棘里任尋方　弩一矢廿四劍一牛車一兩挾持，庫丞印封隔。
28·4

右第二車。　15·17

一兩其一輪載出空，循畫一輪一札折一兩完　第廿車　一兩貝丘第五車一⋯
⋯　一兩貝丘第九車三⋯⋯　一兩貝丘第十一車□□　24·6

內黃第十五車入魏郡　101·29

邊郡互相運送的例，如同：

通望隧戍卒宋晏　迎穀肩水　廩　五月廿六日入　505·14

出轉穀□千七百五十九　其百⋯⋯千六百　99·4

第十部吏一人載穀三十斛致官　95·12

敦煌疆利里張廣成車一兩　□十二□□二石□一斗後冊四石二斗三升少　以
廩卒凡卅石六斗六升大　（敦煌簡）

邊塞上有專用的廩：

吞遠廩甘露元年出食　174·17

在烽燧中也養着車馬，有些是專作郵驛用的。

候馬二匹　515·45

丞富官守屬農令尊死馬出十一⋯⋯　19·42

第四候長候於昌一匹十⋯⋯　122·14

候馬九匹　90·30

⋯⋯□馬八匹十月食積二百臨匹匹一斗二升　65·2

二月庚戌食傳馬六匹盡戊午積九日廩二斗　503·19

以食候馬傳馬萃馬　497·2

候長王充粟三石三斗三升少　十月庚戌卒護取　馬食稾穤五石八斗十月庚申
卒護取　158·2

候史延壽馬食廩五石九斗卒湯取　157·2

此外還有許多私人用的車馬，例如：

　　書佐忠時年廿六長七尺三寸黑色　　出一車乘　　第三百九十八出　　280.3

　　氐池令史趙般　　馬一匹　　260.11

　　　右私馬一匹　　19.7

　　登計掾衞豐　　子男居延平里衞良年十三輜車一乘馬一匹　　十二月戊子北出

505.13

　　昭武萬歲里男子呂未央年卅四　　五月丙申入用牛二　　15.20

　　在以上各種的車騎當中，其記錄的來源可以分做三種。　第一是倉庫運輸的記錄，第二是烽燧廩給的記錄，其三是關塞出入的記錄。　由此可以看出車騎在邊塞是如何的重要，因此對車騎在經濟上的貢獻也可以推測知道了。

簡牘中所見的布帛

漢簡中屢見關於布帛的記載，例如：

> 任城國亢父繒一匹，幅廣二尺二寸，長四丈，重廿五兩，直線六百一十八
> （背文為□□元——見敦煌漢簡）

這幾個字即寫在繒上。王國維在《流沙墜簡》一書中考釋云：

> 案：任城國章帝元和元年建，亢父其屬縣也。繒者，《說文》云並絲繒也。
> 幅廣二尺二寸為幅，長四丈為匹。鄭注〈鄉射記〉（《儀禮》）云：「今
> 官布幅二尺二寸。」《說文》：「匹，四丈也。」《淮南·天文訓》：「四
> 丈而為匹。」則漢時布帛修廣，亦用此制也。直錢六百一十八者，亦漢時
> 繒價。《風俗通》所謂：「繒直數百錢，何足紛紛者也。」又《後漢書·
> 光武十王傳》：「順帝時羌虜數反，任城王崇輒上錢帛佐邊。」故任城之繒，
> 得遠至塞上歟？

今案該書〈食貨志〉引《古記》云：「太公為周立九府圜法，布帛廣二尺二寸為幅，
長四丈為匹。」此周制亦與漢制相同。只是漢代尺度每尺只有二十三公分合市尺
六寸九分，周尺應當更小罷了。

在居延漢簡之中，亦有許多涉及布帛的記載，例如：

> 出廣漢八稷布十九匹，八寸大半寸，直四千三百廿，給吏秩百一人。元鳳
> 三年正月盡六月，積六月。

> 始元三年三月丙申朔丁巳。□□嗇夫定世敢言之……□□二百卅七匹八尺，
> 直廿九萬八千一百。

> 出河內廿兩帛八匹一丈三尺四寸大半寸，直二千九百七十八，給使史一人。

元鳳三年正月盡六月，積八月少半日奉。

帛千九十匹三尺五寸大半寸，直錢卅五萬四千二百。

今母餘河內廿兩帛。

入各餘十稷布。

以上一類的，尚有多條，具見於我所做的〈居延漢簡釋文〉，器物一項之內。為避免徵引重複的太多，現在不再一一舉出。可見漢代記述布帛之制，是有長短、粗細、價值、產地各項。長短屬於匹法，粗細屬於縷法。今卽就匹法、縷法、價值、產地四項分述於下。

一、匹法

在敦煌簡中記布廣二尺二寸，長四丈，和漢代的各種記載相同，可徵此種匹法，在當時為定制。這種制度在南北朝時，依然行用，只是南北朝時尺度已經增大，所以數量的記載上雖然相同，而布帛的實際闊度及長度上卻並不是相同的。

據《魏書・食貨志》：「舊制民間所織絹布，皆幅二尺二寸，長四十尺為一匹，六十尺為一端。任令服用後，乃漸至濫惡，不依尺度，高祖(孝文帝)延興三年秋七月，更立嚴制，令一準前式。」王國維〈釋幣〉對於這一段有一個解釋說：「案《初學記》引此條作皆幅二尺二寸，長四十尺為一端，四十尺下，明明脫『為一匹，六十尺』六字。《通典》所引與《魏書》同。唯《孫子算經》乃云五十尺為一端，四十尺為一匹。此書本出魏晉間，乃所言與唐制同。疑李淳風注釋時，以唐人通習此經，慮人以古制為今制，故改之歟？」這是說，幅數及匹法仍舊，但另外加了一個一匹半的標準，就是端。自然端的名稱是曾在早期見過的，但卻未曾嚴定為一匹半。

又據《宋書・沈慶之傳》：「慶之年八十，夢有人以兩匹絹與之，謂曰：『此絹足度。』寤而告人曰：『老子今年不免矣，兩匹八十也，足度，無盈餘矣。』是歲果卒。」這也是南北朝時期，以四十尺為匹的一個證據。

到唐代，以四丈爲匹，五丈爲端，絹以匹計，布以端計。《唐六典 · 金部郎中員外郎》條下：「凡縑帛之類，必定其長短廣狹之制，正匹屯綟之差。」注：「羅、錦、綾、段、紗、縠、絁、紬之屬，以四丈爲匹，布則五丈爲端。這種帛法以四丈爲度，布法以五丈爲度，是和前代不同的。又據王國維〈釋幣〉所考，自北朝以後，匹法常常不依定制，隨時增減。宋時匹法長至四丈二尺，再按尺度之增，則較前又多了三分之一，金元以後，廢絹布之征，其修廣始無一定。

端的名稱早已經有了，但古制如何，現在並無確證。《鹽鐵論 · 力耕》：「今中國一端之縵」；端與匹的關係如何，未曾說到。至於《左傳》昭二十六年：「齊侯將納公，命無受魯貨。申豐受女賈，以幣錦二兩，縛一如瑱，適齊師。」杜《注》：「二丈爲一端，二端爲一兩，所謂匹也。」《周官 · 媒氏》的鄭玄注及《小爾雅》，亦以二丈爲端。此皆是漢魏時人解釋的古制，雖然不見得就與古制相合，但漢季及魏初的人所認的端，是指的「二丈」，決非南北朝的六丈，或唐代的五丈，是可以斷定的了。此外在居延漢簡中，明白的以匹來計算布，因此唐人以匹計帛，以端計布，非漢制所曾有。

二、縷法

漢代人的帛和布的縷法是不相同。帛以兩計，就是按照輕重來計算。布以稯計，就是按照粗細來計算。以輕重來計帛之法，直到現在四川本地的土織綢帛，尚如此算。布以稯計的稯字見於《說文》：

> 布之八十縷爲稯，五稯爲稌，二稌爲秅。

又稱爲緵，《史記 · 景帝紀》云：

> 復元二年……今徒隸衣七緵布。」張守節《正義》：「緵，八十縷也。」

稯與緵，禮經中皆稱爲升。《儀禮 · 喪服傳》云：

> 「冠六升」，鄭《注》：「布八十縷爲升。升字當作登，登成也。今之禮皆以登爲升，俗誤已久矣。」

布的升數本所以辨吉服和凶服。吉服細，凶服粗。雷鐏的《古經服緯》，隱括〈喪服傳〉的大意說：

> 五等者，斬、齊、大功、小功、緦、衰；十有三者，斬衰，正服三升，義服三升半；齊衰，降服四升，正服五升，義服六升。緦衰，四升半。大功，降服七升，正服八升，義服九升。小功，降服十升，正服十一升，義服十二升。緦則降義服，皆十五升，抽其半。

其子雷學淇注曰：

> 此一節述喪服五等之名，及衰服十三等之異也。斬、齊、大功、小功、緦，見〈喪服篇〉。此以人功裁製，及布縷之精粗別也。蓋未成布者，縷極疏，故以裁製之法分輕重。既成布者，縷少密，故以人功之多寡為等差。〈喪服傳〉曰：「斬者何？不緝也；齊者何，緝也。」賈《疏》云：「緝則今謂之緶。」今按緝者，齊也。凡布之屈斷處，屈績其邊而齊縫之，使縷不脫，是之謂緝。斬衰之帶下足，及衰負適裳之斷處，皆不緝，故曰斬；齊衰以下，則無不緝者矣。四服（齊、大功、小功、緦）皆緝，而齊衰得緝名者，齊衰自四升至六升，雖疏未成布，精已可緝，且以見斬衰之創鉅痛深，衣極疏之物，不可緝亦不遑緝也。大功以下成布，已鍛而灰之漂製，其可緝自不待言，故止以人功之粗細分之，不須更言裁製耳。同此，二尺二寸之幅，大功則五百五十縷以上，小功則八百縷以上，其功之有閒可知。至於緦之升數，雖反少於大功正服，而布縷之精細則與絲無殊，是不但灰而鍛之，而且有事其縷矣。故以為喪服最輕者。——此則五等之所由分也。

這裡闡明的是從喪服的等次，以見布的等次。布的等次從兩種性質來分，第一是粗細，第二是生熟。凡最粗的布也就是最生的布，到了細布，也就漸次的漂製起來。再說到縫工，最重的孝服，用的是最粗而生的布，衣邊也不加縫績，到了次重的孝服，衣邊也就縫績起來，再向輕處來說，衣邊也就沒有不加縫績的了。這還是就孝服而推，一般人所穿的布當然是細布，漂過，而且是縫績衣邊的。

關於布的粗細的標準是以縷來計的，照《儀禮 ・ 喪服傳》的《正義》說：

> 緦者，十五升抽其半者，以八十縷為升，十五升千二百縷，抽其半六百縷。縷粗細如朝服，數則半之。可謂緦而最輕也。

這是說縗服所用的布紗，和常服的布紗，是一樣的粗細，只是縗服的稀密只及常服的一半，所以縗服的布只是一種稀布，而並非粗布。縗服布縷雖較細，因爲布稀，若以升計，仍然七升半。前引漢簡中的八稷布和十稷布，爲的是給吏奉的，按理應屬於吉服而不屬於凶服。但仍然不算緻密，其中原因是應當加以推究的。現在推索當時的可能，或者由於邊郡寒苦，只能在平時服用凶服的布。從《史記·景紀》徒隷服用七稷布可以推知。再就當時塞上情況來說，大都在冷僻之地，並不繁榮，衣服只求保暖，也用不著任何裝飾的意義。

三、價值

再就各簡中看布帛的價值，有：

(1) 廿五兩縑一匹，直六百一十八。

(2) 廿兩帛八匹一丈三尺四寸大半寸，直二千九百七十八。

(3) 八稷布十九匹八寸大半寸，直四千三百廿。

其數均有奇零，未能適盡，可能是由於各匹中購價不一致的關係。就大致的平均數來說，大致爲廿兩帛每匹三百六十，八稷布每匹二百二十。

四、產地

再就布帛的產地來說。帛的產地爲任城及河內，布的產地爲廣漢。當然這只是就已發現的文獻而言，當然不能代表漢代布帛的全部產區，不過就一般情形來說，巴蜀區域及黃河三角洲區域，不僅是布的產區而且是帛的產區(見《中央研究院歷史語言研究所集刊》第五本，拙著〈兩漢戶籍與地理之關係〉)，邊郡的布帛不夠用，自需要大量的布帛從別處運去。所以從任城運至敦煌的帛，甚有爲任城王宗所輸去的可能性，但若說有必然性，尚無從懸斷。此外還有一點，即絲和麻都是中國的產品，尤其是絲，更爲中國的專利品。但這兩項的產品，卻長期排斥了一個最經濟而在中國相當適宜的產品——棉花。中國棉花的種植，要在南宋晚期才到長江流域，到元代才到北方。這件事對於中國經濟問題的影響是非常鉅大的。

秦漢時代的長城

一、中國爲什麼要有長城

中國所以要有長城，是因爲中國有一個地理上的缺點。而這一個缺點，在中國古代却是無法克服的。塞外的外蒙西北部是一個潮濕區，水草豐美，恰可作爲游牧人種的根據地。黃河流域各地（除去綏遠），也是一個潮濕區，可以作爲農業發展之用。在這兩個區域的中央，從新疆南部的塔里木盆地起，經過敦煌附近，武威附近，穿過寧夏和綏遠，是一個乾燥區域，每年雨量大率爲 250 米厘以下，除去一部份利用河水灌漑以外，大率爲沙漠地帶，不能利用。游牧民族和農業民族的道德觀念原不相同，游牧民族素來不以寇盜爲可恥。中國爲著國境的安全，最好當然是完全控制庫倫一帶，但在古代交通技術上，難以辦到。最大多數的朝代，還是在乾燥地區中，建立了防禦工事。這就是長城。

我們可以拿中國北部的邊疆和美國西部邊疆來比，那就可以比較出美國成功點之所在。美國和中國邊疆同是有一個沙漠，沙漠之外都尚有潤濕地帶。但美國跨過沙漠，經營潤濕地帶時，却有特殊優惠之處。卽：（一）美國經營西部之時，亦卽在鐵路發明以後，美國可以利用鐵路作爲開發有利的工具，推進拓殖。（二）美國東部和美國西部氣候相差不遠，東部技術當可用於西部。中國則漠北氣候不同，農業技術不能完全適合。

對於蒙古的經營，只有淸代是成功的。淸代提出了滿蒙一家的口號，決不損害蒙古人的自尊心，在政治上在宗敎上都做到充分合作。蒙古人在淸朝一代，決不感覺到淸朝皇室不是自己人。因而明代的長城（邊牆）到淸代便完全用不著了。至於有些人說淸代利用喇嘛敎愚弄古人，實際不然。因爲蒙古人相信喇嘛敎遠在淸室入關數百年以前；宗敎也是一種文化，凡强悍的民族多一分文化便多一分祥和，也是事實。但不見得便會因宗敎而衰落，如日耳曼人信基督敎反而勃興，卽其顯例。蒙古族居處大漠南北七百餘年，生活相當安定，不像過去各族的興亡倏忽，也是受宗敎之賜。喇嘛敎中誠然有許多要討論的，這是宗敎改革問題，不是宗敎存廢問題。至於淸代專注意蒙古貴族及喇嘛，而不注意平民，那是時代關係，旣不必苛責，也無庸遵循。

漠北地帶並非一片不毛之地，並且牧地是可以用新式方法經營的。今後絕不可以長城自限。問題就在矯正我們自己虛憍之習，和北方游牧民族在情感上徹底溶合。休戚相關，共同達到高度工業領導農業及游牧的經濟，那就長城問題可告一段落了。

二、秦漢時代的長城

秦漢的長城是利用燕趙及秦本國的長城而擴充的，但其中還有變更。史記蒙恬列傳，『秦巳並天下，乃使蒙恬將三十萬衆，北逐戎狄，收河南（按秦始皇本紀，事在始皇32年），築長城，因地形用險制塞，起臨洮，至遼東，延袤萬餘里。於是渡河據陽山（集解，徐廣曰，五原西安陽縣北有陰山，陰山在河南，陽山在河北），逶蛇而北。』又水經注河水注，『始皇令太子扶蘇與蒙恬築長城，

起自臨洮終於碣石』，碣石據水經注濡水注稱『在遼西臨榆縣』兩說不同。又從秦始皇帝紀三十三年：『西北斥逐匈奴，自榆中並河以東，屬之陰山，以爲三十四縣，城河上爲塞，又使蒙恬渡河取高闕，陶山，北假中，築亭障以逐戎人，徙謫之初縣。』一般看來，則秦代長城的修築，不只一次，而是逐漸推進。那麼當時有幾道長城，還是合理的，因此秦的長城是西起臨洮，東至遼東，也另有一道至碣石，北面可能有三重，河南地以南爲最初的長城，緣河爲塞爲第二道長城，而河以北的高闕(在今陰山一帶)爲第三道長城，是一層一層向前推進的。

至於在今綏遠以東，可能也有二重，今張家口至於山海關(即碣石的附近)，當爲內重，而瀋陽博物館所發見經熱河的赤峯縣而東的長城，可能是外重。這一個外重的長城，包括的就是漢代所稱『斗辟造陽』之地。此外，遼東及遼西區域，也應有特有的『塞』，這一個塞可能和『柳條邊』的地位差不多。

到了漢代初期，因爲河南地爲匈奴所據，當然仍秦代初期的故塞，這個故塞，可能就在陝西榆林和靖邊一帶的長城附近。到了元朔二年，衞青收復了河南地，恢復了陰山之塞，同時也放棄了斗辟造陽之地，因此上谷郡的北界，又到了張家口了。再到元狩二年，霍去病收復了河西休居及昆邪王地，漸次設置了河西四郡，於是漢代的長城，西至敦煌，而斯坦因所發見漢簡的地方，就在這一帶。

這種長城，也就是塞，是成爲一條線來防守的，但是塞外還可以別築城障防守。居延一帶，沿着額濟納河，是一個突出地方，應當是在張掖的塞外，別設城塞。又太初中，光祿勳徐自爲自朔方列城築障，遠至盧朐，據大清一統志，盧朐河即今克魯倫河，此說若確，則漢武的亭障，曾經一度到了外蒙古的東部。當然，這一些城障是在長城之外的。

自三國時代起，羌胡入居內地，北邊不再有障塞的防守，到了北魏時期，爲防禦北邊的柔然，在綏遠一帶，設置六鎭，隋代的榆林郡，也是承繼魏周故疆，在今綏遠托克托一帶。隋代的長城，當然也在此附近。唐朝張延賞的三受降城，也在今綏遠。這一帶到契丹興起才被契丹人所據。

漢代人稱長城爲塞，塞的意思是防禦工事，並非僅以城爲限。漢書匈奴傳載侯應對邊事說：『起塞以來，百有餘年，非皆以土垣也，或因山巖石，木柴僵落，谿谷水門，稍稍平之，卒徒築治，工費久遠，不可勝計。』所以漢代的塞，包括有種種不同的障礙物，而靠人來防守。至於佳兵之處，第一等爲城，有官吏，守兵，和人民。第二等爲障，即小城，只行官吏及兵。第三等爲候，又名隧，即烽火臺，有下級軍官和兵。城和障也都附有烽火臺。遇敵人來侵，便擧烽火，烽煙，烽表等，到晚上還外有火炬。並且按煙或火炬的多少，來表示敵人的人數。大致每五里至十里有一候，三十里至五十里有一障，百里有一城，互相聯絡，共同守衞。

要塞處有關，所以關塞常合稱，關就是在沿要塞處，指定幾個可供通行的出入口。除非特許是不准隨便出入的。

不但北方，中國的東南及西南也都有障塞。只是對於匈奴的防禦工事最好也最重要罷了。

三、漢代制度研究

兩漢刺史制度考

一　御史與刺史

　　刺史制度的來源，在漢人的記載都要溯到秦的監郡御史。　但秦置監郡以後，到漢正式置刺史以前，監郡御史的制度時置時廢，並不能說刺史制度卽係監郡刺史所改。　現只能說漢代未置刺史以前曾經有此一種制度，這兩種制度有因襲的痕跡而已。

　　漢書百官公卿表云：

　監御史，秦官，掌監郡。　漢省，丞相遣史分刺州，不常置　　，帝元封五年初置部刺史，掌奉詔條察州，秩六百石，員十三人。　成帝綏和六年更爲牧，秩二千石。　哀帝建平二年復爲刺史，元壽二年復爲牧。

此所謂『丞相遣史分刺州，不常置，』卽爲刺史制度的前身。　不過在漢的初年，有時仍襲秦制度，用監郡御史。　北堂書鈔設官部引胡廣漢官解詁云：

　惠帝三年，相國奏遣御史監三輔。

通典職官十四言此事更詳，但是否引自胡廣解詁，無從知曉，其言云：

　惠帝三年，又遣御史監三輔郡，察詞訟，所察之事凡九條，二歲更之；常以十二月奏事，十二月還監。　其後諸州復置監察御史。　文帝十三年，以御史不奉法下失其職，乃遣丞相史出刺，并督察御史。

由上看來，御史和刺史設置的變遷，不僅在監察區域的改變，卽『監郡』或『刺州』的不同，尤其在遣出監察的人員所屬府寺的不同。　在百官表所記，秦時監郡是監御史，而御史是屬於御史臺的。　孫星衍校大典本漢舊儀云：

御史員四十五人，皆六百石，其十五人衣絳，給事殿中爲侍御史。　宿廬在石渠門外。　二人尙璽持書給事，二人侍前，中丞一人領。　餘三十人留寺，理百官事也。

御史員三字漢書蕭望之傳如淳注所引作『御史大夫史員』。　但侍御史亦當爲御史大夫史員，侍御史因居中稱侍御史，則居外按理應去一侍字已足，卽應當稱御史。且御史大夫之名是領導侍御史的，史記秦本紀集解引應劭曰：『侍御史之率故稱大夫也』。　侍御史之率而稱御史大夫，並不稱侍御史大夫，可證御史和侍御史義有相通，且漢承秦制，漢官除御史臺職官外，無得稱御史的。　唐六典云：『周官有御史，以其在殿柱之間，亦謂之柱下史，秦改爲侍御史。　史記獨蒼自秦時爲御史主柱下方書，卽其任也。』　又案漢書獨蒼傳韻註云：『蒼自秦時爲柱下御史，明習天下圖書計籍，則主四方文書是也，柱下居殿柱之下，若今侍立御史矣。』　以上兩則雖然出自唐人。　但唐時漢官律令未亡失，應非無據。

　　關於秦代刺史監郡的事，在記載上比較的少。　只漢書中有幾段秦漢之際的事，比較可以依據：

蕭何傳：『以文毋害爲沛主吏掾，……秦御史監郡者與從事辨之 注：張晏曰，『何與共事備辦，明何素有方略也。』蘇林曰：『辟何與從事也，秦事無刺史，以御史監郡。』師古曰，『二說皆同』。　何迺給泗水卒史注：師古曰，『泗水郡沛所屬也，何爲郡卒史。』　事第一，秦御史欲入言徵何，何固請得毋行。』

曹參傳：『高祖爲沛公也，參以中涓從，擊胡陵，方與，攻秦監公軍大破之。』注：孟康曰，『秦御史監郡者，公名也。』　晉灼曰：『案高紀名平也，秦一郡置守尉監三人。』　師古曰，『公者時人尊稱之耳，晉說是也。』　案高紀秦二年十月：『沛公攻胡陵，方與，還守豐，秦泗川監平將兵圍豐二日，出與戰破之。』

嚴助傳：『臣聞長老言，秦之時嘗使尉屠睢擊越，又使監祿鑿渠通道 注：張晏曰，『監郡御史也，名祿。』　越人逃人深山林叢，不可得攻。』　南粵傳：『元鼎五年……蒼梧王趙光與粵王同姓，聞漢兵至，降爲隨桃侯；及粵揭陽令史定降漢爲安道侯，粵將軍取以軍降爲滕侯，粵桂林監居翁 注：服虔曰，『桂林郡監也，姓居名翁。』　諭告甌駱四十萬口降爲湘城侯。』

以上各條的郡監，除南粵傳一條外，皆爲秦時的事，南粵傳一條雖然在武帝時，但南粵原係自立爲王不遵漢制，只能說武帝時南粵的郡監尚遵秦制，與漢時中央政府無涉的。　現在所能知道的，是秦的郡監職權和太守並不能劃分清楚，如選舉，領兵和開渠等事，實際上應當屬於太守，而不應當屬於監郡的御史；但關於郡監的史料只有上列幾條，其與太守在職權上的關係如何，並不能究上列簡單的幾條所能完全知道。

御史在秦時本天子左右親信之官，史記李斯傳云：『趙高使其客十餘輩詐爲御史，謁者，侍中，更往覆訊斯，斯更以其實對，輒使人復榜之。　後二世使人驗斯，斯以爲如前，終不敢更言。』　御史與謁者侍中並稱，可見其職任略近的。　謁者和侍中在漢時所承舊制尚爲天子近臣，御史亦當如此。　漢書公卿表：『御史中丞在殿中蘭臺掌圖籍祕書，外督部刺史，內領侍御史員十五人，受公卿奏事，舉劾按章。』　此種職守實和西漢末年以後尚書的職務相近。　成帝紀注引漢舊儀云：『初尚書四人爲四曹，常侍曹尚書主丞相御史事，二千石曹尚書主刺史二千石事，戶曹尚書主庶人上書事，主客曹尚書主外國事，成帝置五人有三公曹。』　所以尚書掌章奏和御史相同。　在武帝時尚書和御史同掌文書，見史記三王世家。　但到元成以後尚書的重要漸超過御史之上。　所以曹揖之傳稱尚書爲百官之本，而蕭望之張猛和宦官的政爭，中間參雜着尚書的問題（見蕭望之傳）。　又御史固然司糾劾，但尚書也司糾劾的。　陳樹鏞漢官答問云：『大臣有罪則尚書劾之（王章傳），天子責問大臣則尚書受辭（薛宣王嘉傳），選第中二千石則使尚書定其高下（馮野王傳），吏追捕有功則上名尚書因錄用之（張敞傳），刺史奏事京師則見尚書（陳遵傳）。』以上的職守本應屬御史，但西漢末年也曾經歸到尚書，因此御史和尚書職務是很相近的。續漢書本注曰：『職屬少府者，自太醫上林凡四官；自侍中至御史皆以文屬焉。』所稱：『以文屬焉』今尚不能得其確切的實際解釋，但按照漢代『文』字的用法，有時當作法令的文辭解，則所謂『以文屬焉』的意義，應當對其職屬而言，即謂在法令的舊文雖屬少府，而其實並不屬少府。　少府官職所屬本爲天子的近臣，御史以文屬少府，可見御史亦爲天子的近臣的。

前漢時的詔書先由御史大夫再下丞相，此尚存御史大夫原爲天子近臣的痕跡。

漢書高紀十一月二月詔爲『御史大夫昌下相國，相國酇侯下諸侯王，御史中執法下郡守。』 史記三王世家之元狩六年詔則爲『四月戊寅朔癸卯，御史大夫湯下丞相，丞相下中二千石，二千石下郡太守諸侯相。』 而居延簡一○之二七則爲『御史大夫吉昧死言丞相相上太常昌書』，都是詔令奏議由天子達於御史大夫或由御史大夫以達於天子。 到後漢時便與此不同，如孔廟置百石卒史碑載元嘉三年三月壬寅詔書是由『司徒司空下魯相，無極山碑載光和四年八月丁丑詔書是由尙書令下太常，太常耽丞敏下常山相。』 此可見詔令奏議經由御史尙爲舊制，而後漢時則悉歸到尙書（此事當另有考證），故或由尙書令下，或司徒司空直下，此時本已無御史大夫，而御史中丞之職據太平御覽職官部引胡廣漢官解詁曰：『建武以來省御史大夫官屬入侍蘭臺，蘭臺有十五人，特置中丞一人以總之，此官得舉非法，其權次尙書。』 此言中丞權次尙書，正可說中丞和尙書的職守仍相類似。 卽御史和尙書同由天子的近臣變成糾察之官，其職守在後漢時仍爲同類，不過後漢尙書更爲重要而已。

究以前所述，大致可決定御史本是對天子較爲接近之官，因此在秦時的監郡御史，亦只是以天子的近臣監郡而已。 惠帝三年的遣御史監三輔，雖然伺仍秦制，但據胡廣所說是相國奏請的。 在此便不能說秦漢遣御史監郡的動機完全一樣。

大典本衞宏漢舊儀云：

丞相初置吏員十五人，皆六百石，分爲東西曹。 東曹九人，出督辦爲刺史。

西曹六人，其五人往來白事東廂，爲侍中；一人留府曰西曹，領百官奏事。……

丞相刺史常以秋分行部，御史爲駕四封乘傳。 到所部郡國，各遣吏一人迎界上，得轂別駕，自言受命移郡國，與刺史從事盡界罷行，載從者一人，得從吏所察六條。 刺史舉民有茂材，移名丞相，丞相考召。 ……

日食，卽日下令救曰：『制詔御史，其赦天下。 自殊死以下，及吏不奉法，乘公就私，凌暴百姓，行權相放，治不平正，處官不良，細民不通，下失其職，俗不孝弟，不務於本，衣服無度，出入無時，衆彊勝寡，盜誠滋彰，丞相以聞。』於是乃命刺史出刺，并察監御史，元封元年御史止不復監。

武帝元封五年，初分十三州刺史，假印綬，有常治所。 奏事各有常會，擇所部

二千石卒史與從。　傳食比二千石所傳。　刺史奏幽隱奇士拜爲三輔縣令，比四百石居後，六鄉一切擧試，守令取徵事。　注：徵事比六百石，皆故吏二千石，不以臟罪免降秩爲徵事。

究以上所擧的漢舊儀，和前引的漢書百官表漢官解詁及通典，是秦本有監郡御史一官，漢初曾經省過。　到惠帝時相國又奏請設監御史監三輔，其後又推行到各處。漢文帝時更遣丞相史監御史及郡守，因此有刺史之稱。　到武帝元封元年廢去監郡御史，至元封五年便制刺史爲常置，人數也由九人增到十三人。　十三部是此時特設的，以前九人之制是否分部無從知曉，不過印綬，治所，期會，從事，行傳等事都始於元封五年，以前似乎一切都是不固定的，因此都不能臆測十三部之前尚有九州之制。

二　刺史官職之設置及其因革

在前章所述，可以看出秦的監郡御史和漢的刺史有很大的不同，秦的監郡御史只是天子的近臣，而漢的刺史則由丞相掾史變成。　在丞相史刺州之時監御史尚未廢去，因此監御史的作用或者有時與刺史近似，但決不能說監御史卽係刺史制度。刺史所盥的據漢舊儀所說，監御史是亦在其內的，百官表言丞相遣史分刺州，不常置，武帝元封五年初置部刺史。　則丞相史的刺州，亦和刺史常置的制度相去有間。　但丞相史爲刺史制度的前身，則具有明文。

此外刺史制度未固定以前，以丞相史刺州之制和特使之制是有點相類的，因爲都是有事始出而事已卽罷。（註1）西漢特使之制據紀載上可考者當始自武帝 元狩元年,元狩三年,元狩六年,元鼎二年。　其後昭帝 元始元年,元始二年，　宣帝 元康四年,五鳳四年元帝建昭四年，　成帝建始三年，　均有特使。　但在武帝元狩元年至元鼎二年，八年之間凡遣使四次要算最密。　自元鼎四年始武帝雖不復遣特使，但親自巡方，計爲：

元鼎四年：冬十月行幸雍……行至夏陽……立后土祠於汾陰雎上，……行幸滎陽

（注1）東漢州郡之制已定，乃更遣特使，選素有名望的，並督州郡。　又與此相近，如後漢書周擧傳所遣八使，卽其一例。

還至洛陽。

元鼎五年：冬十月行幸雍……遂逾隴，登空同，西臨祖厲河而還……立泰畤於甘泉。

元鼎六年：行東將幸緱氏，至左邑桐鄉聞南越破，以爲聞喜縣。

元封元年：行自雲陽，北歷上郡，西河，五原，出長城，北登單于臺，至朔方，臨北河，勒兵十八萬，旌旗經千餘里，威震匈奴。　遣使者告單于曰：『南越王頭已縣於漢北闕矣，單于能戰，天子自將待邊，不能亟臣服，何但亡匿幕北寒苦之地爲？』匈奴讋焉。　還祠黃帝於橋山，迺歸甘泉。　……春正月，行幸緱氏……行遂東行海上。　夏四月癸卯，　上還登封泰山，降坐明堂。　遂登泰山，至於梁父，然後升禮肅然，自新嘉與士大夫更始，其以十月爲元封元年。　行所巡至博，奉高，蛇丘，歷城，梁父。　……行自泰山，復東巡海上至碣石，自遼西歷北邊九原歸於甘泉。

元封二年：冬十月行幸雍……春幸緱氏，遂至東萊。夏四月還祠泰山，至瓠子，臨決河。　……還作甘泉通天臺，長安飛廉館。

元封四年：冬十月行幸雍，祠五畤。　通回中道。　遂北出蕭關，歷獨鹿鳴澤，自代而還。　遂幸河東。

元封五年：冬南巡狩，至於盛唐，望祀虞舜于九疑，登灊天柱山，自尋陽浮江，親射江中蛟獲之。　舳艫千里，薄樅陽而出，作盛唐樅陽之歌。　遂北至琅邪並海，所過禮祠其各山大川。　春三月，還至泰山增封。　甲子祠高祖于明堂以配上帝。　因朝諸侯王列侯受郡國計。　夏四月詔曰：『朕巡荊揚，輯江淮物，會大海氣，以合泰山，上天見象，增修封禪，其赦天下所幸縣，毋出今年租賦，賜鰥寡孤獨帛，貧窮者粟。』　還幸甘泉郊泰畤。　大司馬大將軍青薨。　初置刺史，部十三州。　名臣文武欲盡。　詔曰：『蓋有非常之功，必待非常之人，故馬或奔踶而致千里，士或有負俗之累而立功名。　夫泛駕之馬，跅弛之士，亦在御之而已。　其令州郡察吏有茂材異等，可爲將相反使絕國者。』

自此以後，武帝亦屢有巡狩的事，但其巡狩的地域，是不出以前曾經行過的區域以外的。　在元狩元年遣特使的原故，詔書明說『日者淮南衡山修文學，流貨賂，兩

國接壤,惑於邪說,而造篡弒。 ……已赦天下,滌除與之更始。 朕嘉孝弟力田,
哀夫老眊孤寡鰥獨,或匱於衣食,甚憐愍焉,其遣謁者巡行天下,存問致賜。』
是詔書所說的動機爲的是淮南衡山之獄,恐有搖動天下之心,因施恩澤,以示與民
更始。 元狩三年則爲『遣謁者勸有水災郡種宿麥,舉吏民能假貸貧民者以名聞,』
已經較爲積極。 至元狩六年六月詔,則爲:

日者有司以幣輕多姦,農傷而末衆,又禁兼幷之塗,故改幣以約之。 稽諸往古,
制宜於今,廢期有月,而山澤之民未諭。 夫仁行而從善,義立則俗易,意奉憲
者所以導之未明與?將百姓所安殊路,而撟虔吏因乘埶以侵蒸庶耶?何紛然其擾
也。 今遣博士大夫等六人分循行天下,存問鰥寡廢疾,無以自振業者貸與之。
諭三老孝弟以爲民師。 舉獨行之君子徵詣行在所。 朕嘉賢者樂知其人,廣宣
厥道,士有特招,使者之任也。 詳問隱處亡位及冤失職,姦猾爲害,野荒治苛
者舉奏。 郡國有所以爲便者,上丞相御史以聞。(以上並見漢書武紀)

此次所遣的爲博士,其地位已較謁者尊崇,而條舉的事,範圍甚廣,亦幾略同於刺
史。 元鼎二年遣博士中等分循行關東大水,其範圍較元狩六年爲小。 但遣使頻
仍在武紀所記載是前此所未有的。 此後更屢親自巡行,尤爲漢家所未見。

從元朔初年以元封末年,爲武帝功業的頂點。 就其所成就而言,可分述如下。

一、在內政方面。因爲淮南之獄,將漢初封建諸侯王的局面作一總結束,此後
的王國除名稱方面而外,其餘完全和郡相同。 卽漢書諸侯王表所說:『武有衡山
淮南之謀,作左官之律,設附益之法,諸侯惟得衣食租稅,不與政事。』 其高帝
以來所封侯國,元鼎五年不坐酎金免者,亦所餘甚少。 因此無論王國或侯國,到
此時都無異重新清算。

其次關於新置的郡縣,在此時也大有可觀。 今就漢書武帝紀所記,開列如下:

元朔二年春:收河南地,置朔方、五原郡。

元狩二年秋:匈奴昆邪王殺休屠王來降……以其地爲武威酒泉郡。

元鼎六年春:定越地以爲南海、蒼梧、鬱林、合浦、交阯、九眞、且南、珠崖、
儋耳郡。 定西南夷以爲武都、牂柯、沈黎、文山郡。 秋分武威,酒泉地置張
掖,敦煌郡。

元封二年六月：平西南夷未服者以爲益州郡。

元封三年夏：朝鮮斬其王右渠降，以其地爲樂浪，臨屯，玄菟，眞番郡。

二、在對外關係的發展方面，此應以元朔二年衞青收河南地爲勝利的開始，第二年元朔三年張騫自西域回，在對外關係上始開從古未有的新局面。　因爲這是首次得到關於西方正確的知識，對於帝國的經營進展，有所準則。　從此以後，漢家王朝遂逐漸成爲東方帝國的領導者。　而河西四郡——酒泉、武威、張掖、敦煌——的開發，又是建設東方帝國的礎石。　其平越，平西南夷，平朝鮮諸役，也都不是功在一時，而是功在萬世。　然而這許多事，都是在元朔二年以後二十年之中完成的。

這二十年爲漢武事業的頂點，而在這二十年之中，又當以元封元年爲頂點。史記太史公自序云：

遷仕爲郎中，奉使西征巴蜀以南。　南略邛笮昆明，還報命。　是歲天子始建漢家之封，而太史公留滯周南，不得與從事。　故發憤且卒，而子遷適使返，見父於河洛之間。　太史公執遷手而泣曰：『余先周室之太史也……今天子接千歲之統，封泰山，而余不得從行，是命也夫，命也夫！……』

對於封禪的眞摯和熱烈，尙在司馬相如之流以上。　是其時『受命成功』的盛典，有非後人所能想像的。　按續漢書祭祀志注引風俗通稱漢武帝泰山巓之石刻云：

石高二丈一尺刻之曰：『事天以禮，立身以義，事父以孝，成民以仁。　四海之內，莫不爲郡縣，四夷八蠻，咸來貢職，與天無極，人民蕃息，天祿永得。』

共四十五字。

實可代表武帝當時的功績。　自此以後，始建年號，通鑑考異云：『元鼎年號亦如建元，元光，實後來追改。』　這是不錯的，因爲有司言假取美名不以一元二元爲號是元鼎三年時事，載在封禪書和郊祀志但未及改元。　而改元的明文載在漢書本紀，却是元封元年，卽此事的後三年。

但漢武的事業，在元封爲最蓬勃的時候。　而漢武事業的衰象，也在此時現出了。　漢書公孫弘傳總贊武帝中興名臣云：

漢興六十餘載，海內乂安，府庫充實。　而海內未賓，制度多闕。　上方欲用文

武，求之如弗及。 始以蒲輪迎枚生，見主父而歎息。 羣士慕嚮，異人並出。卜式拔於芻牧，弘羊擢於賈豎，衛青奮於奴僕，日磾出於降虜，斯亦曩時版築飯牛之朋已。 漢之得人，於茲爲盛。 儒雅則公孫弘，董仲舒，兒寬。 篤行則石建，石慶。 質直則汲黯，卜式。 推賢則韓安國，鄭當時。 定令則趙禹，張湯。 文章則司馬遷，相如。 滑稽則東方朔，枚皋。 應對則嚴助，朱買臣。歷數則唐都，洛下閎。 協律則李延年。 運籌則桑弘羊。 奉使則張騫，蘇武。將率則衛青，霍去病。 受遺則霍光，金日磾。 其餘不可勝紀。

所言的名臣在此時頗有死去的。 如公孫弘元狩元年卒， 汲黯元鼎五年卒， 韓安國元朔二年卒， 鄭當時以元狩三年免大農令後數年卒，當在元鼎時， 張湯元狩六年自殺， 司馬相如元封前八年卒，當在元狩四年， 嚴助元狩元年誅， 朱買臣元狩六年誅， 張騫元鼎三年卒， 衛青元封五年卒， 霍去病元狩六年卒， 都在此二十年中已經相次死去。時董仲舒和趙禹已老病不堪政事。 蘇武未回。 霍光，金日磾年歷尚淺。 至於兒寬，卜式，石慶之流，不過取其只有儒雅或質篤，以充大位而已。 武帝心目中的將相必不是這些人，在石慶傳便可顯然的看到。 就中應當是衛青，霍去病，張騫之死對武帝的感觸最深。故元封五年紀云：『大司馬大將軍青薨。 初置刺史，……名臣文武欲盡。 詔曰．「……其令州郡察吏有茂材異等，可爲將相及使絕國者。」』 所以刺史的設置，在情理上的推測，是爲應付新的局面，也可以說一部分的原因，是得臨時的謁者博士，改爲永久性的刺史。 尤其是者老舊臣彫零殆盡，需要一個選舉賢才的機關，來代替臨時使者的察舉，以補充將相的任務。

此外據史記平準書云：

天子始巡郡國，東渡河，河東守不意行至，不辦，自殺。 行西踰隴，隴西守以行往卒，天子從官不得食，隴西守自殺。 於是上北出蕭關，從數萬騎，獵新秦中，以勒邊兵而歸。 新秦中或千里無亭徼，於是誅北地太守以下，而令民得畜牧邊縣。

太守不盡職，監御史亦不舉奏，天子自出方才知道。 按情理說似乎也是罷監郡御史的一個原因。 因此爲元鼎四年事，元封元年罷監郡御史，在此事的三年以後。

武紀元封五年言『初置刺史，部十三州。』 其後咸稱部刺史，但對於部刺史

的區域，見於詔令的，則或州或部，並無一定。現在所能得到的解釋，只能說刺史的區域是按照載籍的九州或十二州的標準加以增改，而刺史在政治上的地位，則顯然的和載籍上的方伯連率並無相似之處。　因此，就區域上可稱爲州，就職務上說則只能稱爲部。漢的刺史對於郡的關係和部督郵對於縣的關係，頗有幾分相似的。尹翁歸傳云：『徙署督郵，河東二十八縣分爲兩部，閎孺部汾北，翁歸部汾南。所舉應法，得其罪辜。長吏雖中傷，莫有怨者。舉廉爲緱氏尉。』翁歸爲督郵在昭帝時。督郵的部和刺史的部，雖不能斷言誰抄襲誰。但二者作用是相近的。郡縣二級不能加入部刺史爲三級，猶之郡縣二級不能加入部督郵成爲三級一樣。所以漢代郡縣組織，實際上應爲：

（註1）

因此六百石的刺史而監察二千石的太守，和百石的督郵而監察千石至三百石的縣令長，同樣是不足怪的事。

然而在想恢復唐虞三代之治的儒生，自然覺得這種制度是不應經的。假若只有郡縣區域，並無假借州的區畫來作監察的『部』，也就無從說起。但此時却明顯的有州的名稱而無州的實際的一種制度存在着。所以成帝綏和元年，何武爲大司空，與丞相翟方進共奏言：

（註1）丞相司直和御史中丞雖都統領刺史，但丞相總宰百官，而刺史前身亦爲丞相史，所以太守刺史都列丞相下較合。

古選諸侯之賢者以爲州伯，書曰『咨十有二牧』，所以廣聰明，燭幽隱也。　今部刺史居牧伯之位，乘一州之統，選第大吏，所薦位高至九卿，所惡立退，職重任大。　春秋之義用貴治賤，不以卑臨尊。　刺史位下大夫，而臨二千石，輕重不相準，失位次之序。　臣請罷刺史更置州牧以應古制。（漢書朱博傳）

事經奏可。　但三年以後，哀帝建平二年，御史大夫朱博又奏言：

漢家至德溥大，宇內萬里，立置郡縣。　部刺史奉使典州，督察郡國，吏民安寧。故事，居部九歲舉爲守相。　其有異材功效著者輒登擢。　秩卑而賞厚，咸勸功樂進。　前丞相方進奏罷刺史，更置州牧秩眞二千石位次九卿，九卿缺，以高第補。　其中材苟以自守而已。　恐功效陵夷，姦軌不禁。　臣請罷州牧，置刺史如故。　（漢書本傳）

但到元始四年王莽當政又復州牧之制。　王莽傳上云：

臣又聞聖王序天文，定地理，因山川民俗以制州界。　漢家地廣二帝三王。　凡十二（三）州，州名及界多不應經。　堯典十有二州，後定爲九州。　漢家廓地遼遠，州牧行部遠者三萬餘里，不可爲九。　謹以經義正十二州名分界，以應正始。　（顧頡剛先生兩漢州制考曰按此事莽傳載於元始五年，與平紀相差一年，未詳孰是。）

至光武建武年，苟襲王莽之制，州爲州牧，（註1）至建武十八年始改爲刺史。　至靈帝中平五年，又臨時特放出幾個州牧。　後漢書劉焉傳云：

靈帝政化衰缺，四方兵寇。　焉以刺史威輕，既不能禁，且用非其人，輒增暴亂。乃建議改置牧伯，鎮安方夏，請選重臣居其任焉。　……會益州刺史郤儉在政煩擾，謠言遠聞；而幷州刺史張懿，涼州刺史耿鄙並爲寇賊所害；故焉議得用，出爲監軍使者領益州牧。　太僕黃琬爲豫州牧，宗正劉虞爲幽州牧，皆以本秩居職，州任之重，自此而始。

但事實上並未編置州牧。　如袁紹傳云：『初平元年紹遂以勃海起兵，以從弟後將軍術，冀州牧韓馥，豫州刺史孔伷，兗州刺史劉岱，陳留太守張邈，廣陵太守張超，

（註1）光武初年朔方却置刺史，而非州牧，後漢書竇融傳云建武十一年省朔方刺史併并州，可見不稱州的仍爲刺史。

河內太守王匡，山陽太守袁遺，東郡太守橋瑁 ，濟北相飽信等同時俱起 ， 眾各數
萬。』 是靈獻之際州牧和刺史仍是並置的。

　　刺史有治所，武紀元封五年注引漢舊儀云：

　初分十三州，假刺史印綬，有常治所，常以秋分行部。 御史爲駕四封乘傳。
　到所部郡國，各遣一吏迎之界上，所察六條。

又按朱博傳云：

　遷冀州刺史……吏民數百人遮道自言……博出就車，見自言者，使從事明敕告吏
　民，欲言縣丞尉者，刺史不察黃綬，各自詣郡；欲言二千石，墨綬長吏者，使者
　行部還，詣治所注：師古曰，治所刺史所止理事處。 其民爲吏所冤，及言盜賊辭訟事，
　各使屬其部從事。

據此，刺史確有治所，劉昭續漢書百官志補注曰：

　孝武之志，始置刺史，監糾非法，不過六條，傳車周流，匪有定鎭。

與此不同，不過劉昭此言，是不能盡据的。 因爲劉昭之言意在極言州牧之弊，並
非詳考刺史之制，此注僅是論議，並非考證，涉筆之間，不可以辭害意。 況『傳
車周流，匪有定鎭，』所稱『定鎭』照六朝人用法當指管屬，非僅監督，刺史本係傳
車周流，無有管屬，此事本與有無治所，不相涉及。 決不能以含混之語，駁斥有
明文之治所。 況劉昭梁人，其對於漢時制度決不如衞宏班固之明瞭，亦是可以斷
言的。 全祖望經史問答云：

　沈約之誤，與劉昭同，但刺史行部，必以秋分，則秋分以前，當居何所，豈蟄蟄
　於京師乎，則顏說未可非也。

這是很對的。

　　其次關於十三州的設置和司隸校尉的職守，官本二十四史齊召南考證曰：

　案：（十三州）晉志冀、幽、并、兗、徐、青、揚、荊、豫、益、涼、及朔方、
　交阯，所謂十三州也。 至征和四年又置司隸校尉，督察三輔，三河，弘農。

這和班固漢書地理志序論所說：

　至武帝攘却胡越，開地斥境。 南置交阯，北置朔方之州，兼徐涼幽并，夏周之
　制，改雍曰涼，改梁曰益，凡十三部，置刺史。

完全符合。　但武帝所置合司隸爲十四，王莽所置則爲十二（見王莽傳及楊雄十二州箴引見古文苑及藝文類聚），光武則十二州合司隸爲十三（見續漢地理志），因此州數的紛紜往往易於爲前人所忽略。　又晉志幷州下云：

> 漢武帝置十三州，幷州依舊名不改，統上黨、太原、雲中、上郡雁門、代郡　定襄、五原、西河、朔方十郡。　又別置朔方刺史。　後漢建武十一年省朔方入幷州。

語意甚爲含混，可解釋爲原有幷州，後由幷州別分朔方刺史，另有分郡，不涉幷州，後漢又復併入。　也可解釋在幷州以內另設一朔方刺史。　又漢書平當傳顏注稱：『武帝初置朔方郡，別令刺史監之，不在十三州之限。』　語亦疏忽。　以上均足以致羣疑而啓許多年聚訟的局面，成許多不合理的解說，語並見顧頡剛先生的兩漢州制考。

　　漢書地理志的本注是載有所屬州名的，不過還許多州名却與西漢無涉。　例如：

東郡，秦置，莽曰治亭，屬兗州。

汝南郡，高帝置，莽曰汝汾，分爲賞都尉，屬豫州。

南郡，秦置，高帝元年更爲臨江郡，五年復故，景帝二年復爲臨江，中二年復故，莽曰南順，屬荊州。

零陵郡，武帝元鼎六年置，莽曰九疑，屬荊州。

州名皆係於王莽所置郡以後，很有承上文的可能。　若爲漢制而非新制，應列在莽郡之名以前方合。　因爲照班氏地理志中敍述的方法，不論郡縣，凡莽制都在一切的事例之後，獨屬州若爲漢制而置在莽制之後，於義未安。　但言及司隸，又非莽制，頗爲費解。　且州制的區分顯然的和班氏的序論不合，無論如何在一篇之中不應自相衝突至此。　序論的州制和自注的州制顯然爲兩個系統，自注中乃經整傷過而分散在各郡名以下的，此非小事可以在不經意中忽略過。　除非自注不由於班氏若由班氏決不至於疏忽至此。

　　在自注中的屬州是非常混亂和漏略，從班固到顏師古已六七百年，古書經過長時間的抄胥授受，尤其在表志是無法避免的事。　顧頡剛先生兩漢州制考曾加以撮錄並加志中的目次。　今舉於下：

（一）云『屬司隸』的有兩個是：

8 河內郡　　9 河南郡

（二）云『屬冀州』的有九個，是：

22魏郡　　23鉅鹿郡　　24常山郡　　25清河郡　　84趙國　　85廣平國　　86眞定國

87中山國　　88信都國

（三）云『屬幷州』的有九個，是：

6 太原郡　　7 上黨郡　　62上郡　　63西河郡　　64朔方郡　　65五原郡　　66雲中

郡　　67定襄郡　　68雁門郡

（四）云『屬幽州』的有十個，是：

26涿郡　　27勃海郡　　69代郡　　70上谷郡　　71漁陽郡　　72右北平郡　　73遼西

郡　　74遼東郡　　75玄菟郡　　76樂浪郡

（五）云『屬兗州』的有八個，是：

10東郡　　11陳留郡　　19山陽郡　　20濟陰郡　　31泰山郡　　94城陽國　　95淮陽

國　　97東平國

（六）云『屬青州』的有六個，是．

28平原郡　　29千乘郡　　30濟南郡　　32齊郡　　33北海郡　　34東萊郡

（七）云『屬徐州』的有四個，是：

35琅邪郡　　36東海郡　　99楚國　　101廣陵國

（八）云『屬豫州』的有五個，是：

12潁川郡　　13汝南郡　　21沛郡　　96梁國　　98魯國

（九）云『屬揚州』的有五個，是：

17廬江郡　　18九江郡　　38會稽郡　　39丹陽郡　　40豫章郡

（十）云『屬荆州』的有七個，是：

14南陽郡　　15南郡　　16江夏郡　　41桂陽郡　　42武陵郡　　43零陵郡　　103長

沙

（十一）云『屬益州』的有八個，是：

44漢中郡　　45廣陵郡　　46蜀郡　　47犍爲郡　　48越嶲郡　　49益州郡　　50牂柯

郡　51巴郡

(十二)云『屬交州』（註1）的有六個，是：

　　　77南海郡　78鬱林郡　79蒼梧郡　80交阯郡　81合浦郡　83日南郡

以上共計七十九郡國，其未注屬州的有二十四郡國計爲：

　　　1京兆尹　2左馮翊　3右扶風　4弘農郡　5河東郡　37臨淮郡　52武

都郡　53隴西郡　54金城郡　55天水郡　56武威郡　57張掖郡　58酒泉郡

59敦煌郡　60安定郡　61北地郡　82九眞郡　89河間國　90廣陽國　91甾

川國　92膠東國　93高密國　100泗水國　102六安國

在上所列，凡諸郡有所屬州的，都和東漢的所屬州相同。　其不紀所屬州的，大概
有下列的情形。

　一、司隸部：京兆尹、左馮翊、右扶風、弘農郡、河東郡。

　二、涼州部：武都郡、隴西郡、金城郡、天水郡、武威郡、張掖郡、酒泉郡、敦
　　　煌郡、安定郡、北地郡。

　三、後漢有改置的：廣陽國（光武省屬上谷，明帝後，和帝改郡，）甾川國，膠東國，高
　　　密國（三國省屬北海國），臨淮郡（明帝更名下邳國），泗水國（光武省入廣陵郡），六
　　　安國（光武省入盧江郡），　河間國（光武省屬信都，和帝永元二年後故）。

　四、無特殊情形可指的：九眞郡。

以上幾類除過九眞郡應當是注者或抄者無意的脫落外，司隸所屬應當是因太顯著而
不記的，因志中從京兆尹到河東郡皆列在諸郡之前，很易看出屬於司隸，獨河內河
南兩郡中隔有屬幷州的太原郡和上黨郡。　此一郡注出司隸，顯而易見以前各郡的
不注，是註者因爲覺得可以不注而非脫誤的。　其第二第三兩項所列，雖然不敢臆
斷其原因，但其情形却可指出，此種情形不能謂爲抄胥的脫誤，或注者無意中的疏

（註1）在後漢書紀傳對交州皆仍稱交阯。　獨三國志及續漢書則稱交州，後漢書本紀多引詔令
　　　原文，決不能後漢已治蒼制改交州，而詔令反因仍前漢成語。　三國志士燮傳有詔文稱
　　　交州，但爲改牧以後事，不足據。　其餘皆爲人撰述非引漢文，自可以晉制改漢制，所
　　　以交州一名仍認爲建安始有，則附註亦應爲建安以後的人所爲。

忽，均有可以斷言的理由。 假如爲班固所自注，在漢書著述一般的體例，是不應
有此情形的。班固儘管可以在所有如條郡國之中，不注出州或部，決不應有此畸形
的體例，並且又與序論有顯然的衝突的。 假若爲後人在班固本注後所加附注，經抄
胥之手與本注相混，則此情形很容易解釋。因爲加附注的人並無心著述，不過略備
遺忘，所以用不着講著述的體例，記與不記本無關宏指的。 此種情形古書中並不
少見，如史記秦始皇本紀結尾，忽有孝明皇帝十七年一節，此節當然非史遷原文，
司馬貞索隱卽言『此已是漢孝明帝訪班固評賈馬贊中論秦二世亡天下之得失，後人
因取其說，附之此末。』 與此情形應相類。 附注本皆在本注以後，自顏師古
將服虔應劭各家別行音義附入本注以後，於是此附注便夾在本注與各家音義之間。
成爲對後世的一種迷悶。

　　因此，關於西漢刺史部，只應從班固地理志序論，是不生問題的。

　　關於司隷校尉的設置，最初與刺史不同。 顧頡剛先生已經在兩漢州郡考說到。
現在再簡單的敍述一下。 司隷一名稱在周禮秋官官見到，這是和漢的司隷校尉無
關的。 漢的司隷校尉始於武帝征和四年爲捕巫蠱而特置，其名是假古的『司隷』
二字，再加上漢人常用的校尉（見漢書百官表，及續漢百官志注引荀綽晉百官表注。） 本有
節，諸葛豐爲司隷時，因得罪外戚許章而去節。 京師附近之地本爲畿輔，但稱三
輔三河宏農（見成帝鴻嘉元年春二月詔及溝洫志哀帝初平當領河堤事），司隷督察京師，故畿輔
亦在內，並無屬司隷所部一說。 司隷校尉到東漢時尙督察京師，陽球爲司隷校
尉，宦官不法者多繩以法，後因此遭忌乃徙爲衛尉，這不克卒其事，事見本傳。
可見在東漢時其職權和刺史仍有殊異的。

三　刺史職權的發展和職位的除授

　　刺史以六條察州，後漢書百官志注引蔡質漢儀曰：

詔書舊典刺史班宣周行郡國，省察治政，黜陟能否，斷理冤獄。 以六條問事，
非條所問卽不省。 一條：強宗豪右，田宅踰制，以強陵弱，以衆暴寡。 二條：
二千石不奉詔書，遵承典制，倍公向私。 三條：二千石不恤疑獄，風厲殺人，
怒則任刑，喜則任賞，煩擾苛暴，剝戮黎元，爲百姓所疾，山崩石裂，訞祥訛言。

四條：二千石選署不平，苟阿所愛，蔽賢寵頑。　五條：二千石子弟怙恃榮勢，請託所監。　六條：二千石違公下比，阿附豪強，通行貨賂，割損政令。（註1）

這六條的範圍，是很廣汎的。　不過主要的是消極的防範，而不是積極的作爲。刺史的職務，是限制太守不應如何做，並非督促太守應當如何做。　除過強宗豪右，二千石不理會則刺史應加舉劾，其如爲太守能免過，則刺史是不應多所過問的。其最要一點是續志所說：『諸州常以八月巡行所部郡國，考殿最，初歲盡詣京師奏事，中興但因計吏。』　是刺史每年巡行有定時，舉奏有定時，不至於事事干涉郡太守。且按漢時設置刺史，若所部太守違法，只能舉奏，而不能代治。　刺史職卑，居部九歲始遷太守（朱博傳），諸州刺史上郡，並列鄉府言敢言之（後漢書朱儁傳引蔡質漢儀）這也是任置的權衡。

西漢爲刺史有威名的，如何武，翟方進等，對太守多所罷免，然皆『應條奏事』，何武錄囚，皆以屬郡，郡不決，方舉奏，並不代治。　薛宣傳稱：『成帝初，上疏曰：「政教煩碎，大率咎在部刺史，或不循條職，舉錯各以其意，多與郡縣事。」』　其法漸壞，從此可見，但並未聞有具體的事實。　惟孫寶當廣漢羣盜起選爲益州刺史，親入山谷，遣歸羣盜。　但這是臨時的特別任務，爲朝廷特選，不在刺史職權以內的。　至哀帝時置州牧，但爲時不久，且只是秩位上的變更，非在職權上。　且毋將隆，翟義（並見本傳），徐良（儒林傳），皆以州牧爲太守。　這由當時州牧秩二千石，同於太守，和東漢末年秩眞二千石，位次九卿是不同的。

刺史的權在東漢初年較西漢爲增，後漢書朱浮傳云：

舊制州牧奏二千石長吏不任位者，皆先下三公，三公遣掾史案驗，然後黜退。帝時用明察，不復委任三府，而權歸刺史舉之吏。　浮復上疏曰：『……陛下疾往者上威不行，下專國命，卽位以來，不用舊典，信刺舉之官，黜陟輔之任。至於有所劾奏，便加退免。　覆案不關三府，罪譴不蒙澄察。　陛下以使者爲腹心，而使者以從事爲耳目。　是爲尚書之平，決於百石之吏。』

不過這只是重用刺史牽制太守，並非要以刺史的權代替太守，其作用仍是在消極方

面的。　明帝時馬嚴上封事曰：

臣伏見方今刺史太守，專州典郡，不務奉事盡心爲國。　而司察偏阿，取與自己。　同則舉爲尤異，異則中以刑法。　不卽垂頭塞耳，採取財賂。　今益州刺史朱酺，揚州刺史倪說，涼州刺史尹業，每行考事輒有物故，又選舉不實，曾無貶坐。　是使臣下得作威福也。　故事，州郡所舉，上奏司直，察能否以懲虛實，今宜加防檢式。　……

書奏，帝納其言（馬援傳附馬嚴傳）。　在此一事所可考見的，是刺史不惟司監察，並且可以考問人犯。　這種職權雖不知始自何時，其爲積威漸成，非置刺史官職所應有，是可以說的。　但據漢書朱博傳顧老從事教吏民自言，爲博所察，殺此從事。則西漢刺史已操生殺之柄，不能因此奏便斷爲東漢始有考問的事。　但刺史領兵，却始於東漢。　安帝紀建光元年：『幽州刺史馮煥率二郡太守討高句麗穢貊不剋。』法雄傳：『（永初四年）張伯路復與平原劉文河……攻厭次城……乃遣御史中丞王宗發幽冀諸郡兵……徵雄爲青州刺史，與王宗並力討之。』　南蠻傳：『安帝元初二年，澧中蠻……攻城殺長吏，州郡募五里蠻六亭兵追擊破之。　……明年秋澧中蠻並爲盜賊，……州郡募善蠻討平之。』　哀牢夷傳：『安帝元初三年郡繳外夷大羊等八種……內屬……五年……反畔……明年，永昌益州及蜀郡夷皆畔應之。……詔益州刺史張喬選堪能從事討之，喬乃遣從事楊竦將兵至楪楡擊之……皆求降附。』　這都是刺史領兵的例，州地較郡廣，刺史領兵自然較太守領兵有其方便之處。　郡國邊方有事，西漢是用三公，將軍，或太守督太守出征，東漢亦或用將軍，列校，中郎將，謁者，並非全用刺史，但旣用刺史，便無異承認刺史在州中領有軍政事權，雖然或領兵有功，究非強幹弱枝之策。　至順帝永建元年，詔幽并涼州刺史下察至黃綬；又告幽州刺史令緣邊郡增置步兵列屯塞下，更無異明詔刺史領郡。到順帝陽嘉三年詔書便明稱『刺史二千石』，和前此成例詔令言中二千石二千石不及刺史的顯有區別。　所以東漢州牧的割據，固然由於重臣出任，而刺史威權所積，究非一朝一夕所致的。

現在再說到刺史的除授。　刺史雖然是六百石官，但因爲是『地居清要』，所以選授比同秩的官要重要的。　今以西漢爲主，附入東漢。　刺史的選授或者從

博士：

孔光傳『博士三科，次爲刺史。』　貢禹傳『徵爲博士涼州刺史』。　翟方進傳『轉爲博士，數年遷涼州刺史。』　儒林傳『胡常以明穀梁春秋爲博士部刺史』。又『琅邪徐良游卿爲博士州牧郡守』。

或者從侍御史：

杜鄴傳『以侍御史遷涼州刺史』。　後書楊秉傳『爲侍御史，頻出爲豫荊徐兗四州刺史。　後書王允傳『爲侍御史中平元年黃巾賊起，特選拜豫州刺史。』　後書种暠傳『爲侍御史，出爲益州刺史。』　後書黨錮傳『羊陟以故侍御史爲冀州刺史』。　三國志劉繇傳『辟司空掾，除侍御史不就，詔書以爲楊州刺史。』

或者從列大夫議郎：

孫寶傳『以諫大夫爲冀州刺史』。何武傳『以諫大夫遷楊州刺史，又以諫大夫遷兗州刺史。』　後書鄭興傳『以諫議大夫拜涼州刺史』。　後書蘇章傳：『爲議郎遷冀州刺史換爲幷州刺史』。　後書种劭傳『爲議郎遷幷涼二州刺史』。　後書黨錮陳翔傳『以定襄太守議郎爲楊州刺史』。

或者從尚書令：

後書郭賀傳『以尚書令拜荊州刺史徵河南尹』。

或者從故九卿二千石：

楚元王傳『劉德以宗正免，起守刺史，歲餘復爲宗正。』　張敞傳『爲京兆尹免拜爲冀州刺史』。　王尊傳『爲京兆尹免拜爲徐州刺史』。

或者從中郎將：

蕭望之傳『蕭育以中郎將使匈奴還爲冀青兩州刺史』。　度尚碑『拜中郎將，復拜荊州刺史以故秩居。』

或者從尚書郎：

三國志公孫度傳『除尚書郎稍遷冀州刺史』。

或者從諸中都官：

張敞傳『稍遷太僕丞，以切諫顯名爲豫州刺史。』　馬宮傳『以廷尉平爲青州刺史』。　谷永傳『以護苑使者爲涼州刺史』。　黃霸傳『以廷尉正舉賢良擢楊州

刺史』。　陳咸傳『以大將軍長史補冀州刺史』。　平當傳『以丞相司直左遷朔方刺史』。　後書度尚傳『以右校令爲幷州刺史』。　後書陶謙傳『以車騎將軍司馬爲徐州刺史』。　三國志劉表傳『以大將軍掾爲北軍中候代王叡爲荆州刺史』。

或者從河堤謁者：

後書循吏傳『王景以河堤謁者爲徐州刺史』。

或者從戊己校尉：

後書董卓傳『以戊己校尉免拜爲幷州刺史』。

或者從縣令高第：

朱博傳『以長安令遷冀州刺史，徙幷州刺史。』　魏相傳『以茂陵令爲楊州刺史』。　後書魯丕傳『以新野令州課第一擢拜青州刺史』。　後書賈琮傳『以京兆令舉爲交阯刺史』。　法雄傳『以宛陵令徵爲青州刺史』。　後書周璆傳『以平丘令稍遷幷州刺史』。　後書朱儁傳『以蘭陵爲交阯刺史』。　後書循吏傳『王渙以溫令爲兗州刺史』。　後書黨錮傳『劉祐爲任城令，兗州舉尤異遷爲楊州刺史。』

或者從大將軍三公掾屬：

後書周景傳『辟大將梁冀府稍遷豫州刺史』。　後書趙岐傳『辟司徒胡廣府，出爲幷州刺史。』　後書黨錮傳『李膺辟司徒府以高第爲青州刺史』。

或者從孝廉茂材稍遷：

後書張禹傳『舉孝廉稍遷楊州刺史，轉兗州刺史』。　後書左雄傳『舉孝廉，稍遷冀州刺史。』　後書王龔傳『舉孝廉，稍遷青州刺史。』　後書鄧壽傳『舉孝廉稍遷冀州刺史』。　後書劉虞傳『舉孝廉，稍遷幽州刺史。』

至於刺史的遷轉，以二千石守相爲最多：

張敞傳『爲冀州刺史，守太原太守，滿歲爲眞。』　王尊傳『爲徐州刺史遷東郡太守』。　孫寶傳『爲冀州刺史廣漢太守』。　循吏傳『黃霸擢楊州刺史，三歲爲潁川太守。』　後書魯丕傳『擢拜青州刺史，七年免，再遷趙國相。』　後書法雄傳『爲青州刺史，遷南郡太守。』　後書度尚傳『爲荆州刺史，桂陽太守。』　後書張禹傳『轉兗州刺史，遷下邳相。』　後書种暠傳『爲益州涼州刺史遷漢陽

太守。』 後書劉虞傳『幽州刺史，拜甘陵相。』 後書黨錮傳『劉祐楊州刺史河東太守』。 後書董卓傳『幷州刺史，河東太守。』 朱博傳『奏言漢家至德溥大，宇內萬里，立置郡縣。 部刺史奉使典州，督察郡國，吏民安寧。 故事，居部九歲舉爲守相。 其有異材功效著者輒登擢。』

或者徵爲三輔河南尹：

雋不疑傳『爲青州刺史擢爲京兆尹』。 後書郭賀傳『拜荆州刺史，徵爲河南尹。』 後書蘇章傳『爲幷州刺史，徵爲河南尹。』

或者爲九卿將軍列校：

楚元王傳『劉德守青州刺史，歲餘復爲宗正。』 蕭望之傳『蕭育爲冀青兩州刺史，長水校尉。』 後書李膺傳『爲青州刺史免，爲度遼將軍。』 三國志呂布傳『丁原以幷州刺史爲執金吾』。

或者爲丞相司直：

何武傳『遷楊州刺史，五歲爲丞相司直。』 翟方進傳『爲朔方刺史，甚有威名，遷丞相司直。』

或者爲司隸校尉：

何武傳『遷兗州刺史，徵爲司隸校尉。』 王駿傳『爲幽州刺史，遷司隸校尉。』

或者爲尚書：

後書王襲傳『稍遷青州刺史，徵爲尚書。』 邳彤傳『稍遷冀州刺史，三遷爲尚書令。』

或者爲侍御史：

後書循吏傳『王渙爲兗州刺史侍御史』。

或爲列大夫：

魏相傳『爲楊州刺史諫大夫』。 陳咸傳『補冀州刺史，奉使稱意徵諫大夫。』 谷永傳『遷爲涼州刺史，徵太中大夫。』 平當傳『左遷朔方刺史，徵爲太中大夫。』 後書鄧興傳『拜涼州刺史免，徵爲太中大夫。』 後書朱儁傳『交阯刺史諫議大夫』。

或爲中郎將：

後書黨錮傳『羊陟爲冀州刺史，再遷虎賁中郎將。』

或爲議郎：

後書左雄傳『稍遷冀州刺史，徵拜議郎。』　後書周舉傳『出爲幷州刺史，免，徵拜議郎。』　後書黨錮傳『陳翔以議郎爲楊州刺史，復徵議郎。』

或爲博士：

王吉傳『爲益州刺史，病去官，復徵博士。』

或爲大將軍從事中郎：

後書王允傳『爲豫州刺史，免，爲大將軍從事中郎。』

只有王渙以刺史爲侍御史爲洛陽令。　在兩漢是非常少的。　所以刺史實在是內外官升遷的重要階梯的一級。

至於州牧的除授，西漢末年和東漢初年一樣。　東漢末年又是一樣。　西漢末年和東漢初年是與太守互相轉任。

毋將隆傳『爲諫大夫，冀州牧，潁川太守。』　翟方進傳『翟義爲河內太守，青州牧，東郡太守。』　儒林傳『房鳳以九江太守至青州牧』。　後書郭丹傳『大司馬吳漢辟舉高第，再遷幷州牧使匈奴中郎將』。　後書鮑永傳『出爲東海相兗州牧』。　郭伋傳『爲上谷太守遷幷州牧，徵左馮翊，拜雍州牧，爲潁川太守，調幷州牧。』

東漢末年却是重臣出任，或逕由刺史除授，只能算亂世之制了。

後書劉焉傳『以太常爲益州牧。』　劉虞傳『以宗正爲幽州牧』。　劉表傳『以荊州刺史爲荊州牧。』　陶謙傳『以徐州刺史爲徐州牧』。　藝文類聚六引交廣記『建安二（？）年，南陽張津爲刺史，交阯太守士燮表……詔報聽許，拜津交州牧。』又晉書地理志『交州，建安八（？）年張津爲刺史，士燮爲交阯太守，共表立爲州，乃拜津交州牧。』

漢代察舉制度考

漢代自高帝得天下以後，選任官吏主要的是兩種人，第一，功臣；第二，文吏。文景以後，功臣的後裔也常因舊有的資地，致位通顯。一般儒生的進身出路是不如武帝以後容易的。主要的關係是詔舉的一件事只有到武帝以後才常有。景帝以前僅偶一有之，得人的數自然不能和武帝以後相比擬了。

漢高帝本人是一個信陵君的崇拜者，他用太牢來祀孔子，是因爲孔子的地位，在當時已是學藝的宗師，至於對於一般儒生並不如何的重視，其所謂賢人，還是戰國以來『賢人』一詞的習慣用法，漢書高帝紀十一年詔曰：

> 蓋聞王者莫高於周文，伯者莫高於齊桓。皆待賢人而成名。今天下賢者智能豈特古之人乎，患在人主不交故也。士奚由進？今吾以天之靈，賢士大夫定有以天下以爲一家，欲其長久世世奉宗廟亡絕也。賢人已與我共平之矣，而不與我共安利之可乎？賢士大夫有肯從我游者，吾能尊顯之。布告天下，使明知朕意。御史大夫昌下相國，相國酇侯下諸侯王，御史中執法下郡守，其有意稱明德者，必身勸，爲之駕，遣指相國府，署行義年。有而弗言，覺，免。年老癃病弗遣。

這裏徵召的標準，是『賢士大夫』，遣使相國府時，標出的是『行義』和『年』，與後來察舉偏重知識的，完全不同。這裏由郡國推薦賢士大夫一點，雖然可以說是察舉的淵源；但就推薦的標準來說，和後來的察舉並不是一致的。並且這一次詔，只有『有而弗言，覺，免。』並未說限郡國必需舉若干人。那所有郡國守相當然能不舉便不舉，倘若舉人也一定先舉郡國的耆宿而不是舉郡國的後進。因爲郡國的耆宿，行義和年才有可觀。並且漢承秦法，舉人失當者有罪，縱然舉人，也要寧可選擇無能而謹慎的人，不敢選擇有才氣而不夠上穩妥的人。所以這一次舉出來的人，

史漢中均未紀載作出若何的著名事業。

在孝惠和呂后時代，止在鄉間設置孝悌力田，這些被推爲孝悌力田的人，所得的是『復其身』，即免除一切徭役，並不是選出這些人來作公職。其事有：

> 孝惠四年，春，正月；舉民孝弟力田者，復其身。呂后元年，春，正月；賜民爵戶一級；初置孝弟力田，二千石者各一人。各見漢書本紀。

可見在孝惠四年，已經詔舉孝弟力田，但到呂后元年才規定二千石者各一人即每郡一人，這一次下的詔爲的是推行恩澤，所以定每郡一人的，以示必須要舉。故有這一次的限制以後，後來察舉備用的官吏，各郡國也都有員額了，不能不說是從這一次定下的規模。

高帝的詔舉是『親士』，孝惠高后的詔舉是『勸農』，雖爲察舉制度的前身，究竟和兩漢通行的察舉制度有別。關於察舉士人以爲官吏的進身，是應當算從文帝時代開始的。漢書文帝紀：

> 二年，詔曰：『乃十一月晦，日有食之。二三執政舉賢良方正能直言極諫者，以匡朕之不逮。』

> 十五年，詔『諸侯王，公卿，郡守，舉賢良能直言極諫者。』

文帝十五年詔舉賢良能直言極諫者，晁錯即在舉中。漢書晁錯傳曰：

> 後詔有司舉賢良文學士，錯在選中。上親策詔之曰：『惟十有五年，九月壬子，皇帝曰，昔者大禹勤求賢士，施及方外。四極之內，舟車所至，人迹所及，靡不聞命以輔其不逮。近者獻其明，遠者通厥聰，比善戮力，以翼天子。是以大禹能失德，夏以長楙。高皇帝親除大害，去亂從，並逮豪英，以爲官師。爲諫爭輔天子之闕，而翼戴漢宗也。賴天之靈，宗廟之福，方內以安，澤及四夷。今朕獲執天子之正，以承宗廟之祀；朕既不德，又不敏；明弗能燭而治不能治，此大夫所著聞也。故詔有司諸侯王，三公，九卿，及主郡吏，各帥其志以選賢良；明於國家之大體，通於人事之終始，及能直言極諫者，各有人數，將以匡朕之不逮。二三大夫行此三道，朕甚嘉之，故登大夫於朝，親論朕志；大夫其上三道之要，及永惟朕之不德，吏之不平，政之不宣，民之不寧，四者之闕，悉陳其志，毋有所隱。……朕親覽焉。』……

錯對曰：『平陽侯臣窋，汝陰侯臣竈，潁陰侯臣何，廷尉臣宜昌，隴西太守臣昆邪，所選賢良太子家令臣錯，昧死再拜言，……』時賈誼已死，對策者百餘人，唯錯爲高第，繇是遷中大夫。

這裏制策對策的制度，高第下第的區別，和後來制舉相同。可見文帝時已有正式察舉制度了。然而當時祇詔舉賢良能直言極諫者，並未明白提出『吏民』，則當時所舉恐僅爲『吏』而非『民』，似又與武帝以後不能盡同的。

孝文時舉賢良是一回事，舉孝弟力田又是一回事。漢書文帝紀十二年詔曰：

『孝悌天下之大順也，力田爲生之本也，廉吏民之表也。朕甚嘉此二三大夫之行，今萬家之縣云無應令，豈實人情？是吏舉賢之道未備也。其遣謁者勞賜者帛人五匹，悌者力田二匹，廉吏二百石以上率百石者三匹，及問民所不便安，而以戶口率置三老孝悌力田常員，令各率其意以道民焉。』

這個詔較孝惠和呂后時又有進步。孝惠時只是復除，而此時則間有賞賜。呂后時是每郡一人，此時則以戶口置常員。詔中提到萬家之縣，可能是每縣一人，大縣或不僅一人了。雖然現在不知道究竟多少，但比呂后時顯然有所增加。不過據後文還可看出孝悌力田至多只能成爲鄉官的一種，選舉中央官吏和這是不相干的。

關於孝悌力田一項，終漢代都在選舉的，今舉兩漢書所記如下：

武帝元狩六年，遣博士大等分循天下，論三老孝弟以爲民師。

孝宣地節四年，詔郡國舉孝弟，有行義，聞於鄉里者各一人。

孝宣元康元年，加賜鰥寡孤獨三老力田帛。

孝宣元康四年，加賜孝弟力田帛。

中元二年，明帝卽位，賜三老孝悌力田人三級。

明帝永平三年，賜三老孝悌力田人三級。

明帝永平十七年，賜三老孝悌力田人三級。

永平十八年，章帝卽位，賜孝悌力田人三級。

和帝永元八年，賜三老孝悌力田人三級。

和帝永元十二年，賜三老孝悌力田人三級。

和帝元熙元年，賜三老孝悌力田人三級。

安帝元初元年，賜孝悌力田人三級。

安帝延光元年，賜三老孝悌力田人二級。

順帝永建元年，賜三老孝悌力田人三級。

順帝陽嘉元年，賜三老孝悌力田人三級。

桓帝建和元年，賜三老孝悌力田人三級。

靈帝光和四年，賜新城令，及三老力田帛各有差。

從以上各則看來，除去宣帝地節四年，詔『郡國舉孝弟，有行義，聞於鄉里者各一人』是一種察舉外，其餘都是給『孝弟力田』的帛和民爵，以及令『孝弟力田』教民。從這一點看來這般人和三老並稱，當然是居鄉為民表率而不是在都邑為吏。更從光和四年一則看來，縣有力田，則自文帝十二年之後或已是一縣一人。其他見於漢書各處的，如文翁傳：『修起學官於成都市中，招下縣孝弟以為學官弟子⋯⋯高者補郡縣吏，次為孝弟力田。』司馬相如傳：『檄巴蜀曰：故遣信使讓三老孝弟以不教誨之過』韓延壽傳：『此事既傷風化，重使賢長吏嗇夫三老孝弟受其恥。』食貨志：『二千石遣令長三老力田及里父老善田者受田器學耕種慕苗狀』都可見孝弟力田和三老一樣，是郡縣的常員了。

至於史記馮唐列傳云：『馮唐者，其大父趙人，父徙代，漢興，徙安陵，以孝著為中郎署長，事文帝。』這裏所說的『以孝著為中郎署長』，是先以徙安陵的大戶得為郎，為郎以後以孝著聞得為署長。其中所謂『孝著』當為中郎將主管諸郎，察諸郎的行誼而得。並非由於公卿二千石的推選。和郡國的『孝悌力田』不是一回事。

孝武時代對於漢代許多制度都開創了新的局面，選舉制度在孝武時代也有一個劃時代的變動。漢書武帝紀云：

『建元元年，冬十月，詔丞相，御史，列侯，中二千石，二千石，諸侯相，舉賢良方正，直言極諫之士。丞相綰奏所舉賢良或治申、商、韓非、蘇秦、張儀之言，亂國政，請皆罷。奏可。』

關於賢良方正直言極諫的舉法，和文帝時大致相同。但將申、商、韓非、蘇秦、張

儀之徒一概罷去，這一點卻樹立了中國學術上注重正統的新趨向，據董仲舒傳仲舒便是在此次以賢良對策，列於上第。傳云：『自武帝初立，魏其武安爲相而隆儒矣。及仲舒對册，明孔氏抑黜百家，立學校之官，縣郡舉茂材孝廉，皆自仲舒的對策，是在建元元年，而丞相衞綰的奏，實不過是天子授意實行董仲舒的建議罷了。但到第二年儒家運動被竇太后壓下去了，董仲舒不得不退爲江都相，並且董仲舒屢次對策申明了田宅奴隸的社會政策，自然要爲公卿大臣所不滿。所以仲舒終於不能大用。到了元光元年竇太后旣死，武帝對於選舉事業方能更有所策定。

元光元年這一年，無疑的，是中國學術史和政治史上是最可紀念的一年。這一年十一月：『初令郡國舉孝廉各一人』。五月：詔賢良曰：

> 『朕聞昔在唐虞畫象而民不犯，日月所燭莫不率俾。周之成康刑錯不用。德及鳥獸，教通四海，海外肅眘，北發渠搜，氐羌徠服。星辰不孛，日月不蝕，山陵不崩，川谷不塞。麟鳳在郊藪，河洛出圖書，嗚呼！何施而臻此與？今朕獲奉宗廟，夙興以求，夜寐以思；若涉淵水，未知所濟。猗與偉與！何行而可以章先帝之洪業休德？上參堯舜，下配三王。朕之不敏，不能遠德，此子大夫之所睹聞也。賢良明於古今王事之體，受策察問，咸以書對，著之於篇，朕親覽焉。』

漢書武帝紀說：『於是董仲舒公孫弘出焉』，一解，其中頗有錯誤。因爲董仲舒係建元元年對策。此次『初令郡國舉孝廉各一人』係董仲舒的建議，並非董仲舒由此次選舉出來。至於公孫弘係元光五年應選，漢書本傳有明文，也並非此次應選的。

這一次選舉郡國的孝廉，雖然據漢書現存的史料看來並沒有了不得的人物。然而就制度的本身說來，卻開中國選舉制度數千年堅固的基礎，這是應當特別注意到的。

到元光五年，『徵吏民有明當世之務，習先聖之術者，縣次續食，令與計偕。』公孫弘應選卽在此年。不過這一次比較以前並無甚特殊。只是『縣次續食，令與計偕』，在待遇上特別提示出來，使得郡國被選的人都可以受到公家膳宿上的免費待遇罷了。

　　然而當時公卿二千石對於選舉孝廉一事，並不見得都奉詔舉人的。因此在元朔元年又有一個嚴格限制必需舉人一條詔書：

　　『公卿大夫所使　方略，壹統類，廣教化，美風俗也。夫本仁祖義，褒德錄賢，勸善刑暴，五帝三王所繇昌也。朕夙興夜寐，嘉與宇內之士，臻於斯路。故旅耆老，復孝敬，選豪俊，講文學；稽參政事，祈進民心。深詔執事興廉舉孝，庶幾成風，紹休聖緒。傳不云乎「十室之邑，必有忠信」，「三人並行，厥有我師」；今或至闔郡而不薦一人，是化不下究而積行之君子雍於上聞也。二千石長官綱紀人倫，將何以佐朕，燭幽隱，勸元元，崇鄉黨之訓哉？且進賢受上賞，蔽賢蒙顯戮，古之道也。其與中二千石禮官博士議不舉者罪。有司奏議曰：……令詔書昭先帝聖緒，令二千石舉孝廉，所以化元元，移風易俗也。不舉孝，不奉詔，當以不敬論；不察廉，不勝任也，當免。奏可。』

據漢書武帝紀，用居延漢簡校。

從此以後，漢代察舉制度的規模，可以說從此大定。以後西漢各朝以及東漢各朝雖然有所修正增改，但其中的大致範圍大致不能超出武帝時代了。

　　武帝紀元朔五年，制詔補博士弟子，郡國縣官有好文學，敬長上，肅政教，順鄉里，出入不悖。所聞令相長丞尉屬所二千石，二千石謹察可者令與計偕詣太常，得受業如弟子。

　　元狩三年，舉吏民能假貸貧民者以名聞。

　　元封五年，令州郡察茂材異等者。

　　孝昭始元元年，詔曰：地震於隴西郡……丞相御史中二千石舉茂材異等直言極諫之士，朕將親覽焉。

　　孝昭始元五年，令郡國舉賢良文學高第各一人。

　　宣帝紀本始元年，詔郡國舉文學高第各一人。

　　宣帝紀本始四年，詔舉賢良方正。

　　宣帝紀元康元年，舉吏民厥身修正，通文學明先王之術，宣究其意者。

　　宣帝紀地節三年，令郡國舉賢良方正，可親民者，舉孝有行義，聞於鄉里者

一人。

宣帝紀元康四年，詔舉茂材異論之士。

宣帝紀神爵四年，令內郡國舉賢良可親民者各一人。

元帝紀永光元年，詔丞相舉質樸，敦厚，遜讓，有行者，光祿歲以此科第郎從官。注師古曰：『始令丞相御史舉此四科人以擢用之。而見在郎及從官，又令光祿每歲依此科考校，定其第之高下用知其人之賢否也。』

齊召南考證曰，『案所云舉光祿四行者，即起於此。後漢書吳祐以光祿四行遷膠東侯相，注引漢官儀四，「淳厚，質樸，遜讓，節儉也。」』

元帝紀初元三年，詔丞相御史舉天下明災異者各三人。

元帝紀建昭四年，詔曰遣陳大夫二十一人，循行天下，存問耆老鰥寡孤獨乏困失職之人，舉茂材立之士。

成帝紀建始二年，詔三輔內舉賢良方正各一人。

成帝紀建始三年，詔臣相御史與將軍列侯中二千石，及內郡國舉賢良方正，直言極諫之士詣公車，朕將親覽焉。

成帝紀河平四年，日食，遣光祿大夫博士行濱河之郡，舉惇厚有行能直言之士。

成帝紀陽朔二年，奉使者不稱，詔丞相御史其與中二千石二千石難舉可充博士信者使卓然可觀。

成帝紀鴻嘉三年，詔舉敦厚有行義能直言者。

成帝紀永始三年，日食，遣大中大夫嘉等循行天下，存問耆老，民所疾苦，其與部刺史舉惇樸遜讓有行義者各一人。

成帝紀元延元年，詔以日食星隕，北邊二十二　舉勇猛知兵法者各一人。

哀帝紀建平元年，詔大司馬，列侯，中二千石，州牧，守相，舉孝悌，惇厚，能直言，通政事，延於側陋可親民者各一人。

哀帝紀建平四年，詔將軍中二千石，舉明兵法有大慮者。

平帝紀元始元年，日食，大赦天下。公卿將軍中二千石舉敦厚能直言者各人。

平帝紀元始二年，秋，舉勇武有節，明兵法者，郡一人，詣公車。

平帝紀元始二年，冬，詔中二千石舉治獄平，歲一人。

平帝紀元始五年，召天下通知逸經、古記、天文、歷算、鍾律、小學、史篇、方術、本草、及其論語、孝經、爾雅教授者，在所駕一封軺傳，遣詣京師。至者數十人。

王莽傳，始建國三年，莽曰：『百官改定，職事分移，律令儀法，未及悉定；且因漢律令儀法以從事。公卿大夫諸侯二千石，舉吏民有德行，通政事，能言者，明文學者各一人，詣王路四門。』

王莽傳，天鳳三年，復令公卿大夫諸侯二千石，舉四行各一人。

至於在後漢時代的，尚有以下的各條：

光武紀，建武六年，詔舉賢良方正各一人。

光武紀，建武十二年，詔三公舉茂材各一人；監察御史司隸州牧歲舉茂材一人。

續漢百官志引漢官儀光武詔云：『方今選舉才能，朱紫錯用。丞相故事，四科取士。……自今以後，審四科辟臣及刺史二千石，察茂材孝廉　吏務盡實覈選，擇英俊賢廉潔平端於縣邑，務授試以職，有非其人，臨計過署，不便習官事，書疏不端正，不如詔書，有司奏罪名，並正舉者。』

章帝紀建初元年，所徵舉率皆特拜，不復簡試；士或矯飾，謗議漸生。詔曰：『夫鄉舉里選，必累功勞；今刺史守相，不明真偽；茂材孝廉，歲以百數；既非能顯，而當授以政事，甚無謂也。每尋前世，舉人貢士，或起畎畝；不繫閥閱，敷奏以言，則文章可採，明試以功，則政有異迹。……其令太傅，三公，中二千石，二千石郡國守相舉賢良方正能直言極諫之士各一人。』

章帝紀，元和二年，令郡國上明經者，口十萬以上五人，不滿十萬三人。

和帝紀，永元五年，詔『郡國舉吏，不加簡擇。故先帝明敕在所，令試之以職。乃得充選，又德行尤異，不須經職者，列署狀上。』

安帝紀，建光元年，令公卿特進，中二千石，二千石，郡國守相，舉有道之士各一人。

安帝紀，元初元年，詔三公，特進，列侯，中二千石，郡守，舉淳厚，質直各一人。

安帝紀，永初二年，詔曰，『閒者公卿郡國，舉賢良方正，遠求博選；開不諱之路，冀得至謀，以鑒不逮；而所對皆循尚浮言，無卓爾異聞。其有百僚及郡國吏人有道術，明智災異陰陽之度，璇璣之數者，各使指變以聞。二千石長吏明以詔書博衍幽隱，朕將親覽，待以不次。』

順帝紀，陽嘉元年。除郡國耆儒十九人，補郎舍人。

冲帝紀，永嘉元年，尙書令左雄議，考察舉之法，限年四十以上，儒者試經學，文吏試章奏。胡廣駁之，詔從雄議。

桓帝紀：卽位詔曰：『孝廉廉吏當典城，……所在玩習，遂至怠慢。……其令秩百石，十歲以上，有殊才異行，乃得參選，臧吏子孫，不得察舉。』

又：建和元年：『詔大將軍公卿校尉舉賢良方正能直言極諫者一人，……又詔大將軍公卿郡國舉至孝篤行之士各一人。』

靈帝紀，建寧元年詔郡國守相舉有道之士各一人。

從上面所舉出來的，可以知道自武帝以後關於選舉的詔令便逐漸繁多，到東漢以後選舉的事漸漸成了一個固定制度，變化較少了。

關於漢代察舉的淵源，以及漢武帝以後的詔令，具如上述，現在再分別討論察舉制度裏面的各種項目。

（甲）孝廉

孝廉一項是包括一個範圍極廣的詔舉。北堂書鈔設官部引漢官儀說：

『中興甲寅詔書：方今選舉，賢佞朱紫錯用。丞相故事，四科取士。一曰，德行高妙，志節清白。二曰，學通行修，經中博士。三曰，明達法令，足以決疑，能案章覆問，文中御史。四曰，剛毅多略，遭事不惑，明足以決，才任三輔令。——皆有孝悌，廉正之行。自今以後，察四科辟召，及刺史二千石，察茂才，尤異，孝廉之吏，務盡顯選，擇英俊賢行廉潔平端。於縣邑，務授事以職。有非其人，臨計過署。不便習官事，書疏不端正，不如詔書，

有司奏罪名，並正舉者。』

這裏所說的丞相故事，當然指西漢時代曾經有丞相時的丞相府選人標準而言。這四項的標準，既然標出『皆有孝悌廉公之行』，當然是指選察孝廉的標準而說。但漢元帝永光詔令，已經明白指出爲：『質樸，敦厚，遜讓，有行』者。王莽時又改爲『德行，言語，政事，文學。』與此俱不類。可知光武帝指明是『丞相故事』，若不在永光之前詔書未頒布四條之時，便是在永光之後，更改永光的詔書而成的。但假如在永光以前，有此故事，至永光而廢，則此故事廢自西漢；光武應稱爲舊故事；只有永光以後故事，爲王莽所廢，光武方可認爲有效，不必稱『舊』，而直以故事稱之。因此對於此段，與其認爲武帝或昭宣兩帝所有，不如認爲永光以後，較爲適合些。

所以光武帝所說的『丞相故事』最可能的是西漢丞相府最後的故事，而西漢的丞相卻終止於哀帝時代。況且其中所舉的標準，綜核名實，法家的氣味相當重。很像武宣兩代的作風。若出自武宣以後，也止有哀帝時代比較近似些。史稱孝哀皇帝文辭博敏，幼有令聞。欲彊主威，以則武宣。所以這個『丞相故事』除武帝至宣帝時代以外，哀帝時代的可能是有相當的大。

假若孝廉是按着這個標準來辟召，那和這四科有關的可以屬於以下各類：

一、德行高妙，志節清白：

子，孝者，　丑，廉吏　寅，賢良方正。

二、學通行修，經中博士：

子，文學，　丑，明經，　寅，　博士。

三、明達法令，足以決疑：

明法。

四、剛毅多略，遭事不惑，才任三輔縣令：

治劇。

所以漢代的察舉，除去特殊的；（一）茂才異等，（二）尤異。以及臨時的特別需要，例如：（一）知兵法，（二）通陰陽災異，以外。雖與孝廉異科，但其標準亦略同於孝廉之選。自然，在武帝時代孝廉之選雖分作二科，但到了昭宣之後，已經

漸漸的固定。到哀帝時代便可能的確實歸入相關的四類。因此除在官的特殊的曰尤異，而民間特殊的曰茂才，凡是歲舉的都歸入孝廉一類了。

現在再按照孝者和廉吏幾種的詔舉，將漢書和後漢書中記載的，例舉在下面。

子　孝者

馮唐傳：『以孝著者郎中署長，』

　　周壽昌漢書注校補曰：『文紀，賜三老孝者人帛五匹，弟者人帛三匹。以後帝紀孝者弟者分別屢見。此孝著疑者之誤。薛宣傳云：「其令平陵薛恭本縣孝者，功次稍遷」，亦孝者遷官之一證。』王先謙漢書補注曰：『史記，郎中、中郎，集解引應劭曰此云孝子郎也。據應說，漢代自有以孝舉爲郎者，師古正用應義，王鳴盛以爲謬解，實不然也。』兪樾湖樓筆談四曰：『元光元年，初令郡國舉孝廉各一人；謂孝與廉各一人，非郡國各一人也。蓋漢制，有以孝舉者，有以廉舉者，故元朔元年有司議曰：「不舉孝當以不敬論，不察廉當免」是孝重於廉也。馮唐傳，「以孝著爲中郎署長」，孔廟置卒史碑：「乙君察舉守宅，除吏孔子十九世孫麟廉」並其證。』

薛宣傳：『頻陽縣北當上郡西河，爲數郡湊，多盜賊，其令平陵薛恭，本縣孝者。功次稍遷，未嘗治民，職不辦。而粟邑縣小，辟在山中，民謹樸易治。鉅鹿尹賞久郡用事吏，更爲樓煩長，舉茂材，遷在粟、宣卽以令奏賞與恭換縣，二人視事數日，而縣皆治。』

後漢書崔寔傳：『桓帝初，詔公卿郡國舉至孝　行之士，寔以郡舉，徵詣公車，病不對策，除爲郎。』

後漢書荀爽傳：『延壽元年太常趙典舉爽至孝，拜郎中。』

山陽太守祝君碑『以孝貢察，實於王庭，除北海長史，潁川鄢令，』北海淳于長夏承碑『爲主簿督郵五官掾，功曹，上計掾，守令，冀州從事，……克讓有終，察孝不行，太傅胡公歆其德美，旌招俯就，羔羊在公。』

丑　廉吏

韓信傳：『無行，不得推擇爲吏。』

注：李奇曰『無善行可推舉選擇也』。沈欽韓疏證曰：『管子小匡篇：「鄉
長修德進賢，名之曰三選，罷士無伍，」莊子達生篇：「孫休賓於鄉里，
逐於州郡，」韓非問田篇：「公孫亶回聖相也，而關於州郡。」楚策：「汗
明見春申君曰，僕之不肖，阨於州郡。」此戰國以來選舉之法。信以無
行，故不得推擇也。』

趙廣漢傳：『舉茂材，平準令，察廉為陽翟令。』

張敞傳：『本以卿有秩補太子卒史，察廉補甘泉倉長。』

蕭望之傳：『以御史屬廉為太常治禮丞。』

宣帝紀：『黃龍元年詔曰，舉廉吏誠欲得其真也。吏六百石位大夫，有罪先
請，秩祿上通，足以效其賢材，自今以來毋得舉。』

黃霸傳：『補馮翊二百石卒史……使領郡錢穀計，簿書正，以廉稱，補河東
均輸長。』

薛宣傳：『以大司農計食屬察廉補不其丞……察宣廉遷樂浪都尉丞，幽州刺
史舉茂材，為宛句令。』

薛宣傳：『池陽縣舉廉吏獄掾王立，府未及召，聞立受囚家錢，宣責讓縣，
縣案驗獄掾，乃其妻獨受繫者萬六千，受之再宿，掾實不知。掾慚恐自殺。
宣聞之，移書池陽縣曰：「縣所舉獄掾王立，私受賕而立不知，殺身以自
明，立誠廉士，甚可閔惜。其以府決曹掾書立之柩以顯其魂。」』

朱博傳：『時諸陵屬太常，博以太常掾察廉補安陵丞。』

王嘉傳：『以明經射策甲科為郎，免。……光祿勳于永除為掾，察廉補南陵
丞，復察廉為長陵尉。』

嚴延年傳：『延年察吏廉，有臧不入身，延年坐選舉不實，貶秩；笑曰：「後
敢復有舉人者矣」。』

尹賞傳：『以郡吏察廉為樓煩長，舉茂材粟邑令。』

平當傳：『以大鴻臚文學察廉為順陽長枸邑令。』

後漢書班彪傳：『彪後辟司徒玉況府……後察司徒廉，為望都長。』

北軍中候郭君碑：『三辟將軍府，徵書楘楘，貞亮直方，謇謇衎衎，忠信可

結；義然後諫。舉廉，比陽長。』

溧陽長潘乾校官碑：『溧陽長潘君，……除曲阿尉，……察廉除前，初厲清肅。』

孔廟置百石卒史碑：『乙君察舉守宅，除吏孔子十九世孫麟廉，請置百石卒史一人。』

寅　孝廉

武帝紀：『元光元年冬，初令郡國舉孝廉一人。』（1）

武帝紀：『元朔元年詔曰……其與中二千石，禮官，博士，議不舉者罪。有司奏議曰：…今詔書昭先帝聖緒，令二千石舉孝廉，所以化元元，移風易俗也。不舉孝，不奉詔，當以不敬論；不察廉，不勝任也，當免，奏可。』（2）

路溫舒傳：『署決曹史，又受春秋，通大義；舉孝廉，為山邑丞。』（3）

王吉傳：『王吉字子陽，琅琊皋虞人也。少時學明經以郡吏舉孝廉為郎，補若盧丞。』『初吉兼通五經，……好梁丘賀說易，令子駿受焉，駿以孝廉為郎。』（4）

蓋寬饒傳：『明經為郡文學，以孝廉為郎，舉方正，對策高第，遷諫大夫。』（5）

劉輔傳：『河間宗室也，舉孝廉為襄賁令。』（6）

楊雄傳：『解嘲曰……鄉使上司之士處虖今。策非甲科，行非孝廉，舉非方正；獨可抗疏時道是非，高得待詔，不報聞罷，又安得青紫。』（7）

杜鄴傳：『其母張敞女，鄴狀從敞子吉學問，得其家書，舉孝廉，為郎。』（8）

師丹傳：『治詩，舉孝廉為郎，元帝末為博士。』（9）

京房傳『治易以孝廉為郎。』(10)

孟喜傳：『從曰王孫受易，……舉孝廉為郎，曲臺署長。』(11)

後漢書趙孝王良傳：『平帝時舉孝廉，為蕭令。』(12)

魏霸傳：『世有禮義，霸少喪親，兄弟同居，鄉里慕其雍和。建初中，舉孝

廉，八遷，和帝時爲鉅鹿太守。』(13)

韋彪傳：『高祖賢，宣帝時爲丞相；祖賞，哀帝時爲大司馬。彪孝行純至，父母卒，哀毀三年不出廬。服竟羸瘠骨立，醫療數年乃起。好學洽聞，雅稱儒宗。建武末舉孝廉，除郎中，以病免。』(14)

馮衍傳：『子豹，豹字仲文。年十二，母爲父所出，後母惡之，當因豹夜寐，欲行毒害，豹逃走得免。敬事愈謹，而母疾之益深，時人稱其孝。長好儒學以詩春秋教麗山下，鄉里爲之禮曰：「道德彬彬馮仲文。」舉孝廉拜尚書郎。』(15)

鮑昱傳：『子昂……有孝義節……仕郡舉孝廉，稍遷金城太守。』(16)

郅惲傳：『客居江夏教授，郡舉孝廉爲東門候。……子壽時善文章，以廉稱，舉孝廉，再遷冀州刺史。』(17)

賈琮傳：『舉孝廉，再遷爲京兆令。』(18)

鄭弘傳：『從祖吉，宣帝時爲西域都護。弘少爲鄉嗇夫，太守第五倫行春，見而深奇之，召署督郵。舉孝廉。』(19)

周章傳：『初仕郡爲功曹，時大將軍竇憲免，封冠軍侯，就國。章從太守行春，到冠軍。太守猛欲謁之……章拔佩刀絕馬鞅，於是乃止，及憲被誅，公卿以下多以交關得罪。太守幸免，以此重章，舉孝廉，六遷爲五官中郎將。』(20)

張霸傳：『年數歲而知孝讓……鄉人號爲張曾子。七歲通春秋，……後就長水校尉樊鯈受嚴氏春秋，遂博覽五經。諸生孫林，劉固，段著等慕之。各市宅其傍以就學焉。舉孝廉，光祿主事。』(21)

桓典傳 桓焉孫 ：『復傳其家業，以尚書教授潁川，門徒數百人，舉孝廉爲郎。』(22)

桓鸞傳：『焉弟子也。少立操行，褞袍糟食，不求盈餘，以世濁，州郡多非其人，恥不肯仕，年四十餘，太守向苗有名迹，乃舉奢孝廉，遷爲膠東令。』(23)

桓曄傳 鸞子 ：『尤修志介。……賓客從者 祇其志行，一餐不受於人。仕爲

郡功曹，後舉孝廉，有道方正茂材，三公並辟，皆不應。』(24)

丁鴻傳：『時大郡五六十萬舉孝廉二人，小郡口二十萬並有蠻夷者亦舉二人，帝 和帝 以爲不均，下公卿會議，鴻與司徒劉方上言。凡口率之科，宜有階品，蠻夷錯雜不得爲數。自今郡國率二十萬口歲舉孝廉一人，四十萬二人，六十萬三人，八十萬四人，百萬五人，百二十萬六人，不滿二十萬二歲一人，不滿十萬三歲一人。帝從之。』(25)

馮緄傳：『父煥，安帝時爲幽州刺史。疾忌姦惡，數致其罪。時玄菟太守姚光亦失人和。建光元年怨者乃詐作聖書譴責煥光，賜以歐刀。又下遼東都尉龐奮使速行刑。奮即斬光，收煥，煥欲自殺。緄疑詔文有異，止煥曰：「大人在州，志欲惡去，實無他故，必是凶人妄詐，規肆姦毒，願以事自上，甘罪無晚，煥從其言，上書自訟，果詐者所爲，徵奮抵罪……緄由是知名，家富好施，賑赴窮急，爲鄉里所歸受，初舉孝廉，七遷爲廣漢屬國都尉。』注引謝承書曰：『緄子鸞，舉孝廉，除郎中。』(26)

楊璇傳：『父扶，交阯刺史，有理能名……璇初舉孝廉，稍遷，靈帝時爲零陵太守。』(27)

趙孝傳：『父普，王莽時爲田禾將軍。……州郡辟召，進退必以禮，舉孝廉，不應。永平中，辟太尉府。』(28)

淳于恭傳：『王莽末，歲饑，恭兄崇將爲盜所烹。恭請代，得與俱免。……初遭賊寇，百姓莫事農桑，恭常獨力田耕，……後州郡速召不應。遂幽居養志，潛於山澤，舉動周旋，必由禮度。建武中。舉孝廉，司空辟，皆不應。』(29)

江革傳：『少失父。……遭天下亂盜賊並起，革負母逃難，備經阻險，常採拾以爲養。……轉客下邳，貧窮裸跣行傭以供母，便身之物，莫不必給。建武末年，與母歸鄉里，每至歲時，縣當案比。革以母老，不欲搖動。自在輓車，不用牛馬。由是鄉里稱之曰江巨孝。……永平初，舉孝廉爲郎。補楚太僕，自劾去。』(30)

周磐傳：『祖父業，建武初爲天水太守。磐少游京師學古文尚書，洪範五

行，左氏傳。好禮有行，非典謨不言。諸儒宗之。居貧養母，儉薄不充，嘗誦詩至汝墳之卒章。慨然而歎，乃解韋帶應孝廉之舉。和帝初，拜謁者，除任城長。』(31)

趙咨傳：『父暢，爲博士。咨少孤，有孝行，州郡召舉孝廉，並不就。延熹元年，大司農陳豨舉咨至孝有道，仍遷博士。靈帝初，太傅陳蕃，大將軍竇武爲宦官所誅，咨乃謝病去。太尉楊賜特辟，使飾巾出入，請與講議，舉高第，遷敦煌太守，以病免。……徵拜議郎。……復拜東海相，之官，道經榮陽，令敦煌曹暠咨之故孝廉也，迎路謁候，咨不爲留。暠送至亭次，望塵不及。謂主簿曰，「趙君名重，今過界不見，必爲天下笑。」卽棄印綬追至東海，謁咨畢，辭歸家，其爲時人所貴如此。』(32)

第五倫傳：『爲鄉嗇夫，平徭賦，理怨結，得人歡心……客河東……鮮于褒故高唐令薦之於京兆尹閻興，興卽召倫爲主簿。……建武二十七年舉孝廉，補淮陽國醫工長。』(33)

鍾離意傳：『少爲郡督郵，時部縣亭長有受人酒禮者，府下記案考之。意封還記入言太守曰：「春秋先內後外，詩云刑於寡妻，至於兄弟，以御於家邦。明政化之本，由近及遠。今宜先清府內，且闊略遠縣細微之愆。太守甚賢之，遂任以縣事。建武十四年，會稽大疫，死者萬數，意獨身自隱親，經給醫藥，所部多蒙全濟。舉孝廉，再遷辟大司徒侯霸府。』(34)

朱暉傳：『父京，以大夏侯尚書教授。至遼東太守。暉少傳父業。顯宗時舉孝廉，以召對合旨，擢拜阿陽侯相。』(35)

寒朗傳：『博通書傳，以尚書教授，舉孝廉。永平初，以謁者守侍御史。』(36)

朱穆傳：『年五歲，便有孝稱。父母有病，輒不飲食，差乃復常。及壯，耽學，銳意講誦，或時恩至，不自知忘失衣冠，……初舉孝廉，順帝末，江淮盜賊羣起，州郡不能禁。或說大將軍梁冀，……冀乃辟之。舉穆高第爲侍御史。』(37)

樂恢傳：『爲功曹，選舉不阿，請託無所容。同鄉楊政數衆毀恢，後舉政子

爲孝廉，由是鄉里歸之。』(38)

張禹傳：『父歆………終於汲令，………禹性篤厚節儉，父卒，汲吏人賻送，前後數百萬，悉無所受。又以田宅推與伯父，身自寄止。永平八年舉孝廉。稍遷，建初中拜揚州刺史。』(39)

徐防傳：『祖父宣爲講學大夫，以易教授王莽。父憲，亦傳宣業。防少習父祖學，永平中舉孝廉，除爲郎。』(40)

張敏傳：『建初二年舉孝廉，四遷，五年爲尚書。』(41)

胡廣傳：『六世祖剛，清高有志節。………父貢，交阯都尉。廣少孤貧，親執家苦。長大隨輩入郡爲散吏，太守法雄之子眞，從家來省其父。眞頗知人，會歲終應舉。雄勑眞求眞才。雄因大會諸吏，眞自牖間密占察之，乃指廣以白雄，遂舉孝廉。既到京師，試以章奏 ，安帝以廣爲天下第一 ，旬月拜尚書。』(42)

袁安傳：『祖父良習孟氏易，平帝時舉明經爲太子舍人，建武初至成武令。安少傳良學，爲人嚴重有威，見敬於鄉里。初爲縣功曹 ，奉檄詣從事 ，從事因安致書於令。安曰：「公事自有郵驛，私請則非功曹所持」。辭不肯受。從事懼然而止。後舉孝廉，除陰平長，任城令。』注引汝南先賢傳曰：『時大雪，積地丈餘。令自出案行，………令人除雪入戶，見安僵臥，問何不出。曰：「大雪，人皆餓，不宜干人。」令以爲賢，舉爲孝廉也。』(43)

應奉傳：『曾祖父順………和帝時爲河南尹將作大匠，十子皆有才學。………奉少聰明………舉茂才………拜武陵太守，………子劭………少博覽多聞，靈帝時舉孝廉，辟車騎將軍何苗掾。』(44)

霍諝傳：『少爲諸生明經，有人誣諝舅宋光於大將軍梁商………諝年十五，奏記於商，………商高諝才，即爲奏原光罪。由是顯名，仕郡舉孝廉，稍遷金城太守。』(45)

陳祥傳：『仕郡功曹察孝廉，州辟治中從事………車騎將軍鄧騭聞而辟焉，舉茂才。』(46)

龐參傳：『初仕郡，河南尹龐奮見而異之，舉爲孝廉；拜左校令。』(47)

陳蕃傳：『少有志氣，永建中舉孝廉，五遷五原太守。』(48)

橋玄傳：『七世祖仁，從同郡戴德學，著禮記四十九篇號為橋君學，成帝時為大鴻臚，祖父基，廣陵太守，父肅東萊太守。玄少為縣功曹。時豫州刺史周景行部到梁國，玄謁景，因伏地言陳相羊昌罪惡。乞為部陳從事，窮案其姦。景壯玄意而遣之。玄到悉收昌賓客，具考臧罪。昌素為大將軍梁冀所厚。冀為馳檄枚之。景承旨召玄，玄還檄不發，案之益急。昌坐檻車徵。玄由是著名，舉孝廉，拜洛陽左尉。』(49)

周燮傳：『專精禮易，不談非聖之書，不修賀問之好。………舉孝廉，賢良方正特徵，皆以疾辭。』(50)

黃憲傳：『世貧賤父為牛醫，………舉孝廉，五辟公府………暫到京師而還。』(51)

楊彪傳：『少傳家學，舉孝廉，州舉茂才，辟公府，皆不應，熹平中以博習舊聞，公軍微拜議郎。』(52)

張綱傳：『少明經學，雖為公子，而屬布衣之節。舉孝廉，不就，司徒高第辟為御史。』(53)

王龔傳：『世為豪族，初舉孝廉，稍遷青州刺史。』(54)

王暢傳：『少以清實為稱，無所交黨；初舉孝廉，辭不就，大將軍梁商特辟，舉茂才，四遷尚書令。』(55)

种暠傳：『始為縣門下史，時河南尹田歆外甥王諶名知人，歆謂之曰：「今當舉六孝廉，多得貴戚書命，不能相違。欲自用一名士，以報國家，爾助我求之。」明日諶送客於大陽郭，遙見暠，異之。還報歆曰：「為尹得孝廉矣，近洛陽門下史也。」歆笑曰：「當得山澤隱滯，近洛陽吏耶？」諶曰：「山澤不必有異士，異士不必在山澤。」歆即召暠於庭，辯詰職事，暠辭對有序，歆甚知之。召署主簿，遂舉孝廉，辟太尉府，舉高第。』(56)

种岱傳：『好學養志，舉孝廉，茂才，辟公府，皆不就，公車特徵，病卒。』(57)

陳球傳：『少涉儒學，好律令，陽嘉中，舉孝廉，稍遷繁陽令。』(58)

杜根傳：『根性方實，好絞直，永初元年舉孝廉，為郎中。』(59)

劉陶傳：『濟北貞王勃之後。………游太學，………從陶舉孝廉除順陽長。』(60)

李雲傳：『性好學，善陰陽，初舉孝廉，再遷白馬令。』(61)

傅燮傳：『再舉孝廉，聞舉郡將喪，乃棄官行服，後爲護軍司馬，與左中郎將皇輔嵩俱討賊張角。』(62)

又：『初郡將范津明知人，舉燮孝廉，及津爲漢陽與燮交代，合符而去，郷拜榮之。』(63)

蓋勳傳：『家世二千石，初舉孝廉，爲漢陽長史。』(64)

臧洪傳：『以父功拜童子郎，知名太學，洪禮貌魁梧，有異姿，舉孝廉，補卽丘長。』(65)

張衡傳：『祖父堪，蜀郡太守。衡少善屬文，游於三輔，因入京師，觀太學，遂通五經，貫六藝。………永元中，舉孝廉，不行。連辟公府，不就。………公車特徵，拜郎中。』(66)

左雄傳：『安帝時，舉孝廉，稍遷冀州刺史。』(67)

又：『雄又上言，「今之孝廉，古之貢士。出則宰民，宣協風教。若其面牆，則無所施用。孔子曰：四十而不惑，禮稱強仕。請自令孝廉，年不滿四十，不得察舉。皆先詣公府，諸生試家法，文吏課牋奏，副之端門，練其虛實。以觀異能，以美風俗。有不承科令者，正其罪罰。若有茂才異能，自可不拘年齒。」帝從之。於是班下郡國。明年有廣陵孝廉徐淑年未及舉。臺郎疑而詰之，對曰：「詔書曰有如顏回子奇，不拘年齒。是故本郡以臣充選。」郎不能屈。雄詰之曰：「昔顏回聞一知十，孝廉聞一知幾耶？」淑無以對，乃譴卻郡。於是濟陰大守胡廣等十餘人皆坐謬舉免黜，唯汝南陳蕃，潁川李膺，下邳陳球等三十餘人得拜郎中，自是牧守畏慄，莫敢輕舉。』又黃瓊傳云：『瓊以前左雄所上孝廉之選，專用儒學文吏，於取士之義猶有遺，乃奏增孝悌及能從政者爲四科，事竟施行。』(68)

周䋆傳：『以父任爲郎，自免歸。後太守舉孝廉，復以疾去。』(69)

荀爽傳：『延熹元年太常趙典舉爽至孝，拜郎中。對策陳便宜曰：「………漢制使天下誦孝經，選吏舉孝廉。………」』(70)

李固傳：『少好學，常步行尋師不遠千里 注引謝承書曰……追師三輔，學五經積十餘年 司隸益州並命，郡舉孝廉，辟司空掾，皆不就。』(71)

杜喬傳：『少為諸生，舉孝廉，辟司徒楊震府，稍遷為南郡太守。』(72)

吳祐傳：『父恢為南海太守……及年二十，喪父，居無擔石，而不受贍遺。常牧豕於長垣澤中。行吟經書。………後舉孝廉。將行，郡中為祖道，祐越壇共小史雍丘黃直語移時，與結交而別。功曹以祐倨請黜之。太守曰：「吳季英有知人之明，卿且自言。」眞後亦舉孝廉，除新蔡長，世稱其清節。………祐以光祿四行遷膠東侯相。』(73)

延篤傳：『少從潁川唐谿典受左氏傳，旬日能諷誦之，典深敬焉。又從馬融受業博通經傳及百家之言，能著文章，有名京師舉孝廉，為平原侯相。』(74)

史弼傳：『遷河東太守。補一切詔書當舉孝廉。弼知多權貴請託。乃豫勅斷絕書屬。中常侍侯覽果遣諸生齎書請之。并求假鹽稅，積日不得通。生乃說以它事謁弼而因達覽書。弼乃大怒曰：「太守忝荷重任，當選士報國，爾何人而僞詐無狀，命左右引出，楚捶數百………遂付安邑獄，即自考殺之。侯覽大怒，遂詐作飛章下司隸誣弼誹謗，檻車徵。吏人莫敢近者，惟前孝廉裴瑜送到崤澠之間。………及下廷尉詔獄，平原吏人奔走詣闕送之。又前孝廉魏劭毀變形服詐為家僮瞻護於弼。弼遂受誣，事當棄市。劭與同郡人賣郡邸，行賂於侯覽，得減死一等，論輸左校。………裴瑜位至尚書。」』(75)

段潁傳：『西域都護會宗之從曾孫者。潁少便弓馬，尚遊俠，輕財賄。長乃折節好古學。初舉孝廉，為憲陵園丞，陽陵令。』(76)

陳蕃傳：『初仕郡，舉孝廉，除郎中。』(77)

陳蕃傳：『時零陵桂陽山賊為害，公卿議遣討之。又詔下州郡，一切皆得舉孝廉茂才。蕃上疏駮之曰：「昔高帝創業，萬邦息肩，撫慕百姓，同之赤子。今二郡之人亦陛下之赤子也。致令赤子為害，豈非所在貪虐使其然乎？宜嚴勅三府，隱覈牧守令長，其有在政失和，侵暴百姓者，即便舉奏。………又三署郎吏二千餘人，三府掾屬過限未除。但當擇而授之，簡惡而去之，豈

煩一切之詔，以長請屬之路乎？」以此忤左右，故出爲豫章太守。』(78)

李膺傳：『祖父脩安帝時爲太尉，父益趙國相。膺性簡亢，無所交結，唯以同郡荀淑陳寔爲師友。初舉孝廉。爲司徒胡廣所辟，舉高第，再遷青州刺史。』(79)

劉祐傳：『中山安國人也。 注引謝承書曰：「祐宗室胄緖，代有名位。少修操行，學嚴氏春秋，小戴禮，古文尙書，仕郡爲主簿」初察孝廉，補尙書侍郎。』(80)

宗慈傳：『舉孝廉，九辟公府，有道徵，不就。』(81)

巴肅傳：『初察孝廉，歷愼令，貝丘長。』(82)

范滂傳：『少厲清節，爲鄉里所服。舉孝廉，光祿四行 注漢官儀曰，「光祿舉敦厚，質樸，遜讓，節儉，是爲四行也。」時冀州饑荒，盜賊羣起，乃以滂爲清詔使案察之。………其所舉奏，莫不壓塞衆議，遷光祿勳主事。』(83)

尹勳傳：『家世衣冠，伯父睦爲司徒，兄頌爲太尉，宗族多居貴位者，而勳特持清操，不以地執尙人。州郡連辟，察孝廉，三遷邯鄲令。』(84)

蔡衍傳：『少明經，講授，以禮讓化鄉里，有爭訟者，輒詣衍決之。其所平處，皆曰無怨，舉孝廉，稍遷冀州刺史。』(85)

羊陟傳：『太山梁父人也。家世衣冠族，陟少淸直有孝行，舉孝廉辟太尉李固府。』(86)

陳翔傳：『祖父珍，司隸校尉。少知名，善交結。舉孝廉，太尉周景辟舉。高第，拜侍御史。』(87)

范康傳：『少受業太學，與郭林宗親善，舉孝廉，再遷潁陰令。』(88)

檀敷傳：『少爲諸生，家貧而志清，不受鄉里施惡，舉孝廉，辟公府，皆不就。』(89)

劉儒傳：『郭林宗常謂儒口訥心辯，有珪璋之質，察孝廉，舉高第，三遷侍中。』(90)

賈彪傳：『少游京師，志節慷慨，與同郡荀爽齊名，初仕州郡，舉孝廉，補新息長。』(91)

鄭太傳：『司農衆之曾孫也，少有才略。靈帝末，知天下將亂，陰交豪傑。

家富於財，有田四百頃，而食常不足。名聞山東。初舉孝廉，三府辟，公車
徵，皆不就。』(92)

符融傳：『遊太學，師事少府李膺……融益知名，州郡禮請，舉孝廉，辟公
府，皆不應。』(93)

荀彧傳：『朗陵令淑之孫也。父緄爲濟南相，緄畏憚宦官，乃爲彧娶中常侍
唐衡女，彧少有才名，故得免於譏議。南陽何顒名知人，見彧而異之曰：
「王佐才也」。中平元年舉孝廉，再遷亢父令。』(94)

皇甫嵩傳：『度遼將軍規之兄子也。父節，雁門太守。嵩少有文武志，好詩
書，習弓馬，初舉孝廉，茂才；太尉陳蕃，大將軍竇武，連辟不到。靈帝公
車徵爲議郎。』(95)

朱儁傳：『少孤，母常販繒爲業，儁以孝養致名，爲縣門下書佐。好義輕
財，鄉閭敬之。……本縣長度尚見而奇之，薦於太守韋毅，稍歷郡職。太守
尹端以儁爲主簿，熹平二年，端坐討賊許昭失利爲州所奏，罪應棄市。儁乃
羸服間行，輕齎數金，賂主章吏，遂得刊定州奏，故端得輸左校。端喜於降
免，而不知其由，儁亦終無所言。後太守徐珪舉孝廉，再遷蘭陵令。』(96)

劉虞傳：『祖父嘉，光祿勳。注謝承書曰：「虞父舒，丹陽太守，虞通五經，東海王荼之
後。」初舉孝廉，稍遷幽州刺史。』(97)

公孫瓚傳：『家世二千石，瓚以母賤，遂爲郡小吏。……後從涿郡盧植學於
緱氏山中，略見書傳，舉上計吏。太守劉君坐事檻車徵，官法不聽吏下親
近。瓚乃改容服，詐稱侍卒，身執徒養，御車到洛陽。太守當徙日南，瓚具
豚酒於北芒上，祭辭先人。酹觴祝曰：「昔爲人子，今爲人臣。當詣日南，
日南多瘴氣，恐或不還，便當長辭墳塋。」慷慨悲泣，再拜而去，觀者莫不
歎息。既行，於道得赦，瓚還郡，舉孝廉，除遼東屬國長史。』(98)

陶謙傳：『少爲諸生，仕州郡。』注吳書曰：「陶謙察孝廉，拜尚書郎，除
舒令」。』(99)

袁術傳：『司空逢之少子也。少以俠氣聞，數與諸公子飛鷹走狗。後頗折
節。舉孝廉。遷至河南尹。』(100)

許荊傳:『祖父武,太守第五倫舉爲孝廉,武以二弟晏普未顯,欲令成名,乃請之曰:「禮有分異之義,家有別居之道」於是共割財產,以爲三分。武自取肥田廣宅,奴婢彊者。二弟所得並悉劣少。鄉人皆稱弟克讓而鄙武貪婪。晏等於此並得選舉。……位至長樂少府。荊少爲郡吏。兄子世嘗報讎殺人怨者操兵攻之,荊聞,乃出門逆怨者,跪而言曰;「世前無狀相犯,咎皆在荊,不能訓導。兄旣早歿,一子爲嗣,如令死者傷其滅絕,願殺身代之。」怨家扶起荊曰:「許掾郡中稱賢,吾何敢相侵?」因遂委去,荊名益著。太守黃兢舉孝廉,和帝時稍遷桂陽太守。』(101)

孟嘗傳:『其先三世爲郡吏,並伏節死難。嘗少修操行,仕郡爲戶曹史。……後察孝廉,舉茂才,拜徐令。』(102)

第五訪傳:『少孤貧,常傭耕以養兄嫂。有閑暇則學文,仕郡爲功曹。察孝廉,補新都令。』(103)

劉矩傳:『叔父光順帝時爲司徒。矩少有高節,以叔父遼未得仕進,遂絕州郡之命,太尉朱寵,太傅桓焉嘉其志義,故叔遼以此爲諸公所辟,拜議郎。矩乃舉孝廉,稍遷雍丘令。』(104)

劉寵傳:『父丕,博學,號爲通儒,寵少受父業,以明經舉孝廉,除東平陵令。』(105)

陽球傳:『家世大姓冠蓋,球乃擊劍習弓馬,性嚴厲,好申韓之學。郡吏有辱其母者,球結少年數十人殺吏滅其家,由是知名。初舉孝廉,拜尙書侍郎。』(106)

劉昆傳:『平帝時受施氏易於沛人戴賓……王莽世教授弟子恆五百餘人……建武五年,舉孝廉,不行,遂逃教授於江陵。光武聞之,卽除爲江陵令。』(107)

包咸傳:『少爲諸生受業長安,師事博士右師細君習魯詩論語。……住東海立精舍講授。光武卽位,乃歸鄉里,太守黃讜署戶曹史。……舉孝廉,除郎中。』(108)

楊仁傳:『學習韓詩……靜居教授。仕郡爲功曹,舉孝廉,除爲郎。』(109)

董鈞傳：『習慶氏禮⋯⋯元始中舉明經，遷廩犧令。病去官。建武中，舉孝廉。辟司徒府。』(110)

張玄傳：『少習顏氏春秋，兼通數家法律。⋯⋯初為縣丞，⋯⋯去官。舉孝廉，除為郎。』(111)

服虔傳：『少以清苦，建志入太學受業。有雅才，善著文論，作春秋左氏解。行之至今。⋯⋯舉孝廉，稍遷，中平末拜九江太守。』(112)

潁容傳：『博學多通，善春秋左氏，師太尉楊賜。郡舉孝廉，州郡，公車徵皆不就。』(113)

許慎傳：『少博學經籍。⋯⋯時人為之語曰：「五經無雙許叔重」，為郡功曹，舉孝廉，再遷，除汶長。』(114)

葛龔傳：『和帝時以善文記知名，性慷慨壯烈，勇力過人，安帝永初中舉孝廉，為太官丞。』(115)

崔琦傳：『少遊學京師，以文章博通稱。初舉孝廉為郎。』(116)

劉梁傳：『善屬文 舉孝廉，除北新城長。』(117)

高彪傳：『家本單寒，至彪為諸生，遊太學，有雅才而訥於言。⋯⋯後郡舉孝廉，試經第一，除郎中。』(118)

劉茂傳：『少孤，獨與母居，家貧，以筋力致養，孝行著於鄉里。及長能習禮經教授常數百人。哀帝時察孝廉，再遷五原屬國候。』(119)

周嘉傳：『嘉仕郡為主簿，王莽末，羣賊入汝陽城。嘉從太守何敞討賊，敞為流矢中，郡兵奔北，賊圍繞數十里，白刃交集，嘉乃擁敞，以身扞之。因呵賊曰：「卿曹皆人數也，為賊既逆，豈有還害其耶？」⋯⋯羣賊於是兩兩相視曰「此義士也」，給其車馬遣送之。後太守寇恂舉為孝廉，拜尚書侍郎。(120)

戴封傳：『年十五諸太學師事鄓令申君。⋯⋯時同學石敬平溫病卒，封養視殯斂，以所齎糧市小棺送喪到家更斂，見敬平行時書物皆在棺中，乃大異之。⋯⋯後舉孝廉，光祿主事。』(121)

陳董傳：『少與同郡雷義為友，俱學魯詩，顏氏春秋。太守張雲舉重孝廉，

重以讓義，前後十餘通記，雲不聽。義明年舉孝廉，重與俱在郎署。後與義俱拜尚書侍郎。』(122)

雷義傳：『初爲郡功曹，嘗擢善人，不伐其功。……後舉孝廉，拜尚書侍郎。』(123)

戴就傳：『仕郡倉曹掾，楊鄉刺史歐陽歙奏太守成公浮減罪，遣部從事薛安案倉庫簿，領收就於錢塘縣獄，……安奇其壯節……太守劉寵舉就孝廉，光祿主事。』(124)

趙苞傳：『從兄忠爲中常侍，苞深恥其門族有宦官名勢，不與忠交通。初仕州郡，舉孝廉，再遷廣陵令。』(125)

向栩傳：『少爲書生，性卓詭不倫。……郡禮請辟舉孝廉，賢良方正，有道，公府辟皆不到。』(126)

劉翊傳：『家世豐產，常能周施而不有其惠。……河南种拂臨郡，辟爲功曹，翊以拂名公公子，乃爲起焉。……舉翊爲孝廉，不就。』(127)

王烈傳：『少師事陳寔，以義行稱，……察孝廉，三府並辟，皆不就。』(128)

謝夷吾傳：『少爲郡吏，學風角占候。太守第五倫擢爲督郵。……舉孝廉，爲壽張令。』(129)

李郃傳：『太守奇其隱德，召署曹史……郃歲中舉孝廉五遷尚書令。』(130)

公沙穆傳：『習韓詩公羊春秋，尤銳意思河洛推步之術……後舉孝廉爲主事，遷繒相。』(131)

又：注引謝承書曰：『穆子孚，字允慈，亦爲善士，舉孝廉，尚書侍郎，召陵令，上谷太守也。』(132)

單颺傳：『以孤特清苦自立，明天官算術，舉孝廉，稍遷太史令侍中。』(133)

韓說傳：『博通五經，尤善圖緯之學，舉孝廉，……稍遷侍中。』(135)

華佗傳：『遊學徐士，兼通數經，曉養性之術。……沛相陳珪舉孝廉，太尉黃琬辟皆不就。』(136)

戴良傳：『良才既高達，而議論尚奇，多駭流俗，⋯⋯舉孝廉不就，再辟司空府，彌年不到，州郡迫之⋯⋯因逃入江夏山中。』(137)

姜詩妻傳：『詩事母至孝，妻奉順尤篤。⋯⋯永平三年，察孝廉。顯宗詔曰：「大孝入朝，凡諸舉者，一聽平之。」由是皆拜郎中。尋除江陽令。』(138)

敦煌長史武班碑：『州郡貪其高賢，□少請以□□歲舉□翼紫宮。』(139)

宛令李孟初神祠碑：『舉孝廉除□郎中。』(140)

泰山都尉孔宙碑：『少習家訓，治嚴氏春秋，緝熙之業既就，而聞闕之絲允恭，德音孔昭，遂舉孝廉，除郎中，都昌長。』(141)

執金吾丞武榮碑：『學優則仕，爲州書佐，郡曹史，主簿，督郵，五官掾，功曹，守從事。年三十六汝南蔡府君察舉孝廉，□□郎中，遷執金吾丞。』(142)

竹邑侯相張壽碑：『習父東光君業，兼綜六藝，博學多識，略涉傳記，矯取其用。股肱州郡，匡國達賢。⋯⋯舉孝廉，除郎中。』(143)

衞尉卿衡方碑：『仕郡辟州，舉孝廉，除郎中，卽丘侯相。』(144)

孝廉柳敏碑：『君父以孝廉除郎中，⋯⋯君追祖繼體，歷職五官功曹，守宕渠令。本初元年太守蜀郡□君復察舉君。』(145)

博陵太守孔彪碑：『孔子十九世之孫，潁川君之元子也⋯⋯舉孝廉，除郎中，博昌長。』(146)

司隸校尉楊淮表記：『楊君厥諱淮，字伯邳，舉孝廉，尚書侍郎，上蔡雒陽令。⋯⋯弟諱弼字穎伯，舉孝廉，西鄂長。母憂去官，復舉孝廉，尚書侍郎，遷左丞，冀州刺史。』(147)

司隸校尉魯峻碑：『君則監營謁者之孫，修武令之子，體純懿之德，秉仁義之操，治魯詩，兼通顏氏春秋⋯⋯始仕佐職牧守敬憚恭儉，州里歸稱。舉孝廉，除郎中，謁者，河內太守丞。』(148)

郃陽令曹全碑：『君高祖父敏，舉孝廉，武威長史，巴郡朐忍令，張掖居延都尉。曾祖父述，孝廉，謁者，金城長史。夏陽令，蜀郡西部都尉。祖父

鳳，孝廉，張掖屬國都尉丞，隃糜侯相，金城西部都尉，北地太守。父瑒，少貫名州郡，不幸早世，是以位不副德。君童齡好學，甄極瑟緯，無文不綜，賢孝之性，根生於心。收養繼祖母，供事繼母，先意承志，存亡之敬，禮無遺闕。是以鄉人爲之諺曰：「重親至歡曹景完」⋯⋯歷郡右職，上計掾史，仍辟涼州，常爲治中別駕⋯⋯建寧二年，舉孝廉，除郎中，拜西域戊部司馬。』(149)

封丘令王君碑王元賓：『敦詩悅禮，⋯⋯兼業教授，門徒雲集，位極州郡，察孝廉謁者。』(150)

成皋令任君碑任伯嗣：『仕極州郡，察孝廉，除郎中。』(151)

北軍中侯郭君碑郭仲奇：『君惠兄竹邑侯相，次尚書侍郎，次濟北相順，弟臨沂長，次徐州刺史，次中山相，次雒陽令，咸以孝廉，公府茂選。⋯⋯君⋯⋯三辟將軍府，舉廉比陽長。』(152)

從以上所舉的各條看來。『舉孝』『察舉』雖然和西漢末年以後的察舉『孝廉』，不能說毫無關係。但到西漢的末年，可以顯看出來，『孝廉』已經自爲一科，由郡守薦至朝廷。與『舉孝』所舉的孝，『察廉』所察的廉，已經並不相同了。至於『孝弟力田』一目在呂后元年是二千石各一人，即每郡一人。到文帝十二年詔說：『今萬家之縣云無應令，豈實人情。』那就是到文帝時已經是每縣一人了。漢代孝廉之舉，一直到東漢的亡，也未曾有過以縣爲標準的。即在漢以後也未曾有那孝弟力田顯然和孝廉不同，這是第一點。

其次，再就以『孝者』爲官的，照以前引到的來分析，也顯然和『孝廉』不同，假如：

馮唐傳：『以孝著爲郎中署長。』

此處『以孝著』據周壽昌校當作『以孝者』與辭意尙無多大關係。主要的是以『孝者』的資格爲郎呢？還是已經爲郎，再因『孝著』爲郎中署長呢？若已爲郎，再因孝著爲署長，此與漢代孝廉制度不同，可以不論。若以『孝者』爲郎。那就是史記馮唐列傳集解引應劭曰：『此云孝子郎也。』漢書張馮汲鄭傳顏師古注：『以孝得爲郎中，而爲郎署之長也。』此言『以孝得爲郎中，』正和張釋之傳所說『以

貲得爲騎郎』同意。『以貲得爲騎郎』據漢書顏師古注如淳引漢注：『貲五百萬得爲常侍郎』，卽有相當的貲產，卽爲郎的一種資格，『以孝得爲郎中』是郡縣的『孝者』也是以爲郎的一種資格。自然，貲五百萬的，不盡都要爲郎，郡縣的孝者也不盡都要爲郎。這與漢代選擧孝廉爲郎的當然不同。況且馮唐以孝者爲郎，正是漢武帝元光元年察選孝廉以前的事，更可證明『孝著』或『孝者』和選擧孝廉不是一件事。又案薛宣傳：

> 『頻陽縣北當上郡西河，好數郡湊，多盜賊，其令平陵薛恭，本縣孝者，功次稍遷，未嘗治民。』

據漢書武帝紀元光元年，是『初令郡國擧孝廉各一人』可見孝廉是郡或國察擧，一直到東漢尚是這樣的。薛宣傳的『平陵薛恭』是『本縣孝者，功次稍遷』。顯然不是由郡察擧的。應當是憑着『孝弟力田』中的『孝者』資格爲吏。旣不是由郡察擧，當然不屬於『孝廉』之列。

所以西漢『孝者』的兩個例子，都和『孝廉』的察擧，是不相干的。

此外後漢書的兩個例子：

> 崔寔傳：『桓帝初，詔公卿郡國擧至孝篤行之士，寔以郡擧，徵詣公車。病不對策，除爲郎。』

> 荀爽傳：『延熹元年，太常趙典擧爽至孝，拜郎中。』

據後漢書桓帝紀，建和元年：『詔大將軍公卿，郡國，擧至孝篤行之士各一人。』崔寔所應的擧卽係此種特擧，與歲擧孝廉無關。至於荀爽傳所稱延熹元年的特擧，雖爲桓帝紀所漏。但旣爲太常所擧，也和郡國歲擧不同，所以此二則不能作東漢孝廉有單擧孝者的例證。至於山陽太守祝睦前後碑及淳于長夏承碑的『以孝察擧，賓于王庭』，『以孝貢察，讚拜王庭』『克讓有終，察孝不行』，雖然只說察孝，但東漢郡擧孝者與孝廉早已合倂爲一，這兩個碑都是東漢晚期的碑。更無當時會有郡國單獨察孝之理。所言察孝應當卽是孝廉的簡稱，不過爲著修辭上的便利罷了。決不能據此爲證的。

至於廉吏一件事，有許多是和察擧孝廉是不相干的，例如：

> 韓信傳：『無行，不得推擇爲吏。』

案：此秦時的事，在漢武元光以前。

　　趙廣漢傳：『舉茂才，平準令，察舉爲陽翟令。』

案：平準令爲大司農屬國，不屬於郡，因此察廉是一般的察舉吏，不是郡國的歲舉
　　孝廉。

　　薛宣傳：『以大司農斗食察廉補不其丞……察宣補樂浪都尉丞。』

案：大司農非郡國官；而補不其丞乃由琅邪太守察廉，非宣本籍，與郡國歲舉孝廉
　　的情況不同。

　　薛宣傳：『池陽舉廉吏獄掾王玄。』

案：此爲縣舉，非郡舉，與郡舉孝廉情況不同。

　　王嘉傳：『光祿勳于永除爲掾，察廉補南陵丞，復察廉爲長陵尉。

案：光祿察廉，不在郡國孝廉之列。南陵屬京兆，嘉爲右扶風平陵人，亦與西漢晚
　　年及東漢孝廉限於本郡人的不同。

　　平當傳：『以大鴻臚文學察廉爲順陽長，枸邑令。』

案：大鴻臚察廉，不屬於郡國之列。

　　後漢書班彪傳：『彪後辟司徒玉況府……後察司徒爲望都長。』

案：司徒察廉，不屬於郡國之列。

　　北軍中侯郭君碑：『三辟將軍府……舉廉，比陽長。』

案：將軍察廉，不屬於郡國之列。

　　孔廟置百石卒史碑：『乙君察舉守宅，除史孔子十九世孫麟廉，請置百石卒
　　史一人。』

案：此魯相察廉吏爲孔廟守廟百石卒史，與察舉孝廉一事，貢至帝庭的不相關涉。

　　綜上所舉，漢代所言察廉吏的和察舉孝廉不一定卽是一回事，只有以下諸條在
疑似之間，下文再爲闡明：

　　張敞傳：『本以鄉有秩補太守卒史，察廉補甘泉倉長。』

　　黃霸傳：『補馮翊二百石卒史……使領饑穀計，簿書正以廉稱，補河東均輸
　　長。』

　　朱博傳：『時諸陵屬太常，博以太常掾察廉補安陵丞。』

尹賞傳：『以郡吏察廉爲樓煩長，舉茂材，粟邑令。』案薛宣傳云：『鉅鹿尹賞久郡用事吏，爲樓煩長舉茂材，遷在粟。』

溧陽長潘乾校官碑：『溧陽長潘君……除曲阿尉，察廉除茲，初厲清肅。』以上的幾條黃霸傳止說『簿書正以廉稱』，未曾說察貢廉吏，是否屬於孝廉中的察舉，甚有問題。校官碑一條係東漢時代，當時無縣尉察舉孝廉之制，不足爲據。止有張敞，朱博及尹賞三條或可爲郡國舉廉之例證。朱博傳言詑陵時屬太常，卽太常當時亦可比郡國，故亦應有察舉孝廉之事。若以時代先後言，張敞被察廉吏當在武帝晚年或昭帝時，朱博當在宣帝晚年或元帝時。尹賞當在成帝時。據前引西漢時代被舉孝廉的有路溫舒（３），王吉，王駿（４），蓋寬饒（５），劉輔（６），杜鄴（８），師丹（９），京房(10)，孟喜(11)，劉良(12)，共有十人都曾被舉。可知西漢郡國除察舉時專以廉來舉人以外，也合併孝和廉兩項來舉人。照前引武帝元朔元年詔，『有司奏議曰：「不舉孝，不奉詔，當以不敬論；不察廉，不勝任也，當免，」』分孝與廉爲二，可證元光元年：『初令郡國舉孝廉各一人』是郡國舉孝舉廉各有一人，一直到束漢前期郡國各舉孝廉二人，還是武帝時的定額。見前引丁鴻傳。不過在詔令上看來，是要舉孝和察廉，並未說不許察舉兼有孝和廉兩類德行的人，詔令上也沒有說假若被舉的人兼有孝和廉兩類德行，在察舉時候只能按其中的一類來算。所以現存材料上來看，察舉兼具孝和廉兩類德行的人，詔書是允許的。再看孝武元朔五年的詔書：『制詔補博士弟子，郡國縣官有文學，敬長上，肅政教，順鄉里，出入不悖。』而宣帝元永元年則：『舉吏民厥身修正，通文學，明先王之意者。』都可見當時國家還是希望一般都好的『全材』，這也似乎可以作兼有孝和廉的人可以被選的旁證。現在材料太少，不敢說當時選制是究竟如何衍進從分察『孝』和『廉』變成合併察舉『孝廉』，只是按照事實來看，在現在的史料中，西漢從郡國察舉的『孝』，幾乎沒有，從郡國察舉的『廉』，現在看來也很少。很顯明的幾個例子，都是被合併舉的『孝廉』。照馬端臨文獻通考所言，西漢『孝』與『廉』本爲兩目，東漢以降始連稱而混同。今根據現存史料，武帝元光原詔及元朔詔書，『孝』與『廉』爲兩目，是不錯的。不過連稱混同，似乎在西漢已經開始，不是始於東漢了。

　　以下再將被舉孝廉的人，就資歷，家世，以及任用，分項來說。

關於資歷一項，被舉的由於州郡及縣吏者有：

鮑昱　仕郡舉孝廉。(16)

鄭弘　以嗇夫署督郵舉孝廉。(19)

周章　以郡功曹舉孝廉。(20)

桓曄　以郡功曹舉廉。(24)

趙孝　州郡辟召，舉孝廉。(28)

第五倫　以京兆尹主簿舉孝廉。(33)

鍾離意　以郡督郵舉孝廉。(34)

胡廣　以郡散吏舉孝廉。(42)

陳禪　以郡功曹舉孝廉。(46)

龐參　仕郡舉孝廉。(47)

橋玄　以縣功曹豫州從事舉孝廉。(49)

种暠　以洛陽門下吏舉孝廉。(56)

陳蕃　初仕郡舉孝廉。(77)

朱儁　稍歷郡職，舉孝廉。(96)

公孫瓚　以上計吏還都，舉孝廉。(98)

許荆　少為郡吏，舉孝廉。(101)

孟嘗　仕郡為戶曹史，舉孝廉。(102)

第五訪　仕郡為功曹，舉孝廉。(103)

周嘉　仕郡為主簿，舉孝廉。(120)

戴就　以郡倉曹掾舉孝廉。(124)

趙苞　初仕州郡，舉孝廉。(125)

劉翊　為功曹，舉孝廉。(127)

謝夷吾　為郡督郵，舉孝廉。(129)

李郃　為戶曹吏，舉孝廉。(130)

武班　以州郡吏舉孝廉。(139)

武榮　功曹，守從事，舉孝廉。(142)

衡方　仕郡辟州，舉孝廉。(144)

柳敏　歷職五官功曹，守宕渠令，舉孝廉。(145)

曹全　仍辟涼州常爲治中別駕，舉孝廉。(149)

任伯嗣　仕極州郡，察孝廉。(151)

由於明經以後爲州郡縣吏或爲州郡縣吏再學通經術，其被舉爲孝廉的，有：

路溫舒　署決曹史，又受春秋，舉孝廉。(3)

王吉　學明經，以郡吏舉孝廉。(4)

蓋寬饒　明經，爲郡文學，舉孝廉。(5)

袁安　傳孟氏易家學，爲縣功曹舉孝廉。(43)

霍諝　少爲諸生明經，仕郡舉孝廉。(45)

李固　學五經積十餘年，司隸益州並命，郡舉孝廉。(71)

符融　遊太學，州郡禮請，舉孝廉。(93)

陶謙　少爲諸生，仕州郡，舉孝廉。(99)

包咸　少爲諸生受業長安，署郡戶曹史，舉孝廉。(108)

楊仁　學習韓詩，仕郡功曹，舉孝廉。(109)

許慎　博學經籍，爲郡功曹，舉孝廉。(114)

雷義　學魯詩，爲郡功曹，舉孝廉。(123)

向栩　少爲書生，郡禮請辟，舉孝廉皆不到。(126)

張壽　兼綜六藝，股肱州郡，舉孝廉。(143)

魯峻　治魯詩，兼通顏氏春秋，佐職牧守，舉孝廉。(148)

王元賓　兼業教授，門徒雲集，位極州郡，察孝廉。(150)

其以儒生被察舉的，有：

王駿　治易，舉孝廉。(4)

杜鄴　從張敞子吉學問，舉孝廉。(8)

師丹　治詩，舉孝廉。(9)

京房　治易，舉孝廉。(10)

孟喜　治易，舉孝廉。(11)

章彪 好學洽聞，雅稱儒宗，舉孝廉。(14)

馮豹 長好儒學，以詩春秋教麗山下，舉孝廉。(15)

郅惲 客居江夏教授郡舉孝廉。子壽，善文章，以廉稱，舉孝廉。(116)

張霸 博通五經，舉孝廉。(21)

桓典 以尚書教授，舉孝廉。(22)

周磐 學古文尚書，洪範五行，左氏傳，舉孝廉。(31)

宋意 父京以大夏侯尚書教授，意少傳父業，舉孝廉。(35)

寒朗 以尚書教授，舉孝廉。(36)

朱穆 耽學，銳意講誦，舉孝廉。(37)

徐防 傳易，舉孝廉。(40)

應劭 博覽多聞，舉孝廉。(44)

周舉 專精禮易，舉孝廉。(50)

楊彪 少傳家學，舉孝廉。(52)

張綱 少明經學，舉孝廉。(53)

种岱 好學養志，舉孝廉。(57)

陳球 少涉儒學，妙律令，舉孝廉。(58)

李雲 性好學，善陰陽，舉孝廉。(61)

臧洪 知名太學，舉孝廉。(65)

張衡 觀太學，遂通五經，舉孝廉。(66)

李固 追師三輔，學五經，舉孝廉。(71)

杜喬 少為諸生，舉孝廉。(72)

吳祐 牧豕行吟經書，舉孝廉。(73)

延篤 博通經傳及百家之言，舉孝廉。(74)

段頹 折節好古學，舉孝廉。(76)

劉祐 學修操行，舉孝廉。(80)

蔡衍 少明經，舉孝廉。(85)

羊陟 少有學行，舉孝廉。(86)

范康　少受業太學，舉孝廉。(88)

賈彪　少遊京師，舉孝廉。(91)

符融　遊太學，師事少府李膺，舉孝廉。(93)

皇甫嵩　好詩書，習弓馬，舉孝廉。(95)

劉虞　通五經，舉孝廉。(97)

劉寵　少受父業，舉孝廉。(105)

劉昆　受施氏易，舉孝廉。(107)

服虔　入太學，作春秋左氏解，舉孝廉。(112)

頒容　博學多通，舉孝廉。(113)

葛龔　善文記知名，舉孝廉。(115)

崔琦　少遊學京師，以文章稱，舉孝廉。(116)

劉梁　善屬文，舉孝廉。(117)

高彪　遊太學，有雅才：舉孝廉。(118)

劉茂　習禮經教授常數百人，舉孝廉。(119)

戴封　詣太學師事鄧令申君，舉孝廉。(121)

陳重　學魯詩，顏氏春秋，舉孝廉。(122)

王烈　少師事陳寔，舉孝廉。(128)

公沙穆　習韓詩公羊春秋，舉孝廉。(131)

韓說　博通五經，舉孝廉。(135)

華佗　兼通數經，舉孝廉，不就。(136)

孔宙　少習家訓，治嚴氏春秋，舉孝廉。(141)

其以處士被舉的，有：

魏霸　世有禮義，兄弟同居，舉孝廉。(13)

桓鸞　少立操行，不仕州郡，舉孝廉。(23)

馮緄　家富好施，爲鄉里所歸，舉孝廉。(24)

淳于恭　獨力田耕，幽居養志，舉孝廉。(29)

江革　以巨孝見稱，舉孝廉。(30)

趙咨　少孤，有孝行，舉孝廉。(32)

張禹　篤厚節儉，不受賄送，舉孝廉。(39)

陳龜　少有志氣，舉孝廉。(48)

黃憲　世貧賤，父爲牛醫，舉孝廉。(51)

王龔　世爲豪族，舉孝廉。(54)

王暢　少以清實爲稱，舉孝廉。(55)

杜根　性方實，好絞直，舉孝廉。(59)

李膺　家世二千石，性簡亢，舉孝廉。(79)

范滂　少厲清節，舉孝廉。(83)

陳翔　少知名，善交結，舉孝廉。(87)

鄭太　少有才略，名聞山東，舉孝廉。(92)

荀彧　少有才名，舉孝廉。(94)

袁術　司空逢之少子也，以使氣聞，後頗折節，舉孝廉。(100)

劉矩　少有高節，絕州郡之命，舉孝廉。(104)

陽球　性嚴厲，好申韓之學，舉孝廉。(106)

單颺　以孤特清苦，明天官算學，舉孝廉。(133)

姜詩　事母至孝，舉孝廉。(138)

孔彪　孔子十九世之孫，舉孝廉。(146)

其以故官被舉，或以故孝廉被舉的，有：

周璆　以父任爲郎，自免歸，後太守舉孝廉。(69)

董鈞　以明經元始中舉爲廩犧令去官，建武中舉孝廉。(110)

張玄　以縣丞去職，舉孝廉。(111)

楊㻽　舉孝廉，西鄂長，去官，復舉孝廉。(147)

以上的類別，只是就各傳所言，大致區分，其中有些本傳言及舉孝廉，未說到未舉孝廉以前屬於經生或文吏的，現在也不詳爲列舉。大體說來，照左雄傳所說，只是『諸生試家法，文吏課牋奏』黃瓊傳所言『憎孝悌及能從政者爲四科，事竟施行』這不過是增加『諸生』人數的比例而已(108)。所以不論資歷如何，都按平生所學分別諸生和文吏兩類，

此外就選舉孝廉的標準言，最初是分選孝和廉，以後便合併孝廉爲一科，漸至不必兼有孝和廉兩類品德的人，只要是一個人材，便可被舉。因此在一個劇烈競爭的當中，對於被選者的標準，在個人方面要因事知名，而在所屬的家族要爲世家大族。這兩個標準的衍進，不用說對於東漢以後的歷史要有很重要的關係的。

關於孝廉的任用，其以孝廉爲郎的，有：

王駿 （4）　　蓋寬饒 （5）　　杜鄴 （8）

師丹 （9）　　京房 （10）　　孟喜 （11）

韋彪 （14）　　桓典 （22）　　馮鸞 （26）

江革 （30）　　徐防 （40）　　張衡 （66）

陳蕃 （77）　　包咸 （158）　　楊仁 （109）

張玄 （111）　　崔琦 （116）　　高彪 （118）

陳重 （122）　　雷義 （123）　　姜詩 （138）

李孟初 （140）　　孔宙 （141）　　武榮 （142）

張壽 （143）　　衡方 （144）　　柳敏之父 （145）

孔彪 （146）　　魯峻 （148）　　曹全 （149）

任伯嗣 （151）

孝廉除受郎中，大致是一般的成例，除受郎中以後再遷的尙書郎。據陳重傳云：『義明年舉孝廉，重與俱在郎署，後與義俱拜尙書侍郎。』但雷義傳卻說『後舉孝廉，俱拜尙書侍郎。』不再敍述在郎署一事。在後漢書中也頗有說舉孝廉，拜尙書侍郎的，應當先爲郎中再行除授尙書侍郎。例如：

馮豹 （15）　　劉祐 （80）　　陶謙 （99）

陽球 （116）　　周嘉 （120）　　公沙孚 （132）

楊淮 （147）　　楊弼 （147）

據魯峻碑：『舉孝廉，除郎中，謁者，河內太守丞』（146）所以舉孝廉之後，應當是先除郎中，後爲謁者。其記述舉孝廉之後爲謁者的，例如：

周磐 （31）　　寒朗 （36）　　曹述 （149）

王元賓 （150）

據後漢書范滂傳：『舉孝廉，光祿四行。時冀州饑荒，盜賊羣起，乃以滂為清詔使案察之。……其所舉奏，莫不壓塞衆議，遷光祿主事。』(83)光祿四行乃光祿勳屬官被舉的科目，不是官職。郎署屬於光祿勳，所以范滂也應當是先除為郎，再遷光祿主事。其舉孝廉，為光祿事的，尚有以下各例：

張霸　(21)　　戴封　(121)　　戴就　(124)　　公沙穆　(131)

在東漢時期，往往有舉孝廉以後再為將軍三公辟為掾屬的，例如：

桓曄　舉孝廉，有道，方正，茂材，三公並辟，皆不應。(24)

趙孝　舉孝廉，不應，永平中辟太尉府。(28)

淳于恭　建武中，舉孝廉，司空辟，皆不應。(29)

鍾離意　舉孝廉，再遷，辟司空府。(34)

朱穆　舉孝廉，辟大將軍梁冀府。(37)

應奉　靈帝時舉孝廉，辟車騎將軍何苗掾。(44)

陳禪　察孝廉，辟車騎將軍鄧騭府。(46)

楊彪　舉孝廉，茂才，辟公府，皆不應。(52)

王暢　舉孝廉，辟不就，大將軍梁商特辟，(55)

种暠　舉孝廉，辟大尉府，舉高第。(56)

种岱　舉孝廉，茂才，辟公府，皆不就，(57)

張衡　舉孝廉，不行，連辟公府。(66)

李固　郡舉孝廉，辟司空掾，皆不就，(71)

杜喬　舉孝廉，辟司徒楊震府。(72)

李膺　初舉孝廉，為司徒胡廣所辟(79)

宗慈　舉孝廉，九辟公府，不就。(82)

羊陟　舉孝廉，辟太尉李固府。(86)

檀敷　舉孝廉，辟公府，皆不就。(89)

鄭太　初舉孝廉，三府辟，公車徵，皆不就。(92)

符融　舉孝廉，辟公府，皆不應。(93)

皇甫嵩　初舉孝廉，茂才，太尉大將軍連辟不到。(95)

　　董鈞　建武中舉孝廉，辟司徒府。(110)

　　華佗　舉孝廉，太尉辟，皆不就。(136)

　　戴良　舉孝廉不就，再辟司空府，彌年不到。(137)

　　北軍中侯郭君碑：『咸以孝廉，公府茂遷。』(152)

以上諸人有不應孝廉，爲公府所辟的；亦有應舉孝廉以後再爲公府所辟的，公府辟後遷轉較由郎署出來容易些。但是這卻不是孝廉被舉以後的例行途徑。

　　總之，孝廉的任用是被舉以後便以在郎署爲主。在內由尚書郎遷尚書，侍中，侍御史。在外則爲令長丞尉，再遷爲刺史和太守。所以孝廉一科在漢代極清流之目，而爲主要官吏的正途的。

乙、茂才

　　茂才本名秀才，後漢避光武諱稱作茂才。見書抄設官部引漢官義 孝廉是由郡太守察舉的。茂才則丞相、御史、列侯、九卿、刺史等官，都可以察舉的。

　　孝廉爲武帝時開始詔舉的，茂才亦始於武帝時代。不過孝廉最初已爲常典，茂才的察舉，只偶有之罷了。

　　武帝元封元年詔：『州郡察吏民有茂材異等，可爲將相及使絕國者。』

　　昭帝紀：『始元元年，丞相御史中二千石舉茂材異等直言極諫之士。』

　　宣帝紀：『元康四年，遣太中大夫彊等循行天下，舉茂材異能之士。』

　　元帝紀：『初元二年，詔丞相御史中二千石，舉茂材異等直言極諫之士。』

　　元帝紀：『建昭四年遣諫大夫二十一人，循行天下，……舉茂材特立之士。』

　　趙廣漢傳：『少爲郡吏，州從事舉茂材，爲平準令。』

　　蕭望之傳附蕭咸傳：『爲丞相史，舉茂材，爲好時令。』

　　馮野王傳附馮逡傳：『以謁者舉茂材，爲美陽令。』

　　薛宣傳：『遷樂浪都尉丞，舉茂材爲宛句令。』

　　師丹傳：『治詩，舉孝廉爲郎，元帝主爲博士，免。建始中，州舉茂材，後補博士，出爲東平王太傅。

　　尹賞傳：『以察廉爲長，舉茂材爲粟邑令。能治劇，絲爲頻陽令。

張安世傳附張勃傳：『元帝初卽位，詔列侯舉茂材，勃舉太官獻丞張湯，湯
有罪，勃坐削戶二百。』

辛慶忌傳：『補金城長史，舉茂材，遷郎中車騎將。』

陳湯傳：『爲太官獻食丞，初元二年，元帝詔列侯舉茂材，勃舉湯。湯待遷。
父死不奔喪，勃選舉不以實，坐削二百戶。湯下獄論。後復以薦爲郎。』

這是西漢時的茂材察舉制度。卽孝廉是從郡來選，所舉的大都不是朝廷的官吏。而
茂材由於丞相御史列侯中二千石及刺史察舉，所選舉的大都是朝廷的官吏。孝廉自
武帝時起已經是歲舉，而茂材終西漢之世還是屬於特舉一類。

到了東漢，茂材亦變成歲舉了，因此茂材和孝廉可以並稱。這是很大的變革。

後漢書光武紀建武十二年：『詔三公舉茂材四行各一人，司隸州牧歲舉茂材
一人。』

因爲孝廉是郡舉，茂材是州舉，所以茂材數目是較孝廉的數目爲少。但因爲都是歲
舉，所以性質卻很爲接近。章帝建初元年詔曰：

夫鄉舉里選必累功勞。今刺史守相不明眞僞；茂材孝廉，歲以百數；旣非能
著，而授以政事，其無謂也。

因此可見茂材之濫和孝廉之濫也在同一程度之下。

至於東漢的茂材，據文籍所記，有以下各例。

王堂傳：『初舉光祿茂才，爲穀城令。』

陸康傳：『康少仕郡，以義烈稱；刺史臧旻舉爲茂材，除高成令。』

陳禪傳：『仕郡功曹；察孝廉，州辟治中從事；……車騎將軍鄧隲聞而辟
焉：舉茂材。』

崔瑗傳：『舉茂才，遷汲令。』

楊震傳：『大將軍鄧隲聞其賢而辟之。舉茂才，四遷荆州刺史。東萊太守。
……經堂邑，故所舉荆州茂才。王密爲堂邑令。……』

楊彪傳：『少傳家學，舉孝廉，舉茂才，辟公府，皆不應。』

王暢傳：『少以清實爲稱，無所交黨。舉孝廉，辭病不就。大將軍梁商辟舉
茂才，四遷爲尙書令。』

种岱傳：『好學養志，舉孝廉，茂才，辟公府，皆不就。公車特徵，病卒。』

周舉傳：『辟司徒李邰府………後舉茂才爲平丘令。』

黃琬傳：『舊制光祿舉三署郎，以高功久次，才德尤異者，爲茂才四行。時權富子弟以人事得舉，而貧約守志者，以窮退見遺。』

後漢書左黃周列傳論曰：『古者諸侯歲貢士進賢賞，非賢貶。士升之司馬，辯論其才，論定然後官之，任官以後祿之。故王者得其人，進仕勸其行，經拜弘務，所由久矣。漢初詔舉賢良方正，州郡察孝廉秀才。斯亦貢士之方也。中興以後，增敦樸，有道，賢能直言獨行高節，清白敦厚之屬，榮路既廣，觖望難裁，自是竊名僞服，浸以統競，權門貢士，請謁繁興。』

梁冀傳：『增大將軍府舉高第茂才，官屬倍於三公。』

鄭玄傳：『坐黨禁，錮十有四年，而蒙赦令，舉賢良方正，有道，辟大將軍三司府，公車再召。………紹 袁紹 遷舉玄茂才，表爲左中郎將，皆不就。公車徵爲大司農。』

桓榮傳附桓曄傳：『仕郡爲功曹，後舉孝廉有道方正茂才，三公並辟，皆不應。』

蔡衍傳：『稍遷冀州刺史，中常侍具瑗記其弟恭舉茂才，衍不受，乃收齎書者案之。』

王渙傳：『爲太守陳寵功曹，當職割斷，不避豪右，風聲大行，入爲大司農。和帝問曰「在郡何以爲理」！寵叩頭謝曰：「臣任功曹王渙以簡賢任能，主簿鐔顯拾遺補闕。臣奉宣詔書而已。」帝大悅，渙由是顯名，舉茂才，除溫令。』

孟嘗傳：『其先三世並伏節死難，嘗少修操行，仕郡爲戶曹史，後策孝廉，舉茂才，拜徐令。』

牟融傳：『以司徒茂才爲豐令。』

張楷傳：『張霸中子 通嚴氏春秋，古文尚書。門徒常數百人。賓客慕之。自父黨凤儒，咸造門焉。………司隸舉茂才，除長陵令，不至官。』

應奉傳：『大將軍梁冀舉茂才。』

葛龔傳：『拜蕩陰令，辟太尉府，病不就。州舉茂材，爲臨汾令。

范式傳：『三府並辟，不應。州舉茂才，四遷荆州刺史。』

王忳傳：『仕郡功曹，州治中從事。舉茂才，除郿令。

陳重傳：『以故尙書郎 後舉茂才，除細陽令。』

雷義傳：『以故尙書郎 舉茂才，讓於陳重，……三府同時俱辟。』

綜上所舉，茂才一科自州刺史以上方能察舉，所以較孝廉的任用爲重。孝廉察舉以後以在郡署任郎官爲原則。由郎遷爲尙書郎，再由尙書郎遷爲縣令，是漢代一般郎官任用的規例。三署郎遷爲尙書郎，再由尙書郎遷爲縣令，其制漢官儀有明文。但茂才被選以後，一般任用的原則，是卽爲縣令。這件事可以看出茂材和孝廉任用方面的輕重顯然不同。在漢代官制方面說來，縣令是千石官，三署郎不過二百石官罷了。至於鄭玄以茂才爲左中郎將，起家便爲二千石，這當然變亂時的特例，不足爲故事的。因此舉茂材的資地，也較舉孝廉爲嚴。除去幾個特殊得名的，例如陸康，王渙；以及從前曾爲官吏或者已經辟在三公或將軍府，例如周舉葛龔。其一般被察舉的，如陳禪、楊彪、王暢、种岱、桓曄、孟嘗、陳重、雷義、都是先舉孝廉，後察茂才。但漢代卻無先察茂才，後舉孝廉的例子。因此，可以斷定的是孝廉與茂才雖無明確的相關性，州刺史所察茂才以及三公所察茂才也並不一定限於何種資歷，但大致說來，多爲故孝廉，三公將軍掾屬，故朝廷官吏，以及三署的久次郎官，只有少數是州郡掾屬，這和孝廉多數由州郡掾屬察舉，是顯然不同的。

至於茂才的員額也遠較孝廉爲少，西漢及東漢初期每郡孝廉二人，百三郡國共舉數應爲二百零六人。其後雖有改定，應當總計員數亦相差不遠。但茂才據光武十二年詔，三公舉三人，十三部刺史舉十三人，總計不過十六人。再加上將軍，亦不過二十人左右。因爲名額少，任用高，所以茂才較之孝廉更爲可貴了。

丙、賢良方正與文學

賢良方正在孝文帝二年已經詔舉了。自後武帝、宣帝、元帝、成帝、以至於東漢時代，大都曾經詔舉過。關於詔舉的原因，文帝二年是因爲日食。以後或因爲災

異，或不是因爲災異而是因爲皇帝厲精圖治的特典，選舉文學一事較賢良方正的次數少些。起始於武帝時代。但孝昭始元元年是賢良文學同時被舉，據田千秋傳和鹽鐵論賢良文學是同時被策問。因此賢良方正和文學在性質上當然有相近的地方。

關於賢良方正的例子，具如下列：

漢書文帝紀：『二年詔曰；乃十一月晦，日有食之，二三執政，舉賢良方正能直言極諫者，以匡朕之不逮。』

文帝紀：『十五年，詔諸侯王公卿郡守，舉賢良能直言極諫者，上親策之，傅納以言。』

武帝紀：『建元元年，詔丞相，御史，列侯，中二千石，二千石，諸侯相，舉賢良方正直言極諫之士。』

武帝紀：『元光元年五月：詔賢良曰「……賢良明於古今王事之體，受策察問，咸以書對，朕親覽焉。」於是董仲舒公孫弘等出焉。』

昭帝紀：『始元元年，遣故廷尉持節行郡國……詔曰：「地震於隴西郡，丞相御史中二千石，舉茂材異等直言極諫之士，朕將親覽焉」。』

昭帝紀：『始元五年，令郡國舉賢良文學高第一人。』

宣帝紀：『本始四年，舉賢良方正。』

宣帝紀：『地節三年，令郡國舉賢良方正可親民者，舉孝弟有行義同於鄉里者一人。』

宣帝紀：『神爵四年，令內郡國舉賢良可親民者一人。』

元帝紀：『永光二年三月，日有食之；詔令郡國舉賢良直言之士各一人。』

成帝紀：『建始二年，詔三輔內郡舉賢良方正各一人。』

成帝紀：『建始三年，十二月，日食地震，詔丞相御史與將軍列侯中三千石及內郡國舉賢良方正直言極諫之士詣公車，朕將親覽焉。』

成帝紀：『元延元年七月。詔曰：『迺者日蝕星隕，今孛星見東井，公卿大夫議以經對，與爲郡國舉方正能直諫極言者各一人。』

哀帝紀：『元壽元年正月，日有蝕之。詔公卿大夫其與將軍列侯中二千石，舉賢良方正能直言者各一人。』

後漢書光武紀：『建武六年，日有食之，多十月詔勅公卿舉賢良方正各一人。』

光武紀：『建武七年，日有食之；詔「公卿司隸州牧舉賢良方正各一人；遣詣公車，朕將試覽焉。」』

章帝紀：『建初元年，山陽東平地震，詔令太傅三公中二千石二千石郡國守相，舉賢良方正能直言極諫之士各一人。』

章帝紀：『永元六年，詔令三公中二千石二千石內郡國守相舉賢良方正能直言極諫之士各一人，遣詣公車。』

安帝紀：『永初元年，日有食之。詔公卿內外衆官郡國守相舉賢良方正有道術之士明達古今能直言極諫者各一人。』

安帝紀：『永初二年，京師及郡國四十大水雨雹，七月詔令公卿郡國舉賢良方正。』

安帝紀：『永初五年，日有食之，郡國十二地震，詔令三公，特進侯，中二千石，二千石，郡中諸侯相，舉賢良方正，有道術，達於政化，能直言極諫之士各一人。』

順帝紀：『即位，詔公卿、郡守、國相、舉賢良方正能直言極諫之士各一人。』

桓帝紀：『建和元年，京師地震。詔大將軍、公卿、校尉，舉賢良方正能直言極諫者各一人。』

桓帝紀：『建和三年，日有食之。詔大將軍、三公、特進侯，其與卿校尉舉賢良方正能直言極諫之士各一人。』

桓帝紀：『元嘉二年，京師地震，詔公卿校尉，舉賢良方正能直言極諫之士各一人。』

桓帝紀：『延熹八年，日有食之，詔公卿、校尉，舉賢良方正。』

桓帝紀：『永康元年，日有食之。詔公卿校尉，舉賢良方正。』

賢良方正的察選主要爲的是開直言之路，所以常在災異之後。安帝永初元年詔：『間令公卿郡國舉賢良方正。遠求博選，開不諱之路，冀得至謀，以鑒不逮。而所

對皆循尙浮言，無卓爾異聞。』可見歷次選舉賢良方正對策的目的了。大致文帝二年：『舉賢良方正能直言極諫者』十五年：『舉賢良能直言極諫者。』昭帝始元元年舉茂才異等，直言極諫之士，』此爲詔舉賢良卽直言之證。但在宣帝時兩次詔舉『賢良方正可親民者』又『賢良可親民者』是詔舉賢良的目的，尙在徵集親民的官吏。直到元帝建始三年詔舉：『賢良方正直言極諫之士』於是賢良方正和直言極諫不分了。

在漢代也有幾次詔舉直言，不言賢良方正的。

元帝紀：『河平四年，日食，遣光祿大夫，博士行濱河之郡，舉惇厚有行，能直言之士。』

成帝紀：『鴻嘉三年，詔舉敦厚有行義，能直言者。』

哀帝紀：『建平元年，詔大司馬、列侯、將軍、中二千石、州牧、守、相、舉孝悌、惇厚、能直言、通政事、延於側陋，可親民者各一人。』

平帝紀：『元始元年，日食，大赦天下，詔公卿，將軍中二千石舉敦厚能直言者各一人。』

後漢書安帝紀：『元初元年，詔三公特進列侯，中二千石郡守舉惇厚質直各一人。』參見陳忠傳

從以上的幾個例看來。河平四年所舉的直言之士，在性質上本和賢良方正的不同至爲有限。只是賢良方正是公卿郡國所舉。而此次的詔舉直言，則光祿大夫及博士所爲的特使舉出來的。因此課目上不便再稱爲賢良方正改稱作惇厚有行。後來惇厚直言的察舉成爲故事了。公卿郡國也察舉了，到了東漢還偶然選舉惇厚質直一次。然而惇厚直言是和賢良方正同類的選舉，假若賢良方正代表直言的選舉，並且還是如此的選舉下去。惇厚有行也沒有多少實際上的需要，所以在兩漢之世並不常舉。

文學與賢良是並稱的。文學的選舉始於武帝時代。漢書公孫弘傳：『武帝初卽位，招賢良文學士』漢書東方朔傳：『武帝舉方正賢良文學材力之士待以不次之位。』漢書循吏傳序：『始元元鳳之間舉賢良文學，問民所疾苦。』這是文學一科見於選舉之始。但正式見於詔令，則始於昭帝的始元五年：

昭帝紀：『始元五年，令郡國舉賢良文學高第各一人。』

以後尙有：

> 昭帝紀：『始元六年，詔有司問郡國所舉賢良文學，民所疾苦，議罷鹽鐵榷
> 酤。』
>
> 宣帝紀：『本始元年，地震，詔內郡國舉文學高第各一人。』
>
> 宣帝紀：『元康元年，詔博舉吏民厥身修正，通文學，明於先王之術，宣究
> 其意者，各二人。』

都是近於賢良一類的。只是科目名稱稍異罷了。至王莽時文學則歸入四科之舉。

> 王莽傳：『三年，莽曰：「百官改定，職事分移，律令儀法，未及悉定。且
> 因漢律令儀法以從事。公卿大夫諸侯二千石舉吏民有德行 ， 通政事 ， 能言
> 語，明文學者各一人，詣王路四門。」』

這實是文學一門察舉的擴大。至於東漢靈帝時的鴻都門文學，那就所選的多爲士類
所非 ， 和西漢的賢良文學不足相並了。 蔡邕傳云：『臣聞古之取士，必使諸侯歲
貢。孝武之士，郡舉孝廉又賢良文學之選。於是名臣輩出，文武並興。漢之得人，
數路而已。書廉辭賦才之小者，匡理國政，未有其能。』可見鴻都門文學是不能與
賢良文學同論的。

> 東漢安帝時代，選舉賢良方正時，曾連言『道術』，卽：

> 安帝紀：『永初元年，詔公卿內外衆官郡國守相舉賢良方正有道術之士，明
> 達古今，能直言極諫者各一人。』
>
> 又：『永初五年 ， 詔令三公、 特進、 侯、 中二千石、 二千石、 郡守、 諸侯
> 相，舉賢良方正，有道術，達於政化，能直言極諫之士各一人。

『有道』卽是『有道術』，因爲注重道術，便特舉有道之士，在安帝建光元年，已
開始特舉，以後便爲東漢之常法。

> 安帝紀：『建光元年，令公卿、特進、侯、中二千石、郡國守相，舉有道之
> 士各一人。

自此有道便成爲東漢選舉科目之一了。

> 兩漢時代賢良文學見於列傳的，有：

> 晁錯傳：『後詔有司舉賢良文學，錯在選中。上親策詔之。……對策者百餘

人，唯錯爲高第，繇是遷中大夫。』

董仲舒傳：『自武帝初魏其武安侯爲相而隆儒矣及。仲舒對册，推明孔氏，抑黜百家，立學校之官，州郡舉茂才孝廉，皆自仲舒發之。』

王吉傳：『舉孝廉爲郎，補若盧右丞，遷雲陽令，舉賢良，爲昌邑中尉。』

貢禹傳：『徵爲博士，涼州刺史，病免。復舉賢良爲河南令。』

公孫弘傳：『少時爲獄吏，有罪免。年四十餘，乃學春秋雜說。武帝初卽位，招賢良文學士，以賢良徵爲博士。使匈奴，還報不合意，移病免歸。元光五年，復徵賢良文學士，菑川國復推上弘，弘謝，國人固推弘，弘至太常，擢弘對爲第一拜爲博士。』

董仲舒傳：『爲博士，武帝卽位，舉賢良文學之士前後百數，而仲舒以賢良對策焉。』

蓋寬饒傳：『明經爲郡文學，以孝廉爲郎，舉方正，對策高第，遷諫大夫。』

谷永傳：『舉太常丞……建始三年，詔舉方正直言極諫之士，太常陽城侯劉慶忌舉永待詔公車。……天子異焉。特詔見永，其下皆合，諸方正語在杜欽傳。』

杜鄴傳：『詔舉方正。』

魏相傳：『少學易，爲郡卒史，舉賢良，以對策高第爲茂陵令。』

轅固傳：『爲博士，清河太傅免，復以賢良徵。』

黃霸傳：『以丞相長史舉賢良。』

朱邑傳：『以太守卒史舉賢良。』

樓護傳：『平河侯舉方正爲諫大夫。』

鼂錯傳：『鄧公爲城陽中尉，上詔賢良，公卿言鼂先，鄧先時免，起家爲九卿，一年，復謝病免。』

杜欽傳：『後有日蝕地震之變，詔舉賢良方正能直言士。合陽侯梁放舉欽，……以前事賜帛罷，後爲議郎，復以病免。』

嚴助傳：『舉賢良，對策者百餘人。武帝善助對，繇是獨擢助爲中大夫。』

疏廣傳：『兄子受以賢良舉爲太子家令。』

後漢書蘇章傳：『安帝時舉賢良方正，對策高第為議郎。』

後漢書劉平江革傳序：『毛義舉賢良公車徵遂不至。』

爰延傳：『太尉楊秉等舉賢良方正再遷為侍中。』

崔駰傳：『舒小子篆……建武初幽州刺史又薦篆賢良』

种嵩傳：『轉遼東太守，坐事免歸，後司隸校薦舉嵩賢良方正，不應，徵拜議郎。』

劉瑜傳：『州郡禮請不就。延喜八年太尉楊秉舉賢良方正拜為議郎。』

劉瑜傳：『子琬傳瑜學，舉方正不行。』

皇甫規傳：『以故郡功曹梁太后臨朝，規舉賢良方正對策。……梁冀忿其刺己，以規為下第，拜郎中，託疾免歸。』

荀淑傳：『安帝時徵拜郎中，再遷當塗長。還鄉里。及梁太后臨朝，有日食之變。詔公卿舉賢良方正。光祿勳杜喬，少府房植，舉淑。對策譏刺貴幸，為大將軍梁冀所忌。出補朗陵侯相。』

張奐傳：『少遊三輔，師事太尉朱寵。學歐陽尚書。後辟大將軍梁冀府，去官。後舉賢良，對策第一，擢拜議郎。』

劉淑傳：『州郡禮請，五府連辟，並不就。永興二年，司徒种嵩舉淑賢良方正。辭以疾。桓帝聞淑高名，切責州郡，使輿病詣京師，淑不得已而赴洛陽。對策為天下第一，拜議郎。』

孔昱傳：『少習家學，大將軍梁冀辟不應。太尉舉方正，對策不合，乃辭病去。靈帝即位，公車徵，拜議郎。

楊厚傳：『習業犍為，不應州郡三公之命。方正，有道，公車特徵，皆不就。』

郎顗傳：『州郡辟舉，有道，方正，不就。』

樊準傳：『以尚書郎舉方正敦樸仁賢之士，再遷御史中丞。』

趙崎傳：『後舉賢良，對策第一，擢拜議郎。』

張霸傳附張楷傳：『司隸舉茂才，除長陵令，不就。五府連辟，舉賢良方正，不就。』

桓榮傳附桓曄傳：『仕爲郡功曹，後舉孝廉，有道，方正，茂才，三公並辟，皆不應。

馬融傳：『陽嘉二年詔舉敦樸，城門校尉岑起舉融，徵詣公車對策，拜議郎。』

陶謙傳：『趙昱元達，琅邪人，清己疾惡，潛志好學，太僕种拂舉爲方正。』

劉焉傳：『少仕州郡，以宗室拜郎中。去官。居陽城山，精學教授，舉賢良方正，稍遷南陽太守。』

陳寔傳：『公府辟，舉方正皆不就。』

魯丕傳：『歸郡爲督郵功曹，所事之將，無不以師友待之。建初元年，肅宗詔舉賢良方正，大司農劉寬舉丕，時對策百有餘人，惟丕在高第，除爲議郎。』

李法傳：『和帝永元九年，應賢良方正，對策爲博士。』

郭均傳：『建初三年，司徒趙昱辟之，後舉直言，並不應。』

申屠剛傳：『七世祖嘉，文帝時爲丞相。剛質性方常慕史鰌汲黯之爲人，仕郡功曹。平帝時王莽專政……及舉賢良方正，遂對策。……莽令元后下詔曰：「剛所言僻經妄說，違背大義，其免歸田里。」』

江革傳：『永平初舉孝廉爲郎，補楚太僕，自劾去。……建初初太尉牟融舉賢良方正，再遷司空長史。』

法眞傳：『辟公府，舉賢良，不就。』

戴封傳：『詔書求賢良方正直言之士，有至行，能消災伏異者，公卿郡守各舉一人，郡及大司農俱舉封。公車徵，陛見對策第一，擢拜議郎。』

樊英傳：『舉賢良方正，有道，皆不行。』

董扶傳：『公車三徵，再舉賢良方正，博士，有道，皆稱疾不就。』

在後漢書被舉有道的也很多，例如：

後漢書申屠蟠傳：『再舉有道，不就。』

趙咨傳：『州郡詔，舉孝廉，並不就。……延熹元年大司農陳奇舉咨至孝有道，仍遷博士。』

荀爽傳：『五府並辟，司空袁逢舉有道不應。』

徐穉傳：『舉有道，家拜太原太守。』

劉瑜傳：『尹勳……桓帝時以有道徵，四遷爲尙書令。』

謝弼傳：『建寧三年，詔舉有道之士，弼與東海隗放，玄莬公孫度，俱對策，皆除郎中。』

宗慈傳：舉孝廉，九辟公府，有道徵，不就。』

郭太傳：『司徒黃瓊辟，太常趙典舉有道。』

桓榮傳附桓曄傳：『仕爲郡功曹，後舉孝廉有道，方正茂才，三公並辟，皆不應。』

趙曄傳：『受韓詩……召補從事不就，舉有道，卒於家。』

侯瑾傳：『州郡累召，公車有道徵，並稱疾不到。』

李南傳：『舉有道，辟公府，病不行。』

樊英傳：『舉賢良，方正，有道，皆不行。』

董扶傳：『公車令徵，再舉賢良方正有道，皆稱疾不就。』

從以上各條看來，賢良方正與有道本屬同科，但到了後來已經分歧爲二。只是不論是賢良方正，或者是文學，或者是直言，或者是有道，其與孝廉和茂才有一個根本不同之處，即孝廉和茂才爲常科，而賢良方正，文學，直言，有道均係特科。所以孝廉和茂才到後來仍爲科舉項目，而特科便與後世科舉無直接關係了。

西漢時代『以安車蒲輪迎申公』後世傳爲美談。但西漢當時卻無公車特徵之稱，東漢時代，對於一般隱逸之士頗有由公車特徵的。不特公卿郡國的舉。其待遇則略同於賢良和有道對策以後的，例如：

後漢書淳于恭傳：『州郡連召不應，遂幽居養志，潛於山澤。……建初元年，肅宗下詔美恭素行，告郡賜帛二十匹，遣詣公車，除爲議郎。』

劉平江革傳序：『毛義舉賢良，公車徵，遂不至。』

楊彪傳：『熹平中以博習舊聞公車徵拜議郎。』

种岱傳：『舉孝廉茂才，並不就，公車特徵，病卒。』

周燮傳：『後舉賢良方正不應，又公車徵，玄纁備禮，固辭廢疾。』

孔昱傳：『太尉舉方正，對策不合，乃辭病去。靈帝卽位，公車徵，拜議郎。』

鄭太傳：『名聞山東，初舉孝廉，三府辟，公車徵，皆不就。』

皇甫嵩傳：『太尉陳蕃，大將軍竇武連辟並不到，靈帝公車徵爲議郎，遷北池太守。』

楊厚傳：『不應州郡三公之命，方正，有道，公車特徵，皆不就。』

董扶傳：『前後宰府十辟，公車三徵，再舉賢良方正，博士，有道，皆稱疾不就。』

所以公車特徵，往往卽爲舉察賢良方正而不就的人。公車徵到；卽拜議郎。也與賢良對策稱旨的，待遇相同。這也可算察舉的補充科目了。

丁、其他特科

賢良方正，直言，有道，雖科目的名義不同，但其來原還是一致；而所舉的人，彼此也有共同之處。並且這些特科，雖非歲舉，但在兩漢時也是常見的。至於偶然一舉，或者性質稍爲殊異的，可以有下列各科。

壹、明經及博士——漢代用人，自武帝以後已趨重經學。賢良之中本以儒者爲多。但專舉明經或博士的，亦有下列各例：

元帝紀：『永初二年九月，詔王國官屬墨綬下至郎謁者。其經明任博士，居鄉里有廉清孝順之稱，才任理人者，國相歲移名與計偕，上尚書公府通調，令得外補。』

元帝紀：『陽朔二年，奉使者不稱詔，丞相，御史，其與中二千石二千石雜舉可充博士位者，使卓然可觀。』

後漢書章帝紀：『元和二年，令郡國上明經者，口十萬以上五人，不滿十萬三人。』

後漢書質帝紀：『本初元年，令郡國舉明經，年五十以上，七十以下，詣太學。』

靈帝紀：『光和元年，詔公卿舉能通尚書、毛詩、左氏、穀梁、春秋各一

人，悉除議郎。』

　　貳、武猛兵法——漢代武猛兵法的察舉，始於哀帝時代息夫躬的建議 見漢書本傳 在西漢有元延元年，建平四年，元始二年；在東漢有建光元年，陽嘉三年，漢安元年，延熹九年。

　　叄、陰陽災異——漢代君臣都是相信陰陽災異與國政有關的。因此也有時要察舉明陰陽災異之士。其見於本紀的有後漢的初元四年及永初二年。而楊厚、郎顗、李南、廖扶、樊英、董扶諸人的徵召，也都與陰陽災異有關。

　　此外在王莽當政時，『徵天下通知逸經古記、天文、歷算、鐘律、小學、史篇、方術、本草、以及五經論語爾雅教授者，在所為駕一封軺傳，遣詣京師，至者數千人。』見漢書平帝紀 更是範圍廣博，不過人數過多，糜費太甚，非當時財力所堪，不足為治世之常經。所以東漢以後也就不再舉行了。

漢代奴隸制度輯略

　　昔人著史多不詳于社會習俗制度，偶有涉及，每甚疎落。　今欲集支節爲輪廓，拾破碎爲完整，固不能也。　自宋以來，雜記日衆，可拾者猶多，遠在漢晉，書缺有間矣。　今人談漢代奴隸制度者不一，然事實與推論相混，記載與假想不分，似未合『無徵不信』之義。　茲集兩漢書及其他文籍，言涉奴隸者，撮其大要成此一篇，至其全文，則原書具在，不具引焉。　書所不記，蓋闕如也。

　　甲骨鼎彝所記，奚童奴僕之屬大氐官奴。　自春秋以後，戰鬪併吞，貴賤迭變。阡陌旣開，傭耕之制亦從之肇始。　以其不附屬於土地，故亦無所謂恆產；自不免『天飢歲寒，嫁妻賣子』（韓非六反），而『買僕妾售乎閭巷之事』以起（國策秦一）。　商人中以鹽鐵起家若刁卓之徒，皆以畜奴著（史記漢書貨殖傳）。　漢猶承前代之制，而官私奴婢並稱也。

第一章　漢代之私奴婢

漢代之畜奴者

漢代上自縣官，下至士庶，皆有私奴婢。　五行志『成帝鴻嘉之間好爲徵行出游，選從期門郎有材力者，及私奴客，多至十餘，少五六人』，（前書卷二十七中之上），此天子之畜私奴者也。　外戚傳『孝昭上官皇后……自使私奴婢守棧，安冢』（九十七上），此皇后之畜私婢者也。　其王公卿大夫之畜奴者不能悉舉，其奴數之多者，若張安世有家僮七百人（五十九），楊僕亦有七百人（水經榖水注），王氏五侯（九十八元后傳），王商（卷八十二），馬防兄弟（後書五十四），濟南王康（後書七十二濟南王傳），竇融（後書五十三竇融傳），之奴婢皆在千人以上。　若昌邑王賀之奴婢百八十三人（卷六十三昌邑王傳），梁節王暢之奴婢二百人（後書八十梁節王傳），則皆得罪廢黜之諸侯王，非常例矣。　其豪富齊民之畜奴者如卓氏八百人（卷九十一貨殖傳卓氏），折國八百人（後書一百十二上

方術傳折象），袁廣漢八九百人（西京雜記），郭珍侍婢數千人（御覽四七一引典論），蓋其豪侈亦與貴冑公卿相上下也。

<table>
<tr><td>奴婢之
來原</td></tr>
</table>

奴婢大率由於鬻賣，嚴助所稱『或歲不登則民賣爵鬻子以接衣食』者是也（六十四上嚴助傳），漢初大飢饉『高祖乃令人得賣子就食蜀漢』（卷二十四上食貨志頁八），則其事且以公令行之。　至後漢時逐有『或孤婦女為人奴婢，遠近販賣，不可勝數』（潛夫論）之事。　然『民賣僮者為之繡衣絲履』（卷四十八賈誼傳頁十五），則奴之衣飾，或有過於常人者。　至奴之價值據王褒僮約為萬五千（類聚三十五引），蓋卽一金有半也（居延簡中有『小奴二人直三萬大婢一人直二萬』之語，因未發表，故未全引）。

奴婢亦有作為賞賜或餽遺者，武帝賜欒大僮千人（卷二十五郊祀志上），賜金氏姊三百人（卷九十七外戚傳上），賜霍光百七十人（卷六十八霍光傳），後漢明帝賜東平憲王宮人奴婢五百人（後書七十二東平憲王傳），和帝賜清河王慶三百人（後書卷八十五清河王慶傳），餘如烏孫公主（卷九十六下西域傳），梁竦（後書卷六十四梁疏傳），桓榮（後書卷六十七桓榮傳），亦皆蒙賜以奴婢，此皆由天子賞賜者也。至若陳平以奴婢百人遺陸賈（卷四十三陸賈傳），卓王孫分司馬相如僮百人（卷五十七司馬相如傳上），則用以餽遺矣。　其出諸略賣者，則若竇廣國（卷九十七外戚傳竇廣國），欒布（卷三十七欒布傳），及王莽時邊郡流民（九十九王莽傳下），至若梁冀（後書卷六十四梁冀傳），侯覽（後書卷一百八宦者傳侯覽），以天子命臣虜奪良民為奴婢，無復法紀，東漢之業衰矣。

<table>
<tr><td>私奴婢
之任務</td></tr>
</table>

奴婢所司者大率為家中瑣事（後書卷十上馬皇后紀，後書卷四十一劉聖公傳，後書卷五十五劉寬傳，卷五十八馮衍傳注，卷六十九劉平傳，卷一百八宦者張讓傳：類聚三十五引王褒僮約），出則扈從主人（漢書卷六十七胡建傳，卷七十七何竝傳，卷七十六張敞傳，後書卷七十下班固傳，卷五十六蔡茂傳，卷一百七酷吏董宣傳），或以從戰役（漢書五十二灌夫傳），其女奴則有從事於歌舞者（漢書四十四衡山王賜傳，卷六十六楊惲傳，西京雜記），奴婢之近幸者則稱傅奴或傅婢（漢書七十二王吉傳，卷八十二王商傳，後書卷一百三公孫瓚傳，六十八馮鯤傳，卷七十四列女傳），富家於牛馬耕種之事則以年長謹信者主之（類聚三十五引風

俗通）。

奴婢既多為富貴人所畜，故往往奢侈逾度，論其應制裁者，若賈生（漢書四十八賈誼傳），鮑宣（漢書卷七十二鮑宣傳），王符（潛夫論），之流；以詔令限制者，有成帝永始四年，及安帝元初五年之詔，然皆無稗實際。　惟王莽之童奴布衣馬不秼穀，以偽見稱於後世而已（九十九王莽傳上）。　其越法犯禁者，若霍雲私出圍獵黃山苑中，而使蒼頭上朝謁（漢書卷六十八霍光傳），　濟東王彭離與其奴殺人越貨（漢書卷四十七梁孝王傳），廣川王去（漢書卷五十三廣川王傳），及鄧侯蕭獲（漢書十六功臣表），使奴殺人，霍光族人之奴持刀兵入市鬬變（漢書七十六尹翁歸傳），竇憲之奴客強奪財貨，篡取罪人，略奪婦女，（後書五十三竇憲傳），湖陽公主奴白晝殺人（後書蔡茂傳及酷吏董宣傳），班固奴干洛陽令車騎而醉罵之（後書班固傳見前），張讓監奴交通貨賂，威形誼赫（後書一百八宦者傳，張讓參見魏志孟達傳），馮殷調笑酒家胡（古詩羽林郎），　皆或受主人之命，或倚主人之勢，不可以法治者也。

私奴婢之擅殺及放免　田儋傳稱儋之繫縛其奴，欲謁殺之，因殺縣令（卷三十三田儋傳），則秦漢之際可以謁殺奴，董仲舒說武帝『去奴婢專殺之威』（二十四食貨志上頁十五），是此事武帝時猶未革也。　其後梁王立（四十七梁孝王武傳頁八），平干王元（卷五十三趙敬肅王傳頁九），首鄉侯段勝（大典本東觀記），均以擅殺奴有罪，趙廣漢且因此事入丞相府欲求魏相之罪（卷七十六趙廣漢傳），王莽亦因殺奴責其子獲令自殺（九十九王莽傳），是董仲舒之議行矣。　至宋弘弟子為奴誤傷致死，奴願就誅，則奴誤傷良人至死仍有死罪也（後書五十六宋弘傳）。

陳勝傳秦免驪山徒人奴產子以擊勝，（卷三十一陳勝傳），則奴之子仍為奴（參見魏志毛玠傳）。　袁盎以侍兒賜從史（卷四十九袁盎傳），王莽以朱子元無子，以私買侍婢與之（九十九王莽傳），則婢固可為人妻生子，其子固不應為奴也。　然衞青之父鄭季與家僮通生青（卷五十五衞青傳），而其兄弟以奴畜之，不為兄弟數，袁紹母為傅婢，袁術以豪桀多附於紹，怒曰『羣豎不從吾，而從吾家奴乎？』（後書卷一百五袁術傳），公孫瓚亦稱紹母親為傅婢，地實微賤（後書一百三公孫瓚傳），則婢所生子，地位猶殊於嫡出也。

奴婢自贖得免爲民（卷十六功臣表蒲侯奭吾坐婢自贖爲民後略爲婢免），或由主
人放免（丙吉傳宮婢測事東觀記韓卓之奴竊食祭母因而免之）。 因不易免爲民，奴
婢往往逃亡，故匈奴傳稱『邊人奴婢愁苦，欲亡者多』（卷九十四匈奴傳下），風俗
通亦有蒼頭地餘牷車馬以亡之事（類聚三十五引），甚至如彭寵（後書卷四十二彭寵
傳，李慈銘札記謂由寵任而然，可參攷。），吳漢之子（後書卷四十八吳漢傳），陰
識之子（後書卷六十二陰識傳），皆爲奴所殺；其能託六尺之孤寄百里之命如李善者
（後書卷七十一獨行傳李善），蓋亦不可數覯矣。

限制奴婢之議始於董仲舒，漢書本傳曰：
限制奴
婢之擬
議及詔
令

『……身寵而載高位，家溫而食祿，因乘富貴之資力，以與民爭利……是
故衆其奴婢，多其牛羊，廣其田宅，畜其委積，務此而無已，以迫蹵民。

故受祿之家不與民爭利，然後利可均布，而民可足』（卷五十六）。
當時此議未見於詔令，至成帝永始四年曾命有司漸禁多畜奴婢，亦未聞有若何效果，
哀帝綏和二年又下詔令限制奴婢，有司議奏：

『諸侯王奴婢二百人，列侯公主百人，關內侯吏民三十人。 年六十以上，十
歲以下不在數中，……諸名田奴婢過品，皆沒入縣官』（九十九王莽傳上）

時田宅奴婢賈爲減賤，丁傅用事，董賢隆貴，皆不便也，詔書且須後，遂寢不行（漢
書食貨志），及王莽篡位，莽曰：

『秦爲無道，厚賦稅，又置奴婢之市，與牛馬同闌。 ……今更天下田曰王
田，奴婢曰私屬，皆不得買賣』（同上）。

因之『坐賣田宅奴婢，鑄錢，自諸侯卿大夫，至於庶民抵罪者不可勝數』。 後莽知
民怨，迺下書曰：

『諸名食王田，皆得賣之，勿拘以法。 犯賣人者且一切勿治』。
於是奴隸公然買賣矣。 至後漢仍買賣使用奴婢，昌言曰：

『漢興以來，相與同爲編戶齊民，而以財力相君長者無數焉。 ……豪人之
室，連棟數百，膏田滿野，奴婢千羣』（後書七十九王符傳昌言理亂篇）。

蓋亦仍前漢之舊，惜東觀不傳貨殖，故畜奴之豪，多不著於史耳。 至於中貲以下，
亦且以畜奴婢爲常，故馮衍與婦弟任武達書稱『家貧無僮……惟一婢』（後書五十八

馮衍傳注）。　黃香傳稱其貧謂無僕妾（後書一百十上文苑傳黃香），然則當時蓋以畜奴爲常情不畜奴爲變例矣。

<h1 style="text-align:center">第二章　漢代之官奴婢</h1>

官奴婢
所屬之
府寺　漢之官奴婢，蓋古代皁隸輿臺之遺制也，中都官及郡國蓋皆有之。　丙吉傳『掖庭宮婢則，令民夫上書』（漢書七十四丙吉傳），漢舊儀『官人擇宮婢年八歲以上侍皇后以下，年三十五出嫁，乳母取官婢』（大典輯本），是掖庭有官奴婢也。　又漢舊儀云：

『庶子舍人五日一移，主牽更長，不會輒斥，官奴婢擇給書計，從侍中以下，倉頭青幘與百從事從入殿中。　省中待使令者皆官婢，擇年八歲以上衣綠者曰宦人，不得出省門，置都監。　老者曰婢，婢教宮人給使。　尙書侍中皆使官婢，不得使宦人。　奴婢欲自贖，錢千萬（按千當爲十之誤），免爲庶人』。

是諸省有官奴婢也。　又：

『丞相官奴婢傳漏以起居，不擊鼓，屬吏不朝。　旦，白錄而已。　諸吏初除，謁。　視事，問君侯。　應閤，奴名。　白事以方尺板叩閤大呼奴名。君侯出入，諸吏不得見；見，禮爲師弟子狀』。

是丞相府有官奴婢也。　食貨志云：

『武帝時水衡置農官，往往卽郡縣沒入之。　其沒入奴婢，分諸苑掌狗馬禽獸，及與諸官』。

是水衡有官奴婢也。　景紀如淳注：

『太僕牧師諸苑三十六所，……官奴婢三萬人，分養馬三十六萬頭，擇取教習。　牛羊無數，以給犧牲』。

是太僕有官奴婢也。　食貨志：

『大農置工巧奴爲作田器』。

是大司農有官奴婢也。　淮南王安傳：

『王銳欲發，乃令官奴入宮中，作皇帝璽，丞相，御史大夫，將吏，中二千石，都官令丞印，及旁郡太守都尉印』。

是諸王國有官奴婢也。　然則官奴婢從掖庭諸侯王至二千石以上，大率有之矣。

王尊傳『匡衡……又使官大奴入殿中，問行起居，還言漏上十四刻，行臨到，衡安坐不變色』（漢書卷七十六王尊傳）。　昌邑王賀傳『過弘農，使大農善以車載女子』（漢書六十三昌邑王傳），周壽昌補正曰『大奴謂羣奴之長也』，是奴之帥領者稱爲大奴。　又廣川王去傳『使其大婢爲僕射，主永巷』（漢書五十三廣川王傳），則婢之長者亦稱爲大婢矣。

續漢志補注引丁孚漢儀云『陰太后崩，……女侍史三百人皆着素參，以白素引棺挽歌下殿就車』（續漢書輿服志），據周禮鄭注云『古者從坐男女沒入縣官爲奴，其少有才智以爲奚，今之侍史官婢』（春官酒人），則侍史亦官婢之屬，是太后有侍史三百人也。　漢儀又云『靈帝葬馬貴人之女侍史一百人着素衣挽歌』，則貴人可有官婢一百人矣。

貢禹傳云：

> 『諸官奴婢十萬人，戲游無事。　稅良民以實之，歲費五六巨萬。　宜免爲庶人，稟食，令代關東戍卒，北乘邊亭，塞候望』。

則諸官奴婢凡有十萬人之衆，前引漢官儀供太僕牧養之奴婢三萬人，既非戲游無事，又在邊郡，當然不在十萬人之數中，則漢代諸官寺之官奴婢，至少有十三萬人矣。

鹽鐵論散不足云：

> 『今縣官多畜奴婢，坐稟衣食，私作產業，爲姦利。　力作不盡，縣官失實。　百姓或無斗筲之儲，官奴累百金，黎民昏晨不釋事，奴婢垂拱遨遊也』。

（官奴婢之待遇）

廣川王去傳：

> 『昭信與去從十餘奴，博飲遊敖』。

安紀元初五年詔曰：

> 『至有走卒奴婢被綺縠，着珠璣』。

則奴婢頗有戲游無事，奢侈逾度者。　然此特京師諸官寺與王國之奴耳，太僕之奴婢則不然，杜延年傳云：

> 『擢爲太僕，……上以延年霍氏舊人，欲退之。　……遣吏考案，但得苑馬多

死，官奴婢乏衣食』。　師古曰『傳言延年身不犯法，但丞相致之於罪耳』。由此言之，則太僕之官奴婢，本卽不接衣食，固不能安然累百金也。　至王莽傳所稱『地皇二年民犯鑄錢五人相坐沒入爲官奴婢，其男子檻車，兒女子步，以鐵鎖琅當其頸，到者易其夫婦。　愁苦死十六七』（九十七王莽傳下）。　則其所處爲尤酷矣。

官奴婢之來原或由於犯罪，武帝時所赦吳楚七國帑輸在官者（武紀建元元年），食貨志稱令告緡所沒之奴婢（食貨志下），王莽時以鑄錢沒入者（見前引），後書西羌傳所稱沒入杜琦王信之妻子五百餘人皆是也（後書一百十七西羌傳），或由於私奴婢募入官者，鼂錯所稱『募民以丁奴婢贖罪，及輸奴婢欲以拜爵者』（漢書四十九鼂錯傳），食貨志所稱『武帝募民能入奴婢者，得終身復，爲郎，增秩』（漢書二十四食貨志下），是也。　或由於沒入之私奴婢，任佝以爭功棄市，沒入田廬奴婢財物是也（後書一百十七西羌傳）。　或由於俘虜，金日磾以休屠太子，爲渾邪王所虜，沒入黃門養馬是也（漢書六十八金日磾傳）。　或由於自願，漢舊儀，『臣下有獻女者，入掖庭，爲家人』，刑法志，『文帝時，緹縈願沒入爲官婢以贖父罪』（漢書二十三刑法志），是也。　然其大要除自願者而外，類皆出自私奴婢及罪人。　案沒罪人家屬，本承秦法，韓非子所稱『公孫鞅之治秦也，設相告而坐其實，故秦法一人有罪，並坐其家室』（定法），卽此事，文帝雖除收帑相坐律令（文紀後元年），然旋因新垣平事，復行三族法（刑法志），後遂不除。　故呂氏春秋開春論高誘注引漢律，『坐父兄沒入爲奴』，魏志毛玠傳鍾繇引漢律，『罪人妻子沒爲奴婢黥面』，皆其制也。

縣官可募入私奴婢爲官奴，亦可以官奴賜大臣，故官私之奴頗難嚴加分別（官奴亦有斥賣者見魏志齊王傳正始七年）。　王者無私固不應有私婢，然成帝及上官后固有私婢矣（見前引）。　髡鉗者應限於刑徒，然季布髡鉗賣與魯朱家（漢書三十七季布傳），田叔孟舒髡鉗爲張敖家奴（漢書三十七田叔傳），則私奴亦髡鉗矣（奴皆髡鉗，故稱苔頭——苔頭見後書光武紀注，五行志因昌邑冠奴，猶致譏辭）。　晉惠帝不辨蛙之爲官爲私，蓋因奴而誤也。

第三章　刑徒俘虜雇傭兵卒與奴婢之關係

刑徒亦稱奴，漢書刑法志云：

> 刑　徒

『其奴男子入於罪隸，女子入於舂槀，凡有爵與七十未齔者，皆不為奴……罪人獄已決定為城旦舂，滿三歲為鬼薪白粲，鬼薪白粲一歲及作滿為隸臣妾，一歲滿為庶人。　隸臣妾一歲滿為司寇，司寇一歲如司寇皆滿為庶人（漢書二十三）。

前刑徒亦有同於奴隸者，特有定期為異耳。　刑徒之事若上林詔獄主治苑中禽獸宮館事（成帝紀引漢官儀），共工獄主考工（漢書七十七劉輔傳），暴室主染練（宣紀），織室主紡績（漢書九十七外戚傳薄太后），鐵官銅官徒主冶鑄（成帝紀陽朔三年永始三年，卷七十二賈禹傳），此外或治城垣（惠三年，昭元鳳六年，後書建武二十六年），或治陵墓（景四年，宣元康元年，五鳳元年，成鴻嘉元年），或治宮室（武紀，後書六十四梁冀傳，八十四楊震傳），或治宗廟（昭元鳳四年，九十九王莽傳下，三輔黃圖），或治道路溝渠（後書卷五十王霸傳，四十六鄧訓傳，周禮秋官鄭注，通典禮典引漢官儀，隸釋引蜀郡太守何居閣道碑，鄐君開襃斜道摩崖刻石），是用徒之事至多，而待遇尚不如官奴之可以嬉游坐食，此鐵官徒所以攻官寺盜庫兵為變也（見後書七十一鍾離意傳，御覽六一四引鍾離意別傳，鐵官徒見前）。

用徒于軍者亦至繁，今可考見者，有高十一年擊英布，武元鼎五年擊越，元封二年擊朝鮮，太初元年征大宛，天漢元年屯五原，天漢四年屯朔方，昭元鳳元年擊氏，元鳳五年屯遼東，宣神爵元年擊西羌，元永元元年擊西羌，後漢光武建武十二年屯北邊，明永平七年九年屯朔方五原，十六年屯朔方，十七年赦邊郡繫囚任兵事者，章元和元年，建初七年，章和元年，和永元元年，安延光三年，順永建元年，桓元嘉二年，永興元年，均以罪人任邊戍，（參見漢書六十一李廣利傳，南越傳，朝鮮傳，西南夷傳，後書四十六鄧訓傳，七十七班超傳，六十一賈琮傳，一百十六西南夷傳滇國，一百十九南匈奴傳，續郡國志引漢官儀），至司隸及京兆馮翊亦有徒奴（北堂書抄設官部引漢舊儀，三輔黃圖京兆馮翊），則猶今警察之職矣。

俘虜與胡奴 漢及四夷之俘虜，皆以爲奴隸，蓋其通習（卷六八金日磾傳，卷七十常惠傳，九十四匈奴傳，九十五西南夷傳，九十六西域傳，七十陳湯傳，後漢一百十九南匈奴傳，西羌傳，流沙墜簡屯戍叢殘十一）。　然僅限於俘虜，而不及降人，故武帝責楊僕前破番禺捕降者以爲虜（卷九十酷吏傳），而汲黯欲將所得胡人悉以爲奴也（五十汲黯傳，指匈奴降者渾邪王之屬）。　如西南夷人之僰僮（九十五西南夷傳），呂嘉稱越太后所賣至中國之越人（卷九十五南粵王傳），則固有出于略賣。　如西域獻李恂之胡奴（東觀記，後書李恂傳），遼西烏桓大人所貢之奴婢（後書一百二十烏桓傳），則又有出於奉獻者。　至如板楯七姓之嫁妻賣子（後書一百十六南蠻傳），則爲漢人所虐有以致之矣。

胡奴之衆至遍於鄉亭，後書應奉傳曰：

『奉少爲上計吏，許訓爲計掾，俱到京師。　自發鄉里，畫頓暮宿。　所見長吏，賓客，亭長吏卒，奴僕，訓皆密疏記姓名，欲試奉。　還郡出疏示奉，奉云前在潁川都亭，亭長胡奴名祿，以飲漿來，何不在疏，坐中皆驚』。

則距邊境較遠之潁川，亦有胡奴矣。　張騫傳：

『騫以郎應募使大月氏，與堂邑氏奴甘父俱出隴西，徑匈奴……留騫十餘歲……堂邑父胡人，窮急射禽獸給食』。

則出使所隨爲胡奴矣。　按張騫奉使，尚在武帝征伐匈奴以前，及後捕虜常以萬計，至於宣元，亦續有所獲（見五十五衛青傳，霍去病傳，七十常惠傳，九十四匈奴傳）。東漢匈奴已弱，征討較稀，然竇憲出征，猶虜獲不少（見後書五十三竇憲傳，一百十九南匈奴傳），則漢代胡奴當至衆。　又據辛武賢奏，欲虜羌人妻子（見六十九趙充國傳）；則征羌之初，已志在俘虜。　自西漢之末迄於東漢，征西羌及西域者，率捕虜數千（見七十九馮奉世傳，後書四十六鄧訓傳，四十九耿恭傳，五十二馬武傳，五十四馬防傳，九十五段熲傳，一百十七西羌傳），其征西南夷獲者亦以千萬計（見九十五西南夷傳，後書一百十六邛都夷傳），惟當時俘虜及斬首之數，往往不加分別，以致無從決定俘虜之數。　惟大抵四夷之中以匈奴人俘獲者爲最多，而匈奴俘虜又以武帝及和帝時爲最多也。

┌──────┐
│ 雇　備 │
└──────┘

自齊民取傭值以自給遂任奴婢之事，故稱庸奴（史記八十九張耳傳），其事仍多在農田（韓非外儲說左上，漢書食貨志，後書九十四吳祐傳，一百六孟嘗傳，一百六第五訪傳），亦或從事於工匠（漆工，後書八十三申屠蟠傳，冶家，九十七夏馥傳），及雜事者（景三年詔，昭始元元年，八十一匡衡傳，四十周勃傳，後書九十三李固傳，一百十三梁鴻傳，九十八郭太傳，七十七班超傳，一百六衛颯傳，一一六西南夷傳，大典本東觀記劉聖公載記）。　監門本刑人之事（左莊十九年鬻拳事，戰國秦策姚賈事，刑法志），然其後酈食其，梅福亦當監門之任（四十三酈食其傳，六十七梅福傳），是前刑人之事，後亦以雇傭爲之，賣力爲生（一切經音義引蔡邕初學篇注），至貧且賤，此陳勝所爲輟耕太息也。　（案中國地形不適於商賈之發展，西漢初年雖有以山海之利而致大富，然自武帝筦鹽鐵，徙富賈，班書所傳遂不復能有在胸邸之外者。　此後豪家大姓皆大地主耳，畜奴任家事自有之，若謂賴其從事於農工礦冶，恐未必然。　故畜奴多者皆貴戚世家，原不以爲生產，此事至明皦然。　供地主之生產者則雇傭佃戶之流也）。

傭或謂之保（史記八十六荊軻傳，漢書十六高惠功臣表，三十七欒布傳，五十七司馬相如傳，後書八十七杜根傳，三十五張輔傳，桓榮傳，衛颯傳），或謂之養（公羊宣十二年，史記秦始皇本紀，漢書五十八賈誼傳，後書四十一劉聖公傳，廣雅釋詁），或稱賃，或稱傛，（漢書九十田延年傳，食貨志五十鄭當時傳，後書一百十三梁鴻傳，流沙墜簡），皆同事異名也。　又雇工亦稱客，崔寔政論曰：

『夫百里長吏，荷諸侯之任，而食監門之祿。　……一月之祿得粟二十斛，錢二千。　長吏雖欲從約，猶當有從者一人。　假令無奴，當復取客，客庸一千，芻膏肉五百，薪炭鹽菜又五百。　二人食粟六斛，其餘財足給馬』（羣書治要引）。

則客以代奴任事也。　其餘如胡建傳（卷六十七）尹翁歸傳（卷七十六）五行志（卷二十七上）衡山王賜傳（卷四十四）後書竇憲傳（卷五十三）均奴客並稱。　蓋戰國食客如馮驩之流已理家事，其後客選日濫，遂不異奴。　奴客之分惟去就之自由與工資之給付二者。　然亦往往有契約關係（後書七十一范式傳）則其異於奴者幾希矣。

　　秦及漢初之營建，皆用官徒，不聞有傭賃者。　及成帝爲昌陵『卒徒工庸以鉅萬數』（卷七十陳湯傳），因之昌陵卒不可成，此亦世變之一大端也。　及平帝時以傭代徒，顧山錢三百（平紀元始元年），遂成定制，而徒傭幾不可別矣。

　　兵卒之制本皆由徵發，漢時遂並用傭募，昭紀元鳳四年注引如湻曰：

　　　『更有三品，有卒更，有踐更，有過更。　古者正卒無常人，一月一更，是謂平更也。　貧者欲得更錢，次直者出錢顧之，月二千，是謂踐更也。　天下人皆直戍邊三日，亦名爲更……不可人人自行……因使往一歲一更，諸不行者出錢三百以給戍者，是謂過更也』。

溝洫志云：

　　　『河堤成……以五月爲河平元年。　卒治河者爲著外繇六月（注，師古曰『以卒治河有勞，雖執役日近，皆得著繇戍六月也』）。　……後二歲，河復決平原……作治六月迺成……治河卒非平賈爲著外繇六日（注，蘇林曰『平賈，以錢取人作卒，顧其時庸之平賈也。』如湻曰『律戍平賈一月得錢二千』。）』

故漢代兵制雖由徵發，實則可由應徵者傭兵自代，蓋亦雇傭盛行以後之事也。　至國家傭兵，則始於吳王濞，吳王濞傳曰：

　　　『其居國以銅鹽故卒踐更輒予平賈』。　（注，服虔曰『以當爲更卒，出錢三百，謂之過更。　自行爲卒謂之踐更。　吳王欲得民心。　爲卒者顧其庸隨時月與平賈也』）（卷三五）。

此因吳國鑄銅煮鹽，國用已足，無庸賦稅於民。　兵役本賦稅之屬，自在豁免之列。而以傭兵代之。　蓋開漢代過更之先，而爲此後傭兵之始矣。

與嚴歸田教授論秦漢郡吏制度書

　　承寄賀年片已早收到。大著亦已由本所寄到。體大思精，至快先睹。惟大著洋洋五十萬言，一時難以詳悉。今謹就第十五章第六節及第八節略論之，幸爲教正也。第六節所言者爲魏晉南北朝之祿制中之魏代部分。今按京官收入不如外官本早是如此。尤其晉宋以來，京官患貧而求外任者亦常見於史(見大著三八七頁，其餘未暇詳檢，但如張天錫以降王而求爲郡守，葛洪、陶潛以名士而求爲縣令，卽其顯例也)。北魏初百官無祿，顯然取給於民，而取給之方當然由於賦歛。地方賦歛之事，方式甚多。只需中央不明令禁止，則地方官自可任意爲之也。其中最著者如清代所稱之「雜稅」，實亦從唐宋之傳統沿襲而來。雜稅中之屠稅、牙稅等，至民國已歸省庫，但仍係稅收之大宗。此項雜稅若就收入總數言，雖較錢糧之「平餘」略遜一籌，但其數目仍甚可觀。此項收入在漢代以來應在諸「榦」之列。〈王莽傳〉：「義和魯匡言，名山大澤，鹽鐵、錢布，五均賒貸，榦在縣官。」師古曰：「榦謂主領也。」宋祁校文曰：「榦南本作幹。」〈百官公卿表〉治粟內史：「榦官鐵市兩長丞。」《注》如淳曰：「榦音筦，或作幹，幹主也，主均輸之事，所謂榦鹽鐵而榷酒酤也。」故榦字實幹字之別字，榦者筦理(管理)雜稅之事也。小吏之管雜稅者謂之榦，而雜稅亦謂之榦，後漢劉盆子傳食洛陽均輸，實亦收取洛陽之榦也，然則北朝之所謂「榦」，若釋作州郡之雜稅，似亦可通，未審以爲何如。至於第八節言及「推擇爲吏」一事，將推與擇分言，確屬至當不移。《漢書・曹參傳》：「擇郡吏長大訥於文辭謹厚長者卽除爲丞相史。」是掾史之除授由長官「擇」取也。《後漢書・鍾皓傳》：「皓爲郡功曹，會辟司徒府，臨辭，太守問誰可代卿者，皓曰明府欲必得其人，西門亭長陳實可。」〈任延傳〉：「吳有龍丘萇者，隱居太末……掾史白請召之，延曰：龍丘先生躬德履義……召之不可，乃遣功曹奉謁。」此皆掾史推舉之例。案漢世郡縣吏之辟署，當出於下列各途：(1) 從小吏依次升進者，(2) 因父兄爲吏給事爲史以升遷者(如張湯之屬)，(3) 試吏(如〈高帝紀〉及壯試吏之類，

漢代亦循秦法），學僮如尉律所言諷誦九千字者，得自請詣府試吏（此層請參閱弟之論文〈論《史記 · 項羽本紀》之學書與學劍〉），(4) 年事已長但有家貲及篤行得以推薦爲吏（如崔瑗四十始爲郡吏之類）。故作吏不止一途。韓信蓋出身中落之豪家，非本爲小吏者，故必需家富有行始得有推擇爲吏之機緣也。槃庵兄所考甚精審，惟大致著重先秦，故更略就秦漢之世推測言之，未知有當與否。尚祈多爲教益也。

漢代的雇傭制度

中國漢代的奴隸制度，是曾經被許多人注意到的，例如從 C. M. Wilbur: Slavery in China during the Former Han Dynasty 後面所附的徵引書目來看，就知道這個問題是如何的被時人看重。然而大致分析的結果，是漢代確有奴隸，並且曾用來作生產事業，但其工作上的效用雖是相對的重要，却還要受到若干限制的。

奴隸的勞動，在漢代說來只能算做社會上一種重要的工作來源，而不能算做唯一的工作來源。並且就其重要性而言，公私奴隸之間，有一個很大的差異，官奴隸的工作較為重要，而私奴隸就要差些。再就時代來說，漢初奴隸的勞動力較為重要，武帝以後要差些，到東漢就要更差些。——但就另一方面來說，國家和私人都同樣的需要勞力，假如奴隸的數目減少了，也就是雇傭的數目增加。因此只要看一看漢代雇傭制度在當時的重要，也就說明了漢代不是一個奴隸社會。

(一) 官家雇傭的使用

漢代的大帝國是接收了秦代的發展而來的，但無疑的，秦代却是一個官奴隸建築成的大帝國。秦代是嚴刑峻法的，而嚴刑峻法的目的，也可以說一方面便於集權的統治，另一方面却是利用嚴刑造成了大量的刑徒來使用不費錢的勞動力。如：

史記秦始皇本紀三十五年：『營作朝宮渭南上林苑中，先作前殿阿房。……隱宮徒刑者七十餘萬人，乃分作阿房宮或作麗山。』

又：『九月葬始皇酈山，始皇初即位，穿治酈山，及並天下，天下徒送詣七十餘萬人』。

漢代初年，仍然採用着秦代的習慣，如：漢書惠帝紀：

『三年六月，發諸侯王，列侯徒隸二萬人城長安』。

又景帝紀：

『中四年，秋，赦徒作陽陵者，死罪欲腐者許之』。

景帝時的官徒多少現在雖然不能明瞭，不過據惠帝三年修長安的記載，發長安六百里內的老百姓爲『男女十四萬六千人』，而奴隸不到二萬人，比起了秦代的七十萬人，業已不成比例了。

在這樣的情形下，大量的雇傭要用的着。漢書吳王濞傳：

『其居國以銅鹽，故卒踐更輒予平買。』

註：『服虔曰；「以當爲更卒，出錢三百，謂之過更，自行爲卒，謂之踐更，吳王欲得民心，爲卒者顧其庸，隨時月與平買也。」』

這是文帝或景帝初年之事，還是西漢的早期。但服虔注稱的『出錢三百』出於漢律，乃武帝以後之制，不能早至文景時代（參看臺灣大學文史哲學報三期，論漢代官俸文中）所以出錢三百之數是靠不住的。只是平買二字，見於漢書本文。那就縱然不定是三百錢，平買這件事還是有的。古代買和價二字相通，平買即平價，亦即給予公平的工值。此處特別說明吳王給卒徒平買，可見漢室中央是不給予平買的。亦即漢代初年的中央或地方的官家，對於給予兵卒以合理傭值之事是不常有的。

但到了成帝時代却就不然了，陳湯傳：

『上封事言，初陵京師之地，最爲肥美，可立一縣。天下民不徙諸陵，三十餘歲矣。關東富人益衆，多規良田，役使貧民，可徙初陵，以彊京師。……於是天子從其計，果起昌陵邑。……後卒不就。群臣多言其不便者，下有司議，皆曰：「昌陵因卑爲高，積土爲山……卒徒工庸，以鉅萬數，其然脂夜作，取土東山，且與穀同買。」』

這裡所說的卒徒工庸，便是兵卒和刑徒（刑徒亦即官奴隸的一種）的工值，但工值如何計算，却沒有說到。

漢書溝洫志：

『河堤成……以五月爲河平元年。卒治河爲著外繇六月（注：師古曰，『以卒治河有勞，雖執役日近，皆得著繇成六月也』）。……後二歲，河復決平原，

……作治六月廼成……治河卒非平賈爲著外繇六月（注：蘇林曰：「平賈，以錢取人作卒，顧其時庸之平賈也。」如淳曰：「律說，平賈一月得錢二千」）。』

照這裡來看，平賈的解釋，很清楚的是公平的傭價，亦卽傭人的時價。在漢代的兵卒是可以給予『平賈』的，也有不給予『平賈』的。換言之亦卽兵卒的薪餉，一般說來，是低於雇工的工資，除非是臨時雇用的兵卒，那才給以當時雇工的待遇。在河平年間治河的有兩種，第一是平賈的，按照一般雇工的工資，第二是非平賈的，此時按照士卒的待遇，但因治河有成績，又另外發給六個月的薪餉（外繇的解釋，可以有時算作薪餉的錢，見本集刊十本『漢代兵制及漢簡中的兵制』）。

在居延所發現的漢簡，大率爲昭帝和宣帝時代，在敦煌所發現的漢簡，大率爲東漢初年，這裡有幾條有關於雇傭的居延簡：

    ……吏甞卒延壽里上官霸。僦人安故里譚昌　　　　（4.25）

    ……月積一月廿七日運發僦直　　　（350.12）

    出錢四千七百一十四　賦僦人表是萬歲里吳成三兩半　已入八十五石　少二石八斗三升　　　（505.15）

    口成承祿償居延卒李明長顧錢二千六百　　　（116.40）

    出錢千三百卌七　賦就人會水宜祿里蘭子房一兩　　　（506.27）

又敦煌簡：

    出麷二斛　元和四年八月五日　僦人張季元付平望西部候長憲　（Txiv.a.i.1）

這都是公家用的傭工，從漢簡中看來，漢代烽隧中。大致除去主管的候長或燧長之外；第一是吏員，如卒史，書佐之類；第二是兵士，本地人爲騎士，外處來的爲戍卒，田卒，渠卒；第三是刑徒，亦卽官奴隸或奴工。此外便是雇工或傭工，這一類在漢簡中發現的次數雖然不如前三類的次數多，但在烽燧中有時也用得着，却是事實。

（二）　奴隸制度和私家雇傭的發展

據上節來看，漢代官家確有對於雇傭的使用增加的趨勢，但其使用範圍之廣，還不如兵卒和奴隸兩大類。至於漢代的私人，對於雇傭的使用，却遠較公家爲廣泛。這一點可以說和私人奴隸使用的漸次減少，有密切的關係。

在西漢的前期，確曾有使用大量奴隸來生產的奴隸主人，史記貨殖列傳：

『蜀卓氏……致之臨邛，卽鐵山鼓鑄，運籌策，領滇蜀之民，富至僮千人。』

『齊俗賤奴虜，而刁間獨愛貴之。桀黠奴人所患也，唯刁間收取使之，逐漁鹽之利。』

『夫用貧求富，農不如工，工不如商。……通邑大都酤一歲千釀，醯醬千瓨，醬千瓨，屠牛羊豕千皮：販穀糶千鍾，薪藁千車，船長千丈，木千章，竹竿萬個，其軺車百乘，牛車千兩，木器髤者千枚　銅器千鈞，素木鐵器若巵茜千石，馬蹄躈千，牛千足，羊彘千雙，僮手指千，……此亦比千乘之家，其大率也。』

這就是說，有百個奴隸；就可比『千乘之家』。但是照一般記載來看，大量私人奴隸的奴主，却只有張安世家僅七百人（漢書五十九本傳），楊僕七百人（水經穀水注），王氏五侯（漢書九十八元后傳），王商（漢書八十二），馬防兄弟（後漢書五十四），濟南王康（後漢書七十二），竇融（後漢書五十三）等均有奴隸千人以上。這都是世胄貴族，不是一般的『編戶齊民』所敢望其肩背。

　　所以現在的推想，貨殖傳所說的是武帝以前的情形，但到了武帝以後，在武帝壓抑商人的經濟政策之下，豪富的商人不容易自存，而商人所用的奴隸也要抽重稅，這對於奴隸主人是不合算的，可能因此就減少下去。史記平準書：

『公卿言郡國頗被蓄，貧民無產業者，募徒廣饒之地，陛下損膳省用，出禁錢以振元元，寬貸賦而民不齊出於南畝。商賈滋衆，貧者畜積無有，皆仰給縣官。異時算軺車賈人緡錢皆有差，請算如故。諸賈人未作貰貸買居邑稽諸物及商以取利者，雖無市藉各以其物自占，率緡錢二千而一算，諸作有租及鑄，率緡錢四千一算，非吏比者，三老，北邊騎士，軺者以一算（漢書食貨志作「軺車一算」），商賈人軺車二算，船五丈以上一算，匿不自占，占不悉，戍邊一歲，沒入緡錢，有能告者，以其半畀之。賈人有市藉者，及其家屬，皆無得藉名田以便農。敢犯令，沒入田僮（漢書作「沒入田貨」）。』

又漢書孝惠紀：

『六年　女子年十五至三十不嫁，五算。』注：『漢律，人出一算，賈人與奴

隸倍算。』

這就是說武帝對於商人的算賦，是加倍來抽稅，再據惠紀注引的漢律，對於奴隸的算賦，亦是加倍的。假如商人而兼爲奴隸主，除去自己加倍抽算賦之外，他的奴隸也是加倍來抽算賦。

武帝加倍抽奴隸，自然爲的是打擊商人，但這尚不是致命的打擊，因爲一算只有一百二十錢，倍算爲二百四十錢，按照傭工最低之價三百錢一月的數目來算，也還不至於使商人不能擔負。但是還有別的方法加上去。史記平準書：

『楊可告緡徧天下，中家以上大抵皆遇告，杜周治之，獄少反者。乃分遣御史廷尉正監，分曹往。卽治郡國緡錢，得民財物以億計。奴隸以千萬數。田大縣數百頃，小縣百餘頃，宅亦如之。於是商賈中家以上大氐破，民偸甘食好食，不事畜藏之產業。

買人不得名田，犯者沒入田僮，再加以告緡，也沒入大量的奴隸，並且中家以上大率破產，那就顯然的商人中的大奴隸主沒有一個能於倖免了。這就是除去貴族之外，大奴隸主不能再行存在的大原因。

儒家是反對奴隸制度的，哀帝時師丹已主張限制，到王莽始建國元年再爲限制。

莽曰……「又置奴婢之市，與牛馬同欄，制於民臣，顓斷其命，姦虐之人，因緣爲利，至略賣人妻子，逆天心，誖人倫，繆於天地之性人爲貴之義……今更天下田曰王田，奴婢曰私屬，皆不得賣買。」……坐賣買田宅奴婢鑄錢，自諸侯卿大夫，至於庶民 抵罪者不可勝數。（漢書王莽傳上）

至光武時更屢次解放奴隸，後漢書光武紀：

建武六年：『詔王莽時吏人沒入爲奴婢，不應舊法者皆免爲庶人。』

建武七年；『詔吏人遭饑亂及爲青徐所略爲奴婢下妻欲去者，恣聽之 敢拘制不還，以賣人法從事。』

建武十二年：『詔隴蜀民被略爲奴婢自訟及獄官未報，一切免爲庶民』

建武十三年：『詔益州民自八年以來被略爲奴婢者，諸一切免爲庶民，或依託爲人下妻，欲去者，恣聽之，敢拘留者，比青徐二州，以略人法從事。』

建武十四年：『詔益涼二州奴婢，自八年以來，自訟在所官，一切免爲庶民，

賣者無還值。』

其中最可注意的是『賣人法』，或『略人法』，也就是後代的『拐賣人口法』應當是卽承王莽時的制度而來。這個法律，雖歷代不見得盡力執行，但確是人道主義上的一線光明。

後漢書鄭興傳言：『侍御史舉奏興奉使私買奴婢，坐左轉蓮勺令』，這是說平民本不該私買賣人口，奉使而私買奴婢，更是有玷官箴，所以因此坐罪

東漢時代除去一般貴冑有大量的奴隸之外，民間不常有大量的奴隸的，只有一個較爲希有的證據，後漢書方術傳：

> 『折像字伯式，廣漢雒人也。其先張江者，封折侯，曾孫國爲鬱林太守，徙廣漢。因封氏焉。國生像。國有貲財二億，家僮八百人。像幼有仁心，不殺昆蟲，不折萌芽，能通京氏易，好黃老言，及國卒，感多藏厚亡之義，乃散金帛資產，周施親疏。』

折像的高祖雖然封侯，但在他這時候，已不是侯爵了。因此不便就附入貴冑之列。應當只能算作富人。又後漢書樊宏傳：

> 父重，字君雲，世善稼穡，好貨殖，重性溫厚，有法度。三世共財。子孫朝夕禮敬。常若公家。其管理產業，物無所棄，課役童隸，各得其宜，故能上下勠力，財利數倍，乃開廣田土三百餘頃。

此處所謂『課役童隸』，似乎只是一個僕役的泛稱，並非專指奴隸而言。（樊重雖爲西漢時代的人，但見於後漢書，其用語和方術傳是屬於同一的用法。）甚至於折像傳中的『家僮八百人』也可能已經接近了唐人『家僮掃蘿逕』，『久歡家僮散』，宋人『花落家僮未掃』的用法。在這僮字用法之中，西漢的司馬遷是常用『僮』字來代表奴隸，東漢的班固已經儘量的愼重使用。『僮』字多出於司馬遷的原文，有時還將『僮』字改掉。其班固所述非由司馬遷原文的，如史丹傳：『賞賜累千金，僮奴以百數，』亦是『僮奴』二字連稱，而不只用一個『僮』字。到了後漢書又屢用『僮』字，除上引兩段之外，如馬皇后紀：『后時年十歲，幹理家事，勒制僮御，內外諮稟，事同成人』。史弼傳：『及下廷尉詔獄 平原吏人奔走詣闕訟之，前孝廉魏劭毀變形服，詐爲家僮，瞻護於獄』。這些僮字都使人不能知曉爲雇傭的僕役或買賣的奴隸。因此在

折像這一條中，所謂家僮的性質仍是不能完全明瞭，當然可以認爲全是奴隸，却也未嘗不可以認爲全不是奴隸。

這種奴隸和雇傭不分的事實，顯示着一種特殊的情況。便是自東漢以還以至劉宋，雇傭和奴隸的身分，逐漸混淆。在好的一方面來說，是從西漢以來，對於奴隸在法律上的人身地位，逐漸加以保護的結果。在壞的一方面來說，便是士大夫已經成了一顯著的階級，凡不屬於士大夫階級的，不論甚爲自由人或奴隸，都是同在一個很低的身分待遇上。

最使人觸目的，便是『奴客』二字的連用：

漢書胡建傳：『後爲渭城令甚有聲。值昭帝幼，皇后父上官將軍與帝姊蓋主私夫丁外人相善，外人驕恣，怨故京兆尹樊福，使客射殺之。客藏公主廬，不敢捕，渭城令建將吏卒圍捕。蓋主聞之，與外人上官將軍多從奴客往犇，射追吏，吏散走。』

漢書尹翁歸傳：『是時大將軍霍光秉政，諸霍在平陽，奴客持刀入市鬪變，吏不能禁，及翁歸爲市吏，莫敢犯者。』

漢書五行志：『成帝鴻嘉之間，好爲微行出游，選從期門郎有材力者，及私奴客，多至十除，少五六人，皆白衣幘帶，持刀劍，或乘小車御者在茵上，或皆騎，出入市里郊野。』

後漢書竇憲傳：『雖俱驕縱而(竇)景爲尤甚，奴客緹騎，依倚形勢，侵陵小人。』

魏志董昭傳：『又聞或有使奴客名作，在職家人，冒之出入，往來禁奧，交通書疏，有所探問。』

太平經一一四卷：『時以行客貨作富家，爲之奴使，一歲數千，衣出其中，餘少可視，積十餘歲，可得自用。』

列仙傳：『朱璜者，廣陵人也。少病毒瘕，就睢山上道士阮丘。丘憐之。……璜曰：「病愈當爲君作客三年，不致自還。」』

客就是雇傭，和奴的地位不同的只有一點，便是去就自如。在作客的時候和奴是同樣的工作，同樣的地位。太平經所說的『行客貨作富家，爲之奴使』，便是非常顯著的。而列仙傳稱朱璜應允道士阮丘，願『作客三年，不致自還。』也就顯然的雇傭的義

務，和奴隸有若干的相類。

又據群書治要引崔實政論說：

> 『夫百里長吏，荷諸侯之任，而食監門之祿，請擧一隅，以卒其餘。一月之祿，
> 得粟二十斛，錢二千，長吏雖欲崇約，猶當有從者一人。假令無奴，當復取
> 客。客庸一月千錢。芻，膏，肉五百。薪炭柴菜又五百。二人食粟六斛，其餘
> 才足給馬。豈能供冬夏衣被，四時祠祀，賓客斗酒之費乎，況沒迎父母致妻
> 子哉？』

從這一段來看，客和奴都稱為『從者』（漢書李廣利傳『負私從者不興』和此處意
同。）工作是相同的，只是客支傭資而奴不支傭資罷了。

（三）　雇　傭　的　應　用

自秦漢以來，中國就成了一個整片土地的大國家。國家財政上的主要來源是男耕
女織；至於商人和手工業者對於國家的經濟貢獻，並不顯著。所以主持國家財政的人
要盡力的務本抑末，亦卽是勸農桑，抑商賈。由於農業發展及政權集中之影響，大都
市要發展起來，大商人利用他們的資本經營商業及手工業，也會發展起來。但從政府
立場看來，他們只是些取巧的浪費者。在西漢初年以至文景之世，如史記貨殖傳所
述，確在社會上是有支配力量的，但這是由於政府的縱容，而不是由於政府的同情和
培植。當時的政府，走的是黃老主義的路逕，而老子的主張却是：

> 『小國寡民，使有什佰之器而不用。使民重配而不遠徙。雖有舟輿，無所乘之。
> 雖有甲兵，無所陳之。使人復結繩而用之。甘其食，美其服，安其居，樂其俗，
> 鄰國相望，雞犬之聲相聞，民至老死不相往來。』

顯然和商業的發展是取並不同情的意見的，司馬遷是傾向於道家的人，所以史記貨殖
傳序也說：

> 『老子曰，「至治之極，鄰國相望，雞犬之聲相聞，民各甘其食，美其服，安其
> 俗樂其業，至老死不相往來」，必用此為務，輓近世塗民耳目，則幾無行矣。』

> 『太史公曰，夫神農以前，吾不知已，至若詩書所述　虞夏以來，耳目欲極聲
> 色之好，口欲窮芻豢之味，身安逸樂而心誇矜，勢能之榮，使俗之漸民久矣。

雖戶說以眇論，終不能化。故善者因之，其次利道之，其次敎誨之，其次整齊
之，最下者與之爭。』

這正是代表西漢的『道家者流』的看法。雖然不同意於商人的發展，却主張不加以干
涉。因此許多富商大賈能以鹽鐵起家，他們擁有了礦山和鹽場，成爲生產者而兼販賣
者。他們聚積貲財的結果，又轉向土地投資，因此他們也就兼爲大地主和牧場主人。
並且因爲政府對於鑄錢事業加以放任，因此他們又兼爲造錢工廠的主人。他們的經濟
勢力可以左右一個區域的市場，是無庸懷疑的。但却有一點要注意，就是當時的政權
並不在他們自己或其代理人手中，因此也就決定不了國策。所以我們可以意識到，西
漢初年商人資本的勢力，在社會的發展上，是一個重要的勢力，却還够不上說是一個
決定的勢力。

從別一方面來看，漢武帝統制鹽鐵，加倍算貲，鑄造五銖錢，禁商人名田，甚至
採用『告緡』之法來打擊商人。於是舊日的富商大賈破產了，而奴隸主人的奴隸，也
變成了官奴，以至太僕牧師諸苑，可以擁有三萬個官奴婢（漢舊儀），其他未見於記載
的，尚不知多少。但此時國土增加了，對外交通的道路開放了。對商人也等於開闢了
若干新的天地。況且楊可告緡，也就是那一次，此後商人貲財經過了一番休養生息，
當然也可以漸漸的恢復。（漢書哀帝紀卽位詔『賈人不得名田爲吏』可知當時商人又
可以置田宅了）所以昭宣以後，仍然有富商大賈。只是規模和力量，可能不如漢初，
而漢初的手工業在奴隸手中的，至此便轉爲要使用雇傭了。

先從農業來說，是早就使用雇傭來耕種的事，曾見於韓非子·外儲說左。又史記
陳涉世家：

『陳勝者陽城人也字涉 …… 陳涉少時嘗與人傭耕，輟耕之壟上，悵恨久之，
曰：「苟富貴毋相忘」。傭者笑而應曰：「若爲傭耕，何富貴也」。陳涉太息曰：
「燕雀安知鴻鵠之志哉」？』

又如漢書食貨志：

『敎民相與庸輓犁』。

都是在武帝時代及其以前之事。至於武帝以後的，如：

後漢書孟嘗傳：『隱居窮澤，身自耕傭』。

後漢書第五訪傳：『少孤貧，常傭耕以養兄嫂，有閑暇則以學文。』

三國志梁習傳：『表置屯田都尉二人，領客六百夫，於道次耕種菽粟，以給人牛之費』。

所以農田之上是用着雇傭的，從戰國一直到三國都是如此。誠然，並非說農田上不曾使用奴隸，然而雇傭的應用似乎比較奴隸重要。因爲在兩漢書及三國志中，並未提到奴隸耕種之事，只在王褒的僮約見到。(類聚三十五引風俗通，則爲年長謹信之奴主持耕種，非是耕種者)。而雇傭耕種之事，却屢屢出現。

但是在工業或礦冶方面，情況就不同了。史記外戚世家：

『竇太后……弟曰竇廣國，字少君，少君年四五歲，家貧爲人略賣，不知其處，傳十餘家，至宜陽，爲其主人作炭。寒臥岸下百餘人，岸崩盡壓殺臥者，少君獨得脫不死，自卜數日當爲侯。』

至於在貨殖傳中，更可以比附出來。在武帝時期，則稱『大農置工巧奴，與從事爲作田器』(漢書食貨志)。到成帝時『潁川鐵官徒申屠聖等百八十人殺長吏，盜庫兵，自稱將軍』(成帝紀陽朔元年)。『山陽鐵官徒蘇令等二百二十八人攻殺長吏，盜庫兵，自稱將軍』(成帝紀永始三年)。漢書貢禹傳亦稱：『諸鐵宮置卒徒，攻山取鐵銅，一歲功十萬以上』。所以武帝以後鐵官的鑄造，是使用官奴(刑徒)的 而官奴的使用，正表現着未接收鑄鐵工廠以前，廠中用的是私人奴隸 。

但是到了東漢時期，就不同了。

夏馥傳：『乃自翦須，變形入林慮山中，隱匿姓名，爲冶家傭。親突煙炭，形貌毀瘁。後馥弟靜乘車馬，載縑帛，追之湼陽市中。』

申屠蟠傳：『家貧傭爲漆工』。

這便可以看出來，東漢的工藝及礦冶要用傭工來做了。

此外如後漢書中所記雇傭的各條，如：

鄭均傳：『兄爲郡吏，頗愛禮遺，均數諫不聽，則脫身爲傭，歲餘、得錢帛歸。』

梁鴻傳：『遂至吳，依大家皋伯通，居廡下，爲人賃。每歸，妻爲具食，不敢於鴻前仰視，舉案齊眉。伯通察而異之曰：「彼傭使其妻敬之如此，非凡人也」乃方舍之於家。』

李固傳：『變姓名爲酒家傭。』

張驩傳：『盜皆饑寒傭保，何足窮其法乎？』

桓榮傳：『家貧無貲，常客傭自給。』

吳祐傳：『時公沙穆來游太學，無貲糧，乃變服客傭爲祐賃舂，祐與語大驚。遂訂交於杵臼之間。』

郭太傳：『庾乘游學宮，遂爲諸生傭。』

第五訪傳：『少孤貧，依宗人居，恆傭作爲資，暮輒還，爇柴以讀書。』

范式傳：『南陽孔嵩，家貧親老，乃變姓名爲新野阿里街卒。……嵩以先傭未竟，不肯去。』

這都是一般的傭工。所以大致看來，東漢時代自由傭作的工人，可能的較前增加起來。但是到了魏晉以後，因爲世兵及投靠之風盛行，所謂『客』的一個名稱，又帶着農奴的意味。錢大昕恆言錄云：

『晉書王恂傳：「魏氏給公卿以下租牛客戶，數各有差。自後小人憚役，多樂爲之，動以百數。又太原各郡，以胡人爲田客，多者數十，武帝卽位，治禁募客。」食貨志：「官品第一至於第九，各以貴賤占田。又得蔭人以爲衣食客及佃客。官品第一第二者，佃客無過五十戶，第三品十戶，第四品七戶，第五品五戶，第六品三戶，第七品二戶，第八第九品一戶。」』

這種投靠的風氣，已經被政府法律的承認了，至於戶數的限制，不過具文而已。一直到唐部曲之制仍然盛行，見於唐代記載中更可看的清楚。至於後漢書朱儁傳：

『光和元年，卽拜儁交阯刺史。令過本郡，簡家兵，及所調，合五千人，分從兩道而入。』

家兵二字據唐章懷太子註，則爲：

『家兵童僕之屬，調謂調撥之。』

東漢並無世兵之制，所謂家兵，只是私人招募的軍隊。但是到唐代，解釋就不同了。可見魏晉以後的動亂，又給社會上新增加一個不平等的因素，而西漢末年以迄東漢一代逐漸減少的奴隸制度，又得到了一個新的生命。

漢朝的縣制

（一） 百官表及百官志中的縣官

漢代的縣制，顯然是繼承秦代的兩種規畫而來，第一是秦孝公時，商君分秦境為三十一縣；第二為秦始皇統一中國，分天下為三十六郡。這種的組織的發展，可以說縣的組織溯源於春秋時代的侯國，郡的組織溯源於戰國時代的王國（戰國時已有郡，但秦三十六郡乃一新的設計）。但是把世襲的官吏變成了中央和地方的委派，因此郡縣制度和封建制度便顯出了全然不同的形式。

關於縣的職務，曾見於漢書百官公卿表：

縣令長皆秦官，掌治其縣。萬戶以上為令，秩千石至六百石。減萬戶為長，秩五百石至三百石。皆有丞尉，秩四百石至二百石。——是為長吏。百石以下有斗食佐史之秩——是為少吏。……縣大率方百里，其民稠則減，稀則曠，鄉亭亦如之，皆秦制也。列侯所食縣曰國，皇太后皇后公主所食曰邑，有蠻夷曰道。凡縣道國邑千五百八十七，鄉六千六百二十二，亭二萬九千六百三十五。

漢舊儀：

縣戶口滿萬，置六百石令，多者千石。戶不滿萬，置四百石，三百石長。縣令長萬綬，皆大冠；亡新令長為宰，皆小冠。

錢大昭漢書辨疑，釋丞尉之制說：

『隸釋引應劭說，大縣有丞，左右尉，所謂命卿三人，小縣一丞一尉者，命卿二人。漢刻武開明終吳郡府丞，而武榮碑稱為吳郡府卿。綿竹江堰碑，稱縣丞韙為王卿。隸續平鄉道碑云，丞汁邡王卿，尉緜竹楊卿。丞尉皆稱卿，與應說合。今漢石刻有祝其卿墳壇，上谷府卿墳壇，皆縣府丞也。』——按錢氏所說甚精，其所舉的『府』，都是指郡而言，非縣；但緜竹，祝其皆縣不是指郡。所以漢代不論郡丞或縣丞尉，俱可稱卿。錢氏在此雖然別擇未審，卻亦不誤，

續漢書百官志云:

> 每縣道大者置令一人,千石;其次置長,四百石;小者置長,三百石;侯國之相,秩亦如之。——本註曰:『止皆掌治民,顯善,勸義,禁姦,罰惡,理訟,平賊,恤民。時務秋冬,集課上計於所屬郡國。』

> 凡縣主蠻夷曰道,公主所食湯沐曰國(錢大昭後漢書辨疑曰,國當作邑),縣萬戶以上爲令,不滿萬戶爲長,侯國爲相,皆秦制也。

> 丞各一人,尉大縣二人,小縣一人——本註曰:『丞署文書,典知倉獄,尉主盜賊,凡有賊發,主名不立,則推索行尋,案察姦宄,以起端緒。』

> 各署諸曹掾史。——本註曰:『諸曹略如郡員,五官爲廷掾,監鄉五部,春夏爲勸農掾,秋冬爲制度掾。』

> 邊縣有障塞尉。——本註曰:『掌禁備羌夷犯塞。』

> 其郡有鹽官,工官,都水官者,隨事廣狹,置令長及丞,秩次皆如縣道,無分土。給均本吏——本註曰:『凡郡縣出鹽多者,置鹽官,主鹽稅;出鐵多者,置鐵官,主鼓鑄。有工多者,置工官,主工稅物,及魚利多者,置水官,主平水收漁稅,在所諸縣,均差吏更給之。置吏隨事,不具縣員。』

在劉昭的補註中,有幾點是可以討論的,第一關於令和長的設置問題,補註曰:

> 應劭漢官儀曰:『前書百官表云,萬戶以上爲令,萬戶以下爲長。三邊始孝武皇帝所開,縣戶數百而或爲令。荊揚江南七郡,唯有臨湘,南昌,吳三令爾。及南陽穰中,土沃民稠,四五萬戶而爲長。桓帝時江南(江當作汝,從惠棟校文)陽安爲女公主邑,改號爲令,主薨,復復其故。若此爲繫其本,俗說令長以水土爲之,官秩高下,皆無明文,班固通儒,述一代之書,斯近其眞。』

在漢簡之中,記載的敦煌及居延各郡的縣官,也都是令而不是長,所以應劭所說,是不錯的。邊郡各縣人口,不會達到一萬戶,並且從漢武帝設置以來,也未曾達到過一萬戶,這是不成問題的。但這些縣官都是令,那就由於戶口以外的原因,亦即從縣的重要性來定,而不是從戶口及賦稅的多少來定了。至於江南只有三個大縣爲令,那就只有一個可能的解釋,就是在漢初置郡之時,是如此決定的,後來人口增加了(江南人口的逐漸增加,參看歷史語言研究所集刊五本,兩漢戶籍與地理之關係),但縣官的

秩次，還是照舊，未曾更改。

第二是關於丞尉的地位和職務，補註曰：

應劭曰：『大縣丞，左右尉，所謂命卿三人，小縣一尉一丞，命卿二人。』

再證以前引的，漢書百官公卿表：『皆有丞尉……是爲長吏』而百石以下爲少吏正和命卿的舊制，有相當聯繫之處。關於『長吏』一項問題：

長吏有時是專指縣令長的，漢書文紀元年：

『有司請令縣道，年八十以上，賜米人月一石……長吏閱視，丞若尉致』，註，師古曰：『長吏縣之令長也』。——不及丞尉。

又景帝紀中六年，詔曰：

『夫吏者民之師也，車駕衣服宜稱，吏六百以上，皆長吏也，……令長吏二千石車朱兩轓』。——這是一種汎稱，不指縣中的『長吏』。

又景帝紀後二年，詔曰：

『縣丞，長吏也，姦法與盜盜甚無謂也』——縣丞都在四百石以下，無六百石的，和六年詔的『長吏』，完全不在一個範圍。

但是這是西漢初年的用法，和西漢中期以後的習慣，是不同的。漢書黃霸傳：

務在成就，安全長吏。許丞年老病聾，督郵白欲逐之。霸曰許丞廉吏，雖老尚能釋起送迎，正頗重聽何傷，且善助之，毋失賢者意。或問其故，霸曰，數易長吏送故迎新之費，及姦吏緣絕簿書盜財物，公私費耗甚多，盡出於民，所易新吏，又未必賢，或不如其故，徒相益爲亂，凡治道去其泰甚耳。

又韓延壽傳：

至高陵，民有昆弟相與訟田自言。延壽大傷之曰：『幸得備位爲郡表率，不能宣明教化，至令民有骨肉爭訟，既傷風化，重使賢長吏，嗇夫，三老，孝弟受其耻』……一縣莫知所爲，令，丞，嗇夫，三老亦皆自繫待罪。

這些都是指縣令長丞尉，和班固漢書百官公卿表的用法，正相符合。

流沙墜簡，簿書一：

制詔酒泉太守，敦煌郡戍卒二千人，發酒泉，其假候如品，司馬以下，與將卒長吏將屯要害處，屬太守，察地形，依阻險，堅壁壘，遠候望，毋……

陳却敵者賜黃金十斤。

（神爵——此二字據王國維補）元年五月辛未下。

此簡王氏考證極爲精確，惟其中云：『司馬與將卒長吏皆統兵之官，將卒長吏卽將兵長史，古史吏二字通用，漢書百官公卿表，部守有丞，邊郡又有長史，掌兵馬。秩皆六百石。續漢書百官志，「郡當邊戍者，丞爲長史。」是邊郡有長史。又稱「將兵長史」，後漢書和帝紀，「永元十四年，五月丁未，初置象郡將兵長史官，」班超傳：「建初八年，拜超爲將兵長史」（章帝紀稱爲西域長史）。班勇傳：「元初六年，敦煌太守曹宗，遣長史索班將千餘人屯伊吾」，蓋皆敦煌郡之將兵長史也。後延光二年，以班勇爲西域長史，自是訖於漢末，常置此官以領西域各國如都護故事。實則本敦煌郡吏，後乃獨立，不屬敦煌，然長史之名猶郡吏之故號也。此詔乃神爵元年物，已有將卒長史，後漢謂卒爲兵，故改稱將兵長史，其實則一也』。此一段卻甚有問題。第一、吏與史二字本是一字，但這是漢以前的事，漢代吏和史已不混用，尤其『長史』和『長吏』並無混用的例證，因之也就不能說此處的『長吏』就是『長史』。第二、邊郡的『長史』是西漢及東漢都有的，但『將兵長史』僅只有東漢才有，王氏所說西漢稱爲『將兵長史』，並無證據。因之此處的『將「卒」長「吏」』也就不能說卽是『將兵長史』。

這裡的『將卒長吏』應當卽是率領兵卒的令長丞尉。漢代郡縣中是徵兵制度，郡縣的長官也就是軍隊的率領者。但是軍隊的組織，據續漢書百官志：『大將軍營五部，部校尉一人，比二千石（此雖言大將軍，但其他將軍部的組織，也和此相同，是可以找到證據的，在此篇幅關係，不一一舉出），軍司馬一人，比千石；部下有曲，曲有軍候一人，比六百石；曲下有屯，屯長一人，比二百石。其不置校尉部，但軍司馬一人，又有軍假司馬，假候，皆爲副貳。』這裏假候及司馬，正和此可相爲印證，而『長吏』爲令長及以次的官職，也可從『屬太守』三字看出來。

（二） 縣令長的職責

地方行政單位，在漢代是以郡爲主的（見漢代郡制及其與簡牘的參證——臺灣大學傅校長紀念特刊），因此縣的地位只是附屬於郡，縣令長只是向太守負責，而不是

向中央負責。縣令長的職權範圍，也只是郡太守所賦予。雖然他們的職務還是相當的繁重，以下各節，可以看出縣令長的一般職任。

漢書卜式傳：『拜式為緱氏長，緱氏便之。遷成皋令，將漕最，上以式朴忠拜為齊王太傅，轉為相。』

又王尊傳：『守槐里令，兼行美陽令事。春正月美陽女子告假子不孝……尊於是出坐廷上，取不孝子，……使騎吏五人張弓射殺之。』

又何並傳：『舉能治劇為長陵令，道不拾遺。初，卭成太后外家王氏貴，而侍中王林卿通輕俠，傾京師，後坐法免。賓客愈盛，歸長陵上冢，因留飲連日，並恐其犯法，自造門上謁，謂林卿曰：「冢間單外，君宜以時歸。」林卿曰「諾」！先是林卿殺婢壻，埋冢舍，並具知之。以非已時，又見其新免，故不發舉，欲令無留界中而已。卽且遣吏奉謁傳送。林卿素驕，慙於賓客。並度其為變，儲兵馬以待之。林卿既去，北度涇橋，令騎奴還至寺門，拔刀剝其建鼓。並自從吏兵追林卿。行數十里，林卿迫窘，乃令奴……自代。……叱吏斷頭，持還縣所剝鼓置都亭下。署曰「故侍中王林卿，坐殺人埋冢舍，使奴剝寺門鼓」。吏民驚駭，……以為實死。……哀帝聞狀而善之，遷並隴西太守。』

　　　註：「建鼓」──註師古曰，『諸官曹之所，通呼為寺。建鼓一名植鼓，建立也，謂植木而旁懸鼓焉。縣有此鼓，所以集召號令，為開閉之持。』按此種鼓，民國初年各地縣署前尚有之。

又原涉傳：『茂陵守令尹公新視事，涉未謁也，聞之大怒。知涉名豪……王游公素嫉涉，時為門下掾，說尹公曰：「君以守令辱原涉，如是一旦真令至，君復單車歸為府吏……涉治冢舍，奢僭逾制，罪惡暴著，主上知之。今為君計，莫若墮壞涉冢舍，條奏其舊惡，君必得真令。……」尹公如其計，莽果以為真令。』

後漢書王渙傳：『永元十五年……還為洛陽令，以平正居身，得寬猛之宜，其奸猾久訟，歷政所不斷，法理所難平者，莫不曲盡情詐，壓塞羣疑。又能以譎數發適姦伏，京師稱歎。』

後漢書劉矩傳：『舉孝廉，稍遷雍丘令，以禮讓化之。其無孝義者，皆感悟自革。民有爭訟，矩常引之於前，提耳訓告。以為忿忿可忍，縣官不可入。使歸

吏尋思，訟者感之，輒各罷去。其有路得遺者，皆推尋其主。』

後漢書李章傳:『光武卽位，拜陽平令，時趙魏豪右，往往屯聚。清河大姓趙綱，遂於縣界起塢壁，繕甲兵，所在爲害，章到斬綱……因馳詣塢壁，掩擊破之，吏人遂安。』

後漢書張儉傳:『流轉東萊止李篤家，外黃令毛欽操兵到門。篤引欽謂曰:「張儉知名天下，而亡非其罪。縱儉可得，寧忍執之乎？」……欽歎息而去。篤因緣送儉出塞，以故得免。』

後漢書黃昌傳:『後拜宛令，政尙嚴猛，好發姦伏，人有盜其車盖者……乃密遣親客至門下賊曹家掩取得之。……大姓戰懼，皆稱神明。』

高陽令楊著碑:『遷高陽令，德以柔民，刑以威姦，是以黎庶愛若冬日，畏如秋旻。』

繁陽令楊君碑:『遷繁陽令，崇德尙儉，以興政化。和毓威恩，以移風俗。野無姦回，宿不命闇。敎學吏士，精橫侍者，常百餘人。』

聞憙長韓仁銘:『熹平四年十一月甲子朔，廿二日乙酉，……仁前在聞憙，經國以禮，刑政得中……尉表上槐里令。除書未到，不幸短命。』

郃陽令曹全碑:『拜酒泉祿福長，訞賊張角起兵，……而縣民郭家復造逆亂，……轉拜郃陽令，收合餘燼，芟夷殘逆，絕其本根，遂訪故老，商量俊艾……恤民之要存慰高年，撫育鰥寡。』

從上所舉，縣令長的職責，是相當廣泛的。凡敎養，刑罰，平盜賊，收賦稅，理詞訟，都是縣令長範圍以內的事。而再由太守考成，核實，綜其大綱。然後總一郡的事，報到丞相府。

上計一件事，在各縣中是很重要的。續漢書百官志:

諸州常以八月巡行所部郡國，錄囚徒，考殿最。初歲盡詣京師奏事，中興但因計吏。

按漢書朱博傳:『刺史不察黃綬。』所以西漢舊制，刺史只察太守，不管縣令。但縣令實爲太守的股肱耳目，既考察太守，便很難不管縣令。所以後來刺史也要管到縣令了。註引胡廣曰:『課第長吏不稱職者爲殿，舉免之。其有治

能者爲最，察上尤異，州又狀州中吏民茂才異等，歲舉一人』。此所謂『長

　　吏』，當然指縣令長。

凡郡國皆掌治民進賢，勸功，決訟，檢姦。常以春行所至縣，勸民農桑，**振救**

乏絕，秋冬遣無害吏，案訊諸囚，平其罪法，論課殿最。歲盡遣吏上計。

縣邑……令……長……皆掌治民，顯善，勸義，禁姦，罰惡，理訟，平賊，**恤**

民，時務秋冬，集課上計，於所屬郡國。

　　註引胡廣曰：『秋冬歲盡，各計縣戶口墾田，錢穀入出，盜賊多少，上其集

　　簿。丞尉以下，歲詣郡課校其功。功多尤爲最者於廷尉勞勉之，以勸其後。

　　員多尤爲殿者，於後曹別責，以糾怠慢也。諸對辭窮尤困收，主者掾史關白

　　太守使取法，丞尉縛責，以明下轉相督勒，爲民除害也。明帝詔書，不得僇

　　辱黃綬，以別小人吏也。』

在這裏牽涉到幾個問題：（１）　上計　　　　（２）　殿最

　　　　　　　　　　　　　（３）　計功　　　　（４）　校功

　　　　　　　　　　　　　（５）　對辭

這些問題，在漢簡中也常常看到，例如：

　　戶盡元鳳三年九月受□簿　居延簡　540.2　（周禮小行人疏引盧植禮註，『計斷

　　九月，因秦以十月爲正故也』。）

　　肩水候官，地節四年，計餘兵穀財物簿，毋餘菱　居延簡　141.1

這是因爲邊郡候官比縣，所以也上計。

　　其言殿最的，如：

　　卅井隧言，謹核校二年十月以來計最，未能會，會日謁言解　居延簡　430.4

　　殿居延左尉義，辨□左褒督蘇……仁掾　賞視事五月放√循　居延簡　132.39

　　其次關於計功的事，如：

　　張掖屬國司馬趙縶功一勞三歲十月廿六日，　　　居延簡　53.8

　　……以功次遷爲肩水候　候官以三月辛未到官　　居延簡　62.56

　　北邊絜令第四、候長候史日迹，及將軍吏勞，二日皆當三日，居延簡　10.28

　　功令第卌五，候長士吏省試射，射去埒帑，弩力如發，弩發十二矢中帑，矢六

爲程，過六矢賜勞十五日。　　　居延簡　45.23

……以令二日當三日增勞百七十七日半日爲五月二十七日半日　　　敦煌簡　592

照這裏來看，第一是看有沒有『功』，第二是看有多少『勞』，勞是用日來計算的。但是有其他的原因，也可以賜勞，例如北邊的塞吏，勞可以二日當三日，而秋試時射中箭靶的，十二箭中超過了六箭，也加上十五日的勞。這些條例，是在律令中的『功令』著錄的。因之這種紀錄功勞的簿籍，也就稱爲『功勞』簿：例如：

元康四年功勞　　　　　居延簡　117.26

建昭四年功勞案　　　　居延簡　157.9

除去日積之外，還有稱做『筭』的，也是一個功過的標準，例如：

萬歲候長充　　受官錢它課四千，負四筭，　　毋自言堂埠者，第一、得七筭。

相除得三筭。　第一。　　　　居延簡　206.4

至於校績的事，如：

御日積以下，可校，校勿徵還，頃令史移檄，官憲功奠集編蒲封　居延簡157.13

校甲渠候移正月盡三月四時吏名籍第十二隧長張宜史案府籍，不使不相應，解

何　居延簡　190.30

（按解何見漢書匡衡傳，簡中亦多言解何，言此事已辯明不必再問也。）

二歲十月廿七日半，校，奉親二年……　　　居延簡　214.109

其對辭之事，例如：

……隧缺敬代適卒郭上令遣詣署錄致　　　敦煌簡　493

幼孫少婦足下，朱苟季書，願亭掾幸到臨渠隧長對，幼孫治所。書卽日起，候

官行矣，使者幸未到，願豫自辯，毋爲諸部殿　　　居延簡　10.16

漢代重視考績，而考績的事由功曹來管理的，因此功曹在各官署中，便成最重要的職務。

縣以下的吏員由縣令考核交給太守，再由太守考核縣令。漢書蕭望之傳：

『蕭育……爲茂陵令』會課育第六，而漆令郭舜殿，見責問。育爲之請。扶風怒

曰：『君課第六，裁自脫，何暇欲爲左右言？』

又翟方進傳:

『翟義以九月都試日,斬觀令,因勒其車騎材官士。』

這裏可以知道郡兵是由縣令率領的。

又漢書馮野王傳:

『以治行高,入爲左馮翊,歲餘,而池陽令並素行貪汙,輕野王外戚年少,治
行不改。野王部督郵掾祋祤趙都,案驗得其主守盜十金罪,收捕。並不首吏,
都格殺並。』

又漢書尹賞傳:

『尹賞字子心,鉅鹿楊氏人也。以郡吏察廉爲樓煩長,舉茂材,粟邑令,左馮翊
薛宣奏賞能治劇,徙爲頻陽令。』

漢書薛宣傳:

『入守左馮翊,滿歲稱職爲眞。……頻陽縣北當上郡西河,爲數郡湊,多盜賊。
其令平陵薛恭,本縣孝者,功次稍遷,未嘗治民,職不辦。而粟邑縣僻在山中
民謹樸易治。令鉅鹿尹賞久郡用事吏,爲樓煩長。舉茂材,遷在粟。宣卽以令
奏賞與恭換縣,二人視事數月,而兩縣皆治。……宣得郡中吏民罪名,輒召告
其縣長吏,使自行罰。曉曰,府所不自發舉者,不欲代縣治,奪賢令長名也。
長吏莫不喜懼。』

從這一點來看,太守對於本郡,政令可以絕對貫徹,不受任何的阻撓。縣令長對於太
守應當沒有問題服從的。不過太守舉人只限於本郡中的孝廉及計吏,轉薦至中央。太
守除掾史以外,對於令長丞尉是無權加以派任的,他們必需由中央來派任。因此太守
遇見縣令有缺時,也只能派『守令』而不能眞除。例如:

後漢書卓茂傳:『以侍郎給事黃門,遷密令。河南郡爲置守令。茂不以爲嫌,治
事自若,數年教化大行。』

因爲太守對於縣令長除呈請對調之外,只有監督指揮權而沒有派任之權,一定非由中
央派任不可。所以太守之權雖大,中央對太守也很信託,但仍保持着中央集權制度
因此漢代一代的吏治,就能夠如臂使指,千里同風,這也是漢代帝國的一個特點。

（三） 縣丞尉及掾屬

縣丞尉亦是由中央派任的。例如：

漢書薛宣傳：『以大司農斗食屬，察廉補不其丞。琅邪太守趙貢行縣，見宣甚說其能，從宣經歷屬縣。』

漢書朱博傳：『以太常掾補安陵丞。』

漢書王嘉傳：『以光祿掾察廉補南陵丞，復察廉爲長陵尉。』

漢書張湯傳：『爲內史掾，以無害言於大府，調茂陵尉治方中。』

漢書梅福傳：『九江壽春人……爲郡文學，補南昌尉。』

漢書尹翁歸傳：『從署督郵……察廉爲緱氏尉。』

後漢書邳彤傳：『貶中東門候爲參封尉。』

後漢書橋傳：『舉孝廉，拜洛陽左尉。』注：『左部尉也。』

續漢書百官志云：『丞主文書』，『尉主盜賊』。丞爲縣寺的辦公廳主任，尉卻自領一曹，稱爲尉曹（大典輯本漢舊儀：『舊制尉皆居官署，有尉曹』。），而尉曹的史，則特稱爲『尉史』。一縣可以有幾個尉，在城的曰城尉，在塞的曰塞尉，有時亦按所在之一部稱爲左尉，右尉。

依照續漢書百官志，郡縣官屬是相類似的。亦卽是官署之中分有各曹，曹中有祭酒，有掾。其下有史，有書佐，有小吏。在漢碑之中，以曹全碑所載爲較完備。今列於後，再依史籍所見的，註於下方。

門下祭酒

門下掾　漢書原涉傳：『王游公爲茂陵門下掾』。後漢書邳彤傳：『縣令卑身崇禮請爲門下掾』。

門下議掾　議曹見潘乾校官碑，方略吏見後漢書何進傳，華陽國志大同志。史記蕭相國世家，蕭何爲沛主吏掾，索隱『功曹也』。

功曹　漢書朱博傳，『給事縣爲亭長，稍遷功曹』。後漢書爰延傳：『范丹爲功曹』，隸釋，劉熊碑，堂邑令費鳳碑，斥章長田君碑，繁陽令楊君碑陰，蒼頡廟碑。水經注清水注引太公廟碑。

郵書掾　　中部碑有郵書掾

主簿　　　後漢書爰延傳：『濮陽潛爲主簿』，又見隸釋、劉熊碑，繁陽令楊君
　　　　　碑陰，堂邑令費鳳碑，中部碑，鄭季宣碑陰。

門下賊曹　見隸釋，費鳳碑，中部碑，蒼頡廟碑，又嘉祥武氏祠石刻皆冠門下
　　　　　二字，中部碑有左右掾史。

市曹

門下史

賊曹史

金曹史　　中部碑有金曹掾史各一人

集曹史　　掾見倉頡廟碑

法曹史　　中部碑有法曹及法曹史各一人

塞曹史　　見居延漢簡：

此外各曹未見於曹全碑的，尚有；

縣掾　　　此爲泛稱，未言屬曹，漢書郭解傳：『楊季主子爲縣掾。』

五官掾　　後漢書任光傳註，郭唐曰：『五官掾掌諸曹事』。文見於後漢書董宣
　　　　　傳：

廷掾　　　見史記滑稽列傳褚少孫補文。後漢書爰延傳，續漢書百官志，後漢
　　　　　書任光傳註引東觀漢記，元初三公山碑，少室神道闕銘，隸續，建
　　　　　平郵縣碑。

尉曹　　　見漢書趙廣漢傳及田廣明傳，隸釋，衡彈碑，中部碑，南安長午鄉
　　　　　道碑，

兵曹　　　隸釋，中部碑有掾史各一人。

盟掾　　　主外族事，見隸釋，辛君造橋碑。

縣史　　　漢書衛青傳，『其父鄭季以縣史給事侯家』，霍禹傳：『其父中孺以縣
　　　　　吏給事侯家』。

令史　　　漢書項羽傳：『陳嬰故東陽令史』。

騎吏　　　當卽武吏，縣吏本分文武　漢書朱博傳言博本武吏，漢書王尊傳：『使

騎吏五人射殺之』。

小史　　漢書田廣明傳：『園小史』，谷永傳：『　為長安小史』，後漢書酷吏周
　　　　紆傳：『博平鈴下小史』。

縣中有市有獄，市有嗇夫，見漢書何武傳，又有市掾：

韓非子內儲上，『田單為齊市掾』，平陽市掾見漢書尹翁歸傳，新野市掾見後漢
書樊曄傳，費長房傳，又見武氏畫像及隸釋，靈臺碑陰。

關於獄中的官，有：

獄掾　　史記項羽本紀：『乃請蘄獄掾曹咎書抵櫟陽獄掾司馬欣』，漢書曹參
　　　　傳，『為縣獄掾』薛宣傳，『池陽舉廉吏獄掾王立』。

獄史　　漢書于定國傳，『為縣獄史』，續漢書百官志集解：李祖楙曰，『見
　　　　王霸，袁敞，虞延傳。』於郡則稱決曹見漢書于定國傳。

獄小史　漢書路溫舒傳：『求為獄小史』。

就以上所舉的來看，郡縣官吏是有相類似的組織。而縣署的組織是有相當大的規模。
不過不論掾史，都是本地的人並且待遇不高，因此所費的預算，還是有限的。

縣以下還有鄉亭制度，當在另外一篇論文中申述。

（四） 比 縣 的 官

在諸郡之中，除去縣令長之外，往往有別置官員，秩比縣令長的，續漢書百官志
所稱：其郡有鹽官，鐵官，工官，都水官者，隨事廣狹，置令長及丞』〔見前（一）節
所引〕，在漢書地理志及續漢書郡國志，各著錄所在地區，今不詳及。

除此以外，尚有均輸長。漢書黃霸傳，『察補河東均輸長』。均輸之制應和鹽鐵之
制相同，所以亦置長。後漢書劉盆子傳言盆子投降光武以後，光武未曾給他封爵，但
給他終身食洛陽均輸，均輸當然需要人管理，所以隨地置長了。

北邊各處，尚有庫令，漢書成帝紀註及河間獻王傳註引漢官儀云：

北邊郡，庫官之兵器所藏，故置令。

在漢簡之中，也有庫令，庫丞，倉長（王莽時改為宰），倉丞之屬：

元鳳三年，十月戊子朔，酒泉庫令安國，以近次兼行太守事。　居延簡　303.12

三月丙午，張掖長史延行太守事，肩水倉長延行丞事。　　居延簡 10.32

建平三年閏月辛亥朔丙寅，祿福倉丞敞移肩水金關。　　居延簡 15.18

二月戊寅，張掖太守福，庫丞憙兼行丞事。　　居延簡 4.1

候史徐輔遷補城倉令史卽日遣之官，移城倉。　　居延簡 142.34

城倉付　十月食用穀三石　　　　居延簡 95.14

四月壬子庫令史常封　　　　居延簡 84.18

但是庫和倉是不在一處的，大致酒泉爲郡，庫以令來管理，肩水爲都尉，倉便以長來管理。再小的倉庫，便只置嗇夫，肩水倉雖置長，而庫則只有嗇夫，而居延縣庫，也只設一個嗇夫。例如：

甘露二年正月辛卯朔，丙午，肩水庫嗇夫……載輸移落郭名樂里姓牛車各

居延簡 37.57

初元五年四月壬子，居延庫嗇夫賀，以小官印行丞事，敢言□。

居延簡 312.16

這個丞是指居延縣的丞。丞是有方印的，但嗇夫只能用半通印（卽方寸一半的長印）所以稱爲『小官印』。

倉庫令之外，在邊郡還有農令，例如：

守農令趙入田，冊取禾。　　居延簡 90.4

農令的設置，亦不見於百官志，不過性質上是可以看出來，和邊郡的農都尉專管屯田的職務相同，只是規模小些罷了。

四十二年二月二十三日收到

漢代的亭制

漢代的亭，是縣以下的地方組織中的一個重要部分。因為亭的組織對於行政各方面關係較多，所以一般講來，很容易只能涉及某一方面，而忽略各方面的關係。並且從來治史的人不是不注意問題，也不是沒有精銳的了解，而是歷來在行文時候都是用的文言文。因此在思想時使用文言文來想，所以思想形式，便很容易墜入了古文式的思想範疇。古文是不能用複雜句子的，而且古文的好處，就妙在不完全說明，因此歷史中許多問題，便只有個聰明的開端，而缺乏詳盡的解說和了解。

關於亭的問題，現有顧炎武曾經有過一個比較詳明的叙述。日知錄卷二十二說：

秦制，十里一亭，十亭一鄉。（自注：風俗通曰：『漢家因秦大率十里一亭，亭留也。蓋行旅會宿之所。』）以今度之蓋必有屋舍如今之公署，鄭康成周禮遺人注曰：『若今亭有室矣』。故酈陵尉止李賢宿亭下，張禹奏請平陵肥牛亭部處，上以賜禹，徙亭它所。而漢書注云：『亭有兩卒，一為亭父，掌開閉掃除，一為求盜，掌逐捕盜賊是也。（自注：任安先為求盜亭父，後為亭長。晉特有亭子，劉卞為縣小吏，功曹銜之，以他事補亭子。）又必有城池，如今之村堡。（自注：今福建廣東，凡巡司皆有城。）韓非子：『吳起為魏西河守，秦有小亭臨境，起攻亭，一朝而拔之。』漢書息夫躬傳：『歸國未有第宅，寄居丘亭，奸人以為侯家富，常夜守之。』匈奴傳：『見畜布野，而無人牧之，怪之，乃攻亭。』後漢書公孫瓚傳：『卒逢鮮卑，乃退入空亭』是也。（自注：燕寶窓其成信，信亡藏上林中，宣使郡令將吏卒闌入上林中蠡室門，攻亭，格殺信。是上林中亦有亭也。）又必有人民如今之鎮集，漢封功臣有亭侯是也。亦謂之下亭，風俗通：『鮑宣州牧行部多宿下亭是也。其都亭則如今之縣廂，司馬相如往臨邛舍都亭。（自注：史記索隱曰：『郭下之亭也。』漢書注師古曰：『臨邛所治都之亭。』後漢陳寔嘗為都亭刺佐。）嚴延年母止都亭不肯入府，何並斬王林卿奴頭，並所剝建鼓置都亭下。後漢書，陳王寵有彊弩千張出軍都亭。會稽太守尹興與吏陸續於都亭武民僮僦。酒泉龐娥刺殺響人於都亭。吳志，魏使邢貞拜禮為吳王，權出都亭侯貞，是也。京師亦有都亭，後漢書，張綱埋其車輪於雒陽都亭，竇武召會北軍五校士也都亭；何進率左右羽林五營士屯都亭，王喬為葉令，帝迎取其飲幾都亭下是也。蔡質漢儀：『雒

陽二十四街，街一亭，十二城門，門一亭，人謂之旗亭。史記三代世表：褚先生言與方士考功會旗亭下是也。（自注：西京賦曰：『旗亭五重。』薛綜注：『旗亭市門樓也，立旗於其上，故取名焉。』）後代則但有鄉亭驛亭之名，而失古者居民之義矣。（自注：晉書載記：慕容垂請入鄴城拜廟，苻丕不許，乃潛服而入，亭吏禁之，垂怒斬吏，毀亭而去，是晉時尚有亭名。）

在以上的一段，顧炎武說到關於亭的，已經有好幾方面了，假如用了他的材料，再作一個敘述的方法，即可作成以下的敘述：

一、亭制的來源　承秦代的制度。

二、亭 的 組 織　（亭長以下），有求盜和亭父。

三、亭 的 狀 況　甲：有屋舍，供辦公及住宿。

　　　　　　　　乙：有城池。

　　　　　　　　丙：有人民。

四、亭 的 位 置　甲：都亭　在都會及縣邑的城外。

　　　　　　　　乙：下亭　在縣邑的郭外，相當於鎮集。

據以上所舉，亭的性質已經闡明了不少，不過有若干尚待補充和詮釋的，並且還有應當更正的地方。因此在下面幾段中再為分述。

第一：　關於亭的布置：據續漢書百官志注引漢官儀：『設十里一亭，亭長亭候，五里一郵，郵間相去二里半。』又風俗通：『漢家因秦，大率十里一亭，亭留也，蓋行旅宿會之所。』所以亭的排列，應當是按着距離，以十里為標準來設置的。但據漢書百官表：『大率十里一亭，亭有長，十亭一鄉，鄉有三老，有秩，嗇夫，游徼。』這裏是里，亭，鄉並稱，成為一個系統，則里不是距離之里，而為以人口來計算之里。續漢書百官志劉昭注：『里魁掌一里百家』，則此十里一亭，應為一千家，而十亭一鄉應為一萬家。但萬戶之縣在漢代已算大縣，萬戶為一鄉之標準，在漢代似乎不可能，所以百家為里，可能是里的最大標準，實際上決不到百家，則一亭之數亦決到不了千家，只是千家為最大的限額罷了。詩鄭風無踰我里，傳曰：『里居也，二十五家為里。』據此，亭當為二百五十家，鄉為二千五百家，常較劉昭注尚近情理些。又蔡質漢儀說『雒陽二十四街，街一亭；十二城門，門亭，人謂：旗亭。』則此中所謂亭，既不以距離為標準，也未嘗以人口為標準，而是以地位上的需要為標準。

所以亭的以『十里』為標準的，其『里』已經有兩種『里』，並且還有在特殊狀況之下，不以『里』計，而以『街』或『城門』為標準的。

亭是里所積而成，而里又兼有『里居』和『道里』兩種意義。但若追溯其原始，則里居之詁訓在前，而道里之詁訓在後。據說文解字，里字本訓為居。鄭玄訓釋周禮，在『載師』，『縣師』，『遺人』，『遂人』各節亦各訓里為居。即以從里得形之字如『釐』為家福，『野』為郊外，也都含着居住的意思。假如里為居住，那就里居當為原義，道里當為引申義。亦即是里居既定，再從田莊的數目，為道里的標準，道里之義便從此而生。談到此處，又要牽涉到井田的存在問題，周禮系統與孟子系統的異制問題，這都是聚訟紛紜的事。在沒有確切證明以前不能詳為引證。只是依據詁訓，里居之義在前而道里之義在後，在古制之下，二者本有相關。一直到了漢代，兩種意義的『里』制，仍在亭制上保持着聯繫。因此漢代的亭制，便成為依照道里和里居的兩種標準，並且在洛陽一類的大城中，又依着特殊的需要，而按着街道的數目和城門的數目，來增加亭的數目。

第二：　關於亭的建築：亭字從高，以丁為聲。高字象臺觀高聳之形。此外還有一個郭字，本作𩫖，中間的回象兩重城郭，外面的㐬和𠖷象兩亭相對。說文解字說：『亭民所安定也，亭有樓。』許慎所說，至少在漢代是如此的，本篇是着重漢代的，不論上古是否如此，但如說漢代的亭是高而有樓，總不會太錯。（墨子備城門『百步一亭，高垣丈四尺，厚四尺，』亦取其高。）因此在如今設想的『亭』，便是一個土墩，土墩的上面建築着一個小小的房屋。這個土墩和房屋的功用，便是對於幾百家防衛的需要上，第一為便於瞭望，第二為便於據守。也就是在一個相當面積之內，有一個可以瞭望與據守的軍事堡壘。

誠然，亭的功用不僅防守而已，除去防守而外，還有對於外面有通信設備的必要。在這一點便想到應用旗竿上面。漢書酷吏傳注：『如淳曰：「舊亭傳於四角面百步，築土四方。上有屋，屋上有柱，出高丈餘。有大板貫柱四出，名曰桓表。縣所治夾兩邊各有一桓。陳宋之俗言桓聲如和，今猶謂和表。」師古曰：『即華表也』。在這一段如淳注釋之中，所謂『舊亭傳』之制，實是指的漢代制度。但所稱亭傳四角築臺，共有四臺，則只是大的傳舍，並不普遍於各亭。若據亭之本訓，即是一個有屋的

士臺。照如淳意四士臺共有四柱，若是一臺，則亦只有一柱罷了。崔豹古今注說：
「以橫木交柱頭，狀若華，形似桔槹，大路交衢悉施焉。或謂之表木，以表王者納
諫，亦以表識衢路。」這裏指出的是路中的華表，但和亭上的華表本為一物，也用不
着多所懷疑。

以道里來計算，每十里應當有士臺的亭一所。但到了三十里的距離時，便除去士
臺而外更有為公務人員旅行時設備的傳舍。據周禮遺人：「凡國野之道，十里有廬，
廬有飲食，三十里有宿，宿有路室，路室有委。」此雖漢以前（或是春秋戰國時期）
的制度，但却和續漢書輿服志的驛騎三十里一置正相符合。晉書刑法志引魏新律序：
「秦世舊有廄置，乘傳副車食廚，漢初承秦不改。後以費廣稍省，故後漢但設騎置，
而無車馬。」傳舍應供官吏膳食，見漢書黃霸傳及後漢書光武紀。因此傳舍建築也要
大些，後漢書謝夷吾傳注引謝承後漢書曰：「行部始到南陽縣，遇孝章皇帝巡狩，有
詔刺史入傳，錄見囚徒。誠長吏勿廢舊儀，朕將親覽焉。上臨西廂南面，夷吾處東
廂。分帷隔中央。夷吾所決一縣三百餘事，事與上合。」傳舍卽有東西廂，可見比較
大些，不像一般的亭那樣簡單了。所以傳舍雖然在亭的附近，但只限於相距三十里的
地方。因此也就比普通的亭大些。不過仍然還在有亭處，因此傳舍也統稱做「亭傳」。

傳舍本都在有亭的地方，因為負有多人住宿，以及供給傳車的功用，所以特稱傳
舍來和一般的亭有所分別。傳就是行旅的符，符上封有御史大夫的印，持符的人可以
在傳舍要求供給二馬的軺車，到第二個的傳舍來更換。至於持有本郡印或本縣印的軺
傳的，亦可在本郡境內或本縣境內要求供給一馬的軺傳。其不給傳車的符稱為過所，
只能供給住宿而不供給軺車。到東漢取消傳遞軺車之制，所以只有過所了。

亭是一個鄉間距離行政與軍事的基礎，傳舍仍是一個廣大的亭，所以仍然在一般
亭中認為是亭的一種。同樣在縣邑之中，也各以亭為基礎，所以縣邑的城區也就各是
一亭或一亭以上。這種亭稱為都亭，也卽是傳舍所在之處。因此在兩漢時期，在縣邑
的傳舍，或稱都亭，或稱傳舍。這就是表示着，縣邑附郭之亭，亦為傳舍所在之處。
所不同的，卽是亭為一般亭的建築，而傳舍則為附着於亭用以招待官吏的房屋。這個
亭名往往卽以本縣之名來稱的，到王莽更改地名，凡附郭郡城之縣，以亭來稱，當然
不定沒有原由的。

亭的主要建築既爲土臺子，所以漢簡之中，常以亭來稱呼烽臺。這種烽臺有時亦稱做堠，烽臺外的圍牆則稱做塢。烽臺和外面的牆合併起來則稱做隊。但是在塞內的亭則稱爲亭而不稱作隊，所以可以想像塞內的亭是沒有塢的。

在漢簡裏，例如下列各條，可以看出以亭稱烽臺：

肩水戍亭二所，下廣二丈八尺六。　（居延簡 54.23）

一人馬矢塗亭戶前地二百七十尺。　（敦煌簡）

二人削□亭東面，廣丈四尺，高五丈二尺。　（敦煌簡）

從下列一條，可以看出亭和隊確有不同。

縣承塞亭各譴候北塞隊，卽舉表皆和，盡南端亭，以札署表到日時。（敦煌簡）在此簡中『北塞』指北方的邊塞，據說文『隊塞上亭』的解釋，與此處正合。塞上的土地，在郡（或屬國都尉）以下，是屬於候官而不屬於縣，在候官以下的亭是叫做『隊』（候官以下，尙有候長一級，但亦在隊守候，只是多管幾個隊罷了），和縣下稱做亭的不同。在此簡中，稱縣內的亭爲亭，而稱塞上的亭爲隊，釐然有別。從這裏也可以看到隊和亭的建築是應當有不同的。據漢簡：

樂昌隊長己戊申日西中時，使並山隊塢上表再通。　（居延簡 332.5）

臨莫隊長留人戊申日西中時，使迹虜隊塢上表再通。　（居延簡 126.40）

可以證明塞上的隊是有塢的。據後漢書馬援傳：『詔武威太守令悉還金城客民，歸者三千餘口，使各返舊邑，援爲奏置長吏，繕城郭，起塢候。』注字林曰：『塢，小障也』。而服虔通俗文，則稱：『營居曰塢』。則塞上的隊不僅因爲隸屬的行政系統不同，卽就其建築而言，亦有差異。

第三：　關於亭的行政　在前面已經論到，亭爲許多里組織而成，而里又是依照住民的多寡來爲衡量的標準，道里之里亦由住民之里引申而來。漢代雖然計亭的標準並用里居和道里兩種，但其來原應當只有里居一種。

里的人數似乎似逐漸增加的。續漢書百官志：『里有里魁，民有什伍，善惡以告。』本注曰：『里魁掌一里百家，什主十家，伍主五家，以相檢察。』但是風俗通却說：『里者止也，五十家共居止也』。這裏又比較後漢書本注要少一些。百官志本注爲後漢之制，應無問題。但應劭風俗通所說的多據漢制，而此處與漢制及古制俱有

不同，那就可能漢制並不定每里都是百家了。又百家爲里一事似乎不大可能，說已見前。又按漢書匡衡傳：『初衡封僮之樂安鄉，鄉本田提封三千一百頃』據漢書恩澤侯表：匡衡以丞相侯六百四十七戶』。就此而言樂安鄉一鄉之戶爲六百四十七戶。倘若認續漢書一里百家爲正確，再照漢官儀的十里一亭的計算法來推，一亭實得千家，則此一鄉只有六百四十七家就是不合理。現在既不能證明西漢一鄉只有六百餘戶爲不確，並且一亭千家就漢縣一般狀況而言亦失之過大，那就一亭千家及一里百家的計算法只是就亭和里的最大限度而言了。

里的原義本爲里居，所以原義應當就住人地區的面積來說，既不盡依道里，亦不盡依戶口。住人的地區面積不大會變動，所以拿計算道里當然可以，至於所住人口，那就稀密並無一個絕對的標準。我們看一看古來言里中戶數之無定說，便可看出此中消息了。以里爲百家的如續漢書百官志，已見上。而管子度地，亦言『百家爲里』。以里爲八十家的，如公羊傳宣十五年：『什一行而頌聲作』，注『一里八十戶，其有辯護伉健者爲里正，比庶人在官』。以里爲七十二戶的，如尙書大傳咎繇謨：『八家爲鄰，三鄰爲朋，三朋爲里』共有七十二戶。以里爲五十家的則爲應劭說。以里爲二十五家的，如周禮地官遂人：『五家爲鄰，五鄰爲里』，詩毛傳鄭風將仲子『里居也，二十五家爲里，』則從周禮之說。莊子則陽：『少知問於大公調曰：「何謂丘里之言？」大公調曰：「丘里者合十姓百名而以爲風俗也。」』注：『李云，四井爲邑，四邑爲丘，五家爲鄰，五鄰爲里』亦從周禮之說，但『十姓百名』，決不是二十五家，則莊子所據而言的丘和里，雖與周禮所說的同名，但一定要比周禮所說的似要少些。（里有墻，詩將仲子『無踰我里』，因有墻，才可踰。里有門，漢書酈食其傳『爲里監門』，里門又見漢書石奮傳及見後漢書成武孝侯順傳，里既有定處，自不能因戶數之增減而伸縮。）

里既然是一個地區的單位而不是戶口的單位，再推而上去，從亭，鄉、縣以至郡，都是以地區爲主要的標準，而不是以戶口爲主要標準的。因此以戶來計算的什和伍，雖然在亭和里以下，但與亭和里並無一定分配之數量。假如這種推演的道理是正確的，那就一個里可以多到一百戶，一個亭可以多到一千戶；但假如戶口稀少，一個里或亭只分配到一個什或甚至一個伍也不算不合理的。

顧炎武談到亭的狀況，有屋舍，城池，和人民。今按亭有屋舍，是不錯的，亭有城池却不對。亭爲高築之土臺，臺上有屋，具見前考。因其爲高臺，所以可守可望，但却沒有城垣，除非塞上的墬才有塢。至於池，就更沒有了。關於亭的人民，那都是附屬於亭的，由在亭上留守的亭長照管，住在亭的附近而並不住於亭的土臺子上。（論衡詰術篇：民間之宅與鄉亭比屋相屬，接界相連。）其人數則亦並無一定，且見上文。

鄉，亭和里是大小三級的縣以下地方行政單位，這三級是在相結屬的，不過各有所偏重。據續漢書百官志：『鄉置有秩，三老，游徼。』本注曰：『有秩郡所署秩百石⋯⋯其鄉小者縣置嗇夫一人，皆主知民善惡，爲役先後，知民貧富，爲賦多少，平其差品。』又：『三老掌教化，凡有孝子順孫，貞女義婦，讓財救患及學士爲民法式者，皆扁表其門，以興善行』。又：『游徼掫徼循，司姦盜，又有鄉佐屬縣，主民有賦稅』。百官志：『亭有亭長，以禁盜賊』，本注曰：『亭長主求捕盜賊，承望都尉』。又百官志：『里有里魁，民有什伍，善惡相告』。在以上各級而言，鄉的一級主要管的是戶籍和賦稅，亭的一級主要管的是捕盜賊，里的一級主要的是管監察人民行動。但是也決不是說除以上所舉而外，別的都不管。如同戶籍是由鄉來管，但是凡著戶籍的都著上里（例如史記自序引博物志，司馬遷是茂陵顯武里，又許沖上說文表，許沖是臺陵萬歲里，此外漢簡上名籍著里的還很多）。續漢百官志太守歲盡遣吏上計，注胡廣（漢官解詁）曰：『秋冬歲盡，各計縣戶口墾田錢穀入出，盜賊多少，上其集簿，』這許多記錄，當然是郡從縣得來，縣從鄉得來，鄉從亭及里得來，尤其著明里居所在，應當和里的負責人，里魁，有若干的關係。其大城商賈所在，應不歸里，另設有市，市之大者，據漢書食貨志，長安有東西市令，洛陽，邯鄲，臨淄，宛，成都，各有市長，郡國則有市嗇夫（見何武傳），商人在市著籍（史記平準書：『賈人有市籍者』），雖與里不同，但在戶籍上却有相互的關係。

亭長既以備盜賊爲主要任的務，所以任務和警官是相近的。漢舊儀：『亭長教射，游徼徼循，尉游徼亭長皆習設備五兵，五兵，弓，弩，戟，盾，刀，劍，甲，鎧。』又：『設十里一亭，亭長亭候。五里一郵，郵間相去二里半，司姦盜，亭長持三尺板以劾賊，索繩以收執盜。』漢書高帝紀：『爲亭長，求盜之薛。』漢書朱博傳：

『家貧少時給事縣爲亭長，……博本武吏，不更文法。』後漢書馬武傳：『武曰：臣以武勇可守尉督盜賊，帝笑曰，且勿爲盜賊，自致亭長斯可矣』。後漢書逢萌傳：『爲亭長時，尉過亭，萌候迎拜謁，既而擲楯欸。』注：『亭長主捕盜賊，故執楯。』所以亭長是教射和捕盜以武吏來做的。（又漢書酷吏傳王溫舒及後漢書吳漢傳，溫舒及漢亦曾爲亭長）那麼亭的建築比較特殊，也就有軍事作用的來源了。但據風俗通佚文（御覽一九四），『亭亦平也，民有訟諍，吏留辦處，勿失其正者也』，可見漢代亭長也管民事，有類於警政了。

亭是屬於郡縣的，五行大義引翼奉說：『游徼亭長外部吏皆屬功曹』功曹卽縣功曹，縣則轉屬於郡。所以亭是治民的。至於和塞上的亭（卽燧）則據漢舊儀：『邊郡太守各將萬騎行障塞烽火，追虜；置長史一人；掌兵馬；丞一人，治民；當兵行，長史領置；部都尉，千人，司馬，候，農都尉，皆不治民。』一則來看，燧長是屬於候官和部都尉，不屬於縣，候官和部都尉不治民，亦卽燧下並無居民了。自然這並非絕對的，如農都尉本主屯田殖穀。候官也可以管屯田的事。漢書地理志敦煌縣效穀下注云『師古曰本魚澤障也，桑欽說，孝武元封六年，濟南崔不意爲魚澤障尉，教力田，以勤效得穀，因立爲縣名。』障尉本候官之尉，所以候官亦主屯田。我們在漢簡之中也可找出許多屯田的記載。只是屬於部都尉及農都尉的爲軍屯，屬於郡縣的則爲民屯。漢書西域傳：『征和中搜粟都尉桑弘羊與丞相御史奏言：……臣愚以爲又遣屯田卒治故輪臺以東，益種五穀。田一歲，有積穀，募民壯健有累重致徙者諸田所，就畜積爲本業。益墾溉田，稍築列連城而西，以威西國。』這是桑弘羊擬改西域爲郡縣的辦法，事雖未行，但可看出這是一個軍屯改民屯的成軌。到清初增關敦煌安西各處的辦法仍和這差不多。所以我們看敦煌和居延漢簡時，關於當時行政組織，應當將軍屯和民屯分開，才能得到進一步的了解。

第四：　都亭和傳舍　關於都亭的故實，在日知錄中所引證的已經相當的詳備。現在所要了解的問題，便是都亭究竟在城內還是在城外。照史記司馬相如傳索隱：『郭下之亭也』，而後漢書何皇后紀王斌封都亭侯注：『凡言都亭者，並城內亭也』，一言郭下，一言城內，是注家對此的解釋有不一致之處。今按各材料之中，如陳王寵以彊弩數千張出軍都亭，以及魏拜孫權爲吳王，權出至都亭迎使者邢貞，那就都亭應

指郭下之亭。嚴延年母止都亭不肯入府，此都亭應亦卽傳舍所在，雖可認爲在城內，但亦未嘗不可在城外。因此都亭所在，認爲在城門之外或者比較順適些。據張綱埋輪於都亭，及何進以五營士屯都亭二則來看，此所指的部卒亦顯屬雒陽的城門之亭而非雒陽的街市之亭。後漢書桓帝紀梁太后徵帝到夏門亭，注：『洛陽城北西頭門也，門外有萬歲亭』，又靈帝紀，正月己亥帝到夏門亭，注：『東觀記，到夏門外萬歲亭羣臣謁見』，天子到初洛陽，當居城外，而羣臣亦在城外謁，與孫權迎魏使者至都亭之事相合，可見都亭卽是大城城外亭的統名。但是據蔡質漢儀及西京賦薛綜注，則雒陽城內和城外之亭統名旗亭，亦卽雒陽城內和城外之亭同屬一類，則都亭一名雖然可以指郭外之亭，也可以指城內之亭。因此在何后紀李賢注所稱都亭爲城內之亭仍然不錯。

都亭旣在縣治的城外，所以道里應當從都亭算起，十里一亭，五里一郵，三十里一傳舍。其城門前都亭所在，亦卽郵和傳舍同時所在之地。後漢書郭伋傳：『行部旣還，先期一日，伋爲違信於諸兒，遂止於野亭中，須期乃入』，此處的野亭就是對待都亭而言。因爲刺史到城，卽當入城不便休於傳舍，所以在野外的亭休止一宿，等待迎接他的兒童們。後漢書衛颯傳：『颯乃鑿山通道五百餘里，列亭傳，置郵驛』。魏志張魯傳：『諸祭酒皆作義舍，若今之亭傳』，以上亭傳並言，這是因爲傳舍在亭，所以如此說。亭本來很小，不能容納多人，只有都亭兼爲傳舍，所以都亭較大。嚴延年母及司馬相如各舍都亭也就是各居傳舍。此外如漢書灌夫傳，霍光傳，翟義傳，魏相傳，田廣明傳，後漢書光武紀，謝夷吾傳注，任文公傳，李郃傳，宦者孫程傳，所稱的傳舍也都各在都亭。假如以 A 爲都亭（附傳舍和郵），B 爲有傳舍之亭（附郵），C 爲無傳舍之亭（附郵），D 爲郵，則其排列當如以下的式（假設兩縣相距六十里）：

縣城－五里－十里－五里－十里－五里－十里－五里－十里－五里－十里－五里－縣城

A —D— C —D— C —D— B —D— C —D— C —D— A

假如兩縣相距不及六十里，則傳舍和傳舍的距離可能更密些。所謂三十里，也只是一個大率的數目罷了。當然，縣城以外有無傳舍還有問題的。

蔡質漢儀上所說，雒陽每街有亭，每門有亭，可能只是京城爲然。其在外面的郡縣，在文獻上都只提到都亭而沒說到有幾個都亭，可能在一個城都亭就只有一個，而

傳舍也只有一個。這種類似的設備，保存到清末尚有驛（由驛丞來管的），有公館或皇華館。漢書薛宣傳：『至陳留，其縣郵亭橋梁不修。』註：『師古曰，郵行書之會，亦如今之驛及行道館也。』唐之驛和行道館至清猶然。但驛卽漢代的置驛，行道館卽漢代的傳舍，俱由傳舍吏來執掌。而郵亭則和傳舍疏密不同，未可一槪而論的。

　　漢代的傳舍恐怕也和唐至清的行道館相類，只有幾個大道中才有，不當幾個大道的地方就沒有。周禮遺人：『十里有廬，三十里有宿。』鄭玄注：『廬若今野候徒有序也，宿可止宿，若今亭有室矣』。賈疏：『此舉漢法以況義，漢時野路候迎賓客之處皆有序舍，與廬相似』。漢世傳舍三十里一置，鄭玄不以傳舍比宿而以亭比宿，可見傳舍設置並不如何的普遍。後漢書趙孝傳：『嘗從長長安還，欲止郵亭，亭長先時聞孝當還，以有長者客，掃洒以待之。孝既不自名，長不肯內。因曰：「聞有田禾將軍子當從長安來，何時至乎？」孝曰：「尋至矣」，於是遂去』又後漢書劉寵傳亦有相類之事據御覽一八五引東觀記：『趙孝為郎，每告歸往來，常白衣步擔過道上郵亭，但稱書生，寄止於亭門塾』。此處的亭，是一個必需住宿的宿站，如其不然，亭長不會料到田禾將軍子(卽趙孝)要一定來，而先掃洒以待。再據東觀記，趙孝因為亭長不納，而宿在門房（塾）。此處既是一個必宿之處，但後漢書及東觀記都說是郵亭而不是傳舍，那就可見傳舍不是每個宿站一定非有不可。誠然，在後漢時期減去驛的車馬，也許就減去傳舍，但趙孝少年時正在王莽時期，也不能以後漢時來說。在兩漢書中所記傳舍大率都在縣城，只有後漢書孫程傳有北部尉傳舍，這還是在洛陽，在漢簡中亦只有『居延傳舍嗇夫』（七七·一六），所以傳舍的主管者應當是嗇夫，而傳舍的設立只限於大的城邑。

　　據後漢書章帝紀建初元年詔：『流人欲歸本者，郡縣其實廩，令足還到，聽止官亭，無雇舍宿』，所以據兩漢書風俗通及太平廣記引遊寃錄魏志張魯傳等平民雖可止宿官亭，但據此條則宿官亭的人民還要雇舍宿，亦卽一般的人還要出宿費才可以住。

　　亭必有樓，軍壘亦有亭樓（漢書甘延壽傳：『賁超踰羽林亭樓』，而長安市亭亦有樓（見前，又御覽一九一引宮闕記：『市樓皆重屋』。）洛陽伽藍記：『建陽里有土臺高三丈，上作二精舍，趙逸云，此臺是中朝旗亭也。』這和烽臺實同為一物。烽燧上是有鼓的（見居延簡器物類），也就可以想到城市鼓樓和舊時的關係。

附　　記

　　綜合以上所述，對於亭的布置方面，其中的困難問題，就是歷來的解釋屬於雙重標準。其中爲一個是以道里距離爲布置標準，另一個是以里居戶數爲布置標準。兩種的標準是互相衝突的，如其採用了其中的一種，就不應當採取其中的第二種，亭的布置爲著管理道路，逐捕盜賊，報告烽火，顯然是採取第一種標準的。那就以戶數作爲亭的布置標準一說，顯然屬於誤會。至於以街或城門爲標準來設亭，還是採取第一種標準，以位置來判定，與戶口多寡無關。漢代通稱是「鄉里」並稱，或「鄉亭」並稱，從來不「亭里」並稱，也就是鄉和里是地方行政的兩級單位，鄉亭卻是泛稱城外的區域。可見鄉里（鄉嗇夫及里魁）是屬於行政方面的，而鄉亭（鄉游徼及亭長），是屬於警察方面的，里和亭並無隸屬的關係。其中最可能構成混亂的是東漢末年的亭侯。亭侯以亭爲準卻也有相當的戶數，以致懷疑亭以下可能也有戶口。不過這是一個變例。因爲亭既是沿大道設置，沿大道的亭，自可發展成爲村鎭。東漢末年以及魏晉時期的亭侯，並非凡天下的亭都可作爲亭侯的采邑，而是選擇發展成爲村鎭的亭。所以不可據此而認爲亭可以管領戶口的。

再論漢代的亭制

一、亭隧與塢相關的問題

許多年前我曾寫過一篇〈漢代的亭制〉，這篇論文發表時間太早了，只能算做一篇「開路」的工作(所謂 pioneer work)，其中雖然略有創見，但顯然的不夠成熟，有很多地方說得不夠清楚，甚至於還有自相矛盾的地方。現在事隔多年，確實有再行整理一次的必要。

漢代的亭是一種建築，也是一種治安上的區畫。現在中原人口密集的地方，因爲變動太大，舊日亭的建築物早已不存，但是在漢代的長城遺址附近，因爲受到的擾亂較少，許多舊日的烽臺尙存遺址。烽臺也就是隧，而「燧」在《說文》上說明是「塞上亭」。所以亭也是燧，從隧的形式就可以推論亭的形式。

據《敦煌漢簡》：

(1) 一人草塗候內屋上，廣丈三尺五寸，長三丈，積四百五尺。

(2) 一人馬矢塗亭前地二百七十尺。

(3) 高四丈二尺，丈廣六尺，積六百七十二尺，率人二百廿三尺。

(4) 二人削除亭東面，廣丈四尺，高五丈二尺。

(5) 亭隧滯遠，晝不見煙，夜不見火，士吏、候長、候史耿相告候，燔薪以……

又據《居延漢簡》：

(1) 樂昌隧次鄉亭卒跡。不在，遂上塢。

(2) 其十三枚受府，十五枚亭所作，七枚。（一九、五）（三○三、一一）。

(3) 凡亭隧皮旬廿八，凡亭隧二十五所。（三○三、一一）

(4) 遣吏輸府謹擇可用者隨亭隧。（二三二、二六）

(5) 道上亭驛。（一四九、二七）

(6) 樂昌隧長己戊申日，西中時，使並山隧塢上表再通，日入時，苣火三通，己酉日，再（通）。（三三二、五）

(7) 守望亭北，平第九十三田。廣三步，長七步。積二十一步。（三〇三、一七）

(8) 建平五年八月□□□□□廣明鄉嗇夫容假佐玄，敢言之，善居里男子丘張自言與家買客田，居作都亭部，欲取（過所）案張等更賦皆給，當得取檢，謁移居延，如律令，敢言之。（五〇五、三七）

(9) □縣河津門亭。（三七、三三）

(10) □道鳴池里陸廣地，為家私市張掖酒泉眾行食，已住今□門，亭，障，河津，金關，毋苛止，錄後使。敢言之，如律令／掾不害，令史應。四月甲戌入。（三六、三）

(11) 虜守亭障，不得燔積薪。晝舉亭上烽，一煙；夜舉離合苣火。次亭燔積薪，如品約。（一四、一一）

(12) 為亭隧 所。（五一二、五）

(13) 南書一葦一封，潘和尉印？詣都尉府。六月廿三日庚申，日食坐五分。沙頭亭長發騂北卒。日東中六分，沙頭亭卒宣付騂馬卒同。（五〇六、六）

(14) 南書一葦一封，張掖肩候詣肩水都尉府。六月廿四日辛酉，日蚤食時沙頭亭長使騂北卒音，日食時二分，沙頭卒宣付騂馬卒同。（一五四、二）

(15) 火一通，人定時發，塢上苣一。（五三六、三）（三四九、二九）

(16) 元延二年十月乙酉，居延令尚，丞忠移過所，縣，道，河，津，關，遣亭長王豐以詔書買騎馬，酈泉，敦煌，張掖郡中，當言傳舍從者，如律令。／守令史朗，佐襃，十月丁亥出。（一七〇、三）

(17) □□府以郵行。（六二、二）

(18) 肩水□□隧次行。（二八八、三二）

(19) 匈奴入塞在及金關以北，塞外亭烽見匈奴人舉烽煙和，五百人以上能舉二烽。（二八八、七）

(20) 居延亭徼寧當軺車一乘。（五一、六）

(21) 長十丈七尺，塢高丈四尺五寸，按高六尺，御□高二尺五寸高二丈三
尺。（面）

　　陽城塢寬高袤厚，上下舉，負候長，候史治名葆塞蜓袤道里，塢高士
吏畫多三月奉，付出之，□□隧史□多三月奉（付出）之。（背）
　　（一七五、一九）

(22) 甲渠部候以亭行。（三三、二八）

(23) 不敵日，亭卒不候。（六八、一一四）

(24) 第廿九車父白馬亭里宿武都。（六七、二）

(25) 第十八隧長鄭彊從補郭西門亭長、移居延。一事一封。六月戊辰尉史
。（二八五、一五）

(26) 三月餘□粟一千九百六十八石三鈞十斤，其三千五百卅三塢三千百卅
六石積三塢，千石積高沙亭部。（一七八、七）

(27) 五鳳二年八月，辛巳朔，乙酉，甲渠萬歲隧長成敢言之，迺七月戊寅
夜，隨塢陞傷要，有瘳，即日視事，敢言之。（六、八）

(28) 居延都尉府以亭行。（八二、三〇）

(29) 入糜小石十四石五斗。始元二年十一月戊戌朔，第二亭長舒，受代田
倉驗見，都丞延壽臨。（二七三、二四）

(30) 出糜小石十二石為大石七百二斗，征和五年正月庚申朔，庚申，通澤
第二十亭長舒，受部農第四長朱。（二七三、九）

(31) 臨道亭長光以倉吏四人。（三〇八、一七）

(32) □□年九月丁巳朔，庚申，陽翟長猛，獄守丞就兼行丞事，移函里男
子李立弟臨自言取傳之居延過所。縣邑侯國勿苛留如律令，候自發。
　　（一四〇）

(33) 出糜卅三石二斗，征和三年八月戊戌朔己未，第二亭長舒付屬國百長
千長。（一四八、一）（一四八、四二）

(34) 入糜小石十五石始元三年六月□□朔甲子第三塢長舒受代田倉驗見都
丞臨。（二七三、一四）

(35) 小石十五石始元三年四月乙丑朔丙寅第二亭長舒受胡倉驗建都丞臨。
　　（二七三、八）

(36) 元延二年十月壬子甲渠候隆謂第十候長忠等記到各遣將粟。（二一四、
三〇）

(37) 出十二月吏奉錢五千四百候長一人候史一人隧長一人五鳳五年五月丙
子尉史壽王付第廿八隧商奉世卒功孫辟非。（三一一、三四）

(38) 入糜小石十二石始元五年二月甲申朔丙戌第二亭長舒受代田倉臨□。
（二七五、二三）

(39) 河平二年正月己酉朔丙寅，甲渠部候誼敢言之，府移舉書曰：第十三
隧長解宮病背一傷右角立。（三五、二二）

(40) 九月乙亥鱳得令延年，丞置敢言之。肩水都尉府移肩水候官告尉，
謂東西南北都□義等補肩水尉史，隧長，亭長，關使者，如牒，遣自
致。頡良，王步光，成敢，石脅成皆□書牒署從事，如律令。敢言之。
（九七、一○）（二一三、一）

(41) 積薪東頃，十四隧長房井塢上北面新傷不補。（一○四、四二）

(42) 五戶關椎皆故。有新未？非子曰，故隧長有新關椎，在三堆隧，未作，
毋累舉。（四六、二九）

(43) 三堆隧戍卒居延陽里芫宣。（七三、一五）

(44) （甲）渠郭候喜謂第四候長宣第十候長……事如律令。（一三六、
四一）

(45) （敢）言之，其母井者各積冰亭十石。（五三四、九）

(46) 隧長更生疊亭簿，五月庚辰刻疊亭盡甲辰廿五二百九十／五月乙巳
作。（面）
肩水戍亭二所，下廣二丈八尺六月簿餘穀百六十石（背）。（五四、
二三）

再據《睡虎地秦簡》：

(1) 如官嗇夫其他冗吏，令史，掾，計者，及都倉，庫，田，亭，嗇夫，
坐其離官，屬於鄉者，如令丞。

(2) 市有街亭求盜在某里曰，甲傳詣男子丙，及馬一匹，雜牝，右剽，緹複
衣帛里，莽緣領袖，及履，告曰，丙盜此馬衣，今見在亭旁，而捕來詣。
(3) 爰書，某亭長甲，求盜某里曰乙……縛繫男子丁。

(4) 爰書，某亭求盜甲告曰，署中某所有賦死結髮，不知何男子來告……
男子屍到某亭百步，到某里士伍丙田舍二百步，……訊甲亭人及丙，
知男子何日死。

專就以上所列的秦簡及漢簡，可以推證下列的各種關係。

(1) 亭和「隧」、「塢」、「堠」的關係究竟是些什麼關係？其中異同究竟在那幾點？

(2) 亭和縣，鄉，里，驛的關係究竟是怎樣的。其中有關的問題，如同配置問題，如同林政屬問題，如同工作問題，究竟是怎樣的？這兩點都是有關亭的重要事項，必須加以澄清，然後什麼是亭，才可以立一個界說。

依照《說文解字》的解釋「隧，塞上亭也」來看，亭和隧是同類的組織、功用和建築。只是在內郡叫做亭，在塞上叫做隧。從《敦煌漢簡》及《居延漢簡》來看，漢代長城地帶的防禦及情報單位是隧，也就是把內地的亭移到塞上，就叫做隧。所在的地位不同，因而名稱有異。隧既然賦與一個特別名稱，當然不能簡單的把內地的亭搬到塞上來，其中當有隧專有的特質。漢代內地的亭內容怎樣，從現有的史料來看確實不太清楚。隧的內容，因爲從文獻上（漢簡）及遺址的遺留來看，可知的已經不少。現在可以大致用隧的內容及形式來推斷亭的內容及形式。只有一點，亭簡單而隧複雜，凡是隧多出來的設施，亭可能並不具備。若用概括的敍述，這樣也許可以說明亭和隧的分別。

現在把亭和隧大致比較一下來說明亭和隧其同異所在。內地的亭，其中服務的人，計有亭長一人，管理亭的事務；求盜一人，佐亭長維持治安；亭父一人，對於亭的整理、清潔各項工作去服務。不需要更多的人。至於隧上工作較多，就比較有伸縮性，例如：

> □城□（隧）卒一人候望，□起畫天，人力不足。（《敦煌簡》）
> □戍卒三人以候望為職。戍卒濟陰郡定陶羊于里魏賢之死，夜直候誰？夜午時紀不辦，□宜步卒除……（《居延簡》一八三・七）
> 鉼庭隧還宿第卅隧，即日旦發第卅，食時到治所第廿一隧，病不幸死。宣六月癸亥取寧，吏卒盡具，塢上不乏人，敢言之。（《居延簡》三三・二二）

現在從《敦煌簡》和《居延簡》的記載來看，各隧有多少戍卒，不能完全確定，不過除隧長以外，有三個或四個戍卒，輪值守望。就和內地的亭組織不同。內地的亭有亭長、求盜和亭父三人已可以應付，而隧卻有一個隧長及三四個戍卒，要有四五個人才夠用。就這一點來說，亭和隧顯然有別。

在邊塞的區域中，例如居延，就有亭也有隧，前引第 (25) 條，第十八隧長鄭彊從補郭西門亭長。在同一簡中亭與隧的名稱顯然各有所指。第十八隧是塞上的隧，而郭西門亭是指居延城外郭的亭，範圍不同，亭與隧並非互稱。又如前引的 (40) 條，稱肩水尉史、隧長、亭長、關使者，等等。亭長和隧長並稱，也顯示著在一些地區有亭長也有隧長，應當賦予不同的職務，表示亭長替人民服務，而隧長防邊。但在漢簡裡面，卻是同樣一處隧長，有時或稱亭長，或稱塢長，或稱隧長。凡是亭長、塢長或隧長，都是一種法律上的定稱。在公文及法定的記錄上，是不應當用幾種官名，互相代替的。只是在以前引到的漢簡，如 (29)、(30)、(33)、(34)、(35)、(37)、(38)、(39) 等條就表示著隧長曾有三種不同的稱法。但是再進一步來看，那就在漢武帝時至昭帝元始三年四月，隧長的職名是「亭長」。到了昭帝元始三年六月，隧長的職名改爲「塢長」。到了宣帝時代，一直到東漢時期，隧長的職名都是「隧長」，不再用亭長或塢長的稱呼。

在《漢書》中，武帝時候，是不用隧這個名稱的。《漢書‧匈奴傳》上：

> 武帝即位，明和親。漢使馬邑人聶翁壹……陽為賣馬邑城，以誘單于。……單于既入漢塞，未至馬邑百餘里。見畜布野而無人牧者，怪之。乃攻亭。時雁門尉史行徼，見寇，保此亭。單于得欲利之。尉史知漢謀，乃下，具告單于。單于大驚曰：「吾固疑之。」乃引兵還。出曰：「吾得尉史，天也。」以尉為天王。

這是武帝初年時的事，塞上的亭就是後來的隧。此處稱做亭而不稱做隧，表明當時還是把後來的隧叫做亭的原故。

從亭隧的兩次改名稱一件事看來，是有其理由的。從亭改作塢，可以看出塞上的亭是有塢的，而內地的亭是沒有塢的。這一點就顯示塞上的亭的特質。內地的亭雖然不具有塢，但在內地除亭以外，尚有建塢的(譬如郿塢，就是一個儲存用的塢)，塢的名稱並非是塞上專用。爲了避免紛擾，後來又採用了專爲塞上使用的名稱，隧這一個字。從這一系列名稱的變動，使我們更可以了解亭隧的特質。

亭隧的起源應當追溯於一般的亭。《說文》「亭，民所安定也。亭有樓從高省，丁聲」，按照此處來說，亭的本意應當是高處建的瞭望樓，來保衛人們的治安的。這個字如其窮原溯流，和京字、郭字、高字等都有相關的意義，考證起來較爲繁

複。今只依據漢代著作的《說文》，就此討論漢代的事物，更爲簡單些。

　　本來新石器以來的遺址，大都在沿河的臺地上。商代的亳，周代的鎬京，都表示是一些高地建築。亭的原義，不一定是全爲偵察，而居住的意義是更爲重要的。但是人口增加和都邑擴大的結果，這種高地建築，並不能概括一個都市，因而亭的名稱縮小到都市的中心部分，也就是漢代所謂「都亭」。這是一個城的核心地區。

　　《漢書‧地理志》記載著許多郡縣的名稱，王莽時加以改動，而郡治地方還有許多以「亭」來稱的，這當然是保存古義。就中如東郡濮陽，莽曰「治亭」(汝南平興，《注》應劭曰「故沈子國，今沈亭是也」，此非莽所改)。濟陰郡定陶，莽曰陶丘亭。沛郡相，莽曰吾符亭。平原郡鬲，莽曰河平亭。千乘郡濕汝，莽曰庭亭。蒼梧郡廣信，莽曰廣信亭。信都國信都，莽曰新博亭。這些用亭作城名的，又多屬郡治。所以此處的亭，顯然不是偵察的意思，而是 (1) 亭爲在高處上的建築，和「京」具有同樣的意義，因而用於治所。(2) 郡治多在人口衆多之處，亭是住人的，與《說文》之「人所安居」相符。——這種情況可以有一種解答。即在遠古時期，爲著防水並且防野獸的侵襲，人就選擇高處來建房舍，這種高處的房舍就叫做京或亭。這些不同地位的亭，往往是可以互相看望的。結果主要的亭就變成貴族宮室的臺殿，而附屬的亭就成爲瞭望偵察的瞭望臺。在近年一切考古的工作中，發現了許多戰國時的都城，如燕下都及邯鄲等，其宮殿的遺址，都在人造的高臺上。(所以宮殿存則稱爲臺或殿，宮殿廢圮就稱爲丘墟，凡稱某氏之墟，仍是高地的意思。)這種貴族的宮室在高丘之上，平民繞貴族宮室而居(後來再修城市的圍牆)，和日本及歐洲封建時代的城堡，在發展程序上是類似的。

　　爲著亭制在一個長期進展之下，有相當複雜的演變，到了漢代道路上十里一亭的亭，以及烽燧用的亭，在亭的發展中只是其中的一支，和其他居住的亭，早已名同實異。但在做亭的初步探討之時，仍會構成混亂和誤會的。舊作〈漢代的亭制〉一篇中，就因爲有種種的考慮而發生了互相矛盾的看法。因此爲了對於亭的演變作更進一步的分析，就需要把各種不同的亭再作一個演變的分析。以下是一個簡單的演變表：

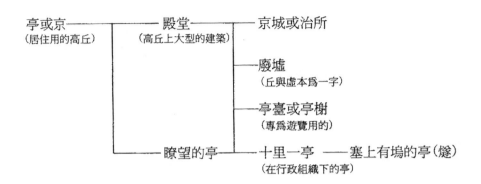

所以漢代十里一亭的亭，原是專供警備之用，其地區可以有居民，也可以沒有居民。但亭也可形成一個區域。再從另一方面來說，這些居民雖附著於亭，其管理居民的責任以及收取賦稅的責任是屬於鄉的 [1]，其自治性的活動(如同里社)是屬於里的。東漢以後封侯的區域，有縣侯，有鄉侯，有亭侯，而里不用來做侯國。這是里的面積太小，不能做成一個侯國的單位，亭可以容下十個以上的里，可以構成較大的單位。再嚴格說來，亭的功用以治安為主，只能算是一個警察區。用現今制度來比喩，鄉和亭的關係，可以說和鄉鎮公所與警察派出所的關係，有些類似之點。

亭所包括的範圍既然如此複雜，所以塞上的亭，爲了在命意上能夠簡潔，在昭宣時代改一個新的名稱是應當的。第一次的新名稱卻是塢而不是燧。今就內地的亭和塞上的亭來比較一下，內地的亭，可以供傳烽之用，但卻只有一個烽臺，烽臺以外並不需圍牆來作防禦之用。內地的烽臺如《漢書 · 匈奴傳》上所稱「烽火通甘泉」，正表示甘泉宮旁就有烽臺。至於西安至楡林大道，烽臺到民國初年尚存。蘭州至武威張掖大道，烽臺到民國三十年尚存。至於漢代十里一亭，在不屬於國道部分，只是縣與縣交通道路上，是否尚有烽臺？因爲不曾發現過遺址，現在假定那種地方不應當有烽臺，只應當有「道班房」式的房子，卽所謂「郵」，來做偵察人員居住之用，也就夠了。

---

1 秦法的戶籍是用什伍組成，而互相伺察。這些事應當是集中於里的。所以漢代的戶籍，還是以里爲單位。因此戶籍的名冊，除去收賦稅的鄉，需要一份以外，在里方面亦必有關於戶籍的檔案。這樣看來，里的伺察任務要和亭接觸，而戶口任務要和鄉接觸。

　　邊塞上的亭，應爲除去偵察及通訊的需要以外，還要兼顧到防禦的需要，除去亭的本身有相當高度以外，還需要圍繞著圍牆，這就是「塢」。原來塞上守禦用的牆壁，除去長城以外，在比較小一點的範圍上，還有三種不同的形式。第一種是「城」，譬如被叫做黑城的居延城、敦煌城的漢代郡城，都是和內地的縣城相仿，是一種規模較大的城圍。第二種是障，漢代的障，可以說有一定的標準形式，城圈不大，只有一個城門，城牆卻相當堅厚，譬如玉門關城及地灣的障城等都是。第三種是塢，塢的厚度較城牆爲薄，高度也比亭爲低，據前引敦煌簡 (3)，亭高四丈二尺 [2]，又據前引敦煌簡 (21)，塢高丈四尺五寸，塢的高度不過亭的高度三分之一。以市尺計算，塢約計也可以高達市尺一丈，所以也可以構成防禦的作用。

　　亭和塢的關係，如下圖所表示：

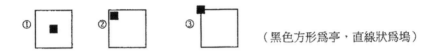

（黑色方形爲亭，直線狀爲塢）

所以在亭上的建築，除了亭(烽火臺)就是塢(圍牆)。若以建築物來命名，如其不叫亭，第一個選擇就利用到塢這一個字了。

　　堠字在漢簡中不常用，其中前引 (26) 及 (42) 的「三堠」是一個燧的專名。原來堠字係從候字變來。但候官及候長都已用候字，自用不著再時常用到堠字來增加紛亂。

　　烽字漢簡中作蓬 ，這是一種綜合的訊號，在亭的上面，懸掛烽表，再用煙來表示。燧指烽火臺上的積薪和炬火，《史記・司馬相如列傳》說：「聞烽舉燧燔」，《史記集解》引《漢書音義》說：「烽如覆米奠 ，懸著桔槔頭，有寇則舉之。燧積薪，有寇則燔然之。」《漢書・賈誼傳》：「候望烽燧不得臥」，《注》引文穎說：「邊方備胡寇，作高士櫓，櫓上作桔槔頭，懸兜零，以薪草積其中，常低之，有寇則火然，舉之以相告曰烽，又多積薪，寇至，然之以望其煙曰燧。」以上兩種注文都確有根據，不過也都有問題。烽表確用桔槔(漢簡「烽不可上下」，卽用桔槔來上下布烽)，

2　《墨子・雜守篇》：「築郵亭者圍之，高三丈以上。」此處用的周代尺度，和漢制不同，顯然比漢制要低些。

但桔槔只是用來舉布製烽表的,供白天之用。其在白天,除去烽表以外,還用煙,在漢代烽臺的頂端,有些現在尚存煙竈。只是烽臺頂只能舉一煙,所以在烽臺之下,應當有別的煙竈以便再多舉煙,只是烽臺以下容易破壞,現在還未曾找到,但應當確實有的。所以烽的制度,白天只用表和煙兩種,就已經夠了。

如其在晚上,也只用苣火和積薪兩種,積薪是在塢以外焚燒的。在塢的內部,包括塢上或亭上(即烽臺上)都用苣火。當然苣火是可以用桔槔舉起來,不過在西北沙漠到處是一望無涯的,加之空氣清朗,甚少煙霧,晚上比起白天,一根香頭的火光,就可以在五六里外望見。如其採用苣火,十里至十五里,可以望見,毫無問題。苣火放在竿頭,或者用人手持,遠處看來,都是一樣。所以把苣火用桔槔舉起來,並無實際的價值。居延和敦煌簡所記晚上是不用桔槔的。《漢書音義》及《漢書注》所說兜零形的烽,在漢簡上找不到印證。只有一點,積薪和苣火在大風時都有困難,尤其苣火更難在大風時不致熄滅。如其在竹籃中盛以陶罐,用薪炭燒起來,再用桔槔舉起來,雖然光度稍差,卻也勉強可以做苣火的代用品,這也是合理的。不過漢簡上並無此物,除非是東漢以後新創的事物,以代苣火的,西漢時尚不見用到。

從以上看來,雖然烽和燧兩樣並稱,但烽確指一種事物,即烽表,司馬相如所稱的烽舉燧燔,烽舉是指舉上烽表,但燧燔卻可以指亭上?所舉的煙,也可以說苣火或積薪。在塞上似乎並無一種特定的烽火記號可以叫做燧的。燧既然是一個比較廣泛的名稱,也許在漢代長期中,把塞上的傳烽站,不稱爲亭,不稱爲塢而稱爲隧的原因。但是這個名稱後代並不沿用,唐人就把烽火臺不稱燧而稱爲烽了。(至於「站」這個名稱,那是蒙古話,當然更後。)

二、說亭與隧並論亭與里

以上所談的是漢代亭制的大致情形。其中亭制牽涉的較爲廣泛,因而就不免發生了許多不能解決的問題而形成了不少糾紛。在我所作的〈論漢代亭制〉,主要的是從顧炎武《日知錄》一段引申出來,後來再讀本文,覺得不滿,又作了附記一則。因爲附記是後作的,思路和作本文時,完全從顧炎武的意見,出發點不同,就不免形成了互相矛盾的現象。現在再檢討一下,本文和附記,其中得失,還可

以再作檢討。

漢代縣制之中，顯然的，在令長以下，丞尉二百石至四百石，是朝廷命官，為第一級；鄉嗇夫秩百石以及比於百石的有秩，為第二級；游徼和亭長，都是縣吏，但都是斗食，不及百石，為第三級。以上的都是官或吏，為有給職。至於鄉三老，是名譽職，除去可以復除交稅以外，是無給的。里魁在文獻上，並沒有證據證明是吏，依照一般的傳統，如三長法或保甲法，這些後世所謂「鄉官」實際上是自治的「會首」。其所有支出，應當是由里社公積或由里社分攤，不在朝廷預算之內。如其把縣中的公事都認為是治民，那就嗇夫、游徼和亭長，都是治民的。反之，在邊境上的候官（相當於縣令長）、塞尉（相當於縣尉）、候長（相當於鄉嗇夫）、隧長（相當於亭長），卻都不是治民的。這種官名的分別，就表示候官、塞尉、候長、隧長是純武職；而屬於縣的縣尉、游徼、亭長，只是一種警務上的官職，並非一些純武職。顧炎武說亭有人民，其中並非那樣的簡單，卻也並非完全荒謬。

當然，顧炎武那篇是一個創始的工作，其中自亦難免不精密之處。例如，他說：

> 「又必有城池，如今之村堡」，自注：「今福建廣東，凡巡司皆有城」。《韓非子》：「吳起為西河守，秦有小亭臨境，起攻亭，朝而拔之。」《漢書·息夫躬傳》：「客居丘亭，姦人以為侯家富，常夜守之。」〈匈奴傳〉：「見畜布野，而無人牧之，乃攻亭。」《後漢書·公孫瓚傳》：「卒逢鮮卑，乃退入空亭。」是也。自注云：「減宣怒其吏成信，信亡入上林中，宣使郿令將吏卒闌入上林中蠶室門，攻亭，格殺信。」（見《漢書·酷吏傳》）是上林中亦有亭也。

這一段所引的說到亭的地方，並不是那樣一致的，必需加以區分類別才能得到真相。他說亭有城池，是錯的，他說：「今福建廣東，凡巡司皆有城」，也是比擬不倫。明清縣的分巡，如縣丞、主簿之屬，都是朝廷的命官，其築有城池，自不足異，亭長只是吏不是官，所以不會有城池的。亭卻可以據守，因為有下列的兩點，第一，亭是在高地築臺，所以可以據守，不一定就有城堡；第二，亭可以有塢，塢是圍牆不是堅厚的城，更不具有城壕或池。所以在這一處原則不錯，還是有些誤會。至於《韓非子》所說秦邊境的亭，以及〈匈奴傳〉所說的亭，以及《後漢書·公

孫瓚傳》所說的亭，大都是亭隧的亭，原有的防禦工事較為堅固，所以可以據守一下。第二，〈息夫躬傳〉所說的「丘亭」（即廢置的亭），這和〈淮南王長傳〉有司奏徙長到邛的舊事，是相同的。這種亭兼有驛的作用，其中有房屋供傳舍之用。《漢書·武帝紀》：「徵吏民有明當世之務，習先聖之術者，縣次續食，令與計偕。」所有被徵的人居住的傳舍，也就是這種亭，不是以據守為任務的。第三，上林中的亭，和邊境據守的亭，和內地路上做傳舍的亭，都不相同，這種亭實際上是上林中的瞭望臺，因為上林遼闊，其中要設警衛的觀望站，其建築形式和亭相同，卻與外邊的亭作用是不一致的。

綜以上所述，亭只有兩種不同的類別。在內地或邊郡有人民的縣道中，是叫做亭的，亭有亭長，負治安警備的責任，但也兼管道路郵驛。如其亭在城內，叫做都亭，民間經常一切治安以外的問題，用不著都亭的亭長去過問。但是在縣治以外的亭，都叫做下亭，其中民間經常問題，不在法定之內的，也可以要亭長負調解的責任。有些村落距離縣治和鄉治都很遠，亭長要負治安的責任，遇到了地方上的糾紛，亭長仍然是當地的官方代表。只有賦稅方面，這是嗇夫的專責，其他吏員如同游徼及亭長，也都無權過問。漢代戶口和賦稅是在同一範疇之內的，嗇夫管賦稅，當然也就管戶口，這就不是亭長職分之內了。此外還有傳烽示警的責任，雖然是從邊塞的烽堠傳過來，但傳到內地，當然由緣大道的亭一直傳過去。這就不分內地的亭或邊塞的隧了。

至於邊塞的隧，原則上其下沒有居民，當然是純軍事的組織而沒有吏治的成分在內。從隧長向上一層是候長，再向上一層是候官，都是一樣的不涉及民政的。但從候官上溯那就是太守及都尉，這就與內地相類似了。不過邊郡和內地還是有些不同。譬如郡當邊塞，丞稱為長吏，官名既異，職分當然有殊。邊郡和內郡既然職責不同，到了東漢，內郡取消都尉，無都試之事，而邊郡卻和西漢一樣的把都尉之職沿襲下來，這就證明了內郡和邊郡的殊異。

漢代的吏是分為文吏和武吏的。文吏學書武吏學劍，在試吏時，書劍的技術是必需純熟的（見舊作〈史記項羽本紀學書及學劍的解釋〉）。亭長是屬於武吏的範圍的，但亭長的升遷，還是走文職的路（見《漢書》八十三〈朱博傳〉），這就表示無論文吏或武吏，都是吏。《居延漢簡》中的隧長並非以武吏為限，也以文吏充任。

所以漢代吏員雖分文武，如其可以勝任，並不限於各就各類。就行政組織說，漢代里是直屬於鄉的，亭不在直接鄉里系統之中，但從烽燧中可以發現社祀的記載，社祀是里的事，也就是說即令在邊區，隧長是不治民的，若其中住有人民，隧中的人也可以參與人民的社，內地的亭當然也仍同此例。

里的疑義的構成，可能還是由於歷史上的演變，起了分歧。如其分畫井田(不論井田賦稅如何交法)，那就一井就是一里。但在人口密集之地，就又有了一個二十五家爲里的雙重標準。漢代以十里爲亭，是不按戶口的多寡的，而鄉里的里，又依照戶口數目。在漢代各亭，是有各亭的「亭部」的。這個亭部，是依據道里的遠近，以亭爲中心，前後各十里來畫分。這種亭當然是下亭而非都亭。亭所在的村鎮，也當然大小不同。在人口密集之處，一個亭部可能有三五百戶，在人口稀少之處，可能只有一兩戶，甚至可能並無居民。一個亭長對於一個亭部所負的責任是維持治安而非收取賦稅，卻也不能認爲亭長只負軍事的責任，對於居民一點關係也沒有。

就一個縣廷的組織來說，令長的輔助是丞和尉，但實際上辦事的人，在內是功曹，在外是督郵。功曹的職守是管縣廷中人事的，各種考績的工作。督郵的職守是循行鄉亭，監督嗇夫、游徼及亭長的。但督郵的職名意爲督察郵驛，可見對於郵亭的事是認爲一個重點。漢代令長之職所管到的，相當廣泛，例如賦稅、戶口、力役、詞訟、盜賊、郵驛、徵調、教化、祠祀等等，從鄉亭到里，各有所司，很難做一個簡單的概括。只能大致來說，詞訟和賦稅應該屬於嗇夫，盜賊和郵驛應當屬於游徼和亭長，教化應當屬於三老，祠祀及人民的聚會應該屬於里。其他則隨事的大小，就所在的區域由令長指定所在的吏員來處置。這一類問題過去王毓銓和日比野丈夫就爭論過，其實這個問題太複雜，資料不全，很容易發生疑問。我的基本看法，還是根據《日知錄》那一條，但其中確還有不少矛盾和誤解的地方，方始再去修改一次，至今還不敢說一定是對的，只是希望能夠更進一步，隨時參酌時賢的新見解來改正。

在《居延漢簡 · 圖版之部 · 再版序》中(第十三葉)，對於《漢書 · 百官公卿表》所說：「大率十里一亭，亭有長，十亭一鄉，鄉有三老、有秩、嗇夫、游徼。」認爲敍述失眞，現在看來，還要重新考慮，這裡原文確是鄉、亭、里三級。這三

級表示一個鄉平均下來可以容下十個亭，一個亭平均下來可以容下十個里。其中只講面積，並不講部屬。換言之，里的占地雖是亭的一部分，但里的行政仍直接由鄉指導，亭長只是旁系。這種錯綜複雜的關係，自然會生出許多不同的看法的。

三、說亭與郵

亭的功用在內地是備盜賊、清理道路，在塞上的隧是備胡虜、傳烽候。都是以道路線上或長城線上為主。郵的組織是為著傳遞公文書信，和亭隧以道路為分配的情形，正相符合。因此郵的配置也和亭的配置互相補助，《漢舊儀》說：

> 亭長教射，游徼徼循；封，游徼，亭長皆習設備五兵。五兵、弓、弩、盾、刀、劍、甲、鎧。

> 設十里一亭，亭長亭候。五里一郵，郵間相去二里半。（亭長）司姦盜，亭長持三尺版以劾賦，索繩以收執盜。

上引的「郵間相去二里半」或作「郵亭間相去二里半」，這是一個不易解答的問題，如其是郵間相去二里半，那郵與亭的布置，應如下式：

亭←五里←郵←五里→亭
（兼有郵）　　　　　（兼有郵）

如其是「郵亭間相去二里半」，則郵與亭的布置，應如下式：

亭←二里半→郵→五里→郵→二里半→亭
（不兼郵）　　　　　　　（不兼郵）

這裡郵字是什麼意思，原文太簡，不能確定。但就一般解釋，郵為傳送郵書，這個「郵間相去二里半」的分畫，代表著什麼功用，也就十分費解。依照漢簡的記載，如《居延簡》記「南書」幾封，或者《敦煌簡》「西薄書」幾封，下面都有隧卒某人交與隧卒某人，都是從這一個隧直接送與下一個隧，其中並無所謂「郵」的記錄（見前引(13)，(14)等簡）。又如前引(17)、(18)、(22)、(28)或稱「以郵行」或稱「隧次行」，或稱「以亭行」，實際上都是一樣的含意，不可能在亭隧上還有兩種以至於三種的傳遞公文書信制度。所以「五里一郵」從亭隧上的文獻上看並不相合。依照《漢書》八十二〈薛宣傳〉：「郵亭不修」，郵為郵舍，亭為望臺，卻應仍在一處。

再就情理來推論。亭卒的人數有限，守望的工作更繁於送信的工作。就現在發現的漢簡來看，亭隧上要做的事很多。除去守望烽火以外，還要整理亭隧，補修亭障，修理兵器，畫塞上天田，以至於開墾田地。不可能把送信當成專業。如其設有專送信而不作別的事的「郵卒」，那就所有的戍卒都住在隧，不會有距亭隧五里或者是二里半的「郵舍」。再就工作便利以及工作效率說，一隧送傳一隧是較為便捷。從此隧送到半途，再由彼隧派人來接，不僅周折費時費事，而且無此必要。所以由事實來推論，也沒有在兩隧之間，又加添一個或兩個「郵站」的可能。塞上既是如此，同樣的，在內地也看不出兩亭之間，有加添「郵站」的必要。所以五里一郵這句話，其中尚有複雜的情況，不是簡單的承認或否認的問題。

先談這一個郵字，這個字正是一在形義和聲韻兩方面都有問題的字。《說文解字》：「郵，境上行書舍，從邑垂，垂邊也。」這從土的境字，《說文》所無，境當作竟，此字有被後人增添的嫌疑，清苗夔《說文聲訂》說：「夔案：垂邊也三字，當作垂亦聲，以後人讀郵與垂聲遠，故改垂亦聲，作垂邊也，與境上字複而不覺也。」這是對的，《說文》邑部，全屬形聲，無一字屬於會意，因為邑部中所有各字，邑字都屬後加。其字原屬假借，到了加了邑旁，就變為形聲。其實形聲和假借是同源的，其中並無一個是會意字。同類的例子，是《說文》的巷字：「巷里中道，從雙邑從共，皆在邑中所共也。」巷字從雙邑或從單邑得形，從共得聲，古今向無異說。與此同類，又如郭字，原釋國名，但城郭之郭，亦用此字，從邑，由古郭字 𩫏 得聲。所以郵字從垂得聲，在邑部之中，本非例外。清王玉樹《說文拈字》亦云：「按郵以垂得聲，古音讀若垂也。」案依照古音讀法，非不可能，但還有相當的困擾。

本來造字的原則中，形聲的應用，遠比會意普遍。在九千字中，百分之九十以上，皆是形聲。但古讀寖亡，後來世俗無從了解古音的嬗變，許多師心自用的人，便牽強附會，積非成是。顏之推《顏氏家訓・雜藝篇》：「北朝喪亂之餘，書跡鄙陋。加以專輒造字，猥拙甚於江南，乃以百念為憂，言反為變，不用為罷，追來為歸，更生為蘇，先人為老，如此非一，偏滿經傳。」這些造字的方法，顯然的都是用會意法代替形聲。唐代武后新字，也是大量利用會意。甚至於王安石作《字說》，如波為水皮之類，仍然是廣泛的利用世俗觀念，以會意來代形聲的原

則。《說文解字》本是經過李陽冰等人竄改過的，郵字的形聲原意曾被去掉，也不足爲異。

郵字既然是一個形聲字，那就這個字的構造不必過分追求，只要把郵字的解釋，從古籍引用中的命意去檢討，也就夠了。照《說文解字》上解釋，郵字指「境上行書舍。從邑垂，垂邊也。」除去「行書舍」三個字，是許君原文無誤以外，其從邑垂三字，自亦可爲許君原文，不過非常可能爲「從邑垂聲」四字，被人改「聲」字爲「垂邊也」三字。因爲照應「垂邊也」三字，在最前反加上了「境上」二字。不僅此「境」字非說文土部所收之字，而且行書舍，既爲行書(或傳書)，就會從國都延伸，不能專以境上(或邊區)爲限[3]。若傳書只從邊區對邊區，而不是國都對邊區，那是於事理不通的。郵字若是形聲，就不至於有此荒謬的解釋，只有把許君形聲的原意改掉了，才會有此扞格難通的怪論。現在需要和《漢舊儀》印證，《漢舊儀》所記的郵，是不以邊區爲限的，則許君原文應當只敍明「行書舍」爲止，未曾指明以邊區爲限。《漢書》顏師古《注》，有好幾處涉及郵字的解釋的，例如：

> 《漢書》四十四〈淮南王長傳〉：「制曰，其赦長死罪，廢勿王，有司奏請處蜀，道，邛，郵。」《注》師古曰：「郵行書之舍。」

> 《漢書》七十五〈京房傳〉：「上令陽平侯鳳承制詔房止無乘傳奏事，房意愈恐，去至新豐，因郵上封事。」《注》師古曰：「郵行書者(舍)也，若今傳遞文書矣。」

> 《漢書》八十二〈薛宣傳〉：「宣子惠，亦至二千石。始惠爲彭城令，宣從臨淮遷至陳留，過其縣，橋樑郵亭不修。」《注》師古曰：「郵行書之舍，亦如今之驛及行道館舍也。」

> 《漢書》八十九〈黃霸傳〉：「霸爲選擇良吏分部宣布詔令，令民咸知上意，使郵亭鄉官皆畜雞豚。」《注》師古曰：「郵行書舍，謂傳送文書所止處，亦如今之驛館矣。鄉官者鄉所治處也。」

> 《漢書》八十九〈黃霸傳〉：「嘗欲爲有司察擇年長廉吏，……吏不敢舍郵亭。」《注》師古曰：「舍止也。」

以上各條顏師古《注》是非常重要的證據。顏《注》對於「郵」字的解釋，是完全根據

3 　《孟子‧公孫丑》上「孔子曰德之流行，速於置郵而傳命」。所說的德，是指天子到諸侯，從中心傳播的，這個郵的命義，自不是以邊境爲限。

許慎《說文》的解釋的。但是這幾條之中，除去淮南王長一條，可以勉強把郵作為在邊境的解釋以外，其餘各條的郵，都是在內地而不是在邊境，而顏氏仍引用《說文》。可見在顏氏看到的《說文》原本，只是「郵，行書舍也」而非「郵，境上行書舍」。既然原文並無「境上」二字，也就不論是境上行書舍，如〈淮南王長傳〉所稱，或者非境上行書舍，如〈京房傳〉、〈薛宣傳〉以及〈黃霸傳〉所指，顏氏都同樣的用「郵行書舍也」來解釋，不加分別。這就確切證明了古本《說文》是怎樣一回事，而郵字只是一個形聲字，並非一個會意字。

再根據「郵行書舍也」一句來引中，此中最重要的是「舍」字，這種房舍是「行書」或「傳書」用的。那就《漢舊儀》中的「十里一亭，五里一郵，郵間相去二里半」解釋起來，也就不至於無徵不信。郵既然是房舍，亭也以房舍為主。為了工作方便，有亭之處也附著於亭。決不可能離亭別構，在有亭之處不置郵，更在距亭二里半之處再建行書之舍，以致浪費而無用。因為郵和亭相併，所以《漢書‧薛宣傳》及〈黃霸傳〉皆稱作「郵亭」。至於五里一郵，那是凡有亭之處即有郵，但為了有些地方郵的事務更繁，又在兩亭之間再設一郵。因此就成為每個郵的距離，成為五里而不是十里。若郵與亭完全分離，郵亭二字並稱，就無甚意義了。

十里一亭，五里一郵，其中問題不大。比較解釋上有困難的，還是郵相去二里半這一句。原來五里一郵，郵與郵相距本是五里，此處何以又說是二里半？倘若說二里半指兩郵之界，這個界代表什麼意義？郵舍本來是為了郵卒停留居住，以蔽風雨的，郵卒送信到下一站，照理也是送達下一站的郵舍，再換人接著再送，而不是送到中途，卽由下一站郵卒在中途等候著，接到後再送下站。因為就工作效率說，就郵卒所行的遠近說，郵卒在郵舍等候，或者向前去接，其中並無分別。而中途等候，對於時間無法預期，反而多費人力。所以二里半這個界限，對於傳送書信是無甚麼意義的，唯一的意義，是在漢代的道路，要時常修理的，而郵舍便是現今所謂「道班房」，每一個郵站負責整理的，是前後道路各二里半，二里半以外，便是別的郵負責整理的地方了。

既然有整理的界限，「里程碑」是必需的。這種里程碑，也就和古代所說的「郵表畷」有關。《禮記‧郊特牲》（《注疏》本二十六）：「饗農，及郵表畷，禽、獸，仁之至，義之盡也。」鄭《注》：「郵表畷，謂田畯所以督約百姓於井間之處也。」孔《疏》：

「郵若郵亭屋宇處,所表田畔,畷者謂井畔相連畷於此。」所以畷是田間分界的
道路。而鄭《注》所謂,井畔相連畷於此,也就是說,兩塊井田中分界的道路,若
就漢代來說,漢承秦制,與井田之制不同,照《司馬法》是「六尺爲步,步百爲畝」,
《穀梁傳》宣十五年傳:「古者三百步爲里,名曰井田,井田者九百畝。」此制亦爲《漢
書·食貨志》所引用。至於秦漢之制,則以五尺爲步,二百四十步爲畝。也就是
古代一畝爲六百尺,漢代一畝爲一千二百尺。但若照漢代五尺爲步計算,一里爲
一千五百尺,和古代以一千八百尺爲里的不同。因而里和畝在漢代已不能洽洽互
換。再加上漢代尺度又和周代尺度不同,所以縱然古代的阡陌,到漢代還偶有存
在下的遺跡(見《漢書·匡衡傳》),卻在田制及道路制度上沒有積極的意義。所以「郵
表畷」即使在〈郊特牲〉作者所指的爲古代記里道路的標誌,依照井田區畫而記的。
但到了漢代就與畝制田制無關,只用爲記里的標誌,不代表田制的區畫。《漢舊儀》
中的郵間相去二里半,這個二里半,與井田制,甚至於秦漢畝制,都不能相通。
但卻是一個郵傳距離單位,也就要據已經成爲陳跡的「郵表畷」來追溯從前的消息。

　　過去講郵表畷的以阮元爲最詳,阮氏《揅經堂集》卷一:

> 將欲於平坦之地,分其間界行列遠近,使人可以準視,望止行步無尺寸之
> 差而不可逾焉。則必立一木於地,且垂綴於木上,以顯明其標誌矣。此郵
> 表畷之權輿也。則試言郵,《說文》「郵境上行書舍也」(《漢書》各紀
> 傳亭注皆同)。……《禮記·郊特牲》曰「饗農及郵表畷禽獸」,鄭康成
> 《注》「郵表畷謂田畯所以督約百姓於井間之處也」,引齊魯韓三家詩作「為
> 下國畷郵」。三家詩乃本字古字也。故因陌間相連之處,木為分其界限,
> 則可各曰表,以表繫皮則可名曰綴,因之兩陌間之道路,亦即別制加田於
> 之字名之曰畷,此亦字隨音生,實一義也。……然則〈郊特牲〉所謂郵表
> 畷者,乃井田道里上可以傳書之舍也。表乃井田間分界之木也,畷乃田兩
> 陌之間道也,凡此皆古人饗祭之處也。而郵表畷之古義,皆以立木綴毛裘
> 之物垂之,分間界行列遠近,使人可準視望止行步而命名者也。

其中對於郵表畷之名義頗有新解,但亦有不小的誤會。阮氏引《說文》中郵字的解
釋「郵境上行書舍也」,說《漢書·顏注》數處引《說文》與此「相同」,但他卻忽略
了顏氏沿用《說文》並無「境上」二字。這「境上」二字就是把《說文》形聲字變成會意
字的關鍵。阮氏所有解釋,都從會意字的原則引申出來,所得的結論也就靠不住

了。其次，阮氏以爲畷字是因爲兩陌間之道路，有表繫綴皮製標識，因而得名，這就不免太迂曲了。畷字是一個形聲字，原不必追溯字源的義。誠然形聲字不少是兼義的，但不一定每個形聲字都兼義，勉強追溯，反而變成附會。卽令畷字是有聯綴之義，也只能說用田道聯綴兩陌，不必涉及不一定存在的表，也不涉及對於畷並無必要性的表，更對於表非必要性的垂皮。所以這一個解釋不能承認爲有效的。(此項材料爲楊向奎：〈郵表畷與街彈〉論文指出，雖然和我意見還不一樣，但其論文卻具有相當的啓發性，是應當注意的。)

除非郵表畷三字指三件事，那就要另外做解釋；如其郵表畷三字指一件事，依照中國語的文法，這三個字以畷字爲主，而郵表二字形容畷字。在郵表二字之中，又是郵字用來限制表字。所以〈郊特性〉所指的祀典是祭畷，不是祭郵也不是祭表。但是畷上有郵和表兩個限制的字，又表示這種畷不是一般尋常的畷，而是具有郵表的畷。這種畷的條件是不論它的寬度多寬(因爲有些國道也在兩陌之間符合了畷的條件)，以及是否兼爲郡道或國道。而是必需在兩陌之間，並且，其旁有爲郵舍而設置的表(里程碑)，所以郵表畷所在的地址是有限制的，也就是在漢代情形之下，被限制在十里一亭之亭，五里一郵之郵，以及距郵二里半的兩郵之間處。

爲著證明「表」只是一個簡單的標識，並不限制於特定的某一種標識，現在再補敍一下。《說文》「表上衣毛，從毛，古者衣裘以毛爲裘」，這是會意字，沒有問題的。其問題是甲骨、金文中的表字究竟是怎樣構成的。金文中的表字據吳大澂的《說文古籀補》，作★，吳氏以爲「古表字，井田間分界之木，《國語》列樹以表道，韋《注》，表識也。散氏盤，一表以陟，二表至於邊柳。」此字雖可能是表字，但與衣服表裡之表可能爲別一字，後來借用表裡之表爲表識之表，因而兩個不同意義的表字，遂合而爲一。這個表識之表在甲骨文中尚未找到，不過在甲骨文中，孫海波《甲骨文編》346-347，和金祥恆《續甲骨文編》卷八十三頁，都有幾個字可能是表裡之表，卻和表識之表不一定有關係。

表識之表是以木爲標，除《國語 ・ 韋注》以外，《呂覽 ・ 慎小》「置表於南門之外」，高誘《注》：「表柱也。」〈晉語〉「車無迻表」，韋昭《注》：「表旌旗也。」《續漢書 ・ 律歷志》：「以比日表」，劉昭《注》：「表卽晷景。」《管子 ・ 君臣篇》：「猶

揭表而止之也」，尹知章《注》：「謂以木爲標有所告示也。」此中的表主要是木製的標識，引申爲旌旗以及日晷。《墨子‧號令篇》：「望見寇，舉一垂；入竟，舉二垂；狎郭，舉三垂；入郭，舉四垂；狎城，舉五垂。」此垂字亦是表字之誤。因爲古文表字作 ![圖], 經戰國改寫，和古垂字經戰國改寫，是易於相混的。當然這個表，已經有些在特種機會上，加上繪帛的旗章之類，但主要的表是純木製的表。

漢代的軍用車騎和非軍用車騎

今天題目是「漢代的軍用車騎和非軍用車騎」，首先要說明的是「車騎」這兩個字，現在「車」就讀「車」，「騎」就讀「齊」。實際上，另外還有一個讀法，就是「車騎」讀「寄居」，這讀出來並好處，而且可能有人聽不懂，還不如就用一般讀法比較好。所以關於許多字的問題，有許多在古書上讀的字，有人就主張用一個特別讀法，例如「冒頓」，不要讀「冒頓」，要讀「墨讀」；「單于」，不要讀「蟬于」，要讀「善于」，這類的字使人家不懂，我們現在最好用一種通行的讀法，因為這種讀法一般人較易懂，而且用一種舊讀法也並無特別的好處。除非在讀舊詩時，例如唐詩皇甫冉〈春思〉中的「為問元戎竇車騎，何時返旆勒燕然」，騎字必須讀作去聲，卽第四聲外，其他地方全用不著了。所以我把今天的題目採取一般通行的讀法。

一

關於車和騎，這是兩種不同的用法，車是駕馬，騎就是騎馬，不駕車。這點，我們要說：車騎在中國文化中是具有極重要的地位，因為中國文化在亞洲是一個很偏僻的文化(或許與其他的文化最早有關係，但那是另外一回事)，他是獨立發展；中國文化雖然可隨時受到外邊影響，但是他獨立發展這件事情確是具有非常意義。中國的車和騎，這兩種用的工具在中國文化中，對於中國統一是一個重要的淵源。當然，車和騎，就是有輪子的這種運輸工具再加上馬，不單在中國，而且是中東、埃及均是一樣，同是中東和埃及文化中的一個重要因素，不僅僅是文化方面，而且是在軍事及政治方面。假若中國的國家沒有車，或是中東的國家沒有車，那麼其歷史發展就非常侷限於一個小部分。就因為中國及中果有車，才可以發展成一個中國與中東的特殊文化，也就使中國及中東、東歐、北非能形成許多大帝國。我們不要看輕這點，在東半球，中國文化與近東文化大都是這樣，而

且在歷史上均有詳載。但從另一方面說，美洲就不一樣了。美洲有美洲的文化，例如埃茲泰克、瑪雅都有其程度甚高的文化，但他們的文化都是短命的文化，不能延長下去，而帝國終於瓦解(瓦解之後自然不成為帝國)。為什麼?這主要的分別，一個當然是中國有成系統的文字(近東、中東各國也有它的文字)，另外一個重要的因素就是車；在南美洲瑪雅文化也是有它的文字，這種文字也許構造不完備，但這是另外一回事。可是從另一方面說，中國和近東、中東是有車，而美洲印地安人沒有車，因為沒有車，所以其帝國統一機構就無法建立，終導致帝國瓦解。就這一點言之，我們中國從夏、商、周以來，照文獻上的記載，都是有車。而車的交通對一個強有力帝國的支持，就形成了一個重要因素，但這是另外一個問題。至於，中國的車和中東的車，這兩種車有沒有相互關係?這點，我們不敢說。不過卻可以看出車的文化是北方的文化，是中國黃河流域以北的文化，而不是黃河流域以南的文化。車這個文化也從黃河流域以北一直到沙漠、到草原，都有車的痕跡，所以現在若是將古史連繫起來，這個車大概是從中國一直到中東、近東接續連結而成，而非斷絕的。因此，這個車就是歐亞大陸的一個重要貢獻，這個貢獻就使得歐亞大陸的文化形成了許多高度文化。不過，假如討論到這點，再比較中國和西方的車，則可知其形制也相當類似，因此如其要說車是那一處發明的，這點實在很難說。

二

車既然是中國重要的文化，它對於秦漢帝國的構成及統一是非常需要的。在秦統一中國以前，六國道路異軌，寬窄不一，所以秦統一以後需要的是文字，也是車軌的軌距，長短的一致性。原來這個問題是屬地方性的差異的(在當時六國大概都已有車)，秦一統後，就把車(道)統一起來，形成了秦統一的重要因素。在這裡，我們可以談到《漢書‧賈山傳》所說秦的馳道問題。秦所修的是不是馳道?這馳道是不是為皇帝所走?可以這樣說，秦的馳道是作為皇帝專行之用，不過在〈賈山傳〉提及的馳道，它實際上也就是秦的國有道路。在皇帝沒有走之前，這種道路的管理、經營方法以及道路的通達地點是早已形成，而其所以形成，無疑的秦居功最大。不過，秦的道路並非是在統一後，就迅速完成，而是從六國道

路給它改善，及統一後，方才形成。至於秦道是不是從六國道路形成？這點，我們只能自《秦紀》上推斷，不過，當時六國已經都有道路，而且從秦的邊塞——長城言之，秦長城就是把六國長城給它接連、補修，而形成一個通達全國的道路網。但是秦的一統不僅以占領了六國地方爲限，同時也開闢了新土地，所以嶺南及漠北地帶，這個秦的力量所能及之處，也就是車所到之處。中國人所作這種大規模的道路建設，當然以前有，不過，我們當要追溯到秦漢時期；但自另一個角度說，秦漢時期也是中國道路網最發展的時期，到魏晉南北朝以後，因爲中國的統一被破壞，導致分裂，車的使用在北方仍舊如昔。但南方的車、南方的道路就漸次破壞。這種破壞，我們可以說一直到後來均未曾恢復。只有到現代中國漸次開發公路，方才把中國全國的車道恢復起來。這種恢復雖是一個很艱苦之事，但是也值得記載。

三

關於車的使用，在中國國境，我們在秦嶺、淮河以南，只有少數地方如廣西、台灣，我們在鄉村中間，可以看到牛車痕跡。就全國來說，許多地方因爲車沒有了，以致在南方，許多處就需靠船來運輸。當然船是一個重要的工具，不過，沒有車也就使得許多地方的運輸不太方便，而使國家的政治力量減損很多。漢代和六朝、和唐以後的不同，可明白的反應在山路的交通上。漢唐二代均建都長安，而建都長安的時候，帝國有兩處重要的補給所：在東方的一個是關東和江南，在西方的一個是四川(卽巴蜀盆地)。因此，漢代巴蜀的棧道是一個重要運輸線。漢初，高帝劉邦從漢中北進時，當時張良主張燒毀棧道，這棧道是車道，把這車道燒毀了，並不是說沒有別的步道，人行步道是絕對有的。車道既已燒毀，就給予東方一個宣傳，向項羽表示：道路既沒有，我不會北進；不過，劉邦此計實際上是「明燒棧道，暗渡陳倉」。這說明棧道是個車道，而陳倉道是個步道，車道燒毀後，步道仍可運兵(只是速度慢點而已)；因此，劉邦就趁項羽不防時，先一統三秦，所以就此點言之，若是有人認爲棧道是唯一的道路，那「明修棧道，暗渡陳倉」的「暗渡陳倉」，就是一個邏輯的錯誤，而其所以不發生邏輯的問題，就是二者是不同的道理。另方面而言，漢代棧道(指褒斜道)是非常有用的，在漢代統一後，

它仍是一個主要的道路；而陳倉道、子午道只是一個輔助的道路。在《後漢書》卷三十一〈張堪傳〉云：

> 張堪，字君游，南陽宛人也，為郡族姓。……（光武帝時，張堪拜蜀郡太守）在郡二年，徵拜騎都尉，後領驃騎將軍杜茂營，擊破匈奴高柳營，拜漁陽太守。……視事八年，匈奴不敢犯塞。帝嘗召見諸郡計吏，問其風土及前後守令能否。蜀郡計掾樊顯進曰：「漁陽太守張堪昔在蜀，其仁以惠下，威能討姦。前公孫述破時，珍寶山積，捲握之物，足富十世，而堪去職之日，乘折轅車，布被囊而已。」帝聞，良久嘆息……。

這就是說張堪拜蜀郡太守，正值吳漢率領軍隊破滅公孫述的時候，張堪接收，一介不取，等到去職離去，只乘一個破車，從蜀郡回到洛陽，再回到宛（今南陽）。張堪是乘車回去，所以在東漢時，蜀郡與洛陽的交通是利用棧道來行車；和在西漢時，蜀郡與長安的交通也是利用棧道來行車一樣。

上述情形，到唐代就完全不同，而在唐代之前的魏晉南北朝時，可以說南北交通隔絕，不僅從四川到關中的步道沒有修，棧（車）道當然也破壞了。此狀況到了唐代統一中國，四川是一個非常重要的資源所在，但是車道卻還不曾修好。例如唐玄宗時有「一騎紅塵妃子笑，無人知是荔枝來」（杜牧〈華清宮〉詩）之語，這是說荔枝從四川運到長安是用馬，而不是用車。荔枝產於四川南部，雖然馬比車可以快些，但載重有限，所以只有妃子才能享受，一般人是吃不到的。我們現在故宮所見的「明皇幸蜀圖」名畫，過去曾被認為是宋畫（乾隆御題認為宋初畫），但依現在考證的結果，這畫是唐畫的明皇幸蜀圖。雖然還不能肯定是比唐玄宗時期晚多少時候，但拿敦煌壁畫的作風來比較，可確定這畫是唐畫沒有疑問。此外，過去我在故宮看畫的時候，當時黃君璧先生也有同樣考慮，因在畫中是有唐玄宗像，而他坐騎的馬鬃是特別做成三道（所謂三驄馬），這就表示在這幅畫上，主要的人是皇帝，而在這畫中間，不僅皇帝是騎馬，妃嬪及護從也是騎馬，沒有一個是坐車。嚴格來說，如果是有一個棧道，皇帝從長安到成都，為什麼不坐車？這就表明，在這個道路中已沒有車，車既不能走，只能用馬，這點也就表示漢代與唐代不同；漢代是花費很大的勁要在山上修棧道，而唐代覺得不需要，而只是用馬、用人力來維持這段蜀郡和長安的交通。從這點來看，唐代在四川已沒有車，一直

等到抗戰時期開闢川陝公路以後，方才能夠行車。上項情況是一件很不尋常的事，也就是說明中國在南方沒有行車習慣，使南方的交通有若干的困擾。

關於漢代車路能通行全國，而唐床以後，卻漸漸限制在秦嶺、淮河以北，這是很特殊的事實，此處表明不僅僅是屬於一個政治問題，而且也牽涉到當時的經濟問題。地方上車道是由政府開闢；車道的創建也是政府力量；而車道的保存則需要和民間合作，並且還要由政府支出一大筆維修費。在北方來說，雖然不及南方富裕，但北方和南方有一個重要的不同，北方的豆子和麥子都比較粗放，而南方的稻田就需要精耕。在漢代以前，因當時南方還在初期開發狀況，所以南方的開發及創修車路，阻力很小，民間對於車路應用一直和北方不一樣；由此可見民間對於車道的興趣並不是如何濃厚，這就使得車的功用在南方就沒有生根。等到後來南方愈開發，人口愈衆多，對於車路的應用，不僅不能增加，反而因車路和水田爭地，更使得對於車路不利。唐以後的中央政府似乎不再把南方推行車道當作一個政府的要政，這點就使南方的車道更爲縮小、淹沒了。歸根究柢，車道對於政府只是便利運輸，愈在運輸上發展，費用就愈增加，南方對於任何運輸，一方面是有車道和稻田爭地，導致的維持不易；另方面是南方交通有一個代替品——就是船道；更使得南方車道日漸淹沒，這卽是中國南方車道在現代公路開發之前，經過了唐、宋，一直到明、清，都沒有開發；這種情形雖是一個非常特殊的事實，卻也是一個非常顯著的事實。此外，還有一點，就是南方在養馬上是一個極大的不方便，因爲就氣候來說，北方適於養馬，南方不適於養馬，既然南方民間不能養馬，就只有用牛車，可是牛車走得慢，不適於長途運輸，所以牛車只能於小範圍中使用，而大範圍中就使用人力及船來運輸，這就是在南方很多地區並沒有車的發現之因。沒有了車，也就沒有車道，在南方許多大的城市，例如武漢、蘇州、成都、廣州及昆明等，在民國以前，城內的道路都不是行車的。這種情形實際上是非常特殊，不過，此事實與中國的氣候、經濟及地理形勢有關係。

四

車的創造是和當地的地理環境有密切關係，適於車的環境應屬草原地帶，而非森林地帶。在中國古代的地理環境，只有西北是草原地帶，而沿海地區都是森

林地帶,另就黃河流域而言,其下游也都屬於森林地帶,這都不應當爲車的發源地。由於早期車的使用,受到地理限制,而華夏民族的文化是一個用車、用馬的民族文化,所以或多或少,華夏文化應當與草原有關係。至於這關係如何?這是目前尙難完全解決的問題。不過,就草原民族而言,例如匈奴、突厥及高車等,他們確實是有車,正如《鹽鐵論 · 論功》第五十二所云:「匈奴車器,無銀黃絲漆之飾,素成而務堅。」這證明匈奴自己有車,並非是借自漢人。在漢代以前,南方的吳國人就不知道用車來打仗,直到楚國巫臣逃亡晉國後,晉國方令巫臣來教導吳人行車戰。可見三吳地區原來是不適合行車及養馬,所以吳在戰爭中不採車戰。所以車是西北文化,不是東南的文化,這一點是必須加以肯定的。

現在從考古方面的成績看,商代確實有車,至於夏代,則從文獻上如《史記 · 夏本紀》的記載,也是有車。商代的車已見及有實物,另方面,商代是不是有騎馬之事?從殷墟的發現中,有些學者例如石璋如先生就主張商代已有騎馬,關於此事,我們雖然還不敢百分之百的確認,但大致上應該是有的才合理。因爲車是要駕馬,而人究竟如何去養馬?究竟是先有馬後有車?先造好車,然後才有馬?類此問題,它並不是雞生蛋,蛋生雞的問題,我們可以說應當是先有馬而後有車,不可能是先有車而後有馬。既然如此,這馬用什麼方法來控制?當然絕非徒步來控制馬,因爲在許多民族中,他們對馬的控制方法,一定是騎在馬上來控制(至於鞍及騎兵是屬另一回事)。關於以上一點,我們從美國西部的牧牛牧馬的人以及蒙古的養馬人來看,他們控制馬的方法及用來套馬的繩具,雖然均不相同;但是他們都要騎在馬上才能控制馬。我們只有騎馬,才能控制馬,沒有人可徒步控制馬,也沒有人可從騎牛來控制馬。所以在這種情況下,我敢說是先有馬,後有車,這應當是一個合理的說法。而且在養馬時,早已經有騎馬了。不過,這種騎馬是不是具有鞍子,是不是用來作戰,作騎兵,這是另外一回事,騎馬和騎兵總不能認爲是同一件事情。

五

關於馬的問題,《詩經 · 大雅 · 緜》上就曾談到,周的先人古公亶父在膴膴周原養馬之事,所謂「古公亶父,來朝走馬,率西水滸,至于岐下」。這個「朝」是

一個動詞，有的人認爲「朝」是周；走馬也有人如于省吾就認爲此詞義爲養馬，我並不贊同他的解釋，因爲走馬一詞可以講通，既然講通了，我們就不需要改，所以于省吾的改字甚不對。（但其說法可以注意的一點就是「朝」是不是周、走馬是不是養馬，這是另外一回事。）無論如何，古公亶父在周原一帶是有養馬，養馬的辦法與是否有車，這當分論，但是古公亶父養馬只要有馬群，就需要單騎。所以單騎這件事情，雖不必舉周初養馬事來證明，但從養馬的情理上言之，他必須單騎。所以石璋如先生認爲商代已有單騎，我們可以說是有相當充分理由的。不過，單騎是單騎，車戰是車戰，商代用的是兵車，可證明有的是車戰，而非騎兵隊；騎兵隊的發展是趙武靈王之後。但這是另外一個問題，我們只能說在趙武靈王時代已有騎兵隊，而在他之前也有騎馬就是了。再以鞍子這件事情來說，要騎馬就需要有鞍（即馬座）。在春秋中期，《左傳》成公二年，齊與晉曾戰於「鞌」，這「鞌」就是馬鞍，總之，在《左傳》寫成的時候，這鞍除了馬鞍以外，再沒有別的意思。至於鞌在何地？雖然尚無定說，不過，我想有一個地方可能是「鞌」，即濟南城外商埠後面的一個山，一般稱做「馬鞍山」的（因爲山形狀似一個馬鞍）。這馬鞍山的名稱是不是舊名？雖然很難說，不過，從春秋以來到現在不過二千多年，山形是不會改變的。《左傳》也提到華不注山（在今山東歷城縣之東北十五里），鞌在在華不注山的西方不太遠之處，從馬鞍山下去臨淄，正經過華不注山，從地望來說，可以認爲是不成問題的。

六

現在談到騎兵的問題，從趙武靈王以來，趙國已採用騎兵；照《戰國策》所言：蘇秦說，秦有車千乘，騎萬匹。可知秦國也採用了騎兵；而「車千乘，騎萬匹」二詞是代表兩種不同的戰術。關於車戰，它是比較早期的，到後來變成騎兵，而騎兵是趙武靈王時才有的。但另據蘇秦所說，則至戰國中期，騎兵的發展除了趙國外，秦、燕等亦有發展。當然這中間還有許多可辯的問題；不過，可以這樣說，因爲養馬的關係，騎兵非在北方不可，所以只有北方區域的國家，騎兵才多。在《漢書》卷三十五〈吳王濞傳〉云：

吳少將桓將軍說王曰：「吳多步兵，步兵利險；漢多車騎，車騎利平地。……」

此說明在漢景帝前元三年的七國之亂時,漢與七國各有各的長處,漢的長處是在有馬,而七國則是多步兵。這點對於後來漢兵的勝利,還是有若干關係,因爲騎兵來往比較迅速,而步兵來往遲緩,結果七國兵鬥不過漢兵。從這點來看,可知當時的漢都長安(指關中)是草原邊緣地帶,而吳地是長江三角洲。三角洲是不利於養馬,而草原地帶是利於養馬,所以漢終獲勝,漢的利用騎兵可說是一大理由。既然漢是利用騎兵,向前追溯,秦當也是利用騎兵,從戰國到漢這段歷史來說,騎兵是非常重要,車在當時已經變成副屬了。此處所說車騎雖仍稱車騎,主要還是騎兵,我們還可以從《漢書》中衛青霍去病等傳,看出來每一次征伐匈奴是用騎兵爲主,以車爲副,而這個車是運輸車。

<h2 style="text-align:center">七</h2>

不過,關於車騎來說,我們可以說尙有幾件值得注意之事:

(1) 兵車是什麼,究竟用在什麼地方?

(2) 騎兵是怎樣產生的?

(3) 爲了騎兵,就要養馬,漢代的養馬究竟怎麼樣?

第一種是關於作戰的兵車,在商、周都曾經出現過,現在依照以前及現在學者的研究成果,可證實這種兵車和西方的通過了草原地帶到中東、近東的車,是完全一樣;而其之所以相同,也可說歐亞大陸是當時遊牧民族往來的一段大道,而車既爲彼所使用於這一段大道,因此他們彼此倣效、學習後,就形成了差不多的形式。這是歐亞大陸各民族的共同發明,我們不必專擅,也不必推重別人。這種兵車是什麼樣的形式?我們可以從古代西方的兵車樣子完全看出,也可從商、周遺留的兵車看出。兵車是一種曲的單轅,利用弓形的轅,這爲什麼?因爲在這種狀況之下,車可以比較快,而且容易轉彎。這種單轅的車最先是駕四匹馬,人是站立著的,從後邊上;這四匹馬之中,在前面轅底下的二匹馬是駕車的,叫服馬,而在旁邊的另外二匹馬,叫驂馬,《詩・鄭風・叔于田》中所謂「兩服上襄,兩驂雁行」。等到這種形式漸次變動,就從兵車變成儀仗用的馬車。在秦漢時代,皇帝及重要大臣外出的車,都是從這種兵車的形式變來的。爲了舒適起見,這種

車就從立著變成坐乘。所謂車茵，就是專爲坐乘的人用的，如其立乘就用不著「車茵」或「車墊子」了。

並且原來的單轅，也改爲雙轅，這種辦法可自近年大陸發現的東漢軺車看出來；在另一方面，兵車上面沒有傘，而這種儀仗車有傘，就成爲平時用的一種儀仗車。其形式，除了實物外，我們從漢畫像及武梁祠、孝堂山的很多畫像中間，都可看到。這種儀仗用車的壞處是其容量太小，並且車雖然是坐，但坐得並不舒適，而且無法臥乘，就漸次的被淘汰，而淘汰的結果，一般作旅行用的，就變成爲雙直轅的「安車」了。不過，從明、清，直到清代末年，凡是有高官外出，他所坐的轎子，前頭要打個傘，這個傘和轎子毫不相干（因爲轎頂有蓋），僅表示這是一種儀仗。此源自何處？它是從漢代儀仗車上的傘拿下來的，這代表一種高官權威，放在轎子前面。從這個遺留來看，車的重要性及權威性，仍一直保留到清代。

第二種車是運輸車，它是從牛車演變的，和兵車完全是兩個系統。兵車是馬駕的，是有二匹馬（由四匹馬變成兩匹馬）。牛車卻只用一頭牛，所以兵車是單轅，牛車卻是用雙轅。官府所用的車，都是從兵車形式演變的「軺車」，民間所用的卻不是這種軺車，而是用牛車。漢代初年，高帝不許商人乘馬；不許商人乘馬，難道商人一定走路？不是的，商人不能乘馬就是不能坐軺車，只能坐牛車。牛車是雙轅（轅是直的），上面有個篷，人不是從後面上，而是從前面上，這種牛車在南方很少，在中國北方卻很多。從這種牛車進一步的發展是不駕牛，而是駕馬。駕馬以後，上面的席篷子也逐漸變爲布篷子（其架子也從很簡單而粗的變成很精緻）。現在北方的騾車，事實如此，它實際上是從牛車變來的。漢代牛車駕馬，稱爲輂車，不過它所發展的結果是愈來愈講究。同時，還有一點，牛車是運輸用的，它裝載比較大，軺車（卽馬車）小，難以裝很多東西；所以漢代的所謂輜車，就是用載貨物或軍糧的車，比普通牛車大，但仍從牛車變來。輜車做得更講究一點是可以坐可以臥，結果，女人坐的輜軿，老人坐的安車，都是這一種類型，只是並不非常簡陋，而是非常精細了。我們在敦煌發現婦女所坐的，除了牛車以外，也坐這種車。顯而易見，它是從運輸車系統，而不是從兵車系統來發展出來的。這種車輛沿襲下來，到了唐、宋、明、清，也都是這種形式；而戰車系統的車輛在中國就慢慢淘汰了。不過，這個戰車系統在西方又慢慢的發展下去。

西方的馬車是單轅，駕馬，而它的轅是曲的；同時，上車時，不是從前面；而是從旁邊、從後面上，這種車顯然是從戰(兵)車來發展而成的，它在西方用成為儀式車，如歐洲王室出來所乘的車都是這種車。對民間說來，這種系統的車，在西方可說是非常普遍，這種車在汽車未流行時再傳到中國，被稱為馬車(在南京還沒有計程車的時候，在大街上等待雇用的就是這種西方形式的馬車)。其後，它繼續發展，就成了美國所謂的旅行車，在美國開發西部時，發生了很大的功用。它是用許多馬來駕，中間可以容納很多的人。同時，這種馬車的形式並不是中國騾車的形式，而是馬車的形式。再用機器來代替這匹馬，就變成現在汽車的形式。因此現在汽車的形式若追本溯源，還是從歐洲的兵車系統下來，而不是從牛車的運輸系統下來。至於現在運輸的大卡車，它依舊是源自兵車系統，先是坐車，再擴大成為運輸車，跟中國牛車還是沒有關係，但是其形制確很類似牛車。從這兩個系統下來，也就看到世界普通的車，它在中國及外國，均可找到源流，並且在中國圖畫及遺物間，也可找出其源流來比較一下。

八

現在再討論兵車問題。中國人因為古代使用過兵車，中國人對於兵車還懷念著。但是兵車在漢代時，已經不實用了。在《漢書 · 衛青傳》的「以武剛車為營」，這車不是作戰用，而是運輸車，以武剛車包圍成一個小堡壘，射出箭，來防衛匈奴進攻。此正如我們看西部片子，見及印地安人包圍那拓荒者用篷車圍成的圓陣；二者的作用是一樣的。又漢代雖有車騎將軍，但車騎將軍的車從來未見於作戰方面，只有騎兵才在漢代及漢代以後用得上。因為古代的兵車被淘汰了，於是有人總希望有一種車，它一方面是本身防禦性很好，一方面是能夠走得快；但始終沒有人做成一種車——即其本身具有堅強的防禦能力且可以發動；此事始終沒有成功。其中關鍵問題，是動力來源和內燃方法，這兩個問題不能解決，理想的兵車就做不成。直到第一次歐戰末期，英國的坦克出現才算成功。它的構想還是和唐、宋、元人的構想相通的。在中國有些人一直想試驗一下，如唐代中期(肅宗時)，房琯在陳濤斜(地在今陝西咸陽縣東)之役，曾利用牛車作為戰車來攻擊安守忠率領的叛軍，在牛車旁邊又有步兵作為掩護，結果仍然被對方用火來攻，牛車一亂，自相殘殺，死了幾萬人，構成嚴重的損失。房琯是個很好的讀書人，杜甫就因為

救房琯被貶而賦〈悲陳濤斜〉的詩，以及〈別房太尉墓〉的詩來表示他的懷念。不管房琯其人見識如何，他確是值得懷念的。他的辦法的錯誤，因他誤會古代的戰車就是用牛車可以做的，沒想到戰車不僅是要作防衛用，還要走得快。此後一直到宋代，在《宋史‧兵志》上討論過這件事；當時曾經把兵車應用舊事重提，曾有不少的人提出反對的意見。其中最重要的一個人是沈括，他當時可算是科學家，而他卻明白指出車戰不能再行利用的充分理由。但是這種爭執到宋代並沒有完全結束；直到明代，在《明史‧兵志》上還有人提及這事，是不是應該利用車戰；降及清代，才沒有人再提。這是因爲清代北方的威脅不是「胡馬」，清代控制了大漠南北，有足夠的馬匹和有利的地形，不需要再到陳篇中找資料了。

現在談到的車的問題，我們可以說現代文明，一個是汽車，另外一個是坦克，這兩種現代的工具，他的構想，實際上都和古代的戰車相關。不過，最重要的一個還是動力，因此我們必須承認動力的重要。也就明瞭現代的文化也是一個動力的文化，能不能使用動力，就形成了現代和古代的一個很大的分野。

漢代畫像石中習見的〈車騎行列圖〉（山東滕縣出土）

關於漢代官俸的幾個推測

我們對於古代的官俸，倘若希望加以有系統的推測，最早不過到漢代為止。從漢代的官俸來看，東漢的官俸比較更有完整些的材料，西漢的官俸却就要根據幾種材料來整理，才能大致看出一個頭緒。在這一篇中，先整理東漢的官俸材料，再討論西漢的官俸材料。

一　東漢時代的官俸

在漢書百官表中，並未記載西漢時代官俸的數目。顏師古的百官表注云：

> 漢制三公號稱萬石，其俸月各三百五十斛穀，其稱中二千石者，月各百八十斛二千石者百二十斛，比二千石者百斛，千石者九十斛，比千石八十斛，六百石者七十斛，比六百石者六十斛，四百石者五十斛，比四百石者四十五斛，三百石者四十斛，比三百石三十七斛，二百石者三十斛，比二百石者二十七斛，一百石者十六斛。

這一段在顏師古的注子中，指定了是西漢的制度，然而却是有問題的。因為用這個數目來和續漢書的百官志所記的來比，那就三公至二千石完全和

此處相同，千石，比六百石，四百石，比四百石，都比此處減少，三百石至一百石又和此處相同。據後漢書光武紀說：

> 建武二十六年，春，正月，詔有司增百官俸。其千石以上，減於西京舊制，六百石以下，增於舊秩。

假若顏注為西漢的制度，那就顯然和光武紀不符。所以應當依從光武紀而不能依據顏注。但王鳴盛十七史商榷說是『直取續漢志以注百官表』，却又不盡然，因為官等之中多出了一個比千石，而俸數之中也有些差異。所以顏注所記雖略與東漢的官俸制度相同，但却不是從續漢志中抄來。

現在我們已經知道有兩種東漢的官俸制度。第一種是續漢書百官志所記，第二種是續漢書百官志劉昭之注所記。現在將顏注的所謂西漢制度算作 A 種，百官志算作 B 種，劉昭注算作 C 種：

後漢光武紀引

> 續漢書百官志：（今本續漢書有誤字，故用此）：『百官受俸例：大將軍三公俸月三百五十斛，中二千石俸月百八十斛，二千石俸月百二十斛，比二千石俸月百斛，千石俸月八十斛，六百石俸月七十斛，比六百石俸月五十五斛，四百石俸月五十斛，比四百石俸月四十五斛，三百石俸月四十斛，比三百石俸月三十七斛，二百石俸月三十斛，比二百石俸月二十七斛，一百石俸月十六斛，斗食俸月十一斛，佐史俸月八斛。凡諸受俸皆半錢半穀。』

> 續漢書百官志劉昭注，晉荀綽百官表注曰：『漢延平中，中二千石俸錢九千，米七十二斛；眞二千石月錢六千五百，米三十六斛；比二千石月錢五千，米三十四斛；一千石月錢四千，米三十斛；六百石月錢三千五百，米二十一斛；四百石月錢二千五百，米十五斛；三百石月錢二千，米十二斛；二百石月錢一千，米九斛；百石月錢八百，米四斛八斗。』

這三種的比較是在官等方面，一種比一種簡單。B種比A種少了比千石，C種又比第B種少了比六百石，比四百石，比三百石和二百石。從比千石到比二百石各級，在漢書百官表和續漢書百官志都是有的。續漢書百官志的各官且著明斷至建武二十七年，亦卽這些官階在建武二十七年之前都是有的。顏師古漢書注和建武之制相符，正應爲建武之制，續漢書百官志著錄官俸少了比千石一級，和百官志內部官等不符，那就顯然的司馬彪作續百官志時根據的是兩種材料，官名爲建武時代的，俸制不是建武時代的。這種俸制中的官等比建武少而比延平（殤帝時）多，也就是這個制度應當屬於建武和延平之間。

這三種制度的不同是前兩種只談到一個標準數目，並未用半錢半穀來折合。雖然第二種說到『凡諸受俸皆半錢半穀』，但也只舉出米穀數作爲標準，未曾詳舉折合的數目。第三種是舉出的折合數目，但舉出的却是錢和米而非錢和穀。

米和穀是不同的，禹貢：『四百里粟，五百里米』，周禮地官倉人疏：『黍、稷、稻、粱、芯、大豆，六者皆有米，麻與小豆，小麥三者無米，故曰九穀六米』說文解字：『米粟實也』。御覽八百四十引春秋說題辭曰：『粟：爲言談也，粟五變，一變而陽生爲苗，二變而秀爲禾，三變而粲然爲粟，四變入臼，米出甲，五變而蒸飯可食』。古代講穀，粟、米，三樣物品不同的關係的很多，只就以上引出的，已經可以看出的，是：

　a.穀是一切糧食之總名，並且是未曾舂研過的糧食。

　b.粟是穀的一種，這種穀是漢代以前常用的糧食，軍用粟字時是指未舂研的粟粒。

　c.米是一切糧食舂研過的米粒（包括舂過的粟粒）。

因此第三種所指的米，是已經舂研過的，倘若要算成穀，還要一番折合。

照後漢書伏湛傳注引九章算術：『粟五十，糲率三十，一斛粟得六斗

米爲糲』，　就是說從粟舂成粗米，是打一個六折。現在再看 C 種俸米的數
目，除去比二千石一級以外，都是可以用六除盡的數目，那麼再被六除以
後，再用十來乘，也就是原來的穀數了。假如這樣計算，卽：

中二千石　　月錢九千，穀一百二十斛。

眞二千石　　月錢六千五百，穀六十斛。

比二千石　　月錢五千，米五十六斛六斗六升又六分之一（此數有
　　　　　　　誤）

一 千 石　　月錢四千，穀五十斛。

六 百 石　　月錢三千五百，穀三十五斛。

四 百 石　　月錢二千五百，穀二十五斛。

三 百 石　　月錢二千，穀二十斛。

二 百 石　　月錢一千，穀十五斛。

百　　石　　月錢八百，穀八斛。

在六百石以下，洽洽折合每斛百錢之數。只是二百石錢數少些。據王栻：
漢代的官俸（思想與時代二十五期），據崔寔政論（按此文爲羣書治要所
引），『夫百里長吏，荷諸侯之任，而食監門之祿………一月之祿得粟二十
斛，錢二千』，　說縣長之俸，最低三百石，以比較此處的三百石俸祿適相
符合，所以如此算法是不錯的。因此他就疑心二百石也應當錢穀兩數相符
才對，他主張校改二百石爲『月錢一千五百，米九斛』，這樣的折合，那
就變成『月錢一千五百，穀十五斛』，　就錢穀兩數相符了。

　　一千石以上，錢少而穀多，只是眞二千石却錢多而穀少，我想這是有
一個錯誤。這一個錯誤却比較二百石的俸錢錯誤，還要複雜。因爲比二千
石的俸米三十四石，不能用六除盡，這個數目字根本有問題，很可能就是
比二千石之下沒有俸米數，經後人推測加上去的，却沒料到這是一個不可
能的數字。（這種錯誤是可能的，因爲今本續漢書本文的數字就錯的很屬

害，以至於比四百石和三百石同爲四十斛幸有光武本紀注來校，不然就不可完結了。）假若比二千石之下缺了俸米數，那就又是一個錯行，將比二千石俸米數錯到眞二千石之下，而眞二千石之下，才是眞正的缺少了俸米的數目。假若要補起來，實際應當是：

中二千石　　俸錢九千，米七十二斛。（折合穀數爲一百二十斛）

眞二千石　　俸錢六千五百，米四十八斛。（折合穀數爲八十斛）

比二千石　　俸錢五千，米三十六斛。（折合穀數爲六十斛）

千　　石　　俸錢四千，米三十斛。（折合穀數爲五十斛）

照這樣計算，那就千石和比二千石照原俸各加穀十斛，眞二千石加二十斛，中二千石加三十斛。也就是當時政府對對高級官吏，特別給以照級數增加的糧食，自然，眞二千石的米數，也可能是四十二斛（折合穀數爲七十斛）， 和千石，比二千石增加的穀數同爲十斛，而錢數則多出五百錢，折合米五斛，也就等於增加了十五斛的穀。

二　西漢時的官俸

因爲漢書百官表中顏注不是西漢的官俸，所以西漢官俸沒有根據一個完整的記錄。只能根據殘缺不完的材料來推定。在漢書等書中比較重要的材料（以下漢書不寫書名，除寫書名），是：

成帝紀綏和元年：『益大司馬，大司空俸如丞相』。注：『如淳曰，律，丞相大司馬大將軍俸錢月六萬，御史大夫月四萬也』。

貢禹傳：『禹上書曰，臣禹年老貧窮，家訾不滿萬錢，妻子糠豆不贍，短褐不完。有田百三十畝。陛下過意徵臣，臣賣田百畝以供車馬，至拜爲諫大夫，秩八百石，俸錢月九千二百，廩食太官。又蒙賞賜四時雜繒縣絮，衣服酒肉，諸果物 ，德厚甚深。疾病待醫臨

治，賴陛下神靈不死而活，又拜爲光祿大夫，秩二千石，俸錢月萬二千。』

周壽昌漢書注補正曰：『百官表，諫大夫比八百石，此脫比字。考表注及後書百官表領俸無八百石，比八百石兩等。時僅有諫大夫及左右庶長爵是八百石，至成帝時除八百石就六百石，故俸錢無可考，賴此猶存其數。若以十斛抵十石，則較千石轉多二斛，蓋千石俸月九十斛也。百官表光祿大夫秩比二千石，此脫比字，二千石俸月百二十斛，若以穀十斛抵一千，恰如其數。而漢志云，凡諸受俸皆半錢半穀，則未知何算也。』

蓋寬饒傳：『寬饒爲人剛直高節，志在奉公，家貧俸錢月數千，半以給吏民爲耳目言事者，身爲司隸，子常步行，自戍北邊，公廉如此。』

汲黯傳：『黯以諸侯相秩居淮陽』。註：『如淳曰：諸侯相在郡守上，眞二千石，月得百五十斛，歲得千八百石，二千石月得百二十斛，歲凡得一千四百四十石。』

史記外戚世家：『姪何秩比中二千石』，索隱：『崔浩云，中猶滿也，漢制九卿以上秩，一歲滿二千斛；又漢官儀云，中二千石月俸百八十斛。

史記外戚世家：『容華秩比二千石』，索隱：『二千石是郡守之秩，漢官儀云，其俸月百二十斛又有眞二千石者，如淳云，諸漢王相，在郡守上，秩眞二千石，漢律，「眞二千石俸月二萬，」』按是二萬斛，則二萬斛亦是二千石也。崔浩云，「列卿已上秩石皆正二千石，則是眞二千石也。其云中二千石，亦不滿二千，蓋千八九百爾」此崔氏說，今兼引而解之』。

宣帝紀神爵四年，夏四月，潁川太守黃霸以治行尤異，秩中二千

石，』注：『如淳曰，「太守雖號二千石，有千石，八百石居官者，有功德茂異乃得滿秩。覇得中二千石，九卿秩也」。晉灼曰，此「直謂二千石曾秩爲中千石耳，不謂滿不滿也」。師古曰：「如說非也，覇舊已得二千石矣，今增爲中二千石以寵異之，此與地節三年，增膠東相王成秩，其事同耳。漢制秩二千石者，一歲得一千四百十石，實不滿二千石也，其云中二千石者，一歲得二千一百六十石，舉成數言之，故曰中二千石，中者滿也』。

宣紀神爵三年，秋八月，詔曰：『吏不廉平，則治道衰，今小吏皆勤事而俸祿薄，欲其毋侵漁百姓，難矣。其益吏百石以下俸十五』。注：『如淳曰，「律，百石俸月六百」。韋昭曰，「若食一斛，則益五斗」』。

東方朔傳：『令待詔公車，俸祿薄未嘗省見。……召問稱何恐朱儒藥，對曰，「臣朔生亦言，死亦言，朱儒長三尺餘，俸一囊粟，錢二百四十，臣朔長九尺餘，亦俸一囊粟，錢二百四十」。因使待詔金馬門，稍得親近』。

漢舊儀：『元朔三年郡西河爲萬騎太守，月俸二萬，綏和元年，省大郡萬騎員秩以二千石居』

在以上各條的數目，可以看出俸數的大致，即：

三公（丞相，大司馬大將軍）俸錢月六萬

御史大夫俸錢月四萬

中二千石

眞二千石俸錢月二萬（西河爲萬騎太守俸月二萬）

二千石俸錢月萬二千

八百石俸錢月九千二百

百石俸錢月六百

待治公車俸錢月二百四十　　一囊粟

再根據居延漢簡，其中所記西漢時官俸數目爲：

候官一人　三月俸錢九千　（一月三千）

尉 一 人　二月俸錢月四千　（一月二千）

二百石塞尉一人　三月俸錢六千　（一月二千）

候長一人　一月俸錢一千三百

候長一人　候史一人，隊長六人，一月俸錢共計五千四百（宣帝五
　　　　　鳳時，不知年代的，不記。）

士史一人　一月俸錢一千二百　（成帝河平時）

庶士士吏十三人　一月帛十八匹二尺，泉四千四百四十三（王莽時）

嗇夫一人　一月俸錢七百二十

候史一人　一月俸錢九百

候史一人　一月俸錢九百　（祿帛二匹直九百）

候史一人　一月俸錢六百七十　（宣帝地節時）

候史一人　三月俸錢一千八百　（一月六百）

斗食吏三人　三月俸錢二千七百　（一人月俸錢九百）

司馬令史一人　一月俸錢四百八十　（昭帝始元時）

令史一人　一月俸錢四百八十　（昭帝始元時）

史一人　二月俸錢八百　（一月四日）

書佐一人　一月三百六十　（昭帝始元時）

屬令史一人　二十三月二十九日，一萬一千九百零四

佐令史八十九人　一月八萬一百

隊長一人　一月一千一百

隊長一人　一月九百

隊長一人　一月六百　（宣帝本始時）

隊長一人　一月六百　（宣帝元康時）

　僦錢　一月三百（詳見居延漢簡考釋）

從以上各條都可以證明西漢的月俸是以錢為主，俸錢數目可能隨時不同，但和東漢的各級官俸比例是完全不同的。只有貢禹傳中的二千石俸是月萬二千假若以百錢一石折合適為月百二十斛，與續漢書百官志所記是偶合的，但貢禹傳稱八百石月俸九千二百，而續漢書百官志稱千石才月俸八十斛，那就不能相合了。此外照外戚世家索隱所引漢官儀：『中二千石俸月百八十斛』，『二千石俸月百二十斛』，以及汲黯傳注引如淳說『眞二千石……月得百五十斛，……二千石月得百二十斛』，其中的中二千石俸穀數和二千石俸穀數，也顯然都是東漢之制。只有眞二千石一秩，據汲黯傳屬於侯諸相階級在太守以上，以為東漢所無，但續漢書百官志劉昭注，延平中仍然有『眞二千石』一級，俸錢六千五百，俸穀折合為八十斛，以百錢一石折合，應為俸穀一百四十五斛，和一百五十斛相近。究竟在東漢時眞二千石一級和二千石一級中間的分合如何，現在不能明瞭，可是東漢的某一時期，應當是有『眞二千石』一級的，因此如淳所說『眞二千石……月得百五十斛』，仍然可以作為東漢的制度。

　　所以西漢俸祿，至少在昭帝和宣帝時期以後是以俸錢為主的，和東漢的半錢半穀制，而以穀作為基本來折算的不同。因此凡說到西漢官俸每月得穀若干的例子，多是以東漢的制來解釋西漢。這一點即是三國時的如淳也有時弄不清楚，他有時引漢律，如『眞二千石俸月二萬』，『百石俸月六百』這是西漢之制，至如『眞二千石……月得百五十斛，……二千石月得百二十斛』，那就是東漢的制度了。

　　西漢之制雖然不是半錢半穀，但除去薪俸之外，又別有廩給，貢禹傳所稱：『廩食太官』，便是除去俸錢之外，又由太官供給糧食。其在漢簡中的，如：

出粟二石　廪夷胡隊長朱處六月食　居延簡（商務印本葉二六八）

武成隊長孫青肩　妻大女謝年卅四用穀二石一斗六升大

子使女於年十用穀一石六斗六升大

子未使女足年六用穀一石六斗六升大

凡用穀五石……居延簡（商務印本葉二七五）

第五隊卒徐誼　妻大女職年卅五

子使女侍年九

子未使女男有年三

見署用穀五石三斗一升少　居延簡（商務印本葉
二七五）

右吏四人　用粟十三石三斗三升少　居延簡（商務印本葉二七五）

最凡十九人家屬盡月見　用粟八十五石九斗七升少　居延簡（商務
印本葉二七九）

右城北部家屬名籍　凡用穀九十七石八斗　居延簡（商務本印葉二
七九）

俱起隊卒王並　妻大女嚴年十七用穀二石一斗六升大

子未使女毋知年二用穀一石一斗六升大

凡用穀三石三斗三升少　居延簡（商務印本葉二
八〇）

第十隊卒寧盖邑　父大男僵年五十二

母大女請卿年卅九

妻大女女足年廿一

見署用穀七石一斗八升大　居延簡（商務印本葉
二八〇）

第四隊卒張霸　弟大男輔年九

　　　　弟使男勳年十

　　　　弟大女至年十九

　　　　見署用穀七石八斗大　居延簡（商務印本葉二九
　　　　　　　　　　　　　　○）

從以上各條可以看出凡是官吏和士卒的直系親屬以及不能自行生活的弟妹，都可以支付廩給。這是和東漢制度不同的。羣書治要引崔實政論云：

　　昔在暴秦，反道違經，厚自封寵，而虜遇臣下，漢興，因循未改其制。夫百里長吏，荷諸侯之任，而食監門之祿，請舉一隅，以率其餘。一月之祿，得粟二十斛，錢二千。長吏雖欲崇約，猶當有從者一人，假令無奴：當復取客，客庸一月千錢，芻，膏、肉，五百，薪、炭、柴、菜又五百。二人食粟六斛，其餘才足給馬。豈能供冬夏衣被，四時祠祀，賓客斗酒之費乎？況復迎父母，致妻子哉。

在這一段指三百石的縣長（縣令長的最低級），和延平中的制度相符，並且顯然的除去半錢半穀之外，再無其他收入。和西漢的家屬廩給是不同的。又據居延簡：

　　出麥七石八斗　以食吏，吏私從者，二人六月盡八月。（商務印本葉二四八）

此處的麥，並且對於官吏的私從者也加以供給。至於居延簡中所記，除去傳馬和候馬，吏卒的馬也是官家供給的。如：

　　出粢食馬三匹　給尉卿募卒吏四月十六日　食吏一人馬一匹，卒一人馬一匹　　　　　　　　　　　　　（商務印本葉二七二）

　　國吏杜君榜穈卅石其十五石廩國馬食十五石。廩候長候吏馬一匹吏一人，閏月餘四斗見　　　　　　　　　　　（商務印本葉二七三）

　　候長王充粟三石三斗三升少　十月庚申卒護取　馬食榜穈五石八斗十月庚申卒護取　　　　　　　　　　　（商務印本葉二八六）

這也是和東漢的制度是不同的。

所以西漢和東漢的計俸辦法，完全是兩個系統。但是這一類制度上的問題，非有確實的新資料，不能判斷。因此除去顏師古是唐人不能完全明瞭，甚至東漢時的崔寔，三國時的如淳也都茫然不能分辨。可知文献難徵，對於考史是一個如何艱難的事。現在根據漢簡，雖然在原則上略知大致，但官俸制度的詳細內容，也無法推斷了。

論「家人言」與「司空城旦書」

《漢書》八十八〈儒林傳 · 轅固生傳〉：

> 竇太后好老子書，召固，固曰：「此家人言耳。」太后怒曰：「安得司空城旦書乎？」

這一段一直是費解的，而且也沒有十分滿意的解釋，對於「家人言」在《漢書注》中的解釋是：

> 《注》，師古曰：「家人，言僮隸之屬。」《補注》：「（《史記》）《索隱》，服虔云：『如家人言也。』案老子《道德篇》，雖微妙難通。然近而觀之，理國理身而已，故云此家人言也。」

對於「司空城旦書」，在《漢書注》中的解釋，是：

> 服虔曰：「道家以儒法為急比之於律令也。」《補注》：「沈欽韓曰，《說文》：『獄司空也。』《御覽》六百十三引《風俗通》曰：『《詩》曰宜犴宜獄，犴司空也。』漢以司空主罪人，故賈誼亦云『輸之司空』。」

這些解釋有一部分是正確的，但是說得都不夠清楚，結果和未曾解釋差不多，因此還有重新來討論的必要。

「家人」這個問題，牽涉得更多，不過解釋還比較容易。「家人」就是指的是「一般平民」。至於「司空城旦書」那就歷史的解釋都錯了。為了盡先把全部的問題弄清楚，所以先討論「司空城旦書」。

司空是處理罪人之處，是不錯的，不過司空是罪人工作的場所，並非一般的刑獄，這裡面還要有若干的辨別，《漢書》四十八〈賈誼傳〉：

> 若夫束縛之，係縲之，輸之司空，編之徒官。司空小吏，詈罵而榜笞之，

殆非所以令眾廣見也。

此處「司空」二字今本《漢書》作司寇，王念孫《讀書雜志》據《漢書 · 百官公卿表》的注引如淳說，不可改司寇爲司空。今按《漢書》十九〈百官公卿表〉宗正屬官「有都司空令丞」，《注》引如淳曰：「律，司空主水及罪人，賈誼曰『輸之司空，編之徒官』。」《補注》：「先謙曰，都司空見《伍被、灌夫傳》；都司空令見〈儒林傳〉，〈續志〉(《續漢書 · 百官志》)後漢省都司空令丞。」——在這裡，《如淳注》是在本文「都司空」注下，所以如淳看到的《漢書 · 賈誼傳》是必然作司空，而不可能作司寇。所以現在從宋代以來傳本的《漢書 · 賈誼傳》中的司空被人改爲司寇的可能性卻非常大。在二者必有一誤的判斷下，依邏輯上的可能性來做標準，只能認爲作「司空」是對的，而作「司寇」是錯的。

關於這一點，在王先謙《漢書補注》中也有一番討論。在《補注》中說：

> 王念孫曰：此及下兩司寇皆當作司空。司空掌役使罪人之事，故曰輸之司空，編之徒官。徒謂役徒也。《周官 · 大司寇》曰桎梏而坐嘉石，役諸司空。《史記 · 儒林傳》曰安得司空城旦書乎？徐廣曰：司空主刑徒之官也，皆其證。司空小吏，詈罵而榜笞之者，謂力作不中程，則小吏從而笞辱之。陳咸為南陽太守，豪猾吏及大姓犯法，論輸府，以律程作司空。為地白木杵舂，不中程，加罪笞，事與此相類也。後人不解輸之司空之語，故改兩司空為司寇，不知役使罪人，非司寇所掌。且司寇定罪而後輸之司空，不得更言輸之司寇也。師古曰司寇主刑罰之官，則所見本已誤作司寇。賈子〈階級篇〉作司寇亦後人以誤本《漢書》改之。〈百官表〉宗正屬官有都司空令丞，如淳曰：律，司空主水及罪人，引此文「輸之司空，編之徒官」，其明證矣。

其中證據十分堅強，可以說是沒有問題的，只是周壽昌的《漢書注補正》，還有證據不夠處，應當認爲不能採信的。這一條《漢書補注》也引到了，其原文是：

> 秦官、周國制不稱司寇，名大李（見《呂覽》，一作理）。一名廷尉，漢承秦制有廷尉，無司寇，哀帝元壽二年，雖造司寇職，而帝旋崩，未完其事，故終漢世無此官。〈百官表〉亦未載，此司寇是罪名，非官名。《顏注》，主刑罰之官，是官所也。〈刑法志〉隸臣畜滿二歲為司寇。〈王子侯表〉，

楊邱共侯安耐為司寇，蓋復作徒刑也。在孝景前四年，與誼時相近，此云輸之司寇，明是繫之刑所，而編列於徒官，下云司寇小吏，《新書》亦云，司寇牢正，徒長小吏。明非廷尉尊官，此司寇字似非誤也。

這裡面的問題很多，王先謙說：「王（念孫）說較長。」這是對的，不過他並未說明王念孫說長在那些地方，這仍然是不夠的。周氏所說：(1) 漢代無司寇官一職，這是對的。不過只能證明「作司空是」而作司寇時有問題。(2) 司寇是一種刑罰名稱而非官號名稱，這也是對的，不過既然是一種刑罰名稱，那就在管刑的官署內，除去管受「司寇」刑的以外，也管別種的刑，所以不能說：「輸之司寇」。「輸之司寇」四字是不通的。尤其是如淳的引證在「都司空」官以下，更為一個鐵的證據，在此王先謙應當將贊成王念孫的理由，明白的說出來。所以比較下來，「輸之司寇」的「寇」字，是後人誤改上去的，沒有什麼疑問。

以下再討論「城旦」的問題。《漢書‧惠帝紀》：

太子即皇帝位，……上造以上，及內外公孫年孫，有罪當刑，及當為城旦舂者，皆耐為鬼薪白粲。

《注》應劭曰：

城旦者，旦起行治城。舂者婦人不豫外徭，但舂作米，皆四歲刑也。今皆就鬼薪白粲，取薪給宗廟，謂之鬼薪，望擇米使正白為白粲，皆三歲刑也。

《補注》又引沈欽韓《漢書疏證》曰：

城旦舂本當髡鉗，今皆完，男鬼薪，女白粲也。《漢舊儀》，民有男髡鉗為城旦，女為舂皆作五歲，完四歲（此謂不髡鉗者作四歲）。鬼薪二歲（按此二歲當為三歲），男鬼薪女白粲皆作三歲。罪為司寇，司寇男備守，女為作如司寇，皆作二歲。男為戍罰作，女為復作，皆一歲。

在這許多種不同刑罰之中，以城旦刑為最重，所以就用城旦來代表各種不同的刑罰。程樹德《九朝律考‧漢律刑名考》的考證說：

又按當時定制，減死一等即入髡鉗。（《後漢書》）〈仲長統傳〉：「肉刑之廢，輕重無品，下死則得髡鉗，下髡鉗則得鞭笞。」《注》：「下猶

減也。」(《漢書》)〈王吉傳〉:「惟吉以忠直轉諫,得減死髡為城旦。」
〈鮑宣傳〉:「遂抵宣罪減死一等髡鉗。」〈何並傳〉:「為弟請一等之罪,
願早就髡鉗。」《注》,如淳曰:「減死罪一等。」(《後漢書》)〈蔡邕傳〉:
「有詔減死一等,與家屬髡鉗徒朔方。」馬端臨《文獻通考》論之曰:「當
時死刑至多,而生刑反少,髡鉗本以代墨,乃刑之至輕者,然減死一等,
即止於髡鉗,加一等即入於死,而笞箠取以代刵劓者,不關施用矣。」

按程氏所引證據,髡鉗「下死刑一等」,是對的,不過髡鉗即髡鉗為城旦,乃五歲
刑(其不髡鉗的稱為完,則為四歲刑)。在此以次,尚有「鬼薪」、「白粲」、「司寇作」,
以及「罰作」、「後作」諸刑,從三歲以至一歲。《文獻通考》認為死刑「至多」而生刑「反
少」,仍然是有些誤會的。

　從以上的例證來看,竇太后論點所指的,家人和司空城旦,都是就「身分」方
面來說的。「家人」指的是一般編戶齊民也就是一般平民的身分;而「司空城旦」指
的是一般受刑人的身分,所謂「家人言」就是這不是為天子諸侯治國平天下而寫的
書,這書僅僅只是為普通老百姓而寫的家常話。竇太后反問的話應當是:「既然《老
子》只是一部為平民用的書,難道還有一部受刑人的手冊嗎?」照這些的解釋,才
能免除了《漢書》註中所說的,那樣叫人似懂非懂的困難。

　說到這個地方,平民和受刑人的分別已經非常顯明了,只是另外還有需要解
釋的,就是「弛刑」和「官奴婢」比起一般有一定刑期的受刑人,究竟其中有無異同。
因此現在先討論「弛刑」這一種制度再及其他。《漢書》六十九〈趙充國傳〉:

　　時上已發三輔太常徒弛刑。三河、潁川、沛郡、淮陽、汝南材官,金城、
　　隴西、天水、安定、北地、上郡騎士、羌騎,與武威、張掖、酒泉太守,
　　各屯其郡者,合六萬人矣。

《注》,師古曰:「弛刑,謂不加鉗釱者也,弛之言解也,音式爾反。」所以刑徒中
自城旦髡鉗以次的,免除其髡鉗,弛刑的服裝應當和一般兵士相同。只是在身分
上,還是刑徒的身分,如其要免為庶人,應當待到刑期終了以後。

　在《居延漢簡》上當有不少和弛刑有關的記錄,例如:

　　……未以須徒復作為職。居延大女徒,城旦大男廝廄署作府中寺舍。(726)

元康四年二月，己未朔，乙亥，使鄯善以西校尉吉，副衛司馬富昌，丞慶都尉府寫臣都，通元康二年五月癸未，以使都護檄書，遣尉丞赦將弛刑士五千人送致將軍所發……（1970）

望謨苑髡鉗鈦左右止，年廿七八歲，中、壯髮五六寸，青黑色毋須，衣皁袍，白布袴，履白草舄，持劍亡大奴馮宣。（4989）

髡鉗城旦孫劫之賊傷人，初元五年庚寅諭，初元五年八月戊申，以詔書弛刑。故騎士居延廣利里完城旦繫。蔣壽王蘭渡塞，初元四年十一月丙申諭，初元五年八月戊申以詔書弛刑。故戍卒居延廣（利里）……（5271）

甲渠士吏孫根自言去歲官調根為率，責甲渠弛刑宋復負駒望除樂錢，後至率。（5766）

二月尉溥食弛刑士四人，為數小石……（8277）

從以上引譯所表示出來的，至少可以看出：(1) 免去髡鉗的「弛刑徒」是和士卒一樣的從事軍役，可以編成軍隊作戰，也可分配在烽燧來防禦及警備，並且弛刑徒亦稱為弛刑士，即算做士卒的一種。(2) 屬於城旦刑未徵為士卒的，男徒和女徒都一樣服公共事務方面的工作，譬如官府房屋的營建修理等同類工作，這種城旦刑也可能按其輕重，髡鉗或者不髡鉗，其不髡鉗的也就是所謂「耐」或「完成城旦」。(3) 重罪沒入以「官奴隸」，那是在城旦以外的判決，這種「官奴」是髡鉗的。以上判決情形相當複雜，因為既存判例都已亡失(臥虎地秦簡中就雜有判例)。所以只能看一個大致，卻無法分析其中判決的標準。

除去城旦一類的刑徒以外，漢代當有官奴婢的制度，在我的舊作〈漢代奴隸制度輯略〉一文中曾大致就官奴婢制度有所解說。其中所引的材料，如武英殿叢書本《漢舊儀》：

庶子舍人五日一移，主率更長，不會輒斥，官奴婢擇給書計，從侍中以下，倉頭青幘與管從事從入殿中。省中侍使令皆官婢，擇年八歲以上衣祿者曰宮人，不得出省門。置都監，老者曰婢，婢教宮人給使。尚書侍中皆使官婢，不得使官人，奴婢欲自贖，錢萬，免為庶人。（原萬字下衍一「千」字，今刪此千字。）

這是在「內朝」中使用官奴婢的例子，又《漢舊儀》：

> 丞相官奴婢傳漏起居。不擊鼓屬吏不朝。旦，白錄而已。諸史初除，謁；
> 視事，問君侯。應，問奴名。白事以方尺板叩閣，大呼奴名。

這是在丞相府用官奴婢的狀況。

《漢書》二十四〈食貨志〉下：

> （武帝時）費數十百鉅萬府庫並虛。乃募民能入奴婢，得以終身復，為郎。

又《漢書》二十四〈食貨志〉下：

> 水衡少府、太僕、太農，各置農官，往往即郡縣沒入田之。其沒入奴婢，
> 分諸苑掌狗馬禽獸，乃與諸官。

又《漢書》五〈景帝紀〉六年：

> 匈奴……入上郡，取苑馬。《注》如淳曰：漢儀注，太僕牧師諸苑三十六所，
> 分布北邊西邊，以郎為苑監，官奴婢三萬人，養馬三十萬匹。

以上各節表示官奴婢數目眾多，所以《漢書》七十二〈貢禹傳〉，貢禹的奏文上說：

> 諸官奴婢十萬人，游戲無事。稅良民以實之，歲費五六巨萬。宜免為庶人，
> 廩食，令代關東戍卒，北乘邊亭塞，候望。（按當為乘北邊亭塞，候望。）

這裡所說的十萬人，也就是舉成數而言。其太僕所屬的官奴婢，因為有養馬的任
務，不是游戲無事，當然也不算在內。

《鹽鐵論·散不足篇》說：

> 今縣官多畜奴婢，坐廩衣食。私分產業，為姦利，力作不盡，縣官失實。
> 百姓或無斗筲之儲，官奴累百金，黎民晨昏不釋束，奴婢垂拱遨游也。

這裡是說因為官奴婢人數太多，許多官奴婢有閑著不做事的。亦據這一段上所說，
「官奴累百金」，是官奴婢在習慣法上有私有財產權，因為有私有財產權所以才
可以贖身，納相當數目就可免為庶人。但是既然有非常富有的官奴婢，為什麼不
自贖免為庶人？這可以有一種解釋。就是官奴婢在官府，可以有些方便的地方，
如其免為庶民，就要脫離官府，失掉那些方便了。

《漢書》七十四〈丙吉傳〉：

> 是時掖庭宮婢則令民夫上書，自陳嘗有阿保之功，章下掖庭令考問則，辭
> 引使者丙吉知狀，掖庭令將則詣御史府以視吉。吉識，謂則曰：「汝嘗坐
> 養皇孫不謹，笞笞汝，汝安得有功。惟渭城胡組，淮陽郭徵卿有恩耳。」
> 分別奏組等共養勞苦狀。詔吉求，組、徵卿已死，有子孫皆受厚賞。詔免
> 則為庶人，賜錢十萬。

在這一段中有幾個問題：(一) 所謂「民夫」的問題。因爲宮婢則這個人是宮婢身分，是否可以婚嫁，甚有疑點。《注》：「師古曰，謂未爲宮婢時有舊夫，見在俗間者。」雖然還可以解釋，卻還不足以解答全面問題。《漢書》三十一〈陳勝傳〉：「秦令少府章邯，免驪山徒，人奴產子，惡發以擊楚軍，大敗之。」《注》：「服虔曰：『家人之產奴也』，師古曰：『奴產子，猶今人云家生奴也』。」所以其中奴婢的婚姻問題，可能就所處的環境而有不同的情況，未可以一概來說。(二) 胡組和郭徵卿兩人和宮婢則負同樣的任務，也就是同爲官婢。但也各有子孫。其中可能的是未爲宮婢前，有民夫在俗間，也可能雖其身分爲宮婢，只是一般官奴婢中的一種。其在掖庭供役使，並不是終身的，還可能服務一個段落，放出來作爲其他官署的官奴婢，甚至可以放回本籍，作爲本籍的官奴婢。這就可以臨時和家人相聚。就宮婢則的情形來說，雖然尚有官婢身分，但可以和「民夫」相見，並由「民夫」上書。這表示和「民夫」有聯絡，並不違法。若仍在掖庭供役，應當是不可以的。可見宮婢則不論已否放到外邊，已經是有和外面聯絡的合法允諾了。

在此還有附帶一點要談到的，就是上引該簡中有「大奴馮宣」一語，這裡大奴的「大」字，是表示成年的意思，並不是奴婢身分中再分大小。用漢簡其他各簡來比較，除去大奴以外，尚有「大男」、「大女」、「使男」、「未使男」、「使女」、「未使女」、「小男」、「小女」等名稱，完全是代表年齡的。舊作〈漢代奴隸制度輯略〉中有一段引《漢書》卷七十〈王尊傳〉：「匡衡……又使官大奴入殿中，問行起居。還有漏下十四刻，行臨到，衛安究不變色。」《漢書》六十三〈昌邑王賀傳〉：「過弘農使大奴善以車載女子。」(文中大奴誤排大農，因涉弘農而誤。)又《漢書》五十三〈廣川王去傳〉：「使其大婢爲僕射，主永巷。」在文中引周壽昌的《漢書注補正》舊說，認爲「大奴群奴之長」，同理大婢亦爲群婢之長，這是錯的，大奴和大婢是對小奴和小婢而言，

完全只是年齡的關係，並與「長」或「非長」無關。在〈昌邑王賀傳〉的顏師古《注》認爲「言大奴者，謂奴之尤長大者也」，又在〈廣川王去傳〉的顏師古《注》認爲「大婢，婢之長年也」。在這裡顏師古認爲大奴和大婢都是高年的而不是成年的，稍有違失，但較周氏認爲是奴婢的「頭目」，還是正確一些。又「大」的意思，是指「成年」的男女，這在睡虎地《秦簡》以及居延《漢簡》，都可以得到證據。

以下再討論「家人」這個問題。

「家人」這一個名稱，在《史記》和《漢書》中都提到過。家人就是指「庶人」或者「齊民」，也就是等於「平民階級」，這是沒有問題的。《史記》三十三〈魯世家〉：

> （頃公）二十四年，楚考烈王伐滅魯，頃公亡，遷於下邑爲家人，魯絕祀，頃公卒於柯。（瀧川資言《考證》：「周白駒曰，家人齊民也，韋昭云，庶人之家也，謂居家之人，無官職也。」）

《史記》三十九〈晉世家〉：

> 靜公三年，魏武侯、韓哀侯、趙敬侯滅晉而三分其地，靜公遷爲家人，晉絕不祀。

《漢書》二十五〈郊祀志〉下：

> 「家人尚不欲絕種祀」，《注》：「謂庶人之家也，種祠，繼嗣所傳祠也」。

《漢書》三十七〈欒布傳〉：

> 「彭越爲家人時」，注：「言編戶之人也」。

所以在《史記》、《漢書》中所說的「家人」都是指平民。其和「家人」同意的名稱，尚有「庶人」和「齊民」。例如《史記‧平準書》：

> 所忠言世家子弟，富人，或鬥雞，走狗馬，弋獵博戲，亂齊民。」（瀧川資言《考證》：「齊平也，若言平民。」）

又《史記》三十七〈衛世家〉：

> 君角九年，秦並天下，立為始皇帝。二十一年，二世廢君角為庶人，衛絕祀。

廢爲庶人，也就是和廢爲家人同樣的意思。

轅固生在一個非常嚴重的場合，稱老子爲「家人言」，當然不是隨便信口開河，而是確切有他的根據，才敢於這樣的說。轅固生以代表儒家的立場，來批評道家，道家是否願意接受，那完全是另外一件事。但以儒家的身分來說道家爲「家人言」，還是相當正確的。至少有以下的理由。

道家本來的宗旨，就是隱居民間，不參加政府的工作。在《論語》中所記的「晨門」、「荷蕢」、「楚狂接輿」、「荷篠丈人」都是有思想的隱士，不贊成孔子席不暇煖那種「知其不可而爲之」的人生哲學。但孔子卻又說：

> 鳥獸不可與同群，吾非斯人之徒而誰與？天下有道，丘不與異也。

這又是對於這樣人有幾分讚賞的。這是一種非常複雜的關係，必須在可能的範圍中加以探討。

至少，這種關係已可追溯到周代初期。至少，在殷周之際，中國的哲學思想已經有多少的進展。《易經》的上下經部分是出於殷周之際，應當沒有多少問題。孔子和《易經》的關係，《論語》「假我數年，五十以學《易》，亦可以無大過矣」這幾句是對於《易經》顯明的敍述。漢碑中「寬柔博約，五十以學」雖然沒有易字，但爲了協韻，減少字數，並不能排除《論語》原文是沒有易字的。至於《論語》中「不恆其德，或承之羞，子曰不占而已矣」，更是引用《易經‧恆卦》的鐵證(此處馮友蘭曾經指出)。

《易經》的卦象排比是一回事，而哲理的解釋又是一回事。嚴格說來，其中當然很多「任意」的成分，並非純客觀的邏輯化。關鍵所在，是《周易》作者先有了自成系統的人生哲學，然後借用《易經》卦爻的排列，來發揮他自己的思想系統，並非純從卦象的陰陽離合，歸納出一些原則來。其實如其沒有一套對人生的理想及對人生的認識，如其平白從無文字的卦象來求和人際關係找出來共同點來，本來也是一個不可能的事。所以《易經》這種做法，也是合理的及必要的。

《易經》上下經的眞正作者，現在不知道是誰。相傳出於文王之手。究竟眞的

和文王有關與否也無從證實。卽使和文王有關，那就以晚近出土的周原甲骨，初步斷定，公認爲文王時代之物，則文王一定和史官時常見面。在殷墟甲骨中，也看出商王和史官共同龜卜的事實。假如眞是文王著作《易經》，那也是文王和史官的共同著作，不可能離開史官。如其文王著《易》只是被後人追認，那就只有一個可能，是某一個時期史官的著述。

就《易經》的思想來說，主要的原則是不要輕易發動，並且適可而止。譬如：

乾九三，君子終日乾乾，夕惕若，厲无咎。

乾上九，亢龍有悔。

坤卦，安貞吉。

坤初六，履霜，堅冰至。

坤六五，黃裳元吉。

屯卦，屯元亨利貞，勿用有攸往。

諸如此類，都是主張不要輕動。尤其著名的是謙卦全部皆吉，訟卦全部皆凶，師卦只是期於無咎，革封就不免悔亡，其中許多意見是和《老子》相通的。這就無怪最著名的《易經》注是出於作《老子》注的王弼之手了。

較早期史官的著述，只有《史佚》，《史佚》的書到漢代已亡，《漢書‧藝文志》中並無《史佚》。〈藝文志〉有《尹佚》二篇，但列入墨家，是否依託，難以斷定。在《國語》《左傳》等書略有徵引，大都看不出思想的立場，只有《左傳》僖公十五年引《史佚》的話是「無始禍，無怙亂，無重怒」，比較近於道家。尤其說「無始禍」也就和《老子》的「不敢爲天下先」的看法是一致的。這就認爲《易經》的立場和一般史官甚至於後來道家思想接近，也不算估計太錯了。（參見王應麟《漢書‧藝文志考證》及王先謙《補注》。《漢書‧藝文志》中《補注》引葉德輝所輯《史佚》有《逸周書‧克殷篇》引《史佚》冊，《左傳》僖十五、文十五、成四、襄十四、昭六，及〈晉語〉引《史佚》等。）

班固在《漢書‧藝文志》提出諸子出於王官的意見。這種意見有時有一部分的根據，但他把所有的現象來擴張附會，就不免有些妄說了。其中討論道家的是：

> 道家者流，蓋出於史官，歷記成敗存亡，禍福，古今之道，然後知秉安，
> 執本清虛以自守，卑弱以自持，此君人南面之術也，合於堯之克攘（攘同
> 讓），《易》之嗛嗛，一謙而四益，此其所長也，及放者為之，則欲絕去
> 禮學，兼棄仁義，曰：「獨任清虛，可以為活。」

以上所說，道家和史官有關，並且和《易經》的思想有關，應該是對的，但其中也
有不少的錯誤：(1) 史官歷記成敗存亡，用做後來歷史上的鑑戒，並非史的原始
意義。古代歷史誠然是史官保存下來的，但史官的主要任務，不是歷史而是占卜。
保存歷史只是史官附帶的任務。(2) 道家中所謂「君人南面之術」是後起的，也可
以說自縱橫家興起，借著道家的名稱，借來道家的原則，用到政治上，於是許多「黃
帝」書也跟著產生，成為「黃老」。這不是道家的本來面目。（後來法家也利用起老
子來，就更為複雜了。）

　　史官的任務，既然是占卜重於歷史，在《易經》中，眼前的禍福就遠比歷史的
事實更為重要。《易經》中如「喪牛於易」、「喪羊於易」，「帝乙歸妹」「箕子之明夷」
等等偶然舉出一些，究竟還是少數。占卜所期的，是將來發生事件的預料。這就
牽涉到一些安排和設計的問題，每次事件的發生，總有不同的應付方法，而每次
事件的前因後果，往往留在史官「占驗」之中。累積這些占驗，就成為應付事件的
原則。從成敗的次數來說，謙和遜讓，總比爭奪冒險的安全性大得多。這些累積
的經驗就成為若干格言型的短句《史佚》是這樣，《老子》也是這樣。這一類的短句，
就如同唐代流行的《太公家教》，清代流傳的《增廣賢文》一樣，在民間非常容易推
廣的。《老子》就是一部從戰國初期流傳下來的一個總集，也和《增廣賢文》一樣，
曾經無數次的「增廣」過，並且可能有若干不同的傳本(譬如兒歌「鵝媽媽」的本子，
就一直變化下去)。但深深的影響民間思想，成為民間通行最廣的書，應當是不
錯的。這就當然是「家人言」。

　　但是這裡當然還可以有所爭論。道家的路線在戰國時已經分裂，成為「老莊」
和「黃老」兩條相反的路線。正統的道家只是「老莊」而不是「黃老」，「黃老」是縱橫
家利用「老莊」一部分材料掛上道家的招牌而求達到富貴利祿的目的，但是道家的
先天性就不是要加入政治漩渦，其中政治的基礎，還是薄弱的。原來政治的骨架
是「制度」，是「禮樂刑政」，而「老莊」哲學就是反「禮樂刑政」的，也就是不要文化

的。「黃老」派雖有些著述(如同馬王堆發現的),但如果接觸到實際問題,仍不免窮於應付。只有呂不韋、劉安等把道家加上禮樂刑政,那就又面目全非,卽使一個道家的信徒,也不敢承認他們是道家,只好加上雜家這個稱號了。

　　《老子》這部書在莊周時代應當已經存在,卻未曾凝固,但《莊子》一書卻是標準的道家哲學,在各家中,各有標準的領導英雄,儒家是堯舜,墨家是禹,道家卻是許由。在《莊子》書中,看出道家盡量逃避現世的紛擾。這是生活和哲理不相矛盾的。但在《老子》書中,就有些便不免出現「逃避政治」又「參與政治」的矛盾,就應該有後起思想擾入的可能。在《戰國策》一書的立場,顯示爲縱橫家,但其記述蘇秦則說「得太公陰符之謀,伏而誦之,簡鍊以爲揣摩」,太公在〈藝文志〉中的道家,在此顯然已成爲縱橫家的經典。又〈齊策〉記載顏蠋,對於顏蠋不仕齊王,最後稱讚說「蠋知足矣,歸眞返璞,則終身不辱」,又顯然用《老子》中的話。我們看到這種矛盾情形,就會看出,黃老與縱橫,不免互相抄襲。縱橫本來是一種策略,談不上人生哲學的基礎。只求順利成功,並不講立場是否矛盾,雜駁一些本無害處。至於道家那就進退之間如有矛盾,就不免進退失據了。魏晉清談,問題就在「名教」與「自然」之間是否可以調協,以及如何調協。(魏晉清談,其中一個主要項目便是如何解決「名教」與「自然」的矛盾。所謂「三語掾」的被欣賞,就由於這個立場。這是陳寅恪先生的意見。)二者之間就不免用詭辯來掩飾。(只有陶潛這位〈桃花源記〉的作者,能夠返歸鄉里,以身作則,這是沒有矛盾的,這也是特例。)也就是老莊的承述者,不能立身安命於退處「家人」,還想以士大夫身分來說隱者的話,究不如儒者存著用世之心,說用世的話,來爭用世的身分,比較可以坦然無忌了。儒家在「用世」方面,沒有矛盾,而道家在「用世」方面卻一直有矛盾,所以轅固生用了「家人言」來批評老子,也不是一件不可解釋的事。

國家圖書館出版品預行編目資料

勞榦先生學術著作選集（二）/ 勞榦
--初版-- 臺北市：蘭臺出版社：2020.9
　ISBN：978-986-99137-0-6(全套：精裝)
1.中國史 2.學術研究 3.文集

　　　　　　617　　　　　　　　109006855

勞榦學術研究叢書1

勞榦先生學術著作選集（二）

作　　　者：勞　榦
總 編 纂：何雙全
編　　纂：盧瑞琴
主　　編：盧瑞容
封面設計：塗宇樵
出 版 者：蘭臺出版社
發　　行：蘭臺出版社
地　　址：台北市中正區重慶南路1段121號8樓之14
電　　話：(02)2331-1675或(02)2331-1691
傳　　真：(02)2382-6225
E— MAIL：books5w@gmail.com或books5w@yahoo.com.tw
網路書店：http://5w.com.tw/
　　　　　https://www.pcstore.com.tw/yesbooks/
　　　　　博客來網路書店、博客思網路書店
　　　　　三民書局、金石堂書店
經　　銷：聯合發行股份有限公司
電　　話：(02) 2917-8022　　傳　真：(02) 2915-7212
劃撥戶名：蘭臺出版社　帳號：18995335
香港代理：香港聯合零售有限公司
電　　話：(852)2150-2100　　傳　真：(852)2356-0735
出版日期：2020年9月　初版
定　　價：新臺幣一套18000元整（精裝不分售）
ISBN：978-986-99137-0-6

蘭臺出版社

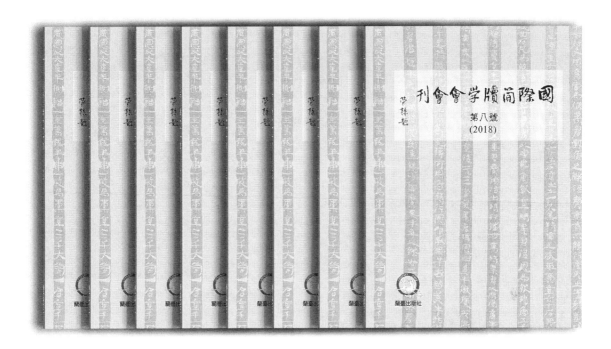

國際簡牘學會會刊

　　國際簡牘學會會刊以簡牘研究為主，是由台北大學研究簡牘研究專家馬先醒教授和甘肅省文物保護研究所所長，甘肅省簡牘博物館副館長何雙全教授在1991年甘肅國際簡牘學大會後共同成立，組成國際簡牘學會會刊編委會，編輯簡牘論文，由台灣蘭臺出版社出版。國際簡牘學會會刊每期收錄來自兩岸三地之簡牘學著名學者、專家所發表論文，如何雙全、楊劍虹、吳昌廉、陳松梅、周建、謝曉燕、黃輝陽、許道勝、南玉泉、王子今、盧瑞琴等，是研究簡牘學不可錯過之重要學術期刊。

書名	ISBN	出版日期	頁數	定價
簡牘學會會刊第一號		1974/6/1	324	$1,800
簡牘學會會刊第二號	957-9154-10-4	1978/8/1	314	$1,800
簡牘學會會刊第三號	957-9154-66-X	1977/7/1	496	$2,500
簡牘學會會刊第四號	978-957-9154-80-2	2002/5/1	404	$1,500
簡牘學會會刊第五號	978-986-7626-75-2	2008/11/1	178	$1,500
簡牘學會會刊第六號	ISSN 2220-2498	2011/8/1	445	$1,500
簡牘學會會刊第七號	ISSN 2220-2498	2013/4/1	180	$1,500
簡牘學會會刊第八號	ISSN 2220-2498	2017/12/1	104	$880

簡牘學報

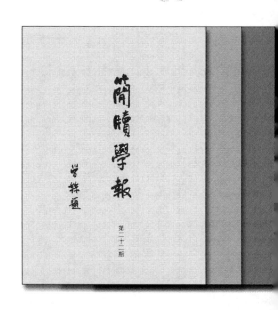

　　台北大學史學系馬先醒教授師承勞榦先生潛研「簡牘學」多年，並於民國63年初（1974）自創組「簡牘社」。馬教授更結合中外同道，以互相交流為宗旨，籌組「台北市簡牘學會」，期以研究簡牘為主，在簡牘相關新史料、簡牘時代史中廣搜各專題研究成果，將論文彙集成《簡牘學報》，強化簡牘學研究的深度與廣度，是為台灣研究簡牘第一人。

　　《簡牘學報》於民國63年（1974）6月發行創刊號，現任主編陳鴻琦教授、副主編吳昌廉教授，簡牘學報編委會編製，迄今已發行二十二期。除收錄著名學者、專家之研究成果外，更包含勞貞一先生、張曉峰先生、黎東方先生等論文集專號，以及居延漢簡出土五十年之專號，為簡牘學研究重要學術期刊。

書名	ISBN	出版日期	頁數	定價
簡牘學報第一卷（一、二、三期合訂本）		1974/6/1	324	$1,800
簡牘學報第二卷（四、六期合訂本）		1978/10/1	314	$1,800
簡牘學報第三卷（第五期，勞貞一先生七秩榮慶論文集）		1978/10/1	314	$1,800
簡牘學報第四卷（第七期）		1992/12/1	442	$1,800
簡牘學報第五卷（第八期，張曉峰先生八秩榮慶論文集）		1993/12/1	390	$1,800
簡牘學報第六卷（第九期，居延漢簡出土五十年專號）		1997/12/1	616	$1,800
簡牘學報第七卷（第十期）		1997/12/1	616	$1,500
簡牘學報第十一期		1999/12/1	388	$1,800
簡牘學報第十二期（黎東方先生八秩榮慶論文集）		2002/12/1	388	$1,800
簡牘學報第十三期		2006/11/1	629	$1,800
簡牘學報第十四期		2008/12/1	410	$1,800
簡牘學報第十五期		2011/12/1	352	$1,80■
簡牘學報第十六期（精）（勞貞一先生九秩榮慶論文集）	959-915-414-7	1997/1/1	616	$2,50■
簡牘學報第十六期（平）（勞貞一先生九秩榮慶論文集）	957-915-415-5	1997/1/1	616	$2,50■
簡牘學報第十七期		1999/1/1	388	$1,80■
簡牘學報第十八期	986-80347-01	2002/1/1	389	$1,80■
簡牘學報第十九期		2006/11/1	630	$2,00■
簡牘學報第二十期	977-2074-003	2008/12/1	408	$2,00■
簡牘學報第二十一期	ISSN 2074-0743	2013/12/1	616	$2,00■
簡牘學報第二十二期	ISSN 2074-0743	2018/6/1	312	$2,00■